D1641442

Zu diesem Buch

Mythen und Methaphern haben in der gesamten Menschheitsgeschichte eine große Rolle in Erziehung und Bildung gespielt. Ausgehend von dieser Beobachtung entwickelten Carol und Stephen Lankton ein Verfahren, Geschichten und Metaphern in den therapeutischen Heilungsprozeß einzubeziehen. Neben der direkten verbalen Intervention sollte der Therapeut auch über die Möglichkeit der indirekten Einwirkung auf den Patienten verfügen. Gerade bei schwer zugänglichen, "verschlossenen" Patienten kann die Arbeit mit Geschichten, die strukturelle Parallelen zum Grundproblem und zu den Ressourcen des Klienten aufweisen, weiterhelfen. Ziel ist es, dem Klienten neue Entwicklungsmöglichkeiten aufzuzeigen, die seinem Naturell und seinen Möglichkeiten entsprechen.

Die Geschichten, die sämtlich aus erfolgreichen Therapien der Autoren übernommen sind, gliedern sich nach ihrer jeweiligen Struktur, mit der sie auf Veränderungen hinwirken können: z.B. Veränderungen im Affekthaushalt, Verhaltensänderungen, Veränderungen des Selbst-Bildes, der Familienkonstellation.

Die Geschichten eignen sich auch – aber nicht nur – für hypnotherapeutische Situationen. Therapeuten aller Richtungen, speziell den Gesprächs- und Hypnotherapeuten, bietet das Buch einen reichen Fundus an Geschichten, die kreativ je nach Situation abgewandelt werden können.

Carol und Stephen Lankton sind Schüler von Milton H. Erickson, des "Erfinders" der Hypnotherapie. Sie entwickelten seine Methode insbesondere in familientherapeutischer Richtung weiter. Zahlreiche Veröffentlichungen; psychotherapeutische Praxis in Florida, Lehrbeauftragte an der "University of West Florida".

Carol H. Lankton
Stephen R. Lankton

Geschichten mit Zauberkraft

Die Arbeit mit Metaphern in der Psychotherapie

Verlag J. Pfeiffer · München

Die amerikanische Originalausgabe ist unter dem Titel »Tales of Enchantment. Goal-Oriented Metaphors for Adults and Children in Therapy« erschienen bei Brunner/Mazel, Publishers, New York 1989.

Aus dem Amerikanischen übersetzt von Alida Iost-Peter

Die deutsche Bibliothek – CIP -Einheitsaufnahme

Lankton, Carol H.:
Geschichten mit Zauberkraft : die Arbeit mit Metaphern in der Psychotherapie / Carol H. Lankton ; Stephen R. Lankton. – München Pfeiffer, 1991
 (Reihe leben lernen ; Nr.76)
 ISBN 3-7904-0578-7
NE: Lankton, Stepen R.:; GT

Reihe »Leben lernen«
Nr. 76
herausgegeben von Monika Amler
und Siegfried Gröninger

Alle Rechte vorbehalten!
Printed in Germany
Satz und Layout: PC-Print Ges. f. elektron. Publizieren mbH, München
Lohnbelichtung: Printshop Schimann, Pfaffenhofen/Ilm
Druck: G. J. Manz AG, Dillingen
Umschlagentwurf: Hermann Wernhard
© Verlag J. Pfeiffer, München 1991
ISBN 3-7904-0578-7

Inhaltsverzeichnis

Vorwort der Herausgeber   7

Vorwort   9

Danksagung   12

Verzeichnis der Metaphern   13

1. Dieser Teil des Waldes   19

2. Gefühlsmetaphern   47

3. Einstellungsmetaphern   89

4. Verhaltensmetaphern   173

5. Metaphern zur Veränderung der Familienstruktur   213

6. Metaphern zur Planung des Selbstbildes   235

7. Metaphern zum Aufbau der Identität und zur Rollenentwicklung   283

8. Metaphern zu Disziplin und Vergnügen   315

9. Geschichten zu Trance–Phänomenen   345

Literaturverzeichnis   370

Vorwort der Herausgeber

Die Verwendung von Geschichten zu therapeutischen Zwecken hat in den letzten Jahren zunehmende Bedeutung erlangt. Geschichten, Anekdoten und Metaphern bieten die Möglichkeit, auf indirekte, unaufdringliche und respektvolle Weise beim Klienten erwünschten Veänderungen anzuregen. Dabei ist dieses Vorgehen in die verschiedensten Therapieformen integrierbar, stellt aber auch eine Bereicherung im pädagogischen Bereich und im übrigen psychosozialen Arbeitsfeld dar. Deshalb freuen wir uns, daß mit der Übersetzung der "Tales of Entchantment" von Carol and Stephen Lankton jetzt erstmals eine umfangreiche und vielfältige Sammlung therapeutischer Geschichten in deutscher Sprache vorliegt.

Geschichtenerzählen als Werkzeug therapeutischer Veränderung wurde vor allem durch Milton Erickson bekannt, in dessen oft wie Zauberei anmutender Arbeit es einen breiten Raum einnahm. Carol und Stephen Lankton gehörten zu den Schülern von Milton H. Erickson, die dessen Ansatz für klinische Hypnose und Familientherapie in den USA verbreiteten und weiterentwickelten. Stephen Lankton ist Gründungsherausgeber der Ericksonian Monographs und Lehrtherapeut der American Association for Marriage und Family Therapy sowie Mitglied der Society for Clinical and Experimental Hypnosis. Carol Lankton ist Mitherausgeberin der Ericksonian Monography und Mitglied der American Association for Marriage and Family Therapy und der American Family Therapy Association. In den vielen Jahren ihrer klinischen Arbeit und ihrer Lehrtätigkeit sammelten die Lanktons einen reichen Schatz an veränderungswirksamen Geschichten, den sie in der vorliegenden Anthologie mit dem Leser teilen.

Für den Leser, der noch keine Erfahrung mit dem hypnotherapeutischen Gebrauch von Sprache mitbringt, sind vielleicht einige Vorbemerkungen nützlich:

Erst einmal ist zu bedenken, daß Geschichten zum Erzählen gedacht sind. Jeder kennt den atmosphärischen Unterschied zwischen einem frei erzählten, einem vorgelesenen oder einem still gelesenen Märchen. Mimik, Gestik, Stimmklang und Tonfall tragen dazu bei, daß der Zuhörer innerlich mitgehen kann. Um eine therapeutische Wirkung zu erzielen, z.B. neue Verhaltens- und Sichtweisen anzuregen, soll der Zuhörer gefesselt, "bezaubert", in einen Zustand fokussierter Aufmerksamkeit geführt werden, der auch als Trance definiert werden kann. Die Stilmittel hierfür wirken im schriftlichen Protokoll manchmal ungewohnt und befremdlich. Um den Zuhörer verstärkt in eine Geschichte einzubeziehen und identifikatorische Prozesse anzuregen ist es zum Beispiel sehr hilfreich, ihm die äußerlich sichtbaren Veränderungen in

Gesichtsausdruck, Haltung, Hautfarbe oder Atmung zu beschreiben, die er während des Zuhörens zeigt. So entsteht durch kontinuierliches Feedback eine intensive Beziehung zum erzählenden Therapeuten, unbewußte Suchprozesse und Ressourcen werden mobilisiert. So hilfreich das für Klienten ist, so befremdlich mag es für den uneingeweihten Leser sein, dessen Gesichtsausdruck und Haltung mit dem Buch in der Hand ja keineswegs der Situation des Patienten entspricht. Auch andere Stilmittel wie häufige Wiederholungen zur Verstärkung einer suggestiven Wirkung oder langatmige Schilderungen zur Ablenkung oder Amnesieinduktion mögen den Leser manchmal auf eine Geduldsprobe stellen. Nicht einmal auf eine korrekte Grammatik wird er sich verlassen können, da häufig dritte Person (Beschreibung) und zweite Person (Anrede) abwechseln, um suggestive Aufforderungen in die Geschichte einzubetten. Aber vielleicht löst gerade die Herausforderung durch derlei Ungemach auch im Leser unbewußte Suchprozesse und Neugier aus, wie die geschriebene fremde Geschichte zu eigenem Leben erweckt werden könnte. Auch in scheinbar überflüssigem Bewerk ist dabei ein reicher Schatz therapeutischer Interventionen versteckt, den zu heben sich lohnt.

Gerade daß die Geschichten so komplex, vieldeutig und sprachlich sophisticated sind, stellt die Übersetzung vor besondere Schwierigkeiten. So kann man Anspielungen und Anzüglichkeiten oft kaum aus der englischen in die deutsche Sprache übertragen. Wir sind deshalb Frau Alida Iost-Peter besonders dankbar dafür, daß sie diese schwierige Aufgabe übernahm und ihre eigene Kompetenz als Psychologin, Hypnotherapeutin und Schülerin von Milton Erickson darin einbrachte.

Wir wünschen uns, daß das vorliegende Buch viele Therapeuten ermutigen wird, ihre Kompetenz zu erweitern oder sich vielleicht an vergessene Fähigkeiten zu erinnern. Es könnte ein Lehrbuch sein, ein Nachschlagwerk, ein Lesebuch, am Ende sogar – und Ihr bewußter Verstand braucht davon gar nichts zu bemerken – ein Weg zu persönlicher Veränderung.

Die Herausgeber

Vorwort

Zu allen Zeiten haben Mythen und Metaphern in der Erziehung und auf dem Weg zur Weisheit eine wichtige Rolle gespielt. Sie zu verstehen bedeutet, dem Leben Sinn, Zweck, Bedeutung und Wert zu geben. Es ist unbestreitbar, Geschichten können uns dazu motivieren, uns auf neue Ideen zu besinnen, sie zu erwägen und anzunehmen. Selbst Aristoteles, der häufig als der Meister der Logik und des rationalen Denkens angesehen wird, wies darauf hin, daß Weisheit notwendigerweise mit Mythen zusammenhängt. Schließlich dienen Geschichten als Modell für das Denken, Verhalten und Fühlen. Da Therapie weitgehend darauf abzielt, Menschen zum Handeln zu motivieren und hierfür neue Ideen aufzugreifen und die Welt mit anderen Augen zu sehen, erscheint es ganz folgerichtig, im therapeutischen Kontext Geschichten zu verwenden. Dennoch meiden wohl einige Therapeuten metaphorische Ansätze zugunsten rationaler und direkter Vorgehensweisen; die meisten Fachleute sehen es als sinnvoll an, bei verschiedenen Klienten zu bestimmten Zeiten in der Therapie direkt und autoritär vorzugehen. Wir meinen indessen, daß ein versierter Therapeut je nach Klient und Situation in der Lage sein muß, zuzeiten indirekt und dann auch wieder direkt vorzugehen. Diese wünschenswerte Flexibilität ist allerdings oft schwer zu erreichen, denn es fehlt das nötige Verständnis, wie indirekte Metaphern eingesetzt werden und was sie bewirken. Vielleicht ist dies zum Teil auf die Tatsache zurückzuführen, daß direkte Ansätze sich leichter den gängigen Forschungsmethoden erschließen, eher darstellbar und zu lehren sind. Aber welche Möglichkeiten ergeben sich für den Therapeuten, der lediglich in direkten Vorgehensweisen ausgebildet ist, wenn er die wohlbekannte frustrierende Erfahrung mit Klienten macht, die festzustecken scheinen, Widerstand bzw. keine Bereitschaft zur Mitarbeit zeigen oder sich anderweitig als unfähig erweisen, auf direkte Suggestionen, Anweisungen oder autoritäres Infragestellen ihrer irrationalen Gedanken zu reagieren?
In unseren früheren Veröffentlichungen erläuterten wir unsere Theorie und Gedankengänge über den Einsatz indirekter Methoden in der Therapie; wir wollten das Gleichgewicht wiederherstellen und dem sich ergänzenden Einsatz direkter und indirekter Methoden den Weg bereiten. Um einen Ausgleich herbeizuführen, haben wir die indirekte Vorgehensweise hervorgehoben, da sie häufig mißverstanden worden ist. In »The Answer Within: A Clinical Framework of Ericksonian Hypnotherapy«, 1983, haben wir erläutert, daß der Gebrauch indirekter Vorgehensweisen nicht bedeutet, in die Trickkiste zu greifen und nach dem Zufallsprinzip zu verfahren. In Interventionen wie Metaphern, indirekten Suggestionen, therapeutischen Bindungen und paradoxem Vorgehen steckt eine Logik, die wir aus der anfänglichen Diagnostik und den Stufen des Behandlungsplanes herleiten und der wir die ganze Therapie hindurch folgen. Danach haben wir »Enchantment and Intervention in Family

Therapy: Training in Ericksonian Approaches«, 1986, geschrieben. Hier werden indirekte Interventionen wie paradoxe Verschreibungen, mehrdeutige Handlungsanweisungen und solche zum Aufbau von Fähigkeiten veranschaulicht. Obgleich wir hervorgehoben haben, daß diese Interventionen indirekter Natur sind, d.h. eine gewisse Mehrdeutigkeit, Verwirrung und Ablenkung für den bewußten Verstand beinhalten, kann doch ein direkter und bisweilen autoritärer Aspekt darin bestehen, derartige Anweisungen in der Therapie zu geben. Wir wollten auch eine Reihe von Richtlinien zur Konstruktion therapeutischer Metaphern vermitteln, so daß diese indirekten Vorgehensweisen so handfest werden, daß sie gelehrt und untersucht werden können, wie das zuvor nicht möglich gewesen ist.

Zusätzlich haben wir eine Reihe von Entwürfen vorgestellt und erläutert, wie Erfahrungen durch Geschichten übermittelt werden können. Die Entwürfe beziehen sich auf eine spezifische Abfolge oder einen Prozeß im Ablauf der Geschichte. Wir hatten festgestellt, daß die Erfahrung, so wie sie durch die in den Entwürfen beschriebenen Prozesse vermittelt wurde, den Zuhörern größtmögliche Chancen bietet, in unterschiedlicher Ausprägung ihre langgehegten Einstellungen in Frage zu stellen, ihr ganzes Verhaltenspotential zu Tage zu fördern, emotionale Erfahrungen zustandezubringen usw. Das bedeutet, die Entwürfe tragen dazu bei, daß eines der faszinierendsten und schwierigsten Instrumente indirekten Vorgehens, die therapeutische Geschichte, besser untersucht werden kann und somit präziser und verantwortungsvoller angewandt werden kann.

In diesem nun vorliegenden Buch gilt unser Interesse wiederum dem Bereich der Vorstellungen; damit versuchen wir, das Repertoire des Therapeuten zu erweitern, sein/ihr Geschick zu mehren, therapeutisch leistungsfähig, wirkungsvoll und substantiell zu sein. Wir befassen uns nicht damit, wie wir jemanden bitten, auffordern oder ihm die Erlaubnis geben zu weinen, wie wir jemanden bitten oder darauf bestehen, sich Zeit für seine Kinder zu nehmen, oder wie wir Ehepaare bitten oder auffordern, sexuelles Interesse zu zeigen; und wir drängen Therapeuten auch nicht, ihren Klienten nahezulegen, »vernünftig« zu sein. Wir befassen uns auch nicht mit den in der Therapie häufig auftretenden Situationen, in denen wir Klienten das Gespräch mit ihrem Ehepartner abbrechen lassen, oder sie zu einer vorgestellten Person auf einem leeren Stuhl sprechen lassen. Wir beschäftigen uns auch nicht mit jenen kritischen Punkten in der Therapie, wo es uns drängt, uns jemandem zuzuwenden, aufzuseufzen und einem schmerzerfüllten Klienten unsere Unterstützung, unser Verständnis und unser Mitgefühl zu vermitteln. Dieses Buch handelt auch nicht von der Ermutigung oder Überzeugungskraft, die eingesetzt werden, um eine Familie dahin zu bringen, einen Auftrag auszuführen. Und dieses Buch befaßt sich auch nicht mit diagnostischen Erwägungen und Indikationen, noch mit dem gesamten therapeutischen Rahmen, was wir in unseren früheren Veröffentlichen bereits abgehandelt haben.

Dieses Buch enthält lediglich Entwürfe für Geschichten, die wir und unsere Ausbildungskandidaten in erfolgreichen Therapien erzählt haben, um den Klienten auf ihrem Weg zu speziellen vorausgeplanten Zielen zu helfen. Die Zuordnung der Geschichten erfolgte nach dem jeweiligen vorausgeplanten Ziel, für das sie entworfen wurden. Die therapeutischen Ziele, nach Kapiteln geordnet, betreffen: Veränderungen im affektiven Bereich; Wiederaufbau im Bereich der Einstellungen; Veränderungen des Verhaltens; Veränderungen im Selbstbild; Veränderungen in der Rollenentwicklung und Identität; Veränderungen hinsichtlich Disziplin und Vergnügen; strategische Nutzung von Trancephänomenen in ihrer Anwendung bei bestimmten Symptomen.

Für jede Geschichte hat der Therapeut den/die Klienten zunächst beurteilt und einen Gesamtbehandlungsplan erstellt, dem das zu bearbeitende Problem und die Evaluation zugrunde liegt. In jeder Sitzung wurden kleinere und unmittelbarere Ziele erarbeitet, um den Gesamtbehandlungsplan einfacher zu gestalten, indem einzelne Einheiten geschaffen wurden. Sodann wurde eine Geschichte entworfen, die sich an jenes benannte Ziel richtete und es wurde der passende Metaphernentwurf für jede Klasse von Zielen verwandt (z.B. Veränderungen im affektiven Bereich, in der Einstellung oder im Verhalten).

Wenn Geschichten erzählt werden, sollen sie einen weiten Erfahrungsbereich abdecken, und so kann der Eindruck entstehen, als habe eine Geschichte mehr als einen Schwerpunkt oder mehr als ein Ziel. Beispielsweise werden, wenn ein Entwurf aus dem affektiven Bereich eingesetzt wird, vielleicht auch gewisse Verhaltensweisen beschrieben. Ebenso können Einstellungen ins Spiel kommen, wenn gefühlsmäßige Erfahrungen entwickelt werden. Indessen sind die Geschichten entsprechend ihrem primären Ziel eingeordnet, das sie dank ihres Aufbaus im einzelnen erreichen. Für jeden zielorientierten Geschichtentyp gibt es einige Beipiele, um den jeweiligen spezifischen Aufbau zu veranschaulichen und hervorzuheben; die Einführung zu jedem Kapitel beinhaltet eine kurze Erläuterung des jeweiligen Metaphernentwurfs, der als allgemeine Richtlinie für die Metaphern dieses Abschnitts dient. Leser, die weitere Erklärungen zu diesem Therapieansatz wünschen, seien an unsere o.g. Bücher verwiesen.

Wir bieten all jenen die vorliegende Geschichtensammlung an, die um ausführliche Beispiele für diesen besonderen Typ therapeutischer Metapher gebeten haben; diese Geschichten, die verzaubern, mögen anregen und inspirieren und Sie an das erinnern, was Sie bereits wissen: Jeder Mensch hat die Fähigkeit, sich mit den verschiedenen Geschichten zu identifizieren und mit seinem persönlichen Verständnis darauf einzugehen; es ist zu hoffen, daß Sie dabei die zahlreichen Geschichten wiederentdecken, die Sie aus Ihrer eigenen Lebenserfahrung beitragen können.

Carol und Stephen Lankton
Gulf Breeze, Florida

Danksagung

Wir möchten all jenen unseren Dank aussprechen, die dieses Buch möglich gemacht haben. Die erste Anregung, unsere Geschichten zusammenzutragen, erhielten wir von den vielen hundert Fachleuten, die weltweit an unseren Trainings-Workshops teilnehmen, und die uns zu wiederholten Malen wissen ließen, daß ein derartiges Buch hilfreich wäre. Ihnen sowie den Organisatoren der Fortbildungen gilt unser Dank.

Wir wollen auch einer Reihe von fortgeschrittenen Ausbildungskandidaten unseren Dank aussprechen, die eine oder mehrere Metaphern zu diesem Buch beigetragen haben; ihre harte Arbeit, ihre Anstrengungen im klinischen Bereich, ihr fortgesetzter Wunsch zu lernen und die Hingabe an ihre Arbeit waren für uns eine Quelle der Inspiration. In alphabetischer Reihenfolge haben Beiträge geleistet:

Tina Beissinger, Ph.D., Pensacola, Florida
Ralph M. Daniel, Ph.D., Santa Barbara, California
Don Ferguson, Ph.D., Knoxville, Tennessee
Diane Forgione, M.S.W., Hollywood, Florida
Garry Goodman, M.Ed., Doylestown, Pennsylvania
George Glaser, M.S.W., Austin, Texas
Carol Kershaw, Ph.D., Houston, Texas
David A. Lee, R.S.A.C., Saco, Maine
Cheryl Malone, M.A., Sarasota, Florida
Myer S. Reed, Ph.D., Roanoke, Virginia
Robert Schwarz, Ph.D., Philadelphia, PA
Nicholas G. Seferlis, M.S., Biddeford, Maine
Don Shepherd, Ph.D., Charlotte, North Carolina
Marianne Trottier, M.S., Biddeford, Maine
Susan L. Vignola, D.S.W., Culpeper, Virginia
Marc Weiss, Ph.D., Chicago, Illinois

Ein besonderer Dank gilt Gary Goodman und Barbara Folts für ihre Hilfe beim Zusammenstellen der Transkripte unserer Arbeit.

Und schließlich wollen wir den Mitarbeitern von Brunner/Mazel unsere Anerkennung aussprechen, die dazu beigetragen haben, daß dieses Buch Wirklichkeit werden konnte. Ann Alhadeffs Engagement als Herausgeberin war uns eine wahre Anregung und unerläßlich bis zu ihrem plötzlichen Tod. Wir behalten sie in Erinnerung und schätzen sie und ihre Fürsorglichkeit bei der Arbeit, sowie ihre Großzügigkeit, die von Herzen kam. Und wir danken Natalie Gilman, die entscheidend zur Arbeit beigetragen hat, indem sie als Herausgeberin eingesprungen ist und dieses Buch vermöge ihrer Klarheit und ihres eigenen Stils zum Abschluß gebracht hat.

Verzeichnis der Metaphern gemäß der gewünschten Ziele

Ziele im Gefühlsbereich

1. Trauer, Kummer
2. Trauer, Kummer, Verlust
3. Mut
4. Mut
5. Vertrauen
6. Vertrauen
7. Kraft, Vertrauen
8. Wut
9. Wut, Kraft
10. Wut
11. Liebe, Zugehörigkeitsgefühl
12. Erleichterung
13. Meisterschaft
14. Befriedigung, Trost, Erleichterung
15. Vertrauen, Sicherheit
16. Freude, Humor

Ziele im Einstellungsbereich

1. Um Hilfe zu bitten, ist nicht unangemessen. Häufig werde ich dafür sogar von anderen geschätzt und bewundert.
2. Bedürfnisse und Gefühle zum Ausdruck zu bringen, fördert die seelische Gesundheit und den Aufbau echter Beziehungen.
3. Wenn ich Gefühle der Trauer zeige, so befreit mich das, und ich kann dann wieder Freude und Glück erleben.
4. Ich kann mich zu Menschen hingezogen fühlen, die mich zu schätzen wissen und mich gut behandeln.
5. Wenn ich meine Verletzlichkeit offenbare, beweise ich echten Mut und erleichtere es anderen, mich zu achten.
6. Ich habe Fehler gemacht, und dennoch kann ich Achtung erfahren.
7. Sexuell aktiv zu sein ist auch für mich möglich, kann wohltuend und erfreulich sein, und ich kann das ganz entspannt und vergnüglich entdecken.
8. Es steht zu erwarten, daß ich den Drang oder das heftige Bedürfnis nach einer Droge verspüre, von der ich loskommen will; dies kann ein Anreiz sein, neu erlernte Verhaltensweisen einzusetzen.
9. Fehler zu bewältigen macht stolz und ist lehrreich. Jeder Weg ist gangbar, solange er nur zum gewünschten Ziel führt.

10. Furchteinflößende Situationen sind von Nahem betrachtet nicht so schwierig, als wenn man sie aus der Ferne und in der Phantasie sieht.
11. Es tut mir gut, zu handeln und aktiv zu sein, gleich welches Risiko ich eingehe.
12. Wenn mir an jemandem etwas liegt, dann kann ich ihn gehen lassen; wir werden wieder zusammenkommen.
13. Flexibilität ermöglicht uns, Kontakte zu knüpfen, uns Vergnügungen zu verschaffen und neue Möglichkeiten zu entdecken. An starren Plänen festzuhalten, behindert uns dagegen.
14. Es ist in Ordnung, wenn ich mich um mich selbst anstatt um andere kümmere, und ich werde dafür respektiert.
15. Es ist in Ordnung, daß ich die Verantwortung dafür übernehme, meinen Eltern meine Bedürfnisse zu zeigen; wenn sie nicht reagieren, kann ich darauf bestehen oder anderweitig Befriedigung erlangen.
16. Ich bekomme, was ich erwarte.
17. Es ist besser, Konflikte auszutragen, sie offenzulegen und zu bearbeiten, bis sie gelöst sind.
18. Es ist besser, Dinge zu bereden als Befehle zu erteilen.
19. Wir ehren unsere Eltern, indem wir notwendige Fehler machen und aus ihnen lernen, und weil wir dadurch wachsen und reifen, werden wir geliebt.
20. Risiken einzugehen und Verabredungen zu treffen, ist aufregend und eine Gelegenheit, reifer zu werden, zu erstarken und einen Freund zu gewinnen.
21. Handelt ein Mann bei einem Rendez-vous in unaggressiver Weise, so ist das für eine Frau meist angenehm, macht Spaß und wirkt sogar erfrischend.
22. Ein schüchterner und empfindsamer Mensch kann auch erfolgreich sein; der Umgang mit ihm ist oft ausgesprochen angenehm.
23. Ich kann eine gute Ehe und Familie haben, auch wenn ich nicht das Glück hatte, liebevolle Eltern zu haben – und bisweilen erweisen sich unglückliche Umstände letztlich als vorteilhaft.
24. Anstatt Angst zu haben, weil ich mich ein weiteres Mal beweisen muß, kann ich auf Neues voller Stolz und Vertrauen zugehen und Zufriedenheit empfinden über all das, was mir bereits gelungen ist.
25. Es gibt viele großartige Möglichkeiten, die Hilfe anderer Menschen anzunehmen – das verpflichtet mich zu gar nichts.
26. Indem ich mich öffne, finde ich zu meiner Stärke, meinem wahren Selbst und zu Nähe.

Ziele im Verhaltensbereich

1. Lerne zu geben, freundlich und fürsorglich zu sein.
2. Nimm Hilfe an, laß dich beschenken und sei dabei liebenswürdig.
3. Bring deine Wut zum Ausdruck, wehre dich, konfrontiere den Aggressor.
4. Bring dein Lob zum Ausdruck.
5. Verändere dein selbstkritisches Verhalten oder das anderer, indem du übertreibst oder alles verdrehst.
6. Du kannst mit anderen in einer Gruppe entspannt dasitzen.
7. Lerne die »richtige Art, ein Geschenk zu machen« - Verhaltensrituale beim Schenken.
8. Du kannst spielerisches Verhalten und befriedigendes sexuelles Verhalten erlernen.
9. Tritt mit anderen in Wettstreit.
10. Bitte um Hilfe.
11. Bitte um das, was du möchtest.
12. Lerne, über Selbstkontrolle zu verfügen.

Ziele bei der Veränderung der Familienstruktur

1. Eine Tochter soll aus der Triangulierung befreit werden, soll ihre eigenen Grenzen festlegen und eine selbstsichere und doch respektvolle Rolle aufbauen, wobei das Modell hierfür fehlt und auch keine Ermutigung gegeben wird.
2. Zwischen einem jungverheirateten Paar soll mehr von den gemeinsamen Verpflichtungen und von emotionaler Nähe die Rede sein; die beiden Partner sollen sich einander öffnen, über gemeinsame Ziele sprechen und so ihre Beziehung stärken.
3. Beide Partner sollen mehr Gespür füreinander entwickeln, der Ehemann soll mehr Beteiligung zeigen und beide Partner sollen sich als fähiger erleben.
4. Aggressive Fähigkeiten sollen mobilisiert werden, desgleichen das Kontrollvermögen hinsichtlich der Grenzen und des Symptoms; gegenüber der zudringlichen Mutter soll eine Trennung vollzogen und der elterliche Konflikt zwischen den Ehepartnern offengelegt werden.

Ziele für das Selbstbild

CSI und Szenarien:
1. Die derzeit vorhandenen Zugehörigkeitsgefühle sollen mit zukünftigen Lebensereignissen in Verbindung gebracht werden.
2. Eine als angenehm erlebte Sexualität und Merkmale der Verläßlichkeit sollen in einen angenehmen Zusammenhang mit dem Ehepartner, mit anderen und auch mit Arbeitskollegen gebracht werden.
3. Erleichterung, Spaß und Ehrgeiz sollen mit zukünftigen Ereignissen in Verbindung gebracht werden, die mit der Trennung vom Ehemann zu tun haben und mit dem Umgang mit Kindern, die das Elternhaus verlassen.
4. Vergnügen, Aggression und Kontrolle sollen mit der Zeit des Umwerbens, dem Unabhängigwerden von der Ursprungsfamilie und dem Verschwinden von Symptomen in Zusammenhang gebracht werden.
5. Das Selbstbild soll entwickelt werden und es sollen Szenarien erprobt werden, die einer vertrauensvollen, mutigen und entschiedenen Abnabelung von der Mutter dienen.
6. Erleichterung, Befriedigung und Stolz sollen mit zukünftigen Ereignissen verknüpft werden.

In die Zukunft projizierte Bilder
7. Es sollen Dissoziationen entwickelt werden, in welchen Bilder für Zukunftsprojektionen Gestalt annehmen können.
8. Zukünftigen Wahrnehmungen soll Gestalt verliehen werden.

CSI, Szenarien und in die Zukunft projizierte Bilder
9. Eigene Ressourcen sollen mit ähnlichen Situationen im Leben des Klienten verknüpft werden, unter Verwendung aller zur Planung des Selbstbildes dienlichen Komponenten: Einübung des zentralen Selbstbildes durch die Szenarien; zukünftige Wahrnehmungen sollen durch in die Zukunft projizierte Bilder ausgestaltet werden.
10. Selbstwertgefühl und Ärger/Wut sollen mit Situationen verknüpft werden, in welchen der Ehemann konfrontiert wird, und bei denen es wichtig ist, für sich selbst sorgen zu können und das Gefühl von Nähe zu empfinden.
11. Als Teil einer abschließenden Sitzung soll das zuvor Erlernte vertieft werden, dem weiteren Wachstum soll der Weg bereitet werden, insbesondere, was die zuvor schwierige Beziehung der Klientin zu einem Mann betrifft, von dem sie das Gefühl hatte, er nutze sie aus.

Ziele beim Aufbau der Identität und bei der Rollenentwicklung

1. Die Veränderung entsteht daraus, daß Verwirrung umgemünzt wird in eine Gelegenheit, Kraft und Geschick zu entdecken.
2. Die Veränderung ergibt sich daraus, daß du Kraft aus deiner eigenen Wahrnehmung heraus entwickelst und nicht aus Illusionen.
3. Die Veränderung ergibt sich, wenn du dir erlaubst, all deine Gefühle als Hilfe und Rückhalt zu benutzen.
4. Die Veränderung wird möglich, indem man sich darauf verläßt, zu vertrauen, um Hilfe zu bitten und sich selbst zu offenbaren.

Ziele für das Erlernen von Disziplin und Vergnügen

1. Du kannst dich bequem auf das konzentrieren, was dir bekannt ist, so daß du es dann, wenn es nötig ist, angemessen erinnern kannst.
2. Im Brennpunkt stehen Empfindungen, Bilder, Phantasien, Pläne und Botschaften, die erotisch sind und Spaß machen.
3. Werde erwachsen, laß die Furcht vor den mütterlichen Vergeltungsschlägen hinter dir, setze dein Wissen ein und höre auf, Entschuldigungen zu gebrauchen.
4. Trauer sollte ihren Ausdruck in Tränen finden und nicht in körperlichen Symptomen.
5. Einiges sollte man einfach tun, nicht darauf warten, bis man in Stimmung ist, sondern es einfach tun. Nimm dir vor zu spielen und sorge dafür, daß es Spaß macht.
6. Gönn dir etwas und sorge für dich und genieße das.
7. Plane deine Arbeit und erkenne sie an, wenn du sie gut gemacht hast.

Ziele für Trance-Phänomene

1. Für eine Patientin, die ihr Abhängigkeitsbedürfnis nicht wahrhaben will, sollen Geschichten zur Dissoziation, Zeitverzerrung, Amnesie, Altersregression und zur veränderten Körperwahrnehmung eingesetzt werden und gleichzeitig sollen zu Beginn und im Verlauf bestimmte Einstellungen beschrieben werden.
2. Anekdoten und Suggestionen zur Altersregression sollen zur Exploration eingesetzt werden und um einige angenehme Kindheitserinnerungen wieder lebendig werden zu lassen, die als Ressourcen für die nachfolgende Therapiearbeit genutzt werden.
3. Veränderte Körperwahrnehmung soll zur Veränderung des emotionalen Schmerzerlebens eingesetzt werden.

Kapitel 1

Dieser Teil des Waldes

Die schönste Erfahrung, die wir machen können, ist die des Geheimnisvollen. Dies ist das grundlegende Gefühl, das am Anbeginn jeglicher wahrer Kunst und Wissenschaft steht.

Albert Einstein

Der Schleier des Geheimnisvollen verzaubert uns, wenn wir ihm folgen.

Antoine Rivarol

Was ist das eigentlich, eine Metapher? Die Definition lautet: Es handelt sich um eine Stilfigur, in der die Verdeutlichung eines Sachverhaltes durch einen anderen, analogen erfolgt. Ein Wort wird in einen, seiner Bedeutung von Hause aus nicht zukommenden, Bereich übertragen. Wir gebrauchen jedoch hier die Begriffe »Metapher« und »Geschichte« abwechselnd als einen veränderbaren Rahmen, der Klienten dazu dient, neue Erfahrungen zu machen. Unsere »Metaphern« erstrecken sich auf: Protagonisten, Charakterentwicklungen, dramatische Effekte oder auch eine Handlung, die einem von verschiedenen Therapieprotokollen folgt, sowie eine Art Schlußfolgerung. Außerdem übernehmen wir von den ausführlicheren Metaphern oder Geschichten oft kurze, anekdotische Anspielungen. Obgleich diese rein technisch nicht Teil der Geschichte sind, werden sie aufgenommen, um dem zuhörenden Klienten noch mehr Unterstützung zu geben, so daß er sich identifizieren und dem Erleben Einzelheiten seiner persönlichen Erfahrungen hinzufügen kann, wie es im Laufe der Geschichte vermittelt wird.

Metaphern in der Therapie stellen eine indirekte Behandlungsform dar. Wie andere indirekte Vorgehensweisen auch, so rufen therapeutische Metaphern keinen Widerstand hervor, neue Ideen in Erwägung zu ziehen, wie das bei direkten Suggestionen häufig der Fall ist. Sie werden als sanfter und zwangloser Weg empfunden, Veränderungen können ins Auge gefaßt werden und werden nicht als fordernd und konfrontativ erlebt. Auf einer Ebene ist eine Metapher »einfach nur eine Geschichte«, auf die nicht reagiert werden muß, auf einer anderen Ebene regt sie indessen zum Nachdenken an, zum Erleben und zu neuen Einfällen, die eine Problemlösung unterstützen. Dieses anregende Moment wird des weiteren unterstützt, indem vielfältige Arten indirekter Suggestionen und Verknüpfungen in strategischer Weise miteinbezogen werden, die lose mit dem eigentlichen Handlungsablauf zusammenhängen.

Diese Suggestionen und Verknüpfungen in den hier wiedergegebenen Geschichten werden nicht besonders benannt oder hinsichtlich ihrer Zugehörigkeit zu bestimmten Kategorien diskutiert. Bezüglich Konstruktions- und Anwendungshinweisen für derartige Suggestionen sei der Leser an andere Quellen verwiesen (Erickson & Rossi, 1980a, 1980b, 1980c, 1980d; Lankton & Lankton, 1983; Matthews et al., 1984; und 1985). Indessen ist es wichtig zu erkennen, daß die Geschichten weitgehend eine Methode oder einen Rahmen darstellen, die der Aufnahme und Weitervermittlung der therapeutisch geplanten Suggestionen und Verknüpfungen an den zuhörenden Klienten dienen. Diese Suggestionen können gemäß den eben erwähnten spezifischen Kategoriensystemen entworfen werden. Sie können aber auch innerhalb einer Geschichte entwickelt werden, und zwar durch ein einfaches Umschalten bei den Pronomina und Tempora, von der dritten Person »er« oder »sie« in einer Vergangenheitsform zur zweiten Person »du« im Präsens. Diese Art des Pronomen- oder Tempuswechsels, oft mitten im Satz, ist grammatikalisch nicht korrekt, hat sich indessen als therapeutisch recht hilfreich erwiesen, den Klienten zu mehr innerer Beteiligung zu bewegen. Dieser plötzliche Wechsel findet sich häufig bei den folgenden Metaphern.

Ein Verfahren, das wir ebenfalls oft verwenden, wenn wir in der Therapie Geschichten erzählen, besteht darin, Metaphern vielfältig ineinander einzubetten. Deshalb sind alle Geschichten in diesem Buch, die dem vollständigen Sitzungsprotokoll dieses Kapitels folgen, ohne ihren logischen Kontext dargeboten, und man sollte daran denken, daß therapeutische Geschichten gewöhnlich nicht einfach »im Raum« stehen, so wie sie in den Kapiteln 2 bis 10 vermittelt werden. Gründe und Auswirkungen der vielfach eingebetteten Metaphern können ausführlich in *The Answer Within* studiert werden.

Gewöhnlich, aber nicht immer, geht den Geschichten eine Trance-Induktion voraus. Oft ermöglicht die zwischenmenschliche hypnotische Beziehung den Klienten, sich leichter zu konzentrieren, sich einfallsreicher zu identifizieren und belanglose äußere Reize wirksamer auszublenden. Ob nun eine Trance ausdrücklich induziert wird oder nicht, so werden die Klienten gewöhnlich doch während des Anhörens von Geschichten mit mehrfach eingebetteten Suggestionen einige Anzeichen von Trance entwickeln, denn auf die Vieldeutigkeit dieser Vorgehensweise konzentriert zu sein ist tranceauslösend. Die Bestandteile der Induktion und Begründungen hypnotischen Vorgehens werden an anderer Stelle ausführlich diskutiert (Lankton & Lankton, 1983). Hier möge unsere übliche Definition von »Trance« genügen, daß es sich nämlich um einem Zustand im Rahmen einer zwischenmenschlichen Beziehung handelt, in welchem der Klient eine gesteigerte Bewußtheit erlebt, die sich nach innen konzentriert: auf seine Gedanken, Gefühle, Überzeugungen, Erinnerungen, Werte usw.. Auf dem Hintergrund dieser Definition wird offensichtlich, daß »Trance« etwas ist, das man häufig erlebt, selbst in nichttherapeutischen Situationen. In der Familientherapie bitten wir die Mitglieder, sich ihrer vorhandenen Fähigkeiten zum konzentrierten Blick nach innen als einer bequemen Möglichkeit zu bedienen, um die vorgestellten Probleme zu betrachten und etwas Wesentliches zu lernen. Gemäß unserer Definition stellt diese Betätigung den Beginn einer Trance dar.

Der Behandlungsplan insgesamt, innerhalb dessen die Geschichten nur ein Bestandteil sind, ist so entworfen, daß das präsentierte Problem auf dem Hintergrund der zwischenmenschlich und entwicklungsgeschichtlich bedeutsamen Anliegen des Klienten und seiner Lebenswelt in Erscheinung tritt. Die Interventionen, darunter auch Metaphern, werden erdacht, um dem Klienten Mut zu neuen Beziehungsmustern zu machen, um ihm Problemlösung und Konfliktbewältigung zu erleichtern. Paradoxe Empfehlungen, die dazu ermuntern, ein Symptom oder ein Verhaltensmuster beizubehalten oder gar noch zu verstärken, werden häufig in diesen Therapierahmen mit aufgenommen (Lankton & Lankton, 1986).

Jeder Bestandteil des Behandlungsplanes wird so eingesetzt, daß er zu den übergeordneten Therapiezielen beiträgt und dem Therapiekontrakt entspricht. So gesehen kann die Therapie Geschichten einbringen, die einem einzelnen Klienten oder aber in einer gemeinsamen Familiensitzung erzählt werden, wobei Trance eingesetzt wird; es können aber auch multipel eingebettete oder andere Metaphern verwendet werden. Andere Interventionen wie z.B. strukturierte Aktivitäten und paradoxe Aufträge, Aufgaben zum Erwerb von Fähigkeiten oder mehrdeutige Aufträge können vorausgehen oder in die Geschichte während der Sitzung eingestreut werden. Ungeachtet der Intervention, die der Therapeut ausgewählt hat, geht er taktisch vor, d.h. er beobachtet die Reaktion des Klienten; die nächste Intervention ebenso wie das nächste Therapieziel werden wie maßgeschneidert folgen.

Allerdings können Patienten unerwarteterweise idiosynkratisch reagieren, ganz gleich, wie gut eine spezifische Geschichte dem Metaphernentwurf entsprechen mag – und daraus bezieht der beobachtende Therapeut wertvolle Informationen. Diese tragen zur fortlaufenden diagnostischen Abklärung bei, welche einfließt in die weitere Definition von Zielen und in die Auswahl und den Einsatz von Interventionen, bis zu dem Zeitpunkt, an dem der Therapiekontrakt erfüllt ist und die akuten Probleme gelöst sind. Dieser Prozeß beinhaltet gewöhnlich Ziele, um derentwillen Veränderungen eintreten müssen im affektiven, im Einstellungs- und Verhaltensbereich, im Selbstbild usw., und diese müssen immer wieder, an den verschiedensten Punkten der Therapie, angesprochen werden.

Ungeachtet der Einmaligkeit eines jeden Klienten und seiner Existenz können die verbreitetsten Therapieziele zu Gruppen zusammengefaßt werden, und die entsprechenden Geschichten können den verschiedenen Klienten jeweils wiedererzählt werden. Die vorliegende Sammlung enthält überwiegend wörtliche Aufzeichnungen von Geschichten, so wie sie einem bestimmten Klienten erzählt worden sind. Obgleich sie einem Klienten mit ähnlichem Anliegen auch ähnlich erzählt werden können, dürfen sie doch nie genau gleich sein. Sie müssen unterschiedlich erzählt werden, in Übereinstimmung mit den Bedürfnissen und Reaktionen jedes einzelnen Klienten und gemäß dem persönlichen Stil des jeweiligen Therapeuten. Außerdem wird es in jeder Erzählung andere Suggestionen und Verknüpfungen geben, welche den Handlungsablauf begleiten. Die Handlung selbst kann dabei geringfügig abgewandelt werden und die Bilder und Ereignisse aufnehmen, die für den jeweiligen Klienten bedeutsam sind. Und schließlich sind Lautstärke, Tonfall, Stimmlage und Pausen in jeder zwischenmenschlichen Begegnung unterschiedlich. Wenn diese nonverbalen Anteile auch äußerst wichtig sind, so können sie doch nicht in einem Buch gelehrt werden. Dieses Buch kann eine Lernhilfe sein, ersetzt indessen nicht die qualifizierte Ausbildung und Supervision.

Wir möchten qualifizierte und ausgebildete Fachleute dazu ermutigen, sich dieser Geschichten zu bedienen und sie zu nutzen, um sich weiterer Geschichten aus der persönlichen Erfahrung zu erinnern und sich selbst passende Metaphern auszudenken. Denn schließlich entstammen die Geschichten letztlich der persönlichen Erfahrung. Die von uns vorgeschlagenen Entwürfe können als Rahmen dienen, über den Sie die Leinwand Ihrer eigenen Erfahrungen spannen können. Die Entwürfe stellen Form und Ausrichtung bereit, während der Inhalt Ihrer eigenen Auffassung entstammt. Wenn Sie erst einmal ein Ziel ausgemacht haben, so fragen Sie sich einfach: »Wie fühlt sich das für mich, in meiner Erfahrung an?« Die Menschen und Bilder, die Ihnen dabei als Antwort in den Sinn kommen, stellen das Rohmaterial dar, aus dem die therapeutische Metapher entworfen werden kann. Die Vertraulichkeit kann leicht gewahrt werden (wie in allen hier erscheinenden Geschichten), indem die Namen der Betreffenden und die Orte geändert werden und auch indem Menschen und Zusammenhänge so kombiniert werden, daß ein Pasticcio entsteht, auf dem keiner mehr identifiziert werden kann. Selbst anscheinend rein fiktive Personen gehen noch auf Ihnen persönlich bekannte Menschen zurück. Oder aber es werden Ihre persönlichen Erfahrungen oder die Ihrer Freunde einer erdachten Person zugeschrieben, und auch da handelt es sich um echtes Erleben, das auch angemessen wiedergegeben werden kann, selbst wenn es sich um eine teilweise zusammengereimte Geschichte handelt. In gleicher Weise kann die Wahrheit einer Parabel oder eines Sufi-Gleichnisses zu einer bedeutsamen persönlichen Veränderung anregen, obgleich man ja weiß, daß derartige Geschichten erfunden sind.

Geschichten, die der unmittelbaren Erfahrung und den Einsichten des Therapeuten entstammen, sind glaubwürdig, und wenn sie für das, was der Klient zu lernen wünscht, bedeutsam sind, dann vermögen sie auch zu fesseln, zu interessieren und einzunehmen. Das trifft selbst dann zu, wenn der Therapeut

meint, es gehe dabei um Alltagserscheinungen. Wir bemühen uns, das Bewußtsein unserer Klienten anzusprechen, indem wir dramatische Effekte verwenden, die auf die eine oder andere Weise die Aufmerksamkeit fesseln, indem wir ein Geheimnis vielleicht nicht sogleich aufdecken oder absichtlich Spannungsmomente in die Geschichte einbauen. Da die Geschichten unseren Erfahrungen entspringen, ist es ein Leichtes, unglaubwürdige Geschichten zu vermeiden oder solche, die die Intelligenz unserer Klienten beleidigen würden. Würden wir im Stil von Kindermärchen sprechen oder Tiere als Hauptdarsteller benutzen, so hieße das, dem erwachsenen Zuhörer nicht genügend Respekt entgegenzubringen, und dies könnte zum Abbruch der therapeutischen Beziehung führen. Unglücklicherweise glauben viele Leute nicht, daß sie wirklich »eine Geschichte erzählen«, wenn sie sie nicht beginnen mit »es war einmal« und endigen mit »und sie waren glücklich bis an ihr Lebensende«. Geschichten mit solchem Anfang und Ende enthalten häufig allerhand Ungereimtheiten wie sprechende Kaninchen und verzauberte Frösche. Sollten wir dennoch in seltenen Fällen Pflanzen, Tiere oder leblose Bilder einsetzen, die wir in einer therapeutischen Geschichte für Jugendliche oder Erwachsene vermenschlichen, so tun wir das aus dem Blickwinkel eines menschlichen Protagonisten, gemäß dessen Äußerungen oder Vorstellungen, oder wir erzählen dies auf einer anderen Stilebene. Als Milton Erickson beispielsweise zu einem Mann über Tomatenpflanzen sprach, sagte er, die Tomatenpflanze kann sich »wohlfühlen«. Aber dann fügte er hinzu, »dies heißt, wie ein Kind zu sprechen, vielleicht kann sich die Tomatenpflanze wohlfühlen und voller Frieden sein, wie sie so wächst«, und damit schränkte er seine Aussage ein. (Erickson & Rossi, 1980d, S. 270)
Die hier zusammengetragenen Geschichten sind meist Erwachsenen und Teenagern erzählt worden, obgleich eine ganze Reihe auch von Kindern verstanden werden könnten. Es gelten die gleichen Richtlinien und Entwürfe, wenn therapeutische Metaphern für ein Kind erdacht werden. Häufig haben auch kleine Kinder das Gefühl, man spreche »von oben herab« zu ihnen, wenn zu viele sprechende und denkende Tiere oder Pflanzen vorkommen, wo doch eine menschliche Hauptperson ebenso gute oder sogar bessere Dienste leisten würde.
Eine letzte Bemerkung zu den Geschichten: Sie wirken eher und machen mehr Spaß, wenn sie mündlich übermittelt werden. Damit soll die Macht des geschriebenen Wortes nicht geschmälert werden, aber das Geschichtenerzählen war ursprünglich eine mündliche Kunst, und Geschichten wurden traditionellerweise über Generationen von Mund zu Mund überliefert. Es gibt da einfach einen qualitativen Unterschied, den man leicht ermitteln kann, wenn man jemandem eine Geschichte vorliest, anstatt sie zu erzählen. Die hier aufgezeichneten Geschichten waren noch nicht aufgeschrieben zu der Zeit, als sie erzählt worden sind. Es gab vielleicht einen Entwurf in groben Zügen, ein

»beziehungsvolles Bild«, das die Hauptpersonen, die Beziehungen, das Kommen und Gehen und den Handlungsverlauf beschreibt und möglicherweise auch mit so etwas wie einer »Schlußaufnahme« im Kopf des Therapeuten zusammenhängt. Die Aufmerksamkeit des Therapeuten sollte indessen ganz auf die Reaktionen des zuhörenden Klienten konzentriert sein, während er diesem die Geschichte erzählt, und nicht auf einen niedergeschriebenen Bericht, bei welchem es ausgeschlossen ist, die Reaktionen des Klienten gleichzeitig aufzunehmen. Wenn Sie also diese Geschichten für ihre Klienten verwenden, so sollten Sie sie als allgemeine Anregungen verwenden, die Sie mit Einfühlungsvermögen hinsichtlich Ihrer zuhörenden Klienten in Ihre eigene Sprache übertragen.

Nachdem wir nun diesen Teil des Waldes beschrieben haben und Sie auf all die unterschiedlichen Bäume aufmerksam gemacht haben, die Sie da nebeneinander finden können, möchten wir den Rest des Kapitels dazu verwenden, Ihnen die vielfältigen Interventionen vorzuführen, wie sie tatsächlich während einer vollständigen Sitzung übermittelt werden. Diese Sitzung stellt nicht die gesamte Therapie dar, beinhaltet jedoch eine typische Anordnung aus mehrdeutigem Auftrag, Induktion und mehrfach eingebetteten Metaphern, die sich auf Einstellung, Gefühl, Verhalten, Neugestaltung der Identität und Ziele im dissoziativen Rückblick beziehen. Jede Phase der Sitzung wurde entsprechend benannt, und die Entwürfe für die einzelnen Zielbereiche wurden in den folgenden Kapiteln einzeln aufgezeichnet.

Eine Frau wird mit einer aufgezwungenen Scheidung fertig

Hintergrundinformation

Tonya ist eine 40-jährige Frau, die im Verlauf ihrer Scheidung, die sie weder in die Wege geleitet hat noch wünscht, an Angst und Depressionen leidet. Die heftigsten Symptome, die sie zur Therapie veranlaßten, sind die häufig wiederkehrenden Angstattacken und Tränenausbrüche, derentwegen sie ihren Arbeitsplatz mehrmals in der Woche verlassen mußte. Zwei Monate vor dieser Sitzung hatte ihr Ehemann ankündigt, er werde sie wegen seiner Sekretärin verlassen.
Tonya ist seit zwölf Jahren verheiratet und hat zwei Kinder. Ihr Mann verhielt sich ihr gegenüber beleidigend und herablassend, obwohl sie ihn während der gesamten Ehe uneingeschränkt unterstützt hatte. Selbst jetzt würde sie ihm gern bei der Lösung des Zwiespalts helfen, in den er durch die Affäre mit der Sekretärin geraten ist, um damit ihre Ehe zu retten. Er ist kokainsüchtig und wurde bereits wegen des maßlosen und offensichtlichen Gebrauchs dieser Droge an seinem Arbeitsplatz verwarnt. Auch hatte er sich stets geweigert, eine Eheberatung aufzusuchen. Tonya hat ihr ganzes Leben zwei Männern gewidmet: ihrem Vater und ihrem Ehemann. Ein einschneidendes Ereignis, das ihr im Alter von zehn Jahren widerfuhr, wirft etwas Licht auf ihre zwischenmenschlichen Verhaltensmuster und ihre gegenwärtige Symptomatik: Ihr Vater kam betrunken nach Hause, weckte die Kinder auf und verlangte von ihnen die Entscheidung, mit wem sie nach der bevorstehenden Scheidung zusammenleben wollten. Die beiden jüngeren Geschwister zogen die Mutter vor, doch Tonya tat der Vater leid, sie dachte, »eigentlich ist er ja ein guter Mensch«, und so wählte sie ihn. Tatsächlich zog auch sie die Mutter vor, doch sie konnte einfach nicht den Gedanken aushalten, daß keiner sich dieses armen Mannes annehmen sollte. Trotz dieser Entscheidung verbrachte ihr Vater, als sie heranwuchs, sehr wenig Zeit mit ihr und hat bis heute nicht einmal ihre Kinder gesehen, die fast schon im Teenageralter sind.

Behandlungsplan

Ein derzeitiges Einstellungsproblem und eine offensichtliche Parallele zur Situation bei ihrem Vater wird deutlich, wenn wir uns klarmachen, daß sie ihren unzufriedenen und unaufmerksamen Gatten so viele Jahre deshalb unterstützte, weil sie ihn für sehr begabt hielt und glaubte, er werde sich, wenn nur jemand für ihn sorgte, schließlich doch noch zu dem fähigen Menschen entwickeln, für den sie ihn hielt. Statt dessen verließ er sie. Als er fortging, behauptete er, sie sei nicht attraktiv genug, habe Übergewicht und ihre Kinder seien eine »Blamage für die Beziehung«. Nach einer schriftlich niedergelegten Persönlichkeitsbegutachtung dieser Klientin wurden für die erste Sitzung folgende fünf Ziele gesetzt:

Angestrebte Einstellung:

Die tiefverwurzelte Auffassung soll in Frage gestellt werden, daß Tonyas Bedürfnisse der Unterstützung eines Mannes nachzustehen hätten. Ihre Bedürfnisse müssen beachtet und verteidigt werden, selbst wenn sie sich damit unbeliebt macht.

Angestrebte Gefühle:

Ihre Gefühle der (1) Zugehörigkeit und (2) des Souveränseins sollen gestärkt oder wieder zugänglich gemacht werden.

Unmittelbare Arbeit:

Es soll ihr ermöglicht werden, Haltungen zu überprüfen und sich neu zu entscheiden, sowie ihre wahren Gefühle zu äußern, selbst wenn sie zu Männern spricht, bei denen sie Bestätigung sucht/ suchte. Hinzukommen soll eine Desensibilisierung, die sich aus einer vorgestellten Konfrontation mit ihrem Vater ergeben könnte.

Angestrebtes Verhalten:

Ihre Selbstkritik, die zu Angstanfällen führt, soll vermindert werden. Zu den angewandten Methoden gehören Übertreibung, reziproke Hemmung und Symptomsubstitution.

Angestrebte Umgestaltung der Identität:

Es soll behutsam das Verständnis dafür geweckt werden, daß ein neues Leben beginnen kann, auch wenn alles verloren zu sein scheint.

Die Sitzung bestand aus acht Teilen, die ineinander übergingen: Begrüßung – Bestimmen der Aufgaben – Einholen der neuesten Informationen – Das Feld für die Therapie mittels »Verzauberung« bereiten – Induktion einer therapeutischen Trance – die fünf oben genannten Ziele – Rückorientierung nach der Trance – Beendigung der Sitzung. Richtlinien, wie die multipel eingebetteten Sequenzen gestaltet und eingeteilt werden können, sind der Vorschlagsliste zur Plazierung der multipel eingebetteten Metaphern zu entnehmen. Die besondere Anordnung von Metaphern, die sich auf die fünf genannten Ziele des Behandlungsplans beziehen sollen, wird im »Behandlungsplan für Tonya« dargestellt . Hier wird ersichtlich, daß die Sitzung dem Prinzip der multipel eingebetteten Metaphern (beschrieben in Lankton and Langkton, 1983) folgt. Für die fünf Ziele werden drei Metaphern verwandt. Der Großteil dieses

Buches ist der systematischen Anweisung zum Entwickeln jedes einzelnen Metapherntyps und den dazu gehörenden zahlreichen Beispielen gewidmet. Zweck des folgenden Beispiels ist, den harmonischen Einsatz verschiedener Metaphern während einer einzigen Sitzung zu veranschaulichen. Da diese Sitzung als einzige vollständig wiedergegeben ist, haben wir ein paar wesentliche Aspekte der Beurteilung der Klientin wiedergegeben, und wir werden diese Aufzeichnungen nur sehr selten unterbrechen, wenn wir den Leser aufmerksam machen wollen, daß wir zu einer anderen Metapher beziehungsweise einem anderen Therapieprotokoll übergehen.

Vielfach eingebettete Metapher
Vorschlagsliste zum Einsatz der Entwürfe

1. Anfangs-Metapher
Häufig wird hier ein Entwurf verwandt, der die Einstellungen oder die Familienstruktur betrifft.

1. Schluß-Metapher
Entwürfe zu dem in die Zukunft projizierten Selbstbild, zur Identität oder zur Vollendung unentschiedener Einstellungen oder noch nicht entwickelter Familienstrukturen können hier zum Abschluß gebracht werden.

2. Anfangs-Metapher
Hier wird gewöhnlich ein Entwurf für den affektiven Bereich eingesetzt oder es werden die erforderlichen Trancephänomene eingeübt.

2. Schluß-Metapher
Entwurf zur Planung des Selbstbildes, zur Rollenentwicklung oder zum Verhalten, die eine Verbindung herstellen zwischen der Arbeit in der Therapie und dem sozialen Umfeld.

3. Jeder Metapherntyp
Die bedrohlichsten Inhalte werden angesprochen. Für mögliche Interventionen werden benutzt: die entwürfe für Verhalten, Gefühle und Einstellngen oder Arbeit unmittelbar am Symptom.

Behandlungsplan für Tonja

Einstellungs-Entwurf
- Du hast ein Recht auf deine Bedürfnisse, selbst wenn andere dir das nicht zugestehen wollen
- eine Person, die ihre Bedürfnisse verleugnet und eine andere, die sie wieder anerkennt (beide benutzen viele Abwehrmechanismen)
- Eine Person, die wieder zu ihren Bedürfnissen steht – und doch noch Abwehrmechanismen einsetzt

1. Metapher

Entwurf zur Veränderung der Identität
Ein Schauspieler in einer Allee findet ein Yoyo
Reden über Selbstmord
Symbol der Eule, die Fleisch in Stücke reißt
Abschluß des Geheimnisses um die Holzschnitzerei.

2. Metapher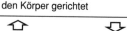

Verhaltens-Entwurf
- Im Schlaf Fehler machen
  spät zu Bett gehen
  falsches Bein
  Beschwerden der Arme/Beine
  die Träume sind nicht gut genug
  Schlechte Gefühle

Drama: dies geschah nach dem Zwischenfall, als sie im Schlaf Fehler machte.

Gefühls-Entwurf
- Meisterschaft: Ein Kind durchschlägt mittels seiner Karatekünste ein Brett, Photo-Körper
- Zugehörigkeit: Frau im Rettungsboot ... vom Kreuzschiff aus ... zur Insel rudern ... Begrüßung und Hauptaugenmerk auf den Körper gerichtet

Meisterschaft und Zugehörigkeit: Bewegung hin zum Positiven; sowohl innerlich als auch äußerlich (innerlich = Meisterschaft und äußerlich = Zugehörigkeit)

Dissoziation: Das eigene Ich als Kind mit Gefühlen sehen
Innerhalb der Dissoziation:
Tausche die Ressourcen aus
Gib dem verängstigten Teil deinen Rat: gib Anleitung falls nötig
Stelle dich als 10-jährige deinem Vater entgegen

Zunächst Dissoziation und Altersregression

3. Metapher

Verschiedene Zielrichtungen:
In diesem Entwicklungsstadium soll man Stolz und Nähe erlangen.
Du kannst nicht mit jemandem vertraut werden, der kein Vertrauen hat.
Sag dem Vater, der Zuflucht bietet, lebewohl.
Sie ist eine 10-jährige, die von ihrem Vater geliebt werden möchte.
Sei überrascht, daß du dich selbst magst; niemand hat dir gezeigt, wie man das macht.
Nur weil deine Mutter nach ihrer Scheidung am Ende war, muß es dir nicht ebenso gehen.

Die Sitzung beginnt:

Zu Beginn der Sitzung wird der Klientin, Tonya, eine ca. 35 Zentimeter große Holzschnitzerei, eine Art Märchenfigur gezeigt, die aus einer gekrümmten Wurzel entstanden ist. Sie betrachtet das Objekt. (Im Dialog kennzeichnet »T« den Therapeuten und »K« die Klientin Tonya.)

T: Als ich mich gestern abend für die heutige Sitzung vorbereitete, holte ich dieses kleine holzgeschnitzte Männchen hervor. Warum, meinen Sie, lasse ich Sie diesen Gnom anschauen?

K: Soll ich Ihnen das jetzt oder später sagen? *(lacht)*

T: Ich will es jetzt wissen.

K: *(betrachtet das Stück, einige Tränen)* Wollen Sie das jetzt wissen?

T: Ja. Können Sie sich dabei etwas vorstellen?

K: Es erinnert mich an mich selbst, als ich im Staat Washington und Oregon am Meer entlangging und Treibholz aufsammelte. Und jedesmal, wenn ich irgend so ein Holzstück anschaute, wußte ich, daß die Dinge nicht so sind, wie sie scheinen, und daran erinnert es mich. Es erinnert mich an ein Poster von Escher, das sich in meinem Büro befindet. Warum Sie es mir zeigen, *(lacht)* weiß ich eigentlich nicht so recht, außer daß es vielleicht etwas Verspieltes hat.

T: Ich will Sie jetzt noch nicht zu wesentlicheren Antworten auf diese Fragen drängen. Aber Sie können darüber nachdenken im Laufe der Zeit. Für den Moment lasse ich es einfach hier *(auf dem Tisch neben ihr)*. Und sicher werden wir zu anderer, stimmigerer Zeit auf diesen kleinen Kerl zurückkommen; also glauben Sie nicht, es sei vorbei, weil wir ihn jetzt nicht mehr ansehen.

K: Nichts ist vorbei, ehe nicht die Dicke die Karten auf den Tisch legt *(lacht)*.

T: Stimmt!

Einleitung der Trance:

T: Nun, Tonya, während Sie in Trance gehen, kann Ihr Bewußtsein von den verschiedensten Dingen abgelenkt werden ... Doch Ihr Unbewußtes versucht immer bei dem zu bleiben, was wesentlich ist. Und wenn es schwer ist, nicht abgelenkt zu sein, wird doch auch Ihr Bewußtsein dazu neigen, die Dinge wahrzunehmen, die wesentlich sind. Und ich weiß, daß Sie in Ihrem Geist ungeheuer viele Dinge haben, die wesentlich sind. Und so gehen Ihnen wahrscheinlich eine Menge Gedanken im Kopf herum, kommen und gehen. Ich hoffe, für eine kleine Weile können Sie ein wenig verwirrt sein, was für Gedanken Sie haben sollen, und Sie können sich wohlfühlen und fragen, ob Sie

überhaupt noch Gedanken haben, damit Ihre Trance eine therapeutische Trance ist, denn sie erlaubt es Ihnen, ihre Gedanken neu zu ordnen, die Ihnen sonst gar nicht in den Sinn gekommen wären. Und es wird schwer sein, jemandem neue Gedanken zu vermitteln, der ohnehin schon über vieles nachgedacht hat.
Ich habe hier einige Fotos, die ich Ihnen später zeigen will. Ich habe hier auch ein holzgeschnitztes Männchen, aber Ihr bewußter Verstand hat es wirklich nicht nötig, über diese Dinge nachzudenken: sie sind an diesem Punkt nicht bedeutsam für Sie. Was für Sie wichtig sein sollte: wie entspannt Sie sind, das Behagen in Ihrem Unbehagen, wie stabil Sie sind in Ihrer Veränderung, oder vielleicht auch, wie Sie voranschreiten und eine Erfahrung machen, während Sie sich verändern. Der Gedanke, man werde eine wunderschöne Zeit erleben, ist für niemanden neu. Teenager haben ihn oft. Im Rückblick sollten Teenager erkennen, daß sie nicht schrecklich wunderbare Zeiten hatten – die Teenagerjahre vieler Menschen sind wunderbar schreckliche Zeiten.
Paul Simon sagte, seine Kindheit sei barmherzig kurz gewesen. So hoffe ich, daß diese Trance barmherzig kurz und schrecklich wunderbar und hoffentlich nicht wunderbar schrecklich sein wird. Früher oder später ist Ihre normale Stimmung disponiert, sich zu ändern dank der Konzentration. Vielleicht werden Sie sich auf eine Geschichte konzentrieren, oder aber sie konzentrieren sich auf das Gefühl in Ihrer Hand, wie sie allmählich hochgeht. Und obwohl sie aufsteigen und in der Luft schweben kann, wird sie vielleicht Ihr Gesicht berühren und seitlich wegdriften. Was Sie damit erreichen: Sie können die Gelegenheit haben und feststellen, es hat sich etwas verändert in Ihrem normalen Bewußtsein, das gleich bleiben möchte, das Sie daran hindern möchte, sich zu bewegen oder dem Bedürfnis nachzugeben, zu reden. Ich möchte Sie auf verschiedene Weise dazu bringen, daß Sie sich ständig wundern über viele Dinge. Was kann ein holzgeschnitzter Gnom aus Österreich mit dieser Situation zu tun haben? Nun hat sich Ihre Handfläche leicht aus ihrem Schoß gehoben, hat sich ein bißchen zur rechten Seite hinbewegt, und in Ihrem Daumen spüren Sie es prickeln. Sie konnten zwar nicht bemerken, wie Ihre Hand dieses Gefühl umsetzt und in die Höhe geht, doch können Sie vielleicht feststellen, wie weit Sie sich entspannt haben und wie Sie tiefer in Trance gehen. Und ich bezweifle, daß Sie nicht vergessen, was ich Ihnen sage.

Beginn der ersten Geschichte (Verhaltensentwurf über den Wert, seine Bedürfnisse zum Ausdruck zu bringen):

T: Ich wollte Ihnen gern von einigen Teenagern und deren Abwehrverhalten erzählen. Nun könnten Sie meinen, Abwehrverhalten fehlt in einer Situation, und in einer anderen ist es vorhanden. Diese beiden Teenager müssen durchaus nicht vertraulich behandelt werden, aber ich erinnere auch nicht ihre Namen – so werde ich den einen mit A und den anderen mit B bezeichnen. Wenn ich nicht von mehr als sechsundzwanzig erzählen will, dann geht das schon in Ordnung.

Sie hätten beide auch Bruder und Schwester sein können, denn in ihren Herkunftsfamilien gab es den gleichen Hintergrund. Und letztlich ist diese Geschichte eng verknüpft mit der Holzschnitzerei. Denn die Leute, mit denen Sie es in Österreich zu tun haben, sind wirklich nicht sehr verschieden von den Leuten in den Vereinigten Staaten oder in irgendeinem anderen Land, wo ich tätig gewesen bin, obgleich es für Teenager dort leichter sein könnte zu entscheiden, was sie nötig haben und was sie fühlen.

Und sowohl Teen A wie auch Teen B verleugneten ihre Gefühle schon in frühester Kindheit, einer aus Furcht vor gewalttätigen Folgen und der andere ganz einfach, weil es zu frustrierend war, die ganze Zeit in dieser Familie um alles, was man wünschte, zu kämpfen. Doch gibt es in der Entwicklung der Teens einen großen Unterschied.

In ihren frühen Teenagerjahren hatten sie Gelegenheit, ihre Einstellung zu ändern. Teen A beschloß ohne Psychotherapie, daß es sehr sinnvoll sei, sich nach jenem amerikanischen Song zu richten »Don't cry out loud, don't let them know« (»Schreie es nicht laut heraus, laß es sie nicht wissen«) – das geschah gerade in jener Zeit und in jenem Lebensabschnitt –. »Big girls don't cry« (»Große Mädchen weinen nicht«). Und Musik konnte einem Kind gut dabei helfen, sich zu entscheiden, wie es die Klippen des Lebens umschiffen wollte und wen es sich als Ehemann aussuchen sollte. »If you want to know if he loves you, so it's in his kiss« (»Wenn du wissen willst, ob er dich liebt, spürst du es in seinem Kuß«). »Mama told me you better shop around« (»Mama sagte, sieh dich besser um«). Aber man erwartet von dir nicht, daß du dem Jungen oder Teenager sagst, wie du dich fühlst, deine Gefühle und Bedürfnisse zeigst. Du sagst Johnny Angel nichts; du hoffst nur darauf: »some day he loves me... and together will know how happy heaven can be«. (»Eines Tages wird er mich lieben ... und gemeinsam werden wir wissen, wie himmlisch es sein kann«).

Doch Teen B entdeckte ebenfalls ohne Psychotherapie – vielleicht war hier die Schwäche eine Stärke – daß es nicht möglich war, sich zurückzuhalten und Bedürfnisse nicht wahrzunehmen. Ob jemand einen vom anderen Geschlecht nun anziehend fand oder nicht, spielte keine Rolle. Er hatte sehr seltsame Interessen. Während die anderen Jugendlichen lernten, Verabredungen zu treffen oder einen für sie passenden Haarschnitt zu wählen, folgte er immer seinen Interessen. Manchmal machte ihn das einsam. Und wenn du irgendeinen anderen Teenager fragtest, wurde klar, daß Teen B im Geschäftsleben und in der Gesellschaft nie eine erste Rolle spielen würde. In Österreich gebraucht

man nicht den Ausdruck »nerd«, aber gewiß gibt es etwas Entsprechendes. Und ich wette, daß ein österreichischer 'Depp' noch etwas Schlimmeres ist. Es war wirklich klar, daß Teen A sehr beliebt sein, im College ein hohes gesellschaftliches Ansehen haben würde, in jeder anregenden studentischen Gemeinschaft, zu der sie gehören wollte, »in« sein würde. Vielleicht würde Sie Clubpräsidentin sein oder andere gesellschaftliche Funktionen ausüben. Und es war wirklich klar, daß man von Teen B nie wieder hören werde. Aber ihm war das egal. Ganz ohne Hilfe der Psychotherapie kam er darauf, obgleich ihm seine Eltern Angst eingejagt und ihn durch ihre Gewalttätigkeit eingeschüchtert hatten und er wegen dieser Streitigkeiten unter Alpträumen litt, daß dies nur bedeutete, wenn er seine Gefühle zuließ, seine Wünsche äußerte und seinen eigenen Interessen und Bedürfnissen folgte, dann mußte er allein sein. Und was er so vom Zusammenleben gesehen hatte, so lohnte sich das auf jeden Fall nicht besonders. Laß Teen A nur den dummen und vergeblichen American Dream verfolgen – ihre Bedürfnisse verdrängen, Johnny Angel finden, in einen Vorort ziehen, das Auto polieren, Barbecues veranstalten und nette Sonntage im Grünen verbringen. Viel überzeugender war der Versuch, ein Fels zu sein, allein wie eine Insel, und dabei seine Gefühle und Bedürfnisse zu zeigen. Aber er war nur ein Teenager und hatte gewiß nicht diese österreichische Holzschnitzerei gesehen, die ich Ihnen gezeigt habe. Damals noch nicht.
Nun, kurz gesagt: die Zeit verging. Mittlerweile hat die Muskelanspannung in ihrer rechten Hand sich verringert, möglicherweise weil Sie einen Teil ihrer konflikthaften Erfahrungen in Trance verändert haben zugunsten eines bewußten Gespürs für ihre Muskulatur. Ich frage mich, ob das mit ihrer Selbstbesinnung auf ihre Gefühlslage während ihres Trancezustandes zu tun hat. Und vielleicht spiegelt das Anheben ihres Armes das Ausmaß wieder, in dem Sie sich davon loslösen. Ich hoffe, daß Sie im Laufe der Zeit eine weitgehende Dissoziation in ihrer Hand haben werden. Denn Sie brauchen Dissoziation in ihrer Schulter, wenn die sich wirklich über ihrem Körper aufrichten soll. Und Sie wollen gewiß diese Dissoziation in ihrem Körper, damit Sie – ja: damit Sie eine schrecklich wunderbare Zeit verbringen können.
Vielleicht wird ihre linke Hand bis zu ihrem Gesicht steigen – sie weiß wie. Interessant ist, wie sie in ihrem Wissen geradewegs hochfuhr, aber ich wußte es die ganze Zeit, daß jede linke Hand, die weiß, wie man eine Uhr trägt, auch weiß, wie sie sich unbewußt zum Gesicht hochbewegt. Sie hat das vermutlich immer wieder geübt für solche Augenblicke und auf die Gelegenheit gewartet, endlich gebraucht zu werden für diese Armlevitation bis zum Gesicht hinauf. Es brauchte auch nicht unbedingt eine Uhr zu sein, die Sie am Handgelenk tragen. Sie könnten auch Eistee in der Hand gehalten haben, und wenn Ihre Hand sich zum Gesicht hinaufbewegte... wenn Sie dabei die Augen geschlossen hätten, so wäre das immer noch zu etwas gut gewesen.

Aber Sie fragen sich, was mit A und B des weiteren geschehen ist? Beide folgten ohne Psychotherapie ihrem eigenen Lebensweg. Und dazu benötigten sie eine Menge Abwehrmechanismen. Wir neigen dazu, Abwehrmechanismen, wie wir alle sie als Teenager benutzt haben, mit hinüber ins Erwachsenenalter zu nehmen. Und die Erfahrungen, die wir als Teenager gemacht haben, können vollkommen anders aussehen, wenn wir sie unter dem Blickwinkel der Reife und des Erwachsenseins betrachten. Die Teens können nach zwanzig Jahren durch eine andere Brille sehen, doch sind die Abwehrmechanismen noch vorhanden.

Was als qualvolle Wahl erschienen war – bestimmte Realitäten abzuwehren, indem man seine Bedürfnisse und Gefühle gezeigt, ihnen entsprochen hatte und sich ihrer bewußt war – führte für Teen B tatsächlich zur zeitweiligen Einsamkeit während seiner Teenagerjahre, doch war er dann als junger Erwachsener außerordentlich lebenstüchtig. Im College verbrachte er eine wunderschöne Zeit. Das Studium fiel ihm leicht. Und die Ehrlichkeit und Unverstelltheit, mit der Teen B seine Bedürfnisse und Gefühle zeigte, machte ganz klar, wer mit ihm und mit wem er verkehren wollte. Zu Beginn interessierte er sich sehr für die Schauspielerei, und nichts hemmte seine Begabung, eine bestimmte Rolle zu verkörpern. Sie wurde durch die Abwehrmechanismen, die er als Teenager verwandt hatte, sogar noch gesteigert. Er konnte eine Menge sozialer Stimuli hoch– und herunterspielen, sich in einer Rolle als traurig, glücklich, eifersüchtig oder übermäßig ehrgeizig darbieten. Als junger College-Schauspieler schien seine Karriere vollkommen gesichert, und er hatte viele Freunde. Doch folgte er neben der Schauspielerei auch weiteren Interessen.

Teen A hatte selbstverständlich lange vor College-Abschluß geheiratet. Wenn du schon deine Bedürfnisse hintanstellst, wie könntest du das besser, als bei den Abschlußprüfungen durchzufallen, eine Familie zu gründen und in den Hintergrund zu treten, abgesehen von der Nachbarschaft, in der sie nun lebte. Dort veranstaltete sie sonntags Barbecues. Beide, A wie B, hatten ihre Abwehrmechanismen. Und beide hatten sie sie aus der Teenagerzeit ins Erwachsenenalter mitgenommen.

Die zweite Geschichte beginnt (Therapieprotokoll für die Gefühle der Zugehörigkeit und des Bewältigens):

T: Nun, da ist etwas anderes: Sie können auch im Schlaf Fehler machen (Klientin lächelt). Nein, das meine ich nicht, ich meine wirklich schwerwiegende Fehler. Sie können sie völlig vergessen. Es wäre wahrscheinlich ein Fehler, das nicht zu tun.

Faye war eine Freundin von uns. Sie war Therapeutin und Präsidentin der NASW, wo sie eine Weile lebte und bei allen wohlgelitten und angesehen war. Doch reichte das nicht aus, um sie vor dem Gefühl zu bewahren, das wohl jeder empfinden würde, wenn er sich plötzlich bis zum Hals im Eiswasser befinden würde. Viele Leute sagen, sie seien bis zum Hals im Eiswasser gewesen, doch für Faye hieß das, daß sie in der Beringstraße auf ein Gummifloß zuschwimmen mußte – das überzeugte sie wirklich. Sie konnte sonst niemanden sehen. Das Kreuzfahrtschiff war offensichtlich auf einen Eisberg gelaufen, oder es hatte an Bord eine Explosion oder irgendeine andere Katastrophe gegeben. Es hätte ihre große Gelegenheit sein sollen, nach China zu reisen. Stattdessen war es ihre einzige Chance, in der Beringstraße zu schwimmen und zu versuchen, zu einem Rettungsfloß zu gelangen.

Faye ist eine kleine Frau. Es war nicht einfach, zu dem Rettungsfloß zu schwimmen. Auf das Floß zu kommen, war auch nicht leicht. Und es war noch schlimmer, dort in Kälte und Dunkelheit zu sitzen, ohne zu wissen, wo die anderen waren. Sie wußte nicht recht, was sie anfangen sollte. Ich sollte Ihnen wohl nicht erzählen, daß sie zehn Stunden in dem Boot verbrachte. Aber eine Zeitlang war sie ohne Bewußtsein. Sie erinnert sich, daß sie eine Erfahrung aus ihrer Jungmädchenzeit wiedererlebte und daran dachte, wie aufregend es war, Leuten beim Karatetraining zuzusehen, wie sie Ziegel mit ihren Händen zertrümmerten. Sie hatte vergessen, daß sie einmal an so etwas gedacht, es gewünscht und genossen hatte. Wir haben viele Ideen im Hinterkopf, die uns als Kind gekommen sind, viele Träume, an denen wir festhalten. Doch wissen wir nicht, daß wir daran festhalten. Wie viele Kinder wollten nicht Flugpiloten werden? Wie viele Kinder wollten nicht an Baumlianen schwingen? Wie viele wollten nicht Esther Williams sein und in vollkommener Harmonie in einem Becken schwimmen? Wie viele wollten nicht Commander Cody oder Lucie Ball sein, und dachten doch nie ernsthaft daran, dieses Ziel zu verfolgen? Woran Faye sich in ihrer Bewußtlosigkeit lebhaft erinnerte, das war jener Tag in der Judoschule, als sie ihre Übungen machte. Ganz durch Zufall hielt einer ihrer Partner auf der Matte zur Übung den Ziegel mit gestrecktem Ellbogen vor sich in die Höhe. An diesem Punkt ihrer Übungen drehte sie ihre Schlaghand, spannte den Muskel seitlich am kleinen Finger, streckte ihre Finger im Geiste unendlich weit aus und schlug nach rechts aus einer Körperdrehung heraus, wobei sie mit ihrer linken Hand einen Aufwärtsblock ausführte. Indem sie das tat, sah sie im Spiegel, wie ihre Hand geradewegs durch diesen Ziegel ging. Dann begriff sie, daß ihre Hand den Ziegel haargenau halbiert hatte, und sie wurde einfach starr vor Verblüffung und schaute ihr Spiegelbild an. Sie nahm eine Art des Lächelns auf ihrem Gesicht wahr, die sie nie zuvor gesehen hatte, ihre Lippen waren zusammengepreßt, in ihrer Kehle steckte ein Kloß, den sie glücklich hinterschluckte; ihre Mundwinkel hoben sich etwas, ganz allmählich, kaum wahrnehmbar, jedenfalls ein anderes Lächeln als sonst. Sie richtete sich auf, nahm den Kopf hoch und stellte fest, wie groß sie im Spiegel aussah. Ihr Atem ging leicht, sie war entspannt. Da war der Gedanke »Mein Gott, ich hab's geschafft!« Sogar eine kleine Träne stahl sich in ihr Auge. Es gibt ein

Lernen, das du nicht vergißt, das tief in deinem Unbewußten bleibt und sich von Zeit zu Zeit zufällig zu einer neuen Lernerfahrung weiterentwickelt. Genau das war ihr geschehen, als sie in den Spiegel blickte und sah, daß sie den Ziegel gespalten hatte.

Und Faye erinnerte sich an jenen Augenblick, wie sie sich etwas höher aufrichtete und ihren Körper auf bisher nie gekannte Weise sah. Sie hatte vergessen, daß sie ja groß geworden war, ehe sie dies sah. Und dieser Traum oder die unbewußte Erinnerung oder die Entstehung eines Gedankens aus ihrem Unbewußten standen ihr bei, als sie zehn Stunden lang in ihrem kleinen Dingi trieb und manchmal paddelte, ohne zu wissen wohin.

Zehn Stunden in der Finsternis. Schließlich begann sie Stimmen zu hören, sie glaubte die Richtung zu erkennen und versuchte sich ihnen zu nähern. Die Stimmen wurden lauter, doch konnte sie nicht ausmachen, ob sie freundlich oder feindlich waren, ob sie sich in Schwierigkeiten befanden oder die Rettung bedeuteten. Dann konnte sie erkennen, daß sie Englisch sprachen. Sie hörte viel Wehklagen und wußte immer noch nicht, ob es jenen schlechter ging als ihr – es kam ihr der Gedanke, daß da Leute sein könnten, die ihrer Hilfe und ihres Floßes bedurften, aber sie befürchtete andererseits auch, daß sie es zum Kentern bringen könnten.

Doch als sie näherkamen, verspürte sie mehr Erleichterung als Sorge. Und als sie noch näherkamen, erkannte sie, daß es sich nicht um Angstgeschrei, sondern um Freudenrufe handelte. Und als sie dann endlich neben dem Rettungsboot ankam, wurde sie unter Mitleidstränen und Erleichterungsrufen der Leute an Bord gezogen, die ihre Rückkehr bejubelten: Leute, die einander eigentlich fast fremd waren und die sich jetzt in Mitgefühl und Sorge zusammenfanden. Und gerade als sie ihre ausgestreckte Hand faßten, um sie ins Boot zu ziehen, ging ihr blitzartig wieder dieses Bild durch den Sinn, wie diese Hand den Ziegel durchschlug, nur wurde er dieses Mal von einer anderen Person festgehalten, und sie wurde umarmt und gestreichelt. In ihren durchnäßten, kalten Kleidern, die sich aber warm anfühlten auf der Haut, lachten und schrien sie durcheinander. Tränen rannen ihnen über das Gesicht.

Das Unbewußte kann sich auf vielfältige Art an Erfahrungen erinnern. Zwei Erfahrungen gleichzeitig in Erinnerung zu rufen oder eine mit der anderen zu verknüpfen, kann das Lernen nur erweitern. Das war lange, bevor sie lernte, Fehler zu machen, während sie schlief. Sie empfand nur dieses Glücks- und Sicherheitsgefühl und ihr war so, als würde sie diese Leute schon lange kennen. Wenn jemand diese Geschichte hört oder sie erzählt, kann man leicht vergessen, daß sich diese Erfahrung über zehn Stunden im eisigen Wasser erstreckte.

Ich frage mich, ob du die Tiefe dieser Erfahrung zu würdigen weißt, sich festzuhalten an all diesen anderen Leuten, die sich alle beglückwünschten und weinten. Wir können unseren bewußten Verstand einsetzen, um eine derartige

Erfahrung nachzuvollziehen, aber um wirklich zu begreifen, wie du dich fühlst, wenn die Füße unter dir nachgeben, wenn dir das Herz stehenbleiben will, wenn Deine Arme sich um jemanden schlingen, der sich seinerseits an dich klammert, wenn sich die Tränen von völlig fremden Menschen mischen, während sie die Wangen herunterlaufen. Sie lächeln und lachen und vertrauen sich Dinge an, die jeder für sich behalten hatte und die auch keiner in Worte faßt. Und dies unterstreicht gewiß die Bedeutung der Wahrheit, daß Menschen in Krisenzeiten zusammenrücken.

Die unmittelbare Arbeit des dissoziativen Rückblicks beginnt mit Anekdoten, um einen dissoziierten Zustand zu entwickeln:

T: Jetzt erinnern Sie sich an Erfahrungen, die nützlich sind oder die später genutzt werden sollen. Ich hoffe nur, Sie erinnern sich an die nützlichen Anteile jener Erfahrungen, während Sie einen Sinn für ihre Dissoziation entwickeln, denn der wirklich wichtige Teil der Therapie kann Sie mit einer Dissoziation in Beziehung bringen, die in Ihren Wangen und in Ihrem Nacken begonnen hat oder in Ihren Armen anfängt oder in Ihren Füßen. Die meisten Menschen haben fast immer eine Dissoziation in ihren Füßen, besonders aber in ihrer Seele. Es ist in Ordnung, wenn Sie sich losgelöst fühlen von ihrer Seele. Manchmal kann die Seele eine Menge Schläge einstecken.
Nun, was hat das alles mit Vertrauen zu tun? Bob Dylan sagte, er habe an die Himmelstür geklopft. Paul Simon sagte: »Hier bin ich, Herr, klopfe bei dir in Deinem Reich an und weiß, daß ich hier nichts verloren habe. Aber du sagtest, wenn ich ganz unten und kaputt wäre, dann könnte ich mich dir anvertrauen.«
Was hat das nun mit dem Vertrauen auf sich? Könnte es entstehen, wenn jemand in Trance versetzt und zur Dissoziation veranlaßt wird? Ich habe das mit Jerry gemacht, einer jungen Frau, die ausgezeichnet Klavier spielte. Nach unserer Therapie spielte sie zum ersten Mal öffentlich bei einer örtlichen Aufführung von »Jesus Christ Superstar«. Auch ihr Freund kam zu mir in Therapie. Er war der Hauptdarsteller dieser Aufführung. Junge, hatte der Schwierigkeiten! Aber ihre Aufgabe war die schwerste. Sie spielte während der ganzen Aufführung Klavier. Ich bat sie, soweit wie möglich zu dissoziieren, denn als Erwachsene verfügte sie über zahlreiche Ressourcen, die ich ihr zugänglich machen wollte, die sie fühlen und lernen sollte. Vielleicht konnte sie diese Dinge in ihren Fingerspitzen spüren oder in den Füßen oder im Nacken, in den Schultern, den Augen, den Wangen. Ich wußte nicht genau, wo sie es fühlen würde, denn ich habe ihr nicht bewußt eine Bezeichnung dafür gegeben. Ich gab ihr lediglich die Anweisung, diese Gefühle zu bewahren, während sie andere Ereignisse genau sehen und hören konnte, und zwar verschiedene Arten von Gefühlen zu bewahren, die nichts mit den vorgestellten Ereignissen zu tun hatten. Zum Beispiel konnte sie das Gefühl von

Entspannung bewahren und zugleich eine alberne Situationskomödie im Fernsehen anschauen und unberührt bleiben von der Absurdität oder dem Humor oder der Traurigkeit dieser Komödie, die sie so nebenbei gesehen hatte. Oder sie konnte sich auf ein bestimmtes Ziel konzentrieren, und sie würde dabei nicht auf irgendeine Musik im Hintergrund reagieren. Das könnte sein wie Nachrichten des CNN, so weitschweifig, daß du sie nicht noch einmal hören möchtest. Du stellst sie leise und wartest auf eine Unterbrechung, etwas Neues und Interessantes. Jeder findet eine Haltung in der er Ereignissen bequem folgen und zuhören kann. Dabei kann man die Erfahrung machen, daß man daneben steht, neben etwas, das einen hält und die Last von einem nimmt. Ich vermittelte einer Person die Vorstellung, sie stehe hinter einer Jalousie, hinter der sie beobachten und zuhören konnte und doch abgeschirmt war. Für manche ist das zu lästig. Eine Person bat ich, sich wirklich vorzustellen, daß sie in eine sehr breite Röhre gekrochen sei, so wie die, aus denen die Papierhandtücher kommen, nur sehr viel größer. Und sie bohrte ein kleines Loch hinein. Wenn du dich sehr nahe an einem winzigen Loch befindest, kannst du sehr viel von dem beobachten, was auf der anderen Seite vorgeht. Jeder dissoziiert auf seine Weise – manche Leute haben dabei eine Armlevitation oder eine Katalepsie, die sich zur Dissoziation entwickelt. Doch kommt es darauf an, sich innerhalb der Röhre zu denken, unter jenem Kartentisch mit der Decke darüber, oder daß du von deinem Baumhaus herab durch ein umgekehrtes Fernglas auf etwas Weitentferntes blickst oder irgendwie kein Interesse hast an dem, was du siehst und hörst. Und bewahre diesen Sinn für die Gefühle, die du anderswo gelernt hast.

Dann bat ich Jerry, deutlich die Ereignisse zu sehen und zu hören, die in der Vergangenheit stattgefunden hatten, als sie noch ein kleines Mädchen war – und laß die Gefühle, die mittels Bildern und Worten an die Vergangenheit gebunden sind, auch in der Vergangenheit zurück. Sie überprüfte sie aus der Entfernung und lernte dabei etwas anderes, und mir war es gleich, ob sie in der Papierhandtuchröhre blieb oder ob sie sie durch die falsche Seite des Fernglases betrachtete. Einmal bat ich eine Person, sich in der der Trance vorzustellen, daß sie verkleidet ist, so einen Raum betritt und den Fernseher einschaltet, der Ereignisse aus der Vergangenheit zeigt. Dabei brauchte sie dann weder verlegen zu sein noch irgendwelche emotionalen Reaktionen zu zeigen, denn es würde ja niemand wissen, daß sie es ist. Sie war verkleidet und sollte auf dem Bildschirm oder der Kinoleinwand einfach Ereignisse aus der Vergangenheit sehen, als sie noch ein kleines Mädchen war. Das kann sehr schnell gehen, und dabei kann ein langer Traum in einer kurzen Zeitspanne ablaufen; sie kann Ereignisse im Alter zwischen drei und sechs, von sechs bis acht, von acht bis zehn Jahren sehr schnell beobachten und an den wichtigen innehalten, insbesondere um sich mit einem unangenehmen Umstand ihres Lebens zu befassen, der den Namen »Vater« trägt.

Ich bat sie, sich ihre reifen Ressourcen zu bewahren, die sie in Trance erlangt hatte. Und dann sollte sie sich jenem Ereignis im Alter von zehn Jahren nähern. Der Fall eines jeden Menschen ist völlig verschieden von den übrigen. Du möchtest die Situationen jener verhängnisvollen Nacht klar vor Augen haben, als deine Brüder und Schwestern eine Entscheidung treffen sollten, aber stell doch mal eine Kommunikationsmöglichkeit her zu jener Zehnjährigen. Erkläre ihr, daß Du aus der Zukunft kommst und der Beweis bist, daß sie die ganze Geschichte in einer Weise durchgestanden hat, die sie nicht erwartet hätte. Sie soll bestätigen, daß sie weiß, daß das wahr ist.

Sag ihr, daß Du aus der Zukunft kommst, um ihr Ressourcen zu vermitteln, die sie zu jener Zeit nicht hatte, und von denen sie nichts wußte. Frag Sie, ob sie willens ist, die Ereignisse in etwas anderer Art zu durchleben, mit den Ressourcen, über die sie eines Tages verfügen wird, wenn sie Du wird und Du ihr symbolisch einen Lebenssinn und eine Fähigkeit zum Stolz und ein Zugehörigkeitsgefühl verleihst, die sie zu jener Zeit wissentlich nicht hatte. Und schenke ihr diese kleine Weisheit, daß du nicht mit jemandem vertraut umgehen kannst, der dir nicht traut.

Ich bat Jerry, die Ereignisse nun noch einmal zu erleben, die so wichtig gewesen sind – besonders eines oder zwei –, um zu beobachten, wie sie damit umgehen wird, wenn sie ihr erwachsenes Ich als Ressource einsetzt, und dabei sollte sie darauf achten, was für Schwierigkeiten in der Einstellung das kleine Mädchen gehabt hat. Und dann sollte sie diese Einstellungsschwierigkeiten des kleinen Mädchens in ihren eigenen Worten erklären und dabei sichergehen, daß du das kleine Mädchen an etwas erinnerst, das man dir nicht zu sagen braucht, das Mädchen aber dringend wissen sollte. Sie weiß nicht, daß es ihr nicht genau wie ihrer Mutter gehen muß, bloß weil diese auf Grund ihrer Scheidung resigniert hat. Es weiß nicht, daß es augenblicklich damit aufhören sollte, die Aufmerksamkeit ihres Vaters erzwingen zu wollen, die es sich wünscht. Es hatte keine Mutter, die ihr damals erzählen konnte, was du ihm heute sagen kannst, etwas, das du aufgrund deiner Ressourcen weißt. Gib dieses Gefühl von Stolz zuerst an das Bild weiter – sieh, wie die Kleine in dieser Szene lebt und das Gefühl hat, sie hat einen Platz, wo sie hingehört, und Menschen, die sie um sich haben wollen.

Wenn sie dies alles angenommen hat, dann frag sie, ob sie dir dafür nicht etwas zurückgeben möchte. Vielleicht gibt sie dir die Willensstärke zurück, die sie all die Jahre für sich behalten hat, den Willen, zu einer Entscheidung zu stehen, die Sache in der Hand zu behalten. Frag sie, ob sie dein Gefühl für Stolz und Vertrauen annehmen und dir dafür die Kontrolle über die Zukunft geben will. Und vielleicht sind da noch andere Dinge, die sie dir unbedingt geben möchte. Vielleicht gehört dazu die Fähigkeit zu erkennen, wem du trauen kannst und wem nicht – eine Weiche, die sie gestellt hatte und die von einem Erwachsenen überprüft werden muß.

Denn wir alle nehmen Abwehrmechanismen aus der Kindheit und Teenagerzeit mit hinüber ins Erwachsenenalter. Aber du solltest heute diese Abwehrmechanismen einsetzen, anstatt eine Zehnjährige damit zu belasten. Und sie kann noch andere Eigenschaften besitzen: eine gewisse Art von Verspieltheit, hoffnungsvolle und schöpferische Seiten, Frohsinn oder auch ein bestimmtes Bedürfnis zu weinen, umsorgt zu werden, sich auszuruhen, zu entspannen. Frag sie, was sie dir im Austausch für dieses Gefühl von Stolz, Vertrauen, Zugehörigkeit geben will. Und gib ihr etwas ganz anderes, etwas, das sie nicht versteht. Wenn du dich selbst magst, müßtest du überrascht sein. Es sollte nicht etwas sein, womit du vertraut bist. Sag ihr das und gib ihr diese Befähigung und das Verständnis, wie verblüffend es ist, sich selbst zu mögen, wenn niemand es einen gelehrt hat. Da dürfte sie nun ein bißchen verwirrt sein, und es könnte hilfreich sein, sie an etwas zu erinnern, was du im Verlauf des Lebens gelernt hast, nämlich wie verblüffend es ist, sich selbst zu mögen. Wenn sie sich dann wundert, ist sie vielleicht auf der richtigen Spur.
Ich glaube, es wäre eine sehr gute Idee, wenn Menschen ihre Vergangenheit vor ihrem inneren Auge vorüberziehen ließen, um Verhaltensweisen zu modifizieren und die Vergangenheit mit veränderten Ereignissen vor sich zu sehen, auch um Verhaltensweisen in kritischen Situationen zu erproben. So wirst Du dich früher oder später fragen, wie es wohl ausgegangen wäre, wenn das kleine Mädchen aus deiner Familie in jener Nacht nicht den Vater gewählt hätte. Und ich frage mich, ob das leichter gewesen wäre, wenn die Kleine gewußt hätte, daß sie Stolz in sich entwickeln würde. Vielleicht solltest Du ihr helfen, ein paar Worte zu finden, um das durchzuspielen. Ich weiß nicht, wie Du das ausdrücken würdest: »Seien wir nicht nachtragend, Dad, aber mach Schluß und zieh aus. Du kannst mich ja gelegentlich einmal anrufen. Wenn ich dann noch hier bin, gehen wir zusammen essen.«
Ich glaube, die beste Art, Vater und Mutter zu ehren, ist: zu der ausgeprägtesten Persönlichkeit heranzuwachsen, die du nur zu werden vermagst. Und wenn das nichts mit Vaters und Mutters Träumen zu tun hat, so werden sie wohl einige Zeit brauchen, um herauszufinden, daß du ihnen Ehre machst, gerade weil du ihre Träume nicht verwirklichst. Carolls Eltern waren nicht an einer College-Laufbahn ihrer Tochter interessiert. Sie meinten, sie solle eher Sekretärin werden. Du brauchst nicht lange in Trance zu verweilen, um festzustellen, daß es nicht Sache eines Mädchens ist, im Hauptfach Psychologie zu studieren, vielmehr sollte es etwas Nützliches tun. Und außerdem war sie gewiß kein besserer Mensch, wenn sie in einem Kabriolett umherfuhr und Gottweißwas tat. Doch hatte sie es vor langer Zeit so gelernt. Sie glaubte, daß man Vater und Mutter ehren solle. Doch heißt das nicht, das unwissende Leben zu führen, das sie ahnungslos für dich wünschen. Wie Cat Stevens sagte: »Wenn sie recht hätten, würde ich zustimmen, aber sie kennen sich und nicht mich.« Und weil das jeder von uns als Erwachsener gelernt hat, kannst du diese

Informationen an das kleine Mädchen weitergeben. Sage der Kleinen, daß du ihr beistehen wirst, sage ihr: Stell dich einfach hin und sag es ihnen. Vielleicht möchtest du mit keinem von deinen Eltern leben. Vielleicht möchtest du lieber, daß ein älterer Teil deines Selbst sich um dich kümmert, bis du alt genug bist. In Trance kannst du Dinge falsch machen. Du kannst dich durch emotionale Erfahrungen hindurchschleppen, und solltest statt dessen doch dissoziiert sein. Du kannst dir selbst schlechte Ratschläge geben oder es versäumen, die guten Ratschläge anzunehmen, die du dir auch gibst. Doch das Problem dabei ist, daß du sie weiter durchgehst, überarbeitest und wieder überdenkst, bis du es endlich richtig machst – besser kannst du es auch gleich richtig machen. Es ist, wie Billy Joel sagte: »Mach es beim ersten Mal richtig, das ist die Hauptsache.« Aber diese Geschichte, Fehler zu machen, während man schläft...
Der Abschluß der zweiten Metapher beginnt (die Person aus dem Gefühlsentwurf wird nun für das Verhaltensziel und den Verhaltensentwurf eingesetzt). Ziel ist, die Trancephänomene der Dissoziation, Amnesie und/oder negativer Halluzination bei den angstauslösenden Reizen anzuwenden, die die Klientin im Zusammenhang mit der Scheidung erfuhr. Die Absicht ist, der Klientin bei ihrer Selbstkritik zu helfen. Methoden sind: reziproke Inhibition (Hemmung), Übertreibung, Entwertung und Symptomsubstitution.
T: Als Faye mich zur Therapie aufsuchte, hatte das nichts damit zu tun, daß sie einst zehn Stunden lang im kalten Wasser umhergetrieben war. Ihr Problem war, daß ihre Ohren klingelten und sie äußerst schlecht hörte. Sie mußte ihrem Gesprächspartner die Worte von den Lippen ablesen, um etwas mitzubekommen. In ihrem Beruf konnte sie mit diesem Hörsturz nur schwer zurechtkommen, weil man von ihr erwartete, daß sie einfühlsam mit dem umgehen sollte, was ihr die Leute sagten. In der Trance bat ich sie, mich unentwegt anzusehen, während sie in Trance ging; wenn sie mit offenen Augen in Trance geht, dann ist das schön, und dann kann sie auch hören. Als Ergebnis hatte sie eine vollständige Amnesie für alles, was ich sagte. Doch hörte sie es, denn das Klingeln in ihren Ohren verschwand.
Es gibt eine Menge Möglichkeiten, wie du im Schlaf Fehler machen kannst. Du kannst einen schrecklichen Traum haben, in dem du selbst eine der Hauptpersonen bist und dich gnadenlos selbst kritisierst und dann vergißt, daß du die Hauptperson warst. Viele Leute haben Träume, aus denen sie erwachen, ohne sich erinnern zu können, warum es so schlimm war. Sie erinnern sich sogar an das, was schlimm war, doch können sie sich nicht erinnern, warum ebendies so erschreckend war. Hier kannst du nun einfache Maßnahmen treffen. Du kannst ein Bein einschlafen lassen, oder als Bestrafung dafür, wie du tagsüber auf irgendeine Sache reagiert hast, kannst du die ganze Nacht auf einem Arm schlafen, so daß du ihn die ersten fünf bis zehn Minuten nach dem Erwachen überhaupt nicht gebrauchen kannst. Du kannst dich, um ein allge-

meines Unwohlsein hervorzurufen, während eines großen Teils der Nacht hin- und herwälzen, ohne zu wissen warum.
Du kannst mit dem falschen Fuß aus dem Bett steigen. Wenn du gewöhnlich mit dem falschen Fuß aus dem Bett steigst, könntest du mit dem richtigen Fuß aufstehen, und das wäre dann ein Fehler. Du kannst Träume haben, die nicht gut genug sind (die Klientin lacht). Ich bat Faye, sich nachts in ihren Träumen zu kritisieren und darin die Fehler zu machen, die sie tagsüber zu begehen glaubte. Sie konnte Dinge tagsüber richtig machen, das war überhaupt keine Schwierigkeit. Doch wenn sie zu Bett ging, begann sie an einem gewissen Punkt zu träumen, lag dann auf einem Arm, bis er einschlief und – wie um sich selbst zu bestrafen – ganz ordentlich wehtat. Oder sie konnte, wenn sie wollte, im Schlaf die falschen Träume haben. Oder sie konnte sich in einem ihrer Träume höllisch kritisieren und dann vergessen, daß sie die Hauptperson war. Sie konnte falsch träumen oder nur zufällig jemand anderen kritisieren. (Klientin lacht) Und nimm deine Erfahrungen mit der Selbstkritik und den Selbstzweifeln – wenn sie tagsüber auftauchen, dann sage dir: Ich werde davon träumen. Das wird dir mehr Zeit lassen, das Leben tagsüber angenehm zu verbringen.
Als ich mit meinem Vater therapeutisch wegen seines Golfspiels arbeitete, sagte ich, nötig sei für ihn , zum Golfplatz zu gehen und bewußt verschiedene Dinge wahrzunehmen. Und als eine dieser Ideen, die ich erwähnte, ihm zu Bewußtsein kam, wurde ihm klar, was das zu bedeuten hatte. Sein Unbewußtes sollte die Idee unmittelbar dem Bereich zuführen, der nachts in den Träumen Erfahrungen vorwegnimmt. Dann konnte er mit dem falschen Fuß aufstehen – oder mit dem richtigen, wenn er zuvor mit dem falschen aufgestanden war. Er konnte eines seiner Beine einschlafen lassen, er konnte auf seinem Arm liegen, bis er schmerzte, er konnte einen Traum träumen, in dem er sich böse kritisierte, und dann vergessen, daß er die Hauptperson war oder er konnte den Traum falsch verstehen und zufällig jemand anderen kritisieren. Und versuche, jene Mechanismen im Traum einzusetzen, sicherzugehen, daß das Unbewußte im Wachzustand weiß, daß es die Wahl hat, daß es jene gewissen Gedanken kontrollieren kann, von denen ich spreche, und daß es sie in den Traum schickt, wo sie in Bahnen gelenkt werden, daß sie ihre Sache wirklich gut machen und während des Schlafes alle Fehler machen können. Dann konnte sein bewußter Verstand tagsüber auf dem Golfplatz aufmerksam verschiedene Dinge wahrnehmen. Immer kannst du das Grün der Bäume dankbar betrachten, das Blau des Himmels, die Wärme der Sonne, die vollkommene Stille und den Frieden, und kannst überhaupt erstaunt sein, wie die Welt ist, wenn du lebendig bist und sie genießt. Und ich erzählte das Faye, doch sie hatte eine vollkommene Amnesie für alles, was ich ihr gesagt hatte, denn sie beobachtete meine Lippen, damit sie mich hören konnte.

Die erste Metapher schließt mit dem Identitätsentwurf (dieser Abschluß macht Teen B aus der ersten Geschichte zur Hauptfigur für den Identitätsentwurf):

T: Nun, ich habe die Holzschnitzerei erwähnt. Sie hat nichts mit dem eben Gesagten zu tun. Doch Teen B war Schauspieler geworden und ging törichterweise nach Amerika, um dort sein Glück zu finden. Ich glaube, er ging nach New York, doch kann er auch nach Hollywood oder anderswohin gegangen sein. Ich weiß jedenfalls, nach einer Reihe fast unbezahlter Jobs und in seinem ewigen Unvermögen, seine Miete zu zahlen oder irgend etwas von dem kaufen zu können, was er meinte haben zu müssen, wenn er in einem völlig neuen Land lebte, fühlte er sich schließlich verlassen. Er beschloß, wenn er nicht als Schauspieler arbeiten könne, dann wäre das Dasein für ihn nicht mehr lebenswert. Doch war er nicht sicher, was er anstellen würde, um Schluß zu machen, und ob er das tun sollte. Endlich dämmerte es ihm eines Nachts, und er hielt das wirklich für eine blendende Idee: Er würde das beste Schauspiel schaffen, in dem er je aufgetreten war. Er würde es selbst schreiben, dabei Regie führen und die Rolle des Hauptdarstellers übernehmen. Mehrere Wochen arbeitete er eifrig und wartete wohl immer noch insgeheim auf einen Telefonanruf wegen eines Jobs, einer Off-Broadway–Produktion oder sonst etwas, vielleicht auch wegen eines Werbespots, um den großen Coup zu landen. Allmählich aber versuchte er immer seltener, einen Job als Kellner oder Hausdiener zu bekommen, und er arbeitete immer öfter an seinem großen Monolog.
Schließlich, als er das Gefühl hatte, es sei an der Zeit, räumte er seinen Wandschrank aus, verschenkte einige seiner Kleidungsstücke und ein paar andere Gegenstände sowie sein Radio. Er öffnete die Schublade, um sein Taschenmesser herauszuholen. Er war überrascht, als er aus der Ecke der Schublade auch noch ein Jo-Jo hervorholte. Er hatte die Schubladen für leer gehalten, doch nun steckte er beide Gegenstände in seine Manteltasche. Und er verließ sein Zimmer ein für allemal und ging zu einer seiner Lieblingsalleen, die er gewöhnlich nach Einbruch der Dunkelheit auf seinem Heimweg durchquerte. Und da stand er dramatisch auf einer Behelfsbühne, die er mit einigen Kisten und Brettern geschaffen hatte.
Und im Mondenschein, mit einigen wenigen Tieren als einzigem Publikum, begann er, seinen Monolog in Gedanken, bevor er sprach durchzugehen. Im letzten Augenblick entschied er sich anders und beschloß, sich mit seinem letzten Geld an einen abgelegenen Ort zu begeben. Das Geräusch der Taxis paßte nicht als Bühnenmusik. Und so stand er später in der Nacht und fest entschlossen und ohne eine Hoffnung auf einen Sinneswandel, ohne materiellen Rückhalt auf seiner Obstkiste und sprach seinen Monolog – die beste Darbietung, die er seiner Meinung nach je vollbracht hatte. Er ließ sich über die Vorteile des Lebens aus und über die Sinnlosigkeit des Ganzen. Und er

verkündete Dinge, die er vor langer Zeit in seinen Teenagerjahren gelernt hatte, Dinge, die ihn so weit gebracht hatten. Dafür war er dankbar, und nun wollte er sein Leben in Gottes Hand zurückgegeben und abwarten, als was er das nächste Mal auf die Welt käme. Er faßte in seine Tasche mit dem Wissen, daß er darin das Messer finden würde.

Wenn Sie Filmemacher wären, würden Sie jetzt einen Kameraschwenk machen und eine niederstoßende Eule zeigen, die eine Maus packt, die zu entkommen glaubte, sie herumdreht, mit den Klauen durchbohrt und das Fleisch mit dem Schnabel reißt. Doch was hat das mit der Holzschnitzerei aus Österreich zu tun?

Mein Geburtstag ist der 29. Mai. An einem 29. Mai gingen Carol und ich in der Nähe von Salzburg spazieren, wo wir den Laden von Carl Warbler aufsuchen wollten, der in der ganzen Gegend für seine Holzschnitzereien bekannt war. Als wir bei ihm ankamen, öffnete sich die Tür zu seiner Garage, in der sich mindestens 500, wenn nicht gar 1000, aus Baumwurzeln von Bäumen im österreichischen Wald fein geschnitzte Gesichter befanden. Wir gingen umher, betrachteten jedes einzelne, und ich konzentrierte mich auf den Geist und die Aura eines jeden Stückes. Carol wollte mir eines zum Geburtstag kaufen, so ging ich umher, betrachtete eines nach dem anderen und sortierte einige schon aus der Entfernung aus, weil mit ihnen eindeutig etwas nicht stimmte. Andere betrachtete ich genauer, zog erst fünf, dann drei in die engere Wahl, dann zwei und entschied mich schließlich für eine geschnitzte Wurzel. Ich nahm sie von der Wand, ging zur Kasse und sagte in meinem besten Deutsch: »Die möchte ich kaufen.« Und er sprach Englisch.

Ich fragte, wie es käme, daß er so gut Englisch spreche. Er sagte, er sei in seiner Jugend Schauspieler gewesen und in die Vereinigten Staaten gegangen, um dort Schauspielunterricht zu nehmen. Und als er eines Tages in seine Tasche faßte und ein Taschenmesser und ein kleines hölzernes Jo-Jo hervorholte, sah er auf dem Jo-Jo ein kleines Gesicht. Spontan hatte er es mit dem Taschenmesser ausgeschnitzt. So kam eines zum anderen. Nun war er wieder nach Österreich heimgekehrt und schnitzte aus Wurzeln diese wunderbaren Gesichter. Jetzt war er als der berühmteste Holzschnitzer für diese Art Objekte in ganz Österreich bekannt. Leute im ganzen Land konnten Ihnen seinen Laden nennen.

Doch dieses Stück wollte er uns eigentlich nicht verkaufen, und ich fragte nach dem Grund. Er sagte, er habe es erst in der vergangenen Nacht geschnitzt. »Heute ist sein Geburtstag!« Und ich sagte, »Heute ist auch mein Geburtstag.« – »Sie sagen, Sie haben Geburtstag, ich ja auch, schau an!« Und er sagte: «Nun, in diesem Falle« – und er hob das Stück hoch bis zu seinem Gesicht und sprach eine Weile zu ihm. Er sagte ihm Lebewohl und gab es mir.

Reorientierung aus der Trance und Ende der Sitzung

T: Nun, ich habe in den letzten Minuten über eine Menge verschiedener Dinge gesprochen, Dinge, die Sie beeindruckt haben. Ich hoffe, Sie werden die Dinge aufnehmen, von denen Sie etwas begriffen haben, und werden sie mit denen gut vermischen, die Sie nicht verstehen. Durchdenken Sie sie und träumen Sie davon. Und wenn Sie Ihre Augen öffnen, möchten Sie vielleicht für einen Augenblick tiefer in Trance gehen, um für das Erlernte eine Stelle zu finden, wo Sie es einpflanzen können, damit es wachsen kann. Und während Ihr Unbewußtes diesen Ort bereithält, wo das Gelernte zugänglich ist, kann Ihr bewußter Verstand vielleicht an zwei oder drei andere Möglichkeiten denken, bei denen Sie einige der Gedanken anwenden werden, oder Sie können es zulassen, die Gedanken in anderen Trancezuständen fortzuspinnen, in die Sie sich selbst hineinbegeben, oder Sie entwickeln die Gedanken in Ihrer eigenen Trance weiter. Wenn Ihr bewußter Verstand diesen verborgenen Ort überwacht, so sollten die Gedanken gehegt und gepflegt werden. Lassen Sie Ihr Unbewußtes zwei oder drei Zeitpunkte im üblichen Verlauf des Tages oder der Nacht auswählen, zu denen Sie die Verbindung nützlicher und verwirrender Ideen so gestalten und ordnen, daß sie Ihnen in den nächsten Tagen, Wochen oder Monaten auf angemessene Art dienlich sein können. Und wenn Sie in Ihrem Bewußtsein und in Ihrem Unbewußten zufriedengestellt sind, weil Sie jene Ideen an einem Ort einpflanzen können, an dem sie wachsen und das Selbst nähren werden, dann ist es Zeit, daß Sie in Ihrem eigenen Tempo wieder mit sich selbst in Kontakt kommen und sich wieder zurechtfinden und in diesen Raum zurückkehren.
Ich erwähnte, daß Sie einige Bilder betrachten sollten. Das ist Carl und sein kleines Haus, und das natürlich Carl selber .... Und wie fühlen Sie sich?
K: Gut.
T: Ist in Ihrem Ring etwas Besonderes? Ein Mikrofilm, Nervengas oder so etwas?
K: Das war der Ring meiner Großmutter, er wurde interessanterweise in Deutschland von Hand gearbeitet *(lacht).* Es sind zwei blaue Saphire darin. Alle fragen mich, ob das ein Zauberring ist.
T: Ist es ein Zauberring?
K: Nein. Sie fragen, ob da ein Geheimnis drinsteckt, und ich ....
T: Gut, nun ist er verzaubert, meine ich! Sind wir also fertig?
K: Ja.
T: Haben Sie das Gefühl, daß wir jetzt abschließen können?
K: Ja. Ich wollte Ihnen sagen, daß ich das kleine zehnjährige Mädchen so deutlich sah. Mir war, als könne ich die Hand ausstrecken und es berühren. Ich wollte ihm sagen, daß es schön sei *(Pause)* – aber ich glaube, es weiß das.

Follow up:

Eine Nachbefragung nach einigen Monaten zeigte, daß Tonyas Streßreaktionen innerhalb von zwei Wochen abgeklungen waren. Trotz einer Reihe äußerst feindseliger Aktionen ihres entfremdeten Ehemannes arbeitete sie weiter wie üblich und meisterte viele Veränderungen wie Umzug, Finanzen usw., die mit einer Scheidung einhergehen, ohne weitere Zwischenfälle. Einige Monate später, nachdem die Scheidung vollzogen war, kam sie zu einer zweiten Sitzung, die ihr helfen sollte, diesen Lebensabschnitt endgültig abzuschließen. Sie wurde aufgrund der Tatsache vorverlegt, daß ihr früherer Ehemann seine ehemalige Sekretärin heiratete. Jetzt trifft Tonya Verabredungen und hat eine ernsthafte Beziehung zu einem anderen Mann. Obwohl sie es nicht ausstehen kann, wie ihr früherer Mann sie behandelt hat, hat sie doch einen gewissen Humor hinsichtlich der ganzen Angelegenheit entwickelt.

Diese Aufzeichnung ist das Beispiel einer normalen oder typischen Sitzung. Sie veranschaulicht den Gebrauch vielfältiger Metaphern, die ineinander eingebettet sind. Des weiteren veranschaulicht dieses Buch jeden hier verwendeten Entwurf und zusätzlich noch verschiedene andere. In jedem der folgenden Kapitel werden kurz die Schritte des jeweiligen Therapieprotokolls erklärt, und es werden zahlreiche Beispiele angeführt. Zu jedem Fall wird das angestrebte Ziel, nicht aber die Einschätzung des Klienten dargelegt werden. Die erfolgreiche Anwendung dieser oder sonstiger Interventionen hängt von der angemessenen diagnostischen Einschätzung und der richtigen Befragung ab. Um streng beim Thema dieses Buches zu bleiben, sollen diese Gebiete hier nicht weiter behandelt werden. Dieses Buch soll andere bereits zitierte Werke begleiten. Doch braucht man dieselben, obwohl ihre Kenntnis nützlich wäre, nicht unbedingt zu kennen, um dieses Buch zu verstehen und aus seiner Lektüre Gewinn zu ziehen.

Kapitel 2

Gefühlsmetaphern

Man braucht sich seines Gefühls nicht zu schämen, es ist nicht untergeordnet und zweitrangig; es ist ein höchst wertvoller Teil des Mensch en in seiner edelsten und vollsten Reife.
Joshua Loth Liebman

Der junge Mann, der noch nie geweint hat, ist ein Wilder, und der alte Mann, der nicht lachen will, ist ein Narr.
George Santayana

Während der Kummer frisch ist, kann jeder Versuch, von ihm abzulenken, nur verstören. Du mußt warten, bis er verarbeitet wurde, und dann wird Heiterkeit zerstreuen, was noch davon übriggeblieben ist.
Samuel Johnson

Emotionen werden oft als das Kernstück der therapeutischen Veränderung angesehen. Nach unserer Ansicht wird indessen eine Änderung des Gefühlszustandes idealerweise einhergehen mit entsprechenden Veränderungen in der Einstellung, im Verhalten, im Selbstbild, in der Familienstruktur u.s.f.. Desungeachtet werden im Brennpunkt dieses Kapitels Geschichten stehen, deren Ziel es vorrangig ist, bestimmte Gefühle wieder zugänglich zu machen. Wir verwenden die Begriffe Emotion und Affekt als gleichwertig (meist als »Gefühl« übersetzt). Das Wort Therapieprotokoll oder Protokoll (protocol) wird verwandt, um darauf hinzuweisen, daß hier eine standardisierte Vorgehensweise befolgt werden kann im Sinne eines Planes, bestimmter Richtlinien oder einer Art Rezept, um zuvor bestimmte Ziele im affektiven oder emotionalen Bereich leichter zu erreichen.

In diesem Gefühls–Protokoll sind drei wesentliche Schritte vorgesehen. Zunächst beginnt jede Geschichte damit, daß eine Beziehung zwischen einer Hauptperson (oder mehreren) und einer bedeutsamen anderen Person, einem Ort oder einem Gegenstand skizziert wird. Diese Beziehung wird eine emotionale Wertigkeit haben, sonst wäre ja keine beachtenswerte Beziehung vorhanden. Die Art der Wertigkeit – sei sie nun positiv oder negativ – wird unterschiedlich sein, je nach den spezifischen Zielen.

Zweitens wird in den Handlungsablauf eine Veränderung oder eine irgendwie geartete Bewegung eingebracht, die eine Veränderung auf der Beziehungsebene bewirkt. Und wiederum hängt es von dem Entwurf des einzelnen Zieles im Gefühlsbereich ab, ob die Veränderung dahin geht, daß die handelnden

Personen sich eher einander annähern oder voneinander entfernen, einander verfolgen, oder sich verlassen usw.. Grundsätzlich entspricht eine jede Geschichte der Lebenserfahrung, dem, was wir als typisch beobachten, wenn Menschen bestimmte Gefühlszustände erfahren. In unserer Sozialisation nehmen wir Veränderungen in unseren Beziehungen wahr, und/oder wir sind auf unsere Körperwahrnehmung konzentriert – das nennen wir Gefühl. Indem wir dies immer wieder erleben, finden wir einen Namen dafür, werden dafür immer empfänglicher, so daß wir es wiedererkennen, benennen und erlernen. Natürlich machen manche Menschen nicht oft genug Erfahrungen im Gefühlsbereich, so daß sie dort nicht lernen können. Deshalb wird in einer solchen Geschichte eine typische Erfahrung in allen Einzelheiten geschildert, so daß der Betreffende sich identifizieren und in einem gewissen Maß das erwünschte Lernen beim Anhören der therapeutischen Metapher vollziehen kann.

Im letzten allgemeinen Schritt des Gefühls–Protokolls wird die Geschichte vervollständigt, indem die beobachtbaren und physiologischen Erfahrungen im einzelnen beschrieben werden, die ein bestimmtes Gefühl typischerweise begleiten, zu dem nun der Zugang gefunden ist. Dies geschieht bevorzugt mittels indirekter Suggestionen, die den Zuhörer in seiner Aufmerksamkeit ganz auf die körperlichen Veränderungen lenken, insbesondere auch auf die des Gesichtes, und die sowohl innerlich wahrzunehmen als auch äußerlich zu beobachten sind. Diese Suggestionen werden im Handlungsablauf nebenbei eingestreut, oder aber sie werden dem Protagonisten in einer gewissen Mehrdeutigkeit dargeboten, so daß die Grenzen verwischt werden, ob wir nun dem zuhörenden Klienten dessen eigene Gefühle beschreiben oder die des Protagonisten in der Geschichte, des fiktiven Trägers konkreter Gefühle. Diese Schritte werden im folgenden zusammengefaßt.

Therapieprotokoll zur Veränderung der affektiven und emotionalen Flexibilität:

1. Stellen Sie zwischen dem Protagonisten und einer anderen Person, einem Ort oder einem Gegenstand eine Beziehung her, die Gefühle mit ins Spiel bringt (z.B. Zärtlichkeit, Angst, Überlegenheit, Verwirrung, Liebe, Sehnsucht).
2. Schildern Sie detaillierte Bewegungen innerhalb dieser Beziehung (z.B. mitgehen, sich hin- bzw. sich wegbewegen, nachlaufen, fliehen, umkreisen).
3. Beschreiben Sie im einzelnen die Veränderungen im Gesicht und die internen physiologischen Veränderungen, die gleichzeitig mit dem Entstehen von Gefühlen beim Protagonisten auftreten. (Stellen Sie sicher, daß dies mit dem Verhalten des Klienten übereinstimmt.)

Diese drei Schritte ergeben das Grundmuster für alle einzelnen Geschichten, die dem Entwurf für den Gefühlsbereich folgen, und auch für alle Geschichten dieses Kapitels. Dabei werden unterschiedliche Beziehungen und unterschiedliche Bewegungsrichtungen innerhalb dieser Beziehungen dafür sorgen, daß die verschiedensten Gefühle erlernt werden können. Um dies besser in den Griff zu bekommen, bieten wir eine Tabelle mit verschiedenen Konstruktionsmustern für den affektiven Bereich an. Die unterschiedlichen Beziehungsmuster, die zu Beginn entwickelt werden sollten, und die darauffolgenden spezifischen Veränderungen sind im einzelnen unter den jeweiligen Zielen im affektiven Bereich festgehalten und im folgenden Schema zusammengefaßt. Hier enthält jedes Kästchen ein »+« und ein »-«, um die Wertigkeit der handelnden Personen klarzumachen. Nachfolgend, in der nächsten Zeile eines jeden Kästchens, zeigen kleinere und größere Pfeile die Art der Bewegung an. Und schließlich sind die verschiedenen angestrebten Gefühle namentlich aufgeführt.

Schema für Entwürfe im affektiven Bereich

Charakter	1. Protagonist Anderer	2. Protagonist Anderer	3. Protagonist Anderer
Beziehung	+ +	+ +	+ +
Bewegung	➡ ⬅	⬅ ➡	➡ ➡
Gefühle, die entstehen können	Zärtlichkeit, Liebe, Freude	Trauer, Kummer, Leid	Entschiedenheit, Entschlossenheit
Charakter	4. Protagonist Anderer	5. Protagonist Anderer	6. Protagonist Anderer
Beziehung	+ −	+ −	+ −
Bewegung	➡	➡ x	➡ ➡
Gefühle, die entstehen können	Besorgnis, Furcht	Aggression, Mut	Ärger, Wut
Charakter	7. Protagonist Anderer	8. Protagonist Anderer	9. Protagonist Anderer
Beziehung	+ −	+ −	+ +
Bewegung	➡➡➡ x	x ➡	➡➡➡ x
Gefühle, die entstehen können	Erfolg, Stolz, Vertrauen	Erleichterung, Trost, Glück	freudige Erregung, Zugehörigkeit
Charakter	10. Protagonist Anderer	11. Protagonist Anderer	12. Protagonist Anderer
Beziehung	+ +	+ +	+ −
Bewegung	➡➡➡ ⓘ	x − x	⬅⬅ x
Gefühle, die entstehen können	Meisterschaft, Kompetenz	Sicherheit, Vertrauen, Aufgehobensein	Virtuosität, Entrüstung

➡	= sich kraftvoll bewegen	x	= äußeres Objekt/Person Ö bewegt sich nicht
➡ ⬅	= sich hinbewegen zu	+	= positive Wertigkeit (Protagonist)
➡➡	= verfolgen / fliehen	−	= negative Wertigkeit (Antagonist)
➡➡➡➡	= sich vorsichtig bewegen	x − x	= keine deutliche Trennung
ⓘ	= internales Objekt / inneres Bild − ändert sich nicht		

Um nun ein Beispiel durchzugehen, betrachten Sie bitte den Entwurf (Nr. 7) für Gefühle des Vertrauens. Das Schema erinnert uns daran, daß der erste Schritt in der Metapher darin besteht, den Protagonisten in einer distanzierten, leicht angsterregenden Beziehung zu jemandem oder zu etwas zu zeigen (»-«). In der zweiten Zeile zeigen die Pfeile die allmähliche Bewegung des Protagonisten in Richtung des Zieles an, das er möglicherweise erreicht – dies ist der zweite Schritt des Entwurfs. Der dritte Schritt besteht darin, das Augenmerk hauptsächlich auf den Körper des Protagonisten zu lenken und dem Klienten zu helfen, jede Übereinstimmung im eigenen körperlichen Zustand zu bemerken. Die körperlichen Merkmale, die der Therapeut bei diesem dritten Schritt unbedingt beschreiben sollte, betreffen die Gesichtszüge und die Körperhaltung, die auf nonverbalem Wege eines oder mehrere der Gefühle zum Ausdruck bringen, die in der dritten und den folgenden Zeilen des 7. Kästchens aufgeführt sind. Hier sind dies beispielsweise Gefühle des Vertrauens, des Stolzes und des Erfolges.

Wenn diese Umrisse dann in eine tatsächliche Geschichte übertragen werden, braucht der Therapeut sich nur einiger Vorfälle aus seinem eigenen Erfahrungsbereich zu erinnern, die nach der folgenden Dynamik ablaufen: Eine Beziehung zu etwas/einer Person, die in gewissem Maße angsterregend ist und in welcher eine allmähliche Bewegung hin zur Bewältigung stattfindet, gelingt schlußendlich. Als beispielsweise mein Sohn vor der Herausforderung stand, sich für eine Ansprache vor einer akademischen Gesellschaft vorzubereiten, um dort Mitglied zu werden, erzeugte die Aussicht, die Rede zu halten, Angst. Er unternahm zunächst zögerliche und dann entschiedenere Schritte bei der Vorbereitung auf diese Ansprache, und seine Aufmerksamkeit war auf den jeweiligen Schritt gerichtet, den er tat. Diese Schritte entsprachen Schritt zwei im Entwurf. Schließlich stand er auf dem Podium, hielt seine Rede und brachte somit die Bewegung und seine Aufgabe zum Abschluß. Die Geschichte führt am Ende zu diesem Erfolgsaugenblick, und es werden detailgenau die beobachtbaren, körperlichen Vorgänge beschrieben, während er seine Rede zu Ende bringt. Diese Schilderung der Einzelheiten entspricht dem dritten und letzten Schritt des Entwurfs. Während des Erzählens sollte sorgfältig darauf geachtet werden, daß der zuhörende Klient in Haltung und Gesichtsausdruck dem Protagonisten entspricht. Auf diese Weise werden Klienten dazu gebracht, vergleichbarer Erfahrungen auf körperlicher Ebene gewahr zu werden. Es werden Gefühle hervorgerufen, und es wird bei jedem Gefühl die Befähigung geübt, es zu erspüren. Die gleiche Vorgehensweise und die entsprechenden Gedankengänge gelten auch für die Anwendung aller anderen Teile des Schemas bei der Erschaffung von Metaphern für weitere spezielle Gefühle. Die Vorgehensweise bleibt immer gleich, nur die Zutaten müssen für jede einzelne Emotion geändert werden.

Wir benutzen diese Richtlinien, um die Elemente für eine therapeutische Geschichte zu umreißen, die helfen soll, Gefühle hervorzurufen. Unser Ziel ist nicht, dieses Gefühl für den bewußten Verstand des Klienten zu benennen, damit es namentlich wiedererkannt werden kann. Gewöhnlich wünschen wir uns für unsere therapeutischen Suggestionen, daß sie indirekt sein sollen, und unsere Aufträge sollen so unspezifisch sein, daß alles annehmbar ist, was der Klient tut und wie immer er die Geschichte deutet. So kann es beispielsweise sein, daß wir eine Geschichte erzählen, die so ausgedacht ist, daß sie Traurigkeit hervorruft, der Klient aber weint nicht. Würde nun betont, es sei davon auszugehen, daß dies Traurigkeit sei, so bedeutete das letztlich, daß der Klient Widerstand zeigt oder versagt oder dergleichen. Demnach können also die Richtlinien oder die Entwürfe durchaus spezifisch sein, desgleichen die Behandlungsziele für das jeweilige Gefühl, das erlebt werden soll; die Metapher selbst hingegen soll Freiraum gewähren und möglichst unbestimmtbar sein. So wird sie einen breiten Spielraum eigenständiger Reaktionsweisen für den zuhörenden Klienten einräumen, für den sie gedacht ist. Der Protagonist der Geschichte kann beschrieben werden, und von ihm kann auch gesagt werden, daß er dieses oder jenes konkrete Gefühl erlebt; der Klient aber ist frei, sich mit diesem Darsteller zu identifizieren oder nicht.

Das Konstruktionsschema für den affektiven Bereich hat sich als hilfreich erwiesen, die Entwicklung der Beziehungen und Bewegungen in den Metaphern so zu steuern, daß bestimmte Gefühlszustände ausgelöst werden. Dieses Schema ist weder als erschöpfende Liste der Emotionen gedacht, noch wird diese Methode als der einzige richtige Weg dargestellt, Gefühle hervorzurufen. Gewiß gibt es andere Möglichkeiten, zum Gefühl zu gelangen: vermittels Metaphern (dreidimensional), anderer indirekter Methoden (Anekdoten über Gefühle) wie auch Aufgaben (Eltern besuchen), und Anweisungen (sich auf die Gefühle zu konzentrieren), anderer Interventionen (Konfrontation in der Phantasie usw.) und unvorhergesehener, unkontrollierter Varianten (das Benutzen von Bildern, die assoziativ Gefühle entstehen lassen).

Eine Einschränkung dieser Tabelle besteht darin, daß sie nur lineare und zweidimensionale Beziehungen abbilden kann, wohingegen Interaktionen und Umstände, die im realen Leben zur Entwicklung im emotionalen Bereich führen, wesentlich vielschichtiger, zirkulär und dreidimensional sind und auch mehr Mitwirkende aufweisen. Dennoch stellt dieses Schema mit seinen darauf basierenden Metaphern eine vorhersagbare und – wie wir glauben – nachvollziehbare Möglichkeit dar, Prozesse des Denkens und Erlebens anzuregen, die eng mit spezifischen Gefühlszuständen zusammenhängen. Dieses Schema ist dazu gedacht, in Verbindung mit anderen Therapiemethoden und anderen Metaphern-Entwürfen in jeder Sitzung zum Einsatz zu kommen.

1. Affektziel: Trauer, Kummer

Metapher [1]

Als ich aus dem Wagen stieg, dachte ich darüber nach, wie gut man doch Leute im Rückspiegel beobachten kann, ohne daß sie es überhaupt bemerken. Ich überlegte auch, daß ich manche Leute sorgfältiger beobachten sollte: Manche Verhaltensweisen beginnen auf der linken Körperseite und manche auf der rechten. Ich überlegte eine Weile, was ich wohl heute eher zu sehen bekäme. Dann rief ich »Hallo« durch die Tür mit dem Fliegengitter.
Sie saß in ihrem Lieblingssessel in ihrem Farmhaus, wo sie ihr ganzes Leben zugebracht hatte. Sie saß nur einfach bewegungslos da, aber nun begrüßte sie mich herzlich und sagte, daß sie gerade durch das Fenster ihre Lieblingsaussicht auf das Feld betrachte, daß sie jeden Wechsel der Jahreszeiten beobachtet habe, wohl mehr als ein halbes Jahrhundert lang. Sie hatte den Fruchtwechsel beobachtet und liebte es am meisten, wenn alles diese Bernsteinfarbe hatte. Und es waren wirklich bernsteinfarbene wogende Ähren. Wir schauten einige Minuten zu, wie der Wind über sie hinblies, und ich bat sie, mir zu zeigen, was sie sonst noch alles auf der Farm liebte.
Wir gingen nach draußen, an dem Traktor vorbei, der hinter der Scheune beim Silo geparkt war. Sie hatte ihn gewiß gut in Schuß gehalten: der Sitz hatte noch nicht einmal Risse, und die Radnaben waren nicht mit überschüssigem Fett verschmiert. Gewöhnlich haben die Farmtraktoren rissige Sitze. Und ich bemerkte: »Sie müssen darauf sehr stolz sein.« Sie stimmte mir zu und sagte mir auch, daß sie sehr stolz gewesen sei, als sie endlich zu dem Silo gekommen war: »Ohne den ist es auf einer Farm sehr schwierig.« Sie war sehr stolz auf ihn und auch auf die Scheune. Inzwischen waren wir zu diesem kleinen Bach gekommen. Als wir über die Brücke gingen, sah ich, wie sie sich im Wasser widerspiegelte, und dabei dachte ich an diesen Rückspiegel, brachte es aber nicht zur Sprache. Und ich sagte: »Erzählen Sie von dieser Brücke.«
»Oh, das ist eine lange Geschichte«, antwortete sie. Ich sah, wie glücklich sie über die Brücke war, und sie beschrieb, wie es zuerst nur einen Baumstamm über den Wasserlauf gegeben hatte, der dann durch eine Planke ersetzt worden war, und schließlich hatten sie eine kleine Brücke mit Seilen gebaut. Nach und nach waren die Seile dann durch ein hölzernes Geländer ersetzt worden. Jetzt gab es sogar ein hölzernes Dach darüber. Sie und ihr Ehemann hatten oft nachts zugeschaut, wie sich das Mondlicht im Wasser spiegelte, wenn sie zu diesem kleinen Bach hinuntergingen. Und als wir auf der anderen Seite der Brücke angelangt waren, zeigte sie mir neunzehn Kiefern, die dort am Nordrand des Besitzes gepflanzt worden waren. Mit einem breiten Lächeln sagte sie: »Ich

habe diese Bäume für fünf Cent das Stück gekauft, zwanzig für einen Dollar. So ein gutes Geschäft kann man heute nicht mehr machen. Neunzehn davon sind groß geworden, und es ist ganz klar, daß ich mich über diese neunzehn Bäume freue, die ich für einen Nickel bekommen habe.« Ich verstand, daß sie diese Geschichte jedem erzählte, wie sie fünf Cent für jeden dieser Bäume bezahlt hatte, die die nördliche Grenze ihres Besitzes vor den kalten Winden schützten.

Während wir uns zu den südlichen vierzig Acres ihres Landes begaben, hatte sie mich auf den Steinwall aufmerksam gemacht, der mühsam aus einzelnen Felsbrocken erbaut worden war. Das hatte sehr viel Schweiß gekostet. Beständigkeit und etwas Planung waren nötig, um diesen hübschen Wall an der südlichen Grenze des Besitzes zu bauen, der das fruchtbarste Feld vor wer weiß welchem Raub schützen sollte. In der Nähe des Feldes und weiter zum Haus hin befand sich der Komposthaufen, auf den sie mit einem besonders liebevollen Unterton hinwies, der von der langen und segensreichen Mühe herrührte, mit der jener angelegt worden war. Seit sie ein kleines Mädchen war, hatte sie auf dieser Farm Kartoffelschalen und Maiskolben zu diesem Haufen getragen. Dabei hatte sie erfahren, welche Freude es macht, dem Land etwas davon zurückzuerstatten, was es gegeben hatte. So hatte man sich gegenseitig belohnt.»Oh, und kein Rundgang wäre vollständig ohne Blick auf diese herrlichen, Schatten spendenden Bäume«, fügte sie hinzu, als wir uns dem Haus näherten.»Ich kann die Spiele nicht zählen, die ich als Kind und später mit meinen Kindern unter diesen Bäumen gespielt habe, die vor siebzig Jahren schon ebenso gewaltig gewirkt haben wie heute.«

Als wir schließlich ins Haus zurückkamen, fragte ich sie nach ihrem Lieblingsplatz hier drinnen. »Oh, das war genau hier vor diesem Holzofen. So manche kalte Nacht hat seine Hitze mich gewärmt. Er war so etwas wie das Herzstück von allem, wenn die Familie um ihn herumsaß, Geschichten erzählte und Erinnerungen austauschte. Und ebenso der Tisch, an dem jeder aus der Familie gegessen hat und über den Alltagskram und sein Tagwerk gesprochen hat.«

Und ein ganzes Leben voll täglicher Verrichtungen, da kommt schon etwas zusammen. Nun war ihr Leben zwar noch lange nicht zu Ende, doch kamen die Kapitel ihres Lebens auf dieser Farm allmählich zum Abschluß. Sie war nun eine alte Frau, und die Zeiten hatten sich geändert. Auf Grund verschiedener Veränderungen ihrer Lebensverhältnisse war es nun an der Zeit, Lebewohl zu sagen und fortzuziehen.

» Während wir hier am Eßtisch sitzen«, sagte ich, »warum schauen Sie sich nicht um und versuchen sich zu erinnern, wer wo gesessen hat? Sagen Sie all diesen Erinnerungen Lebewohl, sagen Sie den Gesprächen über die täglichen Begebenheiten Lebewohl und all den Plänen, die hier am Tisch geschmiedet worden sind. Sagen Sie all diesen Mahlzeiten Lebewohl, die Sie genossen haben und die die Familie zusammengehalten haben.« Als sie vom Tisch aufstand, bat ich sie, sich in ihren Lieblingssessel zu setzen und sich einfach zu entspannen und es sich gutgehen zu lassen. Und während sie zum vielleicht letzten Mal aus diesem bildschönen Fenster sah, bat ich sie, diesem bequemen Sessel, ihrem liebsten Ruheplatz und der malerischen Aussicht Lebewohl zu sagen. Auch von dem Korn und dem Fruchtwechsel zu jeder Jahreszeit sollte sie sich verabschieden. Dann gingen wir wieder nach draußen hinter die Scheune. Ich erinnerte sie, sich auch von dem Silo zu verabschieden. Es hatte lange Zeit gedauert, bis er vorhanden war, und nun würde sie für lange Zeit von ihm Abschied nehmen. Als wir zum Traktor kamen, erinnerte ich sie daran, daß jeder sich auf seine eigene Art verabschiedet. Manche sagen »bis später«, andere »Gott sei mit dir«, manche sagen »Mach's gut«, andere »Fort mit Schaden«, wieder andere sagen »Ahoi«. »Es ist jedem überlassen, auf welche Art Sie sich verabschieden wollen. Und tun Sie es richtig.« Mit einem Blick auf den Traktor bemerkte ich, daß der Sitz nicht einmal einen Riß hatte, weil er so gut von ihr gepflegt worden war. »Verabschieden Sie sich von dieser Fürsorge und besonders von dem Freund, der diese Maschine für sie gewesen ist.«

Dann gingen wir über die Brücke, und ich fragte sie, ob sie sich von den Bohlen und Planken und auch den Seilen verabschieden könnte, die als Handlauf gedient hatten. »Sagen Sie dem Handlauf Lebewohl, und der Erinnerung an all diese mondbeschienenen Nächte, die sich im Wasser widerspiegelten. Dieses Wasser werden Sie wohl nie wiedersehen. Sie können es unter sich dahinfließen sehen... Sagen Sie Lebewohl.«

Unser Rundgang war noch lange nicht abgeschlossen. Vor uns lagen noch die vierzig nördlichen Acres und ich bat sie, neunzehn Mal Lebewohl zu jenen Bäumen und zu jener anrührenden Geschichte zu sagen. Adieu auch für den Baum, der starb. Und auch dem Nordwind Lebewohl und dem Gefühl, daß sie sich vor ihm schützen mußten.

Zunächst schwieg ich, als wir zu den südlichen vierzig Acres gingen, und bat sie dann, sich von allen diesen Steinen und all der Mühe und den Überlegungen zu verabschieden, die beim Errichten dieses Walls nötig gewesen waren. »Und sagen Sie auch den Bedrohungen Adieu, die Sie auf der anderen Seite des Walles vermuteten. Sie werden sie nie wieder empfinden.« Und so stand sie einfach da und schaute eine Minute den Wall an. Dir gehen eine Menge Dinge durch den Kopf, wenn sich dein Bewußtsein auf etwas konzentriert, über das dir dein Unbewußtes nicht umfassend Bescheid gegeben hat. Jeder hat seine eigenen privaten Gedanken. Und die Tiefe der Gedanken, die ein Mensch fassen kann, steht in Beziehung zur Weite seiner Erfahrungen.

Sie brauchte ihre eigene Zeit, um auf ihre Weise Lebewohl zu sagen. Schließlich folgte sie mir über die südlichen vierzig Acres zurück ins Haus. Selbst Häuser mit kurzer Vergangenheit haben einen ganz persönlichen Schatz an Erinnerungen, der auf dem Dachboden gespeichert ist, aber in ihrem Fall übertraf er das Übliche um ein Vielfaches. So sagte ich ihr: »Gehen Sie allein hinauf auf den Dachboden und sortieren Sie alles auf drei Stapeln: ein großer Stapel mit allem, was Sie wegwerfen wollen, ein mittlerer mit dem, was Sie verschenken wollen und ein kleiner mit dem, was Sie behalten wollen.« Als sie fertig war, kam sie herunter und sagte: »Jetzt habe ich es getan. Ich habe einen großen Stapel gemacht für die Dinge, die ich aussortieren will, einen mittleren für die, die ich weggeben will, und die Dinge auf dem kleinsten Haufen will ich behalten.« – »Dann verabschieden Sie sich jetzt von jedem Stapel, – Lebewohl, Lebewohl... Lebewohl.«

Von den Mühen etwas erschöpft, setzten wir uns wieder vor den Holzofen, und ich bat sie, sich an all die Geschichten und warmen Nächte zu erinnern, als man sich um dieses Herzstück versammelt und miteinander geredet hatte. Auch diesen Erinnerungen und dem Ofen sollte sie Lebewohl sagen. Auch von der Wärme, die sie in jenen kalten Nächten eingehüllt hatte, sollte sie sich verabschieden.

Dann war es Zeit zu gehen. Als wir hinausgingen, quietschte eine alte und selten gefettete Angel der Tür mit dem Fliegengitter. Ich erinnerte sie, sich auch von dieser quietschenden Angel zu verabschieden – sie würde sie nie wieder richten müssen. Dann fiel ihr Blick auf die Sträucher vor der Veranda, und sie meinte, daß diese wohl geschnitten werden müßten. Ich bat sie, diesen Sträuchern Lebewohl zu sagen, ehe sie auf dem Rücksitz Platz nehmen würde, wo ich sie im Rückspiegel im Auge behalten könnte. Auf diese Weise hatte sie Gelegenheit, für sich zu sein, allein mit ihren Gefühlen.

Ich konnte sie nun im Rückspiegel beobachten und fragte mich, ob die Tränen ihr wohl zuerst links oder rechts herunterlaufen würden. Ihre Wangen waren bereits feucht. Ihre Gesichtsfarbe begann sich zu verändern. Sie versuchte, sich nicht zu bewegen, weil sie an einer Idee, einer Erinnerung, einem Gefühl festhielt. Man konnte im oberen Bereich ihres Kiefers, unter ihren Augen, eine Spannung wahrnehmen. So verharrte sie, als wollte sie dadurch die Tränen zurückhalten. Sie hielt den Kopf aufrecht und atmete in rhythmischen, tiefen Atemzügen aus dem oberen Teil des Brustkorbs, wie ein Mensch, der traurig ist. Ihre Lippen bewegten sich leicht, doch mußte ich beim Wegfahren auf die Straße achten, so konnte ich nicht erkennen, ob ihre Tränen zuerst aus dem linken oder dem rechten Auge rollten. Doch als ich wieder zurückblickte, sah ich, daß die Tränen gleichmäßig aus beiden Augen flossen, die weit geöffnet in die Erinnerungen zurückblickten. Sie bewahrte dieses Gefühl und konnte die Fülle ihres Schmerzes auskosten. Je mehr du geliebt hast, um so mehr hast du auch das Recht, mit aller Inbrunst der Trauer Lebewohl zu sagen. Und in einer solchen Zeit kann dein Bewußtsein verschiedene Erinnerungen oder Vorstellungen durchgehen, während dein Unbewußtes den Gefühlsausdruck überprüft und regelt, oder vielleicht kann dein Bewußtsein auch am Gefühlsausdruck teilnehmen und deinem Unbewußten erlauben, wesentliche Bilder zu beobachten. Doch kannst du das tiefe Atmen oder den Kloß im Hals nicht leugnen. So schluchzte sie von Zeit zu Zeit hörbar auf, denn sie begann, sich mit ihrem Abschied abzufinden. Und vermutlich schien es ihr, als würde sie den ganzen Weg ewig weinen, obwohl es nicht länger als eine Stunde gedauert haben kann.

Doch als wir zwei Jahre später wieder an ihrem Haus vorbeifuhren und sie neben mir auf dem Vordersitz saß, da sagte sie ohne größere innere Beteiligung: »Schau an, sie haben die Büsche fast ganz heruntergeschnitten!« Ich mußte zweimal hinhören, um sicherzugehen, daß ich sie richtig verstanden hatte. Sie hatte nicht gesagt »meine Büsche«, weil sie ihr nicht mehr gehörten. Sie hatte wirklich Abschied genommen.

2. Affektziel: Trauer, Kummer, Verlust

Metapher

Jeder weiß, wie diffizil alte Bindungen sind, wenn du erst einmal mit jemanden in ernste Schwierigkeiten gerätst. Ihr beiden strengt euch an, euch daraus zu befreien, und an dem Punkt standen Gary und Fred, nachdem sie zusammen in Vietnam gekämpft hatten. Die Zusammenhänge des Konflikts und der Schwierigkeiten waren natürlich nicht von der Art, daß sie es wirklich aufgegeben hätten, sich bewußt zu machen, wie tief die Freundschaft und die Fürsorge gewesen waren. Aber die Situation war sehr unglücklich. Und doch entsteht in alledem eine gegenseitige Wertschätzung. Oder vielleicht handelt es sich auch um Selbstachtung, die dem Verständnis und der Bewunderung seitens eines anderen entspringt, der dich sehr genau in einer Situation kennengelernt hat, die enthüllt hat, was du vielleicht für Schwächen oder für Fehlurteile gehalten hättest. Und doch erlaubt seltsamerweise die Enthüllung dieses Gefühls, dieser Angst denen, die dir am nächsten stehen, etwas zu lernen und zu spüren, daß es ihnen erlaubt ist, dieses Gefühl zu teilen.
So waren sie die besten Freunde und erlebten beide diese Bindung, die – wie du weißt – für immer und ewig besteht. Nicht viele Menschen haben die Gelegenheit, eine solche Beziehung zu erleben, wie sie unter solchen Bedingungen zu erreichen ist, aber denen es vergönnt ist, die erinnern sich ihr ganzes Leben daran.
Man sagt: Je stärker das Gefühl, umso kürzer die Dauer – doch stimmt das nicht immer. Fred und Gary hatten einander aus den Augen verloren, doch sehnten sie sich immer noch nach einander. Sie wollten sich alte Kriegsgeschichten erzählen, weil sie manche der Schrecken vergessen hatten, aber sie erinnerten sich immer noch daran, wie sie sich aufeinander verlassen konnte. Gary dachte, es wäre nett, wenn er einige Liebesgeschichten hätte erzählen

können, die er seit dem Krieg erlebt hatte. Wir kannten Gary näher: Er hatte viel von dem Krieg überwunden, aber seine Liebesgeschichten hatte er noch nicht überwunden. Als er hörte, daß sein Freund sich in der Stadt aufhalte, nahm er sofort Verbindung mit ihm auf. Diesmal war es etwas anders als früher, als sie sich zum Essen getroffen hatten, irgendwie in Partystimmung waren und sich geschworen hatten, sich wiederzusehen; diesmal gab es kein solches Gelübde, weil Fred die Einladung ausschlug. Gary wunderte sich, was wohl mit ihm los sei, und er fragte ihn, ob er Schwierigkeiten habe. Freds Antwort schien Gary oberflächlich. Er hatte nicht das Empfinden, daß er sie für ehrlich halten konnte. Aber Gary mußte einfach etwas unternehmen. So setzte er sich schließlich über Fred hinweg, doch machte ihn das so unglücklich, daß er dachte: »Vielleicht bin ich einfach nicht in der Lage, diese alten Zeiten mit Fred wiederzuerleben.« Doch sicher konnte er nicht wissen, daß die Stärke der Liebe, die man für jemanden empfindet, nicht auch bedeutet, daß man eine lange Beziehung gehabt haben muß.
Nicht an jenem Tage, doch eine Woche später sollte er es wissen. Denn er erfuhr, daß Fred sich das Leben genommen hatte und die alten Zeiten niemals wiederkehren konnten. Gary wußte nicht, was er denken noch fühlen sollte, und es gab gewiß nichts, was er tun konnte.
Seine Wangen röteten sich bei dem Gedanken an alles, was noch hätte gesagt und getan werden können. Sein Herz war schwer. Er fühlte, wie seine Nasenflügel zuckten, während seine Lippen bebten. Der Atem in seiner Brust ging flach. Es war schwer, ohne einen Laut dazusitzen und mit der Tatsache fertig zu werden, daß diese alten Zeiten nie wiederkehren würden. Das Gefühl, einen Freund verloren zu haben, dringt mitten durch den Magen und hindert einen daran, tief durchzuatmen. Und nach einer Weile fließen dann die Tränen. Er sagte sich ständig: »Da muß doch ein Sinn dahinter sein. Fred ist fort, Fred ist tot, und ich werde ihn nie wieder sehen.« Wie oft hatten sie in Vietnam einander das Leben gerettet. Noch öfter hatten sie sich aufeinander verlassen, und nun schien all diese gefühlsmäßige Geborgenheit verloren. Irgendwie, meinte er, müsse es doch weitergehen, ganz gleich wie. Seine Brust hob und senkte sich, und all jene Tränen aus Vietnam, die er für den rechten Zeitpunkt aufgespart hatte, sammelten sich in seinen Augen um dann in einer Flut über seine Wangen zu strömen. Du kannst an der Stärke der Trauer und des Kummers, zu dem du fähig bist, Gefallen finden. Das ist ein wesentlicher Teil, sich lebendig zu fühlen. Er konnte die Tränen in seiner Kehle spüren und das Bedürfnis zu schlucken. Es war so, als wäre ein Teil der Feuchtigkeit in seine Augen geleitet worden und ein Teil in seine Kehle, und er wartete nur auf Anweisungen. Er wußte gewiß, daß er am Leben war, doch schien ihm das in diesem Augenblick nicht besonders segensreich.
Er war so weit entfernt von seinen Augen, daß er das Gefühl hatte, auf seinen Schultern zu sitzen oder so etwas ähnliches, und er wartete darauf, wieder mit

seinem Gesicht verbunden zu sein, wenn die Tränen zu fließen beginnen würden. Und als das geschah, war er genau am richtigen Punkt. Nur ein wenig Feuchtigkeit in den Wimpern genügt, daß du dich wieder mit deinem Körper verbunden fühlst und weißt, daß du dasitzt und traurig bist. Und wenn auch die Beziehung so tief gewesen ist, daß deren kurze Dauer ohne Belang war, so war es doch nicht recht, daß sie so kurz gewesen ist. Die alte Redensart stimmte nicht. Und so befand er sich genau mittendrin in dem Prozeß, Lebewohl zu sagen, weiterzugehen und jemanden hinter sich zu lassen.

3. Affektziel: Mut

Metapher [2]

Ich glaube nicht, daß sie zunächst wirklich verstand, warum ich ihr von dem Erlebnis berichtete, das meine Mutter einst hatte, als mein Vater im Krieg war. Es gab keinen Grund, warum sie begreifen sollte, wieso dieser Augenblick meine Mutter für ihr späteres Leben so positiv beeinflußt hatte.
Sie lebte in einem neuerbauten Haus auf dem Lande, weit entfernt vom nächsten Nachbarn. Da war wieder dieses Geräusch am vorderen Fenster. Versteinert lag sie im Bett, unfähig sich zu bewegen, ihre Ohren wurden immer größer, groß wie Elefantenohren, und horchten auf das nächste Geräusch.
Und da war es wieder, und ihre Furcht übertraf noch ihre anfänglichen Ängste. Sie überlegte, was sie tun könnte, doch schien es da im Augenblick nicht viele Möglichkeiten zu geben. Ihr Herz raste, jeder Muskel ihres Körpers war starr. Und dann begann von irgendwoher die erste Bewegung in ihrem linken Bein. Der linke Fuß glitt langsam aus dem Bett, und das rechte Bein folgte allmählich, so als hätte es sich selbst dazu entschlossen. Und dann befanden sich mit einem Male beide Füße auf dem Boden; sie stand auf, und dann folgte ein Fuß dem anderen, ein Schritt dem anderen, bis sie sich an der Eingangstür befand.
Ihre Hand streckte sich aus, sie drehte den Türknopf und sah schließlich, wie die Zweige einer Weide vom wütenden Wind ständig gegen den Fensterladen gepeitscht wurden, und das Gefühl des Mutes wurde keineswegs durch die Erleichterung geschmälert, mit der sie entdeckte, wie leicht sie doch mit einer anscheinend bedrohlichen Situation umgehen und fertig werden konnte.
Vollkommen allein war sie und wurde sich ihres pochenden Herzens bewußt, ihres leichten, tiefen Atmens und der Kraft ihrer Muskeln, als sie die Zweige zurückbog und die Läden sicherte. In solchen Augenblicken brauchen wir nicht einmal bewußt zu denken, denn unser Unbewußtes erinnert sich an diese Erfahrung von Mut und Kraft, die im gesamten Körper zu pulsieren scheint. Es ist, als überzeugte dich jeder Atemzug von deiner Kraft, alles bewältigen

zu können, was du dir in den Kopf gesetzt hast. Diese Erfahrung bewahrte und nutzte sie und teilte sie anderen in den späteren Jahren mit, und das sowohl bewußt als auch unbewußt und gleichsam automatisch.

4. Affektziel: Mut

Metapher

Ich will Ihnen noch von etwas erzählen, das niemand erwartet hatte. Es war der Tag, der Erwachsensein von Kindheit deutlich unterscheidet. Ich hatte einen Klienten namens Paul – doch will ich Ihnen von dem Tag erzählen, an dem seine Schwester Elaine, die von Pauls Therapieerfahrung gehört hatte, mich anrief und fragte, ob sie ein paar Therapiestunden haben könne. Sie hatte nämlich immer so ein Gefühl, nicht dazuzugehören, weil sie irgendetwas falsch gemacht hatte. Sie wollte nur mit jemanden bereden, was sie am Abend zuvor getan hatte. Man konnte wirklich nicht sagen, daß ihr Vater begeistert anerkannte, was sie im Leben tat. Man konnte eher sagen, daß sie für den Vater so etwas wie ein Baby war. Doch da sie zu ihrem Vater aufschaute, wirkte sie eher wie ein junges Mädchen, das mit dem Kopf gegen die Wand rennt. Jeder hat die Erfahrung gemacht, wie es ist, mitten in der Nacht aufzustehen und gegen eine geschlossene Tür zu laufen. Früher oder später wachst du dann einmal auf der falschen Seite des Bettes auf, und wenn du nun aufstehst, hast du unmittelbar die Wand vor dir. Das genügt, um dich umzuwerfen, so daß du wieder aufs Bett zurückfällst. So war es für Elaine gewesen, wenn sie versuchte, mit ihrem Vater zu reden: jedes Mal bekam sie etwas ins Gesicht geschleudert; einmal war es die Bibel, ein anderes Mal die täglichen Pflichten, dann wiederum der Gehorsam und schließlich sonst etwas. Und da sie bewußt nicht rasch lernte, kam sie nie auf den Gedanken, der Fehler könnte beim Vater liegen, bis sie von Pauls Therapiesitzungen hörte.

Die Sache, wegen der sie Beratung wünschte, war, daß sie von Angesicht zu Angesicht, Auge in Auge vor ihrem Vater gestanden und gesagt hatte: »Dad, halte dich fest und lehne dich einen Augenblick gegen die Wand; ich habe dir etwas zu sagen und glaube, daß du dabei etwas Unterstützung brauchst.« Und sie sagte ihm, daß sie es verdammt satt habe, von ihm wie ein Kind behandelt zu werden, das er sich anders gewünscht hatte. Sie war ein Mädchen, sie war sie selbst, und sie wollte als Mädchen behandelt werden. Sie wollte als Mensch behandelt werden, der Respekt verdient und sein Recht hat. Als er antworten wollte, legte sie ihm einfach die Hand auf den Mund und sagte: »Ich bin noch nicht zu Ende.« So stand sie da und fühlte eine Kraft in sich, die sie noch nie zuvor empfunden hatte. Ihr Kinn war fest, und sie knirschte mit den Zähnen. Sie war überrascht, daß sie ihm direkt in die Augen sehen und die groben Poren auf seinen Wangen erkennen konnte – die hatte sie nie zuvor bemerkt. Und sie hörte die Worte aus ihrem Mund strömen, und wollte sie auch nicht zurücknehmen, doch hatte sie nie bewußt geplant zu sagen: »Ich habe es satt, auf diese Weise verletzt und niedergemacht zu werden.« Sie drückte ihn geradezu an die Wand, und seine Schultern stießen mit einem dumpfen Geräusch dagegen. Er war sprachlos, und sie fühlte sich deswegen nicht einmal schlecht. Sie fühlte sich nicht schuldig. Sie meinte, damit müsse er umgehen können. Das war die Wahrheit. Hämmernden Herzens ging sie davon und fühlte einen heißen Zorn wie nie zuvor.

Das genügt als Anlaß, um über vieles nachzudenken und sich zu fragen, ob man auch über die richtigen Dinge nachdenkt. Elaine hatte nie zuvor darüber nachgedacht. Und da sie durch Paul auf die Idee gekommen war und dieser durch die Therapie einige neue Gedanken erschlossen hatte, rief sie mich an und fragte mich, ob sie richtig gehandelt habe. »Ich weiß nicht, ob Sie das Richtige getan haben, aber ich denke, heute haben Sie einen aufrechteren Gang.« Sie sagte: »Sie haben mich noch nie gesehen. Woher wollen Sie wissen, ob ich aufrechter gehe?« Aber das Gefühl von Kraft und Mut, das sie erfahren hatte, das vergißt man nicht, und das kommt sogar durch das Telefon herüber. Das ist, als atmetest du tiefer und als schlüge dein Herz voller Stolz. Und wenn dein bewußter Verstand in Begriffen wie aufrechtem Gang denkt, dann kann dein Unbewußtes dafür sorgen, daß du das Rechte tust.

5. Affektziel: Vertrauen

Metapher[3]

»Ich habe mein ganzes Leben darauf gewartet,« rief er laut. Es spielte keine Rolle, daß sein ganzes Leben bisher erst fünf Jahre umfaßte. Daß er sein erstes Fahrrad bekam, war einfach eine einmalige, lang erwartete Angelegenheit. Und natürlich war es Liebe auf den ersten Blick, trotz der großen Herausforderung zu lernen. Es gab so viel miteinander in Einklang zu bringen: Muskeln, Pedale, Handgriffe, wie fest man sich an ihnen halten und auf was man achten mußte. Das, was anfangs als einziges leicht erschien, war das Eingeständnis, daß er sich ziemlich entmutigt fühlte. Aber selbstverständlich beherrschte er die verschiedenen Bewegungen schon bald, solange er durch die Stützräder abgesichert war.

Später erinnerte er sich an die Zeit, als sein Vater ihn zum ersten Mal zu einer Fahrt mitnahm, und wie wackelig er fuhr, als sie zum ersten Mal die Stützräder abgenommen hatten. Er wußte nicht, ob er herunterfallen würde, doch hatte er ein gewisses Vertrauen darauf, daß sein Vater ihn halten und ihm helfen würde, den Gehweg hinunterzufahren. Das hatte er immer getan. Nach einer

Weile wurde ihm schließlich klar, daß seines Vaters Hand ihn nicht mehr so fest hinten am Sattel hielt. Er begriff, daß er völlig selbständig radelte. Er hatte den Sprung in einen neuen Zeitabschnitt getan mit einem Gefühl der Sicherheit und konnte wohl zwei oder drei Meter allein fahren, und allmählich wurden es zehn Meter. Er übte und übte, bis er ein Gleichgewichtsgefühl bekam, das zu einer neuen Fertigkeit wuchs. Über die Fähigkeit, das Gleichgewicht zu halten, brauchte er wirklich nicht mehr nachzudenken und wußte auch irgendwie: Wenn du diese Fähigkeit erst einmal hast, dann behältst du sie für den Rest deines Lebens.

All das wurde durch das funkelnde erste Fahrrad symbolisiert. Es war schwer und stark. Er liebte seine Farbe und das Gefühl am Griff des Lenkers. Zuerst erlaubten ihm die Eltern nur, bis zur nächsten Ecke zu fahren. Er hätte auch dorthin laufen können, doch stellte er fest, daß er vom Fahrradsattel aus eine andere Perspektive hatte. Er konnte spüren, wie der Wind ihm ins Gesicht wehte, und das gab ihm ein Empfinden für Geschwindigkeit und Kraft. Er war etwas größer, als wenn er zu Fuß ging.

Die Zeit verging, er durfte um jene Ecke fahren und aus seiner Sicht in eine ganz neue Welt. Dort gab es Kinder und Familien, die anders waren. Die Straßen sahen anders aus, die Büsche, das Gras, die Art, wie die Leute gekleidet waren. Es gab so viele andere Eindrücke und Möglichkeiten, die Dinge zu betrachten. Und bald kam der Tag, wo er alt genug war, mit seinem Rad die Straße zu überqueren. Zuerst war er sich der Bedeutung dieses Schrittes gar nicht bewußt. Seine Welt erweiterte sich plötzlich um verschiedene Straßenzüge. Erst fühlte er sich klein und etwas beklommen, doch er erforschte eine Straße nach der anderen; er tat das langsam und sorgfältig, und schließlich fuhr er so weit, wie es ihm Spaß machte. Jedesmal sah er etwas Interessantes ein Stückchen weiter unten auf der Straße, vielleicht einen anderen Jungen oder ein anderes Mädchen, jemanden, den er vielleicht von der Schule her kannte oder jemanden, den er bisher noch nicht kennengelernt hatte.

Dann erlaubten ihm seine Eltern, auch andere Straßen zu überqueren. Eigentlich kann man sich kaum vorstellen, wie weit sich seine Welt ausdehnte, vielleicht eine halbe Meile, vielleicht eine ganze Meile, vielleicht auch noch weiter. Es ist wirklich erstaunlich, auf wie viele verschiedene Arten Leute ihr Leben genießen können. Er konnte nicht genau sagen warum, doch war es besonders aufregend, Entdeckungen zu machen, von denen seine Eltern nichts wußten. Im Laufe der Zeit erzählte er ihnen immer weniger; es schien nicht so wichtig zu sein. Er wunderte sich, wie es kam, daß manche Menschen so anders aussehen, als er es gewohnt war.

Und manchmal, wenn er eine neue Gegend im weiteren Umkreis auskundschaftete, fühlte er ein sanftes Herzklopfen, eine Mischung aus Erregung und Bangigkeit. Er fühlte sich wirklich erwachsen. Er fand es spannend, die fremden Reviere zu durchforsten mit all den aufregenden Dingen, die es zu entdecken und einzuordnen gab. Dabei bewahrte er im Geist immer eine Art Straßenkarte, um sicherzugehen, daß er auch immer genau den Heimweg fand. Er fand auch verschiedene Heimwege heraus, für den Fall, daß er in Schwierigkeiten geriet. Manchmal begegnete er Schlägern oder Leuten, die ihn ängstigten. Da erkannte er den Vorteil, verschiedene Möglichkeiten zu haben. Bevor er sich dessen bewußt wurde, war er wirklich groß geworden, obwohl er sich schon seit einiger Zeit »erwachsen« vorgekommen war. Er liebte dieses Fahrrad, es war seine Zeit– und Raum–Maschine. Wenn er damit radelte, schaute er nach rechts und links und konnte fühlen, wie als direktes Ergebnis seiner Anstrengungen die Räder unter ihm über das Pflaster rollten. Er konnte die Kraft in seinem Rücken und auch in seinen Armen und Beinen fühlen. Es war so, als könnte er sich mit jedem Tag, mit jeder Woche und jedem Monat etwas größer und stärker und fähiger fühlen, etwas schneller zu radeln.

Er konnte sich erinnern, wie es im Laufe der Zeit zu jedem einzelnen Kratzer und jeder Beule gekommen war. Aber jede Beule und jeder Kratzer symbolisierte auch etwas, das er gelernt hatte und das ihn mit Freude und Stolz erfüllte. In gewisser Weise war es noch das gleiche Fahrrad, das er zum Geburtstag bekommen hatte, andererseits war es immer neu und anders. Es hatte neue Reifen, andere Griffe und neue Wimpel. Schließlich aber war es einfach zu klein für ihn, doch jedes Mal, wenn er dieses Fahrrad ansah, erinnerte er sich, wie vergnüglich es war, immer weitere Kreise zu erforschen, sich von Hause zu entfernen in eine Welt voller Erregungen und Herausforderungen, mit neuen Gerüchen und anderem Geschmack und ungezählten zurückgelegten Kilometern. Und jedesmal, wenn du dich erinnerst, kannst du dieses Vertrauen spüren, das eine ebenso unbewußte Erfahrung geworden ist wie die Fähigkeit das Gleichgewicht zu halten. Vielleicht ist dieses Vertrauen faßbar in der verläßlichen Wahrnehmung der Kraft in deinen Armen und Beinen, vielleicht spürst du es deutlicher als eine gewisse Ruhe im Gesicht oder auch als die Fähigkeit, dir Lösungsmöglichkeiten auszudenken, wenn du dich neuen Herausforderungen gegenübersiehst. Die Gesichtsmuskeln sind glatt und haben Spannung. Um den Mund spielt ein Lächeln, so daß die Wangenmuskeln voll und rosig sind. Lachfältchen um die Augen machen das Gesicht noch lebendiger. Die leicht geöffneten Lippen lassen etwas von den Zähnen sehen. Deine Brust fühlt sich etwas breiter an und sieht auch so aus, das Brustbein hebt sich, und der Kopf ruht wohlausgewogen auf den Schultern. Dazu kommt gewiß ein ausgeglichenes Atmen – und was ihn betrifft, so wird dabei in seiner Erinnerung immer das unauslöschliche Bild dieses funkelnden Fahrrads leben.

6. Affektziel: Selbstvertrauen

Metapher [4]

Terrye ging aus ihrer Fotoklasse die Treppe hinunter und zu ihrem Auto. Diesmal ging sie allein und betrachtete nicht, wie es sonst ihre Gewohnheit war, eindringlich die Menschen und das Leben um sich herum. Sie atmete die frische, kühle Luft und lenkte ihr Auto zum Strand, um dort ihre Verabredung mit dem Wasser und dem Mond einzuhalten. Es war eine Vollmondnacht. Sie hätte gern gehört, daß es ein Herbstmond war. Sie dachte über seine Bedeutung nach, während Bilder vor ihrem Geist vorüberzogen. Sie wurde nachdenklich, als ihre Gedanken zur Klasse zurückwanderten, und sie erkannte, wie gut vertraut sie doch mit der Kamera geworden war.

Terrye erinnerte sich, wie sie angefangen hatte, den Umgang mit der Kamera zu lernen, und wie sie sich dabei gefühlt hatte. Da gab es so viel zu lernen, wie würde sie es je schaffen? Sie hatten mit den Brennweiten und Verschlußgeschwindigkeiten begonnen. Erstere betrafen die richtige Lichtmenge, letztere die Belichtungsdauer. Sie wurden jeweils unterschiedlich kombiniert – je nach den verschiedenen Bedingungen. Als sie mit diesen beiden Grundlagen vertrauter wurde, verstand sie, wie sie miteinander in Beziehung standen. Weder mit der einen noch mit der anderen allein konnte eine gute Fotographie entstehen.

Zuerst schienen Auswendiglernen und Festhalten an den Notizen der einzige Weg, die Grundbegriffe zu lernen und zu verstehen. Als sie dann übte und Bilder machte, merkte sie, wie Verkrampfung und Ungeschicklichkeit allmählich abnahmen. Sie ging ganz in der Aufgabe auf, während sie zu verstehen versuchte und methodisch einen Schritt nach dem anderen vollzog. Ein langsames und methodisches Vorgehen machte die Aufgabe leichter, und sie ließ sich mehr Zeit, als sie später benötigen würde. Sie begann ihre Arbeiten sehr zeitig vor den Abgabeterminen, um bequem und entspannt zu arbeiten, während sie darauf achtete, alles Nötige korrekt zu erledigen. Da sie alles stets sorgfältig vollzog, verbesserten sich Schärfe und Gestaltung ihrer Bilder. Sie fühlte sich zunehmend stolzer und zufriedener, wenn sie neue Filme einlegte oder Fotos entwickelte.

Terrye stellte fest, daß sie sogar in ihren Träumen Dinge scharf einstellte. Sie visierte einzelne Details an oder Gruppen von Einzelheiten; sie konzentrierte sich auf Themen; sie konzentrierte sich auf das Licht bei längeren Belichtungszeiten. Sie erinnerte sich an Träume, in denen sie über ihre Fotos nachdachte, während sie in Gedanken weiter ihre Brennweiten abstimmte. Wenn sie sich morgens ankleidete, war ihr nur teilweise bewußt, daß sie im Geist ihre Scharfeinstellungen übte.

Licht und Schatten wurden ihre Verbündeten. Das Verhältnis von Licht und Schatten ist ebenso wesentlich wie das von Brennweite und Belichtungszeit. Sie begann Licht und Schatten auf neue Weise wahrzunehmen. Sie entdeckte, wieviel Leben in einer einzigen Sekunde vorbeiziehen kann, und lernte dann, diese Zeit auf eine tausendstel Sekunde zu stoppen. Sie legte Grenzen fest und maß die Tiefenschärfe mit einer Sicherheit des Auges, die das Ergebnis ständig wiederholter Berechnungen hinter dem Sucher war. Indem sie ihre Gegenstände auswählte, gelangte sie dahin, ihre eigenen Lieblingsobjekte herauszufinden. Sie lernte, wie sie aus Themen, die ihr lagen, das Beste machen konnte. Sie lernte, was nur ein erfahrener Fotograf wissen kann, daß der Standpunkt des Fotografen das Ergebnis beeinflußt. Sie lernte, wie ihre Auffassung von denen, die ihre Arbeit begutachteten, nachempfunden werden konnte. Sie fühlte, wie ihr Selbstvertrauen wuchs, wenn sie die Kompositionen schuf, die Stimmung auswählte, den Blickwinkel festlegte und den Film belichtete. Ihren Lehrer hatte vor allem eine Serie von Schnappschüssen von ihren Freunden beeindruckt. Er hatte vorgeschlagen, sie Lokalzeitungen und Illustrierten zur Veröffentlichung einzusenden. Mitstudenten – besonders einer – hatten sie gebeten, mit auf Foto–Tour zu gehen. John hatte sie vor der Klasse erwartet, um zu erfahren, ob sie mit ihm das nächste Seminar für Bildjournalisten besuchen wollte. Es schien ihn zu freuen, als sie lächelte, zusagte und sich bedankte.

Auch als sie jetzt auf den Strandparkplatz einbog, hatte Terrye ihren Fotoapparat bei sich. Nachdem sie überprüft hatte, wieviel Film noch darin war, hängte sie den Gurt über die Schulter. Sie schloß den Wagen ab, ehe sie zum Strand eilte. Der Mond war im Aufsteigen fast orangerot gewesen. Nun war er ein silbrigweißer Ball mit Schatten auf der Oberfläche. Terrye saß gern nur wenige Zentimeter vom wellenbewegten Wasser entfernt, das den feuchten Sand glättete, während es den Strand hinaufrollte. Beiläufig dachte sie darüber nach, daß niemand diesen Ort als Küste bezeichnete. Entschlossen nahm Terrye ihre Kamera aus dem Koffer und legte sie sanft in ihren Schoß. Zu einem solchen Zeitpunkt braucht dein bewußter Verstand nicht einmal das Ausmaß an Selbstvertrauen wahrzunehmen, das dein Unbewußtes gelernt und gespeichert hat. Ein Gefühl des Vertrauens kannst du an deiner Fähigkeit ermessen, es zu ignorieren. Oder aber du bist dir dessen vielleicht in irgendeinem bestimmten Bereich deines Körpers bewußt. Gewiß war ihr Gesicht entspannt, und ihre Muskeln waren glatt. Vielleicht bemerkte sie ein Gefühl des Vertrauens, indem sie spürte, wie leicht sie atmete und in der Lage war, sich auf die Heiterkeit der Umgebung zu konzentrieren. Vielleicht wurde das auch lediglich durch die Fülle des aufsteigenden Herbstmondes versinnbildlicht, auf den sich ihr Blick mit äußerster Klarheit konzentrierte.

7. Affektziel: Kraft und Selbstvertrauen

Metapher

Ein ansonsten gewöhnlicher Tag kann unerwarteterweise eine Wende zum Besseren nehmen, aber nicht in der Art, wie man denken möchte. Ann gehörte zu jenen Menschen, von denen man erwarten kann, daß sie Opfer kleiner Übergriffe werden könnten, weil niemand denkt, daß gerade ihm so etwas zustoßen könnte. Sie war nicht hochgewachsen, fiel aber aufgrund ihres gepflegten Aussehens auf. Sie kümmerte sich sehr sorgfältig um ihr Aussehen: sie war gut gekleidet, ihre Kleidungsstücke waren mit Bedacht ausgewählt, und ihre Garderobe war gut aufeinander abgestimmt. Sie hatte nicht viel Geld dafür ausgegeben, doch war jedes Stück von guter Qualität. Manchmal machte Ann beim Schlußverkauf ein Schnäppchen, sie nähte gelegentlich selbst oder hatte Kleidungsstücke geschenkt bekommen, andere als Reisesouvenirs mitgebracht. Einige Stücke ihrer Garderobe waren Unikate oder wurden nicht mehr hergestellt. Wie bei allen Menschen waren ihr einige Stücke besonders ans Herz gewachsen, und selbst mit den ziemlich neuen Kleidern waren einige Erinnerungen verbunden. Die älteren Lieblingskleider hatten den besonderen Sitz, mit dem sich gute Schuhe den Füßen anpassen.

Einmal wöchentlich gab sie ihren großen braunen Wäschekorb auf dem Weg zur Arbeit in der Reinigung ab. Neun Stunden später holte sie ihn wieder ab, und alles war sauber zusammengelegt, die Blusen hingen auf Bügeln. Über die Dinge, die du für gesichert hältst, und die du erwartest, denkst du nicht weiter nach. Für Ann war es ein Genuß, die Kleider aus der Wäscherei zu holen. Das schien etwas töricht, und sie hatte auch nie zu jemandem darüber gesprochen, aber es war eine Art Höhepunkt ihrer Woche und gab ihr ein Gefühl der Befriedigung, das ihr auch für andere Dinge symbolisch erschien, die nichts mit der Wäscherei zu tun hatten. Sie konnte es nicht genau erklären, doch sie genoß wirklich die Frische der Wäsche, nachdem sie gebügelt und zusammengelegt worden war. Von dem Waschmittel dufteten sie frisch und rein. Die Kleider waren wie neu und doch auch wie alte Freunde, bereit, von neuem ihren Dienst zu tun.

So war sie an diesem Tage auf dem Weg nach Hause und fühlte sich vielleicht deshalb so sorglos, weil sie schon dieses befriedigende Gefühl vorwegnahm, und das Frühlingswetter war erfrischend. Sie beschloß, beim Blumenhändler, einem Freund, hereinzuschauen. Sie hatte ihn eine Weile nicht gesehen, weil sie meist viel zu tun hatte, doch jetzt wollte sie einen Blick auf die bei ihm ausgestellten Tonwaren werfen. Während sie dort war, fiel ihr ein interessantes, gelbes, motorisiertes Dreirad auf. Ihr Freund sagte, es gehöre zu seinem neuen Auslieferungssystem. Die Tonwaren waren verlockend, aber sie hatte noch einiges vor – vielleicht so zeitig nach Hause zu kommen, daß sie vor dem

Abendessen mit einigen Freunden noch am Strand spazierengehen konnte. So fuhr sie weiter zur Wäscherei, sprang hinein und beschrieb einer neuen Angestellten ihren Korb. Die Angestellte schaute etwas verdutzt drein und sagte, sie sei ziemlich sicher, daß ein solcher Korb nicht zum Abholen bereit stehe. Ann geriet in leichte Panik, aber die Angestellte überprüfte die Sache gewissenhaft, aber schließlich stand sie da mit leeren Händen. »Nicht da? Was soll das heißen? Das ist nicht möglich. Natürlich ist sie da. Ich habe sie doch heute morgen abgegeben!« brüllte Ann. Eine weitere Überprüfung brachte nichts zutage, außer daß sich die Angestellte plötzlich an etwas Interessantes erinnerte, das die Sache klären könnte. »Könnte es sein, daß jemand anderes die Wäsche für sie abgeholt hat?« fragte sie Ann. »Nein, das kann nicht sein«, sagte Ann, doch die Angestellte erinnerte sich, daß zuvor eine junge Dame einen braunen Korb abgeholt hatte, der Anns Beschreibung entsprach. Tatsächlich waren zwei Körbe dagewesen, und als das junge Mädchen gefragt wurde, welcher der ihre sei, hatte sie gesagt, daß ihr beide gehörten. Und dann erinnerte sich die Angestellte an eine andere interessante Einzelheit: das junge Mädchen war auf einem gelben motorisierten Dreirad weggefahren.

Ungläubig und schockiert ging Ann weg, und sie empfand Wut, Hilflosigkeit und Verzweiflung. Sie raste zum Blumenhändler zurück, erfuhr, daß er tatsächlich ein junges Mädchen beschäftigte, daß es diesen Nachmittag mit dem Fahrrad verschiedene Lieferungen ausgefahren hatte, dann aber einige Stunden früher als sonst heimgegangen war. Bald besaß Ann deren Name und Adresse und auch einige Hintergrundinformationen über das betreffende Mädchen. Sie war noch ein Teenager, und es hieß, daß sie in einer gewissen Billardhalle herumlungerte. Ohne genau zu wissen, worauf sie stoßen würde, setzte Ann sich ins Auto und begab sich zu jener Adresse, fuhr langsam an der Billardhalle vorbei, schaute suchend durch die offenen Türen, um zu sehen, wer darin war, und vielleicht etwas herauszufinden. Drinnen sah sie nur Männer; so fuhr sie weiter und traf kaum fünfzig Meter weiter direkt auf das junge Mädchen, das auf seinem Dreirad fuhr und eines von Anns originellsten T-Shirts trug, eines aus gelbem Frottee mit schmalen Trägern und einem vorn applizierten Schmetterling. Ihre Schwester hatte es ihr kürzlich aus einer anderen Stadt geschickt, und es war gewiß ein Einzelstück. In jenem kurzen Augenblick bemerkte sie, daß das Mädchen breit und kräftig gebaut war, das harte Gesicht einer Straßengöre hatte und einen frechen Blick, der erkennen ließ, daß sie schon lange gegen Regeln verstoßen hatte und auch noch stolz darauf war und daß man mit ihr nicht leicht fertig werden konnte. Aber Ann machte sich nicht einmal etwas daraus. Sie parkte ihr Auto genau vor dem Fahrrad und versperrte ihr so den Weg. Das Mädchen warf ihr einen wütenden Blick zu der sagte: »Was bildest du dir eigentlich ein!« Und sie sprang vom Fahrrad, und warf es kampfbereit zur Seite. Ann stieg aus dem Auto, schloß die Tür, stemmte ihre Hände in die Hüften, baute sich wenige Zentimeter vor dem böse starrenden Mädchen auf und sagte gelassen: »Ich weiß deinen Namen, ich weiß, wo du arbeitest, und ich weiß, wo du wohnst. Du hast mein T-Shirt an, und ich will es zurückbekommen, zusammen mit allen meinen anderen Kleidern.« - »Ich weiß überhaupt nicht, wovon Sie reden, ich habe das bei Angels in der Stadt gekauft. Ich habe Ihre Kleider nicht«. Instinktiv leugnete das Mädchen. Ann wiederholte einfach nur, was sie bereits gesagt hatte, sehr ruhig und fest, sehr ernst und diesmal etwas lauter. Dann fügte sie hinzu: »Willst du auf dem Fahrrad heimfahren oder wohin auch immer du meine Kleider getan hast, und ich folge dir oder soll ich dich in meinem Auto mitnehmen? Ich denke, es ist besser für dich, du tust, was ich sage, als daß du die Konsequenzen zu tragen hast, wenn ich Dich bei der Polizei anzeige.« Der charakteristische harte Gesichtsausdruck des Mädchens schwand ein wenig, während es weiterhin leugnete, doch hatte es Angst. Wie ein in die Falle gegangenes Tier sah es verzweifelt nach rechts und links, sah keinen Ausweg, kein Entkommen. Ann rührte sich nicht von der Stelle, ihr Gesicht bekam einen ebenso harten Ausdruck, den es gewöhnlich nicht hatte, der aber genau zur Situation paßte.

Nicht daß sie Sympathie für das Mädchen empfunden hätte, doch machte sie ihm klar, daß sie keine Anzeige erstatten werde, wenn es ohne weiteres Leugnen oder irgendwelche Einwände alle ihre Kleider in gutem Zustand herbeischaffen könne. Eine wirkliche Straßengöre weiß, wann sie nachgeben muß, und das Benehmen des Mädchens änderte sich plötzlich, indem es hastig sagte: »Schon gut, ich stelle mein Fahrrad auf den Gehweg.« Ann fuhr schnurstracks zur Wohnung des Mädchens, wo die Kleider noch im Korb lagen, der auf einem ungemachten Bett in einem verwahrlosten Haus stand. Ann wartete, während das Mädchen das T-Shirt wechselte, trug alles in ihr Auto, und entsprechend der Vereinbarung ließ sie das Mädchen bei der Billardhalle aussteigen und fuhr dann heim.

Als sie später am Abend den Vorfall ihren Freunden erzählte, war sie über ihr Gefühl von Kraft und Selbstvertrauen überrascht, obwohl einige meinten, es sei dumm gewesen, keine Anzeige zu erstatten. Sie konnten nicht wissen, was für eine Bestätigung Ann empfand, nicht nur äußerlich, daß sie ihre Kleider zurückbekommen hatte , und welche Erleichterung, nicht unzählige Stunden und viel Geld opfern zu müssen, um ihre originelle Garderobe neu zusammenzustellen. Sie hatte das reine Vergnügen zu wissen, daß sie in einer bedachten, sorgsamen und selbstsicheren Weise für sich selbst handeln konnte, auch wenn sie dies zuallerletzt erwartet hätte. Sie hatte, wie ihr schien, das totale Chaos erlebt und eine angemessene Ordnung wiederhergestellt. Sie hatte ein Geheimnis gelöst, das ebenso verwirrend war, wie eine Nadel im Heuhaufen zu suchen. Die Sache hätte leicht anders ausgehen können, wenn sie nicht mit aller Entschiedenheit auf ihrem Standpunkt beharrt hätte.

Ihre Freunde stellten fest, daß sie tief und ruhig durchatmete, wie sie so gelassen in ihren Kleidern dasaß; auf ihrem Nacken und auf ihren Wangen lag ein rosiger Hauch. Sie zog ihre Jacke aus und schwitzte etwas, wie nach einem guten Training, wenn du wirklich deine Kraft fühlst und spürst, wie es ist, lebendig zu sein, und Dich sinnvoll angestrengt und etwas geleistet hast. Und dein bewußter Verstand erkennt zuerst nicht, wenn du solche Erfahrungen machst, daß dein Unbewußtes sie als eine Chance nutzt, dieses Gefühl so für dich zu erklären und zu bewahren, daß es dich ein Leben lang begleitet. Auf einer bestimmten Ebene findest du vielleicht Zugang zu ihm mit jedem tiefen Atemzug. Ganz gleich, wie sie ihre Kleidungsstücke von jenem Tag an zusammenstellte, sie trug sie mit einem neuen inneren Stolz. Von nun an hörte sie eine Menge Bemerkungen, daß sie sich doch vielleicht überlegen sollte, berufsmäßig als Model zu arbeiten, weil sie ihre Kleider so lässig beziehungsweise unerklärlich individuell trug – es fehlten einem die richtigen Worte dafür. Du weißt, wie das ist, ein Gefühl zu haben, das du gar nicht so richtig benennen kannst, aber es kann deine Erfahrung teilweise so ändern, wie du es nicht erwartet hättest.

8. Affektziel: Wut

Metapher

Paul sagte, er habe in acht Minuten – oder waren es acht Stunden – mehr gelernt als in acht Therapiesitzungen. Manchmal merkt man nicht, wie die Zeit vergeht. Es ist schwer, die Zeit zu ermessen, die man im Dunkeln in einem Kofferraum zugebracht hat. Du möchtest es nicht glauben, daß ein unerwartetes, unwahrscheinliches, anscheinend »unmögliches« Ereignis wie das Kidnapping der entscheidende Heilfaktor sein könnte, der eine Änderung bewirkte, die jene acht Therapiesitzungen augenscheinlich nicht zustande gebracht hatten.
Er war mit einigen zornesroten Flecken seiner Schuppenflechte vorn zwischen seinem schütter werdenden Haar zur Therapie gekommen. Diese Flecken waren ihm lästig und symbolisierten eine ganze Reihe von Problemen, denen gegenüber er sich hilflos fühlte. Doch hatte er nie daran gedacht, wie er mit dieser Art von Situation fertig werden könnte, in die er verstrickt war. Du weißt, daß jeder meint, solche Dinge könnten nur anderen zustoßen. Dir könne so etwas nie passieren. Aber danach war er sozusagen dankbar, daß die Kidnapper an jenem Tag gerade auf ihn verfallen waren.
Nun, vielleicht hatten ihm diese acht Therapiesitzungen gewissermaßen geholfen, seine Fähigkeiten so zu gestalten, daß er gerüstet war, mit jener schrecklichen Situation fertig zu werden, mit deren Eintreten er eigentlich

nicht hatte rechnen können. Damals befand er sich auf dem Wege zu seiner neunten Therapiesitzung. Wir erfuhren nicht, warum er nicht kam. Wir waren überrascht, weil er zu seinen Terminen immer äußerst pünktlich, wenn nicht gar zwei Minuten zu früh erschienen war.
Es war ein Zufall, daß er mit gerade dem Auto unterwegs war, das sie brauchten. Das Fenster war offen, sie drückten ihm das Messer gegen den Hals und sagten: »Rutsch rüber, Kumpel!« Das tat er. Sie fesselten ihn an Händen und Beinen und steckten ihn schließlich in den Kofferraum. Er wußte nicht, wohin er gefahren wurde. Sie hatten ihn geknebelt und ihm die Augen verbunden. Er konnte nichts sehen. Er konnte sich kaum bewegen. In einer solchen Situation nimmst du jede kleine Bewegung, jeden Ruck wahr, viel deutlicher als gewöhnlich. Das Gefühl für Entfernungen verzerrt sich. Er war sich vieler Gefühle bewußt und konnte keines benennen.
Er meinte, daß er in Trance gegangen sei. Und in seiner Trance empfand er eine Art Behagen, während er etwas von seiner Angst verlor. Er glaubte deshalb in Trance gewesen zu sein, weil man in diesem Zustand keine Angst empfinden soll. Er erkannte nicht einmal, ob er bei Bewußtsein war. Und doch war er vielleicht völlig bewußt in Trance, oder er befand sich unbewußt in einem Traum. Er erwähnte, er habe ein deutliches Bild von einer Art von Spielplatz und dummen kleinen Spielen gehabt, die Kinder dort spielten. Wenn du dich mit aller verfügbaren Energie wappnest und dich gegen die verschränkten Arme wirfst, die dich zurückhalten: die Arme halten fest zusammen, und darum mußt du dich immer wieder dagegen werfen.
Paul war etwas scheu, als er zur Therapie kam, doch hatte er etwas gelernt, über das wir immer wieder gesprochen hatten. Du gehst in Trance und spürst die Dissoziation in deinem Körper. Und du fühlst, wie du atmest, und erkennst diese Veränderung als normales Reaktionsbedürfnis. Und er begann, um sich zu treten in diesem Kofferraum und reagierte ganz natürlich, ohne zu wissen, was er eigentlich erreichen würde. Und was vermag Therapie anderes, als zu gestatten, wieder Zugang zu finden zu Dingen, die du schon seit langer Zeit gekannt hast. Du hast es vor langer Zeit gelernt.
So trat und kratzte und stieß er um sich, und schließlich geriet er mit den Fesseln an irgendetwas Scharfkantiges, benutzte es als Ansatzpunkt zum Zerren und Sägen, bis eine der Fesseln riß: seine Beine waren frei. Er wußte nicht, ob es irgendeinen Nutzen hatte, doch stieß und trat er gegen den Kofferraumdeckel, bis er aufsprang. Dann machte er sich los, lockerte seine Glieder und schaltete das Licht ein. Die Leute, die ihn in den Kofferraum gesteckt hatten, waren offensichtlich in einem anderen Wagen davongefahren, irgendwohin in die Richtung, in die er auch gewollt hatte. In Windeseile sprang er hinter das Steuer und trat aufs Gaspedal. Als sein Auto davonschoß, hinterließ es eine leichte Gummispur. Er hatte das erste körperliche Hindernis

überwunden, den Kofferraum, die Fesseln und den Knebel, doch mußte er noch mit weit mehr fertig werden.
Während er das Auto lenkte, konnte er fühlen, wie seine Fäuste krampfartig das Lenkrad umfaßten und zupackten. In seinem Kopf sagte er Dinge, die er noch nie zuvor zu jemandem gesagt hatte, weil er ein schüchterner Junge war. Er sagte vulgäres Zeug über die Leute, und ihm war bewußt, daß es sehr seltsam war, wie er sich verhielt, weil ihm das nicht ähnlich sah. Sein Unbewußtes jagte die Straße hinunter, jagte diesen Leuten hinterher. Er dachte daran, wie oft er Dinge hatte sagen wollen und dann doch geschwiegen hatte, und er stellte fest, daß er uns jetzt erzählen würde, er habe aus diesem Kofferraum mehr herausgeholt als aus acht Therapiesitzungen. Er wußte nicht genau, was es war. Dieser Lernprozeß war noch im Gang.
Er knirschte mit den Zähnen, umklammerte das Lenkrad, lehnte sich nach vorn. Er hielt sich sehr aufrecht in den Schultern, und bei jedem Atemzug atmete er voll durch. Er dachte und redete laut. Er sagte: »Euch Burschen werde ich schon kriegen – und wenn es das Letzte ist, was ich tue. Ich werde Euch hinter Gittern sehen. Damit kommt ihr mir nicht davon!« Und er sagte das immer von neuem, hörte auf den Klang seiner Stimme; er konnte es richtig fühlen, wie seine Stimme aus der Kehle kam: sie klang anders und fühlte sich anders an. In den Tönen, die er von sich gab, lag Kraft. Seine Stirn war angespannt, sie faltete sich, sein Atem ging rhythmisch. Und sein bewußter Verstand sagte ihm: »Das bin ich gar nicht« – doch sein Unbewußtes fühlte die Oberfläche seiner Haut, das Pochen des Herzens, die Schwere der Brust, die sich hob und senkte. Während er mit dem Wagen immer geradeaus fuhr, hatte sein Gesicht einen strengen Ausdruck, Brauen und Kiefer waren angespannt.
Als er später zur Therapie zurückkam und die unglaubliche Geschichte berichtete, die wir zuerst gar nicht glaubten, meinte er: » Ich sage Ihnen, daß ich mehr in diesem Kofferraum gelernt habe, was ich ändern muß, als in all diesen Therapiesitzungen – abgesehen davon«, fügte er hinzu, »daß ich in dem Kofferraum in Trance gewesen bin.«

9. Affektziel: Wut, Kraft

Metapher

Larry war eines Tages zur Arbeit fortgewesen, und als er und seine Frau heimkamen, fanden sie das ganze Haus ausgeplündert vor, alles Tragbare war gestohlen worden. Er rief die Polizei an, aber die konnte sehr wenig tun. Er begann sich zu fragen, wie er wieder seinen Frieden bekäme... und all jene Dinge zurück. Ein Anschlag auf das Selbstwertgefühl eines Menschen ist schlimmer als einer auf das Eigentum, wenn eingebrochen worden ist. Beiläufig fragte Larry einen der nächsten Nachbarn, ob er etwas gesehen hätte. Einige Teenager hatten in der Nähe einer Garage gespielt. Er überprüfte die Garage, fand sie verschlossen, doch hatte sie der Besitzer selbst nicht abgeschlossen. Einige Tage später kam er auf den Gedanken, die Polizei zu bitten, diese verschlossene Garage zu überprüfen. So eine Situation paßte eigentlich nicht zu Larry. Er war ein eher gehemmter Typ, der gerne Pfeife rauchte. Als die Polizei einen der Jungen um die Garage herumschleichen sah, hielt sie ihn an und fragte, wie er zu dem Schlüssel komme. Da rannte der Junge weg, und Larry rannte ihm nach. Schließlich erwischte er ihn, und der heulende Junge sagte ihm die Namen von vier Kameraden. Die Polizisten fuhren bei ihnen vor, brachten sie in einem Streifenwagen zu Larrys Haus, und dort vor dem Haus gaben sie alles zu. Sie hatten Larrys Haus ausgeplündert. Und Larry stand dabei, während die vier Jungen neben dem Streifenwagen auf dem Bauch lagen. Einer von ihnen wandte sich um, guckte Larry in die Augen und sagte: »Dich krieg ich noch, du Hurensohn!«

Larry sagte, sein Bewußtsein habe sich etwas verändert und er habe festgestellt, daß er eine unbewußte Erfahrung gemacht hatte, von der er nichts wußte. Als er dem auf dem Boden liegenden Jungen geradewegs in die Augen schaute, empfand er überhaupt keine Furcht. Er spürte nur, wie er fest auf dem Boden stand und diesen Jungen anschaute. Sein bewußter Verstand kommentierte: »Ich habe vor dem Jungen keine Angst. Ich kann es nicht glauben. Ich hätte gedacht, er würde mich einschüchtern. Aber schließlich liegt er am Boden, und ich bin derjenige, der aufrecht steht.« Es befriedigte ihn sehr zu erleben, wie diese Jungen schließlich abgeurteilt wurden und ins Gefängnis mußten. Und natürlich bekam er all sein Eigentum zurück.

Du kannst dich an dieses Gefühl der Befriedigung erinnern, selbst wenn dein bewußter Verstand nicht voll begreift, wie du das haben kannst und was du damit anfängst. Mit beiden Füßen fest auf dem Boden hast du ein sicheres Gleichgewichtsgefühl. Die Lippen sind fest aufeinandergepreßt, die Augen blicken starr, und die sie umgebenden Muskeln sind gespannt, aber nicht verkrampft. Du spürst deine Haut bewußter und deinen Atem, wie er mit dem Heben und Senken des Brustkorbs durch die Nase ein- und ausströmt. Aber unser Unbewußtes kann auf diese Weise Gefühle oder auch den Ansatz eines Gefühles speichern, auf dem du später bei passender Gelegenheit aufbauen kannst.

10. Affektziel: Wut

Metapher

Pete arbeitete als Tellerwäscher und spielte klassische Gitarre. Er hatte bei Bream und Segovia gelernt und war ein geborener, einfühlsamer und vollendeter Musiker.
Eine Zeitlang fuhr er einen 72iger Mazda mit einem Aufkleber, auf dem stand: »Mit Vorsicht zu »*händeln*« : Gitarrespieler.« Nach einer Weile meinte er, diesen Wagen nicht mehr zu brauchen. Wer sein Auto weggibt, ändert damit auch viele Dinge, die ihn persönlich betreffen.
Als er eines Tages von der Arbeit nach Hause kam, fand er seine Tür offen. Erst war er überrascht und ärgerte sich über sich selbst, weil er sie nicht zugeschlossen hatte. Als er nach den Schlüsseln wühlte, stieß er die Tür zu und dachte nicht mehr daran, warum er sie wohl nicht verschlossen hatte. Doch als er sich umsah, erkannte er, daß das Zimmer in einem chaotischen Zustand war. Mühsam versuchte er Klarheit in seine Gedanken zu bekommen.
Als er das Durcheinander in dem Zimmer sah, bedachte er, wie unordentlich er doch war, daß er so wenig aufräumte. Wenn du dein Zimmer verkommen läßt, so sagt das etwas über dich aus. Doch dann sah er die Hemden auf der Couch liegen, und das veränderte die Lage. Pete ging auf, daß er die Hemden nicht auf die Couch gelegt hatte; er hätte sie nicht alle herausgezogen, bei ihm mußte eingebrochen worden sein.
Jeder, der Pete kannte, wußte, daß man etwas eindeutig von ihm sagen konnte: er hing an seiner Gitarre, er liebte sie. Mit ihr im Arm schlief er sogar ein. Das war ein oder zweimal geschehen, und seine Freunde neckten ihn deshalb. Er streichelte sie sanft und sorgsam, als ob er sie mit den Fingern liebte. Und er verbrachte mehr Stunden am Tag mit ihr als mit irgendeiner Person. Seine Gitarre war in der Tat seine Freundin. Vielleicht ging es ihm wie Linus mit seiner Schmusedecke, und jeder weiß, wie quengelig Linus wird, wenn man sie ihm wegnimmt. Aber das ist gar kein Vergleich zu Petes Befürchtungen, daß man ihn ausgeraubt haben könnte; dann begriff er es, daß er wirklich beraubt worden war. Er hörte ein Geräusch im hinteren Zimmer – das Appartement hätte leer sein sollen. Und du weißt, wie sich deine Verfassung ändern kann, wenn du zum Beispiel in einen Autounfall verwickelt bist. Du kannst dich an jede Einzelheit innerhalb dieser paar Sekunden des Aufpralls erinnern, so als habe er zwanzig Minuten gedauert. Du erinnerst Dich an jede Stellungsänderung, jede Bewegung eines Fußgängers, jeden Zentimeter, um den sich die Fahrzeuge einander nähern, alles, was du tust, um einen Sicherheitsgurt zu befestigen oder ein Handschuhfach zu öffnen oder etwas von deinem Schoß zu nehmen. Pete mußte dieses gesteigerte Erinnerungsvermögen haben, denn er konnte jede Minute und jede Einzelheit dieses Tages

rekonstruieren. Das hat vielleicht eine Sekunde gedauert, doch schien es ihm wie eine Stunde. Als nächstes wurde er sich eines Gefühls in seinen Beinen bewußt, und er fühlte, wie seine Füße ihn über die Schwelle trugen, die Hand auf dem Türknauf, Schultern über dem Brustkorb entspannt, was ihm eigenartig vorkam. Er konnte fühlen, wie das Blut und das Adrenalin durch seine Adern pulste. Doch fühlte er sich, als stehe er daneben, und das war überraschend. Er spürte die Wucht seines Körpers, als er die Tür auf sehr aggressive Weise öffnete. Doch hatte er weiter keinen Gedanken, außer daß er sich nie so leicht gefühlt hatte und ihm alles sehr viel leichter fiel, als er es je gedacht hatte. Mit vielen Einzelheiten erzählte er, wie er in das Schlafzimmer rannte, wo seine Gitarre war, und was er brüllte. Er hörte, wie ihm Worte aus dem Mund kamen, die er gewöhnlich nicht gebrauchte. Dann sah er wie ein Mann mit seiner Gitarre in der Hand aus dem Fenster sprang. Pete sprang hinterher. Sein bewußter Verstand stellte fest, daß er etwas tat, was sonst nicht seine Art war. Dein bewußter Verstand kann Dinge beobachten, die dein Körper tut. Jeder hat schon einmal automatisch aufgeschrien, wenn jemand ihm auf den Zeh getreten ist. Du weißt eigentlich nicht, was du sagst, bis du dich selbst hörst. Und ihm Nu stand er mit seinen Tennisschuhen draußen auf dem Rasen vor seinem Schlafzimmerfenster und raste über den Parkplatz. Während seine Füße ihn über den Rasen trugen, fühlte er sich schwerelos. In seinem Bewußtsein war er überrascht zu bemerken: du kannst ein dir anscheinend völlig fremdes Gefühl habne und dich dabei ganz wohlfühlen, auch wenn du geglaubt hast, das ginge nicht. Er hatte gedacht, Gefühle – insbesondere dieses – müßten schwer sein.
Da er schneller rannte als der Mann, schoß er an ihm vorbei, und der ließ die Gitarre fallen, die mit einem »Bong« auf den Boden schlug. Die Saiten begannen nachzuhallen, über zwanzig Sekunden lang, ehe sie ausklangen. Er erinnerte sich, daß er auf diesen Nachhall achtete, wie er es intuitiv immer tat. Schließlich packte er den Dieb bei den Schultern, stieß ihn hinten gegen diesen 72iger Mazda und drückte ihn nach rückwärts gegen die Hecktür. Ich weiß nicht, wo du zuerst das Gefühl für deine Muskelkraft empfindest, wenn du jemanden an den Schultern gegen eine Tür drückst und dir klar wirst, daß du wirklich einen anderen Menschen angegriffen hast. Vielleicht fühlst du deine Füße fest auf dem Boden. Vielleicht empfindest du dich ein wenig größer als gewöhnlich. Vielleicht merkst du, daß dein Atem leichter und schneller geht als üblich, daß deine Haut warm ist. Da stand Pete, holte mit der Faust aus, hob sie in Kinnhöhe und hörte sich sagen: »Ich werde dir aufs Maul schlagen, du Hurensohn!« Solche Worte waren nie zuvor aus seinem Mund gekommen. Er war schon bereit, den Mann zu schlagen, doch dann drehte er ihn um, drehte ihm die Arme auf den Rücken, rang ihn zu Boden und hielt ihn dort fest. Nun gab es ein Spektakel. Es war immer noch ein Nachhall im Hintergrund. Die Gitarrensaiten klangen immer noch nach von dem Stoß und Schlag, den das

Instrument erhalten hatte. Andere Leute, die auf den Tumult auf dem Parkplatz aufmerksam geworden waren, hatten einen vorbeifahrenden Streifenwagen angehalten, und bald nahm die Polizei den Dieb fest. Nach diesem Zwischenfall begriff Pete, daß die Gitarrensaiten noch immer schwach widergehallt hatten, als er den Mann auf dem Boden festgehalten hatte. Er wußte, er konnte sich darauf verlassen, daß die Resonanz der Grundnoten etwa siebzehn Sekunden dauerte. Der gesamte Vorfall hatte etwas über zwanzig Sekunden gedauert, von dem Moment an, als er aus dem Fenster gesprungen war, bis er den Mann schließlich auf den Boden gezwungen hatte.
Klopfenden Herzens, mit aufrechten Schultern und erhobener Brust, verbissenem Kiefer und einem Nacken, in dem das Blut pulsierte, hatte Pete erwartet, daß es sehr viel unangenehmer sei, Wut zu haben. Er hatte sich nie anders gesehen als den »klassischen Gitarrenspieler, mit Vorsicht zu handhaben«. Das ist ein Lernprozeß. Dein Unbewußtes besitzt eine Menge Erfahrungen und kann sie zusammensetzen, ganz gleich, was dein bewußter Verstand sich denkt. Pete erinnerte sich an diese Erfahrung der Wut, an den Antrieb und an das Verständnis, daß das Unbewußte diesen Impuls und das Bedürfnis hat, aggressiv zu werden, und die Erkenntnis speichert, daß du nicht über die Grenzen der Vernunft hinausgehen sollst, selbst wenn du die Gelegenheit dazu hast und es gerechtfertigt wäre.

11. Affektziel: Liebe, Zugehörigkeitsgefühl

Metapher

Jane hatte mit ihrer Freundin eine wirklich gute Beziehung aufgebaut. Sie ließen zusammen Drachen steigen, bastelten Segelboote, sprangen Seil, sammelten hübsche Steine, die sie wuschen und in Schachteln legten. Sie wußten mit absoluter Sicherheit, daß sie nie Aktentaschen mit Kreditkarten auf der Straße herumtragen würden, und sie haßten einfach die Leute, die das taten; diese Leute hatten nach ihrer Ansicht einfach keinen Spaß. Aber andererseits waren sie ja noch Kinder.
Etwas, was sie mochten, das war auf Nagelköpfen herumzuhämmern. Sie nahmen einen Behälter mit Nägeln in einem Sack hinauf in das Geäst eines Baumes, dazu hievten sie einige Bretter hoch, vielleicht benutzten sie dazu auch ein Seil, und dann klopften sie die Nägel in die Bretter, damit diese fest zusammenhielten. Der schönste Augenblick für sie war, wenn sie die Bretter so dicht zusammengenagelt hatten, daß daraus ein gemütliches, sicheres kleines Baumhaus entstand. Sie schaukelten an den Seilen, an bewölkten und an sonnigen Tagen. Jeden Tag war Janes Freundin da. Es war, als habe der liebe Gott die eine mit der anderen bedacht während der Sommerferien.

Und dann begriffen sie, daß die Schule wieder begann. Jane fürchtete, sie würde ihre Freundin verlieren. Und die beiden kleinen Füße in den kleinen Schuhen – mit zwei kleinen Pennies darin – unter dem Pult, so saß Jane und schaute sich im Klassenzimmer um, um sicherzugehen, daß ihre Freundin in der Nähe saß, daß sie in der Pause miteinander spielen und nach der Schule zusammen ihre Hausaufgaben machen konnten. So ging das eine Weile weiter.
Eines Abends hoffte sie, das Telefon würde klingeln und sie würde zum Tanzabend der neunten Klasse eingeladen, aber kein Junge rief an. Schließlich klingelte das Telefon doch, und es war Janes Freundin. Sie wollte auch zum Tanzabend gehen, und so gingen sie zusammen. Und viele Mädchen kamen mit anderen Mädchen und viele Jungen mit anderen Jungen. Schließlich zog Janes Familie fort, und Jane besuchte andere Highschools, doch vergaß sie nie diese besondere Freundin.
Einige Zeit später sah die Lage für Jane wirklich schlecht aus. Sie wußte nicht, ob sie je ihre Prüfungen machen würde, weil es ihr so viel Mühe machte, auch nur die Fahrschule zu bestehen. Sie war sich natürlich noch nicht der Tatsache bewußt, daß sie heranwuchs und mit Aktentasche und Kreditkarte über die Straße gehen würde, weil sie nicht einmal wußte, ob sie ihre Prüfungen schaffen würde. Trostlos ging sie zum Briefkasten und öffnete ihn. Zu ihrer Überraschung war da ein Brief ihrer besten Freundin. Das genügte, um ihr die nötige Kraft zu geben, noch einen weiteren Versuch zu machen, diese Versicherungspolicen zu studieren und einen angemessenen Bericht für ihre Fahrprüfung zu schreiben.
Die Zeit verging – und sie bestand ihre Prüfungen. Danach ging sie, ehe sie das College begann, nach Disney World. Sie arbeitete dort, weil es ein netter Ort zu sein schien, weil dort viel los war und sie eine Menge freundlicher Leute kennenlernen konnte und auch den größten Freund von allen – Mickey Mouse. Und als sie in die Schlafsäle im Souterrain ging, wo die Praktikanten wohnten, was meinst du, wie überrascht sie war, dort ihre beste Freundin von einst zu finden, die auch in diesem Schlafsaal war und ebenfalls in Disney World arbeitete. Sie hatten nun eine zweite Kindheit zusammen. Es war »so toll«, zusammen in Disneyworld zu arbeiten, sagte sie. Und da sie inzwischen reifer geworden war, war sie wirklich nicht allzuu traurig, als sie danach in verschiedene Richtungen auseinander gingen. Und obwohl sie ihre College–Pläne gern mit ihrer Freundin besprochen hätte, war ihr das doch total entfallen.
Die Uni des Staates Michigan liegt weit weg von Disney World, in Orlando, und Justin Hall ist ein riesiger Schlafsaal. Es liegt auf halbem Weg über dem Campus von Bessey Hall, aber von Acer Hall aus ist der Weg über den Campus sehr weit. Und so dauerte es drei oder vier Wochen, bis Jane, die in Justin lebte, herausfand, daß ihre beste Freundin in Acer Hall lebte. Als sie eines Tages auf dem Weg zur Vorlesung über amerikanische Literatur über den Gehweg der

Bessey Hall Brücke ging, schien es ihr so, als sähen alle Leute wie Bekannte aus ihrer Vergangenheit aus. Der Typ da drüben sah aus wie jemand, den sie kannte. Und jener wie jemand, den sie gern in ihrer Highschoolzeit kennengelernt hätte. Und der Typ dort sah aus wie jemand aus ihrer Heimatstadt. Und der da wie einer aus Disney World, und ebenso dieses Mädchen.
Tatsächlich, dieses Mädchen sah wie ihre frühere beste Freundin aus! Sie versicherte sich, daß dies nicht ihre beste Freundin sein konnte, und ging weiter. Als sie auf der Brücke war, wußte sie nicht, daß dieses Mädchen mit dem kleinen Pferdeschwanz, das auf sie zukam, den gleichen Gedanken hatte und ihn nicht abschütteln konnte. Und dieser kleine Pferdeschwanz wippte ganz wie der ihrer besten Freundin. Sie dachte:»Ist es nicht komisch, was du für Dinge siehst, die gar nicht sein können, wenn du dich einsam fühlst?« Und als sie nur noch einen Meter voneinander entfernt waren, begriff sie: Es war ihre beste Freundin! Und sie stürzten aufeinander zu, umarmten sich unter den lautesten Freudenschreien, die in Bessey Hall je zu hören waren. Wie sie sich in die Arme nahmen, liefen ihnen Freudentränen über die Wangen. Keine brachte den Satz zu Ende, wie glücklich sie waren, daß sie an der Michigan State University gelandet waren, obgleich sie nicht einmal miteinander darüber geredet hatten. Sie konnten kaum fassen, daß sie beide hier wirklich eingeschrieben waren und was es für ein Vergnügen war, eine Freundin wiederzufinden.
Sie umarmten sich minutenlang auf jener Brücke, länger als zulässig, wenn du noch rechtzeitig in deine Klasse kommen willst. Ihre Lippen und Stirnen zeigten Zeichen der Anspannung, und sie schlossen die Augen, berührten einander, klopften einander auf den Rücken. Dazwischen lachten sie. Janes Mundwinkel gingen leicht nach oben. Ihre Haut war rosig, ihre Wangenmuskeln waren wieder angespannt, eine gewisser Glanz kehrte in ihre Augen zurück. Du kontrollierst es nie, wie dein bewußter Verstand von der Freude überrascht wird und deine Augen ein bißchen feucht werden, aber das brachte sie überhaupt nicht in Verlegenheit. Glücklich verkündeten sie, wie sehr ihnen aneinander gelegen war, sie hatten einen Kloß im Hals und begriffen, daß das Schicksal sie wieder zusammengeführt hatte. Was für ein kostbares Gefühl, das zu behalten und zu wissen, das hast du für immer. Und Jane dachte wahrscheinlich, daß dieses Gefühl für immer da sein werde .... und nun wußte sie, daß sie dieses Gefühl nie aufzugeben brauchte. Sie konnte nicht anders, sie mußte sich immer an diesen Augenblick und an dieses Gefühl erinnern. Niemand brauchte ihr zu sagen, daß das ein Gefühl der Liebe, des Geliebtwerdens und der Freude des Liebens war.
Ich glaube, daß der bewußte Verstand sich darum gar keine Gedanken macht, es war vielmehr das unbewußte Gefühl der Wärme, der Offenheit, des Annehmens: etwas tiefer zu atmen, sich etwas höher aufzurichten, die Schultern befreit von der Anspannung, von der der bewußte Verstand nicht einmal

gewußt hatte. Sie dehnte die Brust und spürte, daß ihre Zunge entspannt ist. Sie wußte nicht, daß es ihre Aufgabe war, sich an dieses Gefühl zu erinnern. Menschen wissen nicht, wie man sich an etwas erinnert, wie du es in der Brust, im Nacken, im Gesicht wiederfindest - oder vielleicht ist es eine Idee, ein Bild in unserem Kopf. Laß nun dieses Gefühl ausstrahlen in alle Teile deines Körpers. Dir ist es zuteil geworden, und du hast es verdient.
Jane dachte, es sei ihre Pflicht, noch rechtzeitig zur Vorlesung in die Klasse zu kommen. Sie tauschten die Telefonnummern aus und rannten los. Aber damit war die Sache nicht zu Ende. Sie würde das Gefühl bewahren.

12. Affektziel: Erleichterung

Metapher

Karl, ein australischer Freund von uns, ist ein begeisterter Taucher. Seine Frau übernahm es, einen langersehnten Tauchurlaub für uns vier zu organisieren. Datum und Ort standen fest. Wir wollten nach Heaven Island an der Südspitze des Great Barrier Reef fahren, und der Urlaub versprach, ein großes Abenteuer zu werden. Wir waren wegen des Tauchens sehr aufgeregt, weil wir uns schon lange darauf gefreut hatten. Daß wir nicht gern mit Karls Frau tauchen wollten, hatte fast keine Bedeutung. Sie war keine ausgeglichene Persönlichkeit, und fünfundzwanzig Meter unter Wasser in einer Korallenhöhle wünscht du dir einen verantwortungsvollen Kumpel, auf den du dich verlassen kannst. Wir wußten, daß wir uns auf sie nicht verlassen konnten; noch in jeder Situation, in der wir mit ihr zu tun hatten, hatte sie sich als sehr problematisch erwiesen. Und wir konnten leicht die Linien feststellen, die Streß und Anspannung in Karls Gesicht gegraben hatten während der Jahre, die er versucht hatte, diese heikle Ehe zu retten.
Aber bei ihr folgte nur eine Wahnvorstellung, eine irrationale Attacke, eine psychosomatische Krankheit und eine Depression nach der anderen. Sie machte keinerlei Fortschritte, und die Last, für sie sorgen zu müssen und dabei eigene Bedürfnisse zurückzustellen, forderten ihren Preis. Auch wir waren belastet während der kurzen Zeit, in der wir mit ihr relativ oberflächlich zu tun hatten. Ich kenne niemanden, der sie mochte. Vielleicht gab es wirklich keinen.
Es ist nicht so, daß wir nicht traurig gewesen wären über ihren Selbstmord, als wir nur zwei Monate vor unserem geplanten Urlaub davon erfuhren. Aber es tat uns nicht leid, daß wir nun unter Wasser nichts mit ihr zu tun haben mußten. Wenn wir ganz ehrlich waren, mußten wir uns eingestehen, daß es sehr viel erfreulicher würde, nur mit Karl zu tauchen als mit allen beiden. Und Sie können vielleicht das Problem verstehen, mit dem Karl rang und kämpfte,

denn als wir dort ankamen, war es seine größte Schwierigkeit, daß er sich wegen seines überaus tiefen Gefühls der Erleichterung schuldig fühlte. Er wußte, daß er sich über den Tod seiner Frau nicht erleichtert fühlen sollte, aber er war eben erleichtert.

So gewährt dir dein Unbewußtes einerseits ein Gefühl der angenehmen Erleichterung, die deinen Körper durchdringt, und du empfindest es in jeder Pore. Aber dein bewußter Verstand, der das überprüft, bewertet und kritisiert, hat seine eigene Einschätzung, ob diese Reaktion angemessen sei, und so bist du hin- und hergerissen. Und so mußten wir uns einige Zeit nehmen, um Karl zu helfen, nachdenklich Lebewohl zu sagen, so daß er sich bewußt und unbewußt wohlfühlen konnte.

Es war interessant, die Verwandlung zu beobachten, als er tief einatmete und sich des ungebrochenen Gefühls reiner Erleichterung erinnerte. Bei jedem Atemzug holte er langsam und tief Luft mit leicht geschlossenen oder nach oben gerollten Augen und leicht schwankendem Kopf. Seine Lippen umspielte ein leichtes Lächeln, und er schien von diesen tiefen und entspannten Atemzügen gar nicht genug bekommen zu können. Die Muskeln waren entspannt und die Hautfarbe leicht rosig. Wenn du in der Lage bist, dich von jenem Reiz zu verabschieden, der so viel Streß und Angst verursacht hat, so ist es ein Vergnügen, daß man nie wieder damit zu tun haben wird. Doch kannst du dieses Gefühl der Erleichterung in deinem ganzen Körper bewahren, damit du es immer wieder gebrauchen kannst, wo immer du möchtest. Und Karl reichte mit seiner Luft bei jedem Tauchgang länger als sonst jemand.

Ich nehme an, das lag an seinem sanften, langsamen Einatmen, daß er bei seinen Tauchgängen die Luft so wirkungsvoll ausnutzen konnte.

13. Affektziel: Könnerschaft

Metapher

Mary Curle hatte vom Flaschentauchen am Great Barrier Reef geträumt, seit sie ein kleines Mädchen war und im National Geographic Magazine diese erstaunlichen Unterwasserfotos gesehen hatte. Doch hatte sie als kleines Mädchen etwas Angst vor dem Wasser und vorm Schwimmenlernen, und die war auch später nicht ganz verschwunden, als sie eine erwachsene Frau war und schwimmen konnte. Sie zog nach Florida und suchte sich eine Wohnung so nah am Ozean, wie sie sie nur finden konnte; sie fühlte sich besonders von dem unmittelbaren Küstenbereich angezogen, wo das Wasser auf das Land trifft. Oft ist es für einen Menschen wichtig, daß er sich dem aussetzt, was er fürchtet. Und das geschah, kurz bevor sie beschloß, Tauchunterricht zu

nehmen und das Zertifikat zu erwerben. Das wäre ein erster Schritt in Richtung ihres Kindertraumes, der ihr erlauben würde, mit ihrer Angst vor dem Wasser fertig zu werden.
Doch als sie nun am Rande des tiefen Teils des Swimmingpools stand und all die Ausrüstungsteile hielt, während der Lehrer Wasser trat und ihr das Zeichen gab, daß sie nun an der Reihe war, hineinzuspringen und den Test zu bestehen, zurechtzukommen und auf dem Grund des Pools sitzend diese ganze Ausrüstung anzulegen, da gab es nichts, was sie weniger gewollt hätte. Doch manchmal muß man mitten hinein springen in eine Situation, selbst wenn der bewußte Verstand starke Zweifel oder Furcht hegt. Man vertraut darauf, daß das Unbewußte richtig reagiert, und so holte sie einfach tief Luft, schloß die Augen und sprang.
Sie bekam den Regulator sofort in den Mund, öffnete das Ventil und atmete ausgeglichen, während sie sich auf dem Boden niederließ und systematisch ihre Aufgaben erfüllte, die Maske auszublasen und sie sich überzustreifen. Danach atmete sie sogar noch ausgeglichener und entspannter und war in der Lage, sich in aller Ruhe die Flasche über die Schultern zu streifen; sie zog die Schwimmflossen an und brachte alle anderen Ausrüstungsgegenstände korrekt an Ort und Stelle. Und dabei war sogar ihr bewußter Verstand glücklich bei dem Gedanken: »Wenn ich das überleben kann, kann ich alles überleben. Wie oft werde ich schließlich ins Wasser springen müssen, ohne vorher meine Ausrüstung angelegt zu haben?« Und obwohl sie sich Zeit ließ und eines nach dem anderen erledigte, tauchte sie in Rekordzeit wieder auf.
Bald war Mary eine geprüfte Sporttaucherin, doch vergingen noch viele Jahre, bis ihr ursprünglicher Traum sich voll und ganz erfüllte; aber es war nicht zu leugnen, sie war auf dem richtigen Weg. Immer noch hatte sie einen gesunden Respekt vor dem Wasser, aber die Angst war überwunden, und es hatte sich ein Gefühl des Vertrauens entwickelt. Doch lag Australien immer noch am anderen Ende der Welt, und sie konnte es sich wirklich nicht vorstellen, wie sie es je ermöglichen sollte, seine Schönheiten zu entdecken. Das ist so, weil der bewußte Verstand nur beschränkt in die Zukunft sehen kann, und sie wußte nicht voll die Fähigkeiten ihres Unbewußten zu schätzen, das zu verwirklichen, was du dir vorgenommen hast. Auch wenn sie sich dessen nicht voll bewußt war, so brachte sie sich doch systematisch in die Lage, schließlich eine Arbeit in Australien zu finden, nämlich eine Beratungstätigkeit bezüglich Nutzen und Funktion bestimmter automatischer Büroausstattungen.
Ich brauche Ihnen wohl nicht zu erläutern, daß diese Beratungstätigkeit eindeutig zweitrangig war, verglichen mit dem Tauchurlaub, den sie nach ihren Traumvorstellungen geplant hatte. Und sie konnte es noch immer nicht glauben, selbst als sie bereits diese Mixtur aus frischer Luft und Benzindämpfen einatmete, während das Motorboot sie zu ihrem ersten Tauchplatz am Innenriff, ganz in der Nähe von Cairns brachte. Dann war es soweit. Sie hatte

ihre Ausrüstung angelegt; als sie sich rückwärts über die Bordkante fallen ließ, fiel sie Hals über Kopf in diesen National-Geographic-Traum, der wahr geworden war, wie sie es sich vor langer Zeit als kleines Mädchen gewünscht hatte. Es war wie auf den Bildern, mit vor Leben vibrierenden Riffs, farbigen Fischen, erstaunlichen Abgründen, kristallklarem Wasser und dem angenehmen Gefühl der Schwerelosigkeit, während sie mit jedem Atemzug tiefer glitt. Und du kannst dir vorstellen, daß sie eine ausgeliehene Unterwasserkamera mitgebracht hatte. Manchmal ist es wichtig, daß du selbst auf deinen Bildern zu sehen bist.

Sie machte viele Bilder von Fächerkorallen. Sie konnte nicht sagen, warum die sie so sehr faszinierten. Vielleicht war es die wellenförmige Bewegung oder die Art, in der sie so unerwartet fest verwurzelt dastanden. Sie stellten gewissermaßen ein Paradox dar, so flexibel und dennoch so stark und widerstandsfähig. Sie fühlte sich ein bißchen wie die Fächerkorallen, die sich dort hin- und herbewegten.

Ich weiß nicht, ob sie sich bewußt Zeit nahm oder sich bemühte, das Empfinden der Meisterschaft zu bewahren, das dieses Erlebnis ihr auf seinem Höhepunkt vermittelte, oder ob du einfach die Feinheiten dieses Gefühls bewußt genießt und es deinem Unbewußten überläßt, die Dinge automatisch zu speichern und zu bewahren, damit sie wiederverwendet werden können auch unter Umständen, die anscheinend ohne jeden Bezug darauf sind. Du kannst sogar ein Gefühl vorgeben und es speichern. Oder du kannst als Kind so tun »als ob« und die Sache meistern.

Ich kannte einen zweijährigen Jungen, den man in seinen ersten dreiteiligen Anzug kleidete, genau wie sein Vater ihn trug. Er stand stolz vor dem Spiegel, betrachtete sich und sagte: »Jetzt kann ich an der Universität lehren.« Denn er hatte sich erinnert, daß das Gefühl, Meister zu sein, durch seinen neuen Anzug symbolisiert wurde.

Nun, Mary hatte jede Einzelheit ihres Tauchanzuges gespeichert, der wie eine zweite Haut paßt und jeden Zentimeter ihres Körpers mit einer angenehmen Schicht Wassers umgibt. Und selbst als sie in trockenen Kleidern von Australien heimreiste, empfand sie ein neues Gefühl der Wärme, der Kompetenz und der Meisterschaft.

Als ich sie einige Jahre danach traf, hatte sie über das Gefühl nicht mehr bewußt nachgedacht. Sie war mit einem sehr schwierigen Projekt beschäftigt und hatte anfänglich etwas Angst, es nicht meistern zu können. So bat ich sie, diese Sorgen für eine Weile beiseite zu lassen, sich zuerst etwas zu entspannen, hinters Haus zu kommen, um sich an der tiefen Seite des Swimmingpools niederzusetzen. Du kannst dir wahrscheinlich vorstellen, daß der Blick ins Wasser einige unerwartete Assoziationen hervorrief. Und als sie so dasaß, ging ihr Atem leicht, ihre Lippen nahmen einen erfreuten festen Ausdruck an, nicht eigentlich ein Lächeln, aber fast... erinnere dich nur, wie du bei allem so tun kannst als ob und es meistern kannst, und wie gut du dich dabei fühlst. Das kann deine ganze Erfahrung durchdringen und dich mit einer Wärme umhüllen, genau wie ein Tauchanzug, der deine eigene Wärme nutzt und vervielfacht.

14. Affektziel: Befriedigung, Trost, Erleichterung

Metapher[5]

Karen gehörte zur High School Band. Sie spielte Posaune. Wie Sie so dasitzen, spüren Sie, wie Ihre Hand in Ihrem Schoß ruht, und Ihr Unbewußtes deutet vielleicht ein geheimes Verstehen an. – Sie hatte außerordentlich hart an ihrem Posaunensolo geübt, das sie am Konzertabend spielen sollte. Jeder weiß, was es heißt, hart zu arbeiten, und die Leute fragen sich, wieviel Mühe wohl für eine gute Aufführung nötig ist. Und jeden Abend dachte Karen, wenn sie übte, mehr und mehr an diesen großen Augenblick, so wie es Menschen immer tun, wenn sie öffentlich auftreten. Sie dachte, wie es wohl für sie sein werde, wenn sie allein vor dem gesamten Highschool-Auditorium stehen würde. Sie begann sich über die Dinge Gedanken zu machen, die dabei schiefgehen könnten. Sie wußte, daß ihr Instrument gut vorbereitet und gut geölt war. Jeder weiß, was das heißt: gut vorbereitet und gut geölt. Doch fragen sich die Menschen, ob das, was sie für die Zukunft geplant haben, auch gut ausgehen werde.
Unser bewußter Verstand kann Pläne machen, während unser Unbewußtes Fragen stellt, oder vielleicht macht auch unser Unbewußtes Pläne, während unser bewußter Verstand Fragen stellt. Wir wissen alle, daß die Dinge irgendwie ausgehen, manchmal erfolgreich, manchmal sogar noch erfolgreicher, als wir geplant haben.
Am Abend der großen Aufführung befand Karen sich hinter der Bühne. Sie fragte sich, wie es wohl vor dem Vorhang sein werde. Als sie sich in dem Raum umblickte, sah sie, wie alle Bandmitglieder ihre Instrumente stimmten. Ich glaube, wir wissen alle, wie es ist, sich auf etwas einzustimmen und vorzubereiten. Kurz darauf ging Karen hinaus, nahm ihren Platz unter den anderen Bandmitgliedern ein, und sie spielten die ersten beiden Stücke. Karen wußte noch nicht, daß man sich später an dieses Konzert als das »Konzert mit der fehlenden Note« erinnern würde und welche dramatische Wende das für sie bedeuten würde.
Während Karen den ersten Song mit der Band spielte, begann sie wieder über ihr kommendes Solo nachzudenken. Als sie die Zuhörer nach dem Ende des zweiten Songs applaudieren hörte, fragte sie sich, ob sie auch nach ihrem Solo applaudieren würden. Sie überlegte noch und wußte nicht, daß dies das Konzert mit der fehlenden Note werden sollte.

Nach dem fünften Stück stand Karen auf und trat in die Mitte der Bühne. Die Augen fest auf den Dirigenten gerichtet, wartete sie auf den Einsatz der Band. Während sie über die Zuhörerschaft blickte, hob der Dirigent den Arm. Jeder weiß, wie es ist, vorbereitet und bereit zu sein, das zu tun, was man viele Wochen geübt hat. Dramatisch fiel der Arm des Dirigenten, die Band setzte ein. Karen begann ihre Takte zu zählen... eins, zwei, drei, vier, eins, zwei, drei, vier... und stellte plötzlich fest, daß sie ihren Einsatz verpaßt hatte. Doch sofort blies sie die Note für den nächsten Takt und gab eine gediegene Darbietung. Am Ende des Stücks blickte sie über die Zuhörerschaft, sah alle ihre Freunde begeistert, die Eltern applaudierten. Sie fühlte sich zufrieden und erleichtert. Jeder kennt diese Erleichterung, wenn etwas vorbei ist. Sie fühlte sich auch wohl, weil sie gute Arbeit geleistet hatte.

Sie war vermutlich die einzige, die wußte, daß man dies als das »Konzert mit der fehlenden Note« bezeichnen würde. Und sie fühlte sich, als das Konzert endete und sie hinausging, immer zufriedener und erleichterter. Sie setzte sich im Übungsraum der Band hin und schaute nur einen Augenblick in den Trichter ihrer Posaune, überrascht von dem unerwarteten Spiegelbild, das ihren Blick bannte.

Da sah sie, wie ihr Gesicht Erleichterung und Zufriedenheit widerspiegelte. Ihre Mundwinkel waren an beiden Seiten etwas angehoben, und ihr übriges Gesicht war völlig entspannt. Selbst ihre Stirn war außergewöhnlich glatt. Ihr Kinn war entspannt. Und wie sie tief in ihr Bild hineinschaute, bemerkte sie ihr Ein- und Ausatmen, spürte den Stuhl und wurde sich ihres Wohlgefühls bewußt. Und du kannst mit Freude entdecken, wie hübsch es ist, wenn du dich bewußt und unbewußt erleichtert und glücklich fühlst.

15. Affektziel: Vertrauen, Sicherheit

Metapher

Das Klingen von Telephon-Glocken ist ein interessantes Thema. Auf der Reise treffe ich in Hotels, Zügen und Flugzeugen Menschen, die interessante Gedanken haben. Ein Mann, den ich traf, sagte, er habe etwas aus einem Fernsehspot für Bell Telephon gelernt. Er hatte ein Tonband dabei mit dem Reden und Lachen seiner Kinder, seiner Frau und seiner Eltern. Das ist wie ein Telephonanruf. Ich habe Bilder bei mir. Er ein Tonband – das war höchst seltsam.

Ich sagte: »Warum tragen Sie ein Tonband herum? Bilder sind viel bequemer. Keiner will anderer Leute Familien zuhören! Die Leute sehen sich lieber Bilder an.« Und er entgegnete: »Das ist nicht für andere Leute. Sie tragen Ihre

Bilder doch auch nicht für andere Leute herum, oder?« Und da hatte er recht. Kaum jemand hat solche Bilder für andere dabei. Die meisten Leute haben Bilder von jemandem in ihrer Brieftasche und zeigen sie nie herum. Und was möchte dein Unbewußtes davon haben, wenn du Bilder in deiner Brieftasche dabei hast? Vielleicht das gleiche, das dieser Mann von dem Klang haben will, den er dabei hat..

»Es ist genau wie bei dem Bell Telephon-Werbespot«, sagte er. »Was meinen Sie damit?« Er sagte: »Erinnern Sie sich an den mit dem jungen Mädchen, das einen schrecklichen Tag hinter sich hat, und als das Telefon läutet, ist der Vater dran. Und obwohl sie einen miesen Tag hatte, gelingt es ihr fast zu lächeln, als sie seine Stimme hört. Der Vater sagt: »Was machst du, meine Süße?« Und sie sagt: »Oh, Daddy.« Und man sieht, wie das Lächeln sich etwas vertieft und wie etwas angerührt worden ist.

Jeder hat diese Art von Kontakt mit irgend jemand irgendwo schon erfahren. Ich bezweifle, daß ein bewußter Verstand sich darüber so klar sein kann wie das Unbewußte. Aber wer kann sich erinnern, was im Unbewußten ist. Du kannst eine konkrete Erinnerung von einem undeutlichen Bild haben oder nur ein Gefühl – es könnte eine Intuition bezüglich einer derartigen Unterhaltung sein – vielleicht ist es aber auch ganz anders. Dann sagt der Vater in dem Werbespot: »Erinnerst du dich, wie du Ballett geübt hast?« Und irgendetwas anderes war bei ihr angerührt worden, als sie einen zustimmenden Laut von sich gab. Er sagte ihr, sie solle jetzt eine Pirouette tanzen. Und sie sagt: »Oh, Daddy.« Er sagt: »Komm, mach schon,« und irgend etwas geht in ihrem Inneren vor, bis sie schließlich in dem Werbespot wirklich eine kleine Pirouette dreht, und dann sagt der Vater: »Erinnere Dich, wie du dich danach immer selbst umarmt hast!« Und sie sagt: »Oh, Daddy.« Und er sagt: »Komm, tu es doch!« Und es geht noch etwas anderes in ihr vor, als sie sich selbst umarmt. Während sie sich umarmt, begreifst du, was da geschehen ist.

Und der Mann im Flugzeug sagte: »Deshalb trage ich das Tonband mit mir herum, aus demselben Grund, wie Sie die Bilder. Schauen Sie die nicht auf langen Reisen an? Stellen Sie sie, wenn Sie fünf Tage unterwegs sind, nicht im Hotelzimmer auf und rufen Ihre Familie jeden Tag an? Das ist Ihre Weise zu erfahren, ob alles in Ordnung ist. Es gibt Ihnen das Gefühl der Sicherheit, wenn Sie sie brauchen, sind sie auch da. Deshalb führt der Werbespot vor, wie nahe dieser Vater ist, selbst wenn das junge Mädchen dachte, er sei weit entfernt. In Wirklichkeit war es nicht allein.«

Und während ich zuhörte, klingelte es bei mir zwar nicht, doch erinnerte ich mich an meinen kleinen heranwachsenden Jungen. Ich habe das gleiche auch schon einmal erlebt. Er kann z.B. auf der Coach einschlafen, seinen Kopf auf meinem Schoß, dann trage ich ihn in sein Bett und lege ihn hinein oder vielleicht ist er zu Bett gegangen, und ich bin noch auf und arbeite, dann kommt er zu mir, kriecht unter meinen Armen hindurch und sagt: »Halt mich fest, Dad,

okay? Nur für eine Minute.« So halte ich ihn und sage: »Möchtest du, daß ich Dich halte, während du einschläfst?« Er sagt: »Ja, bleib bei mir.« Und wenn er einschläft, trage ich ihn zurück zu seinem Bett und lege ihn hinein, und wenn er je aus einem bösen Traum erwachen sollte, ruft er oder kommt in mein Zimmer gerannt, weil er weiß, daß ich meine Arme nach ihm ausstrecken, seine Handgelenke ergreifen und ihn halten werde. Und wenn er einschläft, werde ich ihn wieder in sein Bett tragen. Er weiß es nicht, aber unter solchen Umständen lernt dein Unbewußtes etwas, das etwa so ist, wie wenn eine Frau einen schlechten Tag gehabt hat und weiß, daß ihr Vater anrufen wird. Und selbst wenn er nicht anruft, wird sie daran denken, die Pirouetten zu drehen und sich selbst zu umarmen, und wird die Stimme ihres Vaters hören.
Deshalb trägt der Mann im Flugzeug das Tonband bei sich, damit er diese väterliche Stimme hören kann, die Stimme seiner Frau, das Lachen seiner Kinder. Er gebraucht nie das Wort, aber das Unbewußte kennt das Gefühl und gewöhnlich schalten wir diese Dinge unbewußt in unserem Kopf ein, ehe wir einen Schritt tun. Auf diese Weise lernst du Fahrrad fahren, wenn einer von deinen Eltern hinten gehalten hat, dich ohne Stützräder das Gleichgewicht halten ließ, die Straße, den Gehweg, die Fahrbahn hinunter hinter dir hergerannt ist und das Fahrrad aufrecht gehalten hat. Und du weißt, wenn du dich umdrehst und das Gleichgewicht verlierst, dann sind die Eltern zur Stelle, halten das Rad aufrecht, bis du endlich in deinem Körper eine Art Gleichgewichtssinn entwickelt hast und in deinem Herzen ein gewisses Gefühl, von dem dein bewußter Verstand als Kind nicht weiß, daß du es lernst, aber jedes Kind lernt es. Und eines Tages wendest du dich um und sagst deinen Eltern: »Ich hab es geschafft,« und sie sind nicht da. Sie haben das Fahrrad losgelassen, und du radelst allein und hast in dir immer noch das gleiche Gefühl, als ob sie da wären und dich halten würden.
Und um dieses Bewußtsein und diese Fähigkeit zu verstärken, damit du auf dieses Gefühl zurückkommen kannst, wann immer du willst, trägst du Bilder bei dir, siehst sie dir an und hast dann dieses Gefühl. Jener Mann hört sich nur die Tonbänder an. Und du kannst den weichen Zug um seinen Mund sehen, um sein Kinn, die Wärme auf seinem Gesicht, die Entspannung auf seiner Stirn, als schickte er die Entspannung mit seinem Atem bis in die Schultern hinein. Das gibt dem Herzen eine gewisse Leichtigkeit. Ich weiß, daß jedes Kind dieses Gefühl lernen wird. Wir setzen es absichtlich und zielstrebig an verschiedenen Punkten unseres Erwachsenenlebens ein. Manchmal weiß unser bewußter Verstand es zu gebrauchen, manchmal muß ihm geholfen werden. Aber wenn ein Kind erst einmal etwas Nützliches gelernt hat, kannst du dich darauf verlassen, daß es das auch wiederholt.
Als ich den Mann anschaute, warum denkst du, daß es da geklingelt hat? Was für eine Erfahrung habe ich da wohl auf seinem Gesicht lesen können? Es war die gleiche wie auf dem Gesicht der Frau. Die Lippen sind leicht geöffnet, der

Atem geht langsam und im Gleichmaß, das Kinn ist sanft, zwischen den Augenbrauen ist Entspannung, und das Beben des Kinns zeigt, daß das Herz einen kleinen Stoß erhalten hat. Was so weit weg schien, war in Wirklichkeit so nah. Auf jeder Wange liegt eine leichte Wärme, und ein kleiner Erleichterungsseufzer scheint bis in die Schultern zu reichen. Unser bewußter Verstand kann ein derartiges Gefühl niemals wirklich benennen, aber das Unbewußte hat ein Gefühl, von dem man sagen kann, daß es angenehm ist. Eine Glocke läutet.

16. Affektziel: Freude, Humor

Metapher

»Wie sagte der Schal zum Hut?« Das stand auf der Postkarte, die Jane aus dem Briefkasten nahm. Sie war von Paula, ihrer langjährigen Freundin. Jane wußte nicht, was die Frage bedeuten sollte – es klang wie ein Scherz. Vielleicht war es eine Anspielung auf etwas, das sie vor langer Zeit gemeinsam erlebt hatten. So dachte sie an all jene Jahre zurück und ging sie durch. Dein bewußter Verstand profitiert oft von unbewußten Prozessen, die du nicht wiedererkennst und auch nicht wiederzuerkennen brauchst, wie Vergleiche, Kontraste, Assoziationen, Erinnerungen. Die Namen dieser Prozesse sind nicht wichtig, und wahrscheinlich würde dir auch nichts daran liegen, und du würdest sie nicht voll verstehen – doch kann das Unbewußte, während man diese geistige Gymnastik übt, in einer recht bedeutsamen Weise seinen Gewinn davon haben. Der Geist bereitet sich oft auf künftiges Lernen vor und ist sich dessen nicht einmal bewußt. Für Jane war es so eine Zeit.
Jane dachte an die Kurse, die sie auf dem College gemeinsam besucht hatten. Vielleicht war die Geschichte mit Hut und Schal eine Anspielung auf irgendeine Bemerkung eines Professors – aber nein, so schien es doch nicht. Vielleicht bezog sie sich auf eine der Partys, die sie besucht hatten – nein, so schien es auch nicht. Sie erinnerte sich an die Zeit, als sie gemeinsam einkaufen gingen, tatsächlich waren sie wohl tausende Male beim Einkaufen. Aber sie konnte dazu keinen Bezug sehen. Aber sie hatten wirklich prima Zeiten zusammen verbracht. Am nächsten Tag wunderte sich Jane immer noch über die Karte. Sie rief Paula an. Jeder, den man fragt, hat schon lustige Telefongespräche mit ihr geführt. Und eines ist dabei sicher – sie wissen, was ich meine: Sie zensierte nichts. In einer solchen Situation lernt und übt unser Unbewußtes einiges. Dein Blut fließt schneller, wenn Zärtlichkeit im Spiel ist, Muskeln entspannen sich, Adern dehnen sich, um mehr Blut zu transportieren, die Sauerstoffzufuhr steigert sich. So zu atmen ist angenehm, und das sind die physiologischen Einstiege des Gefühls von Zuneigung und Glück. Beide

sprachen über verzwickte wie über einfache Dinge und auch über manches Subtilere. Sie sprachen miteinander über Freiheit, Liebe, Risiko, Politik, Religion, Dinge, über die man sich unter anderen Umständen nicht so offen äußert. Sie lachten.
Humor ist möglich, weil eine beschleunigte kortikale Aktivität es ermöglicht, rasch von einem Bezugssystem zu einem anderen überzuwechseln. Wenn du lachst, dann dank kortikaler Vernetzung, und nur kortikal ausgelöstes Verhalten bewirkt bei allen Primaten sofortige Muskelbewegungen. Um das Bezugssystem zu wechseln, kann man etwas so Simples sagen wie: »Was sagte doch der Schal zum Hut?« Paula fragte das Jane wieder am Telefon, und ehe sie die Antwort gehört hatte, mußte Janes Gehirn den Bezugsrahmen wechseln. Man kann nicht umhin, daß Blutkreislauf, Entspannung und Wärme sich als humorvolle Antwort niederschlagen, selbst wenn es ein läppischer Scherz ist. Sie brauchten darüber nur zu staunen, und der Scherz war humorvoll, vielleicht sogar lustiger als die Pointe selbst. Sich vorzustellen, daß ein Schal zu einem Hut reden sollte, ist zuallererst einmal absurd, etwas, das man nur bei Freunden anbringen kann, nur bei jemandem, den du kennst und der nicht meint, du wärest nun vollkommen verblödet. Paula sagte: »Ich werde dir das erzählen, wenn du mich diesen Freitag von der Bushaltestelle abholst.«
Es gibt eine Veränderung, die unsere Gesichtsmuskeln ganz leicht bewegt, die Mundwinkel zum Lächeln bringt. Jane konnte nicht sagen, wann sie das zuerst empfunden hat. Vielleicht, als sie zum ersten Mal begriff, daß ihre Freundin zu Besuch kommen würde. Das kann die ganze Woche andauern. Später, wenn du weißt, daß an diesem Tag eine Freundin zu Besuch kommen wird, erkennt dein bewußter Verstand nicht, was du mit so erfreulichen Gefühlen anfängst, nur weil du jemanden an der Bushaltestelle abholen wirst.
Als Jane ihre alte Freundin sah, war es, als wenn sie als Kind mit einem Haufen glücklicher Welpen zu tun gehabt hätte. Dann umarmten sich Paula und Jane. Sie spürte das Bedürfnis, sich hoch aufzurichten, tiefer zu atmen, zu lächeln und die Wangenmuskeln anzuheben. Vielleicht änderte sich auch merklich etwas an ihrem Speichelfluß. Und da verläßt sich dein bewußter Verstand auf dein Unbewußtes, um eine Menge Reaktionen hervorzurufen. Um die Augen entstehen Lachfältchen.
Manche Leute werden von Freude oder Vergnügen überwältigt. Sie können das so weit übertragen, daß sie es wie eine Art Aura um sich bewahren. Es ist zu schade, daß es keine Aufnahme von ihrem Gesicht in diesem Augenblick gibt. Ihre Lippen sind voller und röter, in den Wangen ist die Temperatur angestiegen, der Speichelfluß ist erhöht, ein leichtes Lächeln auf dem Gesicht, um Augen und Wangen gibt es mehr Spannung. Dein Unbewußtes versteht etwas davon und hat einen Sinn für Freude. Es war offensichtlich, daß das Unbewußte Janes Gefühl der Freude seit dem Tage wiederholt hatte, als sie die Karte erhielt. Paula sagte: »du bist obenauf und ich hänge einfach herum

(»You go on ahead and I'll hang just around«).« Jane sagte: »du meinst, während ich das Auto hole, wartest du auf das Gepäck?« Paula sagte: »Nein, nein. Das war's, was der Schal zum Hut sagte: Du bist obenauf, und ich hänge einfach herum.«

Anmerkungen zu Kapitel 2

1 Diese Metapher geht auf eine Geschichte Milton H. Ericksons zurück, der seine Eltern beim Verlassen ihrer Farm unterstützte. Wir ergänzten diese Methapher durch Einzelheiten, die sich aus der Arbeit mit anderen Klienten ergaben. Diese Geschichte findet sich auch in: Lankton & Lankton, 1986, S. 284 - 288
2 Diese Metapher ist ein Beitrag von Myer S. Reed, Ph.D..
3 Diese Metapher ist ein Beitrag von Ralph M. Daniel, Ph.D..
4 Diese Metapher ist ein Beitrag von Cheryl Malone, M.A..
5 Diese Metapher ist ein Beitrag von Nicholas G. Seferlis, M.S..

Kapitel 3

Einstellungsmetaphern

Wir können es, weil wir glauben es zu können.
Vergil

Glaube, daß das Leben lebenswert ist, und dein Glaube wird es wahrwerden lassen.
William James

Zweifel ist der Anfang der Weisheit, nicht ihr Ende.
George Iles

Unsere Einstellungen dienen uns fortwährend dazu, unsere Daseinserfahrungen zu filtern und einzuordnen. Einstellungen können als ideosensorische Schablonen beschrieben werden, mit denen eintreffende sensorische Daten auf eine Teilmenge reduziert werden, die ihrerseits mit den vorhandenen Vorstellungen konsistent ist. Daraus ergibt sich die besonders problematische Situation, daß abweichende Daten erst dann nicht mehr vermieden werden können, wenn sie eine entsprechend hohe Erregungsschwelle überschreiten. Kapseln sich Individuen in einer Welt ab, die keine ungewöhnlichen oder unerklärlichen Erfahrungen bietet, so sind sie nicht gefordert. Einstellungen lassen sich ohne besonders hartnäckigen Widerstand verändern, wenn sie in Frage gestellt werden. Eine spontane Änderung ist unwahrscheinlich. Wegen der filternden und rahmengebenden Funktion von Einstellungen werden alltägliche Infragestellungen normalerweise gar nicht wahrgenommen. Indessen wird eine bewußtgewordene Einstellungsänderung häufig als Bedrohung des Ichs empfunden, und folgerichtig werden Abwehrmaßnahmen ergriffen. Wir nehmen an, daß dies vor allem für bereits länger bestehende Einstellungen gilt. Deshalb ergeben sich Änderungen bestimmter, langgehegter Einstellungen gegenüber der eigenen Person und anderen Menschen nur selten außerhalb des therapeutischen Settings.

Gewöhnlich können in der Therapie einige leicht identifizierbare Einstellungen ausfindig gemacht werden, die dazu dienen, das zu verändernde Problem des Klienten zu unterstützen oder aufrechtzuerhalten. Dabei kann es sich um Meinungen handeln, die den Klienten daran hindern, einen Anstoß zur Veränderung zu erhalten, indem er bestimmte Gefühle erlebt, sich anders verhält, andere Problemlösungen sucht oder sonst in allgemein zuträglicherer Weise handelt. Da diese Einstellungen wie sich selbst erfüllende Prophezeiungen wirken, werden sie vom Klienten immer wieder als wahr erlebt. Einstellungen sind durch Selbstverstärkungskontingenzen gekennzeichnet und können als fortgesetztes Selbstverstärkungsprogramm wirken.

Gewöhnlich gibt es eine Menge »Beweise«, daß die vorhandenen Einstellungen »wahr« sind. Ein depressiver Mensch ist leicht in der Lage aufzuzeigen: »Um mich kümmert sich keiner«. Menschen, die »verletzt« worden sind, versteifen sich darauf: »Es kommt nichts Gutes dabei heraus, wenn man anderen seine Gefühle zeigt«. »Starke« Familienmitglieder, die es vermeiden, Probleme durch Abhängigkeit zu lösen, werden »beweisen«: »Wenn man schwach ist, gerät man in Schwierigkeiten«. Solche Einstellungen filtern gewissermaßen die Indizien heraus, die wiederum die Grundannahmen hinter diesen Einstellungen beweisen sollen, d.h. wir haben es mit Tautologien zu tun. Da jedoch diese Einstellungen die Kennzeichen eines fortgesetzten Verstärkungsmechanismus tragen, zeigen sie eine besondere Tendenz zur Löschung oder genauer zur Modifizierung und Veränderung, vorausgesetzt, es kann zumindest ein Gegenbeispiel zur Kenntnis gebracht werden. Häufig sind dergleichen Annahmen fest verwurzelt bei Klienten, und es ist unwahrscheinlich, daß sie diese aufgrund direkter Suggestionen aufgeben werden. Deshalb werden durch *indirekte* Metaphern Rahmenbedingungen geschaffen, die es der betreffenden Person gestatten, ganz sachte eine andere Einstellung in Erwägung zu ziehen und neue Zusammenhänge herzustellen, die früher so nicht möglich gewesen wären.

So zielt der Entwurf zur Einstellungsänderung in zweierlei Richtung. Der eine Teil ist auf Übereinstimmung mit der bestehenden Einstellung ausgerichtet, so daß sich der Klient damit identifizieren kann – und dann werden Zweifel eingestreut. Der zweite Teil verdeutlicht die korrigierte Einstellung, das therapeutische Ziel und dessen in Handlung umgesetzte Konsequenzen. Die drei grundlegenden Schritte dieses Konzeptes sind ganz einfach, wenn erst einmal die problematische Einstellung und die erwünschte Haltung klar umschrieben sind. Wir fassen dies im folgenden zusammen:

Entwurf zur Umgestaltung von Einstellungen:

1. Untersuchen Sie die betreffenden Einstellungen und Verhaltensweisen aus der Sicht des Protagonisten.
2. Untersuchen Sie die entgegengesetzten Einstellungen und Vehaltensweisen aus der Sicht eines anderen Protagonisten, oder untersuchen Sie dasselbe Verhalten in der Wahrnehmung eines signifikanten Anderen.

3. Setzen Sie die Verhaltenskonsequenz in Beziehung zu den Auffassungen des Protagonisten und/oder der anderen Beobachter.

Schritt 1 und 2 sind natürlich austauschbar. Zu Beginn der Handlung der Metapher wird ein männlicher oder weiblicher Protagonist eingeführt und in Situationen gestellt, in denen er/sie Verhaltensweisen zeigt, die entweder mit der erwünschten oder mit der problematischen Einstellung in Einklang sind. Schritt 2 beinhaltet die Untersuchung der entgegengesetzten Einstellungen und Verhaltensweisen, die ein anderer Protagonist zeigt oder vielleicht auch der gleiche zu einem späteren Zeitpunkt. Hier kann auch einfach abgewandelt werden, indem Einstellung und Verhalten eines einzigen Protagonisten vom Standpunkt eines signifikanten Anderen aus überprüft werden. In jedem Fall zeigt die Geschichte, wie die beiden in vielfältigen bezeichnenden Situationen handeln, nämlich gemäß der jeweils eigenen Einstellung. Die Situationen können für beide Protagonisten im wesentlichen gleich sein oder auch vollkommen unterschiedlich, das hängt ganz von der jeweiligen Geschichte ab. In Schritt 3 werden die Konsequenzen der beschriebenen Einstellungen und Verhaltensweisen geschildert.

Wir ziehen die Version mit zwei Protagonisten vor, wobei einer für die problematische Einstellung steht und der andere für die erwünschte. Wir empfehlen, die Geschichte mit einer erkennbaren Neigung für den Protagonisten zu erzählen, der die bestehende Einstellung vertritt, damit der Klient sich entsprechend identifiziert. Es erscheint zunächst so, als verhalte sich derjenige »richtig«, der so handelt wie der Klient. Er oder sie wird eingeführt als der/die in der entsprechenden Situation offensichtlich angemessen Handelnde.

Im Gegensatz dazu erscheint der zweite Protagonist, der die erwünschte Einstellung vertritt, eher unter negativen Vorzeichen, so als sei dessen Erfolg eher unwahrscheinlich. D.h. die Kontrastfigur(en) in der Geschichte, die aus Einstellungen heraus handeln, die von denen des Klienten abweichen, werden so dargestellt, als handelten sie offensichtlich unangemessen oder unsinnig. Beim 3. Schritt dann, wenn dem Klienten die Handlungskonsequenzen beider Protagonisten offenbart werden, tritt die unerwartete Wende ein. Auf einmal hat es der »richtig« handelnde Protagonist, mit dem sich der Klient identifiziert hat, am Schluß der Geschichte mit etlichen negativen oder weniger wünschenswerten Ergebnissen zu tun. Natürlich wird der zuvor eher negativ eingeschätzte Protagonist, der die erwünschte Einstellung vertrat, mit positiven Konsequenzen bedacht. Diese müssen so ausgewählt sein, daß sie für den zuhörenden Klienten wirklich bedeutsam sind. Die an dieser Stelle bewußt geschaffene Konfusion wird therapeutisch genutzt, um den Klienten hinsichtlich seiner rigiden Einstellung zu verunsichern. So wird seine Aufnahmebereitschaft gefördert, die eben geschilderte erwünschte Einstellung näher zu betrachten. Einerseits erweist sich die Einstellung des Klienten als ungeeignet, den Ausgang der Geschichte vorauszusagen, andererseits ist eine angemessenere Einstellung und Handlungsweise vorgeformt worden, die die bestehende, eingeschränkte Haltung ersetzen kann.

Die folgenden Geschichten stimmen mit diesem Konzept überein, wobei geringe Abweichungen der eigenen Kreativität Raum geben sollen. Den einzelnen Metaphern sind keine entsprechenden Fallgeschichten vorangestellt, sondern lediglich eine Zusammenfassung der vorhandenen einschränkenden Einstellungen und der erwünschten neuen. Und wir wollen den Leser nochmals nachdrücklich daran erinnern:

1) Es ist unbedingt erforderlich, eine sorgfältige Bedingungsanalyse sowie einen Behandlungsplan zu erstellen – eine meisterliche Geschichte ist therapeutisch nutzlos, sofern sie für die spezifische Lage des Klienten irrelevant ist.

2) Jede erwünschte neue Einstellung muß auch unterstützt werden durch geplante Veränderungen im Bereich des Fühlens und des Verhaltens (mit den jeweils entsprechenden Konzepten) u.s.w..

3) Zur angemessenen Darbietung der Metapher gehört das richtige Timing, gehören Tonfall und Pausen, der Einsatz indirekter Suggestionen, um den Klienten persönlich mehr einzubinden; außerdem muß das ideomotorische Feedback des Klienten ständig beobachtet und der Behandlungsablauf entsprechend angepaßt werden.

1. Vorhandene Einstellung:

Wenn ich zeige, wie unzulänglich ich bin, oder um Hilfe bitte, dann werde ich gedemütigt, zurückgewiesen, mache mich lächerlich, oder die anderen sehen auf mich herab.

Erwünschte Einstellung:

Um Hilfe zu bitten ist nicht unangemessen. Häufig werde ich dafür sogar von anderen geschätzt und bewundert.

Metapher

»An der Oberfläche bleiben« ist eine Redensart, die normalerweise nicht zum Tiefseetauchen paßt, obgleich es sicher mehr Wunderbares zu sehen gibt, als irgendein Taucher sich je in seinem Leben erhoffen darf. Und die Tatsache, daß du nicht zweimal in den gleichen Fluß steigen kannst, macht alles nur noch schwieriger. Tag und Nacht, fast eine Woche lang, auf drei Tauchgängen täglich, waren wir eifrig dabei, in den Unterwassergefilden von Heron Island mit all ihrer Vielfalt zu tauchen, und waren bislang doch nur an der Oberfläche geblieben. In den Werbeprospekten heißt es, Heron Island gleiche »einem Tropfen im Ozean«, und das stimmt genau. Es ist bloß ein einziges kleines Atoll an der Südspitze des Great Barrier Riffs in Australien, und doch hast du das Gefühl, der Rest der Welt existiere nicht mehr – und keiner weiß, daß es dich überhaupt gibt, wenn du erst einmal in diese Schönheit eingetaucht bist. Genau das hatten wir bereits eine Woche lang getan, als wir Tim und Max trafen. Die beiden kannten sich noch nicht und waren beide das erste Mal auf diesem Taucherboot.

Ansonsten hatten sie sehr wenig gemeinsam. Für Tim sollte an diesem Tag der erste Tauchgang in offenem Gewässer stattfinden, und er war zu Recht nervös; Max indessen hatte sich selbst zum Tauchexperten erklärt und bereits das gesamte Revier am Riff abgetaucht, ehe er auf Heron Island haltmachte. Tim hatte gerade tags zuvor die Abschlußprüfung seines Tauchkurses abgelegt, im briefmarkengroßen Pool auf Heron Island. Sicher hatte es in diesem Becken nicht viel zu sehen gegeben, aber Tim war gar nicht so sicher, daß er schon bereit war für das, was er im offenen Wasser sehen würde.

Du hast nicht viel Zeit, dich mit dem Charakter eines Menschen zu befassen, den du unter diesen Umständen triffst, denn du bist beschäftigt mit all dem Gerät und Zeug, das du dabeihast, um dir das Tauchen angenehmer zu machen. Du mußt deine ganzen Sachen zunächst irgendwo verstauen, später mußt du alles wieder hervorholen, überziehen und umschnallen, wenn das Boot am vorgesehenen Platz angekommen ist. Das ist immer so.

Aber irgendetwas fällt dir doch immer auf bei den Leuten, die du triffst. Bei Max war es die Art, wie er an Bord herumstolzierte, mit so einem unverhohlenen Selbstvertrauen. Irgendwie war das bewundernswert, vor allem in einer solchen Situation, in der du gleich in mehr als 20 Meter Tiefe tauchen wirst, in einer völlig neuartigen Umgebung. Selbst als Tauchveteranen hatten wir immer noch ganz hübsch Schmetterlinge im Bauch in solch einem neuen Gewässer. Dieser Ausdruck von Selbstvertrauen, den er zur Schau trug, bewirkte, daß du ganz auf sein Gesicht fixiert warst. Und du konntest kaum deinen Blick schweifen lassen und den fast unglaublichen Anblick wahrnehmen, den seine Beine boten: eine Rekordmenge Jodtinktur, mit der er seine unzähligen Schrammen sorgfältig bepinselt hatte – aber das ist eine andere Geschichte.

Tim war von Maxens Selbstvertrauen noch tiefer beeindruckt als wir. Ich vermute, weil er sich seiner eigenen Unzulänglichkeit und seines vollständig fehlenden Selbstbewußtseins so schmerzlich bewußt war – zumindest in dieser Situation, aber wohl nicht auf diese beschränkt. Du konntest ihm die Ehrfurcht richtig ansehen, als er später beobachtete, wie Max dicht vor dem Tauchinstruktor stand und ärgerlich seinen gerechten Anteil Blei verlangte, wobei er anmerkte, daß auf diesen Tauchgang ein zu geringer Vorrat an Blei mitgenommen worden sei. Er war schon in der ganzen Welt getaucht und nicht gewillt, sich von den schwachen Versuchen des Tauchlehrers umstimmen zu lassen, der ihm erklären wollte, daß in diesen Gewässern aufgrund des niedrigeren Salzgehaltes weniger Gewichte erforderlich seien. Er kannnte seine Rechte und ließ es nicht zu, daß irgend jemand ihn eines Besseren belehren wollte. Er polterte herum und schrie, daß er für einen guten Tauchgang bezahlt habe und daß er 10 Kilo Blei brauche für einen guten Tauchgang.

Tim schien Max um dessen Fähigkeit zu beneiden, so sicher sein zu können, was er brauchte, und so klar zu wissen, wie er es auch bekam. Tim fragte sich, ob jeder sein eigenes Blei auf den Gürtel reihen sollte. Schließlich entdeckte er dann auch die Kiste mit dem Blei, wobei ihm nicht klar war, daß da genügend Blei für jeden Taucher vorhanden war. Fünfzehn Taucher waren an Bord, eine ungerade Zahl, da man üblicherweise zu zweit taucht. Einer würde also keinen Kumpel haben. Und Max reklamierte immer noch , daß sie mehr Blei mit an Bord hätten nehmen sollen, denn er wisse genau, daß er 10 Kilo brauche. Tim tat einfach so, als gehe ihn das alles nichts an. Nachdem dies sein erster Tauchgang nach der Prüfung war, wollte er nicht, daß jemand bemerkte, daß er ein Neuling war.

In der Zwischenzeit hatten viele Taucher, die wußten, daß es gewöhnlich vom Hafen bis zum Tauchplatz nur eine kurze Strecke war, damit angefangen, ihre Ausrüstung aus den Stauräumen zu holen und sich tauchbereit zu machen. Überall lagen Flossen herum. Ich schlüpfte in meine Füßlinge und in meinen Tauchanzug und beobachtete Tim ganz genau, wie er aufpaßte, ob ich meine Füßlinge unter den Anzug oder darüber zog. Dann zog er seine Flossen an, aber als er bemerkte, daß keiner sie anhatte, nahm er sie wieder ab. Dann stellte er fest, daß viele ihre Tarierweste übergezogen hatten und deren Gurte überprüften, sie dann wieder abnahmen, um die Flasche daran zu befestigen.

Jeder hat schon das Bedürfnis gehabt, still zu sein und einfach nur zu beobachten, was vorgeht. Auch wenn man nicht genau weiß, wann das gewesen ist, so hat doch jeder schon einmal das Gefühl gehabt, irgendwie neben sich zu stehen; dann muß man sich umschauen und beobachten, um herauszufinden, was zu tun ist – schließlich möchtest du ja ungern zugeben, daß du die Spielregeln nicht beherrschst. Tim ging es genauso. Er konnte sich nicht klarwerden, ob der O-Ring an seiner Sauerstoffflasche nun zur Tarierweste zeigen sollte oder von ihr weg; schließlich hängt davon ja ab, in welcher Richtung der Regulator an die Flasche geschraubt wird.

Und du weißt, wie du manchmal den Blick von demjenigen abwendest, von dem du glaubst, er habe alles unter Kontrolle – bloß um zu verbergen, was du wirklich fühlst. Er beobachtete mich gelegentlich, immer sehr sorgfältig, während Max einfach jedem in der Runde mitteilte, wie er seinen »Oktopus« unter dem Ärmel durchzieht, anstatt ihn links obendrüber zu hängen. (Was ein Oktopus ist, kannst du nicht wissen, es sei denn, du hättest schon einmal zwei Lungenautomaten an die erste Stufe angeschlossen; falls nämlich einmal der eine nicht mehr vernünftig funktionieren sollte, nimmst du einfach den anderen. Das ist also ein Oktopus, ein sehr gebräuchlicher Ausrüstungsgegenstand).

Schließlich wandte sich Tim langsam zu mir herüber und fragte, ob er seine erste Stufe richtig an die Flasche angeschlossen habe. Ich kann mich gar nicht mehr genau erinnern, ob er es nun richtig gemacht hatte und, falls nicht, ob ich sie dann in die richtige Position gebracht und ihm die Gründe dafür erklärt habe. Das nächste Problem hatte Tim, als alle sich fertiggemacht, ihre Tarierweste zusammen mit der Flasche übergezogen hatten und die Maske um den Hals hängen sollten, so daß sie bequem zu erreichen war. Einige Leute trugen Mützen, andere nicht, und Tim konnte sich nicht entscheiden, ob er nun eine tragen sollte oder nicht. Er schaute sich um, dann sah er uns an, wir hatten keine Mützen auf. Aber unglücklicherweise konnte er sein Dilemma nicht lösen, Max hatte nämlich eine Mütze auf. Und was Max noch tat: Er nahm den Schnorchel von seiner Maske ab und befestigte ihn an der Messerhalterung an seinem Bein. Das war nun wirklich ein Problem für Tim, denn sein Kursleiter hatte ihm eingeschärft, daß der Schnorchel immer an der Maske bleiben muß, aber jetzt fragte er sich, ob es nicht eine gute Idee wäre, genau das gleiche zu tun wie dieser offensichtlich erfahrene Taucher.

Max hatte dem Instruktor schließlich 10 Kilo Blei abgehandelt, denn »er wußte genau, was er für den Tauchgang brauchte, denn er war einfach erfahren.« Und es war wohl genau vorauszusehen, daß Tim nicht wissen würde, wie er sich auf diesem Tauchgang genau verhalten sollte, und daß er auch keinen Partner haben würde, wenn alle sich zu Zweier-Gruppen zusammentäten. Und er wandte sich wieder uns zu und sagte: »Entschuldigt, es ist mir wirklich sehr unangenehm, euch das zu fragen, aber das ist mein erster Tauchgang im offenen Wasser und ich verstehe nicht, warum er seinen Schnorchel in seine Messerhalterung am Bein steckt. Ich dachte, man sollte ihn an der Maske lassen.« Man kann sagen, diese Situation erlebt jeder einmal, daß du die ungerade Zahl erwischst und nicht in eine Gruppe kommst, daß du die Spielregeln nicht kennst. Es ist ein elendes Gefühl, wenn jeder sofort merkt, daß du nicht Bescheid weißt. Und jede einzelne Frage, die du stellst, verrät dich. Ich nehme an, er hatte sich bereits damit abgefunden, daß er sich ohnehin schon verraten hatte und so stellte er schließlich die törichteste aller Fragen überhaupt. Und ich antwortete, daß ich keine Ahnung hätte, warum Max den Schnorchel an sein Bein steckte; was mich beträfe, so würde ich nämlich durch meine Nase atmen, die sehr viel näher bei meinem Mund liegt. Ich könnte mir aber vorstellen, daß Max seinen Schnorchel vielleicht deshalb am Bein befestigt, weil er sein Hirn im Hintern hätte und deshalb möglicherweise auch anders atme. Tim sagte: »Was meinst du? Ich versteh' nicht. Er kommt mir wie ein erfahrener Taucher vor.« Ich entgegnete: »Die Antwort auf deine Frage lautet: >Jodtinktur und Verbände<«. Wir forderten ihn auf, die Beine von Max anzuschauen und uns dann zu sagen, was er sähe. Er erwiderte: »Er trägt einen kurzen Tauchanzug ohne Beine.« – »Aber was ist da, wo man die Haut sieht?« Und nun fiel Tim wahrscheinlich aus allen Wolken: da hatte Max nun all seine Erfahrenheit dargestellt, und ich erlaubte mir, einen solch erfahrenen Taucher zu kritisierten. Und Tim sagte: »Ich weiß nicht, was du genau meinst mit seinen Beinen.« Ich fügte hinzu: »Das ist gewiß eine berechtigte Frage und die Antwort lautet: »Jodtinktur und Verbände«, aber reg dich darüber nicht auf, alles zu seiner Zeit.«

Dann wurde Tim darauf aufmerksam, daß ein paar Taucher ihre Messer links am Bein befestigten, andere rechts. Er schaute nervös zu und holte sein eigenes neues Messer zögernd aus seiner Tasche. Er hatte den Kopf voller Fakten, Karten und Tabellen, die ihm in diesem einwöchigen Kurs eingebleut worden waren. Er hatte alle Prüfungen bestanden, aber du kannst so viel Training absolvieren wie du willst, wirklich vorbereitet bist du nicht auf diese unbekannte Welt, die dir begegnen wird. Er war hin- und hergerissen, ob er es nun einfach riskieren sollte mit dem, was er wußte, oder ob er alles noch verschlimmern und jedem enthüllen sollte, was für ein »Idiot« er tatsächlich war.

Aber da er mit seinen Schnorchel-Fragen ohnehin schon den »Idioten« abgegeben hatte, dachte er sich, »was soll's«, und fragte: »Ist es besser, das Messer am rechten oder am linken Bein zu tragen, und sollte man es besser an der Wade befestigen oder am Schenkel, wo man besser drankommt, wenn man's braucht?« Wir waren froh, daß wir ihm alles mitteilen konnten, was wir wußten, und sagten ihm einfach, daß das egal sei, ob man es am rechten oder am linken Bein trägt. Aber wir fänden, daß das Messer am Oberschenkel schwer zu erreichen sei wegen der wulstigen Tarierweste. Also an der Wade kann man es leichter greifen. »Und wozu überhaupt braucht man denn nun das Messer eigentlich? Braucht man es wirklich?« brachte er mit dünner Stimme heraus. Wir versicherten ihm, daß in der Woche, die wir hier in diesen Gewässern tauchten, wir unsere Messer nur gebraucht hatten, um geöffnete Anemonen abzuschneiden und damit die herrlich bunten Fische anzulocken und zu füttern. Wir beantworteten seine übrigen Fragen mit so viel Feingefühl und Humor wie nur irgend möglich.

Aber es dauerte nicht mehr lang, bis es Zeit war, den Lungenautomaten ein letztes Mal zu überprüfen, sich seinen Partner zu suchen und sich anzustrengen, möglichst als erster im Wasser zu sein und so den ersten Anblick zu genießen, wenn es noch nicht von Tauchern wimmelt.
Ich lud Tim ein, mit mir zusammen zu tauchen, und danach würde ich ihm Antwort geben auf seine Fragen bezüglich der Beine von Max. Ich versprach auch, ihm zu zeigen, wie vorteilhaft es sei, sich dem ersten Instruktor anzuschließen. Es blieb ihm keine Zeit, irgend etwas einzuwenden, noch zu realisieren, wie überrascht und glücklich er war, daß ihn tatsächlich jemand dabeihaben wollte. Wahrscheinlich dachte er, es wäre eine sehr viel bessere Idee gewesen, mit Max zu tauchen. Sicher war er noch nicht in der Lage, unseren Standpunkt zu verstehen. Er konnte noch nicht wissen, was das für ein Vorteil ist, mit jemandem 20 Meter unter Wasser zu sein, von dem du weißt, daß du ihm vertrauen kannst, daß er so vorsichtig wie nötig ist und im richtigen Augenblick die richtigen Fragen stellt. Es ist so viel einfacher, mit dummen Fragen umzugehen als – in solch einer Situation – mit dummen Fehlern! Er hätte sich nie träumen lassen, daß er sich heute als einer der ersten rückwärts vom Boot in dieses kristallklare Wasser werde fallen lassen. Aber so war es, und wir hatten wirklich einen herrlichen Tauchgang. Zuerst wurde er reich belohnt mit dem Anblick eines wunderbaren Manta, der voller Grazie nur ein paar Meter von uns entfernt vorbeiflitzte. Es war so überwältigend, daß er vollkommen abgelenkt war von den Orientierungsproblemen, die er erwartet hatte.
Einer nach dem anderen versanken die übrigen Taucher in diesem friedvollen Gewässer. Max hatte als Begleiter einen der Instruktoren. Er hatte es schließlich geschafft, so viel Blei zu bekommen, wie er verlangt hatte, auf Kosten des anderen Instruktors, der eben an Bord geblieben war. Max war als einer der letzten Taucher im Wasser, aber er machte die verlorene Zeit wieder wett, indem er dann ganz rasch sank. Schließlich blieb ihm auch gar nichts anderes übrig mit all dem Gewicht um den Bauch. Den Genuß der Schwerelosigkeit hat er wohl noch nicht richtig schätzen gelernt. Ihm war nicht klar, wie du schwerelos verweilen kannst, so als würdest du dich baumeln lassen in der Zeit. Er hatte nicht entdeckt, wie du dich einfach in der Strömung treiben lassen kannst und dabei sanft auf und nieder schwebst, ganz wie du willst, mittels eines leichten Flossenschlags oder einer winzigen Lageveränderung des Rumpfes.
Tim lernte diese Dinge und machte seine Erfahrungen, während er bewußt viel mehr bei dem lebendigen Oktopus war, dem wir folgten und der mit Leichtigkeit seine Farbe und Gestalt veränderte, je nach dem Hintergrund, vor welchem er sich bewegte. (Das ist der Oktopus, an den du vorhin zuerst gedacht hast). Er veränderte seine Farben wie ein Chamäleon. Wenn du nahe an einen herankommen möchtest, solltest du ganz entspannt sein und

nicht panisch. Und wir wußten, daß er nicht in Panik geraten würde auf diesem Tauchgang, weil er ein bedachter Taucher war, der Fragen stellte zu allem, was er nicht wußte. Und du sollst keine hastigen Bewegungen machen beim Schwimmen, damit du nahe herankommen kannst an den Oktopus, du sollst auch ruhig atmen, so daß du ihn nicht vertreibst mit heftigen Atemstößen. So kannst du wirklich ganz dicht herankommen, und du kannst deine Flosse neben ihn setzen, ehe er davonschießt zu einem anderen Platz in den Korallen und erneut seine Farbe wechselt.

Tim war ein großartiger Gefährte, denn er hatte über Wasser so viele Fragen gestellt, daß er jetzt wußte, wann er meinem Wink unter Wasser folgen sollte und etwas Neues lernen konnte, anstatt darauf zu bestehen, es so zu machen, wie er wollte. Es gab eine Menge anderer Dinge zu sehen und zu bewundern, und es war beileibe nicht genügend Zeit. Unsere Luft war allmählich aufgebraucht, und es war Zeit, aufzutauchen und sich oben zu erzählen, was man erlebt hatte.

Als wir auf dem Weg nach oben unsere letzten Kreise zogen, bot sich uns als letztes der Anblick von Max, noch im Riff verfangen, wie er gegen die Strömung strampelte, hier und da Korallenstücke abbrach, stoßweise atmete, wilde Armbewegungen machte und an seiner Tarierweste herumfummelte. Sein Partner war der Tauchinstruktor. (Ich wette, Tim hatte angenommen, es sei ein Kompliment, vom Tauchinstruktor als Partner ausgesucht zu werden – in Wahrheit aber wollen die Tauchinstruktoren keine Toten auf ihren Tauchgängen, und deshalb begleiten sie den gefährdetsten und verrücktesten Taucher.) Max war offensichtlich unfähig, die Anweisungen des Tauchlehrers zu verstehen, wie er die Tarierweste richtig aufblasen sollte, um sicher zum Boot zurückzukehren. Das kam dabei heraus, daß er unbedingt 10 Kilo Blei tragen mußte. Ich vermute, ihm ging es mehr darum sicherzustellen, daß er seiner Schrammenkollektion genügend neue Blessuren hinzufügen konnte. Es wäre ja auch beschämend, wenn er nicht seine speziellen Souvenirs hätte sammeln können, nachdem er gewiß den Oktopus und andere Sehenswürdigkeiten verpaßt hatte. Wenn man ihn so sah, bekam die Redewendung »an der Oberfläche bleiben« beim Flaschentauchen eine neue Facette; es mußte eher heißen, »an der Oberfläche entlangkratzen«.

Wir waren vor Max zurück auf dem Boot. Ich bedankte mich bei Tim, daß er auf diesem Tauchgang mein Begleiter war, und ich sagte ihm etwas, das er nie erwartet hätte: wir hätten sofort gewußt, daß er ein guter Taucher ist, denn er war vorsichtig, stellte Fragen und wartete auf Antworten, ehe er zur Tat schritt. Er fragte dann noch: »Vor dem Tauchgang hast du angekündigt, du würdest mir hernach erklären, was du damit gemeint hast, Max hätte sein Hirn im Hintern.« – »Stimmt. Erinnerst du dich an Max, auf den Knien in den Korallen, mit Beinen, die wie Pearl Harbor aussehen? Das kommt dabei heraus, wenn ein Taucher mit zuviel Gewichten hinuntergeht und sich die Knie jedesmal ein bißchen mehr aufschürft.« Im übrigen machte der Tauchlehrer Max die Hölle heiß, als sie wieder an Bord waren. Ich wußte nicht, worüber sie stritten, aber er sagte Max, daß er das nicht noch einmal hören wolle, sonst werde er auf dieser Insel nicht mehr tauchen dürfen. Und ich weiß es auch nicht, warum er seinen Schnorchel in die Messerhalterung steckte.

Tim aber war inzwischen überall in der Welt beim Tauchen. Er ist dabei, ein wirklicher Experte zu werden. Von Zeit zu Zeit schickt er uns eine Ansichtskarte und erzählt seine neuesten Abenteuer. Die letzte kam vom Roten Meer. Er schrieb, es sei wahr, was Kalil Gibran darüber geschrieben hat: »Es ist wie die Ewigkeit, die ihr Bild im Spiegel betrachtet«. Und das ist eine Oberfläche, an der du nicht bleiben möchtest.

2. Bestehende Einstellung:

Wenn ich Gefühle zeige, werde ich von ihnen weggeschwemmt. Das bringt nichts und kommt einem Kontrollverlust gleich.

Erwünschte Einstellung:

Es ist in Ordnung, Bedürfnisse und Gefühle auszudrücken – dies fördert die seelische Gesundheit und echte Beziehungen.

Metapher

Es gibt immer Menschen, die sich als Kinder wie meine Klientin Pat verhalten. Es ist, als führten sie – in vergrößertem Maßstab – ein Leben wie im Märchen vom Aschenputtel. Du arbeitest sehr hart und tust, was du zu tun hast. Deine eigenen Bedürfnisse stellst du zurück. Vielleicht entsprichst du so den Wünschen einer boshaften Mutter oder Stiefmutter, die dich zu deinen Ungunsten mit den anderen Kindern vergleicht. Manchmal besteht da wirklich eine bemerkenswerte Ähnlichkeit. Doch irgendwie weißt du es, hast du in deinem Hinterkopf die Ahnung, daß es eines Tages wahr wird, dieses »und sie lebten glücklich bis an ihr Lebensende«. Du wirst den Märchenprinzen finden, der in jeder Weise vollkommen ist. Fast genauso hat Pat das gemacht. Sie hat einen netten Psychopathen geheiratet. Er schien reizend zu sein. Und sie dachte sich, »wenn ich ihn durchs College pauke, dann können wir glücklich leben bis an unser Lebensende«. Und sie ar-beitete, nahm ein paar Pfunde zu, und er begann, an ihr herumzunörgeln, weil sie dick wurde. Sie überlegte sich, daß sie ein bißchen abnehmen und er ja schließlich reifer werde, und so könnten sie glücklich leben bis an ihr Lebensende.

Nun ja, im Ernst hat sie nie in solchen Begriffen, wie »glücklich leben« gedacht und es ist bei ihr nie vorgekommen, daß sie eigene Bedürfnisse hatte. So hat sie auch nie darüber nachgedacht, wie wichtig es ist, daß sie ihre Bedürfnisse als Forderungen ausspricht. Sie verlangte niemals explizit etwas von ihrem Mann. So etwas gab es bei ihr nicht.
Sie dachte nur daran, wie hübsch es wäre, wenn sie die Pfunde loswürde, so wie er es wollte. Dann kam die Zeit, wo es nötig war, eine Weile bei seinen Eltern zu leben, und dann die Zeit, ein neues Haus zu bauen und es einzurichten. Dann hieß es: »Hilf ihm, daß er eine Stelle findet.« Danach war Umziehen angesagt. Und natürlich kamen dann die Kinder. Kinder großzuziehen ist ein liebenswerter Zwang, deine eigenen Bedürfnisse hintanzustellen, denn Kinder haben ja eine Menge Bedürfnisse, die vorrangig sind. Schließlich waren aus den Kindern Teenager geworden und Pat hatte immer noch nicht richtig gemerkt, daß ihre Phantasie ein ganz unangemessenes Bild der realen Welt wiedergab.
Nimm nun dagegen Tammy – sie war genau das Gegenteil; eine Frau, die aus dem Stand losheulen kann und die, wenn sie etwas möchte, aufsteht und es sich kauft oder in die Tat umsetzt. Wenn sie nicht bekommt, was sie will, dann gerät sie außer sich und ihre Wimperntusche läuft ihr die Wangen herunter. Sie hatte einen Nervenzusammenbruch, weil sie heute nicht zum Shopping ins Einkaufszentrum kam. Und Pat dachte, wenn sie nicht selbstlos wäre oder aufhörte, darauf zu warten, daß ihr Mann sich in einen Prinzen verwandelte, dann würde sie aus der Rolle fallen. Und wenn sie schließlich ihre Gefühle herausließe, dann wäre sie eine Heulsuse wie Tammy.
Abgesehen von der Phantasie vom Märchenprinzen und dem »glücklich leben bis ans Lebensende« hatte ihre Hoffnung viel vom »amerikanischen Traum«: Du arbeitest hart, sparst dein Geld, zahlst deine Steuern, verstößt nicht gegen das Gesetz, dienst deiner Firma eine Reihe von Jahren und setzt dich dann mit einer hübschen Pension zur Ruhe. Du bekommst eine goldene Uhr überreicht, kaufst dir einen Geländewagen oder ein Haus auf Rädern und siedelst um nach Sun City oder Fort Lauderdale. Dort spielst du dann Golf oder treibst andere Sportarten, zu denen du Lust hast. Und du hast Zeit, all die Dinge zu tun, die du hintanstellen mußtest, solange du gearbeitet hast.
Aber dieser amerikanische Traum wird für viele Menschen nicht wahr – ebensowenig wie die Aschenputtel-Phantasie. Und obgleich Pat eine außerordentlich intelligente, attraktive Person war, hatte sie die Blüte ihrer Jahre mit Abwarten vertan, ehe sie schließlich in Therapie kam, um etwas zu ändern. Es hatte der Scheidung von ihrem treulosen Mann bedurft, damit sie anfangen konnte, sich zu verändern.

Zunächst empfand sie Abscheu bei dem Gedanken, daß sie mit diesen Leuten in Verbindung gebracht werden könnte, die häufig offen weinten und einfach zugaben, Probleme zu haben. Sie empfand es so, als füge sie ihrer Verletzung auch noch die Kränkung hinzu, mit diesen »Verrückten« in Therapie zu sein. Aber mit der Zeit wurde ihr klar, daß einige dieser Leute Karriere gemacht hatten und im öffentlichen Leben standen.

Die Fernsehberaterin des örtlichen Fernsehsenders kam jede Woche zu uns, um ihr Gefühl der Unzufriedenheit zum Ausdruck zu bringen, sei es unter Tränen oder in anderen emotionalen Äußerungen. Pat beobachtete. Zunächst war ihr der Gedanke völlig fremd, daß jemand tatsächlich geschätzt wurde oder gar als gesünder galt, wenn er seine Tränen und Verletzungen zeigte. Schließlich entschied sie sich dafür, daß möglicherweise sie richtig lag, und ihre Meinung über die lokale Fernsehgröße erreichte den absoluten Tiefpunkt. Sie konnte nicht finden, daß sie irgendjemand sympathisch fand oder verehrte wegen dieser emotionalen Ausbrüche und Kontrollverluste. Aber sie ging weiter zu den Treffen der Therapiegruppe, vielleicht so, wie man weiter bei einer Seifenoper im Fernsehen sitzen bleibt.

Dazu kam, daß Pat sich für einen der alleinstehenden Männer in der Gruppe zu interessieren begann, wobei ihr das vermutlich zunächst gar nicht bewußt war. Einen Monat lang machte sie einen Lernprozeß durch. Es dämmerte ihr langsam, daß die Männer in der Gruppe, die sie attraktiv fand, sich mit Frauen verabredeten, die Forderungen an sie stellten, die Gefühle zeigten und regelmäßig über ihre Bedürfnisse sprachen. Das gefiel den Männern. Solchen Frauen fühlten sie sich näher, und sie wollten tatsächlich in den meisten Fällen den Bedürfnissen dieser Frauen entsprechen. Und das waren Männer, von denen sie sich angezogen fühlte! Die wünschten sich keine stoischen Freundinnen, Frauen ohne Bedürfnisse oder Frauen, die niemals Gefühle zeigten. Jenen anderen Frauen fühlten sie sich näher. Sie fühlten, daß diese Frauen etwas in ihnen ansprachen und zu Tage förderten, was sie sich wünschten. Sie empfanden Liebe. Diesen Gesichtsausdruck bewunderte sie, der zog sie an, den diese Männer hatten, wenn sie die Frauen beschrieben, die sie mochten. Das war ihr erster Lernschritt.

Aber die entscheidende Einsicht hatte Pat, als die Fernsehratgeberin die Gruppe verließ. Nur drei Wochen nach Pats Eintritt in die Gruppe und dem Erlebnis, wie diese Frau weinte und sich in Pats Wahrnehmung vollkommen auflöste, verabschiedete sich diese Frau. Unter Lächeln vergoß sie ein paar Tränen, als sie über ihre Empfindung sprach, bis zu einem gewissen Grad geheilt zu sein. Gerade das überraschte Pat. Ihr erschien diese Frau als ein seelisches Wrack: Sie weinte und die Wimperntusche lief ihr das Gesicht herunter; sie war voller Unzufriedenheit. Aber sie und ich fanden, sie könne die Gruppentherapie beenden und mit ihrem Leben fortfahren.

Sie würde sicher in ihrem Fernsehstudio einen intakten Eindruck machen, und sie würde ihren aufreibenden Beruf meistern. Und sie war mit einem wunderbaren Mann verabredet. Vielleicht stimmte da etwas nicht mit Pats Auffassung, wer gesund war und weshalb.
So tat sie ihren entscheidenden Lernschritt. Diejenigen in der Gruppe, die sich so verhielten, als hätten sie keine emotionalen Regungen, bedurften der Therapie am meisten. Das ist keine Schwarz-Weiß-Malerei. Im Nachhinein wird das ganz deutlich. Du kannst durchaus zu überschwenglich sein, aber du kannst auch zu stark und zu hart sein. Jetzt ist das alles ganz leicht für sie zu verstehen. Jetzt weint sie auch, wenn sie sich verletzt fühlt ... bei ihrem Ehemann. Und sie lacht, wenn sie glücklich ist, und sagt es ihrem Mann auch, wenn sie sich einsam fühlt, Angst hat oder Zärtlichkeit empfindet. Und vielleicht ist das noch wichtiger: sie ist nicht mehr allein.

3. Bestehende Einstellung:

Wenn ich meine Gefühle zeige, werde ich ewig weinen und unglücklich sein, und keiner wird mich trösten. Wenn ich Trost möchte, so zeige ich meine Trauer besser nicht.

Erwünschte Einstellung:

Wenn ich meine Gefühle der Trauer zeige, dann werde ich befreit von ihnen: dann kann ich auch Freude und Glück erleben.

Metapher

Der Quarz-Kristall, der gläserne Schwan und der Hirsch stehen in einer Reihe nebeneinander, als gehörten sie irgendwie zusammen. Aber wie? Du kannst ein 3-jähriges Kind fragen, was sie gemeinsam haben und worin sie sich unterscheiden. Sie sind alle verwandt und unterscheiden sich zugleich. Zwei davon könnten etwas Gemeinsames haben, weil sie beide gestaltete Formen haben. Oder alle könnten ihrer Klarheit wegen einander ähneln. Man sagt, daß der Kristall als Meditationsgegenstand weder Härte noch Leiden vermittelt. Es ist paradox: Du kannst durch ihn hindurchsehen und dennoch ist er Materie; er ist unsichtbar sichtbar.
Welcher Gegenstand ist am ehesten wie du? Und von welchem würdest du Abstand nehmen? Welcher macht dich neugierig? Vermutlich hast du dir schon gedacht, daß ein jeder seine Geschichte hat. Zwei Gegenstände gehören uns schon lange Zeit, während einer vor kurzem neu hinzukam und doch schon seine lange Geschichte hat. Bei jedem einzelnen Objekt gibt es eine Menge zu erkunden, eines jeden Menschen eigene Geschichte.

Bisweilen ist das Gefühl der Freude in unerwarteter und paradoxer Weise mit Gefühlen der Traurigkeit verknüpft, die sich im Nu zu Empfindungen tiefen Leids steigern können und dann wieder unvermittelt, ohne irgendeinen vernünftigen Grund, in unkontrollierbare Freude sich wandeln. Viele Autoren haben über die Ähnlichkeit im Körperausdruck bei einander entgegengesetzten Gefühlen geschrieben. Einem Kind kann Schrecken eingejagt werden, wenn es mitbekommt, wie seine Eltern ein hemmungsloses sexuelles Erlebnis haben, das sehr nach Schmerz und Unbehagen aussieht. So ist es schön, wenn du als Erwachsener weißt, du kannst einem Gefühl bis in seine Tiefen nachgehen, du kannst aber auch in eine andere neuronale Spur überwechseln und das entgegengesetzte Gefühl zur Gänze auskosten.

Vor etwa einem Monat arbeitete ich mit einer Frau, bei der ein vermeintlich in Rückbildung begriffener Krebs erneut zum Ausbruch gekommen war. Sie wünschte sich sehr, daß ich ihr dabei helfen sollte, die selbstheilenden Kräfte ihres Körpers einzusetzen und dieser Krankheit all ihre Kraft und Stärke entgegenzustellen. Acht Jahre zuvor hatte sie uns wegen eines chronischen Hustens konsultiert und hatte damals nicht einmal erwähnt, daß ihr kurz zuvor eine Brust abgenommen worden war. Und obgleich der Husten in Trance verschwunden war und sie sich danach entspannt fühlte, meinte sie doch, als wir jetzt darüber sprachen, daß sie von ihrem Mann nicht so unterstützt worden sei, wie sie es sich gewünscht hätte, und daß so die therapeutische Veränderung nicht von Dauer gewesen sei. So wußte ich also, daß es angebracht war, der ehelichen Beziehung einige Aufmerksamkeit zu schenken. Meine Erwartung war, daß bei den Treffen und ausführlichen Gesprächen mit ihr ich schließlich etwas erfahren und verstehen könnte von den vielfältigen emotionalen Reaktionen, die doch wohl ablaufen in einer derart schrecklichen und schwierigen Situation, in der eine möglicherweise tödliche Krankheit droht. Was für eine Belastung muß das auch für eine Ehe darstellen, und was wollte sie wirklich von ihrem Mann? Ich wußte, daß hier eine Menge Gefühle beteiligt sind, deshalb nahm ich jenen kleinen gläsernen Schwan mit.

Zuerst war ich überrascht, kein Anzeichen von Kummer und auch keine Tränen zu sehen. Andererseits gab es wenig Freude. Ich durchforschte wirklich jeden noch so verborgenen Winkel, aber ich konnte nirgendwo ein Anzeichen irgendeines Gefühls ausfindig machen. Aber ich erzählte ihr eine Geschichte, die ich gehört hatte und die so spannend war, daß sie im wahrsten Sinne des Wortes meine Aufmerksamkeit fesselte, als ich spät nachts von einem Fernsehprogramm zum nächsten schaltete.

Daß ich bei dieser Geschichte hängengeblieben bin, lag vielleicht daran, daß da eine junge Frau verzweifelt, hoffnungslos und etwas zynisch nach einer Liebesbeziehung Ausschau hielt, während sie doch gar nicht wirklich glaubte, daß es so etwas überhaupt gebe. Sie hatte tatsächlich aufgegeben und war chronisch verzweifelt über die allgemeine Oberflächlichkeit. Ihre Zimmergenossin versuchte, Verabredungen für sie zu treffen oder sie zu irgendwelchen Aktivitäten zu animieren, aber alles kam ihr so oberflächlich vor. Im Grunde tat sie gar nichts, und eigentlich war es ein Wunder, daß sie unterwegs war an jenem Tag, an welchem sie dem geheimnisvollen Fremden über den Weg lief.

Er sah sie an, als kenne er sie. Er schaute sie an, als gehörten sie zusammen. Als sie in seine Augen schaute, war ihr, als blickte sie in die Ewigkeit, und sie ließ ihren Blick dort ruhen, viel länger, als man das bei einem Fremden tun würde. Und als er sie auf sein Zimmer einlud, dachte sie überhaupt nicht nach, daß das vielleicht unpassend wäre. Sie ging einfach mit, als stehe sie in gewisser Weise unter Zwang.

Sie setzte sich auf eine Couch. Er setzte sich dicht neben sie und verkündete unvermittelt: »Du hast eine gewaltige Menge Tränen zu weinen. In deinem Herzen wohnt ein Schmerz, eine Trauer, eine Leere, die du nur ausfüllen kannst, wenn du jenen Tränen erlaubst, daß sie geweint, ausgekostet und liebevoll aufgefangen werden.« Wie er so sprach, hatte sie das Gefühl, verstanden zu werden, und das war so ergreifend, daß sie nur ein klein wenig verwundert war, daß gegen ihren Willen oben unter ihrem Augenlid eine große Träne entstand. Aber sie sagte: »Weinen kann nicht die Lösung sein. Ich habe so viel geweint, das ist es nicht, was ich möchte.« Er schaute sie einfach nur an, mit diesem Verständnis, das die im Auge stehende Träne bald dazu brachte, unter dem Lid hervorzutreten und über ihre Wange zu laufen. Und als diese Träne ihren Weg die Wange herab fand, streckte er seine Hand aus, in der er vorsichtig einen hohlen gläsernen Schwan hielt, der oben auf dem Kopf eine kleine Öffnung hatte.

Er hielt die kleine Öffnung genau unter die Träne und ließ diese kleine Träne in die Öffnung tropfen und rinnen, hinein- und sanft hinunterfließen durch das »S« des Halses, bis sie schließlich im Bauch des Schwanes ruhte. Du kannst dir vorstellen, wie sehr einen das überraschen muß, plötzlich auf so unerwartete Weise angeregt zu werden, wenn einem eine Träne ins Auge tritt. Dein Bewußtsein kann dabei ruhig etwas einzuwenden haben , doch dein Unbewußtes findet das in Ordnung und notwendig. Und sie sagte: »Aber das ist lächerlich, ich weine zu viel.« Und er antwortete: »Ja, aber du hast deine Tränen vergeudet, Du hast sie nicht ausgekostet oder aufgefangen. Tränen aus tiefster Seele sind Tränen, die in Ehren gehalten werden sollten.« Und da fing sie an zu weinen und weinte immer mehr. Die Tränen flossen herab und wurden sanft aufgefangen und kamen im Bauch des Schwans zur Ruhe. Sie konnte sich nicht erinnern, je so geweint zu haben.

Der geheimnisvolle Fremde saß einfach nur da und fing jede Träne gelassen und mitfühlend auf, machte weiter keine Worte, sondern war einfach da mit seinem Verständnis. Dann sagte er: »Deine Zeit ist um, aber komm morgen um zwei Uhr wieder. Dann wirst du noch weiter weinen, und wenn die Phiole voll ist, wirst du frei sein.« Sie versuchte wiederum einen Einwand: »Aber gewiß doch«, spottete sie, »Sie wollen mir sagen, wenn meine Tränen dieses Ding ganz gefüllt haben, dann werde ich glücklich sein.« »Nein«, sagte er, »das kann ich nicht garantieren, aber wenn es voll ist, dann wirst du frei sein.« Daraufhin ging sie und schwor sich, daß sie nicht mehr hierher käme an diesen verrückten Ort, aber am folgenden Tag, Schlag 2 Uhr, hatte sie sich wieder eingefunden und weinte wie auf Kommando eine weitere Stunde. Es spielt keine Rolle, wie sehr sich dein Verstand wundert und Einwände gegen ein Geschehen vorbringt, bei dem dein Unbewußtes lernt, oder gegen eine Lösung, die dein Unbewußtes erlebt.

Und natürlich begann sie nach dem dritten Besuch anzunehmen, daß sie dabei sei, sich in den Fremden zu verlieben; sie konnte ein gewisses Glücksgefühl nicht leugnen, das zuvor nicht da war. Indessen schrieb sie das der Tatsache zu, daß sie verliebt war in diesen faszinierenden Mann, und die Tränen waren einfach nur eine Zugabe. Es war unheimlich, wie viel ihm an ihren Tränen lag.

Während ich diese Geschichte der Frau erzählte, die trotz ihrer Krebsschmerzen in eine sehr angenehme Trance gegangen war, suchte ich bei ihr nach Hinweisen auf eine emotionale Reaktion und forschte in allen verborgenen Winkeln nach dem Kummer, der meines Wissens unbedingt vorhanden sein mußte. Es könnte auch Furcht sein. Ich bezweifelte, daß sie jemals erfahren hat, was unkontrollierbares Lachen ist. Ich war überzeugt, wenn ich ihr dazu verhelfen könnte, es zu lernen, so würde sie weniger Schwierigkeiten haben, mit ihrem Krebs zurechtzukommen und könnte ihre Kräfte jenen fremden entgegensetzen und stärker sein. Denn aus der Fähigkeit, unkontrolliert zu lachen, zu lachen, bis du weinst, kommt erstaunlich viel Kraft hervor. Sie aber konnte sich tief entspannen, bewegte keinen Muskel und schien keinerlei Schmerz zu empfinden. Ich sagte lediglich: »Atme einfach hinein in jeden Schmerz und in jedes Unbehagen, und laß alle Spannung mit deinem Atem heraus.« Und es entspannte sich auch der kleinste Muskel, auch die Wangenmuskeln wurden losgelassen, und ich glaube, es öffnete sich sogar ihr Mund. Und dennoch schlief sie nicht, noch weinte sie.

Selbstverständlich kam der Tag, an welchem die letzte Träne im Kopf des Kristallschwans geborgen war und an dem die kleine Phiole schließlich randvoll war. Da verkündete der geheimnisvolle Fremde, der sie bis in jeden Winkel kannte: »Nun ist unsere gemeinsame Zeit vorbei.«

Sie war getroffen und fassungslos und fühlte sich betrogen bei dem Gedanken, er könne mit ihr fertig sein. Hatte er sie ihrer Tränen wegen zu seinem Vergnügen benutzt, und nun, da er sie hatte, stieß er sie beiseite? Aber er war kurz angebunden und ganz sachlich, und da blieb ihr nichts weiter als aufzustehen, als er zur Tür wies, wo bereits ein anderer Gast darauf wartete, eintreten zu können.

Die Tür schloß sich hinter ihr, und sie stand da auf der Straße – allein, mit einem Wirrsal an Gefühlen, die sie überhaupt nicht beschreiben konnte. Aber dann spürte sie plötzlich die Gewißheit, daß sie die Situation so nicht ertragen konnte; so öffnete sie vorsichtig die Tür, blickte verstohlen durch die Vorhalle, vorbei an dem Mann, der nun dasaß mit seinem nächsten weinenden Besucher. Sie betrat den Raum mit den Glastüren zu beiden Seiten, durch die sie den Mann oft hatte hinausgehen und mit dem Glasvogel zurückkommen sehen. Sie ging also hinein und schloß die Tür leise hinter sich.

Der Anblick, der sich ihr bot, spottete jeder Erwartung. Zu ihrem grenzenlosen Erstaunen entdeckte sie Regale über Regale voller Glasphiolen jeglicher Größe und Gestalt, als Tiere und Blumen geformt, als geometrische Formen, große, kleine, durchsichtige, farbige, alle mit einer klaren Flüssigkeit gefüllt, die sie als Tränen erkannte. Und da, unauffällig eingereiht, saß ihr kleiner Vogel auf dem Bord, mitten unter Tausenden von Fläschchen. Sie konnte es einfach nicht glauben. Als sie versuchte herauszufinden, was da eigentlich vor sich ging, öffnete sich die Tür hinter ihr, und da stand der Mann mit sehr strenger und mißbilligender Miene. »Du solltest nicht hier sein«, sagte er, »dieser Anblick ist nicht für dich bestimmt.«

»Aber was geht hier vor?« fragte sie. Langsam hob er an, ihr zu erklären, daß dies die Tränen seien, die vor Jahrhunderten von Menschen geweint worden waren, vor langer, langer Zeit, von Sklaven der Antike, von Königinnen, die über die Qualen ihrer Untertanen weinten, von Sklaven, die ihre auseinandergerissenen Familien beweinten, von Müttern, die über den Schmerz ihrer Kinder weinten, von Heerführern, die über den Todeskampf ihrer Männer Tränen vergossen haben. So fuhr er fort und erklärte immer weiter. Das war sehr schaurig und hier wichen Wirklichkeit und Wahrscheinlichkeit auseinander; sie konnte dem Mann wirklich nicht mehr trauen, und so wollte sie nicht, daß ein Teil von ihr hier zurückbliebe.

Mit blitzschnellem Griff schnappte sie sich den kleinen Schwan vom Regal, und während der Mann noch protestierte, rannte sie aus dem Raum, stürzte aus dem Haus, die Treppen hinunter auf die Straße und direkt vor ein heranfahrendes Taxi, mit dem sie zusammenprallte. Sie war unverletzt, aber als sie zur Seite geschleudert wurde, fiel ihr der Vogel aus der Hand und zersprang auf dem Pflaster, allem Anschein nach in tausend Stücke.

Der Taxifahrer, besorgt um ihr Befinden, sprang aus dem Auto, versicherte sich, daß alles in Ordnung war mit ihr, und bemerkte dann das nasse zerbrochene Glas auf der Straße. Er fragte: »Was war das denn? War das etwas Wichtiges.« Aber wie soll man einem fremden Menschen etwas Derartiges erklären? Sie lachte und sagte: »Na ja, es war schon wichtig, das waren meine Tränen.« Er verstand natürlich nicht, wollte der Sache wohl auch im Augenblick nicht weiter nachgehen und fragte: »Hat Ihnen schon mal jemand gesagt, daß Sie reizend aussehen, wenn Sie lächeln?« Und als sie antwortete, wobei sich ihr Lächeln vertiefte, schien sich auf ihrem Gesicht ein Gefühl widerzuspiegeln, wie es zuvor niemals zu sehen gewesen war. Dann fragte er sie: »Würden Sie einen Kaffee oder sonst etwas mit mir trinken? Ich würde mich wirklich gern länger mit Ihnen unterhalten.« Sie willigte ein und sie gingen miteinander – in die Zukunft. So nahm die Geschichte ein stimmiges und heiteres Ende, d.h. die Voraussage des geheimnisvollen Fremden bewahrheitete sich: Wenn die Tränen geweint und ausgekostet sein und die Phiole gefüllt haben würden, dann werde sie im Verlauf dieses Geschehens frei, vielleicht nicht mit Sicherheit glücklich, aber einfach befreit von einer Realität und bereit für die Anforderungen einer neuen. Es war schön, das zu wissen, wenn auch das Symbol des Ganzen zerbrochen auf der Straße lag; es ist nicht das Symbol, das befreit, sondern das ganze Geschehen. Es spielt keine Rolle, was mit den Relikten geschieht, es kommt darauf an, daß du deine verschiedenen Seiten auskostest, sie zusammenbringst und sie anderen Menschen in angemessener Weise und unter geeigneten Bedingungen präsentierst.
Aber die krebskranke Frau weinte kein einziges Mal während der drei Tage unserer Zusammenarbeit. In der letzten Sitzung mit ihrem Mann bebten ihre Lippen heftig und ich erwartete und hoffte natürlich, daß die angerührten und aufgewühlten Gefühle angemessen wären und daß sie sogar bei passender Gelegenheit mit ihrem Mann darüber sprechen könnte, so daß eine Nähe bei ihnen entstehen und sie beide nähren könnte.
Kurz darauf, ehe ich ging, holte sie den gläsernen Hirsch hervor und schenkte ihn mir, weil sie fand, er gehörte irgendwie zu dem Schwan, der so eine große Wegstrecke mit mir zurückgelegt hatte, um symbolisch etwas über ihre Therapie zum Ausdruck zu bringen. Hier liegt der Unterschied zwischen den beiden Gegenständen. Kürzlich, zu Erntedank, ist sie friedlich gestorben. Ihr Mann schrieb mir, daß die letzten Monate ihres Lebens ohne Schmerzen und glücklich gewesen seien und daß sie ihren Frieden gemacht habe.

4. Bestehende Einstellung:
Wenn mir an anderen wirklich etwas liegt, dann muß ich höflich sein und muß sie schützen vor der Unannehmlichkeit, meine schlechten Gefühle zu kennen oder die daraus resultierenden Bedürfnisse.

Erwünschte Einstellung:
Meine Zuwendung anderen gegenüber drücke ich ehrlich aus, indem ich ihnen meine Bedürfnisse mitteile.

Metapher

Es ist überhaupt nichts Schwieriges daran, loszulassen, etwas aufzugeben. Du kennst folgende Erfahrung: Wenn man eine alte Gewohnheit aufgegeben hat, ist es fast unmöglich, sich daran zu erinnern, warum es so hart war, was so schwierig daran war, einfach loszulassen und aufzugeben. Das muß so ähnlich sein, wie wenn du dich als Kind abmühst, radfahren zu lernen, die Balance zu halten; und ganz unvermittelt weißt du einfach, wie es geht. Und fünf, zehn, oder zwanzig Jahre später kannst du wieder ein Fahrrad besteigen, und es ist nur eine Sache von einer Sekunde und nicht einmal einer bewußten Sekunde. Ich bezweifle, daß du überhaupt darüber nachdenken mußt. Du setzt dich einfach wieder drauf und erlebst einen Augenblick unbewußten Entzückens und das Gefühl deines Gleichgewichts und deiner Geschicklichkeit. Du kannst erstaunt sein, daß du dich nicht anstrengen mußt, die Pedale zu treten, und du genießt das köstliche Gefühl der Bewegung und des Fliegens oder Dahintreibens, das fast wie durch ein Wunder geschieht.

Und doch erscheint es so schwierig während des Lernprozesses. Es scheint so viele Befürchtungen zu geben, mit denen dich dein Bewußtsein drangsalieren kann. Vielleicht ist diese Situation am ehesten mit der eines Teenagers vergleichbar, aber irgendwie sind wir alle Teenager, denn es gibt immerzu etwas, das man zu lernen versucht und dabei diese Risiken eingeht. So war das sicher auch bei unseren Nachbarn und deren ältestem Sohn.

Als Ralph, der ältere von zwei Brüdern, mit 18 Jahren seinen Vater besuchte, befand er sich haargenau in diesem Zwiespalt, dem sich die meisten Teenager gegenübersehen, nämlich zwischen seiner vertrauten Identität und dem Risiko. Er kam an mit gemischten Gefühlen, deren er sich bewußt war. Er sehnte sich nach der Wertschätzung seines Vaters, welcher sich schon sein ganzes Leben lang in vielerlei Weise ihm gegenüber fremd fühlte, weil er sich von Ralphs Mutter hatte scheiden lassen, als dieser noch ein kleines Kind war. So nahm Ralph seinem Vater gegenüber eine bittere und vorwurfsvolle Haltung ein, die das übliche Maß überschritt, gleichzeitig freute er sich aber auch über ihn und hatte den ganz natürlichen Wunsch, ihm nahe zu sein. Ich bin sicher, er wußte wirklich nicht genau, was so im einzelnen geschehen sollte. Er war ein wenig eifersüchtig, wenn er beobachtete, wie bedingungslos sein zweijähriger Halbbruder angenommen und geliebt wurde. Aber er wollte wirklich kein Drama aus seiner Eifersucht machen.

Nein, Ralph wollte gewiß nicht zur Last fallen, aber er war doch ein bißchen mit dem Thema beschäftigt, was eigentlich seine Rechte seien. Andererseits wollte er einfach ein Gast im Hause sein, wußte aber, daß er mehr verdient hätte. Und außerdem hatte er gewiß gemischte Gefühle gegenüber seiner Stiefmutter. Was sollte er anfangen? Er wollte ganz gewiß keine Probleme machen, aber wie kannst du Probleme vermeiden, wenn dein Bewußtsein komplexere Probleme erfaßt, mit deren Lösung dein Unbewußtes beschäftigt ist? So dauerte es gar nicht lange, und er hatte das Problem erheblich verschlimmert, indem er bei seiner Überzeugung blieb, daß er keine Probleme schaffen dürfe. Binnen kurzer Zeit fühlte er sich durch eine schnoddrige Bemerkung gekränkt, die sein Vater so leichthin gemacht hatte. Und ganz rasch fand er in einem Satz seines Vaters den Beweis dafür, daß er nicht so unbegrenzt geliebt würde oder nicht das Ausmaß an Aufmerksamkeit oder Zeit erhielte, wie es jedem Kind zu Recht zustehe.

Und sicher ist das nicht der Fehler des Kindes, wenn Eltern jene Dinge versäumen. Ein Kind kann das nicht verstehen, und auch ein Teenager ist dazu kaum in der Lage. Doch was immer Ralph verletzt hatte – er hielt den Mund. Er schaltete den Fernseher ein bißchen öfter an und tauchte ein wenig häufiger ab in ein Buch. Und obgleich er körperlich anwesend war, war er nicht wirklich präsent. O ja, im Sinne der allgemeinen Anstandsregeln war er hinreichend höflich. Er bot an, nach dem Essen beim Geschirrspülen zu helfen und er dankte seiner Stiefmutter überschwenglich für jedes Rührei. Er hatte ein passendes Gastgeschenk mitgebracht und lange im voraus angefragt, ob es in Ordnung sei, wenn er zu Besuch käme. Und er war körperlich anwesend, wenn sie ins Restaurant oder an den Strand gingen, versuchte die übliche oberflächliche Konversation, bemühte sich um ein anscheinend angemessenes Verhalten, indem er alles »nett« fand und alles tat, was man von ihm erwartete anläßlich dieses freundschaftlichen Besuches bei den Lieben.

Aber sein Vater spürte einfach, daß irgendetwas falsch war, und fragte ständig seine Frau, was er denn möglicherweise falsch gemacht haben könnte, womit er Ralph vielleicht verletzt habe. So wie sie das sah, war nichts falsch, außer daß sie keinen besonderen Spaß an diesem weitgehend fremden großen Kerl hatte, der etwas mißmutig mitten auf ihrer Couch hockte. Und so ging Ralphs Zeit hier in der Familie auch wieder vorüber.

Sie waren alle ein wenig erleichtert, als ein Wirbelsturm Ralphs Abreise beschleunigte, obgleich er sich formvollendet höflich für den Besuch bedankte und sein Bedauern ausdrückte, daß er vorzeitig abreisen mußte. Der Vater wußte nicht, was er von all dem halten sollte, er spürte aber eine Traurigkeit und Leere, die er sich nicht recht erklären konnte.
Unterschiedliche Gäste rufen natürlich verschiedenartige Reaktionen bei den Gastgebern hervor, wenn auch nicht immer die, welche ein Außenstehender ursprünglich erwarten würde. So würde beispielsweise jeder, der ihn kannte, dir sagen, daß Charles, der Bruder von Ralphs Stiefmutter, unhöflich ist und schon immer war, zumindest nach den allgemeinen Anstandsregeln. Einmal im Waschsalon z.B., als er Gitarre spielte und wartete, daß seine Kleider trockneten, bewunderte ein Fremder seine Musik und äußerte den Wunsch, noch etwas Zeit mit Charles zu verbringen. Da verkündete Charles sachlich, daß er bereits zu viele Freunde habe und nicht genügend Zeit für sie, also, nein danke. Und du kannst dir die Antworten denken, die er unangemeldeten Vertretern gab!
Als Gast kündigte Charles seinen Besuch fast nie im vorhinein an. Auch brachte er niemals ein Gastgeschenk mit. Meist kam er am späten Abend oder mitten in der Nacht an. Hoffentlich war dann etwas zu essen vorbereitet und zwar ohne die diversen Gemüse, die Charles nicht ausstehen konnte, denn das würde er sogleich lauthals verkünden.
Aber Liebe überdauert die unterschiedlichsten Erfahrungen, und Ralphs Stiefmutter kannte ihren eigenen Bruder Charles natürlich von klein auf. Und so wußte sie auch, daß er ganz besonders gern Kleie-Muffins mochte, und wenn sie zufällig schon mal im voraus wußte, daß er kommen würde, dann buk sie speziell für ihn welche. Und bei seinem letzten Besuch hatte sie das besondere Opfer gebracht und Charles und seiner Braut das große Schlafzimmer gegeben; das Wasserbett hatte sie eigens mit einer neuen Flanellbettwäsche bezogen. Ihr Mann war am Wochenende verreist und so kampierte sie bei dem Kleinen, damit es Charles einmal besonders bequem haben konnte. Sie ließ sogar gedämpftes, romantisches Licht brennen, als sie zu Bett ging.
Nun, wie vorauszusehen, kamen sie mitten in der Nacht an, und als sie am nächsten Morgen aufwachte, sie begrüßte und fragte, wie sie geschlafen hätten, verkündete Charles, daß es die absolut schlimmste Nacht gewesen sei, die er je erlebt habe. Dieses Bettzeug war zu heiß und das Bett bewegte sich ständig. Er mußte den Stecker der verflixten Lampe herausziehen, denn er konnte den Schalter nicht finden, und heute Nacht müsse er ganz bestimmt anders untergebracht sein, sonst werde er ins Hotel gehen. Du stellst dir vielleicht vor, daß es eher eine Wohltat gewesen wäre, wenn er sich dorthin begeben hätte. Aber irgendwie ist es etwas wert, wenn du weißt, woran du bist, und bei Charles war das wirklich immer der Fall. Du

kannst mit absoluter Sicherheit annehmen, wenn er etwas nicht erwähnt, dann gibt's auch kein Problem damit. Nun gut, Gäste kommen und gehen, wenn es Zeit für sie ist...

Ungefähr drei Monate später, als die winterliche Luft sogar nach Florida gedrungen war, kam Ralphs Brief. Er war dick und ließ nichts Gutes ahnen. Sicher war er voller angesammelter und auch beschönigter Verbitterung, die Ralph in aller Stille ausgekostet und nach seiner Abreise durchlebt hatte. In einem aggressiven, fünf Seiten langen Brief wütete er und beschwor in Schwarz-Weiß-Malerei die Vergangenheit mit all dem, was sein Vater versäumt hatte, als er ein kleiner Junge war. Und das alles wegen eines winzigen unbedeutenden Problems, mit dem er einfach nicht herausgerückt war. Er wollte keine Probleme machen, und so begrub er sie bei sich.

Und doch kannst du Gefühle nicht verleugnen. Selbst wenn dein Verstand sie nicht für akzeptabel hält, so sind sie dennoch da. Dein Unbewußtes hat auch weiterhin dieses Gefühl, und in deinem bewußten Verstand suchst du nach immer mehr Möglichkeiten, es verständlich zu machen und zu rechtfertigen. Kann sein, daß er versuchte, seinen Vater vor seiner Wut zu schützen; vielleicht traute er seinem Vater auch einfach nicht zu, in angemessener Weise sich um sein Gefühl zu kümmern. Jedenfalls war die Stiefmutter ausgesprochen ärgerlich, als sie den Brief las. Sie dachte: »Was bildet der sich ein, welches Recht hat er, daß er zu uns kommt, alles ausnutzt, was wir ihm bieten, und trotzdem denkt, er muß uns vor seinen Gefühlen schützen. Mir wäre es lieber, wenn er mich vor seiner entmutigenden Unterstellung schützen würde, ich könne oder wolle nicht mit seinen Gefühlen zurechtkommen und mich nicht um sie kümmern.« Wenn er sie so weit mochte, daß er sie besuchte, dann wünschte sie, daß er sie auch so weit respektierte, ihnen zu sagen, was er fühlte und wollte, wenn er etwas möchte und etwas fühlt – jedenfalls solange die Möglichkeit besteht, dann auch etwas zu tun. Sie wünschte, daß Ralph sie und seinen Vater für so vertrauenswürdig und anständig halten könnte, daß sie sich selbst dann um ihn kümmerten, wenn es schwierig sein würde, seine Bedürfnisse auf Anhieb voll und ganz zu verstehen.

So schrieb sie ihm zurück und bezweifelte, daß Ralphs Behauptung wahr sei, er liebe seinen Vater. »Wie kannst du das sagen«, schrieb sie, »wenn du ihm nicht soweit traust, ihm deine Gefühle zu zeigen, ihn wissen zu lassen, was du nicht magst, und ihm keine Chance gibst, dich zu verstehen? Du solltest das selbst dann tun, wenn du es zwei- oder dreimal wiederholen mußt, und sogar, wenn du ihn auffordern mußt, sich jetzt hinzusetzen, und ihm sagst: Jetzt hör mir mal zu, du mußt das verstehen, du hast es noch nicht richtig begriffen.«

Aber andererseits ist er doch ein Teenager. Wie kann man erwarten, daß er weiß, wie er das anfangen soll; daß er von der Richtigkeit seiner eigenen Reaktionen so überzeugt ist, daß er auch bereit ist, das Risiko einzugehen. Wie lernst du als Kind, deinen Wert einschätzen, zu wissen, daß du es dir selbst schuldig bist und jedem anderen, den du triffst, ihm diese Chance zu geben. Und so machte sie ihm klar, daß er in diesem Hause nicht mehr willkommen sei, falls er nicht bereit und willens sei, ihnen zu sagen, was er nicht mag, sobald er es merkt, und daß er sie soweit respektieren solle, ihnen zu glauben, daß sie verantwortungsvolle und warmherzige Erwachsene seien mit dem Willen und der Fähigkeit, seine Gefühle zu verstehen und zu achten. »Denn wenn wir dazu nicht in der Lage sind,« so schrieb sie, »so gibt es keinen Grund, uns zu besuchen, nicht wahr?«

Nun, es standen noch ein paar Dinge in dem Brief, aber im wesentlichen hatte sie ihn abends um zehn Uhr beendet, als das Telefon klingelte. Es war Charles. »Wir sind in Opp, Alabama und werden in etwa zwei Stunden ankommen, ist das recht?« »Das ist ja toll«, sagte sie, »Ich kann's gar nicht erwarten, euch zu sehen. Ich stelle die Muffins warm und lasse die Tür offen, wenn ich schlafen gehe.« »Prima, hoffentlich muß ich nicht in irgendeiner Flanellbettwäsche schlafen.« »Keine Sorge, wir machen es dir nicht bequemer, als du es aushalten kannst, und es gibt auch keine Karotten. Was habt ihr übrigens vor, wenn ihr hier seid?«

Es kann so einfach sein. Du kannst dich wirklich nur wundern über den Widerstand, mit dem Erwachsene es bisweilen im Selbstsicherheitstraining zu tun haben, die erleben, wie eine ganze Reihe von Zweifeln mobilisiert wird, wenn sie einfach nur eine andere Person um etwas bitten: »Was passiert, wenn der andere mir nicht geben will, worum ich ihn bitte?« Und in ihrem Wunsch, den anderen vor ihren Bedürfnissen zu schützen, verstehen sie überhaupt nicht, daß sie dem anderen damit keinerlei Dienst erweisen, daß sie ihm vielmehr Geringschätzigkeit oder die Unfähigkeit unterstellen, einfach nein zu sagen. Und es ist auch stimmig, wenn du ein Nein als Antwort nicht akzeptierst.

Die Menschen sind wirklich erstaunlich wenig zerbrechlich und benötigen vielfältige Anforderungen und Zusammenhänge, um ihre Fähigkeit zum Neinsagen zu entwickeln oder den Satz hervorzubringen »Erzähl mir mehr darüber« oder »Das muß wehgetan haben«.

Und bei jeder Gelegenheit, die sich bietet, mußt du auch ein Risiko eingehen. Das schuldest du dem Teil deines Selbst, der weiß, daß es lohnt, vor Freude einen Luftsprung zu machen bei der Aussicht auf ein weiteres Risiko: zu lernen, was im Bereich deiner Möglichkeiten liegt; dieses angenehme Gefühl zu erleben, das sich einstellt, wenn du etwas gewagt hast, und auch die Erfahrung, daß du in der Lage bist, fürsorglich dir selbst gegenüber zu sein und wieder ins Lot zu kommen, wenn du etwas riskiert hast, was dann durchaus nicht zu den erhofften Reaktionen geführt hat. Gemeint ist jenes Lernen aus Katastrophen, durch die du niemals aus freien Stücken gegangen wärest. Und doch kannst du dir die Reorganisation deiner Fähigkeiten nicht vorstellen, wenn du eine solche Katastrophe nicht erlebt hast. Ist das dann überhaupt eine Katastrophe oder nicht? Grundsätzlich gilt: Es ist überhaupt nichts Schwieriges daran, loszulassen und etwas aufzugeben.

5. Vorhandene Einstellung:
Wenn ich meine Ängste enthülle, wird mich keiner mehr achten.

Erwünschte Einstellung:
Seine Verletzbarkeit zu zeigen beweist wahren Mut und macht es anderen leichter, mich wirklich achten zu können.

Metapher

Ein Gefühl der Sicherheit kann dich in vielfältige Situationen begleiten. Vielleicht entstammt dieses Gefühl der Sicherheit deinem Vertrauen in andere Menschen, daß sie nach bestem Vermögen reagieren und willens sind zu wachsen, zu lernen und sich zu verändern. Oder, was ebenso bedeutsam ist, dieses Gefühl der Sicherheit entstammt deiner eigenen Überzeugung, daß du etwas wert bist, oder aber jenen Erfahrungen, bei denen beides eine Rolle spielt. Lola allerdings dachte keineswegs an Sicherheit, als sie ihre Kaffeetasse und ihre Aufzeichnungen einpackte und sich auch ihrer Contenance versicherte, ehe sie ihrer wöchentlichen Supervisionsgruppe gegenübertrat. Bei flüchtigem Betrachten schien es schon reichlich irritierend und mußte jemanden, der das nicht aus persönlicher Erfahrung kannte, verwundern, daß die Aussicht auf Begutachtung und Supervision ihrer Arbeit durch vernünftige menschliche Wesen so viele Unzulänglichkeitsgefühle und Ängste hervorrufen konnte. Auf der anderen Seite war sie aber auch angeregt und gespannt, was es da zu lernen gäbe, wenn sie ein Band aus den Therapiesitzungen mitnähme und es ihren Supervisoren vorspielte. So hatte Lola also an diesem Tag ihre Chancen erwogen und suchte ein Band aus, von dem sie ganz sicher war, es werde die Probleme ihres Klienten verdeutlichen. Und sie erhoffte sich ein paar Ideen, wie sie mit einem bestimmten Klienten anders umgehen könnte, damit er mit seinen Unsicherheitsgefühlen und Berührungsängsten gegenüber Menschen fertig werde.
Ihr Klient nahm in der Tat große Mühen auf sich, um seine Unzulänglichkeiten zu verbergen. Der Ausdruck »große Mühen« ist nicht im entfernte-

sten übertrieben. Johnny war unentwegt in starker Anspannung. Seine Anstrengung war weitgehend der Tatsache zuzuschreiben, daß er keine Gefühle zeigte und Tag und Nacht damit beschäftigt war, seine Schwächen zu verbergen. Für ihn wäre es der schlimmste Alptraum gewesen, sich vorzustellen, er bringe ein Band seiner Therapiearbeit mit zur Begutachtung.

Sein Problem und überhaupt der Grund, weshalb er zu Lola in Therapie ging, war, daß er unter akuten Angstanfällen litt, wenn er Brücken überqueren mußte. Und in Florida gibt es eine Menge Brücken. Sein Arzt hatte ihm ein paar Monate lang Valium und einige andere Medikamente verschrieben, aber die machten ihn nur schläfrig und benommen und befreiten ihn nicht von der Angst. Ob er wollte oder nicht, er mußte einfach zugeben, daß er Therapie brauchte. Dies war sein großes Geheimnis, das er zusammen mit seinen übrigen Unzulänglichkeiten und ganz allgemein mit seinen Gefühlen streng geheimhalten wollte.

Und wirklich, wie nicht anders zu erwarten, war das eine sehr gute Strategie im Berufsleben, seine Unzulänglichkeiten vor anderen zu verbergen. Er überlegte ganz richtig, daß keiner es mit einem Verlierer zu tun haben wollte. Die Leute ziehen die Sieger vor, und Sieger werden nicht vom Gefühl überwältigt und auch nicht von ihren Bedürfnissen gelähmt. Die Leute sehen gern zu Profis auf und bewundern Anführer, die alles unter Kontrolle haben und den Ton angeben. Er selbst blickte auch auf zu ein paar Leuten, die in seinem Berufsbereich an der Spitze waren. Soweit er das beurteilen konnte, waren sie beinhart und unerschütterlich. Diese waren selbstverständlich seine Vorbilder, und so war es sein Ziel, daß er sein berufliches Ansehen auch so festigen wollte. Im Grunde genommen war sein Plan narrensicher. Der einzige große Haken war, daß sein Leben in absolut lähmende Angst zu münden schien, sobald er eine Brücke überqueren mußte. Heimlich, damit auch nichts von seinem Problem bei seinen Kollegen durchsickern konnte, suchte er bei Lola Hilfe.

Er mochte und schätze sie als Therapeutin. Sie war verläßlich. Vermutlich wollte er insgeheim stärker sein als sie. Aber niemals hätte er sich gezwungen sehen wollen, so wie sie einem Supervisor einen Fehler zu offenbaren.

Aber genau aufgrund dieser Haltung fühlte Lola sich unfähig zu bewirken, daß sich in der Therapie etwas bewegte. Sie nahm an, irgendetwas an seinem Problem müsse noch genauer analysiert werden. Sie erklärte ihrem Supervisor Jonnys Situation und spielte dann das Band vor. Und es ist verblüffend, wie rasch sich Dinge bei solchen Gelegenheiten gegen dich wenden. Das Band lief nicht einmal ein, zwei Minuten, und schon schienen alle anwesenden Supervisoren eine klare Vorstellung von dem Problem zu haben. Es lag nicht so sehr daran, daß der Klient ein vielschichtiges Problem hatte, das sorgfältiger Analyse bedurft hätte; im Rückblick war es wirklich ein ganz offensichtliches Problem. Der einzige Grund, warum es so kompliziert erschien, war der, daß Lola in gewisser Weise an genau dem gleichen Problem litt, dieser gleichen Angst vor dem Loslassen im emotionalen Bereich und vor Nähe. Sie wußte, daß diese Punkte für einen Psychologen wichtig waren, und doch gelang es ihr nicht, mit diesem Klienten darüber zu sprechen oder das Problem näher zu beleuchten. Es dauerte nicht lange, und der Supervisor, dem sie »ihr Leben anvertraut« hätte, forderte sie auf, eine Phantasiereise zu den Erinnerungen ihrer Vergangenheit zu unternehmen, sich dabei von ihrem Gefühl leiten zu lassen, um herauszufinden, welche Gründe bei ihr die Schwierigkeiten heraufbeschworen, die Therapie nicht so durchführen zu können, wie es angezeigt schien.

Rasch spürte sie, wie eine Menge Gefühle in ihr aufstiegen; in ihrer Brust und im Hals fühlte sie Traurigkeit, Angst, Verletzung und Enttäuschung – ein Gemisch aus all diesen Gefühlen, das nicht näher zu benennen ist. Der Supervisor ermutigte sie: »Bleibe bei diesem Gefühl und schau, wohin es dich führt.« Sie war in ihrem Bewußtsein hin- und hergerissen. Sie konnte diesem Gefühl doch nicht folgen und es riskieren, tiefere Schichten ihrer Seele bloßzulegen, die sie für sich selbst noch gar nicht erforscht hatte, konnte diese Bereiche doch auch nicht in dieser Gruppe von Berufskollegen zur Schau stellen, vor denen sie als Profi dastehen wollte. Andererseits, wie konnte sie ein wirklicher Profi sein, wenn sie nicht bereit war, in dieses Gefühl hineinzugehen, es zu erforschen, zu spüren und wirklich zu wagen. Was ihr Supervisor von ihr verlangte, war schließlich auch nicht mehr als das, was sie selbst täglich von ihren Klienten an Risikobereitschaft erwartete. Wie konnte sie das überhaupt in vergleichbarer Weise tun?

Da saß sie nun und kämpfte mit ihrem bewußten Verstand und einem unbewußten Drang, dem Vertrauen in den Supervisor und der Einsicht, daß sie ja lediglich in einem Zimmer voller Freunde saß, die alle den Wunsch hatten zu sehen, wie sie wachsen und lernen konnte. Und so wagte sie es, sich tief hineinzubegeben in dieses Gefühl.

Später teilte sie mit, daß sie nicht viel von dem erinnerte, was gewesen war. Sie wußte, daß sie geweint hatte, aber sie konnte sich nicht erinnern, was für Erinnerungen bei ihr aufgetaucht waren; jedoch wußte sie genau, daß sie nach Abschluß dieser reinigenden, verbessernden und klärenden Erfahrung zurückkehrte in die Realität ihres bewußten Verstandes, dieses Raumes und in den ganzen Zusammenhang des Geschehens. Sie war ein wenig verlegen, was ihr aber nichts weiter ausmachte, denn das, was sie gelernt hatte, die Erleichterung, die sie empfand, und die Erfahrung, diesem Gefühl einfach nachzugeben, dies alles war so wesentlich, wirkungsvoll und heilsam: sie hatte nun eine andere Motivation.

Als sie sich umschaute, war sie überrascht, auf einigen Gesichtern ebenfalls Tränen zu sehen. Die Sitzung war nun zu Ende, aber ehe sie alle hinausgingen, kamen sie zu ihr, um ihr die Hand zu drücken, sie in den Arm zu nehmen und ihr auf irgendeine Art zu sagen:»Ich bewundere dich, wie mutig du heute warst. Deine Arbeit heute hatte eine Menge mit mir zu tun und war ganz wichtig für mich. Danke, daß du uns das gezeigt hast. Ich habe das Gefühl, ich kenne dich jetzt viel besser. Ich fühle mich dir so nah, das habe ich noch nie erlebt.«
Und so redeten sie immer weiter, und für sie wurde das viel bedeutsamer als das, was in der Therapie gelaufen war, die sie gerade vorgestellt hatte. In solchen Augenblicken gelangst du zu der Einsicht, daß du dich ruhig auf andere verlassen kannst, auf ihre gleichen Empfindungen und auf ihre warme Sympathie. Und die anderen verstehen und anerkennen gemeinsam mit dir die Wesenszüge, die du bisher für nicht annehmbar gehalten hast. Dann wird dir klar, daß du zur menschlichen Gemeinschaft gehörst. Das fängt bei jenen an, denen du sicher vertrauen kannst, bei den Freunden, mit denen gemeinsam du wichtige Dinge erlebt und gemeinsame Zeit zugebracht hast, aber es erstreckt sich dann auch auf andere Menschen.
Diese Einsicht, dieses Zugehörigkeitsgefühl erwächst aus dem Empfinden, gleich zu sein und doch in einzigartiger Weise anders, auf deine individuelle Art Mensch zu sein, diese Würze des Andersseins: das bist du, das macht dich so interessant.

6. Vorhandene Einstellung:

Wenn ich Fehler gemacht habe, oder wenn andere mehr als ich geschafft haben, dann bin ich inakzeptabel.

Erwünschte Einstellung:

Ich genieße auch dann Ansehen, wenn ich Fehler gemacht habe.

Metapher

Mit einem Geschäft in Saudi-Arabien verlor Claude bei amerikanischen Banken 75.000 Dollar. Sie erhielten die Waren und zahlten nicht. Er wollte wie alle sein und nicht ein stumpfsinniger Dummkopf, der nicht in der Lage war, genügend Geld für seine Familie herbeizuschaffen. Er wußte noch nicht, daß er mit 45 Jahren ein kleines Geschäft, das er in seiner Garage eingerichtet hatte, für einen Betrag in der Größenordnung von ungefähr einer und einer Viertel Million Dollar verkaufen würde. Mit seinen Aktiengeschäften erwies er sich als ganz schön clever.

Er war sich aber absolut sicher, daß seine Frau wußte, daß er ein Versager sei. Aber seine Frau erzählte mir, wie tapfer er die ganze Sache durchgestanden hatte. Sie wünschte, sie wäre nicht immer so in Sorge, wenn er geschäftlich unterwegs ist. Sie sagte: »Ich wünschte, ich wäre so gelassen wie Claude, könnte mutig mit meinen Schwierigkeiten umgehen und dabei höflich lächeln.« Sie sprach auch über ihre sexuellen Schwierigkeiten. Sie sagte, daß sie Angst habe, mit dem Pfarrer darüber zu sprechen.

Tina, die Nachbarin, meinte auf die Frage, wen sie bewundere: »Ich wünschte, ich könnte so wie Claudes Frau sein, sie sieht gut aus, ist stolz auf sich, hat etwas aus ihrem Leben gemacht und steht ihrem Mann bei. Aber ich, ich schäme mich so. Ich habe Affären gehabt und an Scheidung gedacht; wenn mein Mann etwas tut, worüber ich mich ärgere, verlasse ich das Haus und versuche, einen anderen Mann aufzutreiben, damit ich mich wieder gut fühle, und ich kann das nicht lassen. Warum kann ich nicht einfach wie Claudes Frau sein?«

Und dann erst Tinas Vater. Sein Leben lang war er ein Widerling, kritisierte jeden in seiner Nähe, brachte kaum Zeit mit Tina zu, und es ist kein Wunder, daß sie sich ihrer weiblichen Fähigkeiten so wenig bewußt ist und nicht weiß, wie sie mit Männern umgehen soll. Sie hatte den Drang, jedem Vorwürfe zu machen, bloß nicht ihrem Vater. Er schien nicht in der Lage, sich zu ändern, und er war auch weniger intelligent als Tinas Mutter. Keiner dachte, daß man so einen alten Idioten noch ändern könnte, und er war wirklich ein alter Idiot – bis zu seiner Pensionierung, da wurde er der netteste Mensch in der ganzen Nachbarschaft. Die Leute spielten gern Golf mit ihm. Die Kinder kamen zu ihm herüber und saßen bei ihm herum, ganz gleich was er gerade tat. Er gestand, nicht mir persönlich, ich kannte ihn nicht näher, sondern einem seiner Söhne: »Nie im Leben habe ich gedacht, daß ich irgend etwas erreichen könnte. Ich hatte Angst, daß die Prophezeiungen meines Vaters sich erfüllen würden. Die Fehler meiner Kinder konnte ich nicht ertragen.« Ich nehme an, er dachte, das wäre der Beweis für sein Versagen, und die Voraussagen seines Vaters würden sich bewahrheiten. Als er dann pensioniert wurde, merkte er erst, daß er erreicht hatte, was er wollte. Er hatte sich in einer festen Stellung behauptet und hatte sich vom kleinen Angestellten in eine Führungsposition emporgearbeitet. Und nun war er pensioniert und hatte genug Geld, um angenehm zu leben.

So viele Leute halten es für selbstverständlich, daß man eine Eins in der Mathe-Schulaufgabe bekommt, bloß weil man das Einmaleins gelernt hat. Aber die Leute sollten einmal anerkennen, was für ein Wunder das eigentlich ist, auf Anhieb das Einmaleins zu lernen. Manche von ihnen haben sich schuldig gemacht, indem sie sich selbst die Anerkennung versagt haben für all das, was sie geschafft haben. Ich kenne eine Frau, die an einer sonderbaren Form von Asthma leidet. Sie ging zu einem Akupunkteur, und das Asthma klang ab; allerdings kann man wohl nicht sagen, daß es geheilt war. Sie war ärgerlich, weil sie so eine merkwürdige Art Asthma hatte, und auch, daß es sich mithilfe von Akupunktur besserte. Alle diese Leute haben etwas Gemeinsames. Sie haben eine Gemeinsamkeit, die auch Joan mit ihnen teilt.

Joan mußte 43 Jahre alt werden, bis sie erkannte, daß ihre Eltern nie für sie da waren. Sie rief sie täglich an und unterhielt sich mit ihnen; gegenüber ihren Geschwistern suchte sie sie immer zu entschuldigen. »Das sind die einzigen Eltern, die ihr habt,« pflegte sie immer zu sagen. Joan führte ein elendes Leben. Jede Verrückte kann einen Taxifahrer heiraten und kann ihn durchs College boxen, vorausgesetzt, du bist tüchtig genug, deinen Arbeitsplatz zu behalten, an deinen Plänen festzuhalten und wirklich hart zu arbeiten, bis dein Mann schließlich im College ist; danach kann er sich ja von dir scheiden lassen. Joan brachte immer streunende Hunde mit heim. Als sie 43 wurde, dämmerte es ihr schließlich, daß ihre Mutter und ihr Vater nicht für sie da waren, es sei denn, sie wollte wirklich nichts von ihnen. Ich war ein wenig enttäuscht, daß sie eine Woche später schon wieder »vernünftig« war und beschloß, dies seien die einzigen Eltern, die sie habe, und ändern würden sie sich nicht.

Ich meine wirklich, man sollte sich seinen Groll erheblich länger bewahren. Du solltest ungefähr mit 23 damit anfangen und ihn etwa zehn Jahre konservieren, oder zumindest ein Jahr, oder ein halbes Jahr; jedenfalls solltest du genügend Zeit haben herauszufinden, wie du unabhängig werden kannst. Sie allerdings lernte äußerst rasch; eine Woche, nachdem sie zu der festen Überzeugung gelangt war, daß sie empört über ihre Eltern war und nie mehr mit ihnen reden wollte, entschied sie, weiter mit ihnen zu reden, aber sie wußte doch, wer sie war, oder besser gesagt, sie wußte, wer sie geworden war. Und da ließ sie sich nicht hineinreden und ließ sich auch nichts nehmen. Mit 43 Jahren traf sie die Entscheidung, sie habe das Recht so zu leben, wie sie es wollte. Es spielte überhaupt keine Rolle, wie oft sie sich scheiden ließe oder wie häufig sie ihren Familiennamen wechselte oder wie viele neue Männer ihre Eltern noch kennenlernen und mögen mußten. Ein wenig enttäuscht war ich schon, daß sie ihren Groll nicht länger bewahrte. Sie hatte es ausgelassen, ein rebellischer Teenager zu sein. Immer wollten alle so sein wie Joan, es hieß, »sie ist so ausgeglichen«. Alle Leute in diesen Geschichten haben etwas Gemeinsames, und ich möchte dir sagen, was das ist. Es gibt so vieles, was ineinanderspielt auf dieser Welt. Du bist eine Ansammlung von Zellen, vielleicht eine beseelte Zellansammlung. Wir haben ein Nervensystem, das das Blut durch den Körper pumpt. Wir schwanken zwischen aufrechtem Stehen und ausgestrecktem Liegen. Wir fangen alle klein an, werden alt und sterben. Jeder schmälert sein Selbstwertgefühl, indem er manchmal versäumt, die eigenen Gefühle zu akzeptieren. Du hast Gefühle unterdrückt. Dir gelingt es nicht herauszufinden, wer du eigentlich bist. Während ich so über Verschiedenes gesprochen habe, sind dir Tränen in die Augen getreten. Ich meine, eigentlich könntest du sogar wissen, in welchem Auge du zuerst eine Träne hattest, wer sonst könnte das wissen? Nur du kennst den Film hinter deinen Augen, und du hast ein Recht auf alle deine Gefühle. Erickson hat etwas gesagt, woran ich mich immer erinnere: »Du solltest wirklich niemandem erlauben, daß er deine Gefühle verletzt; das sind deine Gefühle. Was für ein Recht haben sie, deine Gefühle zu verletzen?« Wenn du es mit wütenden Eltern zu tun hast, so hat er vorgeschlagen, daß du sagst: »Denkt ihr nicht, daß ihr untertreibt, wie schlimm ich wirklich war?« Neulich geriet ich an einen Psychiater, der zu seinem Patienten sagte: »Wenn Sie sich daran erinnern würden, was ich Ihnen in unserer letzten Sitzung über das Vergessen sagte, dann hätten Sie keine Amnesie.«

7. Vorhandene Einstellung:

Sexuell aktiv zu sein ist gefährlich, schwierig und erschreckend, wenn man alt oder krank ist, und ich sollte mich davor hüten, um mich nicht zu überanstrengen oder gar zu sterben.

Erwünschte Einstellung:

Sexuelle Aktivität ist möglich, kann wohltuend und erfreulich sein, und ich kann entspannt und mit Spaß zu ihr finden.

Metapher[1]

Ich erinnere mich gerade daran, was mir John neulich erzählt hat. John und seine Frau hatten beschlossen, mit einem anderen Paar essen zu gehen, mit Fred und dessen Frau. Obgleich sie im gleichen Viertel wohnten und das gleiche Ziel hatten, wollten sie getrennt fahren und sich im Restaurant treffen.
Wie Fred so durch die vertrauten Straßen fuhr, achtete er auf alles und genoß es, die einfachen Freuden des Alltags zu entdecken. Er und seine Frau hatten Spaß daran, es entzückte sie, sich gegenseitig die Vögel zu zeigen, die Roten Kardinale oder einen schön gewachsenen Baum. Wie sie so dahinfuhren, machte Fred seine Frau auf ein Schild aufmerksam, das auf den Rundweg durch die historische Altstadt hinweisen sollte; das »i« von »die« war abgeblättert, und so stand da »De Tour« – das heißt eigentlich Umleitung ... Sie war ganz begeistert und wollte die Tour machen und hätte gern gewußt, ob die Kinder wohl mitkämen.

John war spät losgefahren. Er mußte erst noch den Ölstand prüfen und tanken; schließlich konnten seine Frau und er Richtung Restaurant starten. Seine Frau bewunderte, wie sorgfältig er war und auf welche Details er achtete. Nach all den Jahren bestand er immer noch darauf, um das ganze Auto herumzugehen, wenn er den Motor angelassen hatte, und er überprüfte und versicherte sich, daß alle Lampen voll funktionstüchtig waren. Gleichzeitig holte er den Druckmesser aus seiner Tasche und überprüfte den Luftdruck an allen Reifen, selbst am Ersatzreifen im Kofferraum. John glaubte an präzise Planung und Vorbereitung. Als er die Straße Richtung Restaurant fuhr, bombardierte er seine Frau mit Fragen: »Bist du sicher, daß du die Hintertür zugesperrt hast? Erinnerst du dich, ob das Bügeleisen ausgeschaltet ist? Hast du dem Babysitter unsere Telefonnummer aufgeschrieben? Hast du ihm gesagt, wann wir zurück sind? Ist der Hund im Keller? Bist du sicher, daß Fred sieben Uhr gesagt hat?« Wie sie so alle seine Fragen eine nach der anderen beantwortete, konnte sie seine gerunzelte Stirn sehen, und sie spürte, wie ihre eigenen Fäuste sich anspannten, als sie Johns verkrampfte Finger um das Lenkrad bemerkte.
Während John im Geist seine Checkliste durchging, entdeckte Fred, daß die Straße vor ihm gesperrt war. Da war ein großes orangefarbenes Schild mit der Aufschrift UMLEITUNG. Mitten auf der Straße türmte sich ein Riesenhaufen Sand neben einem großen Loch im Pflaster. Der kleine Junge, der im erwachsenen Fred immer noch lebendig ist, stellte sich vor, wie es wohl wäre, in diesem Sand zu spielen. So ein Haufen war einfach toll, und man konnte »König der Berge« spielen. Als ihm seine ganzen Spielzeug-Schlepper und Räumfahrzeuge einfielen, kamen ihm lauter Ideen, immer wieder neue, wie er den Sandhaufen verändern könnte. Bewußt aber las der erwachsene Fred unterdessen die Aufschrift des orangefarbenen Schildes: UMLEITUNG. Es wies in eine Richtung, in die weder Fred noch John je zuvor gefahren waren. Freds Frau, die das Schild auch gesehen hatte, wandte sich zu ihm und sagte: »Also, mein Lieber, es sieht so aus, als müßtest du jetzt etwas anderes machen ... Der alte Weg funktioniert nicht mehr, du mußt neue Pfade beschreiten.« Als er seine Frau so reden hörte, holte Fred tief Luft – jawohl – straffte seine Schultern – jawohl –, richtete sich auf, wendete sein Auto, um die neue Route zu nehmen. Während Fred wendete, hatte John ihn eingeholt. Fred lehnte sich aus dem Fenster und rief John zu: »Du mußt wenden.« Hier kreuzten sich ihr Wege und trennten sich dann.
Fred und seine Frau fanden den neuen Weg genau so annehmbar wie den vertrauten, den sie sonst benutzten. Auf unerklärliche Weise war der neue Weg sogar befriedigender als der alte. Freds Frau machte den Vorschlag: »Laß uns doch das nächste Mal den neuen Weg nehmen.« Zu ihrem Erstaunen kamen sie vor John beim Restaurant an. Sie sahen ein paar Leute

hinten auf dem Parkplatz beisammenstehen und spazierten hinüber, um auszukundschaften, was es da Neues gäbe. Sie fanden dort einen merkwürdig angezogenen Mann inmitten kichernder und lachender Kinder. Der Mann trug eine Schlabberhose, einen roten Kummerbund mit eingearbeiteter Tasche und ein Jackett mit Schwalbenschwänzen. Auf dem Kopf hatte er einen Hut aus lauter Ballons. Während er arbeitete, erzählte er den Anwesenden Geschichten und machte Späße. Er zog einen langen, dünnen, unaufgeblasenen Ballon aus der Tasche seines roten Kummerbunds. Dann nahm er den Ballon in den Mund, holte tief Luft und atmete kräftig aus... der schlaffe Ballon dehnte sich allmählich aus. Fred stand da, als der Ballonmann fühlte, wie das Ding größer wurde und an Umfang zunahm. Wenn du so viel geübt hast wie der Ballonmann, weißt du, wann er groß genug ist. Dann klemmte er ihn sich unter den Arm, um ihn später zu benutzen, und er fuhr fort und blies einen anderen Ballon auf. Wieder dieser kleine, dünne lange Schlauch, der sich dehnte, größer und voller wurde und an Umfang zunahm. Und wenn du gerade den richtigen Druck hast, kannst du es gut sein lassen. Wenn du Erfahrung hast, weißt du, wann du genügend aufgeblasene, röhrenförmige Gebilde hast.Dann sah Fred, wie der Mann die Ballons in Form brachte – ein Kind bekam ein Schwert, ein anderes eine Blume, ein kleiner Junge einen Dinosaurier und für ein kleines Mädchen gab's einen Hut. Mit aufgeblasenen, röhrenförmigen elastischen Schläuchen kannst du eine Menge anfangen, wenn sie den genau richtigen Druck haben. Allmählich bekamen Fred und seine Frau Hunger. Sie wußten nicht, wo John geblieben war, und so gingen sie hinein in das Lokal, um ihr Essen zu bestellen.

Später, wieder daheim, erzählte der Babysitter, daß John angerufen habe. Fred war verblüfft und ratlos und rief zurück. Er traute seinen Ohren nicht, als er John sagen hörte: »Das wäre ja noch schöner, wenn ich mich zwingen ließe, einen neuen Weg auszuprobieren.« Was John weiter sagte, klang wie ein Echo in Freds Kopf: »Ehe ich dieser Umleitung folge, bleibe ich lieber zu Hause sitzen, bis ich sterbe.« Genau das tat John schließlich auch.

8. Vorhandene Einstellung:

Wenn ich Verlangen oder Lust auf eine Droge verspüre, von der ich Abschied genommen habe, dann heißt dies, daß ich im Begriff bin, rückfällig zu werden. Ich muß mich schämen.

Erwünschte Einstellung:

Es ist zu erwarten, daß ich Verlangen oder Lust auf eine Droge verspüre, von der ich mich zurückgezogen habe; dies kann tatsächlich auch ein Anreiz sein, neu erlernte Verhaltensweisen zu erproben.

Metapher[2]

Hochzeitsglocken in Marshas Leben, darauf freute sie sich keineswegs – nicht nur deshalb, weil es sich nicht um ihre eigene Hochzeit handelte. Es spielte keine Rolle, wer heiratete – für sie gab es da einfach ein großes Problem. Sie war erst kürzlich von ihrer akuten Alkoholsucht losgekommen, und ihr Bedürfnis und Verlangen zu trinken entsetzte sie sehr; wann immer Gedanken und lustvolle Vorstellungen auftauchten, was es für ein Spaß sein würde zu trinken, machte sie sich Sorgen und war besessen von dem Gedanken, sie werde sich wieder beim Trinken ertappen. Sie machte die gleiche Erfahrung, die andere auch gemacht haben: wenn du irgendein Verhalten ändern willst, dann machst du zwei Schritte vorwärts und einen zurück. Und außerdem hast du immer Zweifel, wenn du dich auf dein neues Verhalten ernsthaft einlassen willst. Sie hatte nur ein paar Tage, bis sie sich dieser sehr schwierigen Situation stellen sollte. Jeder Mensch, der sich damit herumschlägt, trocken zu bleiben, weiß, daß ein Hochzeitsempfang die schwerste Probe sein kann, wenn jeder trinkt und sich nach Kräften dem Verhalten hingibt, mit dem du aufhören möchtest.
Als ich sie an diesem Tag in der Therapiestunde sah, spiegelten sich in ihrem Gesicht Furcht, Sorge und dunkle Vorahnungen. Sie hatte allen Grund zu Befürchtungen, denn ihre Aussichten, enthaltsam zu bleiben, waren nicht die besten. Sie dachte viel ans Trinken und schien nicht genügend Rückhalt zu haben, der Versuchung zu widerstehen, nachdem ihre Genesung auch erst vor kurzem begonnen hatte. Sie war nichts im Vergleich zu Jane, die gerade ihren vereinbarten Termin bei mir verschoben hatte.
Jane hatte mit dem Nüchternsein eine ganze Menge mehr Erfahrung als Marsha, und sie war auch viel zuversichtlicher, und das aus gutem Grund. Manche mögen sie ja für ein bißchen großspurig gehalten haben, aber sie hatte wirklich guten Grund, sich die Fähigkeit zuzutrauen, trocken zu bleiben. Sie hatte nie dieses Verlangen und mußte nie diese Wechselbäder und inneren Kämpfe durchmachen wie Marsha, um trocken zu bleiben.

Und Jane hatte sogar so viel Selbstvertrauen, daß sie auf Parties gehen konnte und noch nicht einmal den Wunsch hatte, etwas zu trinken. Für viele Leute war das ein ausgesprochen positives Zeichen; wenn du nämlich unter Drogenkonsumenten bist und selbst den Stoff nicht benutzen willst, kann das ein guter Hinweis sein, daß Drogen in deinem Leben nicht so sehr im Brennpunkt stehen.

Nun denn, Marshas Empfang und Janes Party sollten offensichtlich zwei sehr unterschiedliche Erfahrungen sein. Ich wünschte nur, Marsha hätte etwas von Janes Zutrauen gehabt. Sie hätte es sehr gut gebrauchen können, verfügte aber unglücklicherweise nicht darüber. Und ich wußte, daß nächste Woche in der Therapiesitzung Marsha eine Menge durchzuarbeiten haben würde hinsichtlich ihres Rückfalls und bei dem Versuch, gemeinsam Wege zu finden, daß sie es das nächste Mal besser machen könnte.

Jedes Mal nämlich, wenn dir in einer Verhaltensänderung ein Fehler unterläuft, kannst du daraus lernen. Ich bin überzeugt, daß du oft die Erfahrung gemacht hast, selbst wenn du dich nicht bewußt daran erinnerst, daß du jedes Mal daraus gelernt hast, wenn du Fehler gemacht oder Schiffbruch erlitten hast. Unbewußt ahnst du das und kannst dir diese Erfahrungen auch unbewußt ins Gedächtnis rufen.

Und ich freute mich auch darüber, mit Jane zu feiern, falls sie ihren Termin nächste Woche zufällig einhalten sollte; wie stolz sie auf ihre Fähigkeit sein kann, in einer schwierigen Situation ein weiteres Mal nicht rückfällig geworden zu sein. So war ich wirklich vollkommen überrascht, daß ich die Gelegenheit hatte, Marshas Erfolg zu feiern und Janes Rückfall zu bearbeiten.

Vielleicht hast du eine Vorstellungen davon, wie Marsha es schaffen konnte, ihre Situation zu meistern, und weshalb Jane nicht dazu fähig war, obgleich sie dachte, es werde ihr ganz leicht fallen. Das hat mich natürlich auch interessiert und ich fragte Marsha, wie sie das angestellt hat, jene so besorgniserregenden Gefühle zu haben und dennoch ganz gegenteilig zu handeln, nämlich so, wie es klug für war.

Im Grunde, so sagte sie, lag es daran, daß sie die Dinge tun konnte, die ihr am meisten nutzten, nämlich sich auf dem Empfang die Leute auszusuchen, die hilfreich waren, nicht zu trinken, bzw. sich von etwas anderem faszinieren zu lassen. Da waren z.B. einige Leute aus einem anderen Land, und es war so anregend, etwas über deren Kultur zu erfahren. Und sie sagte, sie habe gelernt, ihre Furcht und ihr Verlangen als Barometer zu nutzen, das ihr anzeigt: es gibt Dinge, die verändert werden müssen. Und in Zukunft, wann immer sie diese Furcht und dieses Verlangen spüren sollte, so weiß sie, das ist ihr Signal; es ist Zeit, etwas Neues zu tun und sich anders zu verhalten.

Auch Jane hatte einiges gelernt, was vielleicht später zum Tragen kommen würde. Bei jedem Verhalten ist es wichtig, daß Vertrauen und Zuversicht richtig dosiert sind. Ein Sportler ohne Vertrauen wird erst gar nicht zum Rennen antreten. Ein Sportler mit übertriebenem Selbstvertrauen wird wohl nicht hart genug trainieren. Ich bin nicht so ganz sicher, was Jane ihrer Meinung nach gelernt hat, und ebenso stelle ich mir vor, daß auch du wirklich noch nicht ganz sicher bist, was du noch alles daraus lernen wirst. Auf einer bewußten Ebene ist manches Gelernte ganz selbstverständlich, aber unbewußt kann es in sehr unterschiedlicher Weise benutzt und verwertet werden. Und so kannst du jenes unbewußte Lernen ganz einfach benutzen, und vielleicht entzückt es dich, wie du dich später selbst überraschen kannst, und du magst wohl auch von dir selbst beeindruckt sein, wie präzise du deine Nutzanwendung findest.

9. Vorhandene Einstellung:

Ich sollte keinen einzigen Fehler machen, wenn ich ein wichtiges, aber schwieriges Ziel erreichen will.

Erwünschte Einstellung:

Fehler durchzustehen erfüllt mit Stolz und erweitert das Erfahrungsfeld. Jede Gangart ist annehmbar, solange sie zum gewünschten Ergebnis führt.

Metapher[3]

Welche Mutter würde nicht gern mit ihrem Kind tauschen, um zu vermeiden, daß es riskante Lernerfahrungen machen muß? Vielleicht habe ich schon erwähnt, daß mein Sohn das Radfahren lernen will. Gestern, als ich ein paar Besorgungen machte, schaute ich beim Fahrradhändler herein und da gab es ein kleines, wenig gebrauchtes Kinderfahrrad in gutem Zustand. Um es kurz zu machen: Ich kaufte dieses Rad, und gestern Nacht versteckten wir es im Keller bis zum Geburtstag.
Wenn ich dich lächeln sehe, kann ich mir sein Lächeln vorstellen, wenn er an seinem Geburtstagmorgen das Fahrrad entdeckt, ganz mit Bändern und Schleifen geschmückt, wie sich das für ein Geburtstagsgeschenk gehört. Ich kann es gar nicht erwarten, bis er Geburtstag hat, wünschte, die Zeit verginge schneller, damit wir die Freude haben, seine Begeisterung mitzuerleben, wenn er das Fahrrad entdeckt.
Erwartung ist so etwas Besonderes. Sie führt dazu, daß man aufgeregt ist, auch ein bißchen erschreckt und besorgt. Denn als Mutter, die ich auch einmal Fahrradfahren gelernt habe, weiß ich ja auch, was Chad nicht weiß.

Das heißt: Ich weiß, daß er im Laufe des Radfahrenlernens viele Male wird umfallen müssen, und ich würde ihn so gerne vor dem Fallen und den Schmerzen bewahren, und doch weiß ich, beschützte ich ihn vor dem Hinfallen, so stünde ich ihm in Wahrheit im Weg und behinderte seinen Fortschritt und sein Lernen.
Statt dessen muß ich mich zurückhalten, daß mein Herz mir nicht bis zum Hals schlägt, muß es zulassen, daß er hinfällt, damit sein Unbewußtes diese Lernerfahrung machen kann: lernen kann, das Gleichgewicht zu halten, lernen, wie er am besten den Lenker hält, wie er die Pedale mit den Füßen bewegt und wie er sich am besten abrollt, wenn er fällt. Ich hatte mir sogar schon ausgemalt, wie ich ihm Kissen an Ellbogen und Knien festbinden würde. Und doch weiß ich, daß er jeden einzelnen dieser Stürze überleben wird und trotzdem, wenn nicht sogar gerade deswegen seine eigene Fähigkeit zum selbständigen Radfahren ohne künstliche Hilfe entdecken wird; und dann wird er fast platzen vor Stolz, und unbewußt wird sich ihm diese Erinnerung für immer einprägen.
Und immer wenn er in Zukunft stolz sein wird auf etwas, wird er sich jene ersten Augenblicke wieder zugänglich machen, als er das Fahrradfahren schaffte. Und weil er all dies bereits bewältigt hat, sich umzudrehen, sich aufzusetzen, aufzustehen und zu laufen und sich selber anzuziehen, sind bei ihm diese frühen Ansätze für Erfolg und Ausdauer bereits vorhanden. Ich erinnere mich noch, wie hart und entschlossen er sich mit zehn Monaten abmühte, als er sich selbst das Laufen beibrachte.
Er stellte sich auf, tat ein oder zwei Schritte und fiel wieder um, und dann richtete er sich mit aller Macht wieder auf und machte ein paar Schritte mehr. Und an einem Sonntagnachmittag zwang er sich zwanzig oder dreißig Minuten lang, trieb sich selbst an, immer wieder rund um das Haus, tat ein paar Schritte, purzelte wieder hin, raffte sich wieder auf, versuchte es noch einmal und baute sich selbst Stück für Stück seine Geschicklichkeit auf, zwar in kleinsten Schrittchen, aber dennoch in sehr wirkungsvoller Weise. Vielleicht tat sich Chad dabei ein bißchen schwerer als seine Schwester, die ihre Gliedmaßen und Muskeln anscheinend ein bißchen koordinierter gebrauchen konnte und in diesem frühen Entwicklungsstadium etwas mehr Bewegungstalent hatte. Chad aber wußte überhaupt nicht, daß er sich mehr abmühte als sonst jemand; er wußte einfach nur, daß er das eben tun mußte, und je mehr er sich selbst antrieb, desto mehr verstärkte er sein Erfolgserlebnis und desto größer wurde sein Stolz. Und natürlich spielt es überhaupt keine Rolle, wie oft du fällst und wie viele Rückfälle du erlebst, und es ist auch einerlei, ob du ins weiche Gras fällst oder auf hartes Straßenpflaster. Du weißt, daß du schließlich erfolgreich sein wirst, auch wenn du durch Augenblicke des Zweifelns, ja selbst des vorübergehenden Aufgebens gehst.

Ich weiß, daß Chad irgendwann so weit ist, dann packt er es, dann kommt er hier heraus und wird auf die ihm gemäße Art in seinem eigenen Tempo auf diesem Fahrrad fahren. Für mich wird es schwierig werden, meine eigenen Bedürfnisse und elterlichen Impulse hintanzustellen, wenn er beschließt, daß er das Rad eine Weile wegstellen will, weil er noch nicht so weit ist. Aber das ist dann schon in Ordnung, denn was soll's, ob er nun mit vier oder viereinhalb, mit fünf oder erst sieben Jahren radfahren lernt. Ich bin mir ganz sicher, irgendwann wird es so weit sein, und zwar dann, wenn die Zeit reif ist, nicht für irgendjemanden, sondern reif für dich. Und das ist die Botschaft, die ich meinem Sohn gern übermitteln möchte. Es muß von Vorteil sein, wenn man ein kleines Kind ist und nicht den Einblick und das Wissen eines Erwachsenen hat, wenn man sich einfach nur vorstellen kann, wie lustig und spannend das ist, radfahren zu lernen und die Stürze und Schrammen überhaupt nicht zu beachten, sondern sich nur von dem herrlichen Wunsch vorangetrieben zu fühlen, etwas Neues fertigzubringen.

Ich erinnere mich, als ich radfahren lernte, da benutzte ich Stützräder. Ich weiß nicht mehr, wie lange ich mit diesen Stützrädern gefahren bin. Jedenfalls bin ich damals sehr oft, ohne es zu merken, ohne Stützräder gefahren. Ich fuhr vor mich hin mit vollkommen ausbalanciertem Rad und die Stützräder berührten nicht einmal den Boden. Aber da ich nicht wußte, daß ich tatsächlich ohne Stützräder fuhr, mußte ich, als diese abmontiert wurden, alles noch einmal lernen, was ich doch schon konnte. Manchmal nämlich kannst du mehr, als du zu können glaubst, und du mußt deine eigenen Fähigkeiten erst noch entdecken, mußt zur Kenntnis nehmen, was du bereits weißt über deine Fähigkeit, unabhängig und ohne Hilfe zu fahren.

Und es ist wirklich nicht wichtig, wenn du an einem sehr heißen Tag neben einem Schwimmbecken stehst; ob du nun die Stufen nur schrittweise hinuntergehst, so daß das Wasser allmählich höher steigt um dich, oder ob du einfach vom Rand hineinspringst und sofort ganz naß bist. Welchen Weg auch immer du wählst, um einzutauchen, du wirst den Spaß und das Vergnügen erleben und die erfrischende Kühle des Wassers im Unterschied zur feuchten, heißen Luft empfinden. Du weißt, solange du nur auf der Sonnenseite eines Tunnels wieder herauskommen wirst, macht es überhaupt nichts, wenn er auch noch so lang und finster ist – du stehst auf der Sonnenseite.

Und wenn du nun mal fünf, zehn Jahre weiterdenkst, was ist da noch für ein Unterschied im Rückblick? Und in zehn Jahren, wenn Chad mit seinen Freunden auf den Straßen herumradelt, dann wird er sich überhaupt nicht mehr daran erinnern, ob er das Radfahren an einem Nachmittag, innerhalb einer Woche oder binnen eines Monats gelernt hat oder ob er sogar ein ganzes Jahr dazu gebraucht hat. Dann ist das alles schrecklich unwichtig, es zählt allein die Tatsache, daß er es heute kann.

10. Vorhandene Einstellung:
Ist eine Sache zu schrecklich, als daß man ihr ins Auge blicken könnte, so soll man sich ihr erst gar nicht nähern.

Erwünschte Einstellung:
Untersucht man schreckliche Angelegenheiten aus der Nähe, so erweisen sie sich als weniger schwer zu bewältigen als aus der Ferne und in der Phantasie.

Metapher[4]

Die Geschichte fängt so an: »Es war einmal ein kleiner Junge mit Namen Myopie« – und ich erzählte sie neulich meinem kleinen Sohn. Normalerweise würde ich sie nicht einem Erwachsenen erzählen, aus Gründen, die du gleich verstehen wirst, aber mein Sohn hörte so ungewöhnlich fasziniert zu, daß ich sie dir jetzt erzählen möchte und zwar ziemlich genau so, wie ich sie ihm erzählt habe. Selbst ein Kind wird beim Zuhören Menschen oder Situationen auf bedeutsame Weise verändern. Aber möglicherweise war Myopie gar nicht so myop [kurzsichtig] wie seine Kameraden und wohl auch die Erwachsenen dort. »Nicht so *was*, bitte?« fragte mein Sohn. »Nicht so wichtig.« Wie die meisten Jungen war er an manchen Tagen ganz erpicht darauf, in die Schule zu kommen, während er an anderen Tagen – sagen wir mal – nicht so sehr darauf aus war. Das traf besonders auf Tage zu, an denen eine Schulaufgabe geschrieben wurde oder ein Thema anstand, auf das er nicht vorbereitet war. Auch an diesem Tag war es nicht anders. Der Lehrer hatte ein Problem der Gemeinde bereits seit Tagen, wenn nicht gar Wochen besprochen. Und außerdem sollte heute eine wichtige Schulaufgabe geschrieben werden.

Nun gibt es alle möglichen unterschiedlichen Arten, wie ein Junge oder ein Mädchen zur Schule gelangen kann. Das soll nicht heißen, daß sie nicht alle die gleichen Straßen und Wege benutzen. Aber was sie unterwegs anfangen, kann sehr unterschiedlich sein. Vielleicht erinnerst du dich an deine eigene Kindheit und daran, was du tatest, woran du dachtest und wie du dich fühltest, wenn du unterwegs zur Schule warst. Manche gingen zu Fuß zur Schule, manche kamen mit dem Bus, andere wurden von den Eltern gefahren. Obgleich ich nicht weiß, was Myopie tat oder woran er dachte, nehme ich doch an, daß er ziemlich genau wie jeder andere 9- oder 10-jährige war.

Nun, heute hatte Myopie es nicht besonders eilig, in die Schule zu kommen, so ließ er sich eben Zeit. Die Wolken am Himmel waren offensichtlich faszinierender als Rechtschreibung. Und nicht auf die Ritzen im Gehweg zu treten war wichtiger als Rechnen. Völlig unbekümmert trottete er vor sich hin, doch da hörte er plötzlich ein seltsames Geräusch. Er blickte auf und sah das, worüber derzeit alle sprachen. Die Warnungen seiner Eltern und Lehrer fielen ihm ein. Myopie hatte all die Geschichten gehört. Tagelang hatten die Leute in der Nachbarschaft und im Dorf schon über die Zerstörung ihres Eigentums gesprochen. Die Farmer machten sich Sorgen um die Sicherheit des Viehs und der Ernte. Es wurden auch Geschichten über Gewalt erzählt. Myopie konnte dies alles nur aus der Sicht eines Kindes verstehen, er merkte aber, daß jeder in der Gemeinde in Sorge war und zu verstehen versuchte, weshalb es derart massive Zerstörungen gab. Die Bürger hatten den Schluß gezogen, daß ihre Gemeinde auf unerklärliche Weise von einem drachenähnlichen Ungeheuer oder sonst einer Art schrecklicher Kreatur heimgesucht wurde. Und doch waren das alles nur Gerüchte, vielleicht auch pure Einbildung. Jedes Kind hat schon so einen Traum gehabt, in dem ein schreckliches Ungeheuer es verfolgt. Als Kind kann man nicht verstehen, daß unser Unbewußtes so ein Ungeheuer einfach benutzt, um eine ganz andere Art von Bedrohung symbolisch und anschaulich darzustellen.
Aber die Leute in der Gemeinde trafen sich nachts, hielten Zusammenkünfte ab, bereiteten sich auf das Schlimmste vor und erwarteten es ständig. Man redete schon davon, wegzuziehen in eine andere Gemeinde. Es war aber auch vielen klar, daß Weggehen keine Lösung sei. Die Sache war offenkundig die, daß das gefürchtete Ungeheuer sich in nicht vorhersagbarer Weise bewegte und daß daher kein Ort sicher war. Und Myopie fühlte sich bestimmt nicht sicher, als er wie gelähmt dastand und auf das starrte, was er für das gefürchtete Ungeheuer hielt. Ja, da war es, nur ein paar hundert Meter entfernt, dort hinten bei den Bergen. Es stand dicht neben einem Baum. Und es schien diesen riesigen Baum an Größe noch zu übertreffen. Und selbstverständlich war der Drache außerordentlich häßlich und bösartig. Ganz klar konnte man den Rauch und das Feuer erkennen, die aus seinem Maul und seinen Nüstern drangen. Es schien, als werde der Drache mit jedem Atemzug wütender. Myopie blieb nicht viel Zeit, sich zu besinnen, was in einer derartigen Situation zu tun sei, und seine innere Stimme sagte ihm vielleicht zuallererst: »Lauf weg!« Aber hat er das nicht immer getan? Hat man ihn das nicht auch geheißen? Aber konnte er wirklich schneller rennen als der Drache? Vermutlich nicht.
Dann läutete die Schulglocke. Myopie hörte es aus der Ferne. Als nächstes fiel ihm ein, daß er in die Schule gehen sollte. Schließlich wird das ja auch von einem erwartet, aber da müßte er an dem Drachen vorbei, wenn er in

die Schule wollte. Wie sollte er das anstellen? Vielleicht wäre es besser und sicherer, nach Hause zu gehen. Was macht man, wenn man Angst hat? Man schaut, daß man dorthin kommt, wo man sicher und wohlbehütet ist. Man meidet die Angst und die Gefahr. Oder etwa nicht?
Myopie machte kehrt und rannte los. Myopie rannte, so schnell ihn seine kleinen Füße trugen. Er stolperte. Er stürzte. Er schrie, weil er wußte, er konnte dem Drachen nun nicht mehr entkommen. Er schaute auf und rieb sich die Augen. Er sah etwas, das er nicht ganz verstehen konnte. Nun, Myopie war kein besonders frühreifer oder schlauer Junge. Er verstand nichts von Physik, Optik oder Wahrnehmung, aber er bemerkte doch etwas sehr Eigenartiges. Als er seine Fassung allmählich wiedererlangte, wurde ihm nämlich klar, daß sich der Drache nicht gerührt hatte. Er befand sich immer noch bei den Bergen, noch immer neben dem Baum und er spie immer noch Rauch und Feuer und sah sehr bedrohlich aus. Was nun? Fürs erste gerettet? Ungewöhnlich war, daß er jetzt größer erschien. Myopie war halbbewußt klar, daß die Wirklichkeit anders war. Der Drache hatte sich nicht bewegt, er selbst schon. Er hatte sich entfernt von dem Drachen und festgestellt: wenn er die Entfernung zum Drachen vergrößerte, dann schien der auch größer. Nein, er erschien nicht größer, er war größer! So viel wußte er, daß das merkwürdig war. Myopie war schon klar, wenn auch nicht gerade in technischen Begriffen, daß, wenn wir uns weiter wegbegeben von irgendwelchen Gegenständen, diese mit zunehmender Entfernung kleiner wirken. Der Drache aber war größer geworden. »Eigentlich dürfte das nicht so sein«, sagte er sich,» das ergibt keinen Sinn.«
Myopie seufzte halbwegs erleichtert. Offenbar war er weiter weg von dem gefürchteten Ungeheuer, aber nun war es größer und sogar noch bedrohlicher. Könnte er jetzt leichter verschlungen werden? War das merkwürdig! Myopie war neugierig und beschloß, dem Rätsel nachzuspüren. Und so ging er auf die linke Straßenseite, dann zu den Büschen rechts, dann machte er ein paar Schritte vorwärts und wieder zurück. Indem er die Büsche und Bäume als Deckung benutzte, rannte er den halben Weg bis zur nächsten Seitenstraße, und den gleichen Weg wieder zurück. Und wieder lief er weiter vor, wieder zurück, auf die rechte Seite, die linke Seite, rückwärts, vorwärts, hin und her. Dabei bewegte er sich manchmal rasch, dann wieder vorsichtig. Er lief im Zickzack hin und her und seine Verblüffung wurde immer größer. Es ergab einfach keinen Sinn, aber er konnte es doch nicht leugnen: jedesmal wurde der Drache umso größer, je mehr er sich von ihm entfernte. Und er stellte fest, je näher er dem Drachen kam, desto kleiner wurde dieser. Myopie konnte anstellen, was er wollte, diese seltsamen Veränderungen blieben immer gleich.
Dann klingelte es in der Schule zum zweiten Mal. Er wußte, er mußte jetzt auf der Stelle in die Schule. Er wußte auch, daß er am Drachen vorbei

mußte, um in die Schule zu kommen, aber er hatte eine neue Erfahrung, eine neue Wahrnehmung gewonnen. Myopie holte tief Luft. Er mobilisierte all seinen Mut und alle Kraft, die in so einem kleinen Körper steckt. Das ist der Mut, den du in dir selbst und in deinem Bewußtsein fühlst. So stand er da, groß und stark. Er richtete sich in den Schultern auf. Er entschied, er werde versuchen, in die Schule zu kommen, und er begann zu laufen. Er mußte den Drachen meiden, oder zumindest durfte der Drache ihn nicht sehen. Besser den Drachen zu meiden, dachte er.

Er blieb einen Augenblick stehen, atmete noch einmal tief durch und dachte an früher, wenn er etwas geschafft hatte, das er sich erst nicht zugetraut hatte. Merkwürdigerweise änderte Myopie seine Richtung. Er tat, was kein anderer getan hätte – er rannte direkt auf den gefürchteten Drachen zu! Er sah den Rauch und das Feuer und verstand vielleicht auch, weshalb so viele Leute entsetzt waren. Er vermutete aber auch, daß kein einziger den Drachen genau genug gesehen hatte. Sollte er direkt auf den Drachen loslaufen oder sich hinter ihm vorbeischleichen? Er näherte sich dem Drachen und blieb plötzlich stehen. War er zu dicht herangekommen? Nein! Das war's also! War es so, wie er sich das vorgestellt hatte, oder ...? Er beugte sich hinunter, hob den Drachen vom Boden auf und nahm ihn in seine Hand. Er hielt ihn einen Augenblick und sah den Rauch aus seinen Nüstern dringen und das Feuer aus seinem Maul. Ja, er hatte den gefürchteten Drachen in der Hand. Er betrachtete ihn noch näher, und da wurde er noch kleiner, vielleicht so groß wie ein Spielzeugdrache oder sogar fast wie eine harmlose Fliege. Sollte das der gefürchtete Drache sein, mußte man wirklich Angst haben vor ihm? Es klingelte für die Nachzügler. Myopie steckte den Drachen in seine Tasche und rannte zur Schule. Dort angekommen lief er die drei Stockwerke hoch und versuchte unbemerkt in sein Klassenzimmer zu schleichen, aber natürlich sah ihn jeder.

Myopies Lehrer schaute ihn mit unangenehm bösem Blick an, kam auf ihn zu und fragte: »Weshalb kommst du zu spät?« Myopie hob die Schultern. Der Lehrer fuhr fort: »Myopie, du solltest Bescheid wissen. Haben wir denn nicht genug darüber gesprochen, haben dich deine Eltern denn nicht gewarnt vor der Gefahr, die da draußen lauert?« Myopie kicherte leise. Der Lehrer redete weiter darüber, was er der Klasse erzählt hatte. Wieder besprach er die bedrohliche Lage der Gemeinde und warnte die Kinder, sie müßten vorsichtig sein, denn dem gefürchteten Drachen sei nicht Einhalt zu gebieten. Er teilte den Kindern mit, daß nach der Schule eine Zusammenkunft sei und daß diesen Abend eine Entscheidung getroffen werde. Wahrscheinlich werde die ganze Gemeinde an einen sichereren Ort ziehen, sagte er. Wieder kicherte Myopie. Er hielt sich die Hand vor den Mund, um sein Lachen zu verbergen, und als der Lehrer fortfuhr, hat Myopie dermaßen gebrüllt vor Lachen, daß er vom Stuhl fiel und fast überschnappte.

Der Lehrer stürzte auf ihn zu und verwarnte ihn streng, weil er so eine ernste Angelegenheit auf die leichte Schulter nehme. Außerdem verlangte er eine Auskunft, warum Myopie zu spät gekommen war. »Also, es ist, weil ich den gefürchteten Drachen bezwungen habe!« Entrüstet sagte der Lehrer: »Jetzt reicht's, junger Mann. Du kommst jetzt mit aufs Rektorat und kriegst eine Strafe. Ich dulde deine Lügerei und deinen Spott nicht länger. Dabei packte der Lehrer Myopie am Kragen und schleppte ihn die Treppen hinunter ins Rektorat. Myopies Schandtaten wurden berichtet und der Rektor forderte mit strenger Miene eine Erklärung. Myopie sagte mit dünner Piepsstimme: »Ich habe den gefürchteten Drachen bezwungen.« Ehe der Lehrer und der Rektor etwas sagen konnten, zog Myopie den Drachen aus der Tasche. Sie waren schockiert. Sie sahen die kleine Gestalt, die feinen Rauch und einen dünnen Feuer-Faden züngelte.

Myopie bat den Lehrer und den Rektor, mit ihm auf das Spielfeld hinauszukommen, und dort setzte er den gefürchteten Drachen auf den Zielplatz des Baseballfeldes. Er ging mit dem Rektor und dem Lehrer hin und her, um ihnen das gleiche vorzuführen, was er über den Drachen gelernt hatte. Und so sahen auch sie im Vor- und Zurückgehen, im Hin- und Herlaufen, daß der Drache um so größer wurde, je weiter sie sich von ihm entfernten; und je näher sie kamen, desto kleiner wurde er.

Und so standen der Lehrer und der Rektor ein Weile da in ihrer Verblüffung, in ehrfürchtigem Staunen und voller Erleichterung. Sie wußten, daß die Gemeinde in Sicherheit war. Sie waren gerettet. Es gab nichts mehr zu befürchten. Es dauerte nicht lange, bis die Neuigkeit sich ausgebreitet hatte, und bald gingen alle wieder ohne Furcht auf die Straßen. Und es spielt keine Rolle, welche symbolische Gestalt eine Bedrohung angenommen hat oder wie sie sich darstellt, denn dein Unbewußtes erkennt die Wirklichkeit eines Mythos und die Wahrheit in einer Fiktion.

11. Vorhandene Einstellung:
Risiken machen zu viel Angst.

Erwünschte Einstellung:
Die Möglichkeit zu handeln ist das Eingehen jedes Risikos wert.

Metapher[5]

Judy und Jane waren Mädchen von der High School, die sich entschlossen hatten, am nächstfolgenden Freitagabend zum Schulball zu gehen. Judy fragte sich, wie das wohl werden würde auf dem Fest – es sollte nämlich die erste Fete sein, zu der sie ging. Jane dagegen war sich ihrer Sache sehr sicher. Sie kannte sich da aus – sie hatte von ihren älteren Geschwistern genug erfahren. Irgendwie wußte sie schon, was zu erwarten war, wie man sich anzieht und was man dort so macht. Judy mußte gespannt sein, was sie an diesem Abend auf dem Fest für Erfahrungen machen würde. Je mehr sie darüber nachdachte, desto dringlicher fragte sie sich, ob sie überhaupt hingehen könnte und ob der Abend ein Erfolg würde. Sie würde es wirklich nicht wissen, ehe sie nicht das Geheimnis eines Wortes mit vier Buchstaben kannte, das mit »l« endet.

Als der Tag näherkam, hatte Jane bereits ihr Kleid und die dazugehörigen Accessoires ausgewählt. Sie machte sich Gedanken über Farben, Schnitt und Stil. Jane wurde immer neugieriger, wen sie bei dem Fest treffen würde, was die Leute tragen würden und wer mit wem käme. Judy dagegen wurde immer verzagter, weil sie nicht wußte, ob sie einigermaßen passend aussähe, ob sie nicht vielleicht einen peinlichen Fehler machte, vielleicht sogar jemandem auf die Füße träte. Sie sollte bald entdecken, daß alles in Ordnung war, wenn sie erst das Geheimnis des Wortes mit vier Buchstaben erfahren hat, das mit »l« endet.

Jane sprach in der Schule mit all ihren Freunden, und erfuhr all die Dinge, wer mit wem kommen würde, was jeder anzog, wie die einzelnen hinkamen, bei wem sie mitfuhren. Judy wollte nicht über das Fest sprechen. Es kam immer näher, und sie wurde immer ängstlicher. Sie hatte immer noch Sorge, daß sie vielleicht doof aussähe oder einfach nicht o.k.. Aber sie sollte bald Klarheit haben, wenn sie erst das Geheimnis des Wortes mit den vier Buchstaben kannte.

Am Abend des Festes kamen Judy und Jane mit demselben Auto. Jane war sich sehr sicher, daß sie das richtige Kleid anhatte und ihre ganze Aufmachung stimmte. Judy wußte noch nicht, was geschehen würde, wenn sie das Geheimnis des Wortes mit den vier Buchstaben erführe. Im Laufe des Abends tanzten beide Mädchen ein paarmal. Beim Tanzen fühlte sich Judy immer besser, und sie wußte nicht, daß ihr das Geheimnis des Wortes mit den vier Buchstaben bald enthüllt würde. Sie war neugierig, wie das Fest enden und ob sie jemanden finden würde, mit dem sie zum Schluß wegginge, oder ob sie mit Janes Mutter heimfahren werde.

Irgendwann kündigte der Diskjockey Damenwahl für den nächsten Tanz an. Jane hatte natürlich überhaupt keine Schwierigkeiten, direkt auf den Kapitän der Fußballmannschaft zuzugehen, ihn auszuwählen und aufzufordern. Doch Judy zögerte zunächst, und so öffnete sie ihr Täschchen, holte ein Papiertaschentuch heraus, um sich die Stirn zu trocknen. Da sah sie, daß ihre Mutter ihr zwei Worte in das Taschentuch hineingeschrieben hatte. Diese beiden Worte waren »Qual« und »Wahl«. [Im Englischen:»risk« und »pick«]

Da ging sie hinüber zum Verteidiger, den sie gerne kennengelernt hätte, und bat ihn um den Tanz. Sie lächelte ihn an, er lächelte zurück. Wie sie so zusammen zur Tanzfläche gingen, war Judy sehr stolz auf sich, und sie spürte fast so etwas wie Erleichterung, daß diese beiden magischen Worte »Qual« und »Wahl« ihr genau zur richtigen Zeit enthüllt worden waren. Es kann schon sein, daß sie ein paar Fehler gemacht hatte, aber das gehört zum Risiko der Wahl dazu. Wenn du das Risiko eingehst, weißt du nicht, was du bekommst, aber du kannst sicher sein: wenn du nichts riskierst, bekommst du auch nichts. Judy und Bob tanzten den ganzen Abend zusammen, keinen Tanz ließen sie aus. Sie hatte einen neuen Freund gefunden, und nur wegen der beiden geheimen Wörter mit vier Buchstaben, die mit »l«endeten. Und obgleich auch Jane Spaß hatte, so wie sie es erwartet hatte, empfand sie doch beim Weggehen nicht so einen Überschwang und Stolz, wie du das erlebst, wenn du die Gelegenheit hattest, etwas Unerwartetes zu erreichen, das dir wirklich etwas bedeutet. Und Judy war darüber ebenso glücklich wie über die Verabredung, die sie für den kommenden Abend mit Bob hatte.

12. Vorhandene Einstellung:
Wenn ich jemanden, der mir wertvoll ist, oder etwas, das mir kostbar ist, gehenlasse, dann erleide ich einen Verlust und bin allein.

Erwünschte Einstellung:
Wenn mir jemand am Herzen liegt, kann ich ihn auch gehenlassen; wir werden auch wieder zusammensein.

Matapher[6]

Als Jennifer, meine frühere Klientin, die schmerzerfüllten Klagerufe des Rotkehlchens in ihrem Hof hörte, wußte sie noch nicht, das dies zu einer der schwierigsten Entscheidungen in ihrem Leben führen sollte.
Sie nahm den Vogel mit zu sich, um für ihn zu sorgen. Er war irgendwo zwischen Nesthocker und ausgewachsenem Vogel, so genau wußte Jennifer das nicht. Sie fütterte ihn jeden Tag und tat alles, damit der Vogel es gut haben sollte. Sie sprach mit ihm, manchmal sang sie ihm sogar etwas vor. Sie war nicht sicher, ob es ein Männchen oder ein Weibchen war, aber sie beschloß, ihn Ricky zu nennen. Im Laufe der Zeit hing sie immer mehr an Ricky. Jennifer war überzeugt, daß es Ricky mit ihr genau so erging. Sie meinte, das könne sie in Rickys Augen sehen. Tag für Tag wurde Ricky kräftiger. Nach einigen Wochen, als Ricky wieder einmal mit den Flügeln schlug, entschied Jennifer, daß sie wohl besser einen Käfig kaufen sollte.

Schließlich wollte sie nicht, daß Ricky fortfliegen und sie verlassen konnte. Aber diese Entscheidung war es nicht, die für sie so besonders schwierig werden sollte.

Sie wollte Ricky glücklich machen, deshalb stellte sie seinen Käfig ans Fenster. Zunächst schien das eine vernünftige Lösung. Aber als Jennifer dies so in den darauffolgenden Tagen beobachtete, konnte sie sehen, das Rickys Augen dem Flug der Vögel am Himmel folgten. Jennifer begann darüber nachzudenken, daß jeder seine eigene Auffassung von dem Weg hat, den er gehen muß. Dein bewußter Verstand kann durchaus auf dem einen Weg wandeln und dabei neugierig sein, was ihm da begegnen wird, während dein Unbewußtes dir das Vertrauen gibt, daß du einen Fuß vor den anderen setzen kannst; oder aber dein Unbewußtes wird neugierig auf die abenteuerlichen Erfahrungen, die dein Bewußtsein macht, während du dich allmählich zu einer eigenständigen Person entwickelst.

Jennifer beobachtete Ricky, und allmählich hatte sie immer mehr das Gefühl, daß Ricky sich nach seiner Freiheit und nach der Weite des Himmels sehnte. Und als ihr dies bewußt wurde, konnte sie spüren, wie der Konflikt in ihr wuchs. Sie hing so sehr an ihm. »Wie kann ich es aushalten, ihn fortzulassen?« fragte sie sich. Und sie gab sich die Antwort: »Aber er ist hier unglücklich, und wenn er mir am Herzen liegt, dann müßte ich mich auch darum kümmern, daß er glücklich ist.« Sie hätte gern gewußt, ob er die gleichen zwiespältigen Gefühle hatte. Wollte er gehen oder nicht?

Nun hat ja ein jeder schon mal ähnliche Entscheidungen treffen müssen. Und wenn du dich zu einer solchen Entscheidung durchringen mußt, dann wühlt das alle möglichen Gefühle in dir auf. Und manchmal spürst du am deutlichsten dieses Gefühl des Zweifelns, aber jenseits des Zweifels, bisweilen sehr wohl verwahrt, wächst das Bedürfnis, einer natürlichen Entwicklung zu entsprechen. Es ist wie in der Redensart: Fische müssen schwimmen und Vögel müssen fliegen. Und dieser Zweifel hilft dir, nichts zu überstürzen, und dennoch hindert er dich nicht daran, der natürlichen Entwicklung ihren Lauf zu lassen. Wenn du zuschaust, wie ein kleines Kind seine ersten Schritte macht, dann geschieht dies anfangs immer zögerlich. Und selbst der Schock umzufallen hindert das Kind nicht daran, mit dem Laufen weiterzumachen.

Und Jennifer dachte tagelang über die Angelegenheit nach. Und selbst als sie bereits wußte, was sie tun würde, brauchte sie immer noch ein paar zusätzliche Tage, um sich an die Veränderungen zu gewöhnen. Und sie konnte natürlich noch nicht wissen, daß ihr größter Wunsch hinsichtlich Ricky in Erfüllung gehen werde. Es war nicht möglich, das zu wissen, ehe es an der Zeit war. So bereitete sie sich darauf vor, Ricky die Freiheit zu gewähren. Und wenn du dich auf einen Abschied vorbereitest, so machst du dich bereit für die Tränen beim Lebewohlsagen. Du stellst dich ein auf den Schmerz in deinem Herzen. Aber du bist auch bereit für die guten Gefühle zu Beginn einer Reise, die freudige Erregung bei den Worten »Gute Reise«; du bist bereit für die guten Gefühle, wenn du jemandem, den du liebst, Glück wünschst. Und natürlich sagt man auch, daß Abwesenheit das Herz weich macht.

Als der Tag gekommen war, öffnete Jennifer früh morgens ihr Fenster und blickte in den leuchtend blauen Himmel. Sie wußte, ganz gleich wie traurig sie war, würde sie doch froh sein für Ricky. Und sie öffnete den Käfig, nahm ihn behutsam in die Hand, küßte sein Köpfchen, wünschte ihm alles Gute, und dann schnell, ehe sie Ihre Meinung ändern konnte, streckte sie den Arm aus und öffnete ihre Hand, und Ricky wandte ihr sein Köpfchen zu, sah ihr in die Augen und zwitscherte. Und tief im Herzen fühlte sie, daß er ihr Dankeschön sagte. Und sie hatte das merkwürdige, bittersüße Gefühl, wenn dir Tränen der Trauer in die Augen treten und in deinem Herzen klingt die Freude. Und Ricky flog zum Himmel hinauf. Er zog einen Kreis und zwitscherte, als er an ihrem Fenster vorüberkam, und dann flog er fort. Und Jennifer blieb zurück und fragte sich, ob sie ihn jemals wiedersehen würde.

Einige Monate waren vergangen. Zuerst war Jennifer traurig gewesen, aber allmählich gelangst du eher in einen Zustand der Heiterkeit, wenn du dich mehr mit deinen eigenen persönlichen Angelegenheiten beschäftigst. Sie dachte oft an Ricky, aber doch nicht ganz so häufig, wie man hätte erwarten können. Dann eines Morgens wachte sie aus irgendeinem Grund früh auf und konnte nicht mehr einschlafen. Sie öffnete ihr Fenster, und da saß Ricky auf der Fensterbank. Jennifer war so glücklich, als sie ihn sah. Und ich weiß nicht, ob ihrem Bewußtsein klar war, daß ihr Unbewußtes es schon längst erkannt hatte: Wenn du weggehst, kannst du immer wieder zurückkommen auf Besuch. Oder ihr war einfach bewußt, daß sie immer froh sein würde, Ricky zu sehen, ganz gleich wie weit weg er gewesen war und wie oft er zurückkehrte.

13. Vorhandene Einstellung:
Wenn ich mich nicht strikt vorbereite und mich nicht genau an meine Plan halte, dann werden die Dinge, an denen mir liegt, nicht erledigt, und das macht mich unglücklich.

Erwünschte Einstellung:
Flexibilität bringt größere Offenheit, mehr Spaß und verhilft dazu, Möglichkeiten zu entdecken, die bei strenger Planung nicht ins Blickfeld kommen.

Metapher[7]

Ein Blick durch die Schlafzimmertür zeigte es: Überall lagen Kleider verstreut. Die Kommodenschubladen standen offen. Aus dem Wandschrank quoll alles mögliche hervor. Unten in der Diele waren Schritte zu hören. Cloe sauste in ihr Zimmer zurück. Von unten konnte sie ihre Schwester Beverly mit drängender Stimme rufen hören, sie solle sich jetzt beeilen, oder sie würden noch das Flugzeug verpassen.
Cloe und Beverly wollten gerade zu einer Europa–Reise aufbrechen. Sie hatten sich vor einigen Monaten dafür entschieden, und Beverly hatte eifrig alles arrangiert. Sie hatte zusammen mit dem Reisebüro die gesamte Reise zusammengestellt und alle Termine überprüft. Sie hatte mit den Nachbarn vereinbart, daß sie die Post aufbewahren. Die Zeitung hatte sie abbestellt und die Katze hatte Versorgen weggebracht. Das Haus war geputzt und zwei Lampen hatten eine Zeitschaltung, so daß sie sich um 6 Uhr abends anschalten würden. Cloes Beitrag hatte darin bestanden, sich Reiseprospekte anzuschauen und ein paar neue Kleider zu kaufen. Schließlich kam Cloe mit ihren drei Koffern herunter, die so prall voll waren, daß sie aussahen, als würden sie jeden Augenblick platzen. Bis sie zum Flughafen kamen, blieb kaum noch die nötige Zeit zum Einchecken und um zum Flugsteig zu rennen. Während Beverly mit dem Reiseagenten verhandelte, spazierte Cloe davon, um sich in den Läden umzuschauen. Als Beverly sich nach Cloe umsah, war sie nirgends zu sehen. Nach verzweifelter Suche machte Beverly sie schließlich im Buchladen ausfindig, wo sie Zeitschriften durchblätterte. Jetzt galt es zu laufen, um den Abflug nicht zu versäumen.
Beverly fiel geschafft in ihren Sitz und Cloe quasselte unentwegt weiter, wie lustig das alles sei und weshalb sich Beverly nur so aufrege. Du kannst dir ja vorstellen, was los war, als sie an ihrem Ziel angekommen waren und ihre Rundreise antraten. Cloe stieg gewöhnlich als letzte in den Bus ein, und sehr häufig bekam sie nicht mit, was der Reiseleiter über die Sehenswürdigkeiten erzählte, weil sie wieder irgendwo anders hingeschaut hatte.

Als sie etwa Halbzeit hatten auf ihrer Rundreise, besuchten sie ein kleines Dorf, und während der Reiseleiter gerade eine architektonische Besonderheit erklärte, spazierte Cloe davon, die erste Seitenstraße hinunter, dann eine weitere und entdeckte alle möglichen aufregenden Sachen. Die Zeit verging wie im Flug, wenn sie so viel Spaß hatte. Als sie um eine Ecke bog, fiel ihr Blick zufällig auf eine Uhr in einem kleinen Laden. Zwar schwang das Pendel hin und her, aber so spät konnte es doch nicht schon sein! Sie sah auf ihre Uhr: tatsächlich, es stimmte! Endlich fand sie zurück zu dem Platz, wo der Bus geparkt hatte, aber der war weg. Beverly, die sich um derlei kümmerte, hatte den Reiseplan, und Cloe konnte sich nicht daran erinnern, wo der nächste Halt sein sollte.

Sie ging von einem Laden zum nächsten und versuchte, jemanden zu finden, der Englisch sprach. Schließlich traf sie in einem kleinen Lädchen, wo Wein und Käse verkauft wurde, gleich zwei Leute aus dem Dorf, die Englisch sprachen. Sie erklärte ihnen ihr Problem, und alle lachten herzlich, als sie herausfanden, daß der Bus für den Rest des Tages nur ein paar Kilometer weit entfernt stehen würde. Sie fragte, ob jemand sie dorthin bringen könnte. Da stand ein junger Mann auf, der still an einem Tischchen gesessen hatte, und stellte sich vor. Er war Amerikaner, machte eine Motorradtour durch dieses Land und sein nächstes Etappenziel war auch das ihre. Ein paar Stunden später war Cloe wieder bei ihrer Reisegesellschaft. Aber am folgenden Tag, als der Bus weiterfuhr, saß Cloe wieder nicht darin. Sie saß hinten auf dem Sozius des Motorrades und hatte den größten Spaß, die Seitenpfade und Dörfer jenes Landes zu erkunden.

Diese Europa-Reise ist schon lange her, und Cloes Kinder hören bei ihren Besuchen im Haus der Großeltern gern ihrer altjüngferlichen Tante Beverly zu, wenn sie erzählt, wie Mama und Papa sich kennengelernt haben.

14. Vorhandene Einstellung:
Wenn ich nicht ständig für andere da bin und mich ihretwegen selbst aufgebe, dann werde ich nicht akzeptiert und bin ihnen auch nicht wichtig.

Erwünschte Einstellung:
Es ist in Ordnung, wenn ich mich nicht ständig um die anderen kümmere, sondern eher um mich selbst, und dafür werden mir die anderen durchaus auch Achtung entgegenbringen.

Metapher[8]

Ava hatte immer in den östlichen Pecos gelebt. Und sie war eine dieser wunderbaren und großzügigen Frauen, die – was auch immer sie tun mögen – Mittelpunkt der Gemeinde, Mittelpunkt einer Gruppe oder Mittelpunkt von sonstetwas werden. Sie war einfach besonders warmherzig, freundlich und liebevoll. Sie hatte unendlich viele Freunde und war der Typ, der überall zurechtkommt.
Man konnte es einfach so ausdrücken: Sie war wirklich glücklich, hatte eine gute Familie und lebte mit Mann und Kindern draußen auf einer großen Farm. Und man hatte den Eindruck, bei Ava ist immer was los. Die Kinder stellten ständig etwas auf die Beine und hatten ihre Freunde bei sich draußen. Von außen betrachtet und auch so, wie ich sie kannte, war das eine Bilderbuchfamilie, die einen gelegentlich etwas neidisch machen konnte. »Junge«, denkst du dir, »ich wünschte, meine Familie wäre so gewesen.« Das war schon beeindruckend. Sie war solch ein großzügiger Mensch. Und wenn gelegentlich jemand aus ihrem Freundeskreis sie auszunutzen schien, so gab ihr das kurz zu denken, aber es war schon in Ordnung. So war sie eben.
Rita war da ganz anders. Sie lebte ebenfalls in den östlichen Pecos, war aber erst im Erwachsenenalter dorthin gezogen. Bei ihr war das so: Wenn du etwas zu sagen hast, dann sag es auch gefälligst. Hast du ein Anliegen, dann steh auf und bring es vor. Und wenn sie etwas wollte, dann sagte auch sie es geradeheraus. Sie hatte gewissermaßen die Devise: Mach keine Kalamitäten. Auch sie lebte auf einer Farm, bei Ava vorbei die Straße runter. Und wie Ava hatte auch sie eine Familie und war mit all dem beschäftigt, was eine Farmersfrau mit Familie in den östlichen Pecos so zu tun hat.
Aber irgendwie war da ein Unterschied zu spüren. Sie war eine gute Ehefrau, und sie war eine gute Mutter. Den Kindern ging nichts ab. In dieser Hinsicht lief bei ihr alles bestens. Ich vermute, der hauptsächliche Unterschied zwischen Ava und Rita lag darin, daß Rita ein bißchen rauhbeinig war. Dieses »mach keine Kalamitäten« konnte man in verschiedenen

Bereichen wiederfinden. Ihre Kinder wurden z.B. angehalten, nicht zu lange im Bett rumzuliegen. Es war Zeit aufzustehen, und es gab eine Menge zu tun. Sie versorgte sie gut, wenn sie krank waren, aber sie verhätschelte sie nicht. Sie pflegte zu sagen: »Man muß schon wissen, wie man sich krank stellt ...« Ihr Mann beobachtete sie, wie sie mit den Kindern umging und die Farm mit einigen angestellten Arbeitskräften führte, und er sagte halb mißbilligend und halb stolz: »Rita, du bist die rauhbeinigste Frau in den ganzen östlichen Pecos.« Sie preßte dann einfach die Lippen zusammen, schüttelte den Kopf und antwortete nichts.

Ava hatte so gute Freunde und war stets so eifrig, die Leute beneideten sie und ihre Familie besonders wegen ihrer Fürsorge. Es kam vor, daß jemand sie enttäuschte oder ausnutzte, aber das machte nichts, denn sie empfand es als ihre Aufgabe und ihr Recht, so teilnahmsvoll und großzügig zu sein. Sie hatte den Eindruck, daß es ihr guttat, sich in dieser Weise verhalten zu können. Und bei mehr als einer Gelegenheit drückten Freunde und Familie ihre Verehrung für ihr wunderbares Wesen aus. Dann strahlte sie. Es bedeutete ihr viel, auf diese Art verehrt zu werden. Sie fühlte sich sehr gut dabei, versuchte aber doch, das ganze Gefeiertwerden herunterzuspielen bzw. den verbalen Überschwang ihrer Bewunderer zu drosseln.

Auch Rita hatte Freunde, aber das waren nicht solche Freundschaften oder Anlässe, daß man beim Zusehen gesagt hätte: »Junge, ich wünschte, in meiner Familie wäre es so.« Rita war einfach etwas zurückhaltender, nüchterner und direkter im Umgang.

Nun, wie es so im Leben und auch in den östlichen Pecos geht, mußten aber beide, Ava und Rita, eine sehr traurige Zeit durchmachen. Als Avas Mann starb, machte sie alles so, wie es sich gehörte. Sie faßte sich und traf alle Vorkehrungen und achtete darauf, daß alles seine Ordnung hatte. Und die Leute kamen aus weitem Umkreis. Es war ein wichtiges Ereignis. Und sie dachte: »So ist es richtig. Dies ist eine große Ehre für meinen Mann.« Obgleich es wirklich hart für sie war, so hat sie doch alles gemacht, wie es sich gehört.

Als Ritas Mann starb, war das für sie eine Tragödie, denn so zurückhaltend und rauhbeinig sie sich auch nach außen gab, so hatte sie doch ein sehr weiches Herz. Deshalb empfand sie einen sehr tiefen Schmerz. Sie nahm es nicht besonders zur Kenntnis oder achtete nicht weiter darauf, wie viele Leute zur Beerdigung kamen. Sie wußte einfach nur, daß Leute gekommen waren, an denen ihr gelegen war. Es waren nicht so viele Leute gekommen wie bei Avas Mann, aber an so etwas dachte sie gar nicht. Ihr Mann fehlte ihr sehr.

Aber die Zeit verging, wie sie eben in den östlichen Pecos zu vergehen pflegt, und Rita dachte oft daran, wie ihr Mann sie über den Rand seiner Brille mit leichtem Stirnrunzeln angesehen und gesagt hatte: »Rita, du bist die rauhbeinigste Frau in den ganzen östlichen Pecos.« Sie behielt das für sich und dachte häufig daran. Sie wußte schon, daß sie rauhbeinig war, aber sie war der Meinung, daß sie sich durchaus richtig verhielt.

Ava schien im Laufe der Zeit irgendetwas abhanden zu kommen. Es hatte den Anschein, als zahlte sich all das überhaupt nicht so aus, was sie für die Leute getan und was sie ihnen gegeben hatte und was schließlich ihr Rückhalt war. Du kennst das: Die Kinder heiraten, gehen aus dem Haus, um eine eigene Familie zu gründen. Sie waren wundervoll, und sie kamen natürlich zu Weihnachten und in den Ferien. Aber ihr ganzes Leben hatte sich so sehr um das Geben und das für–andere–dasein gedreht, und jetzt gab es einfach nicht mehr so viele Gelegenheiten für sie, zu geben und für andere zu sorgen wie früher – es war, als wäre ihr der Wind aus den Segeln genommen. Mit der Zeit fühlte sie sich gar nicht mehr so wohl. Sie war nicht mehr so aktiv und vergrub sich immer mehr zu Hause. Die Kinder redeten schließlich darüber, was sie anfangen sollten, wenn sie nicht mehr zurechtkäme, und wer sich dann um sie kümmern sollte. Allmählich entglitt Ava alles.

Bemerkenswert an Rita war, daß sie sich im Laufe der Zeit ihr inneres Bild von ihrem Mann und von ihren Kindern geschaffen hatte. Natürlich waren auch ihre Kinder fortgezogen. Sie waren unabhängig und stark, und sie kamen häufig zu Besuch, denn sie liebten ihre Mutter wirklich, fühlten sich ihr nah und bewunderten ihre Stärke. Und vielleicht war das das Verblüffendste: Wenn sie zu Besuch kamen, hatten sie den Eindruck, sie unterbrächen das Programm ihrer Mutter; so beschäftigt war sie. Im Laufe der Zeit war sie viele Verpflichtungen eingegangen. Überall schien man sie zu kennen. Sie war immer noch ein recht zurückhaltender Mensch, aber sie interessierte sich für sehr vieles. Als ihre Söhne eines Tages beisammen waren und sich über sie unterhielten, fanden sie, ihre Mutter sei wie ein guter, alter Wein, der mit den Jahren seine ganze Fülle entwickelt. Sie wurde mit dem Alter einfach immer besser. Sie sagten ihr das dann auch bei Gelegenheit, als sie um den Kamin saßen und ihre Mutter sich schließlich auch Ruhe gönnen konnte und sich zu ihnen setzte, um sich mit ihnen zu unterhalten. Da lächelte sie nur und dachte daran, wie ihr Mann ihr gesagt hatte, daß sie die rauhbeinigste Frau der östlichen Pecos sei. Sie sprach eigentlich nie darüber, aber tief in ihrem Herzen wußte sie, daß sie vermutlich die glücklichste Frau in den östlichen Pecos war.

15. Vorhandene Einstellung:
Wenn meine Eltern meine Bedürfnisse nicht wahrnehmen und nicht angemessen auf sie eingehen, nehme ich das eben hin, und dann bin ich deprimiert oder unglücklich.

Erwünschte Einstellung:
Es ist in Ordnung, wenn ich es übernehme, meinen Eltern meine Bedürfnisse klarzumachen, und wenn sie nicht reagieren, kann ich darauf bestehen oder mir andere Menschen suchen, die darauf eingehen.

Metapher

Zahlreiche Eltern kaufen ihren Kindern einen kleinen Hund, ein Kätzchen oder gar Goldfische. Interessanterweise wissen sie, warum sie diese Haustiere kaufen, aber sie machen sich nicht richtig klar, was sie wissen.
Ich bin überzeugt, wir haben das alle schon gehört. Fast alle Eltern, die einmal ein Haustier gekauft haben, gaben als Grund an, daß dieses Haustier das Kind lehren wird, wie man für etwas verantwortlich ist. Manchmal sind Hunde schlauer als Kinder! Und der Grund für die Eltern, den Hund zu kaufen, ist, daß der Hund das Kind etwas lehren soll. Den Eltern ist oft gar nicht klar, daß dies ihr Beweggrund ist. Ich will das genauer erklären.
Es ist zu dumm, daß Eltern dies nicht verstehen: Indem sie den Hund erziehen und sich darauf verlassen können, daß der Hund ein Hund ist, wissen sie, daß der Hund ihrem Kind etwas beibringen wird. Wissenschaftlern fällt das selten auf, daß sie versuchen, ihre Tauben zu dressieren, damit die ihnen etwas beibringen. Ich weiß nicht, ob es passend ist zu sagen, Tauben sind schlauer als Wissenschaftler, aber es stimmt doch ganz genau, daß Wissenschaftler versuchen, ihren Tauben etwas beizubringen, damit diese ihnen etwas beibringen. Das ist genau so wie bei den Kindern; indem den Hunden etwas beigebracht wird, erwartet man, daß die etwas von den Hunden lernen. Und weil du dich darauf verlassen kannst, daß der Hund ein Hund ist, schließe ich, daß Haustiere oft schlauer sind als Menschen. Haustiere sind auch schlauer als Kinder, denn du kannst dich bisweilen nicht darauf verlassen, daß Kinder Kinder sind. Ich will das näher erklären.
Lynne und Bob waren Geschwister. Ich hatte sie seit Jahren gekannt. Sie verdeutlichen sicher das Prinzip, von dem ich eben gesprochen habe. Lynne galt immer als die nettere von beiden. Bob war derjenige, der immer irgendwelche Schwierigkeiten machte. Bei Lynne konnte man sich darauf verlassen, daß sie ihre Mutter zwei-, dreimal die Woche anrief. Und schon im Kindesalter konnte man sicher sein, daß Bob wohl derjenige sein würde, der zeitweise auf Distanz ginge. Bobs Leben nahm einen interessanten Verlauf.

Bob und Lynne wurden erwachsen und hatten selber Kinder, aber eines der beiden Geschwister wurde wegen seiner Verhaltensweisen geschieden, von seinem Kind getrennt und durfte es nicht mehr sehen. Als sie noch klein waren, hätte man das nie voraussehen können. Das einzige, was man damals sagen konnte, war, daß Lynne sich wirklich große Mühe gegeben hat, ein anständiger Mensch zu sein, daß sie ernsthaft versucht hat, sich für das Gemeinwohl aufzuopfern, und daß sie sich so gut wie immer an die Vorschriften gehalten hat. Nur bei einem bestimmten Anlaß war es einmal vorgekommen, daß sie sich mit Bob abgesprochen hatte, gegen eine bestimmte Regel zu verstoßen. Aber Bob tat so etwas ständig.

Ich erinnere mich, daß sie einmal spazieren gegangen sind und sich kurz vor dem Abendessen zu weit von zu Hause entfernt hatten. Irgendwer bot ihnen an, sie im Auto mit zurückzunehmen, und Lynne gab Bob eine Mark, damit er den Eltern nicht erzähle, daß sie mitgefahren seien.

So wissen wir mit Sicherheit, daß Lynne auch gewisse Gefühle und Bedürfnisse hat, die denen zuwiderlaufen, die sie innerhalb der Familie zeigt. Aber sie war ein braves Mädchen. Es tat ihr leid, daß sie gegen das Verbot, per Anhalter zu fahren, verstoßen hatte, und sie wollte es nie wieder tun. Sie war ein wunderbares Nachbarskind und sie schikanierte die anderen Kinder nie.

Bob indessen war ein Typ, bei dem man schon früh wußte, daß da später etwas schiefgehen würde. So ist er nach jenem Vorfall mit Lynne regelmäßig per Anhalter gefahren. Außerdem war er in Schlägereien verwickelt. Und weshalb fängt man als Kind das Schlägern an? Und außerdem hatte er so eine eigensinnige Art, die ihm seine Eltern wirklich manchmal austreiben mußten, damit er sich wieder besser anpaßte. Wenn es Lynne nicht erlaubt wurde, Geld dafür auszugeben, sich die passenden Klamotten und Schuhe zu kaufen, wie alle Mädchen sie für eine bestimmte Fete hatten, dann weinte sie, machte das mit sich selbst ab in ihrem Zimmer, nickte darüber ein und ging schließlich zu Bett. Aber als Bobs Vater einmal eine Trotzanwandlung bekam und sich weigerte, sich bei einem Vater-Sohn-Bankett zu zeigen, zu dem alle Väter kamen, da verhielt sich Bob ganz anders als Lynne. Er brachte seinen Vater dazu, seine Meinung zu ändern. Aufgrund eines Mißverständnisses, wer wen brauchte, hatte sich der Vater in den Schmollwinkel zurückgezogen. Wäre es nun um Lynne und ihr Bankett gegangen, so hätte der Vater ihr sehr leidgetan; sie wäre sicher in ihr Zimmer gegangen und hätte leise vor sich hingeweint. Nicht so Bob. Er marschierte ins Wohnzimmer und versuchte, mit seinem Vater zu diskutieren; er brüllte ihn an und sagte, er erwarte von seinem Vater, daß er ihm ein Vorbild sei und daß er sich nicht bei der leisesten Andeutung von Verletztheit einfach verziehen könne. So einen Vater wollte er nicht haben. Nun,

interessanterweise funktionierte das bei dieser Gelegenheit. In diesem Fall gelang es Bob, seinen Vater umzustimmen.
Wenn man jemandem in Trance eine solche Geschichte erzählt, dann kann der sich schon fragen, was das alles eigentlich mit Hunden, Kindern, Tauben und Wissenschaftlern zu tun hat.
Einmal war Lynnes Mutter zufällig abends länger aufgeblieben, und da sah sie, wie Lynne auf der Veranda ihren Freund küßte. Lynne sah ein, wie schwierig das für ihre Mutter war und traf sich nicht mehr mit dem Jungen. Ich bin sicher, wenn man Bob befohlen hätte, er solle sich nicht mehr verabreden, dann hätte er Vater und Mutter konfrontiert: »Was ist mit mir los, daß ihr mir nicht traut? Wenn vollkommen fremde Leute mir ihre Tochter anvertrauen, wenn wir verabredet sind, wieso trauen mir dann meine eigenen Eltern nicht? Ich will, daß meine Eltern sich besser verhalten als vollkommen fremde Leute. Und ich gebe euch die Gelegenheit, euch das zu überlegen.« Und im Laufe seiner Jugend fand Bob zu seinem Standpunkt, den er sich allmählich über Jahre erarbeitet hatte und den er zu einer überzeugenden Haltung ausbaute, die er auch als Erwachsener pflegte.
Unter Freunden geht man sehr liebenswürdig miteinander um. Fremde verhalten sich bisweilen höflich oder auch unfreundlich, und Eltern sollten etwas Besseres sein als unfreundliche oder auch höfliche Fremde, ja sogar besser als Freunde. Eltern sollten etwas Besonderes sein. Zu Eltern sollte man aufschauen können, man sollte sich an sie wenden können und sich von ihnen unterstützt und angenommen fühlen. Und wenn Bobs Eltern sich entscheiden sollten, sich nicht an diese Spielregeln zu halten, dann würde er Zoff machen. Damals war er noch nicht sehr reif. Aber mit 28 war er schon viel besser als mit 18; irgendwie schaffte er das.
Dagegen war Lynne ein nettes, angepaßtes, freundliches Mädchen. Sie wußte, wenn man seinen Frieden haben wollte, dann mußte man versuchen, sich so zu verhalten, wie es von einem erwartet wurde. Und schließlich wollten ihre Eltern ja ihr Bestes, auch wenn sie sie nicht verstanden. Vielleicht hatten sie ja doch ein bißchen recht, möglicherweise hatte auch sie ein wenig recht, aber schließlich war sie ihre Tochter. Vielleicht konnte sie es ja später so machen, wie sie wollte, aber solange sie bei ihnen lebte, mußte sie eben tun, was die Eltern wollten. Das sagten sie ihr. Sie setzten die Regeln fest. Und bis heute Tag ruft Lynne ihre Mutter dreimal die Woche an, wenn nicht gar öfter.
Bob verfuhr nach anderen Regeln. Tatsächlich bestand er darauf, daß auch sie ihn gelegentlich anriefen. Er fand es ungerecht, wenn Eltern ihre Kinder nicht anrufen, aber selbst ständig Anrufe erwarteten. Z.B. hatte er einmal angerufen, und als er dann ein paar Tage oder Wochen später wieder anrief, waren sie sauer auf ihn, weil er sich nicht öfter gemeldet hatte. Da fragte

er sie, ob sie die Finger gebrochen hätten, was sie für Schwierigkeiten hätten, den Hörer abzunehmen und ihn anzurufen, wenn sie gern mit ihm gesprochen hätten? So machten das seine Freunde, und er habe gedacht, seine Eltern seien mehr als Freunde.
Natürlich wollen Eltern ihren Kindern etwas beibringen, das ihnen im Leben hilft. Nur, weshalb erwarten die Eltern nicht auch, daß sie durch ihr Kind belehrt werden? Bob wußte das irgendwie von selbst. Aber Lynne hat nicht gemacht, was sich gehört. Deshalb war ich auch nicht allzu überrascht, als ich erfuhr, daß ihre Ehe geschieden war, daß der Ex-Mann ihr ihren Sohn weggenommen hatte und sie ihn seit sieben, acht Jahren nicht gesehen hat. Dagegen steht Bob seinen Eltern sehr nah und lebt in einer stabilen Ehe. Paradoxerweise hört jeder in der Familie auf ihn, und das nach all den Opfern, die Lynne gebracht hat, um bei ihrer Familie gut anzukommen. Das zeigt dir einfach, daß sie nicht getan hat, was ein Haustier tut. Sie tat nicht das für ihre Eltern, was ein Haustier für ein Kind tut.

16. Vorhandene Einstellung:

Wenn jeder in meiner Umgebung sich unerfreulich benimmt, dann ist das bestimmt nicht mein Fehler.

Erwünschte Einstellung:

Ich bekomme das, was ich von den Leuten erwarte.

Metapher

Es war einmal ein alter Mann, der jeden Tag oben auf dem Berg saß und meditierte und dabei auf eine kleine Stadt am Fuße des Berges blickte. Eines Tages kam ein Wanderer vorüber, der sein Bündel auf dem Rücken trug und den alten Mann fragte: »Was für Menschen leben in dieser Stadt, ich bin auf der Suche nach einer neuen Bleibe. Sogleich antwortete der alte Mann mit einer Gegenfrage: »Was für Leute lebten in der Stadt, aus der du kommst?« »Das war ein trauriger Haufen«, sagte der Wanderer. »Jeder einzelne war unaufrichtig, grob und selbstsüchtig und kümmerte sich ausschließlich um sich selbst und um sonst gar nichts. Die hätten nicht einmal ihrer eigenen Mutter guten Tag gesagt. Ich bin froh, daß ich sie los bin! Aber wie sind die Leute da unten in der Stadt, auf die du blicken kannst?«
Der alte Mann hatte zugehört und antwortete dann: »Es tut mir leid, aber ich muß dir sagen, es wäre besser, wenn du geradewegs weiterzögest. Ich bin sicher, du fändest, daß die Leute hier in der Stadt genau so sind wie die

Bewohner jener Stadt, die du verlassen hast.« Der Wanderer ging davon und der alte Mann blieb allein zurück. Tags darauf kam zufällig ein anderer Wanderer mit seinem Bündel auf dem Rücken vorüber und stellte dem alten Mann die gleiche Frage: »Was für Menschen leben in dieser Stadt, denn ich suche eine neue Bleibe?« Und wiederum stellte der alte Mann die Gegenfrage nach den Bewohnern jener Stadt, die der Wanderer verlassen hatte. »Oh, es bekümmert mich, daran zu denken, daß ich sie verlassen habe – sie waren so aufrichtig, anständig und fürsorglich, dazu großzügig und freigiebig, jeder einzelne war ein echter Freund. Einem Fremden hätten sie ihr letztes Hemd gegeben.«
Als der alte Mann das vernommen hatte, lächelte er und sagte: »Nun denn, sei in dieser Stadt willkommen, ich bin sicher, du wirst hier Menschen finden, die ebenso sind wie die Bewohner jener Stadt, die du verlassen hast.«

17. Vorhandene Einstellung:
Wenn ich die Vielschichtigkeit von Konflikten einfach übersehe und so tue, als gäbe es sie gar nicht, dann geht's mir besser, und ich bin dennoch erfolgreich.

Erwünschte Einstellung:
Es kommt mehr dabei heraus, wenn man sich den Konflikten stellt und an ihnen arbeitet, bis sie gelöst sind.

Metapher

Draußen am Strand sind eine Menge Angler, die sich ihren Lebensunterhalt verdienen. Viele von ihnen landen irgendwann einmal draußen an der Anlegestelle. Wir haben einen von ihnen kennengelernt, der einen ungewöhnlichen Namen hatte – ich glaube, Evan hieß er. Es gefiel ihm, die anderen Angler auf die Palme zu bringen, weil er so viele Fische fing. Er strahlte eine ungeheuere Selbstsicherheit aus und war entschlossen, stets die richtigen Dinge zur richtigen Zeit zu bemerken. Und du weißt ja niemals, was du bemerken wirst; erst im nachhinein wird dir klar, daß du deine Aufmerksamkeit genau auf das Richtige gelenkt hattest. Du weißt niemals im voraus, wie viele Fische du fangen wirst. Und wenn du Evan zuhörst, wie er Ratschläge gibt, was du tun solltest, wohin du gehen solltest, wo es an der Oberfläche eine Bewegung gibt und was das bedeutet, wenn die kleinen Fische vor den großen fliehen, da erfährt man viele Dinge, die man sinnvoll nutzen kann, und es ist viel zu entscheiden. Jedes Mal, wenn er über etwas spricht, brauchst du drei oder vier Sekunden, bis du das überhaupt zur Kenntnis nimmst. Er hatte den größten Einfluß auf der Pier. Aber dafür mußte er auch unentwegt laute Anweisungen geben. Eine Sache muß ein kleiner Junge lernen, das gleiche nämlich, was ein anderer Mann, Bruce, an diesem Tag an der Pier unentwegt falsch machte. Shawn hielt seine Angel ins Wasser, und er dachte nicht daran, daß die Fische herbeikommen und einfach den Köder abbeißen. Er spürte ein kleines Zerren und schon war's vorbei. Bei Bruce war das aufregender. Er warf die Angelschnur mit einer Elritze aus und holte sie wieder ein. Da war plötzlich etwas Großes an der Schnur. Übrigens, wenn bei Evan ein Fisch angebissen hatte, machte er erst mal einen Ruck mit der Angel und dann hielt er die Schnur gestrafft, und dann brüllte er seinem Partner zu, jetzt solle er dies tun und das tun, denn er wollte unbedingt, daß die Schnur straff gespannt bliebe. Und oft waren mehr Fische da, so daß er beschloß, einen weiteren Köder auszuwerfen und die erste Angelrute an seinen Partner weiterzugeben. Seine Frau war zur Stelle, die die Angel festhielt, während er zu ihr hinüberbrüllte: »Halt die Leine straff, laß nicht locker beim Einholen«. Er hatte dabei schon eine andere Angel an einer ganz bestimmten Stelle ausgeworfen und zog an seiner Leine, während sie an ihrer zog. Kein Wunder, daß er doppelt so viele Fische fing wie die anderen. Und wenn er ihr die Angel übergeben hatte, dann war das so, als wäre der Großteil der harten Arbeit schon erledigt. Was sie zu tun hatte, war ja lediglich, die Leine straff zu halten und sie einzuholen. Das hätte jeder machen können. So sah es zumindest aus.

Und du fragst dich vielleicht, warum er ihr ständig so viele Anweisungen gab. Aber dann denkst du an Bruce und was der tun würde, wenn bei ihm ein großer Fisch angebissen hätte. Er würde beiläufig einholen und abwarten. Es gab einiges, was er machen konnte, aber eines tat er nicht, nämlich die Angel ruckartig anziehen. Also diesen kräftigen Ruck machte er nicht, der den Haken tief in den Fisch hineinbohrte, um dann beim Einholen einen festen Zug zu haben. Er wollte aus dem Sport keinen Kampf machen. Er wollte den Fisch nicht beschädigen und zerreißen. Es schien töricht, aber es ging da einfach um eine unterschiedliche Lebensauffassung. Du möchtest einfach vorsichtig sein. Er wollte den Fisch durchaus ordnungsgemäß fangen, aber verletzen wollte er ihn nicht, und daraus kann man ihm keinen Vorwurf machen.

Ich meine, er wollte vielleicht einfach nicht den Haken aus dem Fisch herausklauben müssen, denn wenn du die Spannung beibehältst, dann mußt du dir die Hände schmutzig machen. Da läuft eine Art Krieg ab. Und dieser Fisch ist bereit, sich die Eingeweide herauszureißen, um wieder freizukommen. So mußt du einfach dazu bereit sein, den Haken wieder herauszuholen, der sich tief in den Fisch eingegraben hat. Dabei bekommst du blutige

Hände. Vielleicht ziehst du dir sogar ein paar Gräten in die Finger. Vielleicht mußt du dir sogar einmal deinen eigenen Haken aus der Hand ziehen. Ich vermute, Evan nahm so etwas einfach hin.

Bruce und Shawn ließen so ohne eigenes Zutun eine Menge Fische wieder frei. Sie nahmen gar nicht wahr, daß sie sie freiließen. Sie dachten, sie würden sie einholen. Bruce konnte wirklich nicht verstehen, warum alle Fische Evan und seine Frau lieber mochten. Was für einen Köder benutzte er überhaupt? Er lieh sich sogar welchen aus von Evan und warf ihn sorgfältig in unmittelbarer Nähe von Evans Köder aus: es war vergebens. Evan erregte eine Menge Aufmerksamkeit mit seinem Verhalten. Aber es war phänomenal – keiner auf der Pier fing auch nur annähernd soviel wie Evan. Wenn er fertig war, ging er, und die anderen blieben, redeten über ihn und versuchten weiter ihr Glück. Keiner ging mit so einem guten Gefühl weg wie Evan.

Allerdings gab es da etwas, das für Evan in Ordnung war, für Bruce aber nicht, und Shawn hatte es noch nicht gelernt. Aber Shawn ist erst vier Jahre alt und er verbringt eine Menge Zeit damit zu lernen, worin der Unterschied besteht, einfach nur die Aussicht von der Pier zu genießen oder währenddessen auch Fische zu fangen.

18. Vorhandene Einstellung:

Der Austausch von Gefühlen und Gespräche sind zu vermeiden.

Erwünschte Einstellung:

Es ist besser, Dinge durchzusprechen als zu befehlen.

Metapher

Sonderbar, diese Geschichte mit den Kriegen und den Holzkisten. Einem Armee-Offizier wurde ein Orden für Tapferkeit im Kampf verliehen, und er brachte ihn in einer hölzernen Kiste mit nach Hause. Dabei fällt mir auch ein anderer Offizier ein, von dem ich lediglich gehört habe. Sie kannten sich nicht, und es spielt auch keine Rolle, daß sie gar nicht an demselben Krieg teilgenommen hatten, wie sich dann herausstellte. In ihrer Handlungsweise waren sie vollkommen unterschiedlich. Und beide hatten sie zum Schluß eine Holzkiste als Erinnerungsstück.

Einer der beiden, George, forderte Aufmerksamkeit, gebot Respekt, erteilte Anweisungen, handelte zuverlässig, erwartete Gehorsam von seinen Männern und befolgte das militärische Reglement bis aufs i-Tüpfelchen; der andere, James, nahm sich die Zeit, die einzelnen Schritte der Aktionen durchzusprechen – eine törichte Art, militärische Operationen zu leiten. Hätte George James gekannt, so wäre er gewiß sehr wütend gewesen, daß solch einem Burschen überhaupt Befehlsgewalt zusteht. Es ist nicht möglich, für einen reibungslosen Ablauf einer Kriegsmaschinerie zu sorgen und dabei zuzulassen, daß die Leute sich zusammensetzen, darüber reden, sich gegenseitig ihre Gefühle mitteilen oder gar darüber abstimmen. Es müssen Befehle erteilt werden, und denen ist Folge zu leisten.

Unter ihrem Kommando ergab sich für beide Männer eine sehr ähnliche Konstellation. Ein halbes Dutzend Männer war von feindlichen Heckenschützen eingeschlossen. Die Entscheidung mußte getroffen werden, ob mit dem zahlenmäßig reduzierten Trupp und aus benachteiligter Position heraus angegriffen oder ob abgewartet werden sollte, ob Verstärkung angefordert werden sollte, ob eine ungewöhnliche Strategie gefunden werden könnte oder ob die Männer dem Feind geopfert würden.

Für George war die Entscheidung leicht. Für solche Situationen gibt es im militärischen Bereich exakte Kommandorichtlinien, und Präzedenzfälle regeln deren Anwendung. Er gab seinen Männern die Order zum Kampf, obgleich sie kaum Chancen für ihren Gegenschlag hatten.

Dagegen mußte eine derartige Zwangslage die größten Schwächen von James' Führungsstil zutage bringen. Das heißt, es würde ihm nicht gelingen, einen entschiedenen, harten und unpopulären Befehl zu geben. Stattdessen setzte er sich mit seinen Männern zusammen, und sie erörterten die Lage. Er erklärte unumwunden, daß er nicht wisse, was das Beste für alle Beteiligten sei. Er nahm sich die Zeit, seine Sorge um die eingeschlossene Gruppe auszusprechen. Und er nahm sich auch die Zeit, um Antwort zu bekommen auf die Fragen: »Wie geht's euch Jungs damit?« und »Was möchte jeder einzelne von euch angesichts der riskanten Situation unternehmen?« Nun, hätte George gewußt, was James da tat, so hätte er ihn sicher wegen Verstoßes gegen den Militärkodex angezeigt, denn jeder weiß, daß das nicht das richtige Vorgehen ist, um für einen glatten Ablauf zu sorgen. Und man kann davon ausgehen, daß George ein Beispiel verdienstvollen Verhaltens im Kampf abgab. Und so ist auch zu erwarten, daß George derjenige Offizier war, der mit dem Orden für Tapferkeit zurückkehrte, obgleich die Mehrzahl seiner Männer bei dem Versuch, eingeschlossene Kameraden zu befreien, den Tod gefunden hatten.

Die Tapferkeitsmedaille kam in einer Kiste zurück in die Heimat; erworben war sie im Kampf und zwar von James, der seine Männer in besonders gefährlicher Mission angeführt hatte, bei welcher sie als Team zusammengearbeitet hatten. Keiner war dabei umgekommen, obgleich sie gewiß ein ebenso großes Risiko eingegangen waren. James' Gruppe hatte eine kreative Strategie erarbeitet. Die Hälfte der verbliebenen freien Soldaten zog feindliche Uniformen an, und sie taten so, als führten sie das restliche

Viertel der Männer als Kriegsgefangene ins Lager ab. Nach diesem Schachzug kamen die Heckenschützen aus ihrem Hinterhalt ins Freie, wo sie dann plötzlich überwältigt und geschlagen wurden.
Und so brachte er seinen Tapferkeitsorden in einer Kiste nach Hause. Interessant ist übrigens die Tatsache, daß George selbst in einer Kiste nach Hause kam – von einem seiner eigenen Männer in den Rücken geschossen.

19. Vorhandene Einstellung:
Wenn ich nicht perfekt bin, verliere ich die Liebe meiner Eltern oder die künftige Liebe, auf die ich hoffe, wenn ich schließlich eines Tages keine Fehler mehr mache.

Erwünschte Einstellung:
Ich muß nicht perfekt sein, um geliebt zu werden. Ich darf Fehler machen, möchte sie jedoch zugeben und aus ihnen lernen können.

Metapher

Es gibt genügend Menschen, die das Gebot beachten: Du sollst deine Eltern ehren. Jedem ist die Möglichkeit gegeben, auf unterschiedliche Weise zu dieser Einsicht zu gelangen. Als ich mit meinem Beruf im Bereich der psychosozialen Versorgung begann, hatte ich viel mit unterprivilegierten Kindern aus dem Ghetto zu tun, einem Ghetto, wie es jede Stadt hat. Hier, wo ich lebte, gab es ein besonders großes Ghetto, und ich arbeitete mit jenen Kindern und vor allem mit solchen, die mir von den Schulen wegen »Unangepaßtheit« geschickt worden waren. Manchmal wurden sie vom Sozialarbeiter des Jugendgerichts überwiesen, manchmal schickten die Eltern sie. Ich hielt mich für berufen, ihnen etwas beizubringen, wenn sie zu mir ins Büro kamen oder ich sie auf der Straße traf. – Erst später wird dir klar, wieviel du selbst bei solchen Gelegenheiten lernst und wieviel dir selbst ein Kind beibringen kann.
Jesse und Michael waren Brüder; beide waren sie meine Klienten, aber aus unterschiedlichen Gründen. Michael war von der Schule überwiesen worden. Man nahm an, daß er Lernstörungen und Legasthenie habe; er war nervös und gerade dabei, ein Magengeschwür zu entwickeln, soweit das bei einem 10-jährigen überhaupt möglich ist. Sein Bruder Jesse dagegen, der ebenfalls zu mir kam, verletzte Regeln, geriet immerzu in Schwierigkeiten, redete, wenn er hätte still sein sollen, und trieb sich an Orten herum, wo er nichts zu suchen hatte – ich brauche nichts weiter zu sagen, du

verstehst schon.... Er mußte alles ausprobieren, wovon er besser die Finger gelassen hätte.

Ihre Eltern hatten hart gearbeitet. Sie setzten große Erwartungen in ihre Kinder und hatten alles nur Menschenmögliche getan, um ihren Jungen Lebenschancen zu eröffnen. Michael zeigte seine Anerkennung, indem er niemals aus der Rolle fiel und nie einen Fehler machte – das aber war bereits ein großer Fehler. Sicher dachte jeder, daß Jesse keinerlei Anerkennung zeigte.

Aber ich kannte die Brüder jahrelang, und es hatte sich eine so enge Beziehung entwickelt, daß ich zur Beerdigung ging, als ihre Eltern tragischerweise infolge eines Autounfalls ums Leben kamen. Michael versuchte, im Zuge dieser schweren Ereignisse allen alles recht zu machen. Jede Besuchszeit verbrachte er anfangs im Krankenhaus. Später benachrichtigte er alle Freunde und Verwandte. Er befaßte sich mit allen Details der Bestattung und erledigte alles. Und er versäumte nicht einmal die Schule in dieser ganzen Zeit. Seine Lehrer dachten anfangs, daß er sehr tapfer sei. Jesse dagegen war am Todestag seiner Eltern nachmittags verschwunden. Er ließ sich zwei Tage nicht sehen. Er landete in Chicago und mußte sich fürchterlich beeilen, um zur Beerdigung zurückzusein. Aber er brachte ein Gedicht mit darüber, was seine Eltern ihm gegeben hatten und wie er spürte, daß sie ihn liebten. Er las es bei der Beerdigung vor, und alle weinten tief gerührt.

Michael konnte nicht zur Beerdigung kommen. Er lag jetzt selbst im Krankenhaus, weil er sich ein akutes Magengeschwür zugelegt hatte, während er damit beschäftigt war, alles so zu machen, wie es sich gehörte. Alle waren überrascht, als der Pfarrer über die elterlichen Werte und Ansichten vom harten Arbeiten redete und tatsächlich Jesse seine Anerkennung dafür aussprach, daß er in der Lage sei, den Geist dessen zu verwirklichen, was seine Eltern gepredigt hatten, daß er durch sein Verhalten und auch Fehlverhalten seinen Eltern wirklich Ehre machen könne. Er war gemaßregelt worden, weil er sich gegen sie aufgelehnt hatte. Er hätte nicht gedacht, das du deine Eltern ehren kannst, obwohl du Schwierigkeiten machst. Hast du ein Problem, so hast du die einmalige Gelegenheit, damit eine Sinngebung zu erreichen, das Problem anzugehen, zu akzeptieren, daß du menschlich bist, und dabei etwas über die Menschlichkeit der anderen zu erfahren und über dieses Problem hinauszuwachsen.

Und du stellst das nicht unmittelbar fest, aber irgendwann im Verlauf seiner Jugend hatte Jesse die Vorstellung hinter sich gelassen, daß Probleme nur Schwierigkeiten sind und du nur dann erfolgreich bist, wenn du keine Probleme hast. Du kannst sogar davon ausgehen, daß du in deinem Interesse Probleme haben mußt und diese durchstehen mußt, um aus ihnen zu lernen und die Werte der Eltern weiterzutragen. Aber du machst das auf deine besondere Weise. Michael blieb dabei, seinen hohen Blutdruck und seinen Herzfehler weiterzuentwickeln, und ich vermute, manche Leute lernen es nie, die Werte ihrer Eltern in der für sie passenden Zeit anzunehmen. Jesse hat schon lange mit der Therapie aufgehört, und nach der Schule geht er immer als freiwilliger Gruppenleiter in den Jugendclub.

20. Vorhandene Einstellung:
Wenn ich nicht an meiner bestehenden, akzeptablen Beziehung festhalte, werde ich erfahren, wie schrecklich es ist, allein zu sein und neue Bekanntschaften schließen zu müssen.

Erwünschte Einstellung:
Risiken einzugehen und Verabredungen zu treffen ist aufregend und außerdem eine gute Gelegenheit, reifer zu werden, meine Kraft zu spüren und einen Freund zu gewinnen.

Metapher

Die arme Susan dachte, die Probleme lägen nun endlich hinter ihr, nachdem sie diese seit langem belastende Ehe beendet hatte. Diese Probleme waren zwar vorbei, aber eine ganze Menge neuer waren an die Stelle der alten getreten. Plötzlich fühlte sie sich so allein, verletzlich und bei dem Gedanken an mögliche Verabredungen »in ihrem Alter« völlig überfordert. Ihre Stärke war das ohnehin nie gewesen und vielleicht war das auch der Grund, daß sie den erstbesten Mann, den sie kaum kannte, sofort geheiratet hatte, in einem Alter, in dem sie sich selbst noch überhaupt nicht gefunden hatte. Sie hatte fast zehn Jahre dazu gebraucht, herauszufinden, daß sie nicht jene schreckliche Person war, als die ihr Mann sie immerzu hinstellte. Ungefähr in jener Zeit der Selbstfindung und Veränderung lernte Susan Karen kennen.
Karen war schon fast ein Jahr mit Susans Bruder Bill zusammen und beide mochten sich sehr. Und Karen war sich ihrer Beziehung zu Bill so herrlich sicher. Er hatte einfach alles, was sie sich an einem Mann nur wünschen konnte. Und anders als Susan hatte sie genug Männer gekannt, um zu wissen, wann einer wirklich etwas Besonderes war. Karen war ziemlich sicher, daß sie und Bill irgendwann heiraten würden, sobald er nämlich seine Einstellung geändert hätte, wonach die Ehe die Beziehung verdirbt. Sie hatte entschieden, daß er es wert sei abzuwarten. Als sie Susan in ihrer neuen Wohnung besuchten, um ihr etwas beizustehen, war sich Karen sofort noch sicherer, was für einen Schatz sie da mit Bill gefunden hatte.

Susan tat ihr so leid, als sie bemerkte, von welch schrecklicher Angst und Unsicherheit diese geplagt wurde, sobald sich eine Gelegenheit bot, mit einem potentiellen Rendez-vous-Partner zusammenzutreffen und zu sprechen.
Eines Abends, als die drei zusammen zum Essen gingen, spitzte sich diese Angst wirklich zu. Der Kellner kam an den Tisch, um die Spezialitäten des Abends aufzuzählen, aber Susan mußte sich alles wiederholen lassen, so sehr war sie mit ihren plötzlich aufsteigenden heftigen Gefühlen für diesen Kellner beschäftigt. Nachdem er den Tisch wieder verlassen hatte, konnte sie über nichts anderes reden außer, wie süß er sei. Während des ganzen Essens, bei dem sie kaum etwas herunterbrachte, zerbrach sie sich den Kopf, ob er sie wohl auch attraktiv finde, fragte sich, ob er etwa verheiratet sei oder schwul oder mit jemandem liiert. Sie überlegte, ob es passend wäre, wenn sie ihm sagte, wie sie ihn findet, und sie hoffte, daß er auf die Idee käme, sie einzuladen, und so ging es immer weiter. Sie machte sich Gedanken, regte sich auf und kicherte wie ein Schulmädchen mit Herzklopfen und rotem Kopf.
Karen schaute sich das an und gefiel sich in ihrer Beziehung zu Bill, wobei sie so froh war, daß dergleichen Schwierigkeiten hinter ihr lagen. Sie seufzte sehr erleichtert, drückte besitzergreifend Bills Hand, sah ihn wissend an und wandte sich dann mit einem freundlichen Blick voller Mitgefühl Susan zu, um ihr zu bedeuten, sie wisse ja, wie hart und unangenehm das Ganze für sie sein müsse. Sie und Bill aßen hingebungsvoll, indem sie ein ums andere Mal betonten, wie köstlich alles sei, während Susan den Kellner mit Blicken verfolgte, als versuche sie, sich seines Interesses an ihr zu vergewissern. Schließlich, während sie auf die Rechnung und die Verabschiedung warteten, entschloß sich Susan, falls er sie nicht einladen sollte, würde sie ihm sagen, daß er ihr gefalle. Mit dieser Entscheidung erreichten ihre Angst und Beklommenheit ein neues Stadium, so daß Karen und Bill ihre Bemühungen, sie zu beruhigen, verdoppelten und damit gleichzeitig ihre geheimen Überlegenheitsgefühle nährten. Bald lag die Rechnung auf dem Tisch, und der Kellner, ganz wie gute Kellner in angenehmen Restaurants das zu tun pflegen, neigte sich in jener formellen und höflichen Weise zu ihnen, und da gab sich Susan einen Ruck. Sie holte tief Luft, und mit einem leicht nervösen Lächeln sprach sie ihn zögernd an: »Kann ich Sie etwas Persönliches fragen?« Im Nu hatte er sich auf ein Knie zu ihr niedergelassen, als wolle er ihr genau in die Augen schauen, und mit leicht geneigtem Kopf und neugierigem, ermunterndem Blick antwortete er: »Aber natürlich, und was wäre das?« Ermutigt und auch schon zu weit, als daß sie jetzt noch einen Rückzieher hätte machen können, wagte sie sich nun vollends heraus: »Ich finde Sie einfach sehr anziehend ,und ich würde Sie gern näher kennenlernen. Was meinen Sie

dazu?« So! Jetzt war es heraus, und sie mußte zum Glück kaum eine Schrecksekunde warten, da lächelte er schon breit, ergriff ihre Hand, drückte sie und sagte, er finde das eine großartige Idee.
Er hatte jetzt natürlich nicht viel Zeit, eine ausführliche Vereinbarung zu treffen, aber er ließ sich ihre Telefonnummer geben, und sie trafen eine vorläufige Verabredung für den nächsten Abend, an dem er frei hatte. Dann ging er und Susan schwebte den weiteren Abend im siebenten Himmel.
Als sie erst einmal draußen waren, machte sie einen Luftsprung wie ein Cheerleader und ließ auf dem Parkplatz einen Schrei los, ehe sie aufgeregt zum Auto hüpfte. Sie sagte immer wieder: »Ich kann's überhaupt nicht glauben, aber ich hab's geschafft, ich habe es wirklich geschafft!« Diese Umwandlung der Angst in schiere freudige Erregung und Selbstvertrauen war wahrhaft bemerkenswert. Sie atmete tief und strahlte übers ganze Gesicht. Sie war so energiegeladen, sie hätte einfach Bäume ausreißen können, aber Karen und Bill fühlten sich so vollgestopft, weil sie so viel gegessen hatten, und außerdem meinten sie, es wäre schon ein bißchen spät. Sie waren dafür, einfach nach Hause zu gehen und sich auszuruhen.
Besonders Karen fühlte, wie immer deutlicher ein gewisser Neid in ihr aufstieg, ein Neid auf Susan und ihr Erlebnis, das diese jetzt in vollen Zügen genoß. Sie wünschte, sie hätte auch irgendeine Gelegenheit, mal etwas zu riskieren, und würde dann belohnt und aufgewertet wie Susan. Das war ein unausgesprochener Wunsch, der sich bei ihr einnistete und ein winzig kleines Gefühl von Unzufriedenheit über diese Beziehung im Wartestand hervorrief, obgleich sie doch eben noch so glücklich gewesen war.
Zu diesem Zeitpunkt hatte Karen natürlich noch keine Ahnung, wie rasch sich ihr Wunsch erfüllen sollte und wie gewaltig sich ihr Leben daraufhin verändern würde. Vermutlich war es gut so, daß sie das nicht wußte, denn das Nichtwissen erlaubte ihr, sich arglos zu entspannen und das Gefühl auszukosten, so ein ganz klein wenig gelangweilt zu sein, ein Gefühl, welches sie danach für längere Zeit nicht mehr haben sollte. Die restliche Ferienwoche verbrachten sie auf recht angenehme Weise, besuchten Museen, Theateraufführungen, gingen in Parks spazieren und taten all das, was man so in den Ferien unternimmt. Und liebevoll und herzlich sagte sie Bill am Flughafen Lebewohl, und er flog nach Hause zurück, während sie eine andere Maschine nahm, um an einem einwöchigen beruflichen Seminar teilzunehmen. Obgleich keinem von beiden etwas Tragisches zustoßen sollte, hatten sie doch im Flughafen die letzten gemeinsamen Augenblicke ihrer Beziehung verbracht.
Während Karen zu dem Seminar flog, vermißte sie Bill, und doch beneidete sie Susan auch ein bißchen. In dieser Stimmung absolvierte sie eher desinteressiert ihre Termine. Und da geschah es, obwohl sie dergleichen hier am allerwenigsten erwartet hätte: Hier traf sie Stuart, und sie konnte

es sich überhaupt nicht erklären, aber sie verliebte sich heftig in ihn. Vom Inhalt des Vortrags hatte sie überhaupt nichts mitbekommen, denn sie war vollauf mit dem Gedanken beschäftigt, daß er einfach der anziehendste Mann war, den sie je gesehen hatte. Sie fragte sich die ganze Zeit, ob er wohl verheiratet wäre, oder vielleicht schwul, oder mit irgend jemandem zusammen, und ob er möglicherweise Interesse an ihr finden könnte. Nachdem das Programm dieses Tages zu Ende war, sehnte sie sich richtig danach, die Zeit mit Stuart zu verbringen, und sie rief sogar die Rezeption an, um herauszukriegen, welches Zimmer er hatte. Erst wollte sie ihn anrufen, aber dann entschloß sie sich, einfach hinunterzugehen und zu sehen, ob sie irgendeinen Anhaltspunkt entdeckte, ob er verfügbar sei oder nicht. Im Flur vor seinem Zimmer saß eine Frau, die sie zuvor nicht gesehen hatte. Karen überlegte, ob das wohl bedeutete, daß er nicht da war, und so ging sie in ihr Zimmer zurück, um ihn anzurufen und sich Gewißheit zu verschaffen für ihre Mutmaßung. Er meldete sich sofort beim ersten Läuten. Da sie nicht wußte, was sie sagen sollte, legte sie sofort auf, setzte sich aufs Bett und hatte Herzklopfen, einen roten Kopf und fühlte sich wie ein Teenager. »Immerhin«, sagte sie sich, »mein Wunsch ist in Erfüllung gegangen. So also fühlte Susan sich. Ich hatte gedacht, ich würde mich daran erinnern, aber ich hatte ganz vergessen, wie unglaublich lebendig du dich dabei fühlst.«

Die ganze Nacht begleiteten sie diese Gefühle und heraus kamen ein paar sehr interessante Träume – Träume, welche sie im Grunde irgendwie über den ganzen nächsten Seminartag verfolgten. Am Sitzungsende dieses Tages war sie so weit, daß sie die Gelegenheit beim Schopf fassen wollte, und sie holte tief Luft, sauste direkt hinter Stuart her und hielt ihn auf dem Gang an. Ihr Herz raste vor Aufregung. »Entschuldige, einen Augenblick, bitte«, sagte sie lächelnd, »aber ich finde dich sehr anziehend, und ich würde dich wirklich gern näher kennenlernen. Wäre das möglich?« Sie konnte nicht wissen, wie willkommen ihm diese unerwartete Aufmerksamkeit und ihr Interesse waren bzw. wie unvermittelt er zu dem Eindruck gelangte, daß sie doch sehr charmant sei. Aber sie wußte es bald, denn er lächelte übers ganze Gesicht, hatte ein Zwinkern in den Augen und sagte so was wie: »Ja, fein, wie wär's mit essen gehen?« Und natürlich fühlte sie sich, als müßte sie in die Luft springen, laut schreien, umherspringen, eben all das, was man tut, wenn man diese unglaubliche Energie und Selbstbestätigung fühlt, die sich dann einstellen können, wenn man solch eine Gelegenheit nutzt. Danach ergab sich alles wie von selbst: Einige Monate später waren sie verheiratet. Sie konnte überhaupt nicht glauben, daß es so etwas gibt. Sie hatte einen Mann gefunden, der die gleichen besonderen Eigenschaften hatte, die sie an Bill so mochte, aber es war kein Abwarten mehr nötig. Bill konnte es überhaupt nicht glauben, als sie von dem

Seminar zurückkam und abrupt Schluß machte mit ihm. Er bekam schließlich seine ambivalenten Gefühle hinsichtlich Bindungen in den Griff, aber dies zu genießen blieb einer anderen Frau vorbehalten.

21. Vorhandene Einstellung:
Wenn ich nicht aggressiv, groß und ungeheuer überzeugt von mir bin, dann bin ich für die Frauen enttäuschend.

Erwünschte Einstellung:
Frauen finden unaggressives Verhalten bei einem Mann, mit dem sie verabredet sind, oft wünschenswert, angenehm und nachgerade wohltuend.

Metapher

Julia und Stan waren Studenten an der Universität von West–Florida, und beide wollten zu uns in Therapie kommen; allerdings kannten sie einander damals noch nicht. Als Julia anfangs zu mir kam, wollte sie eigentlich keine Therapie, obgleich sie dies später doch als gute Idee empfand, nachdem ihr akademischer Berater ihr eines Tages einen Stein geschenkt hatte, der für sie von wesentlicher symbolischer Bedeutung werden sollte. Es war ihr nicht sogleich der Gedanke gekommen, daß dieser Stein für sie zum Stimulus werden könnte, der sie bis zu ihrem College-Abschluß würde bei der Stange halten können. Aber das geschah, ehe sie Stan kennenlernte.
Als Julia im ersten Semester war, fand sie, es sei jetzt an der Zeit auszusteigen. Sie war nicht aus echtem Interesse hier, etwa weil sie Karriere machen wollte oder aus Interesse am Lernen; sie wollte sich eher einen Jungen angeln, anstatt einen akademischen Abschluß zu machen. Nach drei Monaten hatte sie mehr Lehrbücher und weniger Jungen gesehen, als ihr lieb war – aber sie hatte Stan noch nicht kennengelernt. Stan war dunkelhaarig, klein und ein wenig schüchtern. Sie war sicher, daß sie einen großen Blonden kennenlernen wollte. Das war so ziemlich alles – aber sie hatte Stan noch nicht kennengelernt. Stan wiederum wollte ein Mädchen kennenlernen. Es sollte so klein wie er sein, kein großes Mädchen – aber er hatte ja Julia noch nicht kennengelernt.
Julia begab sich also in das Büro desjenigen Professors, der den schwierigsten Kurs abhielt. Der schickte sie aber weiter zum Studienberater, und dort in dessen Büro saß sie schmollend, den Tränen nah. Ehe sie anfing zu reden, sagte er zu ihr: »Ich werde dir etwas geben und ich weiß, dies wird die Antwort auf deine Frage sein«; und er griff hinüber zum Regal, nahm einen

ziemlich gewöhnlich aussehenden Stein und drückte ihn ihr in die Hand. Er schloß ihre Finger über dem Stein und sagte: »Und nun möchte ich, daß du anfängst und mir erzählst, weshalb du hier bist, und dann sieh nach, was du in der Hand hast. Ich meine, das wird dir deine Frage beantworten.« Und das war lange bevor sie auf den Gedanken kam, daß dieser Stein eine wichtige Rolle spielen werde.

Stan war bereits in Therapie wegen seines Widerstandes, zu rasch aktiv zu werden bei einer Verabredung. Er fürchtete, wenn er zu schnell seinen Empfindungen Raum gäbe, wenn er versuchen würde, das zu zeigen, was er wirklich wollte, oder wenn er sein Verlangen ausdrücken würde, dann riskierte er, daß er das Mädchen damit kränkt und sich selbst lächerlich macht. Und er hatte Julia noch nicht offiziell kennengelernt, aber er wußte, daß sie das Mädchen war, mit dem er sich verabreden wollte. Er war noch ein Erstsemester und er stellte sich andere Jungen bei Verabredungen vor und malte sich aus, wie sie sich dabei verhielten. Und wenn er da an seine eigene Unbeholfenheit dachte, an seine fehlende Gewandtheit, so wollte er Julia sicher nicht zeigen, daß er nicht so ein routinierter Typ war, wie ihn Julia sich nach seiner Meinung wünschte.

Ohne daß Stan das wußte, hatte Julia etwa zur gleichen Zeit ihre Therapie angefangen, unmittelbar nach der Sache mit dem Stein. Und es dauerte eine gewisse Zeit, bis wir dahintergekommen sind, daß die beiden voneinander sprachen in ihren Therapiesitzungen, wenn sie erzählten, was sie am Wochenende gemacht hatten. Stan hatte sich regelrecht selbst gelähmt. Er wollte Julia gern wissen lassen, wie er sie fand, aber er wollte das nicht so ausdrücken, daß es sie hätte verletzen können und sie keine Lust mehr gehabt hätte.

Inzwischen sprach Julia darüber, wie der Mann sein sollte, nach dem sie Ausschau hielt. Stan traf sich mit ihr und brachte sie schließlich bis zu ihrer Haustür. Er hatte ihr nicht erzählt, was in ihm vorging, warum er sich mit ihr verabredet hatte; er hatte nicht ihre Hand gehalten und sie auch in keiner Weise berührt. Er hatte gezögert, sie anzulächeln, und immer schüchtern zur Seite geschaut.

Und im letzten Augenblick, als sie schon unter der Tür standen, wäre er lieber gestorben, als daß er den Versuch hätte andeuten mögen, ihr vielleicht einen Gutenachtkuß geben zu dürfen. Er meinte noch nicht einmal, daß es eine gute Idee wäre, ihr die Hand zu geben. Er sagte ihr, daß es schön war, und ging heim. Julia fand es auch schön, sagte das und ging ins Haus. Am nächsten Tag kam sie zur Therapie und fragte, ob sie etwas an sich hätte, das Männer auf Distanz hält. Sie hätte den nettesten Jungen kennengelernt, und sie hoffe natürlich, daß er sie wieder anrufen und sich mit ihr verabreden werde. Sein Name sei Stan. Er mache einen recht sensiblen Eindruck. Es verging eine ganze Woche. Sie kam zur nächsten Sitzung.

Und sie sagte, Stan habe nicht angerufen. Sie sei dieses Wochenende mit ein paar anderen Jungen ausgegangen; es sei ganz nett gewesen. Sie überlegte sich, womit sie Stan verletzt haben könnte.
Und auf einmal dämmerte es uns: Stan hatte ja gesagt, daß er das Mädchen nicht wieder angerufen habe. Er meinte, wenn er sich jemandem aufdrängte, käme ganz schnell heraus, was er für ein Trottel sei, und so zögerte er, sie anzurufen. Das war eine unangenehme Situation, zu wissen, daß die beiden voneinander sprachen, und ich konnte ihn nun ermutigen, sie wieder anzurufen, oder ich konnte es auch bleiben lassen. Ich wußte einfach nicht, was ich tun sollte. Später war Stan wieder mit ihr verabredet, aber er wiederholte sein altes Verhalten und verbohrte sich weiter in die Vorstellung, wenn er mehr aus sich herausginge, würde man sofort herausfinden, wie unerfahren er war. Er glaubte, seine Schüchternheit sei für alle und auch für jedes Mädchen, mit dem er sich verabredete, der Beweis, daß er impotent und als Mann minderwertig sei. Immer wieder war dies das Thema in seiner Therapie.
Von Julia erhielten wir nach ihrer Collegezeit eine Postkarte. Es war erstaunlich, wie rasch diese vier Jahre vergangen waren, nachdem sie in den Beratungsstunden erst einmal klar herausgearbeitet hatte, was für sie Vorrang hatte. Sie hatte tatsächlich im Hauptfach Geologie studiert und über Steine ein bißchen mehr gelernt, als sie ursprünglich beabsichtigt hatte. Und man kann sagen, daß sie in diesen vier Jahren ihre verborgenen Fähigkeiten bezüglich Unabhängigkeit und Selbstvertrauen zutage gefördert und sie glänzend entwickelt hatte. Sie war während der ganzen Collegezeit mit uns in Kontakt geblieben und hatte uns berichtet, was sich so in ihrem Leben ereignete, auch als die Therapie schon lange beendet war. Sie schaute als Freundin vorbei. Und nachdem die Hochzeitsanzeige mit der Post gekommen war, überraschte es uns auch nicht, daß wir eine Karte von ihrer Hochzeitsreise bekamen. Sie hatte einen Mann namens Michael geheiratet.
Und sie schrieb, sie frage sich, ob sie nicht eines Tages noch einmal zu jemandem in Therapie gehen solle, denn im Hintergrund hatte sie – selbst an ihrem Hochzeitstag – den Gedanken, wie es gewesen wäre, wenn sie Stan angerufen hätte und sich noch ein paarmal mit ihm getroffen hätte, anstatt darauf zu warten, daß er sie anruft. Und sie schrieb auch auf der Karte, daß sie immer noch an diesen Jungen denke, der im ersten Semester Eindruck auf sie gemacht hatte: Warum konnten nicht mehr Jungen wie Stan sein? Aber ich denke, sie war schon glücklich mit Michael. Aber wer hätte je daran gedacht, daß ein kleiner Stein, ein harmloser kleiner Stein, ihr ganzes Leben derart prägen werde?

22. Vorhandene Einstellung:
Wenn ich schüchtern und sensibel bin, bringe ich es nie zu etwas.

Erwünschte Einstellung:
Jemand, der schüchtern und sensibel ist, kann durchaus Erfolg haben und darüberhinaus der angenehmere Mensch sein.

Metapher[9]

Man muß schon sagen: die Welt ist ein Dorf. Jeder hat vermutlich schon einmal jemanden zufällig wieder getroffen, den er von früher kannte, und hat dann gesagt: »Meine Güte, die Welt ist wirklich ein Dorf.« Michael war ein Junge aus meiner Highschool-Turnklasse, der nicht immer bereit war, sich in den Ring und auf die Matte zu begeben. Er versuchte, sich um seine Liegestütze herumzumogeln. Und er wäre glücklich gewesen, wenn jemand gekommen wäre, der gesagt hätte, Turnen falle aus, oder wenn irgendwoher eine Notiz hereingereicht worden wäre, daß er entschuldigt sei.

Er war soweit ganz nett. Wenn ich darüber nachdenke, war er vielleicht sogar ein wenig zu nett. Es gab nicht gerade viele, die die Gedichte, welche er schrieb, verstanden oder bewundert hätten. Wir zogen ihn gewöhnlich sogar ein bißchen auf wegen seiner Gedichte. David war der Anführer. Er entdeckte immer einen, auf dem er herumhacken konnte. Und anscheinend machte es David am meisten Spaß, Michael zu schikanieren. Psychotherapeuten mutmaßen bisweilen, daß derjenige, den du nicht ausstehen kannst, gewisse Anteile deiner selbst repräsentiert, die du zu verleugnen suchst. Wenn das stimmt, so wollte David bestimmt den Dichter in sich nicht wahrhaben.

Michael beschrieb in der Turnstunde die Gerichte, die er kochte. Mir kam das komisch vor, daß ein Oberschüler nicht merkt, daß es befremdlich war, über seine Kochrezepte oder seine Gedichte zu sprechen. Selbst wenn du einen Hang dazu hättest, Gedichte zu schreiben, wäre es besser gewesen, das für dich zu behalten, bis du erst einmal das Umfeld geklärt hast. Und Turnstunden waren sicher der falsche Ort.

Ich weiß nicht, ob es viele Jungen gab, die sich Vorstellungen darüber machten, wie sie später einmal sein würden und wem sie ähnlich wären. Wenn du dich beim Turnen umgesehen und zu entscheiden hättest, ob du eher wie David oder eher wie Michael sein wolltest, dann wäre die Entscheidung gewiß nicht schwierig gewesen. – Es ist interessant, daß du dir als Zuhörer hier wahrscheinlich irgendwie deine eigenen Gedanken machst.

In der Turnstunde sah ich immer beide, Jahr für Jahr; David machte stets gnadenlos seine Scherze mit Michael und stieß ihn herum. Meine ganze Highschoolzeit habe ich David nur immer hier gesehen, und er schien auch niemals etwas abzukriegen. Ich erinnere mich, es kam mir schon ungerecht vor.

Gewiß empfand er Geringschätzung für die Fächer, die ich belegt hatte. Ich sah ihn niemals in Mathematik, Physik oder Chemie. Auch in den Literaturkursen, die ich besuchte, war er wohl nie. Ich sah ihn immer nur beim Turnen. Vielleicht war ich ein bißchen naiv, wenn ich ihn toll fand und auch wenn ich denke, wozu er es bringen wollte im Leben.

Ich hatte das alles schon so ziemlich vergessen. Jahre später, nach meinem Studium, zog ich nach Jackson und arbeitete in einer Psychotherapie-Klinik. Jackson in Michigan liegt ca. 65 km von Lansing entfernt, wo ich zur Highschool ging. Und eines Tages, als ich Vorlesungen in den unteren Semestern des Colleges hielt, lief ich Michael über den Weg und erfuhr, daß er im geisteswissenschaftlichen Bereich lehrte. Ich hörte auch, daß er ein Spitzenkoch sei, fragte ihn aber nicht weiter danach.

Wir kamen auf die Universität zu sprechen. Ich fragte ihn, ob er jemals wieder einen der Leute aus der Highschoolzeit getroffen habe, und Michael sagte mir, daß David aus dem Turnkurs dieses Semester bei ihm an einem seiner Seminare teilnehme! Endlich versuchte der Rabauke, seine Ausbildung voranzutreiben und aus seinen jämmerlichen Hilfsarbeiterjobs herauszukommen, die er seit der Highschool hatte. Ich fragte Michael, ob es schwierig sei, jemanden zu unterrichten, der einen vor Jahren verprügelt hatte, oder ob das eine Genugtuung sei? Er sagte, das sei einfach eine Arbeit wie jede andere auch; der Bursche sei nicht unbegabt und er könne ihn durchaus unterrichten. Also, die Welt ist wirklich ein Dorf.

Es ist sehr anerkennenswert, daß Michael seine Ängste, nicht so wie die anderen zu sein, überwinden konnte, und daß er die Begabungen und Fähigkeiten des anderen erkennen kann. Und ob das nun bewußt geschah oder ob Lernen einfach auf unbewußter Ebene abläuft, das spielt jetzt überhaupt keine Rolle.

23. Vorhandene Einstellung:

Wenn die Ehe meiner Eltern furchtbar war, dann habe ich wahrscheinlich nichts mitbekommen, was nötig ist, um selbst eine gute Ehe zu führen.

Erwünschte Einstellung:

Eine gute Ehe und Familie sind durchaus möglich, selbst wenn man nicht das Glück hatte, in eine solche hineingeboren worden zu sein – und bisweilen können sich unglückliche Verhältnisse sogar als vorteilhaft erweisen.

Metapher

Georgia und Sally kamen aus sehr unterschiedlichen Milieus; die eine wohnte diesseits, die andere jenseits der Bahngeleise. Keiner hätte je angenommen, daß eine von beiden es nicht schaffen würde, zum zehnjährigen Klassentreffen der Highschool zu kommen, weil sie von ihrem Mann umgebracht worden war. Das geschah genau eine Woche vor dem Treffen, wobei der Ehemann sich selbst ebenfalls das Leben genommen hatte.

Es stimmt schon, daß für Sally nie etwas leicht gewesen war. Sie kam, wie man so sagt, aus zerrütteten Familienverhältnissen. Zwischen den Eltern hatte es sehr viel Streit gegeben, ehe sie den Kindern den Dienst erwiesen hatten, sich zu trennen. Danach war alles aber nur schlimmer geworden, wie das so ist bei finanziellen Schwierigkeiten und all den Problemen, die die Mutter mit den Kindern und deren Bedürfnissen hatte. Sally war die Älteste und mußte eine Menge Verantwortung im Haushalt übernehmen, und es schien wirklich nicht gerecht, daß sie nicht normal wie andere Mädchen ihres Alters heranwachsen konnte. Und selbst wenn sie Zeit hatte, fühlte sie sich nicht so wie die anderen Mädchen; ihre Kleider stimmten nicht, oder sie selbst schien einfach nicht dazuzupassen.

In der Schule jedoch konnte Sally sich behaupten. Sie kam nicht nur eben mit, nein, sie hatte recht gute Noten. Aber mit allen Aktivitäten außerhalb der Schule hatte sie nichts zu tun. Sie hörte zwar davon, denn Georgia und sie saßen seit der ersten Klasse nebeneinander. Wenn die Sitzordnung nach den Anfangsbuchstaben der Familiennamen festgelegt wurde, kamen sie immer zusammen. Aber sonst waren die beiden so unterschiedlich, wie nur zwei Mädchen sein können. Georgia war immer in allem im Vorteil. Ihre Eltern waren prominente Bürger der Gemeinde, und auch Georgia war von Anfang an sehr beliebt, stand an der Spitze. Und natürlich hatte sie die am passendsten zusammengestellte Garderobe und die schicksten Frisuren. Sie wußte, sie gehörte dazu und war sich immer sicher, akzeptiert zu sein. Ihre Noten waren in Ordnung, aber sie war gar nicht auf derartige Leistun-

gen angewiesen, um sich gut zu fühlen. Es stand von vornherein fest, daß ihr alles im Leben auf dem silbernen Tablett gereicht würde.
Sally konnte nur ahnen, wie ideal Georgia es zu Hause haben mußte. Zuweilen malte sie sich das in den lebhaftesten Farben aus, wenn die häuslichen Überforderungen sie niederdrückten oder wenn sie von ihrem betrunkenen Vater angebrüllt und fast zusammengeschlagen wurde.
Sie hatte Georgias Eltern ein paarmal bei Schulveranstaltungen gesehen; sie hielten sich oft bei der Hand, sahen einander an und lächelten voller Stolz, wenn Georgias neueste Leistungen bekanntgegeben wurden. Oder sie begleiteten sie zum Tanz und sahen einfach zu, und manchmal tanzten auch sie miteinander auf interessante altmodische Art und Weise. Es schien, als könne Georgia sich ihre eigenen Regeln entwickeln, und ihre Eltern seien dazu da, sie zu unterstützen und glücklich zu machen. Und natürlich bekam Georgia trotz ihres durchaus nicht überwältigenden Zeugnisses ihre Zulassung bei einigen hervorragenden Universitäten. Sally wußte nicht, wie sie auch nur das erste Semester finanziell bestreiten sollte. Selbst Bewerbungen zu schreiben schien eine unrealistische Zeitverschwendung. Wenn es darum ging, zu entscheiden, wer mit größter Wahrscheinlichkeit erfolgreich sein werde, so zögerte niemand, auf Georgia zu tippen, wohingegen Leute aus Sallys Milieu überhaupt nicht in Betracht gezogen wurden. Es sah sogar so aus, als wäre man überzeugt, daß Sally überhaupt keine Zukunft habe.
Aber auch wenn die Highschoolzeit einem so vorkommt, als würde sie niemals enden, so erreicht man doch schließlich den Abschluß, und alle gehen in die Welt hinaus, sind in alle Winde verstreut, und die meisten verlieren sich bald aus den Augen, selbst die engsten Freunde. Und ehe du dich versiehst, sind zehn Jahre vergangen, und es ist fast ein kleiner Schock, wenn der Brief eintrifft, der dich zum zehnjährigen Treffen einlädt, wo es dir doch fast scheint, als sei das erst gestern gewesen – bloß daß du schon ein wenig Zeit brauchst, dich auch nur an die Namen jener engsten Freunde zu erinnern, bis du schließlich in der Liste nachschaust, welche Klassenkameraden ausfindig gemacht sind und welche noch fehlen, bei denen man Nachricht geben soll, falls man weiß, wo sie abgeblieben sind. Bei den bereits informierten Leuten standen in alphabetischer Reihenfolge die Namen von Georgia und Sally beieinander, so wie sie früher im Klassenzimmer saßen. So hatte Sally also doch eine »Zukunft« gehabt, aber keiner dachte, sie werde sich bei dem Klassentreffen sehen lassen, nachdem das doch eine Art gesellschaftliches Ereignis ist.
Ich weiß nicht, ob du dir wirklich den Schock vorstellen kannst, der durch den Ballsaal des Hotels ging, wo sich die Ehemaligen trafen, als der frühere Klassensprecher das Mikrophon nahm und ankündigte, er habe eine sehr traurige Nachricht zu übermitteln. Es war so still im Saal, daß man die

sprichwörtliche Nadel hätte fallen hören können, als er sagte, Georgia würde nicht am Klassentreffen teilnehmen, sie sei auf tragische Weise vorige Woche von ihrem Mann umgebracht worden; er habe diese Nachricht soeben von ihren Eltern erhalten.
Vielleicht erfüllte Sally dies mit mehr Trauer als alle anderen, obgleich sie sich nie für eine von Georgias Freundinnen gehalten hatte. Aber es hatte eine gewisse Nähe zwischen ihnen gegeben und Sally hatte sich so oft gewünscht, wie Georgia zu sein, daß sie sich fühlte, als sei sie ihr wirklich nahe. Als sie sich auf das Treffen vorbereitete, hatte sie sich schon erwartungsvoll ausgemalt, wie hübsch es wäre, Georgia mitzuteilen, wie erfreulich sich alles in ihrem Leben während der zehn Jahre seit dem Abschluß entwickelt hatte. Ihr Mann und ihre zweijährige Tochter waren auch mitgekommen. Er war wirklich stolz auf Sally und wollte einfach dabeisein, wenn sie sich mit ihren früheren Klassenkameradinnen traf und ihnen zeigte, was sie aus sich gemacht hatte. Und er war gespannt darauf, diese Georgia kennenzulernen, von der er so viel gehört hatte.
Niemand konnte sich eine derartige Tragödie erklären. Es gab einfach keine Deutung. Es war so sinnlos. Keiner wird je die wahre Geschichte dieser Ehe kennen und erfahren, welche Spannungen und Konflikte dem endgültigen, schrecklichen Ende vorausgegangen waren. Man kann nur Mutmaßungen anstellen, ob und wieweit Georgia ihren Teil zu ihrem Schicksal beigetragen haben mag, indem sie den unpassenden Partner ausgesucht hat, wichtige Anzeichen übersehen hat, es als selbstverständlich angesehen hat, sich weiter im Wohlstand aalen zu können, ohne dafür verantwortlich zu sein oder etwas dazu beizutragen.
Keiner konnte es wirklich wissen, aber im Laufe des Abends wurde klar, was das bedeutete, wenn Sally sagte, sie habe sich dahintergeklemmt, daß gewisse Dinge in ihrem Leben in Erfüllung gingen, ohne irgendwelche unangebrachten Vorstellungen, irgendeiner werde es schon für sie richten, denn schließlich sei sie ja etwas Besonderes. Sie hatte die Sicherheit verdient, die sie an diesem Abend ausstrahlte. Sie hatte hart daran gearbeitet, eine Ehe mit einem Mann aufzubauen, den sie ausgewählt hatte, der ihre Stärke ertragen konnte und ihren Einsatz und ihre Bereitschaft zu schätzen wußte, ein Risiko einzugehen und ihn zu lieben. Und es war auch ihre feste Entschlossenheit klar, ihrer kleinen Tochter ein Vorbild zu sein, obgleich sie selbst der lebende Beweis war, daß du alles erreichen kannst, was du willst, ganz gleich aus welchem Milieu du kommst, ob nun von diesseits oder von jenseits der Bahngeleise. Übrigens fuhr der Zug da nicht mehr durch: Die Geleisanlagen waren umgeleitet worden. Der Stadtteil, in dem Sally aufgewachsen war, wurde zur historischen Altstadt und zum Vergnügungsviertel mit Jazzlokalen und Gaslaternen. Im Laufe von zehn Jahren

hat sich viel verändert – das ist nur eine gewisse Spanne Zeit im ganzen Leben, aber die einzige, die Georgia gehabt hat.

24. Vorhandene Einstellung:
Ich muß weitermachen, mich immer mehr verbessern, denn ich habe es noch nicht gut genug gemacht. Ich darf mich nicht selbst für etwas loben, ehe ich es nicht noch etwas besser gemacht habe, oder bis meine Eltern oder andere Menschen mich anerkannt haben.

Erwünschte Einstellung:
Anstatt ängstlich zu sein und mich ein weiteres Mal beweisen zu müssen, kann ich Neues mit Zuversicht angehen, und kann stolz und zufrieden sein, daß ich so vieles so gut gemacht habe.

Metapher

Zwei kleine Jungen, die zunächst genau gleich zu sein scheinen, können bisweilen in ganz speziellen und wesentlichen Dingen vollkommen unterschiedlich sein, selbst wenn diese beiden Buben aus der gleichen Familie stammen. Und das gilt genauso für kleine Mädchen. Rachel und Ruth wuchsen, nicht allzu weit von hier, in der gleichen Familie auf. Es ist wohl nicht so wichtig, daß sie Baptisten waren – das hatte lediglich die Wahl ihrer Namen beeinflußt.
Wenn man von Ruth sagt, sie sei »mit dem silbernen Löffel im Mund« geboren worden, dann ist wohl das Wesentliche ausgesagt. Ruth war schön, intelligent, benahm sich gut und entwickelte sich auch weiter sehr angenehm. Von Rachel konnte man dies alles nicht sagen. Sie war ein dünnes kleines Ding und wirkte während der ganzen Jahre in der Highschool so, als sei sie viel jünger. Bei ihrem Anblick sagten die Lehrer: »Schau an, wie mickrig die Siebtklässler dieses Jahr sind, die werden auch jedes Jahr jünger.« Und oft bekam Rachel zu hören oder zu spüren, daß sie von den Eltern oder Lehrern mit Ruth verglichen wurde. Es war ganz klar, daß Rachel einiges zu bewältigen hatte mit diesem Problem, von welchem Ruth nicht betroffen war.
Da Ruth älter und perfekter war und überhaupt nichts falsch machen konnte, versuchte sie auch gar nicht irgend etwas falsch zu machen. Sie befolgte die Normen ihrer strengen Baptistenfamilie bis aufs Jota genau – kein Kino, kein Tanzengehen, Kirchgang mehrmals die Woche, und es bestand kein Zweifel, daß Ruth zu einer ebensolchen Familienmutter heranwachsen würde wie ihre Mutter. Die Frage war nur, wie schlecht es noch mit Rachel werden würde; käme schließlich heraus, daß sie eine

Eßstörung oder etwas Ähnliches hatte? Ihre Magerkeit hatte nichts mit Magersucht zu tun. In dieser Familie rührte Magerkeit daher, daß Rachel nicht in der Lage war, an das Beispiel heranzureichen, das Ruth bereits eindrücklich vorgegeben hatte. Und Rachel war es von Anfang an bestimmt, etwas Geringeres zu sein. Sie war nicht so hübsch wie ihre Schwester, war nicht so schlau und nicht so reif wie sie. Und je mehr sie sich dem annäherte, was ihre Schwester war, desto deutlicher wurde es, daß sie einfach anders war. In dieser Situation entscheiden sich Kinder oft dafür zu rebellieren, Schwierigkeiten zu machen. Jeder, der diese Familie kennenlernt oder näher betrachtet, wird wohl ein gewisses Verständnis für Dinge entwickeln, die in seiner eigenen Familie ähnlich sind.

Ruth kam zu uns und stellte uns die Gretchenfrage. Sie hatte von uns gehört. Ihre Eltern glaubten nicht an Psychotherapie, aber sie fragte sich einfach, ob sie dem Rat von allen Seiten folgen und diesen jungen Mann heiraten solle, der neun Jahre älter war als sie, der ihr ein wunderbares Heim versprach, der ein guter, gläubiger Christ war – oder sollte sie stattdessen weggehen aufs College, etwas für ihre weitere Ausbildung tun und vielleicht Karriere machen, sich möglicherweise niemals mehr so verlieben, wie sie es bei diesem Burschen getan hat? All ihre Freundinnen dachten, sie sei verrückt, wenn sie jetzt nicht heiratet, wenn sie ein so großes Haus aufs Spiel setzt und so viel Geld dazu. Sie fanden, sie wäre eine Närrin, wenn sie jetzt weg ginge aufs College. Wenn sie wirklich aufs College wollte, dann könnte sie das auch noch tun, nachdem sie diesen Burschen geheiratet hätte, es sei denn, daß er sofort ein paar Kinder wollte. Sie war 19, er 28.

Rachel mußte sich nie mit solchen Angeboten auseinandersetzen. Für sie war alles ein Kampf. Und es war unwahrscheinlich, das ein älterer, reicher Mann ihr dergleichen anbieten würde. Dazu war sie nicht der Typ. Ruth dagegen war nach Meinung der meisten Leute wirklich hinreißend. So konnte man es schon verstehen, daß eines der beiden Kinder etwas Großartiges erreichen würde, das andere aber nicht. Ich weiß nicht, wer vielleicht doch etwas anderes erwartet hat, aber das Erstaunliche ist, es war Rachel, die es weit gebracht hat, und für Ruth haben sich die Dinge schrecklich entwickelt.

Der silberne Löffel in ihrem Mund hat seinen Glanz verloren, und ihre Fahrkarte in die Freiheit beförderte sie in ein Land, das sie nicht mehr verlassen konnte. Und Ruth wußte nicht, wie sie damit umgehen sollte, daß sie in ihrem Leben so grobe Fehler gemacht hatte. Früher hatte sie ja nie einen Fehler gemacht.

Als Rachel heranwuchs und reifer wurde, wurde ihr klar, was so viele von uns begreifen. Manchmal dringt es nicht sogleich in dein Bewußtsein, was dein Unbewußtes bereits gelernt hat. Als sie sich zu uns setzte und uns erklärte, sie habe einigen Zweifel an ihrem Berufserfolg gehabt, nachdem sie das College mit dem Doktortitel verlassen habe, weil sie doch auch nie so klug wie Ruth gewesen sei, war es uns ein Vergnügen, endlich einmal sagen zu können: »Dein Bewußtsein übersieht, was dein Unbewußtes offensichtlich gelernt hat. Alles, was du vollbracht hast, hast du allein geschafft, ohne die Hilfe von irgendjemandem. Du konntest nie zu deinen Eltern gehen und sagen: »Schaut, was ich erreicht habe«. So hast du das Gefühl, für die neue Position nicht voll und ganz geeignet und passend zu sein. Aber jetzt ist es Zeit für dich, zu erkennen, daß du sehr viel erreicht hast und vor allem, daß du es alleine geschafft hast. Du bist sozusagen eine »Self-made-Frau«, und die Ängstlichkeit, die sich oft einstellt, wenn wir etwas Neues beginnen und es keinen gibt, der uns dabei hilft, ist einfach ein Relikt aus unserer Vergangenheit, eine Antiquität, die du einfach wie eine Trophäe hüten kannst. Dein Unbewußtes weiß ja, wie es mit all den Dingen fertigwerden soll, die du selber vollbracht hast. Ruth hatte Hilfe auf Schritt und Tritt, und ein Teil der Hilfe für sie bestand in der Tatsache, daß du dich selbst in Zweifel gezogen hast. Im Angesicht deiner Zweifel hatte sie mehr Selbstvertrauen. Schau dich jetzt an. Du kannst deinen Zweifeln gegenüber jetzt selbst mehr Vertrauen haben.«

So können zwei Kinder gleichen Ursprungs vollkommen unterschiedlich sein. Zwei Kinder können sich sehr voneinander unterscheiden und doch vieles gemeinsam haben.

25. Vorhandene Einstellung:

Wenn ich möchte, daß etwas richtig gemacht wird, dann muß ich es schon selber machen – Hilfe anzunehmen verpflichtet mich.

Erwünschte Einstellung:

Es gibt eine Menge sagenhafter Möglichkeiten, daß andere etwas für mich erledigen – das verpflichtet mich zu gar nichts.

Metapher

Mona war schon lange und aus gutem Grund davon überzeugt: Wenn du willst, daß etwas richtig gemacht wird, mußt du es eben selbst machen. Sie wollte niemandem verpflichtet sein. Und sie hatte keine Zeit übrig zur Korrektur der Fehler, die ihrer Überzeugung nach andere machen würden. Daß ihr auf diese Art immer weniger Zeit blieb für die Dinge, die sie gern getan hätte, das war eben der Preis, den sie zu zahlen hatte, dazu war sie auch bereit. Sie war immer diejenige, die fuhr, wenn irgendeine Fahrt mit dem Auto unternommen wurde. Sie übernahm die Leitung und trug die

Verantwortung für jeden Ausschuß, in dem sie saß. Ihre Kinder konnten sich über nichts von alldem beklagen, worüber die Nachbarkinder bei ihren Eltern herummaulten. Mona verlangte nicht einmal von ihren Kindern, daß sie ihre Zimmer saubermachten oder regelmäßig im Haushalt halfen, denn sie wußte, dadurch hätte sie einfach mehr Ärger, als das Ganze wert war, und so machte sie alles selbst. Wenn sie gelegentlich Zeit für irgendeine Freizeitunternehmung hatte, so kannst du sicher sein, daß Mona bei allem das Steuer in der Hand behielt. Sie entschied, wohin gegangen wurde, wieviel Geld ausgegeben wurde und was im einzelnen nötig war, um sicherzustellen, daß jeder den Spaß hatte, den er verdiente.

Bei ihrer Nachbarin Cora lief das alles ganz anders, das sah man schon an dem Tohuwabohu, in dem man ihr Haus mit Sicherheit immer vorfinden konnte, selbst wenn Besuch erwartet wurde. Die Dinge wurden schon geregelt, aber es fiel andauernd so viel Kram zwischendurch an. Und Cora arbeitete als Reiseagentin und war für vieles verantwortlich, obgleich Mona das nie begreifen konnte. Manchmal aßen sie mittags zusammen und Mona war immer wieder überrascht, wie Cora das rechtzeitig schaffen und auch alle Termine einhalten konnte. Sie war überzeugt, daß es lediglich eine Frage der Zeit sei, bis Cora von ihren Fehlern, die sie aufgrund ihrer schluderigen Art ja zwangsläufig machen mußte, eingeholt werde, so daß man ihr schließlich in ihrer Firma kündigen würde.

Mona wäre nie auf die Idee gekommen, daß sie von Cora etwas zu lernen hätte. Aber Cora hatte schon vor langer Zeit begriffen, daß es mehr als einen Weg gab, Dinge auf die Reihe zu bekommen. Sicher, du kannst alles selber machen, solange du eben durchhältst. Oder du kannst veranlassen, daß Dinge erledigt werden, kannst Verantwortung abgeben. Und was sie persönlich vorzog, was sie möglicherweise von Mark Twain entlehnt hatte: sie verbot ganz ausdrücklich ihren Kindern, dies oder jenes zu erledigen, oder sie dachte sich zumindest so etwas Ähnliches aus, um ihre Kinder zu provozieren, sich darum zu reißen, etwas Bestimmtes zu tun, das getan werden mußte. So konzentrierten sie sich mehr auf die Möglichkeit als auf die Notwendigkeit. So war es auch bei dem Ausflug auf dem White-water-Fluß, den sie und Mona mit den Kindern eines Samstags unternahmen. Cora ließ sich träge vorn im Kanu nieder, ließ die Füße ins Wasser baumeln und gab ihrem 12-jährigen Sohn Gelegenheit, vom Heck aus die Verantwortung für das Steuern des Kanus zu übernehmen. Indessen waren Monas Kinder selbstverständlich aller Pflichten ledig, während Mona sich alles gleichzeitig zumutete. Sie wollte kein Risiko eingehen, daß sie naßgespritzt würden oder irgendwo hängenblieben.

Nur ein paar Jahre darauf bahnten sich die traurigen Ereignisse an, die keiner hätte voraussagen können. Monas Kinder wurden verhaltensauffällig; die Kinderfürsorge schaltete sich ein, und sie kamen in Gewahrsam

aufgrund von Verhaltensstörungen, Drogenmißbrauch, Diebstahl, Betrügereien und verschiedenen anderen Schwierigkeiten. Monas Absichten waren sicher über allen Zweifel erhaben, aber es war ein Jammer, daß sie den Kindern nicht die notwendigen Gelegenheiten gelassen hatte zu lernen, welche Fähigkeiten in ihnen liegen. So wären die emotionalen Probleme vermieden worden, die schließlich zu jenen Verhaltensauffälligkeiten geführt haben.
Cora bekam nie Konsequenzen ihres Lebensstils zu spüren, außer daß sie weiter befördert wurde und in ihrem Beruf immer mehr Verantwortung übertragen bekam, denn nach all den Erfahrungen mit ihren Kindern war sie Experte darin geworden, jede Hilfe anzunehmen, die sie nur bekommen konnte, Verantwortung abzugeben, anderen die Möglichkeit einzuräumen, sich zu beweisen. Sie konnte sich vorn im Boot entspannen, so oft sich die Gelegenheit bot, und konnte andere die Freude der eigenen Leistung erfahren lassen.

26. Vorhandene Einstellung:
Ich sollte einfach eine Fassade zur Schau tragen und auf Nummer sicher gehen in meinen oberflächlichen Beziehungen zu meinem Ehepartner und zu anderen Leuten und so tun, als hätte ich keine Bedürfnisse.

Erwünschte Einstellung:
Indem ich mich offen zeige, kann ich zu meiner Stärke, zu meinem wahren Selbst und zur Nähe finden.

Metapher

Häufig lernt man während der Studienjahre mehr, als man eigentlich erwartet. So war das auch bei George, als er seinen Abschluß in Betriebswirtschaft machte. Aber er hätte sich nicht vorstellen können, daß er seine darstellerischen Fähigkeiten durch einen Münzwurf würde verbessern können. Ich kannte ihn aus einigen Seminaren, die wir gemeinsam besuchten, und erfuhr erst später, daß er gleichzeitig auch bei einem Schauspielkurs eingeschrieben war. Wir hatten oft darüber gestöhnt, wieviel Disziplin nötig war, all den Verpflichtungen nachzukommen und den Abschluß zu schaffen. Er war nicht mit sich zufrieden, fand sich zerstreut, und seine Selbstdisziplin war seiner Meinung nach nicht ausreichend. Ich hatte nicht ganz verstanden, was er eigentlich meinte, bis sich zufällig herausstellte, daß er in der Schauspielklasse war.
Eines Tages erwähnte er so nebenbei, daß es da eine bestimmte Rolle gab, die er sehr gern gespielt hätte, obgleich er gar nicht genau wußte, warum

eigentlich. Er wollte die Rolle unbedingt und wußte doch nicht, weshalb er sie spielen wollte; sie war kompliziert und vielleicht zu schwierig für ihn. Er hatte zuvor noch keine Schauspielklasse besucht, war ungeübt und naiv. Ganz anders verhielt es sich dagegen mit Ernie, der Schauspiel im Hauptfach belegt und bereits alle Kurse absolviert hatte. Er war Georges Idol, und das hing damit zusammen, daß Ernie bei jeder Sprechprobe und in jeder Rolle einfach technisch perfekt war. Er schien die Selbstdisziplin einfach im Griff zu haben.

George aber fiel das Herz in die Hose, als der Tag des Vorsprechens und der Rollenverteilung gekommen war und klar wurde, daß Ernie unglücklicherweise die gleiche Rolle wollte. Und Ernie war zuerst an der Reihe und legte eine brillante, technisch perfekte Sprechprobe hin. George, überzeugt davon, keine Chance zu haben, wollte nicht als nächster auftreten und wußte, daß er nicht dazu fähig wäre, die Zuhörer zu überzeugen, daß er diesen Charakter glaubwürdig werde darstellen können. Er wußte noch nicht einmal genau, wie dieser Typ sich überhaupt verhalten sollte.

Es ist so, daß jeder Schauspieler ein bestimmtes Bild entwirft, bestimmte Charakteristika zur Schau stellt. Jeder Schauspieler hat ein bestimmtes Rollenverständnis. In seinem Unterbewußtsein war George klar, daß – ehe er eine Rolle verkörpern konnte – er in authentischer Weise die subtilen Erfahrungen nachvollziehen müsse, die dabei im Spiel sind. Er mußte das alles wissen, um zu der Art von Wiedergabe fähig zu sein, die ihm vorschwebte, so wie Ernie das konnte bei all den übrigen Rollen. Ernie hatte einmal in der Klasse eine Rede gehalten zum Thema: Je besser du als Schauspieler bist, desto eher gelingt es dir, Rollen zu verkörpern, die sehr abweichen von deinem wahren Selbst. Und vielleicht wollte Ernie sich in dieser Rolle versuchen, um seinen Klassenkameraden zu beweisen, was für ein guter Schauspieler er war. Denn er hatte nichts von der Rolle, die er verkörpern sollte, und nichtsdestotrotz war sie ihm technisch so perfekt gelungen.

Und George, der dasaß, zusah, sich nicht blamieren wollte und nicht seine Unfähigkeit zeigen wollte, verließ schließlich voller Scham den Zuschauerraum und hoffte, daß niemand seinen Rückzug bemerkt hätte. Er wußte nicht so richtig, was er jetzt tun sollte. Er merkte, daß er nun eine Menge nachzudenken und zu begreifen hätte, und so ging er einfach weg und warf eine Münze; Kopf sollte bedeuten: ich setze mich auf die Parkbank, und Zahl sollte heißen: ich zwinge mich dazu, mich an meine Dissertation zu setzen und zu arbeiten. Es kam Kopf, und darüber war er sehr froh. Heute war ihm durchaus nicht nach Disziplin zumute. So saß er einfach auf der Parkbank, und wie man weiß, kann man auf jedem Universitätscampus mit Park eine ganze Menge Jogger vorbeilaufen sehen. Und George hatte

Gelegenheit, an diesem frischen Nachmittag all die unterschiedlichen Jogger zu beobachten.
Natürlich sieht man eine ganze Menge Jogger in den Klamotten, die gerade »in« sind. Sie sehen wirklich perfekt aus in ihrer Rolle und laufen ihre rituelle Meile; sie lächeln und plaudern und sind noch nicht einmal richtig zum Schwitzen gekommen, und immer sehen sie vollkommen aus. George beobachtete, wie sie vorüberkamen, und beschloß, daß er anfangen werde zu joggen.
Ganz im Gegensatz dazu sahen die passionierteren Läufer beim Vorüberkommen keineswegs so glänzend aus. Ihnen trat der Schweiß aus jeder Pore, ihr Haar klebte am Kopf, sie waren klatschnaß und atmeten schwer. Manche trugen Bandagen um die Knie. Ihre Schuhe waren alt und abgetragen und ihre Ausrüstungsstücke waren nicht modisch aufeinander abgestimmt. Er sah einen bestimmten Läufer aus dem harten Kern vorüberkommen, der sich krümmte vor Schmerz und einen Partner dabeihatte, der ihn ermutigte, zu diesem Schmerz zu sprechen. George hatte immer aufgehört zu laufen, sobald er Seitenstiche spürte, und deshalb war er neugierig auf diesen erfahrenen Jogger, der hier entlang rannte und zu seinem Schmerz sprach, ihn annahm, ihn begrüßte und ihm mitteilte, er werde weiterlaufen. Sein Partner flüsterte ihm ins Ohr: So ist es richtig, atme in ihn hinein, lauf weiter, sag ihm, daß du hier bist, um standzuhalten, sag ihm, daß du bereit bist, von ihm zu lernen. Und natürlich konnte George nicht viel von ihrer Unterhaltung verstehen, obgleich sie langsam an ihm vorbeiliefen.
Er wußte nicht, wie lange er auf der Parkbank gesessen hatte, aber er sah die Als-ob-Läufer nicht zu einer weiteren Runde vorüberkommen. Sie hatten ihr Programm beendet und waren zurückgekehrt, um sich für ihre Abendvergnügungen vorzubereiten. Aber er konnte einfach nicht anders, er mußte den ernsthaften Läufern zuschauen, wie sie ihre Runden drehten. Besonders lag ihm an dem einen, den er schmerzgekrümmt hatte laufen sehen. Er konnte es zuerst gar nicht glauben, daß das der gleiche Mensch sein sollte, denn jetzt war er voll aufgerichtet, lächelte und sah aus, als fühle er sich sehr wohl. George begriff nicht so richtig, was er da lernte. Er meinte, daß er in gewisser Weise fasziniert war, und unbewußt begriff er etwas, das er bereits wußte: Sofern man wirkliche Stärke besitzen will, ist es notwendig, die darunterliegende Schwäche zuzulassen, sie zu zeigen und aus ihr zu lernen. Derlei Gedanken waren vielleicht wesentlich für seine besonders aufgeschlossene Verfassung bei seiner Rückkehr zu unserem gemeinsamen Seminar an diesem späten Nachmittag.
Seine Veränderung war schwer zu beschreiben. Er stellte Fragen auf so eine anrührend verletzliche Art. Er ließ sich an diesem Tag in so tiefer Weise in das Gespräch ein, wie ich es bei ihm noch nicht erlebt hatte. Er hatte Sinn für Humor und gleichzeitig Mitgefühl, er zeigte Stärke gepaart

mit Sanftheit. Ich nehme an, irgendwie spürte er, daß er nichts zu verlieren hatte; so konnte er auch ganz er selbst sein und alles intellektuelle, kontrollierte, seriöse oder sonstige Gehabe fallenlassen.

Bewußt dachte er überhaupt nicht daran, die Rolle zu memorieren, um sie in seiner Schauspielklasse vorzusprechen. Manchmal ist es schwierig, eine Erklärung dafür zu finden, wie sich Ideen und Meinungen während einer kurzen Spanne Zeit ändern, aber er verließ dieses Seminar und fühlte sich erstaunlich stolz, ohne zu wissen weshalb. Irgendwie wußte er, daß er bereit war, zum Vorsprechen zu gehen, seine Unzulänglichkeit zu akzeptieren, um so seine wahren Fähigkeiten zu entwickeln.

Am folgenden Tag marschierte er zu seiner Schauspielklasse, hielt die Münze fest, warf sie manchmal in die Luft und fing sie wieder auf, hielt sie dann wieder nur in seiner Hand und rieb sie mit dem Daumen. Anscheinend war sie ein symbolisches Erinnerungsstück für etwas, das er noch nicht bewußt benennen konnte, wovon er aber wußte, das hatte ihn zu einer veränderten Bereitschaft geführt. Seine Darbietung war bei weitem nicht technisch perfekt, ging indessen über die technische Perfektion hinaus. Selbst bei den Sprechproben blieb niemand ungerührt, denn er spielte die Rolle so vielschichtig, wie sie angelegt war. Und Ernie war ebenso überrascht wie alle anderen, daß nicht er wie üblich die Rolle bekam. Die Rolle ging an George, und die Wahl war einstimmig auf ihn gefallen.

Auch George war überrascht. An diesem Punkt war es nicht einmal wichtig für ihn, ob er nun die Rolle bekam oder nicht, denn er war so zufrieden mit seinem Auftritt bei der Sprechprobe. Er hatte gelernt, was nötig war, und es war nur eine Zugabe, daß die übrige Klasse ihn zum überzeugendsten Schauspieler wählte, der die Rolle auch spielen sollte.

Am Abend, bei der offiziellen Aufführung im Theater, kamen allen die Tränen. Du kannst dir vorstellen, wie zufrieden er sich gefühlt haben muß, vor den Zuschauern zu stehen, die stehend applaudierten und unter Tränen lächelten. Er hatte es sich selbst zu verdanken, daß er hier stand, tief befriedigt über seine Leistung. Und später hat er mir erzählt, daß er sich, wie er so dastand, vorgenommen hat, sich immer daran zu erinnern, was er in diesem Moment gelernt hat, was man überhaupt in solchen Augenblicken lernen kann. Du weißt es nicht, wie du dich erinnerst, aber dein Unbewußtes weiß, wie es das Gelernte speichert. Er war klug genug zu warten, bis der Beifall geendet hatte. Die anderen kamen zu ihm auf die Bühne, und so erlebte er die zusätzliche Befriedigung, ein Mitglied der Gruppe zu sein und zufrieden darüber, daß er die heftigen Empfindungen seiner eigenen Stärke und Schwäche, seiner Mattheit und Energie, seiner Unzulänglichkeit und seines Mutes hatte mitteilen können – und all dies hatte mit seinem wahren Selbst zu tun.

Anmerkungen zu Kapitel 3

1. Diese Metapher ist ein Beitrag von Susan L. Vignola, D.S.W..
2. Diese Metapher ist ein Beitrag von David A. Lee, R.S.A.C. unter dem ursprünglichen Titel »Das Barometer«.
3. Diese Metapher ist ein Beitrag von Susan L. Vignola, D.S.W..
4. Diese Metapher ist ein Beitrag von Marc Weiss, Ph.D..
5. Diese Metapher ist ein Beitrag von Nicholas G. Seferlis, M.S..
6. Diese Metapher ist ein Beitrag von Robert Schwarz, Ph.D..
7. Diese Metapher ist ein Beitrag von Don Shepherd, Ph.D..
8. Diese Metapher ist ein Beitrag von Don Ferguson, Ph.D..
9. Diese Metapher ist bereits bei Lankton and Lankton, 1986, S.291-293 erschienen.

Kapitel 4

Verhaltensmetaphern

Zärtlichkeiten, Gefühle zu zeigen, ganz gleich wie, das ist so notwendig für das Gefühlsleben wie Blätter für das Leben der Bäume. Wird dies alles gänzlich unterdrückt, so stirbt die Liebe bereits an den Wurzeln ab.

Nathaniel Hawthorne

Dem Beispiel folgen mehr Menschen als der Vernunft. Unbewußt ahmen wir das nach, was uns gefällt, und wir werden denen ähnlich, die wir am meisten bewundern.

Christian Nestell Bovee

Individuen und Familien sind in ständigem Wachstum begriffen und passen sich einem sozialen Umfeld im Wandel an. Dieses Ökosystem stellt an jeden seiner Bewohner gewisse Anforderungen, und mit jedem Entwicklungsstadium ergeben sich neue Notwendigkeiten. Wie in jedem Ökosystem werden diejenigen sich am besten entfalten, deren Verhalten und Erfahrungen am besten angepaßt sind bzw. den Anforderungen am ehesten entsprechen; dagegen werden diejenigen Streß erleben, deren Erfahrungen und Verhaltensweisen nicht zu den Notwendigkeiten dieses Ökosystems passen. Um das am praktischen Beispiel zu verdeutlichen, betrachten Sie die unterschiedlichen Verhaltensweisen zweier junger Männer Mitte Zwanzig, die nach ihrem Collegeabschluß eine Anstellung suchen: Der eine nimmt Blickkontakt auf, spricht klar, lächelt, sitzt bequem da und hört zu, und seine Hände sind ruhig; der andere vermeidet Blickkontakt, spricht mit leiser Stimme, zieht beim Sprechen die Augenbrauen zusammen und fingert an seinen Nägeln herum, während er dasitzt und zuhört. Ungeachtet der beruflichen Qualifikation wird die Wahl auf den ersten Bewerber fallen. Seine Art sich zu verhalten entspricht den Anforderungen des Umfeldes eher als die des zweiten Bewerbers. Der erste junge Mann wird sich gut weiterentwickeln, während letzterer mehr Streß erleben wird. Wir wollen nicht behaupten, daß mangelhafte Anpassung an die ökologischen Erfordernisse krankhaft, defizitär oder das Ergebnis eines schwach entwickelten Selbstbewußtseins sei. Wir möchten einfach darauf hinweisen, daß Therapie dem Menschen behilflich sein muß, sein Augenmerk auf angemessene Verhaltensweisen zu richten und den Erwerb solcher Verhaltensweisen unter nicht bedrohlichen Rahmenbedingungen zu fördern. Sinn und Zweck von Verhaltensmetaphern ist, einen Kontext zu schaffen, in welchem erwünschtes Verhalten veranschaulicht werden kann, und zwar idealerweise zu wiederholten Malen. Der zuhörende Klient hat so die Chance, die Feinheiten und Beispiele eines angestrebten Verhaltens bei sich zu erwägen, muß aber niemals das Bedürfnis eingestehen, dieses zu erlernen. Er hört ja nur eine Geschichte über einen anderen und die verschiedenen Verhaltensaspekte, die dieser gezeigt hat. Und deshalb wird kein Druck zu handeln auf den Klienten ausgeübt. Es werden keine Verhaltensweisen »beigebracht«, »einprogrammiert« oder dem Patienten aufgedrängt. Andererseits aber bietet die Metapher dem Klienten die Möglichkeit, sich ein Beispiel zu nehmen, darüber nachzudenken oder ein »neues« Verhalten in Erwägung zu ziehen, sich mit ihm zu identifizieren und es mit sich selbst in Einklang zu bringen, sofern er in seiner eigenen Lerngeschichte keine ausreichenden Gelegenheiten für Modellernen und Verstärkung erwünschten Verhaltens hatte – immer vorausgesetzt, daß eine ordnungsgemäße therapeutische Diagnose zugrunde liegt.

Wenn wir hier die zum Verhaltensentwurf passenden Geschichten entwikkeln, so beschreiben wir Hintergrund und Motivation der Personen gewöhnlich nicht näher. Werden mehr Einzelheiten gebracht, so geschieht das zugunsten der Lebendigkeit der Metaphern, und zwar möglichst kurz gefaßt und eher allgemein gehalten. Wir machen das deshalb so, weil wir das erwünschte Verhalten veranschaulichen wollen, ohne daß wir den Klienten dazu verleiten, darüber zu urteilen, ob solches Verhalten nun gut gewählt ist, ob es wohl zum Ziel paßt und was die Motive sind.

Im Grunde funktionieren die Verhaltensgeschichten weitgehend wie ein Schaukochen oder ein Lehrgang in Tischlerei. Das heißt: Verhaltensweisen, die erwartungsgemäß zu einem bestimmten Ergebnis führen, werden ziemlich direkt dargeboten. Schwerpunkt ist das Wie einer Handlung, ob es nun um die Zubereitung eines Soufflés oder das Anbringen von Dachrinnen geht oder aber darum, jemanden um Hilfe zu bitten. In den therapeutischen Metaphern wird das Verhalten des Protagonisten in diversen Zusammenhängen beschrieben, so daß das gewünschte Verhalten mehrfach wiederholt werden kann. Eine Möglichkeit für solche Wiederholungen besteht beispielsweise darin, daß ein Protagonist eine andere Person beobachtet, wie sie sich in bestimmter Weise verhält; dann sieht man vielleicht den Protagonisten selbst, wie er das gleiche Verhalten zeigt, und schließlich könnte eine weitere Wiederholung dieser Verhaltensweisen stattfinden, indem eine dritte Person sie demonstriert oder aber der Protagonist sie rückerinnert.

Die drei Schritte dieses Therapie-Protokolls* zusammengefaßt:

1. Betonen Sie die Ziele, nicht die Motive oder Einzelheiten des beobachtbaren Verhaltens des Protagonisten, welches dem erwünschten Verhalten des Klienten ähnlich ist und das er sich aneignen soll.
2. Verdeutlichen Sie detailliert den internen Dialog und das nicht–beobachtbare Verhalten, welche die neuzuerwerbenden Handlungsweisen des Protagonisten unterstützen sollen und auch dem Klienten dienlich sein können.
3. Verändern Sie den Kontext der Geschichte, um mehrfache modifizierte Wiederholungen der Verhaltensbeschreibungen zu ermöglichen.

Ein Benennen der jeweiligen Verhaltensweisen ist nicht erforderlich. Ziel ist einfach nur, bestimmte Verhaltensanordnungen darzustellen und zu beschreiben, die Teil eines Ganzen von erwünschten Handlungen sind. Den Inhalt für einen derartigen Verhaltensentwurf kann man bequem aus einer Geschichte eines früheren Klienten beziehen, der zur Therapie kam und an einem Programm zur Entwicklung von Fähigkeiten teilnahm, die dem gegenwärtig erwünschten Verhalten ähnlich sind. Solche Klientengeschichten sind in der Tat maßgeschneiderte Verhaltensmetaphern, obgleich es bei dem ursprünglich in der Geschichte erwähnten Patienten natürlich keineswegs um eine in Worte gefaßte Metapher ging, sondern um ein spezifisches Handeln. Indessen ist es oft hilfreich, wenn man einem Klienten ein Verhaltensprogramm empfiehlt, ihn mittels einer Verhaltensmetapher einstimmt, so daß er seine entsprechenden Ressourcen und Vorstellungen mobilisieren kann.

Einige Klienten können aus diversen Gründen nicht losgeschickt werden, um ein Verhaltenstraining zu absolvieren. In diesem Fall sind Verhaltensmetaphern wertlos. Es gibt bestimmte Kriterien, die dem Therapeuten eine Einschätzung erlauben, ob eher Verhaltensmetaphern oder/und Verhaltenstrainings angebracht sind. Hauptsächlich hängt dies ab von der zur Therapie verfügbaren Zeit, von den Ressourcen des Klienten und dessen Kommunikationsfähigkeit. Das heiß: Ist die Kommunikationsfähigkeit eines Klienten gut entwickelt, verfügt er im allgemeinen über gute Ressourcen, und steht wenig Zeit zur Therapie zur Verfügung, so sind eher Metaphern das Mittel der Wahl. Wenn allerdings eher das Gegenteil zutrifft, der Klient also nicht besonders gut kommuniziert, keine gut entwickelten Ressourcen besitzt, aber zu einer länger dauernden Therapie

---

* Der amerikanische Begriff »protocol« wird hier übersetzt mit »Therapie-Protokoll«, was sich als Terminus im deutschen Sprachraum durchzusetzen beginnt. Gemeint ist: eine therapeutische »Gebrauchsanweisung«.

zur Verfügung steht, dann kann eine Reihe von Verhaltenstrainings von Nutzen sein. Bei den meisten Klienten werden im Laufe der Therapie wohl wiederholt beide Ansätze Verwendung finden.[1]
Im folgenden werden nun Entwürfe zu Verhaltensmetaphern für vielfältige spezielle Verhaltensweisen vorgestellt.

1. Erwünschtes Verhalten:
Lerne zu geben, freundlich und fürsorglich zu sein.

Metapher

Sie hatte eine lange Reise hinter sich, um in Therapie zu kommen, und hatte sicher nicht erwartet, sich statt dessen im Aufenthaltsraum eines Pflegeheimes wiederzufinden. Aber hier hatte sie etwas zu lernen – obgleich du natürlich nie weißt, was du lernen wirst, bis du es wirklich gelernt hast. – Es brauchte wirklich nicht lange, um zu vermuten, daß ihre Schwierigkeiten, mit ihren kleinen Stiefkindern zurechtzukommen, sehr wenig gemein hatten mit den gewöhnlich in einer Stieffamilie zu erwartenden Problemen. Deshalb teilte ich ihr mit, noch ehe sie überhaupt ihren Mantel ausgezogen hatte, daß ihre Therapie eine etwas andere Richtung einschlagen werde. Ich wollte, daß sie mich auf eine kurze Fahrt zu einem nahegelegenen Altenpflegeheim begleiten und sich ihre Fragen für später aufheben solle. Glücklicherweise entsprach ihr Termin genau dem Zeitpunkt des Schichtwechsels im Aufenthaltsraum. Wir hatten genau um 15.59 Uhr Platz genommen, zur richtigen Zeit, so daß sie beobachten konnte, wie die buntgekleidete Helferin eintrat, bei der man – wie ich es zuvor bereits erlebt hatte – den Eindruck hatte: jetzt geht die Sonne auf in diesem Raum.» Wenn diese Tür aufgeht«, sagte ich zu meiner Klientin, »möchte ich, daß Sie sehr sorgfältig beobachten, was geschieht, so daß Sie mir später sagen können, was Sie dabei bemerkt haben.«
Flopp! Vier Uhr – und die doppelte Schwingtür gegenüber flog auf, und herein tanzte »Patty«, wie sie ihrem Namensschild zufolge wohl hieß. Noch ehe meine Klientin das Namensschild entziffern konnte und selbst auf die Entfernung fiel es schwer, nicht wahrzunehmen, auf welche Weise Patty sich in dem Raum umsah, so als fühlte sie den Puls, um zu entscheiden, wer sie zuerst brauche. Und so als wäre sie nur dazu auf die Welt gekommen, blieb sie neben einem älteren Mann im Rollstuhl, der einen karierten Schal um die Schultern trug, stehen. Gleichzeitig ließ sie sich auf ein Knie nieder, so daß sie ihm gerade in die Augen sehen konnte, faßte ihn um die Schultern und massierte dabei sanft seinen Rücken. Wir konnten nicht hören, was sie zu ihm sagte, aber wir sahen, wie seine Gleichgültig-

keit schwand wie Nebel vor der Morgensonne. Das Lächeln, das auf seinem Gesicht erschien, war nicht ganz so ausgeprägt wie Pattys, aber immerhin war es ein Anfang. Das Lächeln beginnt auf der Oberlippe, breitet sich aus, bis die Augen miteinbezogen sind, dann erstreckt es sich auf die Unterlippe und sämtliche Wangenmuskeln, in dieser Reihenfolge. Patty verließ ihn, und er hatte immer noch dieses Lächeln, das auch nicht verschwand, als er sie weggehen sah. Nun durchquerte sie den Raum langsam und sah dabei unentwegt Bernice an, die älteste und häufig auch verbittertste Bewohnerin dieses Heims. Patty setzte sich auf die Couch neben Bernice, blieb einen Augenblick still und atmete einfach nur im gleichen Rhythmus wie die alte Dame. Dann faßte sie hinüber und legte ihre Hand auf Bernicens Arm, drückte ihn ganz sanft und sagte: »Schlimm heute, was?« Bernice nickte zustimmend, auch wenn sich dabei ihre Gesichtsmuskeln kurz vor Schmerz verzogen. Ihr Gesicht drückte warme Anteilnahme aus, als Patty sagte: »Ach, meine Liebe, es tut mir so leid. Das muß ja manchmal fürchterlich weh tun.« Und als sie die Stickerei neben Bernice sah, fuhr sie strahlend fort: »Aber schau an, wie viel du heute daran weitergemacht hast! Das ist ja wirklich süß. Wie hast du das denn geschafft, daß die Entchen so plastisch hervortreten? Meinst du, du könntest mir das zeigen?« Und in Bernicens Gesicht ging eine weitere kleine Veränderung vor, diesmal aber nicht aus Schmerz. Jetzt konntest du tatsächlich den leisen Anflug eines Lächelns sehen, der sich in ihren Mundwinkeln ausbreitete, als sie anfing zu erklären, welche Technik sie angewandt hatte. Es war überhaupt noch nicht viel Zeit vergangen, obgleich es einem so vorkam. Wir beobachteten weiter, wie Patty ihren Weg durchs Zimmer nahm, irgendwo stehenblieb, ihre Hand in die Hüfte stützte und mit hochgezogenen Brauen und gespielter Mißbilligung Herrn Martin liebevoll schalt, weil er ganz alleine saß.»»Was denken Sie sich dabei, sich hier hinten zu verstecken und sämtlichen Damen ihren besonderen Charme vorzuenthalten? Ich glaube, Sie haben bloß darauf gewartet, daß ich zu Ihnen komme, damit wir heute in Ruhe ein wenig Zeit miteinander verbringen können. Stimmt's, Sie Schlauberger? Oder möchten Sie lieber mit mir tanzen, damit hier ein bißchen Schwung reinkommt?« Als sie ihn hochzog und hinüber zum Plattenspieler, mimte er ein bißchen Widerstand. Man hörte, wie sich ein paar Füße auf dem Boden rührten, und es gab neugierige Zuschauer, als Patty Herrn Martin formvollendet gestattete, ihr den Foxtrott beizubringen, und dabei gewissenhaft jede kleine Anweisung beachtete, die er gab. Als der Tanz vorüber war, geleitete sie ihn zu seinem Stuhl zurück und bedankte sich sehr herzlich für das Vergnügen! Als sie etwa fünf Schritte von ihm entfernt war, wandte sie sich um, blickte mit einer Vierteldrehung über ihre Schulter und zwinkerte ihm mit dem rechten Auge zum Abschied zu.

Wir konnten nicht immer hören, was sie sagte, indem wir weiter beobachteten, wie sie sich bewegte und was sie tat. Und natürlich konnten wir schon gar nicht wissen, was sie zu sich selbst sagte – was auch nicht von Belang ist –, um sich eine solche Einstellung zu bewahren. Vielleicht hätten wir dann gewußt, daß sie sich einfach an die Stimme ihrer Mutter und an deren besänftigende Worte erinnerte. Diese Stimme sagte: »Nun, mein Liebes, reg dich nicht auf, jeder kann nett sein zu jemandem, der seinerseits nett ist. Dazu gehört kein besonderes Geschick. Wirklich kritisch wird es, wenn du versuchst, zu jemandem nett zu sein, bei dem das nicht so einfach ist. So kannst du entdecken, daß du etwas Besonderes bist, und außerdem kann der andere dadurch auch etwas netter werden.« Und ihre Mutter wiederholte dies ständig: »Nun, mein Liebes, reg dich nicht auf, jeder kann nett sein zu jemandem, der auch nett ist. Kritisch wird es dann, wenn du versuchst, zu jemandem nett zu sein, bei dem das nicht so einfach ist...«.

Früher wünschte sich Patty immer, daß sie jedes Mal einen Groschen bekäme, wenn ihre Mutter das sagte, aber damals wußte sie noch nicht, daß sie mit den so erlangten Fähigkeiten und Werten viel reicher sein würde, als sie je hätte werden können, wenn ihr Kindheitswunsch in Erfüllung gegangen wäre. Ich weiß nicht, ob diese Lektion mitbestimmend war, diese Stelle im Pflegeheim anzutreten, jedenfalls gibt es keinen geeigneteren Platz, Leute zu finden, die es einem nicht leicht machen, nett zu ihnen zu sein, als solch ein Haus mit all seinen quengeligen, verbitterten und schmerzgeplagten Bewohnern.

Wir wissen jedenfalls nicht, ob Patty sich bewußt dergleichen vorgesagt hat oder ob sie sich einfach nur im Raum umschaut und sich fragt: »Wer braucht mich jetzt wirklich am dringendsten? Wen kann ich heute ein bißchen glücklicher machen, wem helfen, sich ein wenig besser zu fühlen?« Und wenn sie dann ihre Augen über die Gesichter und Gestalten rundum wandern ließ, dann wußte sie schon Bescheid und handelte. Und wir beobachteten weiter angelegentlich, wie sie sich von einem zum anderen begab, innehielt, um mit dem Rücken ihres Zeigefingers über Marys faltige Wange zu streicheln oder zwischendrin auch mal Nacken und Schultern der diensthabenden Schwester zu massieren, die so viele Stunden gearbeitet und so viele Lasten gehoben hatte. Und öfter kamen diese Vierteldrehungen mit dem Kopf und das Zuzwinkern. Das konnte einem nicht entgehen. Oder manchmal wandte sie einfach nur den Kopf und lächelte jemandem zu oder tätschelte im Vorübergehen einen Rücken.

Bisweilen mußte sie wohl auch erst herausbekommen, wer sie am meisten brauchte, indem sie ruhig fragte: »Wer protestiert am lautesten?« Der Meistertitel stand heute dem »Maulenden Charly« zu, und das nicht zum ersten Mal. Die Essenstabletts waren gerade hereingetragen worden, und er ließ sich darüber aus, wie begriffsstutzig die Leute in diesem stumpfsinnigen Gefängnis seien, daß sie nicht einmal seine Mahlzeiten richtig zusammenstellen könnten. Obwohl Patty natürlich nichts mit den Diätanweisungen zu tun hatte, blieb sie bei ihm stehen, während er über sie und alle anderen schimpfte. Sie sah äußerst besorgt drein, mit einem Gesicht, das alles Verständnis ausdrückte. Als er dann eine kurze Pause einlegte – wahrscheinlich überlegte er, welchen haßerfüllten Satz er als nächstes loslassen konnte –, änderte sie unvermittelt ihre Haltung. Sie ergriff seine Hand, drückte sie liebevoll, lächelte ihn an und sagte im sanftesten und beschwichtigendsten Ton, den man sich vorstellen kann: »Reg dich nicht auf, mein Süßer, wir kriegen schon was zu essen für dich!« Da schien sein Ärger einfach zu verpuffen.

An diesem Punkt merkten wir, wie rasch die Zeit verflogen war und daß wir in meine Praxis zurückkehren mußten. Meine Klientin dachte, daß jetzt die Therapie beginnen würde, und merkte gar nicht, wieviel sie schon erreicht hatte, denn du kannst sogar oder besonders dann eine Menge lernen, wenn du es gar nicht bewußt versuchst. Als wir erst einmal in meiner Praxis waren, riet ich ihr dringend, sich einfach nur zu entspannen, in eine leichte Trance zu sinken und vor ihrem inneren Auge sorgfältig all das vorbeiziehen zu lassen, was sie gerade gesehen hatte. Ich hätte vermutlich gar nicht so weit zu gehen brauchen mit meiner Unterstützung, ihr auch noch in ihrem Entspannungszustand zu beschreiben, wie Patty hier einen Rücken massiert, dort jemandem zugewinkt hatte, sich auf ihr Knie niedergelassen hatte, um jemandem direkt ins Gesicht sehen zu können, betont hatte, wie schlimm ein Schmerz gewiß sein mußte, mit ihrem Zeigefinger über eine Wange gestreichelt, einen Arm gedrückt, einem alten Mann den Tag versüßt hatte, indem sie ihm gestattete, ihr einen altmodischen Tanz beizubringen, einen Nacken massiert hatte, ein paar liebevolle Spitznamen und Späße von sich gegeben hatte, einen störrischen alten Esel liebevoll beruhigt hatte usw..

Jedem von uns gefielen bestimmte Dinge besonders gut, und ich konnte sehen, wie sich bei meiner Klientin ein Lächeln im Mundwinkel ausbreitete, als sie so die Ereignisse vom Nachmittag mit mir erinnerte und Revue passieren ließ. Und in deinem Bewußtsein kannst du dir alles, was du gesehen hast, zurückrufen und noch einmal betrachten, während dein Unbewußtes damit beschäftigt ist, das Gelernte anzuwenden und sich den passenden Rahmen zu suchen, in dem es sich umsetzen läßt.

Und dann war unsere Zeit wirklich um, und wir hatten über ihre »schrecklichen« Stiefkinder noch nicht einmal gesprochen, aber das schien ihr nichts auszumachen. Da sie nicht von hier war, empfahl ich ihr ein paar Restaurants, und wir verabschiedeten uns. Keiner von uns wußte da schon, daß wir nicht so sehr viel später am Abend im gleichen Restaurant essen würden. Meine Klientin wird es nie erfahren, denn im Restaurant war sie

viel zu intensiv mit ihren persönlichen Angelegenheiten beschäftigt, an denen ihr mehr gelegen war als daran, sich umzusehen. So beobachtete ich sie unbemerkt den ganzen Abend hindurch, wie sie immer mal zu ihrem Mann hinüberfaßte, seinen Rücken streichelte, ihren Kopf neigte, so daß sie ihm geradewegs in die Augen sehen konnte, oder seine Wange mit ihrem Zeigefinger streichelte. Und selbstverständlich gab es Augenblicke, wo sie einen mitfühlenden Gesichtsausdruck zeigte als Antwort auf irgendein Gefühl, das ihr Mann ihr wohl mitgeteilt hatte. Aber es gab öfter eine Situation, die offensichtlich diese Vierteldrehung des Kopfes erforderlich machte, mit dem Zwinkern, das hier bei ihr nun ein wenig verführerisch wirkte. Ich konnte nicht verstehen, was sie zu ihm sagte, und ich war selbstverständlich nicht in ihren inneren Dialog eingeweiht, aber ich beobachtete ihren Mann, wie er voller Verwunderung seinen Kopf schüttelte. Nun, ihre Kinder waren nicht mit dabei, aber jeder muß einmal klein anfangen. Und ich möchte wetten, daß sie, wenn es soweit ist, in ihrem Inneren eine Stimme hört, die sagt: »Reg dich nicht auf, Liebes. Es wird alles gut werden. Jeder kann nett sein zu jemandem, der sich auch angenehm verhält. Dazu ist kein besonderes Geschick erforderlich. Erst wenn du die Gelegenheit hast, zu jemandem nett zu sein, der sich nicht angenehm verhält, kannst du entdecken, daß du etwas Besonderes bist. Und vielleicht kannst du dem anderen sogar helfen, daß auch er netter wird.«
Und als ich diese Patientin ein paar Monate später anrief, fragte sie mich, ob ich Patty wiedergesehen hätte. »Wissen Sie – es ist, als würde ich sie genau kennen,« sagte sie, »zumindest bin ich mir sicher, daß ich sie niemals vergessen werde. – Und wie geht es Ihnen?« fragte sie mich ganz angelegentlich. Wahrscheinlich hätte sie mir lieb den Arm gestreichelt, wenn sie persönlich anwesend und nicht nur am Telefon gewesen wäre.

2. Erwünschtes Verhalten:

Nimm Hilfe an, laß dich beschenken und sei dabei liebenswürdig.

Metapher

Juan war Geschäftsführer in Indien, und er hatte allen Anlaß, über sich selbst nachzudenken. Er nahm an, an einer unheilbaren Hautkrebsart erkrankt zu sein. Das hatten ihm jedenfalls die Ärzte mitgeteilt. Als er in Trance war, sagten wir ihm, er solle sich umschauen und denken: »Dieser Mensch würde sich gut dafür eignen.« Diesen Gesichtsausdruck kennst du sicher, den hast du schon bei deiner Frau gesehen, wenn sie dir deine Kleider bringt oder wenn sie dich im Arm hält. Dann dreh jetzt deine Hände um, so daß die Handflächen nach oben schauen. Deine Finger sind leicht

nach innen gebogen. Laß sie auf deinem Schoß liegen, falls du sitzt. Nimm Blickkontakt auf, während du einatmest. Atme ruhig aus.
Bereite dich darauf vor zu sagen: »Ich danke dir. Das ist sehr aufmerksam von dir. Ich weiß das wirklich zu schätzen.« Auch wenn du es nicht aussprichst, so kannst du es doch in Gedanken sagen. Und geh dem Gefühl von Stolz und gegenseitiger Wertschätzung nach, während du spürst, wie sich deine Brust hebt.
Während er so dasaß und seine linke Hand zwischen Oberschenkel und Gesicht schwebte, geschah ein bemerkenswerter Wandel. Strecke einmal deine Hand aus, dreh sie um, so daß die Handfläche nach oben schaut, bieg die Finger vorn leicht nach innen. Das war die Haltung, und bewußt hielt er das gar nicht für möglich, und dennoch bringt das Unbewußte wie von selbst eine solche Bewegung hervor.
Möglicherweise hielt er es im bewußten Zustand gar nicht für möglich, wie seine Hand diese Haltung einnahm, die ihm erlaubte, etwas Wesentliches zu lernen. Und du kannst es dir selbstverständlich in Erinnerung rufen, diese Muskelbewegung und dieses Gefühl von Veränderung, das du in Trance lernst, so daß es dir vertraut ist, wenn du... mach's noch mal, selbst zu einem unerwarteten Zeitpunkt oder unter ganz neuartigen Umständen.
Später am Tag, als wir bei Tisch saßen und aßen, war jeder verblüfft, wie Juan auf seinem Stuhl saß: seine beiden Hände lagen auf seinen Schenkeln, mit nach oben gewendeten Handflächen und leicht nach innen gebogenen Fingern. Es sah fast wie eine Meditationshaltung aus, aber er nahm beim Einatmen Blickkontakt auf und atmete dann ruhig aus.
Die Kellnerin schien sich als erstes zu Juan hingezogen zu fühlen, als sie die Bestellung aufnahm, und danach behielt er diese Haltung bei, und verschiedene Leute am Tisch fingen an, Juan spontan ihre Zuneigung und Wertschätzung mitzuteilen. Juan sah einen jeden direkt an, der etwas Liebes zu ihm sagte, lächelte ihn an und nickte leicht dazu. Als sie aufgehört hatten, erwiderte er: »Ich danke euch sehr.« Und die ganze Zeit hielt er seine Hände so, mit den Handflächen nach oben, manchmal nahm er sie ein paar Zentimeter von seinen Schenkeln hoch, so als wolle er das, was ihm gegeben wurde, noch intensiver aufnehmen. Und bei jedem einzelnen atmete er ein, wenn er ihn anblickte, und danach atmete er ruhig aus.
Nachdem alle an der Reihe gewesen waren, nahm er seine Arme zurück und streichelte sanft seine eigenen Schultern mit seinen Händen, lächelte dabei noch mehr, neigte den Kopf zur Seite und schloß dabei ein wenig die Augen. Und wahrscheinlich sagte er zu sich: »Dieser Mensch würde sich gut dazu eignen – einfach hervorragend.« Aber du kannst natürlich nie genau wissen, was sich jemand so denkt. Kann schon sein, daß er sich etwas in der Art sagte, oder er hatte zumindest ähnliche Gedanken.

Ich weiß, daß ich ihn am nächsten Tag wiedersah; er war Leiter einer Gruppe von Kindern bei einem Ausflug, und er ließ sie zu Beginn in einem Kreis rund um eine große, starke Eiche sich niedersetzen. Jedes Kind hielt seine Hände mit nach oben gewandten Handflächen auf den Schenkeln, und er gab ihnen die Anweisung, die Augen zu schließen, ruhig abzuwarten und einen Augenblick darüber nachzudenken: »Was möchte ich heute für mich selbst, was möchte ich von den anderen, oder was möchte ich heute lernen?« Dann bat er die Kinder: »Tut euch immer zu zweit zusammen und einer von beiden bekommt ein Tuch über die Augen, streckt eine Hand aus, die rechte oder die linke, das ist gleich, mit nach oben gewandter Handfläche und leicht einwärts gebogenen Fingern, und dein Partner führt dich und läßt dich interessante Dinge erfahren.« So kam natürlich auch jedes Kind dazu, Blickkontakt aufzunehmen und dabei einzuatmen und ruhig auszuatmen.

Am letzten Abend dieses Treffens richtete sich jeder darauf ein, das, was er gelernt hatte, nach Hause mitzunehmen, und Juan mußte einen weiten Weg zurücklegen. Seine Mitarbeiter hatten noch keine Ahnung, um wieviel leichter ihr Leben werden sollte. Endlich sollten sie einfach die Arbeit tun können, für die sie bezahlt wurden. So war die Atmosphäre wahrscheinlich günstig für die merkwürdigen Gewohnheiten, die Juan auf seiner Reise angenommen hatte.

Und ein paar Monate später erhielten wir einen Brief von Juan; er war glücklich, uns mitteilen zu können, daß sein Krebs vollständig verschwunden war, wenn das wahrscheinlich auch kaum etwas mit den hier erwähnten Suggestionen zu tun hatte. Allerdings kommen seine Frau und seine Angestellten besser mit ihm zurecht.

3. Erwünschtes Verhalten:
Bring deine Wut zum Ausdruck, wehre dich, konfrontiere den Aggressor.

Metapher

Als wir Al das erste Mal trafen, war sein Hodgkin-Leiden im aktiven Stadium, und obgleich er darüber sehr verzweifelt war, machte er sich noch größere Sorgen darüber, daß er diese Krankheit möglicherweise selbst heraufbeschworen hatte. Ich glaube nicht, daß er sich klar war, was da alles im Spiel war, als er drei Monate später vor dem Stadtrat auftrat. Zum Zeitpunkt seiner Therapie wußte er lediglich, daß er sich gegen diese Krankheit wehren mußte.

In seiner Trance erklärte ich ihm: Es gibt eine Reihe von Möglichkeiten, wie du kämpfen kannst. Es ist nützlich, daß du, ehe du anfängst zu kämpfen, die Stärke deines Gegners kennst. Und es ist wichtig, daß du auch deine eigenen Stärken kennst, so kannst du dich allmählich an deine Kraft gewöhnen. Zu deiner eigenen Stärke und Kraft kannst du auf unterschiedliche Weise gelangen. Als erstes mußt du dich mit jenen Spannungen anfreunden, die du im Körper hast, wenn du wütend bist. Bei Kindern wächst diese Erfahrung meist allmählich – wie du deine Stärke und Kraft einem anderen Kind entgegensetzt, wie du manchmal die Zähne zusammenbeißt, so beim Tauziehen, wenn du das Seil fest packst, das dein Freund ebenfalls umklammert hält, und du ziehst mit aller Gewalt, stemmst deine Füße in den Boden, und nichts kann dich dazu bewegen nachzugeben. Du benutzt nicht nur deine Arme. Und dir wird die Spannung in deinen Beinen vertraut. Manchmal zerrt dein Freund wilder, als es deiner Meinung nach im Spiel erlaubt ist, und dann hast du nur einen Gedanken: »Das werde ich ihm heimzahlen. Das nächste Mal ziehe ich doppelt so fest.« Und du ziehst das Seil ruckartig und mit mehr Kraft, als du je in deinen Armen vermutet hättest, denn du hattest vorübergehend die Spannung losgelassen, um dich dann ganz auf ein neues Zusammenspiel deiner Muskeln zu konzentrieren. Nachdem du viele solche Erfahrungen gemacht hast, weißt du schließlich, daß du dich auf deine Muskeln verlassen kannst. Ein Kind lernt, es kann auf einen Berg böse werden und dann sein Fahrrad nehmen und diesen Berg hinauffahren. Und ich sagte Al, er solle sich vorstellen, wie er Fahrrad fährt und dabei so mit den Füßen tritt, als trete er all jenen auf die Füße, die ihn je beschimpft haben. Ein Kind kann mit so einer Vorstellung wirklich etwas anfangen. Das war einfach ein inneres Bild, das er benutzen konnte, um in die Pedale zu treten und um sauer auf den Berg zu sein, weil der ihm im Weg stand. Er mußte sich nicht über den Berg aufregen, der Berg konnte seine Wut einfach annehmen. Er sollte zu sich selber sagen: »Schaff diesen Berg, laß es nicht zu, daß er dich schafft!« Und ich stellte sicher, daß er sich diesen Satz in seinem Inneren immer wieder vorsagen würde.
Wenn man als junger Mensch kämpft, kann es auch sein, daß man auf den Sandsack haut. Du behältst den Sandsack fest im Auge, so wie du den Gegner unverwandt anschauen würdest. Du nimmst die Fäuste hoch und vergewisserst dich, daß du deine Finger sicher in deinen Fäusten geborgen hast. Und du zielst sorgfältig auf den Punkt, den du dir ausgesucht hast. Die Daumen schließt du fest über deinen nach innen gebogenen Fingern, der rechten wie der linken Hand, denn vielleicht brauchst du sie beide. Und jetzt sagst du dir: »Laß es nicht zu, daß dieser Berg dich schafft!« Du sagst es oft genug, damit das klar ist. Du vergewisserst dich, wie du deine Handgelenke hältst, denn es muß eine gerade Linie vom Ellbogen bis zu den Knöcheln von Zeige- und Mittelfinger verlaufen, und dann sagst du:

»Hier kriegst du's, du Sack!« Du holst aus und schlägst mit Schwung eine Gerade. Als Kind lernst du, die Kraft auszugleichen, indem du gleichzeitig auch ein Gegengewicht herstellst, und so kannst du dich hineinlegen mit deiner ganzen Kraft, mit allem, was dein Arm hergibt, und alles zeigen, was in dir steckt. Du stehst gut ausbalanciert da und paßt auf, daß du deine Deckung beibehältst.

Eines Tages entdeckst du, daß du hart arbeiten mußt, um diese Fähigkeiten wiederzuerlangen. Al hatte es nie erlebt, daß die Haut an seinen Knöcheln vom wiederholten Schlagen auf den Sandsack aufgesprungen wäre. Ihm war nicht klar, daß die Schmerzen in deinem Handgelenk, nachdem du den Sandsack schlecht getroffen hast, dich erfahrener machen. Er mußte lernen, darauf zu achten, während der Schläge tiefer zu atmen, ein- und auszuatmen und schneller zu atmen.

Es geht nicht anders: Du mußt weiteratmen, während du wütend bist. Du atmest weiter, du atmest deine Wut aus und deine Kraft ein. Und du sagst dir:»Ich schaffe es, ich schaffe diesen Berg und lasse es nicht zu, daß dieser Berg mich schafft.« Du kannst ruhig deine Augenbrauen zusammenziehen, wenn du anspannst. Das ist einfach ein Signal – Darwin wußte, daß das bei allen Tieren vorkommt. Du kannst deine Zähne zeigen, wenn du wütend bist. Du kannst einen Buckel machen, denn die Oberlippe zieht sich bei fast allen Lebewesen im Tierreich in die Höhe, und es ist gut, die anderen Tiere wissen zu lassen, daß du jetzt die Zähne zeigst und daß deine Lippen angespannt sind. Das ist eine Überlebenstaktik. Es verhalf auch Darwin zum Überleben. Wenn er das nicht zur Kenntnis genommen hätte, dann wäre seine ganze Reise umsonst gewesen. Als er andere Länder bereiste, lernte Darwin, was es für Tiere bedeutet, wütend zu sein. Dafür lohnte sich seine ganze Fahrt. Viele Menschen lesen auch heute noch sein Werk. Und ich erklärte Al dies in seiner Trance und sorgte dafür, daß sein Stoffwechsel sich veränderte. Du lernst zu spüren, wie das sympathische Nervensystem sich einschaltet, um dich zu stärken, aber nicht so zu stärken, daß du dastehst und Trübsal bläst. Du wehrst dich, du siehst den Sandsack vor dir und den Zielpunkt für deine Kraft, und das Bild deiner Kraft entsteht wie von selbst, und wenn du ausholst zu einer Geraden, fühlst du, wie du selbst vorankommst, wie du an Boden gewinnst und das Feld behauptest.

Nun, Al war ein sehr motivierter Patient. Zwei Sitzungen später baten wir ihn, seinen Vater mitzubringen. Du weißt nie, was ein Patient in Trance lernt, während du zu ihm sprichst. Vielleicht denkt er daran, Eis am Stiel zu lutschen, oder er schleicht wie die Katze um den heißen Brei, während du ihm etwas Wichtiges erklärst. Daher wollte ich gern erleben, wie er sich vor seinem Vater aufbaut und wie er diesem Vater gegenüber er selbst wird, seine Gefühle zeigt und ihn dazu bringt, ihm zu zeigen, daß er sich um ihn sorgt – es war höchste Zeit. Dann saß der Vater Al im Sprechzimmer gegenüber. »Al«, sagte ich, »dies ist die Stunde der Abrechnung. Möchtest du dich lieber selbst zerstören, um auf dich aufmerksam zu machen, oder möchtest du kämpfen? Und im übrigen möchte ich, daß deine Nachkommen die Werte weitertragen, an die du glaubst; du wirst aber keine Nachkommen haben, wenn du dich selbst zerstörst.« Und Al sagte ganz automatisch zu sich: »Ich schaffe diesen Berg, und ich lasse es nicht zu, daß er mich schafft.« Ich weiß nicht, ob dein bewußter Verstand diesen Gedanken denkt oder ob er unbewußt im Hintergrund vorhanden ist, ob dir dein Unbewußtes automatisch diesen Satz vorsagt, während dein Bewußtsein sich auf die vordergründigen Probleme konzentriert.

Al war nicht in Trance. Er sagte einfach: »Ich bin wirklich sauer auf dich.« Er spannte die Oberlippenmuskeln an und entblößte seine Zähne, er holte tief Luft, zog seine Augenbrauen zusammen, spannte den Unterkiefer an, atmete kraftvoll und atmete und atmete. Ich bemerkte, wie seine Finger sich zur Faust ballten und der Daumen sich fest darüber schloß, um die Finger zu schützen, und er versorgte jede Zelle seines Körpers mit Sauerstoff. Er hatte ein ganz neues Gefühl für seine Stärke. Natürlich würde er seinen Vater nicht schlagen, aber sein Unbewußtes benutzte die Taktik, die er gelernt hatte, und er lehnte sich nach vorn, um sein Terrain abzustecken. »In all den Jahren hattest du kein Recht, mich zu übersehen. Ich verdiene auch einiges an Aufmerksamkeit – dafür, daß ich am Leben bin und daß ich gesund bin.«

Und dahinter stand dieses »Ich schaffe diesen Berg, und ich lasse es nicht zu, daß dieser Berg mich schafft!« Genau jetzt befreundete er sich mit seinem Gefühl der Anspannung. Er begann, dieses Gefühl der eigenen Kraft zu genießen. Er nahm seine Stimme lauter als gewöhnlich wahr – du mußt wirklich hören, wie deine Stimme sich erhebt, wenn du wütend bist. – Und du konntest die Überraschung auf dem Gesicht seines Vaters sehen. Dann weinte sein Vater, aber er zeigte Respekt; doch das ist wirklich eine andere Geschichte.

Ich war bei der Stadtratversammlung drei Monate später, und wer da hereinspazierte, das war Al. Es war Abwasser in das System gepumpt worden, das das Kinderschwimmbecken speist. Es gab einen öffentlichen Skandal, und der Stadtrat war zur Beratung zusammengetreten, was mit den Tätern geschehen solle. Und von Al hätte ich zuallerletzt erwartet, daß er hier wäre. Er kam zur Tür herein, schlug sie hinter sich zu und marschierte hinauf auf das Podium. Er strahlte etwas aus, wie er so daherkam, mit geschürzten Lippen, wie er die Zähne zeigte, sich leicht vorwärts neigte, wobei seine Augenbrauen in eiserner Anspannung zusammengezogen waren. Seine Präsenz, wie er mit großen Schritten hereingekommen war, ließ alle aufmerken. Jeder wußte, daß er etwas Wichtiges zu sagen hatte. Ich weiß nicht, ob unser Bewußtsein wahrnimmt, daß dich die anderen beobachten, während du wütend bist und dein Unbewußtes die Absicht hat, Stellung zu beziehen, oder ob du unbewußt einfach die Leute im Auge behältst, während du bewußt merkst, wie du deine Bedürfnisse voller Wut zum Ausdruck bringst. Du sagst, was gesagt werden muß, und damit machst du einen Unterschied.

So hielt er das Pult fest im Griff, legte die Daumen obenauf und klammerte die Finger darunter. Wenn es ein Sandsack gewesen wäre, hätte er darauf eingeschlagen. Er sprach laut ins Mikrophon und legte seine Worte nicht auf die Goldwaage. Er nannte den Skandal beim Namen, und ich weiß, daß er bei sich dachte: »Ich schaffe diesen Berg. Und ich lasse es nicht zu, daß dieser Berg mich schafft.« Er gab seine Erklärung laut und deutlich ab und rüttelte die Anwesenden buchstäblich auf. Jeder bewunderte seinen Mut; sie spürten, daß ihr Verantwortungsgefühl angesprochen war, daß es notwendig war, geeignete Maßnahmen zu ergreifen. – Du lernst, so wütend zu sein, daß du nicht länger an dich halten kannst. – Als Kind war er mit dem Schwarzen Mann fertiggeworden. Und jetzt erledigte er mehr als bloß eine Krankheit.

4. Erwünschtes Verhalten:
Bring dein Lob zum Ausdruck!

Metapher[2]

Nan war so vertieft in ihre Arbeit, daß sie Sally, die am Schwimmbecken saß, vermutlich gar nicht bemerkte. Sally hielt die Augen geschlossen und stützte sich auf ein Buch auf ihrem Schoß. Aber als sie Nan in ihrer besonderen Weise sprechen hörte, war ihr Interesse geweckt, und Sally machte erst ein Auge auf und dann das andere. Und sie saß auch sogleich aufrecht auf ihrem Stuhl und studierte Nan unverhohlen. Durch ihre Sonnenbrille sah Sally Nans strahlendes Lächeln und hörte sie zu einem kleinen Jungen, der sein Gesicht ins Wasser tauchte, sagen: »Das war toll!« Unmittelbar darauf sprang ein kleines Mädchen ins Wasser und tauchte wieder auf, mit Augen so groß wie Untertassen. Nan nahm die Kleine in die Arme, drückte sie fest und sagte: »Das war wunderbar.« Ein drittes Kind strampelte mit den Füßen und bewegte heftig die Arme, während Nan es sorgsam unterm Bauch festhielt. Nachdem sie die andere Seite des Beckens erreicht hatten und der Junge dort auf einer Treppenstufe stand, beugte Nan sich zu ihm, legte ihm den Arm um die Schultern, drückte ihn liebevoll und sagte: »Du bist super geschwommen, ich bin richtig stolz auf dich.«

Und dann gab es ein großes Gespritze. Und während Sally sich abtrocknete, sagte Nan: »Das war der beste Bauchplatscher, den ich je gesehen habe.«

Sie klatschte und lachte. Dann war der kleine Junge, der sein Gesicht ins Wasser getaucht hatte, eifrig damit beschäftigt, unter Wasser Blasen zu machen. Nan neigte ihren Kopf zur Seite und zählte für ihn die Sekunden. Man konnte fast das Uhrwerk in ihrem Kopf laufen sehen, wie sie so weit war und ihm mit erhobenem Daumen das Zeichen gab und ihm voller Anerkennung zunickte. Dann schwamm ein kleines Mädchen eine Runde; dabei ließ sie einen Arm seitlich am Körper, und mit dem anderen Arm ruderte sie angestrengt durchs Wasser. Nan stand da, hatte das Kinn in die Hand gestützt und ein Lächeln zog über ihr Gesicht. Sie sagte: »Deine linke Hand hat recht gehabt, nun laß einfach deine linke Hand es der rechten beibringen, damit die rechte nicht mehr linkisch zu sein braucht.« An die Worte danach hatte Sally keine besondere Erinnerung. Aber es war nicht so, daß sie vergessen hätte, sich an all das zu erinnern, was sie gehört hatte. Vermutlich hätte sie darüber gar nicht weiter nachgedacht, wenn nicht am späteren Abend die Sache im Lebensmittelgeschäft gewesen wäre. Nan und ihr Freund waren da und machten ein paar Einkäufe. Ein kleiner Junge und ein kleines Mädchen, vermutlich Geschwister, rannten den Gang mit den Getreideprodukten entlang und genau auf Nan zu. Jeder im Laden konnte hören, wie sie im Chor riefen: »He, Nan!« Nan holte tief Luft, straffte ihre Schultern, suchte festen Stand, stemmte die Hände in die Hüften und sagte zu ihrem Freund: »Möchtest du vielleicht die beiden supercoolsten Kaulquappen in diesem Laden kennenlernen?« Die Kinder strahlten und sonnten sich in ihren Worten. Dann beugte Nan sich hinunter und legte den Arm um die Kinder und sie flüsterte nacheinander jedem einzelnen etwas ins Ohr. Beim Weggehen gaben die Kinder Nan das Zeichen mit dem erhobenen Daumen.
Sally wandte sich nach ihrem Sohn um, der gerade in die Küche gekommen war. Als er näherkam, beugte sich Sally zu ihm hinunter und zog ihn auf ihren Schoß. Sie holte tief Luft, lächelte ihn an, nahm ihn in den Arm und sagte: »Ich bin so froh, daß du mein Sohn bist.« Dann neigte sie ihren Kopf und lauschte in sich hinein. Als er von ihrem Schoß herunterrutschte, fuhr sie ihm durch die Haare und sagte: »Danke, daß du daran gedacht hast und den Fernseher ausgeschaltet hast.« Dann wandte sie sich zu mir und meinte: »Er hat ein ausgezeichnetes Gedächtnis.« Mit versonnenem Blick sagte sie: »Ich habe jahrelang nicht an Nan gedacht.«
Aber dann ist sie mir kürzlich eingefallen, als ich einen Klienten in Trance hatte und ihm folgendes sagte: »Du beugst dich vor. Legst dem Betreffenden den Arm um die Schulter. Dann drückst du ihn ein bißchen. Sag: »Ich bin stolz auf dich.« Zeig dein strahlendstes Lächeln und sag: »Das war toll!« Nimm ihn rasch ganz fest in den Arm. Klatsche Beifall und lache.«
Das war's auch schon, was ich ihm ihretwegen zu sagen hatte. Das reichte schon.

5. Erwünschtes Verhalten:
Verändere deine Selbstkritik oder die Kritik anderer, indem du übertreibst oder alles verdrehst.

Metapher

Wenn die Realität dich bisweilen noch nicht genügend verwirrt, kannst du in Therapie gehen, um das zu ändern. Ich hatte beispielsweise eine Klientin, die in der Therapie den Auftrag bekam, ihre Selbstkritik oder die Kritik anderer so zu übertreiben, daß es witzig wurde, oder die Reihenfolge der Wörter rund um den Kritikpunkt so zu ändern, daß du noch die Bedeutung verstehen kannst, aber den Schlag nicht mehr spürst. Oder du führst die Kritik auf zwei Worte zurück, und die veränderst du dann. Oder du bedankst dich bei demjenigen, der dich kritisiert hat, oder bei dir selbst für deine eigene Kritik. Sag: »Das ist wunderbar, mir das zu sagen. Ich weiß, du möchtest, daß ich ein besserer Mensch werde.« Und dann kannst du demjenigen noch einen Kuß geben. Du weißt, wenn Snoopy Lucie einen Kuß gibt, nachdem sie ihn gerade angeschrien hat, dann hört sie wirklich auf. Dein bewußter Verstand kann in einem solchen Ratschlag keine Logik sehen, besonders dann nicht, wenn du in Therapie gekommen bist, um deine Angelegenheiten ein für allemal auf die Reihe zu kriegen.

Einer anderen Klientin trug ich auf, sich in Trance an eine selbstkritische Bemerkung zu erinnern oder an die Kritik von jemand anderem. Nehmen wir an, es sagt einer zu dir »du bist eine Schlampe«, oder du sagst dir das selbst. Dann übertreibe einfach folgendermaßen: »Ich bin eine Schlampe, und das Wort Schlampe hat bloß acht Buchstaben, das reicht nicht, um klarzumachen, was ich wirklich bin. Ich bin eine derartige Schlampe, daß ein Wort mit wesentlich mehr Buchstaben nötig wäre, meinetwegen eines mit 14 oder 15 Buchstaben. Vielleicht eine »Oberschlampampe«, das würde wohl besser passen.« Und dann mußte sie lachen, und damit war die Luft raus aus dieser Kritik.

Oder du sprichst einer anderen Person Dank aus und gibst ihr einen Kuß auf die Wange dafür, daß sie dich kritisiert hat: »Vielen Dank, daß dir so viel an mir liegt.« Und dann reagiert sie auf dich so wie Lucie auf Snoopy.

Eine andere Möglichkeit ist es, die Worte nach Zufall anzuordnen, und das trug ich einer Klientin in Trance auf. Sie erinnerte sich an den Satz: »Wenn du das noch einmal tust, dann werden wir hier eine Scheidung haben«, und sie variierte: »Wenn noch einmal eine Scheidung, dann werden wir haben, tust du das.« Aber das war noch nicht zufällig genug, also versuch's noch mal. »Wenn haben wir einmal tust du Scheidung hier, wenn haben wir du Scheidung tust.« Jetzt ist es verwirrend genug für das Bewußtsein. Du mußt es nicht laut vor dich hinsagen. Das ist eine hübsche Gelegenheit, ein

Gefühl für Dissoziation zu bekommen, und es macht Spaß, der Kritik ins Gesicht lachen zu können.

Es überraschte mich zu erleben, wie das gleiche passierte, als ich in Frankreich war. Unser Ober bezog genau an unserem Tisch – auf englisch – Schelte. Und er sagte: »Ich habe nicht das Recht hier zu stehen, mit diesen Schuhen; etliche arme Tiere mußten für diese Schuhe sterben. Denken Sie nur an all die Krokodile, die geopfert worden sind.« Ich schaute hinunter, ob er Schuhe aus Krokoleder trug. Das war aber nicht der Fall. Er übertrieb einfach und dann beglückwünschte er den Mann dazu, ihn kritisiert zu haben und schüttelte ihm die Hand. In Frankreich hätte er ihn auch auf die Wange küssen können. An dem Punkt schafft Snoopy es, daß Lucie »igitt« sagt. Der Ober hätte die Worte auch neu plazieren können, dann hätte er sagen müssen: »Um zu Recht habe ich das nicht Restaurant arbeiten in diesem.« Aber für den bewußten Verstand ist das so schwierig, daß dir kaum Zeit im Leben bleibt für die Dinge, die dir Spaß machen. Indessen kannst du dir doch von Zeit zu Zeit das Vergnügen so einer kleinen verdrehten Verwirrung gönnen. Manche Klienten vergessen darüber sogar bisweilen, weshalb sie überhaupt in Therapie gekommen sind. Bei meiner Klientin war das so, das soll aber nicht heißen, daß sie nicht etwas gelernt hätte, auch wenn sie sich nicht erinnern kann.

6. Erwünschtes Verhalten:

Du kannst mit anderen in einer Gruppe entspannt dasitzen.

Metapher

Gewiß ist es so, daß wir in einem bestimmten Zusammenhang etwas lernen, das wir dann anderweitig anwenden, selbst wenn wir die Hoffnung aufgegeben haben. Ich weiß, daß dies auf Claudia zutraf, die ursprünglich eine Therapie angefangen hatte, weil sie Wege finden wollte, mit ihrem Ehemann zurechtzukommen, wenn es um Entscheidungen im Bereich der Kindererziehung ging. Als ich gerade meine Arbeit bei der Familienberatung begonnen hatte, war Claudia in einer Therapiegruppe, die eine recht eigene Art hatte, nicht beim Thema zu bleiben. So saß ich im Gruppentherapieraum und betrachtete die verschiedenen Leute, die aufgrund diverser Probleme als Klienten hier waren. Ich hatte noch eine Menge zu lernen und den Eindruck, überhaupt nichts gelernt zu haben, und doch war es nicht so. Ehe Claudia in Einzeltherapie zu mir kam, bemerkte ich zufällig, wie angenehm die Atmosphäre in der Gruppe war, und besonders eine Person fiel mir durch ihre entspannte Art dazusitzen auf.

Sie saß ganz bequem und ihre Füße ruhten flach auf dem Boden. – Du kannst die Füsse auch auf irgendeine übliche Art kreuzen. – Und ihr Hinterteil ruhte angenehm auf der Sitzfläche, und mit dem Rücken lehnte sie sich hinten am Stuhl an. Und ihre regelmäßigen Atemzüge tief unten aus der Brust, aus der ganzen Brust,... und wenn dann einer den anderen ansieht, dann lächeln beide. Und das Lächeln geschieht gewöhnlich so: Die Muskeln der Lippen und Wangen fangen an, sich zu bewegen, wobei die Mundwinkel der Oberlippe sich hochziehen, die Unterlippe mitnehmen, und dadurch ändert sich dann die Spannung in den Kaumuskeln. Häufig wird das Lächeln, da es ja auch die Kinnmuskeln einbezieht, auch die Augenmuskeln bewegen, und so kommt es zu Fältchen rund um die Augen, und das alles nur, weil diese lästige Oberlippe angefangen hat, die Unterlippe zu verziehen, und sich andere Muskeln dann auch rühren mußten, und das alles gewöhnlich als Folge eines Blickkontaktes.
Aber wenn der Blickkontakt fortgesetzt wird, wird das Lächeln auch intensiver. Und dann geht das Plaudern los: »Wie geht's dir heute?« Und denjenigen, die am meisten reden, scheint das auch zuzustehen, beispielsweise zu sagen: »Das war eine gute Idee, das gefällt mir.« Meistens fing das damit an, einander anzusehen, dabei zu lächeln und dann die Worte zu sagen: »Das ist eine gute Idee, das gefällt mir.« Und das in heiterem Tonfall. Es ist schwer, einen heiteren Tonfall zu beschreiben. Bewußt nimmst du den Tonfall meist gar nicht zur Kenntnis, aber gewöhnlich schwingt in der Stimme ein gewisser melodiöser Unterton mit. Und üblicherweise hörst du deutlich, wie die Stimme mehr Schwung bekommt, wenn diese Worte gesprochen werden. Ich hörte auch noch:»Ich danke dir, das hat mir sehr geholfen, ich finde das wirklich bewundernswert.«
Da ich neu in der Gruppe war, versicherte ich mich, diese Erfahrung gut zu überstehen, indem ich mir innerlich sagte: »Das wird schon gut laufen. Ich mache das schon richtig. Nimm's leicht.« Und ich achtete auf meinen Atem, der noch ganz regelmäßig war. Und keiner konnte sich vorstellen, daß noch irgend etwas anderes ablief. So konnte ich bald das Vertrauen der einzelnen Gruppenmitglieder gewinnen, und ich nahm Claudia beiseite. Ich war der Meinung, sie hatte keine Gruppenerfahrung nötig, für die sie zahlen mußte, als sei es Therapie. Aber als sie in Trance war, forderte ich sie auf, aus dem zu lernen, was sie in der Gruppe erlebt hatte, und die Dinge zu benutzen, von denen sie eigentlich keinen Nutzen erwartet hätte.
Dann erklärte ich ihr sehr detailliert, wie ich in der Gruppe beobachtet hatte, daß ihr etwas fehlt, und daß ich ihr das auch beweisen werde. Und du sitzt da auf deinem Stuhl, die Füße flach aufgestellt oder wie üblich überkreuzt und den Rücken angelehnt. Und ich wußte, daß sie sich nur irgendwann die Worte zu sagen brauchte: »Ich mache das schon richtig, das wird schon gut laufen.« Und damit das auch klappte, erklärte ich ihr im

einzelnen, daß sie die anderen in der Runde anschauen, dann ihre Oberlippe in den Mundwinkeln sich heben lassen sollte, dann die Unterlippe miteinbeziehen, bis schließlich das Lächeln, das um den Mund allmählich zunimmt, die Spannung der Kaumuskeln auflöst und selbst die Augenmuskeln mit ins Spiel bringt. Wenn sie möchte, ist es auch in Ordnung, daß sie das Lächeln so beginnen läßt, daß sie die Haltung der Wangenmuskulatur in Beziehung zum Nacken ändert. Dann kannst du versuchen, die Oberlippe miteinzubeziehen, die ja von der Unterlippe aus ihrer bisherigen Lage verschoben wird. Dadurch setzt dann im allgemeinen eine Bewegung von der Ohrenregion her ein, die zunächst die Augenmuskeln miteinbezieht und schließlich die Kaumuskeln. Und das alles soll geschehen, während du mit den anderen in Blickkontakt bist.
Ich übte mit ihr, einfach nur die Worte zu sagen: »Das ist eine sehr gute Idee. Meine Güte, das gefällt mir. Ich danke dir, daß du das mit mir teilst.« Und: »Ich brauche deine Hilfe.« Und das alles in heiterem Ton, wobei dieser heitere Ton schwer zu beschreiben ist. Es ist anzunehmen, daß dein bewußter Verstand einen gewissen Schwung heraushört, wenn dein Unbewußtes dieser Heiterkeit Ausdruck verleiht.
Nachdem sie aus der Trance gekommen war, sagte Claudia nichts dazu, sondern sie verließ meine Praxis und bat später um einen Einzeltermin. Als sie wiederkam, erwähnte sie, daß sie wohl eine partielle Amnesie habe, daß sie sich aber vergewissern wolle, wirklich etwas Spezielles aus der Trance mitgenommen zu haben. Ich bat sie, das zu wiederholen, wovon sie annahm, ich hätte es die vorige Woche gesagt. Und sie erwiderte: »Ich bin mir nicht so ganz sicher, laß uns doch einfach darüber plaudern.« Und sie setzte sich bequem in ihrem Stuhl zurecht, das Hinterteil gut eingebettet und den Rücken an der Lehne abgestützt. Sie schlug die Beine übereinander, und mit kaum wahrnehmbarer Heiterkeit in der Stimme sagte sie: »Ich brauche deine Hilfe. Einiges was du mir gesagt hast, war sehr hilfreich. Das hat mir wirklich gefallen. Ich danke dir, daß du mir das mitgeteilt hast. Ich bin sicher, daß ich eine Amnesie bezüglich einiger Dinge habe, deshalb kann ich dir weiter keine Einzelheiten nennen.« Und ich bemerkte, daß sie gleichmäßig atmete und bat sie, sich einen Augenblick Zeit zu nehmen und zu spüren, was in ihrem Inneren vor sich ging. Und sie sagte: »Ich spüre, wie ich gleichmäßig atme, und ich fühle mein Hinterteil und meinen Rücken auf dem Stuhl. Ich vermute, das wird schon gut laufen, ich denke, ich mach's schon richtig. Was immer du mir in Trance gesagt hast, ich habe nun mal eine Amnesie.«
Ich bat sie, zur nächsten Sitzung mit ihren Kindern vorbeizukommen. Und als sie wiederkam, überraschte mich ihr Mann mit einer Videoaufzeichnung. Er sagte: »Sie hat derartige Fortschritte gemacht. Wir haben uns nicht mehr gestritten, und ich habe eine Menge von ihr gelernt, einfach weil sie

hier in Therapie ist. Gestern habe ich etwas aufgezeichnet, das ich Ihnen zeigen wollte, weil ich denke, sie weiß überhaupt nicht, daß sie das fertiggebracht hat.« Und als er das Band einlegte, erklärte er, daß er ihr Auftreten eingefangen habe, als sie ihre Tochter am Vorabend beraten hatte, wie sie sich bei der Schlummerparty verhalten solle und wie sie sich beim Gruppentreffen geben könne. Und sie sagte da:»Meine Süße, das ist ganz einfach. Du setzt dich bequem in deinen Stuhl, so daß du dich von unten und von hinten gut gestützt fühlst, dann merkst du auch jederzeit, ob du noch gut sitzt und dir dein Atmen angenehm ist. Und dann sagst du einfach zu dir:»Ich denke, alles wird gut laufen.« Und du solltest wirklich herausfinden, wie das abläuft, daß deine Oberlippe oder deine Unterlippe anfängt, deine Gesichtsmuskeln so zu verziehen, daß deine Kaumuskeln auf deine Augenmuskeln einwirken oder deine Wangenmuskeln auf deine Nackenmuskeln, und dann wird man ganz schnell deine Zähne sehen und du wirst wunderhübsch lächeln. Und während du alle ansiehst, sag einfach in so einem bestimmten heiteren Ton: »Bei dieser Sache brauche ich eure Hilfe.«

Und vergiß nicht, den anderen Mädchen bei der Schlummerparty und beim Gruppentreffen zu versichern, daß dir ihre Ideen wirklich gefallen und daß es einfach toll war, mit ihnen zusammen zu sein. Bedanke dich auch bei ihnen für alles. Und immer, wenn du nicht weißt, was du machen sollst, denk einfach daran, was ich dir gesagt habe. Schau zu, daß du gleichmäßig atmest und sag dir, daß mit dir alles stimmt. Wenn du dich so verhältst, kannst du auf deiner Schlummerparty überhaupt nichts falsch machen.«

Damit war das Band zu Ende. Vater war sehr beeindruckt, und Mutter hatte weiter nichts dazu zu sagen als: »Na ja, ich weiß überhaupt nicht, wie ich darauf gekommen bin, aber mir schien das die natürlichste Sache der Welt.«

Und als er mir erklären wollte, warum er glaube, sie hätten als Paar hinsichtlich ihrer Streitereien über die Tochter Fortschritte gemacht, wenn er sich so Mutters Verhalten anschaute, da meinte er, jetzt verstanden zu haben, daß sie immer streiten mußten, weil keiner von beiden genau erklären konnte, was zu tun sei. Er wisse jetzt einfach, nachdem er gesehen habe, wie sie als Mutter so genau erklären konnte, was zu tun sei, daß ihre Schwierigkeiten miteinander lösbar seien. Wenn beide sich Mühe gäben, nicht um Worte und Ideen zu kämpfen, sondern sich die Zeit nähmen, dem Kind wirklich genau zu erklären, wie es sich angemessen verhalten könne, gäbe es in der Familie viele Streitpunkte gar nicht mehr.

7. Erwünschtes Verhalten:
Lerne die »richtige Art, ein Geschenk zu machen« – Verhaltensrituale beim Schenken.

Metapher[3]

Als wir Milton Erickson am 20. Dezember 1979 in seinem Haus besuchten, da hatte er keinen Weihnachtsbaum, und wir wunderten uns darüber, denn wir glaubten, er gehöre schon zu den Leuten, die ein äußeres Zeichen weihnachtlicher Stimmung mögen. Schließlich hatte seine eigene Büste eine Nikolaus-Mitra auf, und außerdem gab es ein kleines Schild mit der Aufschrift »Frohe Weihnachten«, das ein Miniatur-Nikolaus hochhielt. So sprachen wir ihn auf den Baum hin an und er sagte: »Die Kinder sind jetzt alle außer Haus. Wir wollen jetzt keinen Baum mehr.« Wir dachten, daß die Sache damit erledigt sei, tatsächlich aber hatte er eine ganze Menge mehr zu dem Thema zu sagen, allerdings nicht so, wie wir es erwartet hätten, und nicht einmal so, daß wir uns daran erinnern konnten.

Da Milton, wie so viele Großväter, über so vieles reden konnte, schweiften wir zuweilen in Gedanken etwas ab. Und an diesem Nachmittag sprach er in aller Ausführlichkeit über Damenunterwäsche, zumindest war das ein Thema, an das wir uns erinnern konnten, und er redete darüber, wie jemand sich anschickte, welche zu kaufen. Wie sich herausstellte, hatte er einmal einen Klienten, der keine Ahnung hatte, wie er es anfangen sollte, seiner Frau Unterwäsche zu kaufen. Ihm war noch nicht einmal klar, ob es seiner Frau gefallen könnte, ein derartiges Geschenk zu bekommen. Deshalb brauchte dieser Mann gehörigen Beistand, obgleich er es darauf gar nicht besonders abgesehen hatte. Erickson nahm ihn in die Pflicht, indem er mit ihm losging und all die verschiedenen Interaktionen mit Verkäuferinnen vorführte, die schließlich darin einmünden, daß der Käufer eine wohlinformierte Entscheidung treffen kann. Erickson überredete sogar eine Verkäuferin, daß sie selbst Joe – ich meine mich zu erinnern, daß er so hieß – ein paar Wäschestücke vorführte.

Schließlich waren die Einkäufe getätigt. Jo hatte nur geringfügiges Unbehagen dabei verspürt. Aber nun ergab sich ein weiteres Problem. Wie überreichst du die Geschenke, nachdem du sie erst einmal besorgt hast? Damals war auch gerade Weihnachtszeit und Erickson ging mit Joe nach Hause, um ihn darin zu unterweisen und zu überwachen, wie man ein Weihnachtsgeschenk mit den richtigen Worten überreicht. Er gab Joe die Anweisung: »Zuerst nennst du den Empfänger beim Namen, und dann sagst du »Frohe Weihnachten, Carol«, wenn du der Empfängerin das Geschenk überreichst, und dabei gibst du ihr einen herzhaften Kuß auf den Mund.« Und dann bat er Joe, zu zeigen, ob er es verstanden habe, und das erste Geschenk seiner

halbwüchsigen Tochter Carol zu überreichen. Joe sagte: »Frohe Weihnachten, Carol«, und gab ihr einen flüchtigen Kuß auf die Wange. Erickson fragte nach: »Carol, war das die richtige Art, ein Geschenk zu überreichen?« Sie antwortete: »Nein, Dr. Erickson, das war's nicht.« Dann fragte er sie, ob er oder sein attraktiver Sohn Lance ihrem Vater vormachen solle, wie es richtig gemacht wird. Sie entschied sich für ersteren, und – so drückte er sich aus – »sie gab mir einen zehnminütigen 'Dauerbrenner'«. Von alledem, worüber Erickson an diesem Tag sprach, erinnerten wir uns nur noch an ein paar bruchstückhafte Sätze, aber eigentlich bemühten wir uns, wieder zur Besinnung zu kommen, als es Zeit war zu gehen, und wir fingen an, uns darüber Gedanken zu machen, was wir als Weihnachtsgeschenk für ihn besorgen könnten. Plötzlich kam uns da etwas in den Sinn, nämlich ein Weihnachtsbaum, und wir fanden dann auch einen und schmückten ihn mit Kerzen, Figürchen, Girlanden, Zuckerstangen und allem, was du dir an einem Weihnachtsbaum nur denken kannst. Am Tag darauf kamen wir ganz beflissen mit unserem Baum und einem anderen kleinen Geschenk zurück, das wir ebenfalls ausgesucht hatten. Erickson schien erfreut, aber keineswegs überrascht über den Baum, aber mich beunruhigte es mehr, ihm das Geschenk zu überreichen. Ich war mir nicht so ganz sicher, was in dieser Situation richtig wäre, so stammelte ich unbeholfen etwas wie »hier ist ein Geschenk von uns, hm, du kannst es jetzt aufmachen, oder vielleicht möchtest du es auch aufheben und erst Weihnachten aufmachen.« Er nickte einfach bedächtig und sagte: »Gestern habe ich dir eine lange Geschichte erzählt, wie man ein Weihnachtsgeschenk richtig überreicht.« Und da hatte ich keine weiteren Fragen, schickte mich vielmehr an, den Empfänger direkt anzusehen und sagte: »Frohe Weihnachten, Milton« und überreichte ihm das Geschenk und gab ihm einen herzhaften Kuß auf den Mund.
Aber damit war die Geschichte noch nicht wirklich zu Ende, trotz der Tatsache, daß er bald darauf starb und wir ihn damals das letzte Mal gesehen hatten. Wir verließen Phoenix, fuhren nach Hause zurück und feierten Weihnachten, wobei wir uns viel Zeit ließen und sorgfältig darauf achteten, uns unsere Geschenke unterm Weihnachtsbaum in der »richtigen« Art zu überreichen. Ungefähr ein halbes Jahr später hatten wir Gelegenheit, das Band von jener Sitzung am 20. Dezember anzuhören, das ein Teilnehmer aufgenommen hatte, und unter vielem, was wir vergessen hatten, fanden wir auch die ausführliche Geschichte über das richtige Überreichen von Geschenken.
Wir hörten gespannt zu bei all den anderen Geschichten, so als hörten wir sie – zumindest bewußt – zum ersten Mal, und als die Geschichte von Joe und der Unterwäsche kam, freuten wir uns über diese als einzige erinnerte Geschichte anläßlich jenes Besuches. Aber wie überrascht waren wir, als wir mitten in dieser Geschichte, an die wir uns doch erinnerten, Erickson

sagen hörten: »Und ich wollte Joe nicht begleiten beim Kauf eines Weihnachtsbaums, das war mir zu viel Aufwand. So sagte ich ihm einfach: »Geh und kauf einen Weihnachtsbaum und schmücke ihn mit Kerzen, Figürchen, Girlanden und Zuckerstangen, mit allem, was du dir an einem Weihnachtsbaum nur denken kannst.«" Zu behaupten, wir seien überrascht gewesen, ist noch untertrieben! Und wir fanden, was wir doch für eine originelle Idee hatten, ihm einen Weihnachtsbaum zu kaufen und zu schmücken, und er war der eigentliche Drahtzieher. Natürlich waren zehn andere Leute im Raum, die an jenem Tag dieselben Geschichten mitangehört hatten, und am Tag darauf fanden sich keine zehn Weihnachtsbäume ein.

Eine Teilnehmerin erzählte mir, daß sie Leuten in Trance gern folgendes sagt: Schau deinem Gegenüber in die Augen und lächle ihm herzlich zu. Dann sag: »Ich habe eine Kleinigkeit für dich.« Und füge hinzu: »Bist du bereit? Alles Gute zum Geburtstag, mein Liebes!« Und dann überreiche das Geschenk mit einem herzhaften Kuß auf den Mund. Es kann durchaus auch ein weniger wichtiger Anlaß sein. – Das also erzählt sie manchen Klienten in Trance.

Ein anderer Therapeut von damals schrieb, daß er in Therapien mit Familien seine Klienten bittet, ihm zu zeigen, ob sie einen Sinn dafür haben, daß sie gewisse Dinge zu ganz bestimmten Zeiten tun sollten. Schau deinem Gegenüber in die Augen und lächle ihm herzlich zu. Dann läßt er sie vorführen, wie sie sagen:»Ich habe eine Kleinigkeit für dich«. Und er bittet sie weiter, ihm zu zeigen, wie sie fortfahren: »Bist du bereit? Alles Gute zum Valentinstag, mein Liebes!« Und dann überreiche das Geschenk, zusammen mit einem herzhaften Kuß auf den Mund. Es kann auch ein ganz unwichtiger Anlaß sein. Sie sollen auf jeden Fall zuvor ein Geschenk besorgt haben, selbst wenn's auch nur ein kleines ist.

Der dritte Therapeut, der an jenem Tag zugegen gewesen war und von dem ich hörte, macht es wie wir. Wenn Weihnachten bevorsteht, besorgt er Geschenke, und zum passenden Zeitpunkt holt er sie hervor und sagt: »Frohe Weihnachten, Susan.« Das heißt, er schaut ihr zuerst in die Augen, lächelt herzlich und sagt dann: »Frohe Weihnachten, Susan!« Wenn er ihr das Geschenk übergibt, schaut er ihr in die Augen, dann auf das Geschenk und dann wieder in ihre Augen, ehe er ihr dann einen herzhaften Kuß auf den Mund gibt.

Und das rührt alles her von jenem 20. Dezember und der Geschichte, die Dr. Erickson der Gruppe an jenem Tag erzählt hatte. Das ist eine hübsche Erinnerung daran, daß Menschen nur den Suggestionen folgen, die für sie von wesentlicher Bedeutung sind, und es werden Suggestionen so abgewandelt, daß sie genau deinen Bedürfnissen und Wertvorstellungen entsprechen. Und immerhin: An jenem Tag fand sich nur ein einziger Weihnachtsbaum ein!

8. Erwünschtes Verhalten:
Du kannst spielerisches und sexuelles Verhalten erlernen.

Metapher

Wie die meisten Familien haben wir ein großes Schaukelgestell mit verschiedenen Schaukeln hinten im Hof. Unseren Kindern bietet das die Gelegenheit, sich rhythmisch zu bewegen. Jedes Kind lernt früher oder später das Schaukeln. Und es wird dir gar nicht so bewußt, daß du dabei eine Menge über das Gleichgewicht deines Körpers lernst, über den Rhythmus; dabei wirst du so geschickt, dich rechts und links an den Seilen festzuhalten, während dich jemand vorsichtig anstößt. Aber dein Bewußtsein lernt beim Schaukeln eine Menge Dinge, von denen du später nie annehmen würdest, sie kämen vom Schaukeln.

Eltern, die ihre Kinder nicht schaukeln lassen, erweisen ihnen wirklich einen schlechten Dienst. Du lernst etwas über Bewegung, was später in deinem Erwachsenenleben eine wesentliche Grundlage zur Weiterentwicklung darstellt. Und du lernst, mit einem anderen Menschen umzugehen, der dich sanft anstößt. Diese Schaukel gibt dir Gelegenheit zu verstehen, daß du einem anderen vertrauen kannst. Und du lernst auch etwas über deine eigene Fähigkeit, die Schaukel in Bewegung zu halten. Du streckst deine Beine in einer ganz bestimmten Weise aus, dann drückst du deinen Po auf spezielle Art nach hinten raus, dann lehnst du deinen Kopf auf eine gewisse Art zurück. Und ohne es überhaupt zu merken, lernt ein Kind allmählich sehr viel Körperkoordination.

Heute kannst du dich gar nicht mehr erinnern, woher du diese Koordinationsgabe hast. Du kannst dieses Koordinieren auch gar nicht in Worte fassen, aber du hast diese Fähigkeit, dich koordiniert zu bewegen. Und ob dir das nun bewußt ist oder nicht, jedenfalls kannst du spüren, wie dieses Koordinationsvermögen dir als erwachsenem Menschen den nötigen Halt gibt, den du brauchst, um Vertrauen zu haben, auch in deinen Beziehungen zu anderen Menschen.

Nun, so eine Schaukelanlage ist in einer lebhaften Familie viel im Einsatz, sie wird sehr viel benutzt und machmal auch abgenutzt. Neulich hatte Shawn seine kleine Lieblingsfreundin zum Spielen hier, und sie waren draußen auf der Schaukel, bei der man sich gegenübersitzt und den anderen anschauen kann. Die Füße stellt man auf kleine Fußstützen, stößt sich dann ab und zieht wieder zurück. Und sie schaukelten vor und zurück und auf und ab, so fest sie konnten, und dabei sangen sie: »Immer schneller, immer höher, kommen wir dem Himmel näher..., ja, und dann ist plötzlich mit einem dumpfen Schlag etwas kaputtgegangen. Keines der Kinder hatte sich wehgetan, aber die große Haltestange, die das meiste Gewicht trug und

eigentlich in die entsprechende Halterung gehörte, war völlig herausgerutscht. Das ganze Gestell war nun vorübergehend unbrauchbar, und es sah so aus, als wäre es recht schwierig, das Ganze wieder zu stabilisieren. Ich bat meine Frau um Hilfestellung und sie konnte dieses Loch ein bißchen in die Höhe bewegen, und so gelang es ihr, die Stange wieder vorsichtig in das Loch hineinzubugsieren, so daß das Gestell fürs erste einen Halt hatte. Etwas später holte ich dann meinen Bohrer hervor, prüfte, ob er stark genug sei, und bohrte ein weiteres Loch, in das eine sehr große Schraube hineingedreht werden konnte, und die drehte ich ganz fest, damit das Schaukelgestell in Zukunft für lange Zeit ein sicherer Spielplatz sei. Zusammen bohrten wir dann noch eine ganze Reihe weiterer Löcher an verschiedenen kritischen Punkten und drehten ziemlich große Schrauben hinein, um die Teile zusammenzuhalten. Als Chrissy dann wieder zu uns kam, um mit Shawn zu spielen, wußte ich gar nicht, weshalb wir sie mit der Bemerkung störten: »Schaukelt nicht zu hoch,« – schließlich wußten wir ja, daß das Schaukelgestell wirklich abgesichert war. Aber unsere Mahnung spielte überhaupt keine Rolle, denn alle Kinder mißachten bestimmte Anweisungen ihrer Eltern und tun das, was ihnen in der entsprechenden Situation gerade richtig erscheint. Und schon waren sie draußen, umklammerten die Stangen mit festem Griff, lächelten einander an und verbrachten wohl Stunden, völlig dem Vergnügen rhythmischer körperlicher Tätigkeit hingegeben. Und dann, nachdem sie ins Schwitzen gekommen waren und sich einen tüchtigen Appetit geholt hatten, kamen sie ins Haus, um sich ihr Eis abzuholen, ihren Gaumenkitzel, der durch die Anregung der Schleimhäute zustande kommt. Und das alles ist so vergnüglich und natürlich, daß Kinder niemals darüber nachdenken, daß das Unbewußte derartige Lernerfahrungen speichert, gemeinsam mit dem besten Freund rhythmische körperliche Aktivität und die Anregung der Schleimhaut zu erleben das ist einfach eine angenehme Grundlage für späteres Lernen.
Schaukeln ist nicht das einzige, was sie gern tun. Ein Kind macht aus allem möglichen ein Spiel. Eine Gelegenheit ergibt sich beispielsweise, wenn es auf dem Rücksitz im Auto mitfährt, selbst wenn es festgegurtet ist. Zwei Kinder können hemmungslos lachen, bloß weil sie ihre Sätze auf unsinnige Art vervollständigen. Oder ein anderes Beispiel: Eines Tages baute Shawn mit seinem Freund Monet eine Blockhütte, und der sagte: »Komm, wir machen hier an der Stelle die Tür.« Und Shawn antwortete: »Nein, das soll eine Wand sein,« worauf Monet begeistert zustimmte: »In Ordnung, wir werden überhaupt keine Tür machen!« Und dann lachten sie sich schief darüber, wie komisch das ist. Seine Gelegenheitsfreundin Sally hätte gesagt: »Also, Shawn, du weißt, daß wir eine Tür brauchen, hör auf, so blöd zu tun.« Aber mit Sally mag Shawn nicht so oft spielen, das brauche ich vermutlich gar nicht erst zu sagen.

Ein Kind kann nicht verstehen, wie du das Gefühl, dich beim Spielen mit einem anderen zu erfreuen, konservieren kannst. Aber in Augenblicken, wo du das als Erwachsener am wenigsten erwartest oder wenn du es für einen Nachteil hältst, sich so kindlich und verletzlich zu fühlen, dann gelingt es dir irgendwie, dieses Vertrauen wiederzuerlangen, das ein Kind haben kann, wenn es mit einem anderen Kind und spielt und glücklich ist. Das ist ein kostbarer Besitz, dieses Gefühl. Vor langer Zeit sah ich einen kleinen Filmausschnitt, in welchem Gene Wilder einen besonders schüchternen und unsicheren Mann spielte, der von dem Gedanken besessen war, er werde bei jeder Frau scheitern, mit der er sich zu verabreden versuche. Er dachte, es sei allein sein Problem, daß es mit dem Sex nicht klappte, und er wußte einfach, daß er sie enttäuschen würde, wer sie auch sein möge. Aber dann traf er die Frau, die wußte, wie man die Dinge langsam angeht und es sich einfach und angenehm macht.
Zuerst gingen sie tanzen und erinnerten sich an das, was jedes Kind weiß, nämlich wie du einen besonderen Freund anschaust; wie du in sein lächelndes Gesicht schaust, und wie ihr euch dabei der rhythmischen Bewegung hingebt. Trotz der schnellen Musik hielt sie einfach auf der Tanzfläche inne, streckte die Arme nach ihm aus und forderte ihn auf, langsam und eng mit ihr zu tanzen, als er versucht hatte, die laute Musik zu überschreien, und gefragt hatte: »Und wann können wir endlich richtig miteinander tanzen?« Du hörst einfach, was der andere ausdrücken will, und fragst dich: »Kann ich irgendwie helfen, kann ich etwas Angenehmes dazu beitragen?« Und sie machten einfach so weiter, auch als sie bei ihr waren, und sie zündete Kerzen an und begann, ihn langsam auszuziehen. Sie öffnete einen Verschluß an ihrem Kleid, sah ihn lieb an und sagte verführerisch: »Und den Rest machst du.« Als er ihren nackten Körper betrachtete und sein Blick an ihrem Busen hängenblieb, fragte sie: »Hattest du ihn dir üppiger vorgestellt?« Und er antwortete: »Ich habe nicht gedacht, daß du so wunderschön bist.« Dann legte sie eine Platte auf, und sie tanzten im ruhigen, intimen Kerzenschein ihres Schlafzimmers, ehe sie draußen am nahen Strand im Mondlicht umhertollten. Sehr viel später, als sie nackt am Feuer saßen, legte er seine Hand auf ihr Herz und stellte fest, daß es heftig klopfte.
»Nervös?« fragte er. »Worüber mußt du dich aufregen? Das ist doch eher meine Sache.« Sie fragte ganz einfach: »Möchtest du wissen, wie ich mich gut fühlen würde?« Er sagte: »Ich wäre sehr glücklich, wenn ich das wissen könnte.« Und ganz einfach, sanft und genau erklärte sie ihm: »Wenn ich dich in mir spüren könnte, das wäre sehr schön; ich möchte es nicht gleich, jetzt möchte ich, daß du mich berührst und mich küßt, aber behalte die Augen offen und sieh mich an. Ich möchte dir gerne mehr sagen, und ich werde es auch tun, aber zuerst brauche ich ein bißchen mehr Vertrauen.«

Und dann schaute sie einfach und ließ sich anschauen. Sie lächelte ihr zärtlichstes, schönstes, verletzlichstes und doch vertrauensvollstes Lächeln, mit weit offenen Augen und einem feinen, kleinen Lächeln, ganz ruhig, ganz warm.
Und dann, wie durch Zauberei, wenn im Kino zwei Bilder übereinandergeblendet werden und miteinander verschmelzen, erschien hinter dem Gesicht der jungen Frau das des sehr viel jüngeren kleinen Mädchens, mit dem gleichen Lächeln, vielleicht war es noch strahlender, mit seinem Vertrauen, seiner Unschuld und Offenheit, wie es mit einem kleinen Jungen Spiele mit dem Rasensprenger machte. Und natürlich trat das Gesicht des kleinen Jungen vorübergehend an die Stelle des Gesichtes des schüchternen Mannes, und seine Unschuld, sein Vertrauen, seine Neugier und seine Liebe leuchteten auf, wie er so dem lächelnden kleinen Mädchen ins Gesicht blickte. Beide wurden mit Wasser vollgespritzt und sie umarmten sich, während das Wasser an ihnen herunterrann. Den beiden Erwachsenen, die sich erst zärtlich, dann leidenschaftlicher küßten, war es irgendwie gelungen, auf ihren Fundus an Gelerntem zurückzugreifen, den Kinder haben, und sie konnten etwas anfangen mit diesem Wissen, wie wunderschön und kostbar solche Augenblicke mit jemandem sind, dem du vertrauen kannst und der das auch so empfindet wie du. Und dieser einfache Vorgang, sich ehrlich anzusehen, sich zu berühren und zu küssen, war von sehr viel mehr Nähe als alles, was dann an direktem Sex folgte; allerdings verleiht diese Nähe dem ansonsten eher technischen Akt des Geschlechtsverkehrs gewiß besonderen Zauber.
Als Chrissys Mutter sie vom Schaukeln mit Shawn abholen kam, sagte Chrissy: »Mama, wir haben geschaukelt und geschaukelt, und dann haben wir Eis gegessen.« Was sie aber wirklich getan hat: Sie war mit unserem kleinen Jungen in rhythmische körperliche Tätigkeit vertieft und erlebte ihren Gaumenkitzel über die Anregung der Schleimhäute, denn dieser Prozeß, Nähe in einer Beziehung zu entwickeln, beruht auf unschuldsvollen, köstlichen Grundlagen und beginnt lange vor der erwachsenen Form einer reifen sexuellen Beziehung.

9. Erwünschtes Verhalten:
Tritt mit anderen in Wettstreit.

Metapher[4]

Als Eugene sich in meiner Praxis in Trance befand, gab ich ihm sehr sorgfältige, sehr klare Erklärungen. Das Vorwärtsbeugen geschieht durch ein Anspannen der Muskeln rund um die Taille, ferner durch eine Verlagerung des Körpergewichts im Schulterbereich. Wenn du anfängst, mit einer anderen Person zu reden, so spanne die Muskeln über deinem Magen ganz allmählich an und verändere deine Körperbalance im Bereich der Schultern und des Kopfes. So neigte sich Eugene nach vorn zu der anderen Person, mit welcher er sprach, und zwar insbesondere dann, wenn er eine neue Unterhaltung begann. Weiter wies ich Eugene an, er solle, falls einer nun angefangen hat zu reden, Trance als eine Möglichkeit nutzen, sich auf eine Kopfbewegung in die dem Sprechenden entgegengesetzte Richtung zu konzentrieren und den Blickkontakt zu unterbrechen. Überlaß es deinem Unbewußten, deine Nacken- und Kinnmuskeln zu bewegen.

Dann beginnst du folgendermaßen einen Satz: »Das ist so, weil du X bist...«, und dann erlaube deinem Unbewußten, diesen Satz zu vervollständigen. Zuerst sammelst du etwas Spucke im Mund, so daß du nicht mit ausgetrocknetem Mund sprichst, und auf das Gesagte entgegnest du: »Weil du... bist...« Und dann beendest du den Satz: »Das ist, weil du jung bist.« – »Das ist, weil du dort sitzt.« – »Das ist, weil du gegenüber X nicht kritisch sein kannst.« Es ist ganz einfach, solch einen Satz zu vervollständigen. Und achte dabei auf einen sehr sachlichen Ton. »Das ist, weil du gerne schwimmst.« – »Das ist, weil du daran gewöhnt bist, Cola zu trinken.« – »Das ist, weil du X bist.« Es ist völlig in Ordnung, dein Unbewußtes entscheiden zu lassen, wie der Satz richtig zu ergänzen ist. Sorge lediglich dafür, daß dein bewußter Verstand die entsprechenden Worte im richtigen Tonfall sagt. Spricht eine andere Person, so unterbrich sie nach dem Verb und ehe sie das Nomen sagt. Du unterbrichst, indem du einen Laut von dir gibst. Du kannst dich räuspern oder ein Wort sagen oder einen Satz beginnen. Deine Ohren müssen es heraushören, daß nach einem Nomen ein sehr guter Zeitpunkt zum Unterbrechen ist, oder auch, nachdem ein Verb vorgekommen ist. Eine weitere, sehr gute Möglichkeit besteht darin, denjenigen, der gerade zum Sprechen ansetzt, am Knie, an der Schulter oder am Ellbogen zu berühren. Du kannst einfach deine Hand heben und sie dem anderen ungeniert auflegen, wenn er gerade zu reden anfängt. Und dann fahr einfach fort mit dem, was du selbst sagen wolltest. Wenn einer dir etwas erzählt hat, besonders wenn es etwas sehr Wichtiges war, dann kann dein bewußter Verstand die Worte »ja, aber« benutzen, und so nimmst du an dem, was der andere gerade gesagt hat, eine Verbesserung vor.

Und während Eugene mir in Trance zuhörte, konnte er nicht ahnen, wie ich auf all das gekommen bin, was ich ihm erzählt habe. Ich hoffte, daß seine innere Aufmerksamkeit auf einen leichten Reiz in seinen Fingern konzentriert wäre, vielleicht auf ein Gefühl, mit ihnen zu trommeln. Zuerst trommelt der kleine Finger auf den Tisch, dann trommelt der Ringfinger auf den Tisch, danach trommelt der Mittelfinger, dann trommelt der Zeigefinger, dann wieder der Mittelfinger, dann der Ringfinger, Zeigefinger, kleine

Finger, und vor und zurück,... und besonders dann, wenn der andere gerade spricht. Ich wies Eugene an, zu sich selbst folgendermaßen zu sprechen. – Ich weiß nicht, in welchem Ton du mit dir selber redest, aber es sollte jedenfalls ein sehr freundlicher Ton sein: »Sag etwas, während der andere gerade spricht.« Du mußt einfach etwas tun, solange der andere spricht; sag dir einfach: »Mensch, ich habe das ja schon früher gemacht.« Dadurch fällt es dir sehr viel leichter, dieses »Ja, aber«, wenn die andere Person mit dem, was sie sagen wollte, zu Ende ist.

Nun, Eugene wußte nicht, daß ich regelmäßig zum Strand gegangen bin und dort ganz genau den Unterhaltungen zugehört hatte, besonders an einem bestimmten Platz, an dem sich ganz spezielle Leute aufhalten. Da saß z.B. ein Mann an der Bar und erzählte: »Gestern waren wir hinten am Fort-Walton-Strand surfen, da waren die Wellen einen Meter hoch. Und übrigens...«. Schon beugte sich ein anderer Mann vor, berührte ihn, als er gerade fortfahren wollte, und sagte: »Ja, aber wir waren gestern am Navarra-Strand drunten surfen, und dort waren die Wellen fast zwei Meter hoch.« Und ich weiß, insgeheim sagte er sich: »Mensch, ich hab's geschafft.« Und als der erste gerade damit fortfahren wollte, was sie noch alles gemacht hatten, blockierte der andere dessen Redefluß, um zu sagen: »Wir waren ungefähr zwölf da drunten.« Und dann machte der erste wieder weiter: »Na ja, mit den Ein-Meter-Wellen am Fort-Walton-Strand konnten wir so richtig lange Strecken machen, und das trotz unserer kurzen Bretter.« Der Mann, den ich beobachtete, sagte darauf: »Na ja, aber du bist eben ein kurzer, kleiner Typ. Da bringst du nicht so viel zustande.« Denselben Satz hatte ich schon vorher von ihm gehört; es ist einer der Sätze, die dann vervollständigt werden können: »Na ja, aber du bist eben...« Und dein Unbewußtes kann dann die Ergänzung finden. Und dann beugte er sich vor zu dem anderen Burschen und sagte: »Laß dir was sagen, ganz im Vertrauen, wenn du das wirklich schaffen willst mit den Eins-fünfzig- bis Zwei-Meter-Wellen, dann mußt du dir wirklich ein längeres Brett zulegen.«

Dabei konnte ich auch folgendes beobachten: Du spannst die Muskeln über deinem Magen ein ganz klein wenig an, verlagerst dein Gewicht nach vorn, so daß sich deine Schultern rasch auf den Sprechenden zubewegen, und dann bringst du dein Argument. Ich hatte Eugene etwa ein-einhalb Wochen nicht gesehen, weil ich auswärts unterrichtet hatte. Ich hatte auch nicht damit gerechnet, ihn zu treffen, bekam dann aber einen Anruf, daß ein anderer Termin ausfalle. Als ich dann wegen eines bestimmten Buches in die Bibliothek ging, war er auch da und sprach gerade mit einem Klassenkameraden. Der Klassenkamerad fing zu reden an. Eugene spannte die Muskeln überm Magen an, verlagerte sein Gewicht in die Schultern, beugte sich zu ihm vor und sagte irgend etwas und dann fing wieder der Klassenkamerad an zu reden, und Eugene unterbrach ihn wiederum mit einer

Bemerkung. Danach fing erneut der Kamerad an zu sprechen, und Eugene änderte seine Blickrichtung, wandte seinen Kopf ab und sah aus dem Fenster. Ich drückte mich hinter ein Bücherregal, so daß er mich nicht sehen konnte: Ich wollte wirklich wissen, was er weiter tun würde. Ich hätte nicht sagen können, ob er in seinem Inneren diese kleine Stimme hörte: »Mensch, ich hab das doch auch schon früher fertiggebracht.« Ich sah, wie seine Finger sich ungeduldig bewegten, und fragte mich, ob mein Klient diese Verhaltensweisen ganz bewußt zeigte, weil er sie in der Trance von mir gehört hatte, oder ob sein bewußter Verstand mit etwas ganz anderem beschäftigt war und es sein Unbewußtes war, das schlicht und einfach dieses in Trance erworbene Verhalten hervorbrachte.

Und dann hörte ich den anderen irgendeine kleine Bemerkung machen, und Eugene unterbrach ihn mit den Worten: »Na ja, du bist schließlich ein...«, und ich war ganz gespannt, wie sein Unbewußtes diesen Satz vervollständigen würde. Ich hörte ihn in sehr sachlichem Ton sagen: »Ja, du bist schließlich ein Erstsemester.« Das schien mir sehr sinnvoll. Und dann tat er etwas, das mich sehr erstaunte. Ich hatte angenommen, ich hätte meinem Klienten durchaus etwas beigebracht. Und zu meiner Überraschung entdeckte ich, daß das Unbewußte Reaktionsweisen hervorbringen kann, die einzig dem jeweiligen Individuum eigen sind. So konnte ich, der Therapeut, etwas lernen. Eugene stand nämlich auf, legte dem Kommilitonen seine beiden Hände auf die Schultern und sagte: »Also, ich habe wirklich keine Zeit, darüber noch länger zu reden.« Und damit wandte er sich ab und schaute direkt zu mir. Er hatte mich erwischt, wie ich ihn beobachtete. Wir lächelten uns an und bestiegen zusammen den Lift.

10. Erwünschtes Verhalten:
Bitte um Hilfe!

Metapher

Anna war ein sehr schlaues Mädchen; tatsächlich war sie so schlau, daß sie es nicht nötig hatte, wie die meisten Menschen um Hilfe zu bitten. Stattdessen dachte sie sich in sehr kreativer Weise einen ganz eigenen Weg aus, ohne sich überhaupt bewußt Gedanken darüber zu machen. Nach einer bakteriellen Halsinfektion konnte Anna sich einfach nicht mehr erholen. Statt dessen ging es ihr unerklärlicherweise immer schlechter, und sie klagte ständig darüber, sie habe weiche Knie und fühle sich völlig schwach auf den Beinen. Trotz eines ganzen Arsenals medizinischer Tests gelang es nicht, einen Grund für ihre schwindenden Kräfte zu finden, und ihre Eltern

gerieten immer mehr in Sorge und gaben sich alle Mühe, ihr zu helfen und selbstlos allen ihren Wünschen gerecht zu werden.
Dazu muß man sagen, daß dreizehn Jahre für ein Mädchen ein berühmt-berüchtigtes Alter ist, um eigene Wünsche zu entdecken. In ihrer religiösen Umgebung fand sie das äußerst schwierig. Irgendwie muß sie wohl den Aufruhr geahnt haben, den sie entfacht hätte, wenn sie geradeheraus gefragt hätte: »Wie kann ich meine Wünsche mit den Werten, die man mich gelehrt hat, in Einklang bringen, und wie kann ich erwachsen und unabhängig werden? Irgendwo spürte sie, daß ihre Eltern für derlei Wünsche nicht empfänglich wären und daß sie ihnen Schwierigkeiten machen würden. So dachte sich ihr Unbewußtes einen gangbaren Weg aus, um Hilfe zu bitten. Zumindest funktionierte es lange genug, um etwas Zeit zu gewinnen.
Aber zuweilen braucht man zum Erwachsenwerden doch eine ganze Menge Hilfe, und selbst ihre Eltern suchten Hilfe, als offensichtlich war, daß es für die Erkrankung ihrer Tochter keine medizinische Erklärung gab. »Dreizehn...«, sagten wir versonnen. »Hat sie denn schon ihre Regel?« – »Nein«, flüsterte ihre Mutter vertraulich, »meinen Sie denn, das könnte irgend etwas damit zu tun haben?« Allmählich dämmerten uns die Befürchtungen der Tochter. In einer Geste der Hilflosigkeit, mit Schulterzucken und ratlos ausgestreckten Händen fragten sie uns mit kläglicher Stimme: »Können Sie uns aus der Klemme helfen? Was sollen wir nur tun?« Solche Eltern sind wirklich zu bewundern, denen so sehr am Wohlergehen ihrer Kinder gelegen ist, daß es ihr Bedürfnis ist, etwas dazuzulernen, nämlich wie sie ihrer Tochter helfen können, sich weiterzuentwickeln.
Jeder hat Gelegenheit, Bedürfnisse zuzulassen und sein Wissen zu erweitern. Wir kannten einen jungen Mann, der viermal durch sein Medizinexamen gefallen war und der hoffte, in der Therapie seine Sprachhemmung loszuwerden, die er dafür verantwortlich machte. Er hatte sämtliche Kurse abgeschlossen, die nötig waren, aber das Abschlußexamen konnte er anscheinend nicht bestehen. Er war jung verheiratet und hatte da auch noch ein paar andere Fragen. In Trance erklärten wir ihm, wie er sich selbst klar einschätzen könnte, dann die Hand heben könnte, damit der Dozent auf ihn aufmerksam wird, um dann zu sagen: »Einen Augenblick bitte, könnten Sie das noch mal zeigen?« oder »Würden Sie das bitte noch mal wiederholen?« Es spielt überhaupt keine Rolle, wie einfach die Frage auch erscheinen mag. Nach der Trance bedankte er sich bei uns für diesen offiziellen Teil der Arbeit, und dann fragte er so nebenbei: »Könnten sie uns bitte noch bei einer ganz anderen Angelegenheit behilflich sein. Was für Verhütungsmethoden würden Sie uns empfehlen? Wie bestimmen Sie den Zeitpunkt des Eisprungs bei einer Frau?« Und er war so ernsthaft, geradlinig und klar, daß es wirklich ein Vergnügen war, ihm zu helfen. Er kam mit offenen Händen auf uns zu, trat von einem Fuß auf den anderen, sah uns direkt an, schaute

weg und sah uns wieder direkt in die Augen. Dann sprach er in sanfterem Ton als sonst. Dabei ließ er seine Brust sinken und sagte: »Ich glaube nicht, daß ich das ohne Hilfe verstehe.«

Nun, Annas Eltern machten selbst auch eine gewisse Veränderung durch. Sie waren nette Leute, hatten aber noch nie erfahren, daß es vielleicht schaden könnte, sich um andere – und sei es die eigene Tochter – zu sehr zu sorgen. Um ihrer Tochter zur Entdeckung ihrer eigenen Fähigkeiten zu verhelfen, sollten sie von unnötiger fremder Hilfe absehen. Wir beglückwünschten sie dazu, so eine gesunde Tochter zu haben, die – ganz im Gegensatz zu ihren Altersgenosinnen – sich ganz auf ihren Körper verlassen konnte, da sie so ausgiebig untersucht worden war und sich dabei als vollkommen gesunde junge Frau erwiesen hatte. Und wenn schließlich ihre Regel einsetzte, so könnten sie völlig sicher sein, daß alles bestens wäre. So hatte Anna Gelegenheit zu verstehen, daß es ein bißchen egoistisch von ihr war, ihre Bedürfnisse für sich zu behalten und andere um die Chance zu bringen, sich daran zu erfreuen, zu geben und zu helfen. Das sagte ihr ihre Vertrauenslehrerin. »Und erinnere dich doch, das ist wie in 'Vom Winde verweht', als Scarlet entschied: »Ich denke, ich werde diesmal Walter gestatten, mir meinen Teller zu holen.«

Und als sie einige Wochen später ihre Mutter einweihte, daß sie ihre erste Regel habe, war ihre Mutter ehrlich begeistert und beglückwünschte sie, weil man jetzt wisse, daß sie wahrhaftig eine gesunde junge Frau ist und daß alles in Ordnung ist. Du kannst dir Annas Überraschung vorstellen, als ihre Nachricht so aufgenommen wurde, und dies bereitete ihr den Weg, weitere Fragen zu stellen, wie man erwachsen wird und wie man all die verschiedenen Dinge handhabt. Sie wurde Meister im Schulterzucken, darin, die Hände ratlos auszustrecken, leicht von einem Fuß auf den anderen zu treten und mit weit geöffneten Augen, einem tiefen Atemzug und entspanntem Mund zu sagen: »Moment bitte, ich weiß nicht, ob ich das alleine schaffe. Könntest du mir aus der Klemme helfen? Wie entscheidet man, ob man einen Jungen beim Rendez-vous küßt, und wie sagt man nein, wenn man nicht möchte?« Oder einfach: »Hilf mir, ich bin durcheinander, ich habe Angst.« Sie konnte Mama oder Papa auch ganz direkt bitten: »Halt mich fest und massier' mir den Kopf wie früher, als ich noch klein war.«

Und natürlich verschwand die Schwäche in den Muskeln von selbst, praktisch über Nacht, und zwar ebenso schnell wie sie gekommen war.

Nun hatte selbst ihre Mutter durch die unbewußten Vorgänge gelernt, die in einer Familie ablaufen. Sie hatte ein wenig verstanden, was in ihrer Tochter vorging. Sie geht mit ausgestreckten Händen auf ihren Mann zu, tritt von einem Fuß auf den anderen, schaut ihn an, sieht weg und schaut ihm dann wieder direkt in die Augen. Dann spricht sie in einem sanfteren Ton als sonst. Dabei senkt sie die Brust und sagt: »Ich glaube nicht, daß ich das ohne Hilfe schaffe. Kannst du mir helfen.« Jeder hat diese Entwicklungsphase nun durchgemacht.

11. Erwünschtes Verhalten:
Bitte um das, was du möchtest.

Metapher

Vera wußte noch nicht einmal, wie sie zu ihrem Mann sagen sollte: »Ich möchte, daß du mir jetzt einen Kuß gibst.« Das, was sie sich am ehesten noch traute, war: »Ich möchte deine Unterstützung.« Nur, er konnte sich überhaupt nicht vorstellen, was sie damit meinte. Gewiß wollte er sie unterstützen, und er konnte es überhaupt nicht glauben, daß es einer erwachsenen Frau so schwerfiele zu sagen: »Ich möchte, daß du... mich jetzt gleich in den Arm nimmst und mich gerade jetzt anschaust.« Anscheinend wußte sie nicht, daß man die Worte »Ich möchte« sehr wirkungsvoll einsetzen kann, um einen Satz zu beginnen. So erhielt sie sehr bald in der Therapie die Anweisung, stündlich mindestens zehn Sätze mit den Worten »Ich möchte« zu beginnen. Und sei es auch nur so etwas wie »Ich möchte jetzt fernsehen« oder »Ich möchte heute zum Abendessen auch irgendeinen Salat haben« oder »Ich möchte ins Bad gehen und mich frischmachen«. Die wirklich schwierigen Dinge sollte sie sich für später aufheben. Dazu gehörten Forderungen wie »Ich möchte, daß du mir sagst, daß du mich liebst« oder »Ich möchte, daß du herkommst und dich zu mir setzt.«
In der Therapiestunde war sie durchaus schon in der Lage, ihre Sätze abzuwandeln, und ganz allmählich drang sie zu dem verschütteten Wissen durch, über das sie durchaus einmal verfügt hatte und das immer noch irgendwo unbeschadet erhalten sein mußte, denn es ist angeboren. Ihre Enkelkinder beherrschen das sehr wohl. Jedes Kind weiß, wie man sagt: »Ich möchte«. Kinder sagen das sogar schon, ehe sie Worte überhaupt richtig gebrauchen können, und gewiß ist dies einer der ersten Sätze, die sie lernen. Ein Kind kann einfach etwas, das es haben möchte, bedeutungsvoll anschauen, dann sieht es zu demjenigen, der ihm das geben soll, und schon ist sonnenklar, was es möchte. Aber ein Kind muß auch mit dem Wort »nein« umgehen, tausendmal während es heranwächst: »Nein, das darfst du nicht.« – »Nein, dazu bist du noch zu klein«. Warum trifft es bei so vielen Kindern zu, daß die Frustration durch das häufige »Nein« keineswegs ihre Fähigkeit auslöscht oder schmälert, entschieden zu sagen: »Ich möchte etwas...« – »Ich möchte einen Bissen...« – »Ich möchte gehen...« – »Ich

möchte das dort.«–»Kann ich etwas davon haben?« Vielleicht hat ein Kind dann den meisten Erfolg, wenn es dabei weint.

Ein kleines Kind füllt seine Lunge einfach mit Luft und setzt die ganze Kraft des Zwerchfells, der Lunge, des Herzens und der Seele ein und schreit einfach laut heraus, daß du es weithin hören kannst. Dabei kann ein Kind sich nicht einmal vorstellen, was das ist, eine Hemmung fallenzulassen. So etwas wie Hemmungen gibt es überhaupt nicht, sondern du spürst die Macht deiner Fähigkeit, deine eigene Stimme von den Wänden widerhallen zu lassen.

Jeder kann zurückgehen zu einem sehr frühen Alter, wenn er darüber nachzudenken beginnt, wie Kinder herausfinden, was sie wollen, und wie sie es es dann verlangen. Als ich davon sprach, daß ein kleines Kind aus der Überzeugung heraus weinen kann: du bist etwas wert, deine Bedürfnisse verdienen, gehört und beachtet zu werden – da begann meine Klientin so heftig zu weinen, mit einer solchen Inbrunst, die du vergessen hast, wenn du nicht erst kürzlich ein kleines Kind dabei erlebt hast. Und es gibt dir viel, wenn du dabei sein kannst, wenn diese unverbildete Kraft eines Menschen voll und ganz zum Ausdruck kommt.

Und so holte sie zwischen ihren Schreien jedesmal wieder tief Luft, füllte ihre Lunge ganz, und ich erinnerte sie daran: »Spür es wirklich, bring alles heraus, schrei so laut du kannst.« Mir blieb gar nicht die Zeit, so viel zu sagen, während sie gerade tief Luft holte, schon setzte wieder ihr lautes, kraftvolles Schreien ein. Und vielleicht stellst du dir vor, ein kleines Kind sei hilflos, aber wenn du erst einmal dabei bist, wie sich eine derartige Emotion entlädt, dann wirst du richtig verstehen, wieviel Kraft du hast, wenn du zur Welt kommst – und diese Kraft schwindet in Wirklichkeit nicht. Du erlangst lediglich eine gewisse, fein abgestimmte Kontrolle darüber, diese Kraft in bestimmte Bahnen zu lenken, wenn du sie ausdrückst. Nun, sie muß wohl ganze fünf Minuten lang so geschrien haben. Je mehr sie schrie, desto ruhiger wurde ihr Weinen, bis schließlich ihr Atem entspannter ging, und dabei wurden ihre Atemzüge ganz tief – ihr Körper zwang sie dazu – und sie atmete voller Kraft aus, hinaus in den Raum. Sie nahm eine straffere Haltung ein, richtete sich auf in den Schultern und hielt ihren Kopf erhoben.

Ich wußte, daß es sehr leicht sein würde, hier anzuknüpfen und ihr dabei zu helfen, die Feinheiten im Verhalten zu lernen, die zu so einfachen Verfahrensweisen führen wie der, zehn Sätze pro Stunde mit den Worten »Ich möchte« beginnen zu lassen. Dabei mußt du noch nicht einmal wissen, wie du den Satz zu Ende bringen wirst, nachdem du ihn begonnen hast. Du sagst einfach »Ich möchte...« und benutzt diesen Anreiz, um einen Augenblick in dich hineinzuhorchen und dich zu fragen: »Hm, was möchte oder brauche ich denn eigentlich jetzt im Augenblick?« Früher oder später wirst du ein Gefühl dafür bekommen, was du möchtest, so daß du deinen Satz mit etwas Wesentlichem zu Ende bringen kannst. Und wenn du einen Satz entdeckt hast, von dem du das Gefühl hast, er stimmt einfach, dann kannst du den nachfolgenden Satz vervollständigen und wiederholen, indem du genau dasselbe Bedürfnis mit denselben Worten zum Ausdruck bringst. Du brauchst dabei überhaupt nicht besonders kreativ zu sein. Bisweilen sollst du einfach unentwegt mit dem Gleichen fortfahren und es überdeutlich wiederholen.

Erickson erzählte von einer Frau, die zu ihm gekommen war, um mit Hilfe von Hypnose mit dem Rauchen aufzuhören. Sie hatte berichtet, daß sie seit 20 Jahren mit einem Professor der Universität von Arizona verheiratet sei. Sie selbst war in einem psychosozialen Beruf tätig, wo sie ebensoviel Geld verdiente wie ihr Mann.

Erickson sagte zu ihr: »Verehrte Dame, Frauen Ihres Alters, die sich das Rauchen mit Hypnose abgewöhnen wollen, meinen es gewöhnlich nicht ernst. So müssen Sie, um Ihre Ernsthaftigkeit unter Beweis zu stellen, jeden Morgen bei Sonnenaufgang den Squaw Peak[5] besteigen und eine Woche lang zu mir kommen.« Erickson erzählte dann weiter die Geschichte dieser Ehe und deren Zumutungen in all den 20 Jahren, mit welchen sich die Frau auf verschiedenste Art von Anfang an abgefunden hatte, beispielsweise, wenn ihr Ehemann verlangt hatte, sie solle das Kochen auf Gourmet-Niveau erlernen. Und er hatte versprochen, ebenfalls Küchenpflichten zu übernehmen, aber in 20 Jahren Ehe war er mit dem Kochen noch nicht an die Reihe gekommen.

Irgend etwas in dieser Woche der Beharrlichkeit beim Besteigen des kleinen Berges hatte eine Veränderung herbeigeführt – oder war es der Umgang mit Erickson und die Art, wie er einen anschaute, als wollte er fragen: »Was hindert Sie daran, mit ihrem Ehemann so umzugehen, wie es nötig ist – was Sie theoretisch auch genau wissen?« Und da hilft keine Ausrede. Oder vielleicht lag es auch daran, daß er überzeugend vorgeführt hatte, wie angenehm du dich fühlen kannst, wenn du etwas von dir verlangt hast; wie er auf den Bergbesteigungen als Beweis bestanden hatte, und wie er ihr ganz direkt aufgetragen hatte, ihre Zigaretten herzugeben und sie in der Praxis zurückzulassen. Nach zwei Wochen könne sie sie zurückverlangen – bei Bedarf. Es könnte auch daran gelegen haben, daß er sie dazu ermutigte, eigene Ideen zu haben, als sie sagte: »Ich sollte besser nach Hause gehen und die anderen Zigaretten auch holen.« Er sagte ihr, daß das eine gute Idee sei. Und als sie die Schachteln herbrachte, sagte er: »Ihre Stunde ist jetzt um, wollen Sie lieber bar oder mit Scheck bezahlen?« Geradeheraus, ohne Umschweife stellte er seine Forderung und fühlte sich dabei gut.

Was auch immer zu diesem Unterschied beigetragen haben mag, sie kam jedenfalls in der Woche darauf wieder und erzählte die interessante Geschichte, wie sie ihren Mann gebeten hatte, einen Brief für sie zu tippen. Er hatte gesagt: »Nein, ich werde das morgen machen.« Sie blieb dabei und sagte: »Ich möchte, daß der Brief getippt wird, und ich möchte, daß er heute nacht getippt wird.« Der Mann brummte und beschwerte sich, aber schließlich ging er ins Büro und brachte einen Brief mit mehr Fehlern zustande, als sie überhaupt in einem Brief menschenmöglich sind. Da sagte sie: »Dieser Brief hat zu viele Fehler. Ich möchte, daß er heute nacht noch einmal getippt wird, und ich möchte, daß er richtig getippt wird.« Er darauf: »Komm ins Bett und hör auf, dich wie ein Säugling aufzuführen. Ich mach's morgen.« Damit machte er das Licht aus. Sie drehte es wieder an, zog die Decke weg, packte ihn bei den Fußgelenken und zog ihn buchstäblich aus dem Bett mit den Worten: »Ich möchte, daß dieser Brief heute nacht getippt wird.« Und schließlich brachte er einen annehmbaren Brief zustande.

Nun, was war dran an Ericksons Intervention, das diese Frau veranlaßt hatte, nach Hause zu gehen und eine derart unerschütterliche Entschiedenheit und Beharrlichkeit zu zeigen, klar etwas zu verlangen, von dessen Sinnlosigkeit sie durchaus hätte überzeugt sein können? Aus ihrer Position, die sie in der Vergangenheit eingenommen hatte, hätte sie durchaus kritisiert werden können. Und für ihren Ehemann muß das eine bodenlopse Überraschung gewesen sein, wie sie beharrlich insistierte. Er muß baß erstaunt gewesen sein.

Aber ich bezweifele, daß dieses Erstaunen ihn hinreichend auf das vorbereitet hatte, was sich in den kommenden Wochen zutrug, als die Ehefrau weiterhin den ungewöhnlichen Empfehlungen Ericksons folgte. Eines Tages kam sie nach Hause und sagte: »Schatz, jetzt ist deine Woche, du bist mit Kochen dran.« Und so wie sie es vorausgesehen hatte, kochte der Ehemann eine Woche lang Kartoffeln und warf Hamburger in die Friteuse. Aber Erickson hatte sie angewiesen, für sich, für ihren Sohn und ihre Tochter ein Feinschmeckermenue mitzubringen, das sie verspeisen sollten. Und als sie nach dieser Woche Erickson die laufenden Ereignisse berichtete, meinte er: »Nun hat Ihr Mann Sie eine Woche lang sorgfältig unterwiesen, welche Art Gourmet-Küche er wirklich mag. Also müssen Sie ihm das die nächste Woche weiterhin zubereiten, und für sich selbst, Ihren Sohn und Ihre Tochter bringen Sie auch weiterhin ein Feinschmeckermenue mit.«

Das war eine interessante Art, jener Frau ein Beispiel zu geben bzw. sie etwas zu lehren, daß nämlich ihre Bedürfnisse etwas wert sind und daß sie allmählich und mit Einfällen und Unerschütterlichkeit ihren Mann dazu bringen könnte, dies auch einzusehen. Und wie durch ein Wunder hatte er in der dritten Woche, als er wieder mit dem Kochen an der Reihe war, gelernt, wie man Gerichte nach Feinschmeckerart zubereitet.

12. Erwünschtes Verhalten:
Lerne, über Selbstkontrolle zu verfügen

Metapher

Frank hatte keine Lust mehr, seine Zeit zu verbummeln und deshalb schrieb er sich in einen Karateclub ein. Hiermit hast du lediglich so etwas wie dein Beglaubigungsschreiben präsentiert; du zeigst dich von deiner Schokoladenseite und verfügst auch über genügend Geld, um die Kursgebühr zu bezahlen. Als Erwachsener denkst du mit deinem bewußten Verstand nur über die unmittelbaren Erfordernisse nach, aber du bist mit einer Fülle an unbewußtem Wissen verbunden, das zur Verfügung steht, um etwas vermeintlich so Einfaches zustandezubringen, wie Mitglied in einem Karateclub zu werden. Du kannst nicht genau sagen, was es heißt, auf eigenen Beinen zu stehen, aber dein eigener Verstand sagt dir: »Ich kann es tun; ich bin zwar furchtbar ängstlich, aber ich kann es tun«. Ein Risiko einzugehen, war nicht Franks Problem.

Er hatte einen merkwürdigen Sinn für Humor. An einem verdrehten Gedanken Gefallen zu finden, war für ihn eine Art, etwas auszuprobieren. Sein eigenartiger Sinn für Humor führte ihn zu der Annahme, daß er dann wenigstens nicht von den Straßenpunks auf's Kreuz gelegt würde, wenn er vielleicht von den Könnern in der Karateschule geschlagen würde. Ich schätze, das ist ein geeigneter Grund, um Karate zu lernen!

Ein Kind muß in bestimmten Situationen ein gerütteltes Maß an aggressiven Impulsen verspüren. Du hast sie gezügelt und du hast sie unter Kontrolle gehalten und du solltest auf diese deine unbewußte Fähigkeit stolz sein. Deine Fähigkeit, spontane Gefühle zu kontrollieren, ist etwa so, wie wenn du einer Person eine schwache Dosis Efeugift verabreichst, um sie gerade gegen Efeugift immun zu machen. Du injizierst ihr eine kleine Menge Pockenkeime, damit der Körper später auch mit einer größeren Dosis fertig wird. Du hast völlig vergessen, wieviel du unbewußt gelernt hast und auf wieviele Situationen du eigentlich vorbereitet bist.

Der Grund, warum ich darauf eingehe ist folgender: Als Frank sich in den Karateclub einschrieb, suchte er eine Situation auf, in der man lernen kann, zwischen Kontrolle und Aggression zu unterscheiden. Kann sein, daß es schon am ersten Tag beginnt, an dem du auf der Matte stehst, wenn du lernst, deine Muskeln in einer bestimmten Weise zu verlagern. Du mußt in

einer gewissen Position stehen, das hintere Knie gestreckt, das vordere angewinkelt; deine Füße mußt du in eine genau vorgeschriebenen Stellung bringen und zu allem Überfluß mußt du auch noch deine Hüften so drehen, daß sie senkrecht zu deiner Standposition sind. In der Tat eine absurde Haltung! Immer wenn ich ihn sah, wollte Frank darüber sprechen, was er in der Karateschule gerade gelernt hatte. Und er entwickelte tatsächlich neue Ideen darüber, wie Aggression und Kontrolle Hand in Hand gehen. Aber er war noch aus anderen Gründen motiviert, weiterzulernen.
Zuerst lernte er alle Übungen die man allein ausführt: Hohe Rolle, niedere Rolle, seitliche Rolle, Seitenschritte, schwungvolle Ausfallschritte nach vorne. Er übte vor Spiegeln, um sich überprüfen zu können und arbeitete an den Bewegungen in Teilabschnitten. Und es sieht so aus, als müßtest du ein ausgemachter Narr sein, wenn du aggressiv wirst, sobald du dem Gegner Auge in Auge gegenüberstehst und deine Hüften senkrecht stellst und entscheidest, an welcher Stelle du ihn angreifen willst: in der Zwischenzeit schlagen sie dich zusammen.
In dem Maße, wie sein Verständnis über die eigene Fähigkeit zu Disziplin und Kontrolle wuchs, nahm sein Mangel an Einsicht in seine eigene Aggressivität zu. Aber ich wußte etwas über die Situation, wenn du schließlich im Ring stehst, was ihm noch unbekannt war. Möglicherweise machst du automatisch die richtigen Bewegungen und dein Unbewußtes lernt sehr vieles, was deinen bewußten Verstand von komplexen Gedankengängen entlastet. Du setzt eine Abfolge von Einzelbewegungen zusammen und lernst dabei, daß du bei jeder Stufe bequem ausatmen kannst. Du atmest aus, wenn du schlägst. Du lernst deine Haltung zu kontrollieren, während du in aller Ruhe atmest. Nun, ich kann dir nicht sagen, wie das exakt funktioniert. Dein bewußter Verstand kann wahrnehmen, daß die Atemwege frei sind, daß sich der Rachen angenehm feucht anfühlt – kleine Zeichen, die dich daraufhinweisen, daß du von so vielen, auch die Physis betreffenden Erinnerungen abhängig bist. In ähnlicher Weise hängst du auch von vielen kleinen Abläufen ab, wenn du ein Lächeln auf dein Gesicht zaubern willst.
Es bedarf der Muskelkoordination, um das Zwerchfell zu heben, den Rücken zu entspannen, deine Schultern gerade zu richten. Das Extrem dieser alltäglichen Muskelarbeit ist der Bewegungsablauf, bei dem du beim Schlagen deine Hände auf Hüfthöhe hältst und deine Hüften senkrecht zur Standposition. In kleinen Schritten gestaltest du eine komplexe Angelegenheit unbewußt und automatisch.
Vor einem Spiegel zu üben, ist ziemlich einfach. Du erlernst schließlich komplizierte Schrittfolgen, du bewegst dich mehr und mehr unbewußt mit der Abfolge von Tritten, Schlägen, Schritten, Stellungsänderungen, Kombinationen von Rollen und Wendungen. Ein Teil seiner Angriffslust be-

gann zu diesem Zeitpunkt zu entstehen, weil du Selbstvertrauen entwickelst, wenn du deine forschreitenden Leistungen bemerkst. Du magst es daran erkannt haben, daß du ganz leicht atmest, lächelst – Zeichen von Selbstvertrauen.

Als schließlich die bewerteten Kämpfe kamen, zeigte Frank ganz normale Anzeichen von Angst: Trockener Mund, leicht angespannter Magen, verkniffene Lippen. Er stand auf der Matte, verbeugte sich vor seinem Gegner und hoffte, daß dieser im richtigen Moment zu Boden ginge. Er sagte sich selbst: »Ich werde das irgendwie schaffen. Ich werde mich selbst nicht enttäuschen«.

Jetzt, im tatsächlichen Kampf, wendet sich jemand gegen dich und du parierst den Angriff. Es ist wichtig, daß dein Schlag hart ausfällt, aber genauso wichtig ist es, daß du den Gegner dabei nicht tötest. Du würdest Dir nicht nur den Gürtel nicht verdienen, du wärst gedemütigt und letztlich der Geschlagene. Jeder weiß wie es ist, verhauen zu werden. Deine Nasenflügel blähen sich und du spürst den Schlag vielleicht schon bevor er eintrifft – und es ist ein wenig so wie in der Karateschule: Dein bewußter Verstand weiß nicht, worauf er zuerst achten soll. Es gibt die Antizipation »Ich werde gewinnen« und »Ich muß besser abwehren«: Du wehrst ab, schlägst, drehst, gehst in die Knie und die ganze Zeit über nimmst du wahr, daß du zwischen jedem Manöver atmest, im allgemeinen angespannter als sonst, aber – den Umständen entsprechend – relativ entspannt. Der Kiefer spannt sich in Konzentration, signalisiert die Bereitschaft zur schnellen Bewegung. Deine Aggression und deine Kontrolle gehen Hand in Hand. Du überlegst sogar, wie hart du den Gegner schlagen sollst. Auch nachdem du einige Schläge hast einstecken müssen, nimmst du konsequenterweise die Haltung eines Gentleman an und schlägst nur so hart, wie du es gelernt hast. Du willst nicht nur den Kampf gewinnen, sondern du willst nachher stolz auf dich sein.

Das war es genau was Frank gelernt hatte, aber er war für den richtigen Test noch nicht bereit. Der wirkliche Testfall war für ihn, etwas ganz Neues in seinem Leben zu versuchen, ohne daß er in der ersten Runde außer Gefecht gesetzt würde. Er verfügte über eine Menge Ressourcen, die er aus sich herausholen konnte, und sie waren geprägt, gezeichnet und zur Entfaltung gekommen im Karatekampf. Du wirst eine Menge Dinge, die du gelernt hast, in dem Maße wieder vergessen können, wie du sie automatisch ausführen kannst. Frank überstand den Kampf um den braunen und verschiedene schwarze Gürtel und schließlich errang er das Wohlwollen eines Karatemeisters. Als der Meister nach Florida übersiedelte, übernahm Frank die Karateschule. Er war von einem Karatemeister unterrichtet worden, aber sein bewußter Verstand hatte über vieles, was sein Verhalten als Leiter der Schule betraf, überhaupt nicht mehr nachzudenken.

Ich denke, er wird auf sein Karatetraining immer in einer höchst differenzierten und geschickten Weise zurückgreifen. Er würde sein Gegenüber fest ins Auge fassen und gut durchatmen, so wie er es vor einem Kampf tat. Gleich ob er Verzeichnisse erstellte, ein Tagebuch oder einen Terminkalender führte oder ob er sich an seinen Aktenschrank zurückzog, er würde sein inneres Gleichgewicht halten, als ob er über jede Handlung bewußt entscheiden würde und als ob es dein unbewußtes Ziel wäre, ein Gefühl von Souveränität zu Tage zu fördern. So hast du gelernt, Aggression von Kontrolle zu trennen, indem du dir gestattet hast, beides effektiv zu nutzen. Ich bin sicher, daß jeder Mensch viel über das Reiferwerden lernt und stolz darauf ist. Manche Leute würden vielleicht sagen, Frank sei aggressiver geworden, in allem was er tat, inklusive des Öffnens eines Aktenschrankes, aber sicherlich ist es keine schlechte Idee herauszufinden, wie du dir bei anderen Leuten Respekt verschaffen kannst.

Sicherlich wirst du sozialen Erfordernissen mit viel größerer Umsicht folgen, weil du die Regeln der Karateschule erlernt hast. Du mußt deine Schuhe ausziehen, du mußt dich verbeugen wenn du die Matte betrittst, ebenso verbeugst du dich vor und nach dem Kampf vor deinem Partner und gibst sozial vorgeschriebene, hörbare Signale. All das, was hier eingeübt wurde, übertrug Frank unbewußt auf seine geschäftliche Kommunikation. Es ist völlig gleichgültig, ob du Informationsblätter, Listen, Tafeln oder Zettel in deiner Tasche mit herumträgst. Du rufst Leute an, delegierst Verantwortung und sagst Bescheid, wann du wieder anrufen wirst. Und achte vor allem auf dein Ein- und Ausatmen, ehe du aktiv wirst. Franks Muskelbewegungen fallen dezidiert aus und ich hörte viele Leute im Club sagen: »Ich wünschte, ich könnte wie Frank sein«. Sie wußten nicht, wieviel Angst er früher davor hatte, geschlagen zu werden. Tief im Inneren verspürst du das Gefühl von Angriffslust und überlegter Kontrolle in deinem Verhalten.

Anmerkungen zu Kapitel 4

1 Zur Diskussion von Verhaltenstrainings seien die Leser an Lankton & Lankton, 1986, S. 128-136 verwiesen.
2 Diese Metapher ist ein Beitrag von Susan L. Vignola, D.S.W..
3 Diese Metapher ist bearbeitet nach Milton Ericksons Fassung; persönliche Mitteilung, 20. Dezember 1979.
4 Diese Metapher erschien bereits in Lankton & Lankton, 1986, S. 295-298.
5 Kleinere Erhebung nahe Ericksons Haus (Anmerkung d. Übers.)

Kapitel 5

Metaphern zur Veränderung der Familienstruktur

Das Wichtigste, das ein Vater für seine Kinder tun kann, ist, ihre Mutter zu lieben.
                                                            Theodore M. Hersburgh

Kinder sind nicht glücklich, wenn es keine Verbote zu übertreten gibt; deshalb müssen die Eltern sie aussprechen.
                                                            Ogden Nash

Nichts zerstört Autorität mehr als ein ungleicher und zeitlich unpassender Austausch von Macht, wenn zu viel Druck ausgeübt wird oder zu viel Nachlässigkeit herrscht.
                                                            Francis Bacon

Eine therapeutische Veränderung von Familienstrukturen ist ein komplexer Prozeß; daß dieser durch das bloße Erzählen vielschichtiger Metaphern bewältigt werden kann, ist nicht wahrscheinlich. Indessen führt eine solche Veränderungsmetapher als Teil des Veränderungsprozesses auf behutsame und indirekte Weise zu einem Modell gesunder Umorganisation, insbesondere dann, wenn die Familienmitglieder zuvor in ihren entsprechenden Ressourcen auf vielerlei Weise angeregt wurden und Erfahrungen sammeln konnten. So können Metaphern es den Familienmitgliedern ermöglichen, ihr Interaktions-Repertoire aus eigener Entscheidung zu erweitern, anstatt ihre sozialen Verhaltensmuster lediglich im Sinne der Willfährigkeit gegenüber dem Therapeuten zu verändern.

Geschichten, die zur Veränderung von Familienstrukturen beitragen, veranschaulichen die gesunde Ausprägung eines familiären Netzes, das Unterstützung und Wohlbefinden vermittelt. Solche Geschichten stellen den äußeren Rahmen her, um neue Rollenbeziehungen aufzubauen und zu steuern, wobei diese Rollen aus den zuvor herausgearbeiteten Einstellungen, Verhaltensweisen und Gefühlen entwickelt worden sind. Wie bei allen Anleitungen dieses Buches sollten die Therapeuten versuchen, die Aufmerksamkeit mit Hilfe dramaturgischer Mittel aufrechtzuerhalten und die Zuhörer dazu anzuregen, aus dem Ablauf der entstehenden Bilder für sich selbst eine individuelle Bedeutung herauszuarbeiten. Die Schlußfolgerungen der Familienmitglieder werden und sollen nicht das von einem allwissenden Therapeuten vorgeführte Modell widerspiegeln; es wird vielmehr eine Analogie zur vorhandenen Familienmetapher entstehen. Was die Familie so auf ihre besondere Weise zusammengetragen hat, wird eine angemessenere und dauerhaftere Lösung für ihre spezielle Geschichte sein, als das wohl je ein Therapeut wird voraussehen können.

In den folgenden drei Schritten fassen wir den Weg zusammen, wie Bilder dergestalt konstruiert und angeordnet werden, daß die Metapher in der gewünschten Weise wirken kann:

1. Veranschaulichen Sie, wie das Symptom oder die Beschwerden eines Protagonisten an eine bestimmte Familienstruktur gekoppelt sind; es soll dabei aber der Unterschied zum Symptom oder Problem des identifizierten Patienten offensichtlich sein.

    Die Familienstruktur in der Geschichte soll der des Klienten ähnlich sein, was jedoch keinem der Familienmitglieder sogleich deutlich sein wird; Einsicht und Konfrontation sind nicht Teil dieses Veränderungsmodells.

2. Veranschaulichen Sie sich, wie die Familienorganisation des Protagonisten sich ändert infolge des andersgearteten Umgangs miteinander.

    Stellen wir also ein Veränderungsmodell auf, das für das Familiensystem des Klienten passend ist. Der Protagonist der Geschichte muß keine ähnlichen Motive wie der Klient haben, seine Interaktionsweisen zu ändern, und die Veränderung muß auch nicht von dem Versuch bestimmt sein, das Symptom aufzuheben.

3. Zeigen Sie anhand eines beiläufigen, aber wesentlichen Umstandes, daß die Beschwerden bzw. Symptome (die selbstverständlich völlig andersgeartet sind als die derzeitigen Probleme in der Familie des Klienten) gelöst wurden oder einfach verschwunden sind, nachdem sich das Beziehungsmuster der Familie geändert hatte.

Achten Sie darauf, daß Sie keinen zu umfassenden logischen Zusammenhang herstellen zwischen dem Verschwinden des Symptoms und der Reorganisation der Familie in der Geschichte. Es wäre nicht nur schwierig, diesen Zusammenhang überzeugend darzustellen, sondern dies gäbe auch Anlaß zu Diskussionen. Notwendig ist lediglich, daß den Zuhörer der Gedanke bewegt: Also tatsächlich ist das Symptom verschwunden, und das einzige, was wir sicher wissen ist, daß die Familienbeziehungen sich verändert haben. Die »Botschaft« bleibt indirekt, indem der offensichtliche Zusammenhang fehlt und die Geschichte, mit dramatischen Elementen ausgestattet, als multipel eingebettete Metapher gestaltet ist.

Die erste Geschichte dieses Typs ist auszugsweise aus ihrem ursprünglichen Zusammenhang einer multipel eingebetteten Metapher herausgenommen (s. Enchantment and Intervention, 1986).

Um den Eindruck dieser Geschichte besser erfassen zu können, werden wir den Hintergrund der Sitzung erklären, in welcher diese erste Geschichte erzählt wurde. Sie galt einer Familie, bestehend aus Vater, Mutter und 19-jähriger Tochter. Die Familie kam auf unseren Wunsch hin zur Therapie, nachdem die Ehefrau um einen Termin für ihren depressiven Mann gebeten hatte. Der Gesamteindruck der bestehenden Familienstruktur ergab, daß beide Eltern ihre Tochter infantilisierten und sie in ihrer altersgemäßen Individuation und Loslösung vom Elternhaus häufig entmutigten; der Grund war teilweise in dem uneingestandenen Mißbehagen zu suchen, das das Paar miteinander empfand.

1. Bestehende Familienstruktur:
Eltern, die sich zu sehr in die Angelegenheiten ihrer heranwachsenden Tochter einmischen, welcher es noch nicht gelungen ist, die natürlichen Abgrenzungen zu vollziehen und Autonomie zu erlangen.

Modell zur Reorganisation der Familienstruktur:
Tochter soll aus der Dreiecksfesselung befreit werden, soll ihre eigenen Grenzen festlegen und eine selbstsichere und doch respektvolle Rolle aufbauen, wobei das Modell hierfür fehlt und auch keine Ermutigung gegeben wird.

Metapher[1]

Ich möchte dir von einer früheren Klientin namens Candy erzählen, und nichts braucht dich daran zu hindern, deine Augen zu schließen, ob du nun in Trance gehst oder nicht. Jedenfalls wirst du in eine andere Trance gehen – ähnlich zwar, aber doch anders als die Trance deiner Eltern.
Candy ist kein Name, den man alle Tage hört; er erregte meine Aufmerksamkeit. Sie rief an und sagte, sie würde gern Hypnose benutzen, um den diffizilen und äußerst einengenden Schmerz zu lindern, den sie bei ihrer Migräne erlebte. Und ich wollte wissen, wie diese Kopfschmerzen waren, wie lange sie sie hatte – eben alles, was man so üblicherweise fragt. Und ich schätze, keiner von uns fand es besonders seltsam, daß sie wegen ihrer schweren Kopfschmerzen keinen Gedanken daran verschwendete, wie unerfreulich die Beziehung zu ihrem Vater und ihrer Mutter war, von denen sie seit einigen Jahren räumlich getrennt war. Vor drei Monaten war sie wieder nach Hause zurückgekommen, nachdem sie ihren Abschluß an der Universität gemacht hatte. Ihre Mutter war sehr kontrollierend, und sie selbst spürte diese Kontrolle auch; sie kritisierte Candy sogar dafür, daß sie ihr gehorsam war. Und Candy konnte die Komik und Ironie dabei nicht

sehen, als sie erzählte, wie Mutter ärgerlich in ihr Zimmer gestürmt war, sie kritisiert hatte und sagte: »Du sollst es nicht zulassen, daß andere Leute dir sagen, was du zu tun hast!« Die Paradoxie, daß ihre Mutter ihr diesen Vortrag hielt, diese unfreiwillige Ironie war dieser Mutter sicher entgangen. Candy erklärte, daß die Kopfschmerzen angefangen hatten, als sie nach dem College wieder nach Hause gezogen war, um zu entscheiden, was sie nunmehr mit ihrem Leben anfangen werde.

Aber sie mußte zugeben, daß es sehr schwierig war, zu ihr vorzudringen mit ihrem Kissen auf dem Kopf, mit dem sie den Migräneschmerz zu mildern suchte – selbst bei einer derart aufdringlichen Mutter und bei einem Vater, der sich so sehr einmischte. Es ist nicht ganz leicht, mit jemandem zu sprechen, der sich hinter einem Kissen verschanzt.

Denn wenn du dir Zeit für dich selber nehmen willst, selbst wenn du dich dazu mit Migräne ins Bett legen mußt, so erlaubt dir das doch ein gutes Stück Eigenleben und ermöglicht dir, eine Menge über gewisse Dinge nachzudenken. Vielleicht merkst du nicht einmal, worüber du nachdenkst; vielleicht ist das auch gar nicht wichtig.

Ich fragte Candy, wie es gekommen sei, daß sie »Candy« heißt, und was das für sie bedeutet, einen so »süßen« Namen zu haben. Er schien symbolisch das Bedürfnis dieser Eltern auszudrücken, eine Tochter zu haben, auf die sie sich »werfen« konnten, die eine ganz bestimmte Rolle spielen würde, nämlich äußerst süß zu sein, äußerst gehorsam, äußerst proper und nett zu sein. Und Candy hatte sich sehr angestrengt, so zu werden. Und so sagte ich ihr, daß ich nicht genau wüßte, was ich tun könnte, um ihr bei diesen Migräneattacken zu helfen. Ich wüßte auch nicht, ob ich irgendeine wie auch immer geartete Heilung für diese Kopfschmerzen versprechen könnte, nachdem deren Ursprung so mysteriös erschien. Sie wußte nie, wann so eine Migräneattacke kommen und wie lange sie dauern würde.

Aber ich sagte ihr, was ich dachte: Es ist sehr wichtig, daß du deine Angelegenheiten selbst in die Hand nimmst – genau das meine ich. Sie hatte zugestimmt, daß sie alles tun werde, um einiges zu verändern, selbst wenn es keine Garantie gab, daß die Kopfschmerzen verschwinden würden. Sie sollte darauf bestehen, daß ihr Vater und ihre Mutter ihr Anweisungen zu jedem einzelnen Detail einer jeden Handlung geben sollten, die sie vorhatte. Und wenn sie das erst einmal gut genug beherrschte, dann sollte sie die Schwierigkeit der Aufgabe steigern, indem sie zuerst einmal herausfand, was sie wirklich tun wollte; und dann sollte sie die beiden fragen, wie sie es genau anfangen müßte, um ihnen die Anweisungen für jene Handlung zu entlocken, für die sie sich bereits entschieden hatte und die sie ausführen wollte. Und da sie einen erstaunlichen Sinn für Humor hatte, gefiel ihr die Idee, bis hin zum Absurden auf Anweisungen zu

bestehen. Sie wußte, daß das ein Weg war, die derzeitige Beziehung zu ihren Eltern vollkommen durcheinanderzubringen mit all diesen keineswegs erwünschten Anweisungen.
Ich erinnerte sie auch daran, daß ein jeder sich aus einer Situation entfernen kann, indem er einfach geht. Und ich war neugierig, ob sie schon so weit wäre, die Herausforderung anzunehmen, Wege zu finden, sich zu entfernen, ohne wegzugehen. Sie wußte nicht genau, was ich meinte; aber in der nächsten Sitzung berichtete sie, daß sie in ihrem Zimmer schon dabei gewesen sei, sich wohlzufühlen und zu meditieren. Sie hatte sich bereits in einen sehr angenehmen Entspannungszustand hineinbegeben, in ein Wohlgefühl wie in Trance, und sie vergegenwärtigte sich in aller Ruhe ihre eigenen Angelegenheiten; und da kam ihre Mutter herein mit ihren neuesten Ideen, wie Candy sich ihr Leben einzurichten hätte, mit wem sie sich nicht treffen sollte und mit wem schon, wie sie ihre Zeit zu verbringen hätte; und sie kritisierte sogar ihre Frisur, die sie sich in diesem Sommer zugelegt hatte.
Und genau so wie deine Eltern jetzt dasitzen, ruhig, bequem, in einem meditativen Zustand, so sah Candy einfach über sie hinweg, fünf Sätze lang, zehn Sätze lang, fünfzehn Sätze lang. Und du kannst dir vorstellen, je länger sie die Mutter mit Nichtachtung strafte, desto hektischer wurde die und forderte Candys Aufmerksamkeit, verlangte eine Antwort, mit der sie etwas anfangen konnte, eine berechenbare Antwort. Und schließlich, nach zwanzig Sätzen, begriff Candy, daß sich mit Darüberhinwegsehen nichts ändern würde.
Und so öffnete sie mit aller Anstrengung ihre Augen, ganz behutsam, und sah dieser Mutter ins Gesicht. Dann sagte sie in äußerst heiterem Ton:« Kannst du nicht sehen, daß ich beschäftigt bin?« Und das kam von jemandem, der sich dem Inbegriff des Nichtstuns hingab, und daher empörte diese Bemerkung die Mutter so sehr, daß sie sich nicht anders zu helfen wußte, als das Zimmer zu verlassen; sie murmelte und brummelte vor sich hin, aber sie verließ tatsächlich das Zimmer. Und Candy war in der Lage, ihre meditative Trance wieder aufzunehmen und sie zu genießen bis zu dem Schlußpunkt, den sie selbst gesetzt hatte. Sie war ziemlich verwundert, wie sie das geschafft hatte.
Und sie sprach auch darüber, daß sie noch mit etwas anderem angefangen habe, nämlich mit Gartenarbeit. Ihre Familie besaß viel Land. Und vielleicht hatte sie sich gerade deshalb Gartenarbeit ausgesucht, weil keiner aus der Familie je das geringste Interesse dafür gezeigt hatte. Sie aber liebte am Stock gereifte Tomaten. Und so ging sie nach draußen und verbrachte einen großen Teil ihrer Zeit damit, die Erde zu kultivieren, die geeigneten Nährstoffe und Zusatzmittel auszuwählen, den Boden zu untersuchen und

zu analysieren, das Land zu bestellen, Pflanzen auszuwählen, eine Vielfalt unterschiedlicher Pflanzen, sie in die Erde zu setzen, Windschutz- und Bewässerungssysteme zu errichten. Und sie war für viele Stunden voller Eifer bei diesen Aufgaben. Keiner konnte mit ihr reden, wenn sie bis zu den Ellbogen in Erde und Hühnermist steckte und die Tomaten versorgte. Niemand war sich dessen sicher, wann genau die Migräneattacken verschwunden sind. Das lag daran, daß Candy einfach versäumt hatte, das Ausbleiben ihrer Schmerzen zu bemerken. Sie war viel zu beschäftigt, um zu spüren, daß sie sich wohlfühlt und eine ganz schöne Befriedigung empfindet; wie köstlich diese am Stock gereiften Tomaten schmeckten, als sie zur Vollreife gelangt waren. Ich schlug vor, daß sie symbolisch das Ende ihrer Therapie einleiten könne, indem sie jeden dazu bringe, sie mit ihrem bisher nicht verwendeten mittleren Namen »Louise« anzusprechen.

2. Bestehende Familienstruktur und vorgebrachtes Problem:
Ein jung verheiratetes, kinderloses Paar, welches derzeit weder von Hoffnungen noch von Träumen spricht, weder Engagement noch emotionale Nähe zeigt. Der Ehemann ist besorgt über seine häufige Impotenz und vorzeitige Ejakulation, und er ist oft abwesend und allein.

Erwünschte Veränderung der Familienstruktur:
Zwischen den jung Verheirateten soll mehr von den gemeinsamen Verpflichtungen und emotionaler Nähe die Rede sein, die beiden Partner sollen sich einander öffnen, sich mitteilen, über gemeinsame Ziele sprechen und so ihre Beziehung stärken.
(Anwesend: Die gesamte Familie)

Metapher

Ralph kam in Therapie wegen einer unerklärlichen Beklemmung, die auftrat, wenn er an seinem Haus irgendwelche kleinen Ausbesserungsarbeiten vornehmen sollte. Viele Leute haben keine Lust, größere Arbeiten anzufangen, doch wegen derlei kommt gewöhnlich keiner in Therapie. Aber in diesem Fall hatte das Ganze bereits phobisches Ausmaß erreicht, und es schien sich nicht nur um schlichte Unlust zu handeln. Ich bat ihn, seiner Phantasie freien Lauf zu lassen und mir zu schildern, was dabei in den Vordergrund tritt. Er erklärte mir, daß mehr als alles andere ihm Schwierigkeiten bereite, die Treppen vorne am Hauseingang zu erneuern. Ich vermutete, daß da wohl irgendwelche psychologischen Zusammenhänge mit im Spiel waren, die ihm noch nicht bewußt geworden sind.

Ich zählte von zwanzig rückwärts bis eins, um ihm zu helfen, sich das Problem nochmals in Trance anzusehen, und als ich bei zehn angelangt war, hatte sich sein Bewußtseinszustand bereits derart verändert, daß er in der Lage war, mir die gesamte Begebenheit zu erzählen. Ohne es zu wissen, hatte er sich mit diesem Treppenprojekt bereits auf einer Ebene auseinandergesetzt, die ihm zuvor noch nicht deutlich geworden war. So erklärte er mir, daß jene Treppen sich an der Vorderfront seines Hauses befänden, und es ging nicht so sehr darum, daß er meinte, er habe nicht genügend Geld, um die Treppe zu erneuern, vielmehr glaubte er, die Nachbarn würden anhand der Qualität seiner Tischlerarbeit herausfinden, was für ein Mensch er sei.

Sein ganzes Lebens lang hatte es ihm etwas bedeutet, Bastler zu sein. Und er war in gewisser Weise auch geschickt. Aber es war doch etwas ganz anderes, dies den Nachbarn an der Vorderfront seines Hauses zu demonstrieren. Fünfzehn, vierzehn, dreizehn. Als ich nun bei zehn angekommen war, hatte sich sein Bewußtseinszustand also bereits in der Weise verändert, daß er es kein bißchen bedrohlich fand, vor einem vollkommen fremden Menschen, dem er erst kurz zuvor in einer Kleinstadt Floridas begegnet war, die Dinge beim namen zu nennen. Neun, acht – Sie gehen tiefer und tiefer in Trance, und so kann sich Ihr Unbewußtes mit dem weiten Schatz an Erfahrungen befassen, den Sie hervorbringen können. Sieben, sechs, fünf, vier ....

Und es gab noch weitere Zusammenhänge, von denen sein bewußter Verstand noch gar nichts hören wollte. Sollte er sein Haus ausbessern, so müßte er mithin zugeben, daß er hier bleiben werde. Seine Heirat war Realität. Er würde die Treppenstufen betreten und sie müßten ihn tragen, und in einem tieferen Sinn begriff er nicht, daß er etwas errichten könne, worauf er stehen kann und das ihn trägt. Zwei, eins. Als er schließlich so tief in Trance gegangen war, wie ich es von ihm erwartet hatte, änderte ich das Bezugssystem, indem ich von anderen Klienten sprach.

Ich hatte einen Klienten, der ihm sehr ähnlich war. Die gleichen Wertvorstellungen, die gleiche Kleinstadt. Aber jener arbeitete auf einer Farm. Sy ließ sich nicht auf Aktivitäten innerhalb der Gemeinde ein. Seit der Highschool hielt er sich von den Leuten fern. In den unteren Klassen der Highschool hänselten ihn die Kinder wegen seiner Sprachbehinderung. Die Art, wie Sy sich ausdrückte, gab dem Begriff »Zeichensprache« neue Bedeutung. Ich erklärte ihm, daß er aus seinem Schneckenhaus herauskommen und mit seinen Landarbeitern zusammenarbeiten müsse, wenn er die Farm so führen wolle, wie er es im Grunde von sich erwartete.

Aber für eine Übergangszeit, als ersten Schritt einer Veränderung, fand ich es sehr wichtig für ihn, einen kompetenten Verwalter zu finden, der ihm seine Arbeit abnahm. Die Farm lief nicht gut, und wenn sie pleite ginge, nähme er das als ein weiteres Zeichen seiner Unfähigkeit. Ich erklärte ihm bis ins Kleinste, daß es für ihn nötig war, Krach zu schlagen, trotz seiner Sprachstörung. Seine zwischenmenschlichen Begegnungen wurden durch seine Sprachblockade von gutturalen Ächz- und Rülpslauten bestimmt. Als Sy noch sehr klein war, spielte das kaum eine Rolle. Trägst du einem Kind auf, den Abfall hinauszuschaffen, so gibt es einen Seufzer von sich, und es trägt den Abfall raus. Keiner verlangt eine Erklärung von ihm. Du sagst ihm, es soll einen Aufsatz über ein Buch schreiben, und es kommt ein Stöhnen. Aber wenn du ihn bittest, über das Buch zu sprechen, das er gelesen hat, dann wird die Sache offenbar.

Mit der Zeit, in den unteren Klassen der Highschool, begann er sich als sehr verschieden von den anderen Kindern zu erleben. Aber niemand nahm ihn beiseite, um ihm zu erklären, was es damit auf sich hat, sich bei anderen Menschen auszudrücken. Nun geht es dabei zunächst einmal um die Notwendigkeit festzustellen, daß du Erfahrung hast. Dein Unbewußtes kann deine Hand zum Gesicht führen, um eine Träne von der Wange zu wischen. Dein bewußter Verstand könnte dies sogar im Schlaf tun. Denn ein jeder hat die Fähigkeit, zu empfinden und zu fühlen, daß er biologischen Veränderungen unterliegt, die in seinem Körper stattfinden.

Du kannst nicht einfach sagen, wann dein Herz anfängt zu schlagen. Aber dein Herz schlägt. Und Veränderungen in deinem Herzrhythmus alarmieren dich. Ich fragte Sy, ob er Herzklopfen bekommen habe, als er seiner Frau begegnete. Und ich fragte mich, ob er wußte, wie ganz anders er ächzte, wenn er Herzklopfen hatte. Die Freude, die er vielleicht in sich spürte, mußte dazu beitragen, daß er anders als sonst ächzte, seufzte und stöhnte. Er verstand genau, was ich meinte. Er hatte sich tatsächlich schon früher über sein Herzklopfen Gedanken gemacht, und ich bat ihn, dieses besondere Ächzen hervorzubringen, das er hatte, wenn sein Herz klopfte, und das völlig anders war als an so einem flauen Tag, wenn er mutlos und bedrückt war. Und ich beglückwünschte ihn zu seinem Talent, sein Herzklopfen zu bemerken, und zu seiner Fähigkeit, die Veränderung seines Ächzens wahrzunehmen.

Im Grunde wußte ich, daß ich ihn nicht aus der Therapie entlassen wollte, ohne daß sich etwas an seiner Sprachbehinderung geändert hätte. Aber zunächst einmal ist es deine Aufgabe, die Sensibilität eines Menschen für seine eigenen Gefühlszustände zu steigern. Jedes Kind hat die Erfahrung gemacht, wie es ist, nasse Hosen zu haben. Manche Kinder wissen aber nicht, wie sich das anfühlt, wenn ein Lächeln über dein Gesicht geht. Und ein Vater sollte sich wirklich die Zeit nehmen, darauf hinzuweisen, daß ein Lächeln in deinem Gesicht das Verhältnis zwischen Mund und Ohren verändert. Es verändert auch das Verhältnis zwischen Wangen und Ohren. Deine Mutter sollte dir sagen, daß du ein sehr gutaussehender Junge bist,

wenn du lächelst. Und Sy hatte seine Aufmerksamkeit nie auf seinen eigenen Körper und dessen Erfahrungen gerichtet. Die meiste Zeit verbrachte er in Sorge, ob er nun mit seiner Sprachbehinderung die Billigung der anderen Leute fände oder nicht. Und insgesamt stellten seine einzelnen Tranceerlebnisse eine lange Kette von Erfahrungen dar, wie er sein Herzklopfen erkennen kann, wie er spüren kann, daß sein Magen leer ist, und wie jedes Kind konnte er merken, wie ein Lächeln in sein Gesicht treten wollte, und er konnte wahrnehmen, wann eine Träne herunterfallen würde. Nun, wie erkennst du aber, wann eine Träne herunterfällt? Dein bewußter Verstand kann das nicht so sagen, ob die Träne zuerst aus deinem linken oder deinem rechten Auge herunterfällt. Ehe die Träne nicht hervorgetreten ist, kannst du nicht sagen, ob sie dir über die Wange kullern wird, oder ob sie die Wange herunterläuft, ob sie in Windungen die Wange hinunterrinnt oder ob sie sich wirklich ausbreitet und deine ganze Wange netzt. Weinst du an einem kalten Tag, so fühlt sich deine Träne warm an. Und du kannst spüren, wie sie deine Wange kühlt im Gegensatz zum Blut, das dir ins Gesicht tritt. Und du solltest in der Lage sein, auf jedes dieser Gefühle hin anders zu ächzen. Und mir ist es gleich, ob du eine Sprachstörung hast oder nicht, jedes Kind kann das: unterschiedliche Laute von sich geben, damit seine Mutter weiß, es muß auf die Toilette, es will essen usw. .
Jeder hat die Fähigkeit, sich anderen mitzuteilen. Als Kind die anderen etwas von der Freude wissen zu lassen, das ist eine gute Idee. Und du weißt nicht, ob du Freude als Prickeln innen in deinen Ohren fühlst oder ob in deinem Kopf eine gewisse Leichtigkeit einkehrt. Und hätte ich ihm erzählt, daß Freude etwas mit der Erfahrung von Entspannung im Kopf zu tun hat und daß diese wiederum eine Veränderung der Sauerstoffzufuhr im Cortex bewirkt, so hätte ihm das nicht im geringsten geholfen. Eine derartige Fachsprache hätte er nie verwerten können. Aber es stimmt. Möglicherweise ist das Lachen von allen Emotionen die einzige cortikal vermittelte Reaktion. Du kannst jemandem einen Witz mit unerwartetem Ausgang erzählen, und das Umschalten im kognitiven Bezugssystem bringt das Gelächter hervor. So wie der Schal zum Hut sagte: »Du bist obenauf, und ich hänge herum.« Sy mußte verstehen, daß auch er Anspruch auf Freude hatte, und daß auch er die Erfahrung dieser Emotion machen konnte. Dann atmest du anders, die Muskeln im Gesicht fühlen sich anders an. Und in Trance ist das alles leicht zu erlernen.
Die nächste Aufgabe bestand darin, Sy vor Verunsicherung zu bewahren, wenn er sich seiner Frau gegenüber anders ausdrückte als bisher. Er sollte behutsam anfangen, z.B. einfach öfter ächzen, wenn sie sprach. Sie nahm an, er zeige so besondere Zuneigung, und sie verbrachte mehr Zeit mit ihm im Schlafzimmer. Und so kam mehr Freude auf. Er hatte bei mir in der Praxis geübt, unterschiedliche Laute von sich zu geben, wenn er Freude

empfand. Es war nicht so, daß Sy schlechthin nicht sprechen konnte. Es fehlte ihm einfach seit der Highschool und seit seiner Jugend die Übung, und deshalb hatte er das Bedürfnis zu reden unterdrückt.
In diesem Stadium konnte ich ihm vorschlagen, die Farm zusammen mit seiner Frau zu leiten. Das war möglich, weil er wußte, daß seine Frau ihn in seinem Privatcode verstand und seine Anweisungen an die Landarbeiter weitergeben konnte; dies war ein erster Schritt, um Sy hervorzulocken, ihn mit anderen Leuten zusammenzubringen, ihm Gelegenheit zu geben, seine Bedürfnisse auch einmal selbst auszudrücken. Und er konnte auch dazu gebracht werden, bei Tisch einfache Wörter zu gebrauchen: »Essen gut.« Bald brachte er heraus: »Nette Arbeit.« Er sagte, das sei »prima«, wie meine Tochter »hungrig« sagt. Und Sy fing an, wie ein Zweijähriger hervorzubringen: »Ich bin hungrig.« Ich arbeitete sechs Monate mit ihm, bis er schließlich ganze Sätze sagte, die zu verstehen waren.
Inzwischen war seine Frau darauf aufmerksam geworden, daß er sich anstrengte mitzuteilen, was in ihm vorging. Er hatte eine Menge Gedanken und Gefühle. Durch diesen Umstand und meine Erklärungen ermutigt, war sie bereit, mit den Arbeitern zu verhandeln. Sie kauften weitere Kühe und sahen sich sogar Traktoren an, die sie anschaffen wollten, um die Qualität ihrer Ausrüstung zu verbessern. Und er begann, den Misthaufen zu versetzen, eine Arbeit, die sie seit Jahren planten. Aber um diesen ganzen Mist wegzuschaffen, mußte Sy erst einmal in der Lage sein, seiner Frau gegenüber sein Unbehagen zu äußern, so daß sie die Arbeiter zur Mithilfe animieren konnte. Nun weiß ich, daß sich Sy noch einige Monate zuvor entweder überhaupt nicht gerührt hätte, um sich dieses Mists zu entledigen, oder er hätte es ganz allein gemacht und wäre ausgelacht worden. Es war wirklich eine Freude zu sehen, wie Sy stolz auf sich war und wie er, unterstützt von seiner Frau, die Arbeiter anleitete. Und es ergab sich, daß die vom Kompost befreite Erde zum vielversprechendsten Ackerland wurde, das sie je gehabt hatten.
Als Ralph schließlich aus seiner tiefen Trance aufgetaucht war, regte sich in ihm das Bedürfnis, das Problem mit der Verandatreppe in den Griff zu bekommen. Ich hatte natürlich sehr viel Zeit damit zugebracht, etwas einfließen zu lassen, worüber ich noch gar nicht gesprochen habe, und zwar, wie man etwas plant und auch verwirklicht. Ich bestärkte ihn, zu phantasieren und sich auszumalen, in welcher Art von Haus er zu leben beabsichtigte. Er sah sich selbst stolz vor dem Haus auf und ab gehen, und auf seinem Gesicht lag ein Lächeln. Und als er sich selbst so vor dem Haus stehen sah, mit lächelndem Gesicht, breitschultrig, über einsachtzig groß, da erkannte er, daß er nicht nur hier lebte, daß er vielmehr stolz war hier zu leben. Und in dieser Phantasie gelang es ihm leicht, es zu bejahen, daß er verheiratet war und daß er in diesem Haus lebte. Er ergänzte ein kleines

Element, und damit war der Widerstand verschwunden. An diesem Tag ging er nach Hause und zeichnete einen Entwurf der Treppe, so wie sie verlaufen sollte. Er brachte ihn mit und zeigte ihn mir. Und einem Handwerker braucht man nicht zu sagen, daß er die Stufen solide errichten muß, damit niemand stolpert.

Als ich Ralph erzählte, wie andere Leute sich selbst bildhaft vor ihrem Haus stehen sehen, mit lächelndem Gesicht, da konnte er dieses Bild bewußt vor seinem inneren Auge in Trance hervorrufen. Aber während du das so machst, tut dein Unbewußtes etwas, auf einer tieferen Ebene, das du nicht bemerkst. Einen Schritt nach dem anderen zu machen ist immer leichter als zwei Schritte auf einmal. Und sich auszumalen, wie seine Frau diese Stufen mit ihm nimmt, mit einem Lächeln, einen Schritt nach dem anderen. Und als ihm klar wurde, daß er sich selbst voller Stolz vor seinem Haus sehen konnte, und daß seine Frau stolz darauf war, hier zu sein, da traf er die Entscheidung, daß er genau das in die Tat umsetzen wollte.

Erwähnen möchte ich noch, daß er nun die Treppe nicht einfach baute, sondern den Entwurf noch dreimal änderte, ehe er damit zufrieden war. Und ehe ein Jahr vergangen war, hatte er eine weitere Treppenanlage gebaut, die als Brücke über den Bach hinten in seinem Grundstück führte. Und dazu sagte er, als er an unsere Sitzung zurückgedacht habe, da habe er sich hingesetzt und rückwärts gezählt, angefangen bei zehn, neun, acht, sieben, sechs, und was dann geschehen sei, daran könne er sich nicht richtig erinnern, aber er denke, er habe sich selbst gesehen, wie er mit lächelndem Gesicht die Brücke überquerte, die er über den Bach hinter seinem Haus gebaut hatte.

Ich weiß, daß er eine Menge Freude mit seinen Hauswerkeleien hatte, denn er baute sogar eine Wendeltreppe hinauf in sein Schlafzimmer. Und er hatte überhaupt keine Schwierigkeiten, sich vorzustellen, wie er selbst und seine Frau diese gewundene Treppe zum Schlafzimmer hinaufgingen. Und dabei trat immer ein Lächeln auf sein Gesicht. Das ist kein Scherz. Sex ist eine weitere Reaktion, bei der die Aktivität des Cortex unmittelbar eine biologische Antwort hervorrufen kann. Nicht ganz die gleiche wie beim Lachen. Beim Lachen muß das limbische System nicht in besonderer Bereitschaft sein. Und bei sexueller Aktivität beginnt gewissermaßen dein Cortex über sexuelle Themen »nachzudenken«, und wenn das mittels eines Wortspiels geschieht oder sich der Blickwinkel unvermittelt ändert, dann lächelst du womöglich. Aber sexuelle Aktivität wird durch eine Veränderung im limbischen System angeregt, und diese ist wahrscheinlich eine unmittelbare Folge jener cortikalen Aktivität. Nun weißt du, daß dein Unbewußtes dich in Glut versetzen kann, wenn du in Trance gehst, es kann machen, daß du Tränen im Gesicht hast; du nickst, weil dein Unbewußtes dir mancherlei in den Sinn kommen läßt. Ich frage mich, ob du das nächste Mal, wenn du an sexuelle Aktivitäten denkst, zuerst lächelst oder ob sich zuerst dein limbisches System verändert. Dein Unbewußtes weiß es. Aber das Entscheidende an der Geschichte ist, daß, so wie Sys Symptom verschwand, auch Ralphs Zwangsvorstellung mit der Treppe sich erledigte. Und eines haben sie noch gemeinsam: Es bleibt etwas Geheimnisvolles in ihrer Geschichte.

3. Bestehende Familienstruktur und vorgebrachtes Problem:
Das Paar ist seit 15 Jahren verheiratet, aber die beiden Partner sind sich aufgrund ihrer Unzufriedenheit nicht sicher, ob sie die Ehe fortführen wollen. Zu den vorgebrachten Symptomen gehören die Disziplinschwierigkeiten mit den Kindern und das verstärkte Rückzugsverhalten des Ehemanns, seine Depression und Lustlosigkeit. Er hatte sich eingehenden Tests unterzogen, damit festgestellt werden konnte, ob eine Virusinfektion oder andere physiologische Gründe für seinen Zustand verantwortlich sind. Die Ehefrau klagte über Stress, mangelnde Anerkennung und daß sie sich herabgesetzt fühle.

Erwünschte Veränderung der Familienstruktur:
Beide Partner sollen mehr Gespür füreinander entwickeln, der Ehemann soll mehr Beteiligung zeigen, und beide sollen sich als fähiger erleben. Anwesend: das Ehepaar.

Metapher

Klaus war das ganze Elend in seiner Familie leid. Es machte ihn wirklich verrückt, daß seine Frau im Umgang mit den Angelegenheiten so unbeholfen schien, die er für ganz normale Probleme mit den Kindern hielt. Er erfüllte seine Rolle als Ernährer und es brachte ihn zur Weißglut, daß sie mehr von ihm erwartete. Dann war da noch sein hoher Blutdruck, der die ganze Familie beunruhigte. Er wußte nicht genau, wem er die Schuld dafür zuschieben sollte, daß er so wütend wurde, aber seine Ausbrüche waren so heftig und häufig, daß sie alles beeinträchtigten. Anscheinend war das ein anderer Aspekt seines Bluthochdrucks. Margot schwor, daß sie ihre Ehe nicht fortführen könnten, solange sie sich derart herabgesetzt, mit Vorwürfen überschüttet und schlecht behandelt fühlte. Und sie war die erste in der Familie, der ich half, in Trance zu gehen. Ich bat ihren Mann, einfach zu beobachten, wie sie in Trance reagieren würde. Und ich wollte über die Gefühle von Selbstwert und Selbstvertrauen sprechen. Bisweilen kannst du in der Arbeit mit jemandem diese Dinge nicht so geradeheraus ansprechen. Ein jeder entwickelt Selbstwertgefühle und Selbstvertrauen auf seine

besondere Weise. Und du weißt nicht, wie du diese Gefühle entwickeln wirst, bis sie schließlich vorhanden sind.
Ich erinnerte sie daran, daß jedes Kind das Schaukeln lernt. Und es wird dir nicht bewußt, daß du, während du schaukelst, eine Menge über dein Gleichgewicht und über Rhythmus lernst und auch über deine Fähigkeit, dich an einem Seil festzuhalten; und ein anderer stößt dich sanft an. Indessen erfährt dein bewußter Verstand beim Schaukeln vielerlei, was du später nicht aufs Schaukeln zurückführst.
Eltern, die ihren Kindern das Schaukeln nicht erlauben, erweisen ihnen wirklich einen schlechten Dienst. Du lernst dabei etwas über Bewegung, das später im Erwachsenenleben sogar Grundlage der sexuellen Entwicklung wird. Du lernst, einem anderen zu vertrauen, der dich sanft anstößt. Die Schaukel bietet dir Gelegenheit einzusehen, daß du einem fremden Menschen vertrauen kannst. Und du erfährst etwas über deine eigene Fähigkeit, das Schwingen in Gang zu halten. Du stößt die Beine auf eine bestimmte Art vorwärts, drückst dich in einer speziellen Weise mit dem Gesäß zurück und lehnst dich mit dem Kopf auf besondere Weise zurück. Und ohne es zu bemerken, lernt ein Kind eine Menge Körperkoordination. Nur erinnerst du dich nicht an diese Koordination. Du kannst sie auch nicht in Worte fassen. Aber du hast diese Koordination. Und ob es dir nun bewußt klar wird oder nicht, die Fähigkeit, diese Koordination als Unterstützung zu spüren, wie du sie als Erwachsener benutzt, reicht wirklich aus für all das Vertrauen, das du brauchst, – selbst in der Beziehung zu anderen Menschen.
Eine andere, entsprechende Situation ist die, wie du lernst, im Unterricht aufmerksam zu sein. Der Lehrer redet, und du kannst auch nur so tun als wüdest du aufpassen. Du kannst nach vorn schauen und daran denken, wie du den Tagtraum genießt, den du gleich haben wirst, vom Fischengehen, ganz allein, oder vom Schlauchbootfahren, vom Zelten oder wie du bloß deinen Lieblingspfad entlangwanderst. Und der Lehrer sieht, wie du direkt nach vorn schaust, und du hast eine Möglichkeit gefunden, wie du sichergehst, daß dein Kopf unentwegt nach vorn gerichtet ist. Du möchtest nicht, daß der Lehrer deine geschlossenen Augen bemerken könnte. Tagträume können für einen jeden Erfahrungen sein, die einem die Augen öffnen, besonders die Tagträume, in denen du deinen Wechsel von einem Lebensabschnitt zum nächsten betrachtest.
Für kleine Mädchen bietet sich gewiß die Gelegenheit, sich bereits Jahre im voraus zurechtzulegen, wie ihre Ehe gutgehen wird. Gewöhnlich spielen sie mit Puppen, während Jungen nicht so oft Gelegenheit zum Spielen mit Puppen gegeben wird. Die Eltern von Mädchen sprechen häufig über das Ziel, einmal zu heiraten, aber sie sprechen nicht über die Wirklichkeit, was nämlich nach der Heirat geschieht. Und mit kleinen Jungen sprechen sie

von gar nichts dergleichen, sondern sie reden von seiner Karriere. Und wenn ich mit einer Familie das erste Gespräch führe, weiß ich nie, ob die Pläne, die mit den Eltern geschmiedet worden sind als sie noch Kinder waren, hilfreiche Pläne für die beiden waren, die es ihnen erleichtern würden, mit ihrem Ehepartner richtig umzugehen. Nun aber ist überhaupt nicht daran zu denken, daß du deine Ehe richtig führst, wenn du kein Vertrauen hast. Häufig versuchen Menschen angestrengt herauszufinden, ob sie nun genügend Vertrauen haben um weiterzumachen, ausreichend Vertrauen um ein Risiko einzugehen – und wenn wir entdecken, daß wir nicht genügend Vertrauen haben, wie rasch wenden wir uns dann einem anderen zu, um unser Vertrauen aufzuwerten. Denn Veränderungen auf der Beziehungsebene betreffen das Selbstwertgefühl und das Vertrauen des einzelnen.

Ich wollte, daß sie folgendes begriffen: Du kannst sicher sein, daß du es vermeiden kannst, dich auf bestimmte Gedanken zu konzentrieren, die unwichtig für dich sind, außer du strengst dich wirklich an – denn es geschieht eine Menge im Leben – bei jedem. Nun, Margot schien rasch in Trance zu gehen und Vertrauen zu sich selbst zu fassen. Ihr Mann ging nicht in Trance, und ich bat ihn zu sprechen. Ich wollte herausfinden, ob seine Frau, wenn sie ihm zuhörte, Vertrauen gewinnen könne oder es eher verlieren würde. Sollte sie vertrauensvolle Gefühle bekommen, während er spricht, so müßte es irgend ein Anzeichen dafür geben – irgend eine Art Veränderung in ihrem Gesicht. Sollte er sich in sich selbst zurückziehen und nichts davon spüren, wie sie reagiert, dann verriete ihr Gesicht irgendwie, daß ihr Vertrauen abnimmt, wenn er spricht.

Und wie schwer ist es doch, etwas zu ändern in der Art, wie wir mit unseren Partnern sprechen! Ein Hund macht sich gewöhnlich nichts zu wissen. Er lernt, daß du die Person mit dem Futternapf bist. Und wenn die Eingewöhnungszeit und das Training des Welpen vorüber ist, so läßt es sich mit dem Hund sehr leicht leben. Wenn du es versäumt hast, den Hund angemessen zu erziehen, dann mußt du lange und bitter dafür bezahlen. Bei Menschen aber ist das Problem, sie hören nie auf sich zu verändern. Als mein Großvater noch ein kleiner Junge war, gab es einen Lehmboden im Haus. Die Toilette war draußen, und wenn man sich dieses Haus vorstellt, so gab es eine Menge Unbequemlichkeiten, die er als selbstverständlich hingenommen hat.

Nun zu dieser Geschichte, wie man mit Streß umgeht. Das kann man auch auf die Situation anwenden, wenn ein Hund alt wird. Als Kinder spielten wir mit unserem Hund, holten Knochen, jagten mit ihm, streiften ziellos durch die Felder mit ihm, schliefen mit ihm im Schlafsack. Allmählich wird der Hund vielleicht blind oder er wird zu alt, um noch mit uns über die Felder zu laufen, oder wir laufen ohnehin nicht mehr über die Felder. Wir ändern unsere Meinung über die Art und Weise, wie wir unsere Zeit verbringen und wir gehen nicht mehr zum Jagen. Der Hund verliert seinen Spürsinn. Es gibt kein Apportieren mehr, sein Verhalten erfährt keine Verstärkung mehr und du wirst auch nicht mehr im Schlafsack schlafen und dabei den Kopf auf deinen Hund betten.

Klaus wußte nicht genau, was er sagen sollte, während Margot dasaß und bereit war zuzuhören. Und so horchte er auf die Gedanken, die ihm kamen, als er selbst in Trance ging, während er einfach dasaß und ihr zuschaute, wie sie darauf wartete, daß er sprechen würde.

Ich erzählte ihnen dann, wie das ist, wenn du ein kleines Geschäft gründest; der Eine sagt vielleicht, er will fünfzigtausend Dollar für Ausrüstung und Personal investieren. Ein anderer beginnt und und investiert nur zehntausend Dollar in Ausrüstung und Personal. Jeder hat vielleicht die nächsten Jahre Erfolg und erfreut sich des gleichen Profits. Jeder könnte die gleichen fünfunddreißig- bis fünfzigtausend Dollar Gewinn im Jahr erzielen und die ursprünglich unterschiedlichen Investitionen gleichen sich aus. Der eine hatte mehr investiert und verdient doch das gleiche wie der andere. Es muß nicht unbedingt stimmen, daß du mehr herausbekommst, wenn du mehr hineingesteckt hast.

Derjenige aber, der mehr investiert hat, kann eher stolz darauf sein, daß sein Geschäft Bestand hat. Zuerst einmal machst du also einen guten Gewinn. Dann schaffst du eine bessere Ausstattung an und bessere Hilfskräfte. Du richtest ein Datenssystem ein und bist stolz darauf, daß dein Geschäft nun mehr Kunden anzieht. Und es macht dir nichts aus, das Telefon zu bedienen und die Post zu erledigen. Bald schon brauchst du eine weitere Sekretärin für die Korrespondenz, denn du kannst nicht alles tun, oder aber du bedienst nicht mehr das Telefon; du hast wichtigere Dinge zu entscheiden. Schließlich, wenn die Firma sich vergrößert, verlierst du den unmittelbaren Kontakt zu den Kunden. Margot hatte zu weinen angefangen, und wie sie so daran dachte, liefen ihr langsam die Tränen über die Wangen.

Das passiert auch in großen Organisationen, die den Kontakt zu ihren Mitgliedern verlieren. Die Leute bringen ihre Zeit in Ausschüssen zu und vergessen diejenigen, für die sie eigentlich da sind. Und recht bald wird das Führen eines kleinen Betriebes zur Plackerei. Und wo bleibt da der Spaß am Erreichten? Der Rebell, der sich ins Geschäftsleben begab um hier zu beweisen, daß er es schaffen kann, hat es tatsächlich geschafft. Und wogegen soll er sich jetzt auflehnen? Und der harte Arbeiter, der etwas vorzuzeigen haben wollte, für all die Zeit, die er dafür investiert hat, hat wirklich etwas herzuzeigen. Und jetzt muß er sich sogar um noch mehr Dinge kümmern. Der Erfolg, den er haben wollte, ist zum Mühlstein um seinen Hals geworden.

Nun, ich denke, für ein Ehepaar ist es wichtig, daß beide wirklich ähnliche Ziele haben. Ihr solltet in der Lage sein, den Zeiten entgegenzusehen, wenn ihr zurückblicken könnt auf die Bahn des Glücks, die ihr gezogen habt. Der Geschäftsführer muß weiterdenken und selbst zu seiner eigenen Zufriedenheit entscheiden, wann es Zeit ist aufzuhören. Es weiß, daß Jahre voller Streß vor ihm liegen. Und es ist gut, wenn du dem Streß in angemessener Weise begegnen kannst. Und dein Geschäftspartner sollte auf deinen Streß ebenfalls reagieren.

Nun, wie fängst du das an und reagierst auf den Streß deines Geschäftspartners? Dein Geschäft expandiert so schnell, daß du wirklich keine Zeit dazu hast, mit ihm essen zu gehen, Billard zu spielen oder einfach nur zu plaudern. Ihr seid beide viel zu sehr mit der Korrespondenz beschäftigt oder müßt gerade jemanden in New York treffen. Dein Geschäftspartner hat gerade einen Termin in Seattle während du einen in Phoenix hast. Die einzige Möglichkeit ist vorauszudenken, dich in jene Zeit zu versetzen, da du zurückblicken können wirst.

Nun kann es sein, daß du aus einer Familie stammst, in der dich niemand wirklich unterstützt hat bei dem was du tatest, oder es hat in deiner Familie keinen Elternteil gegeben, der dich gehalten und geschaukelt hat, wenn du weinen wolltest, und du dann früh gelernt hast, daß es kein guter Gedanke ist, Unterstützung zu erwarten oder offen darum zu bitten . Andere kommen aus einer Familie, in der sie ihr Bedürfnis, um Hilfe zu bitten, noch nicht einmal gespürt haben. Sie haben gelernt, daß es keine gute Sache ist, Kind zu sein. Es ist besser, erwachsen zu werden und deine Angelegenheiten so früh wie möglich auf erwachsene Art zu regeln. Schließlich mußt du mit anderen Menschen zusammentreffen, um die Einschränkungen und all das zu überwinden, was du in deiner Ursprungsfamilie gelernt hast. Und ihr seid nur füreinander bestimmt, um euch gegenseitig dabei zu unterstützen. Dies trifft auf jeden zu, aber für Klaus und Margot gab es noch mehr Sinn, und für beide war das eine ungewöhnlichwe Gelegenheit, als sie da zusammensaßen, jeder in seiner eigenen Trance.

Sie hielten die Augen leicht geschlossen, und ich sagte ihnen, daß es wirklich wichtig sei, auf die nonverbalen Anteile im Verhalten des Partners zu achten. Eine gute Art ist es, in Trance zu gehen, wobei der andere beobachten kann, wie du reagierst. Und da sie beide unterschiedlich tief in Trance waren, machte ich sie darauf aufmerksam, daß sie eng miteinander in Verbindung standen. Ohne daß sie es wußten, atmeten sie in ähnlichem Rhythmus. Ich erinnerte Klaus, daß er daran denken könne, wie sehr er seine Frau liebt, und ich meine wirklich, daß sie Antennen dafür hat, das zu verstehen, etwas das über unsere Möglichkeiten, Dinge zu messen, hinausgeht. Vielleicht ändern sich die Pheromone oder das Spannungsniveau; die Art, wie du atmest, ist zu hören, unbewußt dringt es in ihr Ohr. Und du

kannst dir darüber Gedanken machen, wie du ihm gegenüber deine Bedürfnisse und Wünsche zum Ausdruck bringst, und zwar in einer so zuversichtlichen Weise, daß er anders darauf regiert als andere das in der Vergangenheit getan haben. Und so wird er dich nicht nur bewußt und unbewußt hören, vielmehr werden, wenn du dies in Trance tust, seine unbewußten Ressourcen Stück für Stück geweckt, und es treten Kräfte zutage, von denen er gar nichts gewußt hatte. Es ist manchmal sehr schwierig, wenn du versuchst, ehrlich mit jemandem zu sein, zuzugeben, daß du wirklich nicht weißt, was tun. Aber wenn du deinem Partner gegenüber nicht eingestehen kannst, daß du wirklich nicht weißt, was tun, dann mußt du dieses Geheimnis für den Rest deines Lebens mit dir herumtragen. Und keiner wird dir helfen. Es ist manchmal wirklich schwer zu begreifen, daß das Eingeständnis - du weißt nicht, was du tun sollst - ein hinlänglich verlockendes Angebot für denjenigen ist, den du so sehr schätzt wie deinen Partner. Deshalb hoffe ich, daß euch beiden schmerzlich klar wird, wie wenig ihr wißt, was ihr tun sollt, so daß du deinen Partner um so mehr schätzen kannst. Und wie wir so redeten, hörte Klaus zu – und sein Unbewußtes versuchte irgendwie, den hohen Blutdruck zu regulieren.
Wenn du nun in der Lage bist, ein neues Empfinden für deinen Partner zu entwickeln, so wirst du bald auch Neues bezüglich eurer Stärken und Schwächen bemerken. Du solltest aber keine deiner Schwächen aufgeben, du brauchst sie nämlich, um die Schwächen deines Partners besser zu verstehen. Und in solch einer Stimmung wirst du nun in ungefähr einer Minute aus deiner Trance kommen.
Davor jedoch berate dich mit deinem Unbewußten, ganz gleich wie tief du in Trance warst, über die "Weisheit" deiner persönlichen Reaktionsweisen auf Streß, wenn er so zunimmt. Da Klaus sagt, daß er bisweilen gereizt reagiert, wenn er Streß und Forderungen spürt, sagte ich ihm, ich hielte es für eine sehr gute Idee, – daß du einfach so gereizt bist, wie es dir nur irgend möglich ist, und reagiere besonders morgens in der Weise. Vielleicht verdoppelst du deine Reizbarkeit am Morgen einfach, so daß ihr euch ein paar nette, friedliche Abende zusammen machen könnt, wo ihr in aller Ruhe darüber sprecht, was genau die Verstimmung am Morgen ausgemacht hat. Und wenn du bestimmte Symptome hast, die du niemandem gegenüber erwähnt hast, und die damit zu tun haben, daß du allein und isoliert bist, dann überlege dir, wie klug das ist, zwei, drei Gelegenheiten zu finden, wo du diesen Kummer noch stärker empfindest. Aber während du dich noch stärker bekümmerst, brauchst du die schlechten Gefühle nicht zu haben.
Nun, der Ausdruck in Margots Gesicht hatte sich etwas verändert, seit sie in Trance gegangen war. Sie hatte die Augen geöffnet und das Gesicht von Klaus geflissentlich beobachtet, während ich redete. So bat ich sie, wäh-

rend er die Augen noch geschlossen hatte, nur einen Augenblick zu lächeln und herauszufinden, welche Reaktion sich dann auf seinem Gesicht zeigte. Und ohne daß er es sehen und daher hätte wissen können, wie sie es tat, bat ich sie, ein recht hübsch bekümmertes Gesicht zu zeigen und herauszufinden, wie er mit seinem Gesichtsausdruck darauf reagierte. Er hatte die Augen jedoch geschlossen. Von da her wußten nur sie und ich es.
Und ich ließ es ihn nicht wissen, als sie ihm ein nettes Lächeln "zeigte". Aber sie fand heraus, was sie alles auf seinem Gesicht ablesen konnte. Und wenn du das Gesicht deines Partners betrachtest, wenn er lächelt, dann achte auf seine Hautfarbe, auf das Pulsieren an seiner Kehle im Rhythmus seines Herzschlags, achte darauf, wie er seine Lippen hält, welche Farbe sie haben und ob schnelle Augenbewegungen zu sehen sind. Und zu irgendeinem Zeitpunkt, den er nicht weiß – bewußt weiß er es ja auch nicht, wenn du lächelst – möchte ich, daß du die Stirn runzelst, so sorgenvoll wie du nur irgend kannst, und dann schau, ob du eine wahrnehmbare Veränderung in seinem Verhalten entdecken kannst. Und wenn er es am wenigsten erwartet, kannst du hin- und herwechseln, so daß er es bewußt nicht wissen kann. Und ich vermute, es kommt dir in den Sinn, daß es da schon kleine Veränderungen gibt, besonders in seinen Mundwinkeln, wenn du lächelst. Na gut, wie auch immer, laß dein Lächeln wieder auf dein Gesicht zurückkehren, während er aus seiner Trance kommt. Margot tat alles, was ich ihr sagte.
Und dann fragte ich Klaus, ob er bereit sei, einen ungewöhnlichen Auftrag zu übernehmen, als Hausaufgabe für sie beide. Nämlich, ob er willens sei, die Unannehmlichkeit auf sich zu nehmen, wenn möglich morgens doppelt so gereizt zu sein wie gewöhnlich, wenn sie zusammen sind, oder während der ersten Hälfte des Tages, wenn sie zusammen sind, so daß er eine Menge loswerden kann, und sie dann ein paar friedlichere Nächte zusammen haben. Ich bat sie, das zwei Wochen lang so zu machen und beide stimmten zu. Er, noch in Trance, nickte mit dem Kopf.
Aber ich weiß nicht, wie gut er dieser Vereinbarung wirklich nachkommen konnte, denn er versagte beim nächsten, unmittelbaren Auftrag ähnlichen Stils vollkommen. Ich bat ihn einfach, einen hübschen gereizten Gesichtsausdruck zu zeigen, während er aus der Trance kam, so daß er den Versuch machen konnte, wie dieser Ausdruck sich änderte, wenn ihm direkt die Augen aufgingen bei dem Anblick von Margot, auf deren Gesicht ein Lächeln liegt, das er sehen kann. Ich vermute, er wollte durchaus mitarbeiten; nicht daß er sich hätte wehren wollen oder dergleichen.
Aber er kam sehr friedlich aus der Trance, und es mißlang ihm vollständig, so gereizt dreinzuschauen, wie es ihm aufgetragen war. Es kam in der Therapie nie dazu, seinen Bluthochdrcuk direkt und im besonderen anzusprechen, deshalb kann ich auch nicht sagen, wie die Tatsache zu erklären

ist, daß sich bei seinen nächsten Untersuchungen ein deutlicher Rückgang zeigte. Das nächste Mal traf ich sie zufällig; und da waren sie nun, die beiden und ihre sämtlichen fünf lebhaften Kinder, die im Park um sie herumrannten und schaukelten. In diesem Park gab es eine jener großen, sehr stabilen Schaukeln, auf denen sich sogar ein Erwachsener sicher fühlen kann und sich so hoch schwingen kann, daß er glaubt zu fliegen. Klaus stieß Margot an, und endlich war sie oben. Und er ebenso.

4. Bestehende Familienstruktur:

Eine alleinlebende junge Frau, deren Symptom in Schwierigkeiten bei der Blasenkontrolle bestand, lebte vollkommen verstrickt mit ihrer Ursprungsfamilie und war zögerlich, wenn es um autonome Verhaltensweisen und um Verabredungen ging. Ihre Mutter überwachte viele Bereiche ihres Lebens, während ihr Vater sich in seiner Energie weitgehend außerhalb des häuslichen Bereiches verausgabte. Er war übertrieben fordernd und kritisierte sowohl die Mutter als auch die Tochter. Als sie in Therapie kam, nahm sie Medikamente (Steroide).

Erwünschte Veränderung der Familienstruktur:
Aggressive Fähigkeiten sollen mobilisiert werden, desgleichen das Kontrollvermögen hinsichtlich der Grenzen als auch bezüglich des Symptoms; gegenüber der zudringlichen Mutter soll eine Trennung vollzogen, zugleich soll der elterliche Konflikt zwischen den Ehepartnern offengelegt werden.
(Anwesend: Die Tochter)

Metapher

Dale war wegen ihrer fixen Idee in Therapie gekommen, ihr Busen sei zu klein. Sie hatte von jenen wilden Gerüchten gehört, daß sie mittels Hypnose größere Brüste bekommen könne, und ich war aus anderen Gründen neugierig auf diesen Fall.
Sie hatte gerade ein neues Haus gekauft, und ich trug ihr auf zu überprüfen, ob sie einen guten Kauf getan hätte. Zu diesem Zweck sollte sie mit dem Immobilienmakler andere Häuser besichtigen; dabei hatte ich die beste Gelegenheit, ihrem Bewußtsein etwas mitzuteilen, wovon ich sicher war, sie werde es dumm finden. Sie sollte auf alle Fugen im Gehweg treten, wenn sie mit dem Makler unterwegs war.
Um es kurz zu machen, ich bat sie, dies täglich, die ganze Woche über zu tun. In der nächsten Sitzung wies ich sie an, jede Tür im Inneren ihres

Hauses mit Türschlössern zu versehen, wenn sie wirklich wollte, daß ihre Brüste sich entwickelten. Auch sollte sie zwischen Wohnzimmer und Küche eine Tür einbauen, desgleichen zwischen Eßzimmer und Wohnzimmer, wo man bislang überall einfach durchgehen konnte. Und alle Türen sollten mit Schlössern ausgestattet werden. Ich hatte ihr jedoch noch nicht gesagt, wie sie mit dem Problem umgehen sollte, das sie mir unbewußt mitgeteilt hatte.

In der dritten Sitzung ließ sie mich wissen, daß sie nun alle Türen mit Schlössern versehen hatte – mit einer Ausnahme, und diese war die Flurtüre. Sie sagte, daß es sehr lästig sei, eine ganze Schlüsselsammlung für all ihre Türen herumzuschleppen. Wir machten Witze darüber, daß diese zusätzliche Übung ihren Brustumfang vergrößern könne. An diesem Punkt nun empfahl ich ihr, alle ihre Geschwister zu sich in das Haus einzuladen und es ihnen vorzuführen. Sie hätte ihnen lediglich zu sagen, daß die Türen und Schlösser bereits vorhanden gewesen seien, und daß sie sie bald entfernen lasse. Wenn sich unangenehme Verwandtschaft im Haus aufhalte, solle sie aber jedes mögliche Schloß zwischen sich und den Verwandten zusperren.

Und als schließlich ihre Mutter zu Besuch kam, wurde es sehr schwierig für sie – das brauche ich vermutlich gar nicht zu erklären –, einfach bei Dale ins Badezimmer einzudringen, nachdem sie zuerst die Schlafzimmertür aufschließen mußte, dann die Flurtür und die Tür vom Wohnzimmer zum Flur, um schließlich die Badezimmertür verschlossen zu finden. Dale hatte einen vollkommen befriedigenden Stuhlgang, nachdem sie wußte, daß keiner bei ihr so einfach hereinspazieren konnte. Sie hatte uneingeschränkte Freiheit, wenngleich in ihrem eigenen Haus eingesperrt vermittels eines Systems von Schlössern. Nun ergab sich das Problem, daß sie etwas Ellbogenfreiheit benötigte.

Nachdem ihre Brüste anfingen, sich zu entwickeln, sagte ich ihr, daß es jetzt an der Zeit sei, die Schlösser von ihren Türen zu entfernen. Ihr Freund werde es nicht zu schätzen wissen, wenn es so schwierig sei, zu ihr zu gelangen. Sie glaubte, ich meinte es im Scherz, als ich ihr dies nahelegte. All die Schlüssel und Schlösser würden die Romantik vertreiben ... allein der Gedanke, wie sie im Nachthemd mit all den Schlüsseln durchs Haus läuft, überzeugte sie, gleich am darauffolgenden Tag die Schlösser ausbauen zu lassen. Ihre Mutter hatte schon seit langem begriffen, daß sie nirgendwo im Haus hereinplatzen dürfe, und Dales Brüste entwickelten sich, und sie war ganz stolz darauf.

Ich bestand darauf, daß sie keineswegs mir danken, sondern hinausgehen und auf ein paar Gehwegritzen treten solle, und sie hat niemals verstanden, was meine Absicht dabei war. Aber du kannst rein mechanisch lernen, etwas zu tun, und du kannst äußere Hilfen anwenden, um dir selbst Halt zu geben. Du lernst radfahren, indem dich jemand hinten am Rad festhält, während du das Gleichgewicht erprobst. Du gehst mit Erwachsenen einkaufen, bis du gelernt hast, das Wechselgeld selbst nachzuzählen. Du befolgst Rezepte und Anweisungen anderer, bis du selbst kochen gelernt hast. Du bedienst dich professioneller Supervision und Anleitung, um eine bestimmte Ausrichtung zu erlangen, die du später aus eigenem Vermögen aufrechterhalten kannst.

Du lernst laufen und hältst dich an der Hand eines anderen Menschen fest. Als Teenager beginnst du dann andere zu umwerben, kannst das noch nicht voll genießen, willst aber die ganze Bandbreite sexueller Reaktionen kennenlernen. Du bist vielleicht viel ängstlicher, deine Hand auszustrecken und mit diesem kleinen Jungen Händchen zu halten. »Da muß einfach mehr dran sein,« denkst du dir. Aber du machst es.

Wenn du spontan urteilen würdest, so schiene es dir logisch, den Schluß zu ziehen, Händchenhalten sei angsterregend und sollte deshalb vermieden werden. Das Gleiche ist es mit dem Erlernen gewisser Vorlieben im Geschmacksbereich: dazu fällt mir Cola ein, Tofu und Kaffee. Das einzige, was dir wichtig erscheinen mag, wenn du Steroide einnimmst, ist, daß du geregeltes Verhalten lernst. Du kannst das nachts im Traum tun und brauchst nicht einmal zu wissen, wie das geht. Du sagst dir vor, was geht, und behältst es. Und es ist überhaupt nicht nötig, dich schlecht zu fühlen, weil du vorübergehend Steroide zur Unterstützung einnimmst, du brauchst sicher mehr Übung, so wie Dale.

Immer fing sie bei ihren Brüsten an, wenn ich sie gebeten habe, mir ein Bild von sich zu entwerfen, so wie sie sich sah. Ich denke, ihr war eine Last von der Seele genommen, daß sie begreifen konnte, sie war eine Frau geworden. Nur wie sie das auch zu ihrer Zufriedenheit sein konnte, das war noch ihr Problem. So bat ich sie, sich selbst in jedem Raum ihres Hauses vorzustellen; das erinnere sie an die Freude, die sie darin empfunden habe. Dem bewußten Verstand ist gar nicht klar, wie das abläuft, aber um es wertzuschätzen, ist das auch gar nicht nötig.

Anmerkung zu Kapitel 5

1 Beim Erzählen dieser Metapher tut der Therapeut so, als spreche er zur Tochter, da die Eltern bereits in Trance gegangen sind und alle drei bereits andere Geschichten gehört haben.

Kapitel 6

Metaphern zur Planung des Selbstbildes

Ich sage dir, solange ich mir vorstellen kann, etwas sei besser als ich selbst, solange kann ich nicht gelassen sein, außer ich bemühe mich darum oder bereite den Weg dafür.

George Bernard Shaw

Menschen werden selten besser, wenn sie nur sich selbst zum Vorbild haben, das sie nachahmen können.

Oliver Goldsmith

Folgende Ziele haben die Interventionen im Bereich des Selbstbildes:

1) Um zum Selbstmanagement fähig zu sein, soll eine systematische Anleitung zur Visualisierung gegeben werden.
2) Der jeweils gewünschte Gefühlszustand soll an das Selbstbild gekoppelt werden.
3) Die Wahrnehmung und der jeweilige Gefühlszustand sollen geformt werden, und zwar soweit dies den erfolgreichen Umgang mit einer speziellen Problemsituation betrifft wie auch die umfassendere Verbesserung der Lebensqualität.

Die »Planung des Selbstbildes« kann man sich als einen Prozeß auf drei Ebenen vorstellen. Es handelt sich dabei um ein Grundmuster oder eine Grundbedingung, um bei unterschiedlichen Klienten spezifische Interventionen vorzunehmen, die maßgeschneidert sind, so daß sie jedesmal passen oder in unterschiedlicher Weise beim jeweiligen Gebrauch ausgeschmückt werden können.

Zunächst werden diese drei Ebenen beschrieben und die grundlegenden Schritte dargelegt. Diese Schritte können direkt nachvollzogen werden ohne irgendwelche metaphorischen oder hypnotischen Hinzufügungen, und zwar bei Individuen, Familien und in Therapiegruppen. Die Beispiele in diesem Kapitel haben alle einen metaphorischen Rahmen, da es sich hier ja um ein Buch über Metaphern handelt. Indessen ist es eine Grundvoraussetzung für Therapeuten, daß sie sich mit den einzelnen grundlegenden Schritten des Verfahrens vertraut machen, ehe sie in der klinischen Anwendung zu den indirekten metaphorischen Darbietungsformen kommen. Hat man diese Schritte erst einmal bei einigen Klienten in direkter Weise nachvollzogen, so hat man als Therapeut bereits das Fallmaterial, um weiteren Klienten entsprechende Metaphern zur Einschätzung des Selbstbildes zu offerieren. Jeder nachfolgende Fall kann das Gerüst für neue Geschichten darstellen, die zukünftigen Klienten erzählt werden können. Diese drei Ebenen erleichtern das Nachdenken über das Körperbild, über soziale Geltung, Werte und über das Selbstmanagement. Damit steht für das Selbstmanagement eine Technik zur Verfügung, die sowohl den Prozeß der Selbstbeurteilung fördert als auch den spezifischen, vom Klienten ausgewählten Inhalt berücksichtigt. Klienten sind sich oft nur der inhaltlichen, d.h. der Ebene erster Ordnung bewußt, die sowohl im Brennpunkt ihrer eigenen bewußten Überlegungen steht, als auch im dargestellten Erleben des Protagonisten der Geschichte anvisiert wird. Therapeuten sollten ihre Aufmerksamkeit auf das Drama der spezifischen Inhalte richten, wenn sie die einzelnen Schritte dieses Entwurfs nachvollziehen; aber diese Schritte selbst haben entscheidend mit dem Prozeß zu tun, ein Erleben noch einmal auf positive, zielbestimmte Weise durchzugehen.

Diejenigen, die in zielgerichteter Weise das, was sie zu tun beabsichtigen, vor ihrem inneren Auge vorbeiziehen lassen und dabei die gesamte Situation positiv bewerten, betreiben Planung des Selbstbildes. Das kognitive und ideomotorische Ziel bei der Planung des Selbstbildes besteht darin, die kognitiven Voraussetzungen für ein Problemlöseverhalten zu erlangen. Der Erwerb dieser Fertigkeit bedeutet für jedes Individuum eine Veränderung zweiter Ordnung. Diese unterstützt die von den Klienten erzielten Veränderungen im Bereich der Familienstruktur und der sozialen Rollen. Die Veränderung erster Ordnung, der spezifische Inhalt der Geschichte, ist ebenfalls ein wertvoller Beitrag und dazu gedacht, dem Klienten bei der Verwirklichung der Ziele seines Therapiekontraktes zu helfen. Planung des Selbstbildes kann im Anschluß an den Erwerb von entsprechenden Erfahrungen aus den betreffenden Bereichen eingesetzt werden, um die einzelnen Bestandteile zusammenzufügen und in eine Form zu bringen, die für die Person ein funktionsfähiges Ganzes ergibt. Da der bewußte Verstand auf vielfältige Weise zu Rate gezogen wird, spiegelt das so erlangte funktionsfähige Ganze die Werte des Klienten wider, dessen Fähigkeiten zur Realitätsprüfung sowie dessen Bedürfnisse.

Der folgende detaillierte Grundriß wird ohne Metaphern dargestellt, um ein klareres Verständnis zu vermitteln, und danach ausführlich erläutert. Im weiteren Verlauf dieses Kapitels werden dann die Metaphern gemäß dem jeweils genannten erwünschten Selbstbild dargeboten, und zwar solche Metaphern, die das CSI (»central self-image« = zentrales Selbstbild) und entsprechende Szenarien verwenden (1–7), dann in die Zukunft projizierte Bilder (9–10) und schließlich CSI, Szenarien und in die Zukunft projizierte Bilder (11). Weitere Erläuterungen und auch Beispiele aus Milton H. Ericksons

Arbeit, der wir diese Vorgehensweise entlehnt haben, sind an anderer Stelle zu finden (Lankton & Lankton, 1983, S. 312-344).

Planung des Selbstbildes

1. Aufbau des zentralen Selbstbildes (CSI)

a) Weisen Sie den Klienten an, sein Ich so genau und anschaulich wie möglich zu beschreiben.

b) Greifen Sie einige erwünschte Züge oder Charakteristika heraus.

c) Helfen Sie dem Klienten, für jede einzelne Eigenschaft ein persönliches Erlebnis in Erinnerung zu rufen (wenn dies nicht bereits zuvor in der Sitzung geschehen ist).

d) Helfen Sie dem Klienten, seinem ursprünglichen Selbstbild für jede Eigenschaft spezifische visuelle Aufhänger aus dem Verhaltensbereich hinzuzufügen (Lächeln, Muskeltonus, Linien um die Augen, Veränderungen in Atmung, Körperhaltung, Gesichtsfarbe usw.).

e) Stellen Sie diesem ausgeschmückten Bild des Selbst einen unterstützenden »Anderen« zur Seite und verhelfen Sie dem Klienten dazu, wahrzunehmen, wie die beiden miteinander in Interaktion treten.

2. Szenarien für das Selbstbild

a) Lassen Sie den Klienten damit beginnen, daß er sein CSI bildhaft beschreibt.

b) Leiten Sie den Klienten an, Hintergrunddetails eines positiven, angstfreien Geschehens hinzuzufügen, und beobachten Sie dann die Entwicklung des CSI während der gesamten Situation, von Anfang bis Ende, wie es sich nach dem Geschmack des Klienten verhält, so daß die erwünschten Eigenschaften des CSI erkennbar werden.

c) Wiederholen Sie die Schritte a. und b. für neutrale oder Routine-Situationen.

d) Wiederholen Sie die Schritte a. und b. für Situationen, die zuvor Angst erzeugt haben.

3. Ausgestaltung der zukünftigen eigenen Einschätzung (projizierte Bilder)

a) Beginnen Sie mit dem bildhaften Beschreiben des CSI.

b) Leiten Sie den Klienten an, den Hintergrund auszugestalten für die Entwicklung eines Idealzieles, wie er es in einigen Monaten oder Jahren zu erreichen wünscht. Ermutigen Sie ihn zu großer Detailfreude: Wer ist dabei? Was ist schon alles erreicht worden? Wie sieht es im einzelnen aus?

c) Geben Sie dem Klienten die Anweisung, »ins Bild zu kommen« und »da zu sein« in der Gegenwart und festzustellen, wie sich das anfühlt, jene Ziele erreicht zu haben. Geben Sie ihm den Auftrag, sich dieses Gefühl des Erfolgreichseins einzuprägen. Fügen Sie alle weiteren sensorischen Details zur Bereicherung hinzu (Geräusche, Duft, Temperatur, Rhythmus, Geschmack usw.).

d) Dann – immer noch in der Zukunfts-Szene, die erlebt wird, als spiele sie jetzt – weisen Sie den Klienten an, diese Pseudo-Orientierung in der Zeit zu benutzen und zurückzublicken, die einzelnen Schritte noch einmal vorbeiziehen zu lassen, die zum Ziel geführt hatten.

e) Dann lassen Sie den Klienten dieses Erlebnis zu Ende bringen, indem die Phantasie nun die entgegengesetzte Richtung einschlagen soll: Zuerst und noch einmal soll die erdachte Zukunft erkundet und anerkannt werden (wobei sie immer noch als »Gegenwart« erlebt werden soll), und sodann soll der Klient wieder aktuell in Raum und Zeit orientiert werden.

Der erste Schritt dieses Entwurfs bedeutet, ein »zentrales Selbstbild« (CSI) zu entwerfen. Das CSI wird entscheidend sein für alles Weitere bei der Planung des Selbstbildes. Es ist der wesentliche Bezugspunkt. Wenn ohne Metapher gearbeitet wird, ist es nötig, daß die Klienten zunächst angewiesen werden, sich selbst so genau wie möglich zu beschreiben: ihren Kopf, ihren Körper, die Haltung und insbesondere den Gesichtsausdruck. Obgleich dies einigen besser, anderen weniger gut gelingt, ist doch jeder fähig zu visualisieren. Sind Klienten erst einmal in der Lage, sich selbst vor ihrem inneren Auge zu sehen, ungeschönt, so wie sie sind, dann besteht der folgende Schritt im Hervorholen eines persönlichen Erlebnisses, welches die erwünschten psychischen Charakteristika oder Eigenschaften zeigt, die der Betreffende für sein Selbstbild verfügbar haben möchte, und dieses Erlebnis wird sodann systematisch dem Gedächtnis zugänglich gemacht. Häufig ist dieser Schritt bereits zuvor in einem anderen Stadium der Therapie vollzogen worden. Andernfalls können die Klienten dazu angeregt werden, Erlebnisse des gewünschten Typs zu erinnern, sich ins Gedächtnis zu rufen (mit oder ohne Metaphern, die einen entsprechenden Anreiz geben) oder auch zu erfinden. Häufig verhelfen wir Klienten hierzu, indem wir ihnen Geschichten von Leuten erzählen, welche die gewünschten und benötigten Erfahrungen gemacht haben; es steht zu erwarten, daß der zuhörende Klient ähnliche persönliche Erfahrungen des gewünschten Typs bei sich ausfindig macht, und zwar sowohl unbewußt als auch, in unterschiedlichem Ausmaß, ganz bewußt.

Dann bitten wir die Klienten, diese Erinnerung und deren kinästhetische Entsprechung festzuhalten und sich vorzustellen, wie sie wohl mit diesem Merkmal aussehen würden. Wir geben Rückmeldung bezüglich des ideomotorischen Verhaltens, das jenes Erleben begleitet, indem wir diese Klienten auffordern, mit Hilfe der Rückmeldung ein Bild vor ihrem inneren Auge entstehen zu lassen, welches jene visuellen Informationen auf Dauer festhält. Wir beschreiben den Klienten alle besonderen sichtbaren Veränderungen, die wir auf ihrem Gesicht wahrnehmen, während sie die entsprechende Erfahrung machen, um es ihnen auf die Art zu erleichtern, all die Veränderungen zu einem Bild zusammenzufügen. Ist dies Vorgehen für eine Eigenschaft abgeschlossen, so werden andere Eigenschaften in ähnlicher Weise systematisch durchgegangen, und die sich dabei ergebenden ideomotorischen Veränderungen werden ebenfalls wieder beschrieben, so daß das geschaffene CSI eine Vielfalt oder eine Sammlung unterschiedlicher Züge vereinigt. Schließlich werden alle Eigenschaften gleichzeitig sichtbar, obgleich verschiedene Eigenschaften anscheinend auch miteinander im Wettstreit liegen können.

Beispielsweise könnte es den Anschein haben, als würde sich das gegenseitig ausschließen, wenn man einen Mund sieht, der »in einer entschiedenen, geraden Linie verläuft« (was vielleicht Vertrauen widerspiegelt), und wiederum wahrnimmt, wie »ein leichtes Lächeln um seinen Mund spielt« (was einen gewissen Humor zeigt); es zeigt aber, daß Menschen sehr flexibel sind, was die Freiheit ihrer inneren Bilder betrifft. Es ist ganz leicht, verschiedene Bilderfolgen übereinanderzublenden, so daß beide zur gleichen Zeit sichtbar sind oder im Wechsel aufleuchten. Oder eine bestimmte Art Auslöser für eine besondere Eigenschaft kann wirksamer werden, wenn dieses Merkmal als die entscheidende Möglichkeit ausgewählt wird, um mit einer bestimmten Situation zurechtzukommen. Jeder Klient wird gewissermaßen seine einzigartige Methode wählen, in welcher er sein inneres Bild komponiert und verdichtet, um die gewünschten Ressourcen entsprechend anzuordnen.

Vielleicht ist es sinnvoll, sich das CSI als einen Wandschrank vorzustellen, in welchem sich eine reichhaltige Sammlung von systematisch zusammengestellten Kleidungsstücken (psychologische Eigenschaften) befindet. Sie würden nicht in Erwägung ziehen, all ihre Kleidungsstücke auf einmal zu tragen. Sie wählen Sie danach aus, wie sie zu bestimmten Gelegenheiten passen; bisweilen tauschen Sie einzelne Stücke gegeneinander aus bzw. ergänzen welche. Aber wie wenig sie auch zueinander passen mögen, sie können alle beieinander hängen, eins neben dem anderen, und Ihr Gefühl stärken, viele Wahlmöglichkeiten zu haben.

Im Prinzip ist das CSI dann vollständig, wenn alle zu Beginn gewünschten Eigenschaften zusammengetragen und anschaulich beschrieben sind. Wir sagen »im Prinzip«, denn so wie Sie Ihrer Garderobe von Zeit zu Zeit ein neues Stück hinzufügen, ebenso sollten dem CSI laufend neue Züge verliehen werden, wenn man entsprechende Erfahrungen macht, solche Züge neu entdeckt oder wiedererinnert, was in der laufenden Therapie geschehen kann oder aber auch draußen im Leben. Außerdem besteht der letzte Schritt beim Erschaffen des CSI darin (wir sind immer noch beim ersten Schritt zur Planung des Selbstbildes), dem verschönerten Bild des Selbst einen »Anderen« zur Unterstützung zur Seite zu stellen, jemanden, der dem Klienten beisteht, damit er diese Erfahrungen und Eigenschaften erlangen kann. Diese Person miteinzubeziehen erleichtert sowohl das Wiederbeleben von Ressourcen als auch ein ausgefeilteres Sozialverhalten. Diese andere Person, die mit dem CSI in Interaktion tritt, ist ein symbolisches Unterpfand für weiteren sozialen Austausch, der Aufgabe des zweiten Schritts ist. So wird das CSI, d.h. der erste Schritt bei der Planung des Selbstbildes vervollständigt.

Der zweite Schritt in der Planung des Selbstbildes besteht in einem Prozeß, den wir »Szenarien« nennen, kleine bewegte Bilder, die nicht gerade dramatisch sind, aber auch keine richtigen Geschichten. Es sind einfache Handlungsabläufe, die die betreffende Person dabei zeigen, wie sie die Eigenschaften des CSI lebendig hält und mit anderen Personen im Austausch steht. Wir möchten, daß die Menschen wahrnehmen, wie sie aussehen, daß sie sich vorstellen, was sie sagen werden, wie sie dabei klingen und was sie dabei empfinden, während sie sehen, daß ihr Handeln sich auf bestimmte Weise ändert: Ergebnis der Wunscheigenschaften des Selbst, das sie im sozialen Austausch beobachten. Zu Beginn aller Szenarien sollten die Klienten gebeten werden, zunächst einmal ihr CSI zu beschreiben, das alle Wunscheigenschaften bildhaft widerspiegelt und immer auch den hilfreichen »Anderen« enthält. Während dies Bild nun festgehalten wird, werden die Klienten (später in der Metapher wird das dann, wie erwähnt, der Protagonist sein) dazu angeregt oder angeleitet, daß sie einen Hintergrund auftauchen lassen, auf dem Einzelheiten dargestellt werden, Zusammenhänge, andere Menschen usw., Details einer positiv bewerteten, angstfreien Situation; dann soll die ganze Szene hindurch, vom Anfang bis zum Ende, beobachtet werden, wie das CSI sich entwickelt und nach dem Geschmack des Klienten verhält und wie es seinen CSI-Wunscheigenschaften entspricht.

Die vorgeschlagenen Szenarien werden schrittweise komplexer und schwieriger. Das erste sollte eine als vergnüglich empfundene Situation umschreiben, das folgende eine eher neutrale, wie z.B. zur Arbeit oder in die Uni zu gehen oder was immer ein Mensch als neutral empfinden mag. Schließlich wird etwas suggeriert, das zuvor als negativ oder angsterregend empfunden worden war, und die Klienten können das CSI beobachten, wie es sich angenehm, klug, zugewandt und humorvoll verhält, gleich welche negativen Reize auch ausgesucht wurden. Um Klienten dabei zu unterstützen, positive Interaktionen und Ergebnisse in angstbesetzten Situationen entspannt durchgehen zu können, ist es von Nutzen, wenn der Therapeut sorgfältig darauf achtet, in der Vergangenheitsform zu sprechen. Das gilt auch dann, wenn der Therapeut Metaphern einsetzt, mit deren Hilfe der Klient sich mit einem Protagonisten und dessen Vorstellungen in einer bestimmten Szene identifiziert. So könnte der Therapeut beispielsweise gewissenhaft betonen, daß der Protagonist eine Situation in Erinnerung brachte, die früher, vor der Therapie, angsterregend gewirkt hätte. Diese Vorgehensweise muß nicht auf Anlässe beschränkt bleiben, die weit zurückliegen. Tatsächlich ist diese Technik in erster Linie nützlich, um den positiven Ausgang zukünftiger Ereignisse wiederholt durchzuspielen, wobei die angstbesetzten Momente in der Vergangenheitsform angesprochen werden können. Dies wird in den nachfolgenden Metapher-Beispielen klar werden.

Schließlich kann der Klient sogar dazu gebracht werden, das durchzudenken und sich in Ruhe auszumalen, was er sich von allen möglichen Situationen als die Katastrophe schlechthin vorstellt. So kann sich ein Mensch schließlich selbst als intelligent, warmherzig, optimistisch usw. sehen (sein CSI), während ihm an seinem Arbeitsplatz mitgeteilt wird, daß er hier nicht weiterbeschäftigt wird. Und wiederum, wenn dieser Schritt in der Metapher getan wird, beschreiben wir den Protagonisten so, daß er/sie sich in Übereinstimmung mit seinem/ihrem zentralen Selbstbild handeln sieht. In dieser Szene könnte es beispielsweise angemessen sein zu sagen: »Es tut mir leid, daß Sie das so sehen. Sollten sie Ihre Meinung ändern, so können Sie mich ja anrufen, und vielleicht können wir auf einen gemeinsamen Nenner kommen. Ich wäre froh, wenn ich noch mit Ihnen darüber sprechen könnte, aber mir ist klar, daß ich gekündigt bin, und ich werde mich nicht mehr blicken lassen, es sei denn, Sie lassen von sich hören; also dann, einen schönen Tag noch.«

Um es noch einmal zu wiederholen: Der Inhalt, den wir in unserer Geschichte vermitteln, ist eher irrelevant. Was wir von den Klienten wollen, ist, daß sie über sich selbst vor einem positiven Erfahrungshintergrund nachdenken. Sie sollen eine Methode erlernen, das, was sie tun, zu durchdenken, um es dann in zielgerichteter, visuell unterstützter Weise und im Sinne gelungenen Selbstmanagements durchzuführen. Dies ist die psychologische Seite des Prozesses, der erlernt werden soll. Wenn Klienten Interaktionen in Szenen betrachten, die möglicherweise angsterzeugend sind, dann achtet der Therapeut sorgfältig auf alle Anzeichen von Stress oder Unbehagen und kann so, falls nötig, leicht eine Unterbrechung vorschlagen, während derer der Protagonist (und der Klient) weitere

erwünschte Charakteristika oder Eigenschaften identifizieren, wiedererinnern und hinzufügen kann, die dem CSI vielleicht noch fehlten und die mehr Wohlgefühl oder kreative Problemlösungen gestatten.
Beim dritten und letzten Schritt werden in die Zukunft projizierte Bilder verwandt, um zukünftigen Wahrnehmungen und Einschätzungen Gestalt zu verleihen. Dieser Teil des Prozesses verhilft den Klienten dazu, die angestrebten Gefühle und Interaktionen, die sie nun erlebt haben, auf vielfältige zukünftige Begegnungen zu generalisieren. Dieser Schritt führt zu wünschenswerten Resultaten, ergibt sich allerdings in unserer Arbeit seltener als die Schritte hin zum CSI und zu den Szenarien. Diese lassen sich gewöhnlich in einigen Sitzungen im Behandlungsverlauf bewältigen. Im allgemeinen fügen wir immer dann einen Wiederholungsabschnitt mit CSI und Szenarien ein (die Schritte eins und zwei), wenn eine oder mehrere neue Ressourcen erschlossen worden sind. Diese Abschnitte ermutigen den Klienten, dem Bild von sich jede weitere gewonnene Ressource hinzuzufügen und diese an Situationen zu koppeln, für welche das in naher Zukunft gewünscht wird.
Obgleich der dritte Schritt insgesamt in Therapien weniger häufig vorkommt, wird er doch zumindest einmal mit fast allen unseren Klienten vollzogen. Während des Lernprozesses, den der dritte Schritt beinhaltet, kann eine Veränderung dritter Ordnung eingeleitet werden. Das Resultat von Schritt drei besteht darin, daß Klienten über einen reicheren Erfahrungsschatz verfügen, der auch die Voraussetzung einschließt, daß die Klienten mit ihren Bemühungen um Problemlösungen in Zukunft Erfolg haben werden. Das Schlüsselwort ist hier Voraussetzung. Beim Vervollständigen des in die Zukunft projizierten Bildes haben die Klienten ihren Erfolg vorweggenommen und sich vorgestellt, bereits lange genug mit diesem Erfolg gelebt zu haben, daß sie nun »im Nachhinein« den Plan durchgehen können, wie diese Erfolgserfahrung zu erlangen sei.
Für den dritten Schritt muß mit Zeitraffung gearbeitet werden, um sich eine weit entfernte Zukunft (fünf, zehn oder mehr Jahre) vorstellen zu können, in welcher die angestrebten Ziele verwirklicht sein werden. Dabei müssen die Klienten eine etwas komplizierte Abfolge »geistiger Turnübungen« ausführen, aber die zuvor erlernten und vollzogenen Prozesse bei der Planung des Selbstbildes haben die nötige Grundlage für dieses zusätzliche Lernen geschaffen, welches aus fünf Teilen besteht.

a) Zunächst, wie bei allen Teilen dieses Prozesses, beginnt der Protagonist (Klient) damit, das CSI bildhaft zu beschreiben.

b) Sodann hält der Protagonist Ausschau, was für eine weitere Hintergrundszene auftauchen könnte, die diesmal jedoch der Idealvorstellung entspricht, d.h.: in der Zukunft ist »der Traum wahrgeworden«, und der

Klient befindet sich mittendrin. Derartige Ziele ausfindig zu machen und sich lebhaft auszumalen, kann schon einige Minuten dauern, und der Therapeut kann dem Klienten dabei helfen, die Vorstellungen im einzelnen zu vervollständigen, indem er hypnotische Erlebensweisen induziert und nutzt, wie z.B. Pseudo-Orientierung in der Zeit, und indem er seine Fragen im Präsens stellt und damit ein zukünftiges Erleben voraussetzt: Wo befinden Sie sich jetzt? Wer ist bei Ihnen? In welcher Beziehung stehen Sie zu diesem/n Menschen? Was haben Sie erreicht? Wie sieht das im einzelnen aus? Was sehen Sie noch? Der Therapeut fördert die Detailgenauigkeit auch, indem er die vielfältigen Aspekte dieser idealen Zukunft beschreibt, welche der Protagonist in der Metapher jeweils sieht.

c) Im dritten Teil dieses Ablaufes soll der Klient sodann mit dem Selbst des entworfenen Zukunftsbildes verschmelzen. Die Anweisungen an den Klienten lauten: »Gehen Sie in diesem Bild auf«, »Machen Sie einen Schritt hinein in dieses Bild« und »Seien Sie jetzt da« – im Präsens, um zur Kenntnis zu nehmen, wie sich das anfühlt, all diese Ziele erreicht zu haben. Er oder sie soll sich dieses Gefühl des Erfolgs »ins Gedächtnis rufen« und es mit allen sonstigen sensorischen Empfindungen ausstatten. Schließlich ist dies das eigene Leben des Klienten, und er oder sie hat das Recht, es glücklich zu verbringen und sich vorzustellen, wie wunderbar es sein wird. Warum nicht? Wenn Klienten allmählich vertraut werden mit dem Gefühl des Erfolgs, dann stellen sie sich in das Bild hinein und malen sich aus, wie ihre Welt in Zukunft aussehen wird (es kann sein, daß sie sich unter einer Palme sitzen sehen, ein Dollarzeichen festhalten, Arm in Arm mit ihrem Ehepartner, den Kindern usw. oder was auch immer). Aber dies ist ihr eigener Entwurf, und es ist dem Therapeuten anzuraten, dem Klienten dazu zu verhelfen, daß er für dieses Bild zahlreiche Aspekte eines gesunden und glücklichen Lebens voraussehen kann, indem seine Aufmerksamkeit auf vielfältige Details gelenkt wird. Dazu gehören die persönlichen Beziehungen, das Wesen solcher Beziehungen, physische Gesundheit, seelische Ausgeglichenheit, Prosperität, soziale Bindungen, Beteiligung am Leben in der Gemeinschaft, Erfolg im Beruf usw..

Der nächste Schritt, immer noch in dieser Zukunftsszenerie, die erlebt wird, als laufe sie jetzt ab, besteht darin, zu beschreiben, wie der Klient (oder der Protagonist in der Metapher) seine Pseudo-Orientierung in der Zeit nutzen kann, um »zurückzublicken« und die Schritte vor seinem geistigen Auge vorbeiziehen zu lassen, die »hingeführt haben« zu dieser ganzen Reihe von Zielen. Während der Klient sich nun gegenwärtig mit einem Bild von sich identifiziert, das er vor sich sieht, und es genießt, irgendein ersehntes Zukunftsziel erreicht zu haben, wird er (Protagonist) angewiesen, dem Geist dieses vorgestellten zukünftigen Ichs noch eine weitere visuelle Phantasie entspringen zu lassen. In dieser Vision werden nun Szenen aus der »Vergangenheit« imaginiert, d.h. vom Standort der gedachten Zukunft des Klienten aus denkt er zurück an die Handlungen, die dazu geführt haben, ans Ziel zu gelangen. Mit anderen Worten: die Zukunft ist jetzt, und alles, was davor liegt, ist Vergangenheit, einschließlich der Zeit nach der Therapie und den nachfolgenden Jahren zwischen Therapie und angesteuertem Zeitpunkt des noch nicht eingetretenen Erfolges. Wir bitten den Klienten, einige Szenarien oder Situationen zu überdenken, die er durchmachen mußte, um zu seinen gegenwärtigen, erfolggekrönten Verhältnissen zu gelangen. Wir versäumen es nicht, die Begrüßungen und Abschiede zu erwähnen, die er erleben mußte, die Risiken, die er einzugehen hatte und auch die Zeiten, in denen er sich sicher fühlte und kein Risiko auf sich nehmen mußte. Wir raten ihm an, die Fehlstarts und auch die klugen Schritte zur Kenntnis zu nehmen, so daß wir eine Menge Ausgangsmaterial zur Verfügung haben. Mit anderen Worten: wir reden ihm nicht einfach ein, daß das nun alles Risiko oder Erfolg sei, alles Willkommen oder Lebewohl, oder daß es irgendeinen einfachen Weg zum Erfolg gebe. »Mißlingen« in einem solchen Szenarium ist kein Hinweis, daß der Klient versagen wird. Das ist das Zeichen, daß er auf dem Weg zum Erfolg ist und daß er davon ausgeht, es zu schaffen.

Schließlich ist der dritte Schritt abgeschlossen, wenn der Klient unter Anleitung diese Erfahrung vervollständigt, indem er die gesamte Imagination in umgekehrter Reihenfolge durchläuft, d.h. zuerst vom Zukunftstagtraum zurückkehrt in die Zukunftsimagination und dann in die gegenwärtige Zeit und in den derzeitigen Raum.

Nun wollen wir unsere Aufmerksamkeit dem Vollzug dieser Schritte in Metaphernform zuwenden. Gemäß dem oben beschriebenen klaren Grundriß sollte die Geschichte eher einfach und direkt konstruiert sein. Werden Metaphern eingesetzt, um die Planung des Selbstbildes auf eher indirekte Art zu erleichtern, so ist es nützlich, die Geschichte in einen Kontext einzubetten, in welchem der Protagonist sich selbst wiedererkennen kann. Dabei kann er sein Bild z.B. in einem Spiegel, in einem Teich, in den Scheiben seines Autos bei Nacht wiedererkennen oder auch im erleuchteten Zugabteil, wenn es draußen dunkel ist. Sie können beispielsweise die Geschichte eines Klienten erzählen, der Ihre Praxis verläßt, nachdem er in der Sitzung eine Reihe von Erfahrungen mit seinen Ressourcen gemacht hat, und der dann nachts mit dem Bus zurückfährt. Während er durch einen Tunnel fährt, ist im Bus Licht. Der Betreffende schaut aus dem Fenster und sieht lediglich sein eigenes Spiegelbild. Während dieses Spiegelbild beschrieben wird, wird dem Klienten eindringlich suggeriert, sich sein zentrales Selbstbild vorzustellen. Danach wird dann mitgeteilt, die Szene habe sich jetzt unerklärlicherweise verändert, vielleicht weil der Bus an einer Laterne vorbeigekommen ist oder durch ein Schlagloch fuhr. Die Vorstellungskraft des Protagonisten hat möglicherweise durch die vorausgegangene Therapiesitzung neue Nahrung bekommen, und die Bilder tauchen auf entsprechend den verschiedenen, wechselnden Szenarien. So gehen wir üblicherweise vor, wenn wir eine Geschichte zur Planung des Selbstbildes entwerfen, die einen logischen Kontext liefert, in welchem der Entwurf des Ichs visualisiert werden kann.

Es ist auch eine andere Vorgehensweise möglich, nämlich daß nicht das Spiegelbild des Protagonisten wahrgenommen wird, sondern eine andere Person den Protagonisten beschreibt. Als Beispiel: »Mein Klient kam herein, nahm in dem winzigen Raum Platz, in welchem rundherum an den Wänden Stühle standen, und als Bill saß, merkte er, daß alle zu ihm hinsahen; und sie nahmen an Bill folgendes wahr: seine entspannte Stirn, seinen wachen Gesichtsausdruck, seine rötlichen Wangen und wie er den Kopf hochhielt.« Sodann beschreiben wir den Protagonisten aus einem anderen Blickwinkel in diesem Raum und bemerken vielleicht, daß er mühelos schluckt, daß sein Atem leicht geht usw.. Nachdem wir ihn mit den Augen anderer betrachtet haben, können wir auch noch sein Gesicht und seine Haltung skizzieren. »Hätte man ihn an einem anderen Tag gesehen, dann hätte man bemerken können, daß er...« – und so wird aus der Beschreibung ein Szenarium, das vielleicht damit beginnt, wie er dasteht mit einem bestimmten Gesichtsausdruck und mit seinen Freunden so umgeht, wie es wünschenswert ist.

Unser erstes Beispiel einer Metapher zum Selbstbild entstand spät in einer Sitzung unter Verwendung eines Charakters, welcher schon in einer früheren Geschichte während der gleichen Sitzung entwickelt worden war. In dieser früheren Geschichte[1] wurde der Protagonist im Zusammenhang mit den Gefühlsmetaphern eingeführt. Der Klient sollte den Gefühlszustand des Angenommenseins und der Zugehörigkeit wiedererleben. Aus jenem Erleben von Ressourcen ergeben sich die wesentlichen Charakteristika, mit denen das zentrale Selbstbild visuell ausgestattet wird und die in allen Szenarien der hier vorliegenden Geschichte wiederholt werden.

Erstes Ziel für das Selbstbild: (benutzt werden CSI und Szenarien)
Die derzeit vorhandenen Zugehörigkeitsgefühle sollen mit zukünftigen Lebensereignissen in Verbindung gebracht werden.

Metapher

Während der ganzen Unterrichtsstunde in amerikanischer Literatur war Jane mit dem Gefühl dagesessen, wie sie ihren Freund auf der Bessie Hall Brücke umarmt hatte. Sie fühlte noch die Wärme und empfand noch dieses Lächeln, auf ihrem Gesicht lag noch ein Glanz, ihr Herz klopfte noch, als wäre sie verliebt, denn sie hatte ihren besten Freund gefunden. Sie konnte nicht sehen, was der Professor mit seinen Augen sehen konnte. Sonst hätte sie nämlich eine süße, niedliche kleine Schluckbewegung sehen können, hätte gesehen, wie ihr Kopf aufrecht auf ihren geraden Schultern thronte, wie ihr Rücken leicht entspannt war, sie sich nach vorn lehnte und dabei die Ellbogen auf das Pult stützte. Sie hielt die Augen geschlossen und zwinkerte nicht. Es war so schade, daß sie keinen Spiegel dabei hatte, um – während sie so entspannt war – ihr Gesicht mit diesem Ausdruck von Zugehörigkeitsgefühl und Angenommensein zu sehen, wodurch sie Freude und Liebe empfand – denn du solltest wirklich dein Gesicht sehen können, wenn du dieses Gefühl von Freude, Angenommensein und Liebe erlebst. Dann würdest du nämlich eine glatte Stirn sehen, deine entspannten Lippen, die sich in den Mundwinkeln leicht nach oben ziehen, deine rosige Gesichtsfarbe, deinen leichten Atem, die Wärme, die deinen Körper umgibt, die anscheinend auch ein wenig davon herrührt, daß deine Schultern noch nach vorn gekehrt sind, so als würde die Umarmung noch andauern.
Und natürlich dachte sie kein bißchen an den Literatur-Unterricht. Jedesmal, wenn der Professor etwas über Leben und Werk von irgendwem sagte, veränderte sich die Szene, und dann sah sie nicht einfach nur ihr Gesicht. Sie sah sich vielmehr die verschiedensten Tätigkeiten ausführen, die sie sich zuvor nicht hätte träumen lassen, und sie sah sich zugleich mit dem Gefühl des Angenommenseins und der Freude. Es gab irgendein Geräusch, und sie sah, wie die Szene wechselte: Da ging sie durch die Geschäfte; mit diesem Gefühl, angenommen zu sein und Freude zu empfinden, machte sie einen Schaufensterbummel und kaufte sich etwas zum Anziehen. Ihr war nicht klargeworden, wie ihr Unbewußtes hatte fähig sein können, diese Gefühle in Erinnerung zu behalten und sie an ihren bewußten Verstand weiterzuleiten, so daß sie sich ganz am Rande ihres Bewußtseins ein anschauliches Bild ihrer selbst machen konnte, wie sie die Straße entlang geht und diese Empfindungen spürt, die ihr zuteil wurden und die sie auch auf ihrem Gesicht sehen kann.

Und wieder sah sie es, als die Szene erneut wechselte und sie sich dabei beobachtete, wie sie mit fremden Leuten redete. Ihr Gesicht drückte aus: »Jeder mag mich«, und genau das dachte sie auch. Und als sie sich selbst mit diesen Empfindungen und diesen Gedanken sah, ergab sich wiederum eine Veränderung, und eine weitere Szene entstand: Sie sah sich selbst in der Unterrichtsstunde sitzen mit dem gleichen Gefühl, und sie lernte mit dem gleichen Gefühl. Und der Professor mußte irgend etwas über Familie und Leben gesagt haben und über Amerika, denn sie stellte sich vor, wie sie sich in ihrem Heim, in ihrem Wohnzimmer zusah und dabei die gleichen Gefühle hatte. Sie lachte leise vor sich hin, als sie daran dachte, daß sie das Haus geputzt und dabei diese guten Gefühle verspürt hatte. Vielleicht war das ein bißchen ungewöhnlich, aber warum auch nicht. Sie konnte sich tatsächlich sehen, wie sie die gleichen Gefühle und die gleichen Gedanken hatte, nämlich daß es doch so schön ist, das tiefe Gefühl zu kennen, gemocht zu werden.

Sie wußte nicht, wie der Ehemann in ihrem Bild genau aussah. Einen Augenblick lang verglich sie die Gestalten verschiedener Männer, die sie sich auf dem Universitätsgelände schon angeschaut hatte mit ihrem speziellen Blick, und sie sah sich, wie sie ihren Mann beim Nachhausekommen küßte, wie sie ihm einen Kuß gab, wenn sie wegging, ihn küßte, wenn sie wiederkam, und er hatte unterdessen die Kinder gehütet, und sie nahm sie in die Arme und küßte die Kinder. Und sie sah sich bei der Arbeit, wobei sie immer noch die gleiche Haltung einnahm, die ihr half, dieses gute Gefühl zu bewahren.

Das war es, was Jane tat, und wenn Sie meine Klientin gewesen wären, dann hätte ich Sie sicher gebeten, daß Sie sich selbst in Situationen vorstellen, die für Sie wesentlich sind. Welche wunderbare Freude, solch einen Freund wie Jane zu haben und das Gefühl, etwas wert zu sein, obgleich sie sich bewußt gar nicht so hoch einschätzte. Aber sie kostete es einfach aus, was für ein gutes Gefühl das war und an wieviele Plätze sie dies Gefühl mitgenommen hatte. Ich bitte meine Klienten immer, sie mögen sich vorstellen, das, was sie gelernt haben, überallhin mitzunehmen, wo sie es brauchen können. – Und zu hören, was du sprichst, während du auf diese Weise fühlst. Und zu merken, wie andere auf dich reagieren, während du auf diese Weise fühlst.

Ich habe eine Gruppe Flugbegleiter gebeten, sich einmal vorzustellen, daß irgendwelche Leute sich ihnen gegenüber ganz scheußlich verhielten, während sie sich gerade auf diese besondere Art fühlten, denn ab und an läuft man ja schon einer kritischen oder ärgerlichen Person über den Weg, und es besteht überhaupt keine Notwendigkeit, sich von jemand anderem in seinem Gefühl beeinträchtigen zu lassen. Solange du dir ein Bild davon machst, was du fühlst, und diese Gefühle auch wirklich hast, solange hast du auch die Kontrolle über deine eigenen Gefühle. Und dazu hast du das Recht. Bei Jane setzte sich dieses Geschehen sogar fort, nachdem sie gegangen war, des Nachts im Traum; bisweilen setzte sie sich hin und dachte Dinge durch, ehe sie geschahen. Um sich an das Ganze zu erinnern, mußte sie zurückdenken an den Tag auf der Bessie Hall Brücke: was sie für eine Erinnerung daran hatte – und sie mußte sich jene Gefühle wieder ins Gedächtnis rufen, jene Umarmung und den süßen Gedanken an die Freundschaft, und darauf achten, wie es ihr heute mit diesem Gefühl geht. Sie geht dann in Gedanken durch, was sie nun in Angriff nehmen will, ob das nun ein Vorstellungsgespräch ist, ein Treffen mit dem neuen Nachbarn, ob sie ein Buch schreiben möchte oder für den Umzug packen will.

In der folgenden Metapher zum Selbstbild begegnet uns ein Protagonist wieder, von dem bereits zuvor in einer anderen Geschichte die Rede war. Es war um das Wahrnehmen der Merkmale gegangen, die hier nun visuell dargestellt und behandelt werden.

Zweites Ziel für das Selbstbild: (benutzt werden CSI und Szenarien)
Eine als angenehm erlebte Sexualität und Merkmale der Verläßlichkeit sollen in einen angemessenen Zusammenhang mit dem Ehepartner, mit anderen Partnern und auch mit Arbeitskollegen gebracht werden.

Metapher

Ich hatte mit Sherry über vieles gesprochen, und sie war sehr tief in Trance gewesen. Als sie wieder aus der Trance kam, war sie noch etwas desorientiert und auch nicht ganz sicher, daß sie, ehe sie die Praxis verläßt, wieder ganz anwesend sein würde. Sie wollte den Bus nicht versäumen, war aber schon spät dran. Es war an dem Abend der letzte Bus, mit dem sie heimfahren konnte, und so raffte sie ihre Sachen hastig zusammen, rannte aus der Tür und stürzte zum Bus. Sie mußte schnell laufen, denn sie hätte den Bus beinahe verpaßt. Er fuhr gerade los, als sie angerannt kam. Sie klopfte gegen die Tür und rief:»Warten Sie doch, lassen Sie mich rein!« Ihre Beharrlichkeit und die Kraft, mit der sie gegen die Tür schlug, führten zum erwünschten Ergebnis. Sie war im Bus, aber ihr Herz klopfte, und sie hatte dieses Angstgefühl, das dann aufsteigt, wenn man seinem Unbewußten gestattet, Adrenalin auszuschütten, wenn es nötig ist. Und die Notwendigkeit hatte wirklich bestanden. Mit einem Gefühl der Erleichterung langte sie im Bus an, ließ sich auf den Sitz fallen, gestattete ihrem raschen

Herzschlag, wieder zur Ruhe zu kommen, und stieß einen erlösten Seufzer aus wegen der eben noch abgewendeten Katastrophe. Sie konnte das Fahren jemand anderem überlassen und sich auch darauf verlassen, daß sie dahin befördert würde, wohin sie wollte. So saß sie einfach da und blickte gelassen aus dem Fenster.
Zunächst siehst du einfach nur die Dinge draußen vorübergleiten, manches interessiert dich, anderes nicht, und du kannst dich deinen eigenen Gedanken und Tagträumen hingeben. Das ist eine gute Gelegenheit.
Ich weiß nicht genau, an welchem Punkt die Szene wechselte – vielleicht als der Bus in den Tunnel hineinfuhr. Plötzlich sah sie dieses Gesicht, wie es sich im Fenster spiegelte, als das Licht sich änderte. Als sie es sah, war sie zunächst überrascht, wie sehr sie dessen Anblick mochte, diesen entspannten und behaglichen Ausdruck. Lag es nun an den weichen Gesichtsmuskeln, den entspannten vollen Lippen, den sanften Augen oder eher am leichten Atmen... sie war einfach fasziniert, dieses Gesicht anzuschauen: sich selbst zu sehen. Da war noch etwas anderes, das sie nicht genau erkennen konnte. Sie konnte einfach nicht aufhören, dieses Bild zu betrachten, und je länger sie sich versenkte, um so deutlicher kam sie zu dem Schluß, daß da etwas entschieden Erotisches in der Art lag, wie ihre Augen funkelten.
Indem sie dieses Gesicht beobachtete und sich den Anblick dieser Erfahrungen einprägte, muß sie wohl wieder in ihre Trance zurückgefallen sein, denn als nächstes bemerkte sie, daß der Hintergrund sich verändert hatte. Sie konnte sich jetzt in einer bestimmten Situation sehen, mit diesem Gesicht, diesem entspannten, angenehmen und kraftvollen Ausdruck. Entschieden verführerisch unterhielt sie sich mit jenem Mann, mit dem sie sich verabredet hatte, und diese Art des Umgangs gefiel ihr ganz uneingeschränkt.
Du kannst sehr erfreut sein, wenn du dich dabei beobachten kannst, wie du dich zu deiner Zufriedenheit verhältst. Dein bewußter Verstand braucht überhaupt nicht für möglich zu halten, daß du dich wirklich so verhältst, aber du kannst die Szene genießen, die dir dein Unbewußtes vorspielt. Oder vielleicht spielst du diese Szene bewußt und dein Unbewußtes erhält die betreffenden Gefühle aufrecht.
Dann war da vermutlich ein Schlagloch, oder es gab einen kleinen Ruck, und die Szene wechselte und sie unterhielt sich wiederum, diesmal mit einigen Männern am Arbeitsplatz. – Du gehst mit verschiedenen Leuten unterschiedlich um. – Obwohl man die gleichen Eigenschaften unverändert beibehält, sind sie doch in etwa angepaßt an die andersartige Situation. Du kannst deine erotische Ausstrahlung auch bei den Arbeitskollegen empfinden, aber auf etwas andere, »berufsangemessene« Art. Möglicherweise verhält es sich so, daß du dies lediglich an einer gewissen stolzen und

aufrechten Haltung erkennst, während du dastehst und einen Fall diskutierst. – Und dann ging es über eine weitere Unebenheit oder Vertiefung in der Fahrbahn, und wieder wechselte die Szene. Jetzt war sie mit den Frauen zusammen, die ihr früher Schwierigkeiten gemacht hatten, wobei es gar nicht klar und auch nicht wichtig ist, warum etwas schwierig gewesen ist. Aber sie sah sich, wie sie in der Lage war, um Hilfe zu bitten. Sie sah, wie sie sich zurücklehnen konnte, und ihre Handflächen nach außen gekehrt, leicht auf ihren Füssen wippend sagte sie: »Könntest du mir hierbei behilflich sein? Es ist wichtig.« Und sie fühlte sich dabei sehr sicher. Eine andere Sache war es, Grenzen zu setzen. Ein weiterer Ruck des Busses, und die Szene wechselte...

Dein bewußter Verstand braucht keine Zeit, um alles sorgfältig zu erinnern, denn dein Unbewußtes ist in der Lage, dir in einer sehr kurzen Zeitspanne ein Grundverständnis zu vermitteln. – Aber es muß ihr vorgekommen sein, als sei sie stundenlang in diesem Bus gefahren, als habe sie all dies Geschehen beobachtet, einiges in ihrem Bewußtsein gespeichert und anderes unbewußt erfahren. Als aber der Bus den Tunnel wieder verließ, da unterbrach das veränderte Licht das Bild plötzlich, und unvermittelt kam ihr wie ein Geistesblitz die Erleuchtung, daß der Bus, in dem sie eigentlich sitzen sollte, überhaupt keinen Tunnel zu durchfahren hat. Sie befand sich die ganze Zeit im falschen Bus, der wer weiß wohin fuhr. Wenn du dergleichen entdeckst, dann ist dein erster Impuls ein Panikgefühl. Doch war sie überrascht festzustellen, daß sie anstatt der Panik, der wohlbekannten aufsteigenden Spannung und Angst, unvermittelt erfüllt war von diesem Gefühl des Wohlbehagens und der Sicherheit. Und es machte ihr nicht einmal etwas aus, daß sie im falschen Bus war, denn bisweilen lernt man aus einem Fehler, so daß dieser Fehler eine wertvolle Erfahrung für einen wird. Und in ihrem Fall begleiteten sie die Dinge, die sie gelernt hatte, während sie in das Fenster blickte, und daher stieg sie lachend aus dem Bus und überlegte sich, wie sie jetzt nach Hause käme.

Drittes Ziel für das Selbstbild: (benutzt werden CSI und Szenarien)
Erleichterung, Spaß und Ehrgeiz sollen mit zukünftigen Ereignissen in Verbindung gebracht werden, die sich auf die Trennung vom Ehemann beziehen und auf den Auszug der Kinder aus dem Elternhaus.

Metapher[2]

Bisweilen hast du Gelegenheit, einen Berg zuerst hinunterzuklettern, ehe du ihn wieder hinaufsteigst. Dazu brauchst du lediglich von einer höheren Erhebung aus loszugehen, aber Klettern ist Klettern, gleich in welcher

Richtung, und es spielt keine Rolle, von wo du losgehst. Freundin Nancy mochte Abenteuer und ließ selten eines aus. Ihre Heirat war ein Abenteuer gewesen und die Scheidung ebenso. An jenem Tag, als wir uns entschlossen, den Naturpfad im Herzen der Berge von Colorado zu erkunden, schwebte uns eine andere Art von Erlebnis vor. Wir konnten nicht wissen, worauf wir uns da einlassen würden, aber wir brachen oben am Gipfel auf und kletterten Schritt für Schritt hinunter, weiter und immer weiter – dir ist nicht klar, wie weit du schon gekommen bist, bis du eine Pause einlegst, dich ausruhst, verweilst und dich umsiehst und dann bemerkst, wie weit du schon hinabgestiegen bist. Noch kannst du nicht wissen, wie tief du noch hinunter mußt, solange du noch nicht den Grund sehen kannst. Du weißt nicht, was dort geschehen wird, aber du gibst dir alle Mühe, unterwegs deinen Spaß zu haben und nicht zu sehr daran zu denken, wie heiß dir ist und wie gern du einen Schluck Wasser trinken würdest. Dein Unbewußtes ist dazu fähig, deine Bedürfnisse im Griff zu behalten, bis die richtige Zeit gekommen ist.

So ging es immer weiter hinunter, hinunter, hinunter, tiefer und tiefer, weiter und weiter, bis wir schließlich am Grund ankamen; wie Stunden erschien es uns, obgleich die Wanderung auf der Orientierungstafel als 20-minütiger Gang ausgewiesen war. Es war wirklich köstlich, dieses natürliche kleine Becken mit Gebirgswasser zu erblicken, wie es so ruhig in einer Vertiefung zwischen zwei Felsen lag. Und nur das sachte Tröpfeln eiskalten Gebirgswassers, welches über die Felsen in das Becken floß, unterbrach die Stille. In einer solchen Situation kann dein bewußter Verstand plötzlich begreifen, daß du die Gelegenheit hast, dein Bedürfnis zu stillen, das so lange unter Kontrolle war. So erhitzt und durstig, wie wir waren, ging unser erster Impuls dahin, einfach in das Becken hineinzuspringen. Als wir uns aber über das Wasser beugten, um einen Schluck zu nehmen, ließ uns der Anblick unseres Spiegelbildes einen Augenblick innehalten. Ich sagte kein Wort zu Nancy, denn ich muß sagen, daß sie mit dem Antlitz, das sie sah, in besonderer Weise Zwiesprache hielt.

Sie sah den Ausdruck von Erleichterung, der zum Teil daher rühren mochte, den ganzen Berg hinabgeklettert zu sein und jetzt zu finden, daß man sich ruhig zurücklehnen und ausspannen kann, mit dem Gefühl, etwas geleistet zu haben. In einer solchen Situation kannst du in eine leichte Trance fallen und gebannt auf dieses Gesicht schauen, das die Eigenschaften widerspiegelt, die du schätzt, die du haben möchtest und die du trägst. Und du kannst sehr angetan sein, wie liebreizend du aussehen kannst, wenn du unvermutet, in einer derartigen Situation, einen flüchtigen Blick von dir erhaschst. Du vermagst diese Empfindung zu dissoziieren und das Wohlbehagen ruhig zu genießen in deiner leichten Trance, die sich beim Anblick deines Gesichts entwickelt, das verändert ist von den Gefühlen der Erleichterung, des Vergnügens, des Ehrgeizes und anderem mehr. – Sie sah ihre ganze Gestalt im Spiegelbild, wie sie in ihrer Haltung Ehrgeiz ausdrückte, eine erleichterte Ruhe und ein schelmisches Vergnügen. Später erzählte sie mir, daß die sich widerspiegelnden Wolken, die sich über ihr bewegten, sie in eine Szene im Hintergrund geleiteten, in welcher sie sich bei der Unterhaltung mit Freunden beobachten konnte. Sie wußte, daß sie einen Tagtraum erlebte, den sie indessen nicht hinterfragte, weil sie sich sehr dafür interessierte, zu beobachten, wie man sich anders verhält als sonst, aber dennoch in vertrauter Weise. Und zu diesem Zeitpunkt etwa tauchte die größte Libelle, die ich je gesehen hatte, aus dem Nichts auf und schwebte sachte ganz dicht über dem Wasser, vielleicht verzaubert vom eigenen Spiegelbild. Dann tauchte sie plötzlich ihren Hinterleib ins Wasser, ehe sie unvermittelt verschwand und lediglich ein paar sanft gekräuselte Wellen an der Oberfläche zurückließ.

Nancy blickte immer noch eifrig in die Tiefe, aber irgendwie änderte sich das Bild, das sie beobachtete. Das Gesicht und dessen Züge blieben unverändert, aber diesmal sah sie sich mit ihrem zukünftigen Ex-Ehemann, der er bald sein würde. Die Situation gab etwas von dem wieder, was für sie angstbesetzt war, denn obgleich sie schon vor längerer Zeit diesen Schritt des Sich-Verabschiedens gefühlsmäßg vollzogen hatte, war doch noch ein Treffen notwendig, um zum Abschluß die Scheidungspapiere zu unterschreiben. Und da sah sie sich in der Unterhaltung mit ihm. Er war ganz der alte: Kritisierend, autoritär, zum Verzweifeln unlogisch und unkorrekt. Und zu ihrer Verwunderung entdeckte sie, daß sie es wirklich genoß, zu beobachten, wie sie mit ihm umging und was sie zu ihm sagte. Und wie kannst du zu einer Person sprechen, wie es deinem Selbstwert entspricht, mit der du jahrelang so viele Konflikte hattest, mit dieser Person so reden, daß du Spaß haben kannst und von deiner Kreativität, deiner Sensibilität und deinem Selbstwertgefühl angetan bist? – Genau das geschah.

Die Situation veränderte sich wieder. Ihr lag nichts weiter an der Brise, die die Wasseroberfläche leicht kräuselte, denn mehr interessierte sie immer noch ihr ungewöhnliches Spiegelbild. Sie unterhielt sich nun mit ihrem Sohn und mit ihrer Tochter. Ihr Sohn war immer ihre größte Herausforderung gewesen. Es hört sich nicht gut an, zu sagen: nur eine Mutter konnte ihn lieben; aber manchmal war es selbst für sie schwierig, ihn zu lieben, wegen all der Schwierigkeiten, die er in fast jeder wachen Minute lieferte. Aber wiederum war sie da, mit all ihren Fähigkeiten, und genoß es, sich selbst zu beobachten, wie sie mit Matthew und all seinen Problemen umging. Mit größter Hochachtung für sich selbst beobachtete sie, wie sie den Wesenszügen Beachtung schenkte und sich daran erfreute, die sie an ihm mochte, und wie sie mit ihm in einer Weise umging, die ihm helfen würde, erwachsen und ein Mensch zu werden, der einmal stolz sein könnte auf sich. Du kannst nie wissen, wie dein Unbewußtes einen wesentlichen Hintergrund ins Bewußtsein befördert. Dein bewußter Verstand kann dieses Bild aus wohlwollender Distanz betrachten und mit Vergnügen sehen, wie du dich in schwierigen Situationen geschickt verhältst. Manchmal scheint es ewig zu dauern, wenn eine derartige Bewußtseinsveränderung eintritt, ich weiß also wirklich nicht, wie lange wir an diesem Wasserbecken gesessen sind, ehe einer von uns vorgeschlagen hat, es sei nun an der Zeit, von diesem Wasser zu trinken, in dessen Tiefen wir geblickt hatten.

Wenn du deine Hand in ruhiges, unbewegtes Wasser tauchst, dann wird das Bild zerstört, aber du erlebst eine andere Art Erquickung und gewinnst ein neues Verständnis für den Genuß, denn du kannst eine Handvoll Wasser oder eine kurzes erfrischendes Eintauchen wirklich genießen – auch wenn es sehr rasch gehen mußte, denn die Sonne begann sich der Canyon-Wand zu nähern. Niemand mochte sich bei Sonnenuntergang in einem Einschnitt zwischen den Felsen befinden. So beeilten wir uns zurückzukommen, den Berg hinauf, und wieder schien es viel länger zu dauern als die angegebenen zwanzig Minuten.

Dieses Jahr schrieb Nancy auf ihrer Weihnachtskarte, daß Matthew in seinem neuen Internat sehr glücklich sei, und daß dies für alle eine große Veränderung bedeutet hätte. Er lernte von anderen und kam nur an den Wochenenden nach Hause. Sie fand, daß sie erheblich mehr Spaß mit ihm hatte, wenn sie ihn nur an den Wochenenden sah.

Viertes Ziel für das Selbstbild: (benutzt werden CSI und Szenarien)
Vergnügen, Lust, Aggression und Kontrolle sollen mit der Phase des Umworbenwerdens in Zusammenhang gebracht werden, desgleichen mit dem Erlangen von Unabhängigkeit gegenüber der Ursprungsfamilie und mit dem Verschwinden des Symptoms.

Metapher[3]

Ich fragte mich, ob sie ein Bild ihres Gesichtes entwerfen könne. Ich verbrachte eine Menge Zeit damit, sie zu bitten, ein anschauliches Bild von ihrem Körper zu zeichnen und dabei mit dem Gesicht oder den Füßen zu beginnen. Sie aber fing beharrlich bei ihren erst kürzlich erblühten Brüsten an. Ich vermute, ihr war eine Last von der Seele genommen, als sie begriff, daß sie eine Frau geworden war. Wie sie das auch zu ihrer eigenen Zufriedenheit sein konnte, das wußte sie nicht, und das war ihr Problem. So bat ich sie, sich selbst in jedem Raum ihres Hauses vorzustellen. Ich erinnerte sie an die Freude, die sie dabei empfand. Der bewußte Verstand

weiß gar nicht wirklich, wie dies zustande kommt, und um es schätzen zu können, ist das auch gar nicht nötig. Ich war ihr behilflich, diese Wärme, das Lächeln auf den Lippen und irgendeinen Scherz wiederzuerinnern. Es gibt da eine Freude, die nach dem Weinen einsetzt. Vielleicht ist es die Erleichterung im biologischen Sinne: wenn sich erst einmal deine Nebenhöhlen besser fühlen, nachdem der Druck der Tränen verschwunden ist. Du atmest auch leichter.
So ermutigte ich sie, sich ihren Anblick auszumalen, wie sie lacht. Es macht Spaß, sich vorzustellen, wie man lacht. Die meisten Menschen wissen nicht, wie sie auf dem Tonband klingen, und ich frage mich, ob du weißt, wie du aussiehst, wenn du lachst. Deine Lippen bewegen sich in vier verschiedene Richtungen. Zuerst neigt deine Unterlippe dazu, wie bei einem Kind zu lächeln, dann beginnt die Oberlippe, wie bei einer Frau zu lächeln, der hintere Bereich deines Mundes, der von den Wangenmuskeln kontrolliert wird, sagt »jetzt nicht« und zieht die Lippen nach unten, und die vierte Bewegung ist eine leichte, von der Durchblutung hervorgerufene Vorwölbung. Du kannst zwischen diesen vier Reaktionen hin- und herschwanken.
Ich beschrieb ihr die einzigartigen Gesichtszüge und bat sie, sich ihr eigenes Gesicht vorzustellen. Sie konnte ihre Brüste betrachten, und so müßte es ihr auch gelingen, ihr Gesicht anzuschauen. Vermutlich ist ihr Gesicht sogar interessanter. Sie sollte sich ihre ganze Haltung ausmalen: wie sie aufrecht dasteht, mit erhobenem Kopf über den Schultern, wie sie ruhig atmet, mit leicht geröteten Wangen. Sie sollte sich vorstellen, eher fröhlich zu sein oder in einer Stimmung, die du aus dem Kampfsportverein kennst: Du stehst vor einem Spiegel, bist dir deiner Bewegungen bewußt, erkennst, wie das aussieht, wenn du das Gefühl für Kontrolle und Angriffsbereitschaft hast. Dies alles ist noch leicht. Als nächstes läßt du zu, daß dieses Bild von dir so bestehen bleibt, als Erinnerungsstütze für deine möglichen Gefühle, wenn du nun Szenen entwickelst, in welchen du mit anderen umgehst.
Für sie war es nötig, diese mit den entsprechenden Gefühlen zu versehen. Als erstes bat ich sie, ihr neues Haus ohne Türschlösser zu durchforschen, in jedem Zimmer dieses Hauses umherzugehen und festzustellen – wie du in diesen Räumen lächelst, wieviel Aggressivität du mit in diese Räume nimmst; du wirst dich wundern, was du dir so sagst.
Als sie sich nun ausmalte, wie sie durch die Räume dieses Hauses ging und dabei die guten Empfindungen aus ihrer Trance spürte, da wurde eine ganz einfache post-hypnotische Suggestion daraus, die sie später verfolgen konnte. Du kannst ganz gewiß sein, eines wird dein Gehirn dann tun: wenn du in diesem Raum stehst, wird es sagen: »Hallo, ich denke, ich weiß, wie ich mich wohlfühlen kann, wenn ich hier so stehe. Irgendwo in der

Vergangenheit habe ich über diesen Raum nachgedacht und darüber, mich wohlzufühlen.»Dann nahm sie sich einen anderen Raum vor, den Flur. Und wie siehst du aus, wenn du ins Bad gehst? Wenn du die Dusche in deinem Haus benützt? Du kannst dir Raum schaffen für Veränderungen.
»Der einzige Grund, daß du dir über die Größe deiner Brüste Sorgen machst, ist der, daß du dir über deine zukünftige Liebesgeschichte Gedanken machst.« Das konnte ich so sagen, weil ich damals schon sehr direkt mit ihr umging. Sie war schon viele Monate lang meine Klientin, und sie hatte die Schlösser von ihren Türen entfernt. Nun sollte sie auch in der Lage sein, diese gleiche Fähigkeit zu benutzen, um Phantasien hinsichtlich ihrer kontrollierenden und freudigen Gefühle zu entwickeln, die sie befähigen sollten, im sexuellen Bereich Fortschritte zu machen. – Siehst du dich beispielsweise neben jemandem stehen, jemandem näherkommen? – Ich gab ihr den Auftrag, darüber nachzudenken, was sie zu sich sagen würde, was sie laut aussprechen würde; sie sollte spüren, was sie fühlte, ihr Verhalten beobachten und alle Schritte sich bewußt machen. Es war klar, daß sie sich nicht auf die Vorgaben verlassen wollte, die sie von ihren Eltern hatte, und es war in ihrem eigenen Interesse, Zeit darauf zu verwenden, ihre eigenen Verhaltensweisen zu entwickeln.
Sie war eher überrascht, als ich ihr vorschlug, sie solle das Gefühl der Freude behalten und das Bild der Liebesgeschichte und die aggressiven Gefühle hinzufügen. Es ist allgemein bekannt, daß Sexualität ein Gemisch aus Aggression und Lust ist. So kann dein bewußter Verstand auf die Aggression achten, sobald dein Unbewußtes Lust entwickelt. Es gibt allerdings auch Menschen, die es angenehm finden, wenn der bewußte Verstand auf die Lust achtet, und dem Unbewußten erlauben, mit der Aggression umzugehen. Vielleicht möchtest du wissen, ob es deinem bewußten Verstand möglich ist, nicht auf die Lust zu achten, und dabei dein Unbewußtes auf den aggressiven Anteil richten. Wenn dein Unbewußtes sich nicht im geringsten um diese Aggression kümmert, dann wird dein bewußter Verstand die Lust allein haben. Wenn du allein bist, dann solltest du zulassen, daß dein bewußter Verstand sich an deinem Unbewußten erfreut, indem es sich selbst Freude macht.
Ich bestand darauf, daß sie eine Weile in Trance bleiben, sich ein anderes Szenarium ausdenken und allein bei diesem Gefühl von Freude, diesem Gefühl, Kontrolle zu haben, sich beobachten sollte, und ich fragte sie, wie das für sie sei und was sie dabei als erstes wahrnehme. Wird ihr bewußter Verstand die Freude wahrnehmen und dem Unbewußten die Kontrolle des Nachprüfens automatisch überlassen, oder ist das zu viel verlangt? Vielleicht solltest du eher deinem bewußten Verstand die Verantwortung für die Kontrolle überlassen, und das Unbewußte darf die Freude haben. Zunächst war es entscheidend, daß sie äußere Anzeichen des Frauseins

entwickelte, und ich wollte sie lehren, wie sie ihre eigenen menschlichen Fähigkeiten benutzen könnte, um inneres Wissen zu erwerben, insbesondere wie man die Freuden des Selbständigseins, die Freuden des Erwachsenseins genießt. Ich sagte ihr, es sei ganz in Ordnung, die Kindheitsträume zu bewahren, wenn sie nur die kindischen Träume aufgebe; und sie verstand weit besser, wie sie mit sich umgehen müsse, nachdem sie sich ihre eigenen Szenerien entworfen hatte, um diese Gefühle unverändert zu bewahren. Dabei erfuhr sie sogar, wie sie sich mit eigenen Kindern fühlen könnte. Sie hatte nie darüber nachgedacht, welches Bild sie mit Kindern abgeben würde, ob sie sich dabei gut fühlen und sowohl über Kontrolle als auch über Aggressivität verfügen würde.

Sie sagte mir, sie denke wieder an Türschlösser, als sie dieses Bild entwarf, aber das war nur ein Scherz.

Fünftes Ziel für das Selbstbild: (benutzt werden CSI und Szenarien)
Das Selbstbild soll entwickelt werden, und es sollen zugleich Szenarien erprobt werden, die einer vertrauensvollen, mutigen und entschiedenen Differenzierung von der Mutter dienen.

Metapher[4]

Wie Joan so aus dem Fenster des Reisebusses in die Landschaft hinausblickte, sinnierte sie vor sich hin: »Wer hätte je gedacht, daß ich allein auf Europareise gehen würde und jetzt gleich ein Schloß aus alten Zeiten besichtigen werde.« Der Bus fuhr hinauf zum Tor des alten Schlosses. Als die Gruppe ausgestiegen war, begann der Reiseleiter die kunstgeschichtliche Bedeutung der Einzelheiten an der Fassade des gewaltigen Bauwerks zu erklären. Eigens hob er das grüne Moos hervor, das dem Schloß seinen eigentümlichen Farbton gab. Im Inneren folgte die Reisegruppe dem Leiter dann von Raum zu Raum. Joan bemerkte Schilde und Schwerter, die wilde Schlachten gesehen haben mußten. Manche waren zerbeult und ohne Glanz. Ganze Eisenrüstungen standen in Positur. Es kam Joan so vor, als starrte hinter einem Visier ein Ritter hervor. Sie wartete fast schon darauf, daß die Rüstung sich bewegen werde, hielt einen Augenblick den Atem an und blickte in die schwarze Höhlung des Helms. Es war kein Lebenszeichen zu erkennen. Überbleibsel aus alter Zeit schmückten den weiten Raum, in welchem die Gruppe nun stand. Joan hörte den Führer zur Gruppe sprechen, während sie die Kunstgegenstände der Burg sorgfältig betrachtete: »Sie können sich von diesen Relikten verzaubern lassen, sich in eine frühere Zeit versetzt fühlen und sich wahrhaft wundern, wie das Leben damals gewesen ist.« Die Stimmen der Gruppenmitglieder und des Führers verhallten allmählich...

Bald bemerkte Joan, daß sie allein in einem der Räume zurückgeblieben war, während die Gruppe weitergegangen war. Es führten mehrere Flure in unterschiedliche Richtungen. So entschied sich Joan für irgendeine Tür und folgte einem gewundenen Gang, der in die entlegeneren Winkel des alten Schlosses führte.

Wenn du abgelenkt bist, dann weißt du nie, ob nicht ein Weg, den du gar nicht einschlagen wolltest, an einen wichtigen Ort führt, und was wie ein Umweg erscheint, kann möglicherweise der direkteste Weg sein. Nun fühlte Joan sich ein wenig ängstlich und verloren. Aber sie war auch fasziniert von diesem modrigen alten Gebäude. Dieses Schloß vermittelte ihr ein merkwürdiges, unerklärliches Gefühl der Vertrautheit. Sie machte sich jedoch klar, daß es nötig war, ihre Gruppe wiederzufinden. Aber der Weg, den sie einschlug, schien gewunden und noch tiefer ins Innere des Schlosses zu führen. Sie blickte neugierig durch eine Tür, die in einen großen Saal führte. Nachdem ihre Augen sich an das dämmrige Licht gewöhnt hatten, begriff Joan, daß sie eine alte Bibliothek betreten hatte. Sie ging die vielen Bücherschränke entlang, um sich die Titel anzusehen: Sokrates und Plato waren vertreten und die Abhandlung des Aristoteles, wie das Schöne bisweilen das Häßliche verbirgt; dann ein Buch »In den Achtzigern Vierzig werden«. Was hatte das hier zu suchen?

An einer Wand in der Bibliothek hing ein reich verzierter Spiegel, der Joans Aufmerksamkeit erregte. Sie ging hin und betrachtete ihr Bild. Sogleich hatte sie ein unheimliches Erlebnis. Wenn du dein Spiegelbild ansiehst, kannst du nie wissen, ob nun *du* das Bild ansiehst, ob das Bild *dich* anschaut oder ob du vielleicht im Spiegel bist und dich ansiehst, wie du in den Spiegel schaust.

Auf jeden Fall geschah etwas. Das Bild im Spiegel begann sich zu ändern. Joans Bild begann zu verschwimmen und verblaßte zusehends. Dann entstand allmählich eine neue Klarheit. Ihr Spiegelbild lächelte ihr zu und sagte: »Du kannst Vertrauen und Mut fassen und im Bilde sein, wenn du jetzt tief Luft holst. Du richtest dich zu voller Größe auf. Du atmest ruhig und leicht. Deine kleinen Lachfältchen um die Augen verraten deinen besonderen Sinn für Humor. Du kannst sie fühlen, wenn du lächelst. Du empfindest mehr Ruhe in dir, du spürst, wie du wohlausgewogen auf deinen beiden Beinen stehst. Dein Kinn hat jenen angenehmen Ausdruck der Entschlossenheit, daß du dein Ziel erreichen wirst.«

Joan blickte unverwandt in den Spiegel und sah, wie sich das Bild allmählich wieder veränderte. Die feinen Linien im Gesicht, die der Spiegel wiedergab, vertieften sich etwas. Das Funkeln in ihren Augen wurde

lebhafter, und Joan hatte den deutlichen Eindruck – der einem hin und wann kommen kann – daß sie nun ihr älteres, zukünftiges Ich anschaute.
Das Bild sprach zu ihr: »Es gibt Augenblicke, die zu erinnern nötig ist: Augenblicke, in denen deutlich wird, daß du deine eigenen Gedanken denkst. Wenn ich auf meine Vergangenheit zurückblicke, die deine Zukunft ist, dann kann ich Schritt für Schritt den Weg zu deinem gegenwärtigen Gefühl der Zuversicht und des Selbstvertrauens erkennen.« Bei diesem Gedanken sah sie sich selbst im Spiegel, wie sie mit einigen anderen Anwesenden umherlief. Und doch war sie ganz allein. Sie war wirklich die Hauptperson bei dieser Vision. Sie war Zeuge des Auftretens, der Gelassenheit, der Haltung, der Anmut, wie immer sie jeweils mit jedem Einzelnen umging, wobei es manchmal auch zwei Personen zugleich waren.
Sie sah sich mit Freunden. Sie beobachtete sich genau mit Fremden – und verfügte dabei stets über jene beeindruckenden und ersehnten Eigenschaften, die sie von Anfang an so bezaubert hatten.
Sie prüfte sich, wie sie in Anwesenheit ihrer Mutter sich befand; wie es war, wenn die Stimmung sehr angenehm war. Schließlich erinnerte sie sich des Gefühls, wenn ihre Mutter so penetrant und unerfreulich wie nur irgend möglich war. Und die ganze Zeit dachte sie unentwegt über diese Joan nach, die sie sah, die sich so beherzt und zuversichtlich verhielt, wie sie sich das zuvor nie zugetraut hätte. Aber dein bewußter Verstand kann sich lediglich der Eigenschaften bedienen, über welche dein Unbewußtes verfügt, das sie verarbeitet und aufbewahrt hat zu deinem persönlichen Gebrauch. Und die ganze Zeit über hörte sie: »Du kannst eine eigene Person sein und bist sicher. Du weißt am besten, was für dich wichtig ist. Du kannst auf deine eigene innere Weisheit hören....Du kannst deine Gedanken ändern und veränderst damit die Welt. Du kannst auf das hören, was du weißt, anstatt auf das, was du fürchtest. Schließlich,« sagte das Bild und lächelte Joan an, »ist Angst ja nur ein Gefühl, und ein Gefühl hat einen Anfang, eine Mitte und ein Ende. Aber wirklich, es gibt nichts zu befürchten.« Joan war ganz versunken in dies Bild, weil sie wußte, sie hörte sich selbst zu. Dann begann das Bild zu verblassen und zurück blieb die Erinnerung an jene lächelnden, zuversichtlichen Augen. Plötzlich war das Geräusch von Schritten hinter ihr. Joan wandte sich um und sah eine alte Frau, die sich als Wächterin des Schlosses vorstellte. Die Frau forderte Joan auf, ihr zu folgen, sie werde sie zu ihrer Gruppe zurückführen. Diese Frau erschien Joan irgendwie bekannt, aber sie hatte nicht die Zeit, darüber nachzudenken. Sie gingen einige gewundene Gänge entlang, durchquerten viele Räume, und schließlich blieb die alte Frau stehen. Sie wandte sich um und sagte: »Genau jenseits dieser großen hölzernen Tür ist deine Reisegruppe, aber vielleicht weißt du, daß du hierher, in diese Zeit gehörst und

daß du hierbleiben kannst. Dann kannst du meine Aufgabe übernehmen, wenn ich nicht mehr die Hüterin dieses Schlosses sein kann.« Joan zögerte keinen Moment und antwortete: »Nein, ich muß zurückkehren in meine Zeit und in meine Welt, um mir meine zukünftige Gegenwart voller Ruhe und Zufriedenheit zu schaffen.« Damit wandte Joan sich ab und öffnete die große Tür. Ihre Reisegruppe hieß sie willkommen und fragte, wo sie gewesen sei. Joan antwortete nur: »Wenn dein zukünftiges Ich deine Vergangenheit besucht, so kann das ein Geschenk für die Gegenwart sein.«

Sechstes Ziel für das Selbstbild:
(benutzt werden CSI und Szenarien)
Erleichterung, Befriedigung und Stolz sollen mit zukünftigen Ereignissen verknüpft werden.

Metapher[5]

Die erwünschten Eigenschaften wurden zuvor schon in einem Entwurf zur Entwicklung des Gefühlslebens herausgearbeitet; hier wurde bereits die Protagonistin eingeführt.
Karen saß da und starrte in den Trichter ihrer Posaune. Sie sah gebannt das Spiegelbild ihres Gesichtes an und spürte tiefe Erleichterung, weil sie gerade »das Konzert mit der fehlenden Note« gespielt hatte. Sie blickte zurück auf all ihre Übungsstunden, die sich nun in entscheidenden Augenblicken ausgezahlt hatten; auch wenn sie die erste Note ausgelassen hatte, so hatte sie dennoch eine sehr erfolgreiche Aufführung geschafft. Wie sie sich so betrachtete, redete sie mit ihrem Spiegelbild und sagte: »Du hast es geschafft, du bist herausgekommen und hast an dich und an die übrige Band geglaubt, und die tausend Einzelteile haben sich zusammengefügt, wie es sich gehört.
Sie dachte an das Gefühl dazuzugehören und an ihre eigene Bedeutung für die Gruppe und konnte sehen, wie dieses Gefühl sich auf ihrem Gesicht widerspiegelte. Sie konnte wirklich Stärke erkennen in ihren entspannten Muskeln, im Lächeln auf ihren Lippen und in ihrem leichten, zuversichtlichen Atmen.
Dann richtete sie ihren Blick nach vorn auf die zukünftigen Aufführungen und sprach wieder zu sich selbst: »Du wirst üben und du wirst wieder herauskommen und dein Bestes geben, gleich was passiert. Du wirst immer stolz und zuversichtlich sein, daß du es versucht und dein Bestes gegeben hast. Und dazu kommt das Vertrauen in die anderen Musiker. Da gibt es nicht nur einen, der auftritt, sondern viele Musiker tun gemeinsam etwas, und so entsteht die wunderschöne Musik.«

Wie sie so ihr Spiegelbild betrachtete und zu sich selbst sprach, überlegte sie, wie sie das, was sie an diesem Abend gelernt hatte, auch in anderen Bereichen ihres Lebens verwerten könnte. Wie könnte sie auf diesem Stolz und dieser Zuversicht aufbauen? Im Grunde weißt du ja: wenn du eine bedeutsame Fähigkeit wiedererlangt oder neu entwickelt hast, kannst du sie immer verfügbar haben, wo immer du sie benötigen solltest.

Ich weiß nicht, ob sie sich das bewußt zurechtgelegt hatte, als sie so in den Posaunentrichter starrte, oder ob das Unbewußte eine solche Gelegenheit einfach wahrnimmt, sich einer kleinen Phantasie hinzugeben und dabei die Gedanken aus der Bewußtseinsebene zu bearbeiten. Auf jeden Fall saß sie lange Zeit bewegungslos da, starrte gebannt auf ihr Spiegelbild und auf das, was als Hintergrund erschien, der sich allmählich deutlicher abzeichnete. Da befand sie sich im Französisch-Unterricht, hielt einen Vortrag und verhielt sich so, daß ihre Zuversicht und Stärke, ihr Stolz und ihre Erleichterung wiederzuerkennen waren. Dein bewußter Verstand kann überrascht sein, was dein Unbewußtes zutage bringt in so einer Szenerie, die Gestalt annimmt und bedeutsam für dich ist.

Die Szenen wechselten immer wieder, und sie sah sich mit ihrer Familie; sie erlernte neue Fähigkeiten: im Sport, beim Einkaufen, bei Verabredungen. Und die ganze Zeit hindurch, bei jeder Szene, trug sie die Erleichterung, die Zuversicht, den Stolz und die Stärke bereits zur Schau, d.h. sie setzte sie schon ein in den Tagträumen, die sie in den Trichter ihrer Posaune gebannt hatte. – Du machst das ganz unbewußt, während dein bewußter Verstand die Möglichkeiten überprüft. – Und schließlich spiegelte sich im Hintergrund der Probenraum mit den anderen Mitgliedern der Band wider, und sie bemerkte nun die Geräusche, die sie wohl beim Einpacken der Instrumente gemacht haben müssen. Sie warf einen letzten Blick auf das Spiegelbild und räumte dann ihre Posaune liebevoll in den Koffer, ehe sie mit dem letzten Hintergrund, der sichtbar gewesen war, verschmolz. Sie schloß den Koffer, verwahrte ihn in ihrem Schließfach und verließ den Raum.

Ein paar von ihren Bandkameraden waren noch da, machten sich gegenseitig Komplimente und ermutigten sich, klopften sich auf die Schulter und beglückwünschten sich dazu, ihre Sache gut gemacht zu haben. So etwas kann dein Unbewußtes bewahren, auf daß du es dein ganzes Leben lang benutzen kannst.

Siebentes Ziel für das Selbstbild: (benutzt werden in die Zukunft projizierte Bilder)
Es sollen Dissoziationen entwickelt werden, in welchen Bilder für Zukunftsprojektionen Gestalt annehmen können.

Metapher

Robert Erickson ist in Phoenix (Arizona) im Schatten eines Berges aufgewachsen, der »Squaw Peak« heißt. Auch hatte er einen sehr berühmten Vater, aber ich bin mir sicher, diese Tatsache wußte er als Kind nicht so ganz zu würdigen. Er erinnerte sich daran, wie er zu seinem Vater kam, um ihn etwas Wichtiges zu fragen, und sein Vater deutete nur in Richtung des Squaw Peak und befahl – so wie er es in solchen Situationen immer zu tun pflegte – kurz und bündig: »Steig hinauf!« Und so mußte er den Berg ersteigen, um Antworten auf jene Fragen zu finden, die du in deinem bewußten Verstand bewegst und die du in bestimmter Weise formulierst. Wie schön ist es, Eltern zu haben, die die Fähigkeiten des Kindes achten und sich zurückhalten, das Problem für dich zu lösen, die dich statt dessen einfach bitten, in dich zu gehen, deinen Blickwinkel zu verändern, das Problem von neuem durchzugehen und dabei deine eigenen Ressourcen zu Hilfe zu nehmen.
So stieg Robert auf den Berg, dachte dabei nicht unbedingt an das Problem bzw. durchdachte es vornehmlich in seinem bewußten Verstand, während er seinem Unbewußten gestattete, sich mit ebenso wichtigen Vorgängen zu befassen: nämlich dem Gleichgewicht, der Durchblutung, dem Atem, dem Vollzug des Gehens. Bewußt denkst du daran nicht, denn dein Unbewußtes ist hervorragend in der Lage, all diese Abläufe für dich zu regeln.
Wie ich mir Robert so beim Besteigen des Berges vorstelle, wird er wohl zwischendurch vollkommen vergessen haben, an sein Problem zu denken, weil ihn der Anblick blühender Kakteen und anderer Überraschungen am Wegesrand wohl abgelenkt hat. Du kannst abgelenkt werden von einem linden Lüftchen, das unverhofft zu deiner Freude über deine Haut streicht, die etwas feucht ist vom Schweiß. Ich denke, das ist eines der schönsten Gefühle auf der Welt, und du kannst das nur in dem Maße genießen, wie du eine Anstrengung auf dich nimmst, deinen Körper gebrauchst und zuläßt, daß dein Unbewußtes seine Arbeit tut, während du deine Muskeln trainierst. Und wenn man schließlich den Gipfel erreicht, dann muß das sehr befriedigend sein, ein Gefühl, etwas Handfestes geleistet zu haben. Und wer würde sich an diesem Punkt nicht gerne hinsetzen und in eine tiefe Trance sinken, in die Ferne blicken, über die Stadt hin, die so tief unter dir liegt, zu bedenken, daß du ein Teil davon warst, und nun bist du so weit davon entfernt, stehst wirklich über allem. Das Problem aber liegt dort

drunten, irgendwo in der Ferne, und du kannst in deiner Vorstellung einfach oben auf einem Berg sitzen und dich dieses Gefühls angenehmen Losgelöstseins erinnern, welches dein Unbewußtes hervorbringt und dein bewußter Verstand einfach genießen kann. Ich weiß nicht, ob das ein Gefühl der Schwerelosigkeit ist oder die Empfindung, so schwer zu sein, daß du alle entgegengesetzen Gefühle der Leichtigkeit, die anderswo aufkommen, ganz besonders spüren kannst. Und selbstverständlich hatten viele Menschen Gelegenheit, ihren Standpunkt zu wechseln und unvoreingenommen eine Dissoziation zu entwickeln. Ich wette, wenn nun Robert auf dem Bergesgipfel angekommen war, dann saß er da eine Weile, mal längere, mal kürzere Zeit, dissoziierend, und gelegentlich wird er wohl auch an die Ausgangsproblematik gedacht haben, die ihn schließlich dazu gebracht hatte, den Berg hinaufzusteigen. – Und doch kann dein Unbewußtes so viel Zeit für etwas anderes verwenden. Einfach so dazusitzen, oben auf dem Gipfel, hinunterzuschauen auf die Stadt so tief da drunten und den Blick sogar weiterschweifen zu lassen, über die Stadt hinaus, fast schon in einen neuen Tag oder einfach in die Zukunft, fünf oder mehr Jahre weiter, hin zu einer Zeit, zu der du sehr, sehr viele Dinge erreicht haben wirst. Du wirst einige Jahre hinter dich gebracht haben und reicher sein an Erfahrungen und Einsichten. Und du kannst dir das ausmalen, kannst deinen bewußten Verstand oder dein Unbewußtes die Einzelheiten ergänzen lassen und aus dem allem ein Bild des zukünftigen Erfolgs schaffen. Es gibt wirklich keinen Grund, damit zu warten, bis deine Zukunft da ist, um stolz auf das zu sein, was du dann erreicht hast. Du kannst vorausschauen und den Tag sehen, an dem du dann zurückblicken kannst. Welcher Platz könnte hierfür geeigneter sein als ein Berggipfel? Wer wird bei dir sein, was wirst du tun, wo wirst du leben, wie wirst du aussehen, was wirst du erreicht haben? Es ist schön, daß du sehen kannst, wie du Erfolg hattest und einen Traum wahr werden lassen und mit deinem jetzigen Ich eins werden konntest. Rufe dir die Veränderungen in der Wahrnehmung ins Gedächtnis, deinen Erfolg und deinen Stolz, deine Stärke und deinen Mut. 1999 ist vermutlich nicht sehr verschieden von 1990 oder 1986. Zeit ist sehr schwer einzuschätzen, wenn der Winter gleich ist dem vor 200 Jahren. Sonntagnachmittage und Regentage, Frühling und Herbst, raschelndes Laub – das alles verändert sich nicht so sehr von einem Jahr zum anderen, und dieses Wissen kannst du einsetzen, um dich in der Zeit da- und dorthin zu begeben, wo immer es deinem Unbewußten gefällt. Und dann erlebst du dich in angenehmer Weise inmitten all dessen, was du erreicht hast in dieser zukünftig-gegenwärtigen Zeit, fünf oder mehr Jahre nachdem wir uns das letzte Mal miteinander unterhalten haben, und vielleicht möchtest du dir einfach einen Moment Zeit lassen, damit das alles sich vertiefen kann, um bewahrt zu werden: der Anblick, die Geräusche, die Gerüche und das Gefühl. Nimm dir einen Augenblick Zeit und freu dich über all die Menschen, die du liebst und die jetzt hier bei dir sind. Und noch ein Innehalten, um dein Haus und deine Sicherheit wahrzunehmen. Und versichere dich, auch deine körperliche Gesundheit zu spüren – du hast dir Mühe gegeben und hast sie verdient. Und nimm auch zur Kenntnis, wie du finanziell und beruflich abgesichert bist, was du dir geschaffen hast. Vor allem anderen aber sieh die Vorzüge deiner Familie, deiner Kinder und deiner Freunde. Ich weiß, du kannst auch noch im Tagtraum zurückblicken und dir all deine Schritte ansehen, die dich so erfolgreich in der Zukunft Fuß fassen ließen. Vielleicht fängst du mit deiner Überschau an, indem du auf jene Zeit zurückblickst, als du Anfang Dezember nach deiner Therapiestunde weggegangen bist. Im Hotel nebenan wurde gerade der Weihnachtsschmuck angebracht. Der Weihnachtsmann stand noch nicht auf dem gläsernen Außenlift. Blick zurück auf deine körperlichen Veränderungen. Wie hatte das denn überhaupt angefangen? Vielleicht war da zuerst so etwas wie ein neues Gefühl von Stolz, das sich in deiner Haltung ausdrückte; dadurch sind vielleicht auch andere, subtilere Prozesse in Gang gekommen, vielleicht hat sich sogar dein Stoffwechsel verändert. Du kannst all die Veränderungen an dir vorbeiziehen lassen, alle deine einzelnen Schritte, die Hindernisse, auf die du gestoßen bist und die dir ermöglicht haben, so viel zu lernen, die Fehler, die du gemacht hast und die du um nichts eintauschen möchtest, weil sie dich so viel lehrten. Wenn dein Tagtraum zu Ende geht, kannst du dich immer noch an dem erfreuen, was du erreicht hast, und selbst dann noch, wenn du wieder eins wirst mit deiner üblichen Zeit, kannst du dir die guten Gefühle bewahren, auch dann, wenn du diesen Traum gar nicht bewußt erinnerst bzw. ihm Glauben schenkst. Du wirst all die Erfahrungen behalten, die du bereits zu einem Zeitpunkt gemacht hast, den die übrige Welt mit »morgen« bezeichnet. An irgendeinem Punkt wird Robert, gleichsam verloren in Raum und Zeit und Traum, sich zweifellos wieder zurückorientieren in die realen Abläufe und auf den Berggipfel, auf dem er saß und versucht hatte, ein Problem seiner Jugend zu lösen. Ich weiß nicht, ob er sich erinnerte, wie sein Unbewußtes umherschweifte, aber er sagte, daß er niemals den Berg mit demselben Problem hinabgestiegen sei, mit dem er hinaufgestiegen war. Zuweilen hatte er gelöst, ein andermal möglicherweise vergessen; vielleicht sah er es aber auch nur anders und veränderte etwas daran, so daß es faßlicher wurde. Natürlich hätte eine ganze Menge damit geschehen können, und vielfältige Auslöser können einen Menschen dazu bewegen, den Gipfel des Berges zu verlassen. Vielleicht weht ein zu kühles Lüftchen, vielleicht wußte er auch, daß es Zeit war hinabzusteigen, weil er nun mit dem Problem umgehen konnte; er war bereit, zurückzukehren und wieder die allgemeine Richtung einzuschlagen.

Dann erinnerst du dich wieder, wie du in meinem Büro gesessen bist, und was für Imaginationen du hattest, die du eines Tages verwirklichen wirst. Und dann wirst du dir dessen gewahr, daß du nicht merkst, worüber du gerade nachgedacht hast, als du auf deine nächsten Gedanken gewartet hast.

Achtes Ziel für das Selbstbild: (benutzt werden in die Zukunft projizierte Bilder)
Zukünftigen Wahrnehmungen soll Gestalt verliehen werden.

Metapher[6]

Das Wort »aloha«, das man in Hawai benutzt, kann fast alles bedeuten. Es kann bedeuten: »Schön, dich zu treffen«,»laß dir's gut gehen«, »du siehst heute sehr hübsch aus«, »lebwohl«, »guten Tag.« Und Blumen müssen nicht dabei sein. À propos "Guten-Tag-Sagen": Du bist wirklich nur in dem Maße frei, »Guten Tag« zu sagen, in dem du auch bereit bist, nachdenklich und sorgfältig Lebewohl zu sagen, das muß ich wohl nicht eigens erwähnen. Aber Carl mußten wir das schon sagen. Und er hatte sehr nachdenklich und sorgfältig Lebewohl gesagt. Und das hat ihn viele Tränen gekostet, aber zu der Zeit, als wir nach Heron Island kamen, war er bereit, seinem weiteren Leben »Guten Tag« zu sagen. Und er hatte eine neue weibliche Begleitung dabei. Es war eine interessante und schwierige Beziehung, die sie da – nach dem Selbstmord seiner Ehefrau – entwickelten. Aber es ist doch erstaunlich, wie selbst der unfruchtbarste Boden die Vegetation am Leben erhalten kann, die dort gedeiht. Da wir gerade von Vegetation sprechen: Heron Island ist eine Wunderwelt, sowohl über als auch unter Wasser; und auch, was die Tierwelt betrifft. Es kam uns vor, als sei es Fantasia. Es schien ein Ort zu sein, an dem alles vorstellbar ist und wahr werden kann. Daß wir 1982 auf Heron Island waren, spielte keine große Rolle; es hätte genauso gut auch 1983 oder '84 oder '86 sein können, da gibt es keinen großen Unterschied. Die warme Jahreszeit ist die warme Jahreszeit, und die kalte Jahreszeit ist die kalte Jahreszeit, ganz gleich, in welchem Jahr. Und die Zeit kann auf interessante Weise vorübergehen und sich ändern. Wir baten Carl, in Trance zu gehen und sich vorzustellen, 1996 wieder auf Heron Island zu sein. Diesmal sollte er es genießen, hier zu sein und all jene Dinge geschafft zu haben, die er inzwischen erreicht hatte. Und wir wußten nicht, ob er verheiratet war oder sich mit jemandem verabredete, mit dem er sich schon seit Jahren traf und mit dem er eine Beziehung aufgebaut hatte. Und wir wußten auch nicht, ob er seine Praxis als Psychologe beibehalten hatte oder in einen anderen Bereich übergewechselt war, der interessanter für ihn war. Wir waren aber ganz sicher, daß er trotzdem immer noch Taucher war. Und so weiß ich nun nicht, ob er der Suggestion folgte, während er in der wohligen Tiefe schwamm und in seinem Bewußtsein den Anblick genoß, während sein Unbewußtes die Gelegenheit wahrnahm, tief unter Wasser zu sein und sich einfach diese Zukunft vorzustellen, sie zu erleben, als wäre sie jetzt, und er hätte all jene Dinge erreicht und wäre mit all jenen Konflikten und Themen zurechtgekommen, die er bewältigen mußte. Er war darüber hinausgewachsen, und du kannst dich sehr stolz fühlen, wenn du darüber hinausgewachsen bist und die Dinge erreicht hast, die zu bewältigen du dir – in Übereinstimmung mit deinen Wertvorstellungen – vorgenommen hast. Und behalte diesen Erfolg in Erinnerung: es ist dein Erfolg, und du hast das Recht, ihn zu wollen.

Und indem du dich behaglich fühlst, umgeben von alledem, was du in dieser zukünftig-gegenwärtigen Zeit erreicht hast, einige Jahre nachdem wir uns das letzte Mal unterhalten haben, möchtest du dir vielleicht einen Moment Zeit nehmen, damit sich alles vertiefen kann. Erinnere dich, wie du diesen Anblick, die Geräusche und die Gerüche erlebt und was du empfunden hast. Ich vermute, deine jetzige Trance ähnelt den Tagen auf Heron Island. Nimm dir einen Augenblick Zeit, dich über all jene Menschen zu freuen, die du liebst und die hier bei dir sind. Und nimm dir auch Zeit, dein Heim und deine Sicherheit wahrzunehmen. Selbstverständlich bemerkst du auch deine körperliche Gesundheit – schließlich hast du immer darauf geachtet. Nimm auch deine gesicherte berufliche und finanzielle Situation zur Kenntnis, die du erreicht hast. Nimm dir einen Augenblick Zeit und freu dich über die Vorzüge deiner Familie, deiner Kinder und deiner Freunde.

Und während du diesen Erfolg empfindest, kannst du dir auch etwas Zeit nehmen, einfach zurückblicken und all jene Schritte an dir vorbeiziehen lassen, die du unternommen hast, um dich schließlich wieder so wohl hier auf Heron Island einfinden zu können. Betrachte dir all jene Schritte und sei zufrieden, wie du das alles geregelt hast, um damit zurechtzukommen.

Und aufgrund dieses verhältnismäßig wohligen Gefühls beim Zurückblicken kannst du im nachhinein auch jene Hindernisse schätzen, die sich dir in den Weg stellten, und auch jene Konflikte, die damals unlösbar schienen. Du kannst den Wert jener Möglichkeiten anerkennen, die du hattest, daß du z.B. lernen konntest, was du nunmehr weißt und gegen nichts eintauschen würdest. Nimm zumindest sechs wichtige Schritte wahr, die du in jenen Tagen nach Heron Island getan hast. Werde dir in jeder Situation eines auffallenden Phasenaspektes bewußt: Risiko, Fehlstart, Expansion, Willkommen, Abschiede, Aufbau, Warten usw., alles, was du damals begonnen hast... und was dich zu diesem Augenblick des Glücks geführt hat. Und zum Schluß mußt du auftauchen, weil du Luft brauchst, und du kannst dir gerade

noch einen Augenblick Zeit nehmen und dieses Wohlbehagen und diesen Stolz in Erinnerung behalten, die damit zu tun haben, daß du dich in dieser Zukunft befindest, diese guten Gefühle erlebst und die Erleichterung nach den zahlreichen, bestens erledigten Aufgaben, die abgeschlossen sind und hinter dir liegen, ehe du wieder in die gegenwärtige Zeit zurückkehrst.
Und als wir aufgetaucht waren, um Luft zu holen, und wieder auf das Boot zurückkamen, gab es keinen Hinweis, daß wir Carl daran hätten erinnern müssen, daß wir tatsächlich erst 1982 zählten. Denn du bringst immer etwas von dem Gefühl mit, einen Teil des Vergnügens, und es ist nicht notwenig, damit zu warten, deine Gefühle des Erfolgs zu genießen; du hast das Recht dazu, sie jetzt zu genießen.

Neuntes Ziel für das Selbstbild: (benutzt werden CSI, Szenarien und in die Zukunft projizierte Bilder)
Eigene Ressourcen sollen mit ähnlichen Situationen im Leben des Klienten verknüpft werden, unter Verwendung aller zur Planung des Selbstbildes dienlichen Komponenten: Eigenschaften des zentralen Selbstbildes, Einübung des zentralen Selbstbildes durch die Szenarien. Zukünftige Wahrnehmungen sollen durch in die Zukunft projizierte Bilder ausgestaltet werden.

Metapher[7]

In ihrem Traum begann Alyce sich Alice ziemlich ähnlich zu fühlen: als ob sie durch die Spiegel gegangen wäre und eine fremde Welt entdeckt hätte. Es gab keine großen weißen Kaninchen, keine Herzkönigin, aber sie fühlte sich, als ob sie verrückt sein müßte. Dennoch war sie zweifelsohne in einem Wunderland der Imagination und der unbewußten Möglichkeiten. Und selbstverständlich führt im Traum für dich kein Weg dahin, zu wissen, daß du im Traum bist, bis du schließlich aufwachst. Und das geschieht nun für eine Weile nicht. Und außerdem hatte sie an diesem Punkt keine Vorstellung, daß in ihrem Traum auch noch ein Spiegeltest vorgenommen werden sollte.
Sie entdeckte, daß sie in einem Straßencafé saß. Sie war sich nicht so sicher, wie lange sie da gesessen hatte; die Zeit war wie eingefroren, und die übrige Welt schien verblichen zu sein, wie sie so gebannt auf den Laden gegenüber starrte. Menschen, offensichtlich ganz gewöhnliche Menschen, schienen hineinzugehen. Aber ihr Erscheinungsbild war völlig verändert, wenn sie wieder heraustraten. Alyce glaubte absolut an die Macht des Einkaufens, wenn es darum ging, die Stimmung eines Menschen zu verändern. Aber dies hier war etwas ganz anderes. Dir Menschen trugen

nicht einmal andere Kleider, wenn sie so verändert wieder herauskamen. Sie war verdutzt. Ihre Neugier siegte. Sie mußte einfach herausfinden, was in dem putzigen kleinen Laden vor sich ging. Sie erhob sich, strich ihre Kleider glatt und schickte sich an, die Straße zu überqueren und zu dem Laden zu gehen. Je näher sie kam, desto mehr verlangsamte sie ihre Schritte. Sie war schon dabei kehrt zu machen und das Ganze zu vergessen, als sie mitten in eine Gruppe von Kauflustigen geriet und buchstäblich in den Laden hineingeschoben wurde. Die Kleider auf den Ständern sahen reichlich gewöhnlich aus, aber als sie sich näher hinwandte, war sie überrascht, daß sie keine Größenbezeichnungen fand. Jeder kennt das, im Traum nach etwas zu suchen. Sie entdeckte, daß es keine Reiter gab, die die Größen 36 und 38 unterteilten, wie das normalerweise der Fall ist. Dein Unbewußtes kann im Traum wörtlich kommunizieren und eine Möglichkeit auf einzigartige Weise symbolisch darstellen. In ihrem Traum hatten die kleinen Plastikreiter seltsame Aufschriften wie z.B. Mut, Vertrauen, Sicherheit, Humor, Zärtlichkeit, Mitleid.

Wie sonderbar, dachte sie, als sie eine Person am Ständer drüben im Gang ins Auge faßte. Sie hatte sich ein hübsch aussehendes Kleidungsstück genommen und stand vor einem dreiteiligen Spiegel. Als sie sich die Sachen um die Schulter legte, bemerkte Alyce, daß diese sich zu ändern begannen. Sie fühlte sich zu dieser Person hingezogen und wollte ihr nahe sein. Sie schickte sich an, zu dieser Person vor dem Spiegel hinüberzugehen. Als sie an dem Ständer vorbeikam, von welchem die Kleider stammten, sah Alyce das Schild auf dem Reiter. Darauf stand »Wärme«. Alyce nahm ein Kleidungsstück vom Ständer, und auf dem Schildchen stand »Mut«, und sie ging damit zu dem dreiteiligen Spiegel. Und welche Eigenschaften erkennt dein Unbewußtes als wesentlich und wählt sie aus? Sie holte tief Luft und ließ das Gewand über ihren Kopf auf die Schultern gleiten. Sie beobachtete genau – wenn du dich in einer besonderen Aufmachung so wie dieser siehst, dann ist leicht zu erkennen, wie deine Erscheinung sich verändert und dein Spiegelbild wechselt. Alyce sah in den Spiegel und hörte die Verkäuferin sagen: »Sehen Sie sich an, wie Sie erscheinen, wenn Sie eingehüllt sind in Mut. Merken Sie, um wieviel größer Sie sind, spüren Sie, wie aufrecht Ihr Rücken ist, sehen Sie, wie Ihre Schultern zurückgenommen haben, fühlen Sie, wie Ihre Brust sich dehnt, wenn Sie tief einatmen. Sehen Sie, wie Ihr Kinn leicht hervortritt.« Alyce traute ihren Augen kaum. »Sie können sich sehen, wie Sie aussehen, wenn Sie diesen Mut tragen,« fuhr die Verkäuferin fort und wiederholte: »Sehen Sie sich, sehen Sie sich, sehen Sie nur Ihr mutiges Ich.«

Als Alyce zu sprechen begann, vernahm sie ihre Stimme. Es war ihre Stimme, und doch kannst du dich mit diesem Traum identifizieren, selbst während du hörst, wie du klingst, wenn du voller Mut sprichst. Wenn du dich vor dem Spiegel erinnerst, kannst du dir eine Zeit ins Gedächtnis rufen, als auch du Mut hattest. Vielleicht damals, als du ungefähr drei Jahre alt warst. Ein anderes Kind hatte dein Lieblingsspielzeug, und du bist hinüberspaziert zu diesem anderen Kind, hast zugepackt und dir dein Spielzeug zurückgeholt. Vielleicht war es auch an deinem ersten Schultag, und du hast Mami zum Abschied zugewinkt. Ich weiß nicht, wann es war, vielleicht auch zu einer anderen Zeit. Du kannst dich an eine Zeit erinnern, als du mutig warst: Und auch Alyce erinnerte sich an ihren früheren Mut, als sie sich sah, angetan mit diesem Mut.

Alyce war sehr aufgeregt. Ohne den Mut abzulegen, ging sie und wählte sich zwei weitere Kleidungsstücke aus. Als sie zum Spiegel zurückkehrte, schlüpfte sie nacheinander in beide. Zuerst zog sie das Kleidungsstück mit dem Schildchen »Vertrauen« an und trat zurück. »Sehen Sie sich«, hörte sie, »sehen Sie, wie Sie dieses Vertrauen tragen, wie gut es zu Ihrem Mut paßt. Beides kann man ruhig zusammen tragen.« Wie sie in den Spiegel sah, tief versunken in diesen Traum, dessen Ende nicht in Sicht schien, da fragte sie sich: »Erscheinst du nun größer wegen deines Vertrauens, oder läßt dich dein Mut so groß wirken? Hast du die Schultern zurückgenommen und eine breitere Brust wegen des Mutes, oder ist es das Vertrauen, das dich tiefer durchatmen läßt? Nimmst du dein Kinn höher wegen des Vertrauens oder hält dir der Mut den Kopf hoch?« Sie wollte schon die Verkäuferin fragen, beschloß dann aber, daß das nicht wirklich eine Rolle spiele. Das einzig Wichtige war, daß sie sich selbst sah, angetan mit Mut, mit Vertrauen und mit diesen Gefühlen. Ihre Mutter hätte gesagt: »Na so was, das steht dir, mein Liebes.« Und die Verkäuferin des großen Kaufhauses im Zentrum sagte: »Oh, das sind Sie... dieser Mut, dieses Vertrauen, das sind haargenau Sie. Das stimmt einfach, wie Sie damit aussehen.« Denn jeder weiß, daß ein Verkäufer alles sagen wird, um den Verkauf perfekt zu machen, auch im Traum eines anderen.

Aber Alyce konnte ihre Stimme nur wie aus weiter Ferne hören; sie erinnerte sich an die Zeit, die schon lange zurückliegt, als sie vertrauensvoll gewesen war. Du weißt, wie das ist. Vielleicht war das damals, als du aufgefordert worden bist, in der Klasse das ABC aufzusagen und du wußtest, daß du es konntest, oder vielleicht war es an jenem Morgen, als du absolut keinen Zweifel hattest, daß du dir deine Schuhe selbst würdest zubinden können. Erinnere dich einfach nur an eine Zeit, als du Vertrauen hattest. Und während du das tust, bemerkst du, wie dein Spiegelbild sich wieder verändert, damit du das in dich aufnehmen kannst, vielleicht mit einem Lächeln, indem du tief durchatmest, oder auf deine besondere Weise.

Und es gibt noch ein weiteres Kleidungsstück anzuprobieren. Alyce holte tief Luft und legte es sich um. Und dabei begann sie, an eine Zeit zurückzudenken, als sie sich noch ihres Sinnes für Humor erfreute. Sie war mit ein paar Freunden zusammengewesen und hatte eine Geschichte erzählt, die jeden zum Lachen brachte. Du kannst sehen, wie selbst jetzt noch deine Mundwinkel nach oben gehen, wenn du dich an diese lustige, humorvolle Zeit erinnerst. Du kannst es fühlen, wie das Lächeln dir Lachfältchen in deine Augenwinkel zaubert, und Alyce konnte ihr Augenzwinkern sehen. Hatte sie wirklich einen solchen Sinn für Humor besessen? Sieh, wie dein ganzes Gesicht sich glättet, wie deine Schultern sich entspannen, und spüre, wie dein Atem sich verändert, wenn du dich an jene Zeit erinnerst, da du diesen Sinn für Humor hattest.

Alyce wandte sich zu der Verkäuferin und sagte: »Ich nehme alles.« – »Nein, das geht nicht. Es ist unsere Geschäftspolitik, kein einziges Kleidungsstück an irgendeinen Kunden zu verkaufen, ehe wir nicht vollkommen sicher sein können, daß es wirklich für ihn bestimmt ist. Nun müssen Sie den »Spiegeltest« bestehen.« Alyce konnte sich nicht vorstellen, was dies zu bedeuten hatte, aber im Traum bist du darauf eingestellt, daß dir Dinge begegnen, die du nicht sofort verstehst. Natürlich würde es dir helfen, zu wissen, daß du träumst. Und da rief eine wohlbekannte Stimme: »Alyce, Alyce, da bist du ja. Ich habe überall nach dir gesucht – na sowas, Alyce, du siehst ja so anders aus, so wunderbar – was machst du denn hier?« Ehe sie antworten konnte, sagte die Verkäuferin dazwischen »Sie sind jetzt im Begriff, den Spiegeltest abzulegen, und ihr Freund kann Ihnen dabei helfen.« Die Verkäuferin drehte Alyce nach links, so daß sie vor dem linken Flügel des Spiegels stand. »Nun«, sagte sie, »da Sie sich nun eingehüllt in diese Gewänder aus Vertrauen, Mut und Humor sehen, Ihre Haltung mit den zurückgenommenen Schultern, dem erhobenen Kinn und der weiten Brust, und das Lächeln wahrnehmen, das Ihnen um die Mundwinkel spielt und Ihre Lachfältchen zum Vorschein bringt, nun stellen Sie sich vor, wie Sie eine vergnügliche Fahrt über Land machen.«

Das Spiegelbild wurde nun unmittelbar zum Film, und Alyce konnte sich sehen, wie sie durchs Land fuhr, angetan mit Mut, Vertrauen und dem Sinn für Humor. Wenn du in eine solche Szene eintauchst, kannst du dich selbst zur Radiomusik singen und mit deinem Freund reden hören; du fühlst das Lenkrad in deiner Hand, das Gaspedal unter deinem Fuß und spürst, wie das Auto fährt. Und nun kannst du an ein weiteres Ereignis denken, das Spaß macht und entspannend ist, und sieh, wie du an dieser Erfahrung teilnimmst, mit all deinem Mut, deinem Vertrauen und deinem Sinn für Humor. Nimm dir ein paar Minuten Zeit, nimm dir alle Zeit, die du benötigst, um diesen Film von dir anzusehen, in dem du so vergnügliche Dinge unternimmst. Es ist nicht wichtig, ob du allein bist oder mit anderen.

Schau dir einfach den Film mit dieser besonders erfreulichen Beschäftigung an, während du weiterhin deinen Mut, dein Vertrauen und deinen Sinn für Humor trägst. Nicke einfach mit dem Kopf, wenn der Film zu Ende ist. Die Verkäuferin drehte Alyce wieder um, so daß sie diesmal in den rechten Flügel des Spiegels schaute. Nun sagte sie: »Schauen Sie in den Spiegel, betrachten Sie sich und tragen Sie auch weiterhin Ihren Mut, Ihr Vertrauen und Ihren Sinn für Humor. Schauen Sie, wie Sie aussehen, wie natürlich alles wirkt. Fühlen Sie den Mut, das Vertrauen und den Humor. Fühlen Sie all dies als Teil Ihrer selbst. Und nun möchte ich gern, daß Sie sich im Film sehen, wie Sie etwas tun, das vor kurzem noch Angst bei Ihnen hervorgerufen hätte. Lassen Sie den Hintergrund für diese Szene auftauchen, dazu die Menschen, die mit Ihnen sind, und beobachten Sie sich nun in dem Film, wie Sie sich so verhalten, daß Ihr Vertrauen, Ihr Mut und Ihr Sinn für Humor erkennbar sind. Sie können sich so verhalten, daß das mit diesen Eigenschaften übereinstimmt und Sie sehr erfreut sind.« »Nun,« sagte die Verkäuferin, »drehen Sie sich und blicken Sie in den mittleren Spiegel. Denken Sie an jene Gelegenheiten, an eine nach der anderen, in jener Zeit, die noch nicht eingetreten ist, und sehen Sie sich mitwirken mit Ihrem Mut, Ihrem Vertrauen und Ihrem Sinn für Humor. Schauen Sie, wie Sie aussehen, betrachten Sie Ihre Haltung, Ihr Gesicht, hören Sie Ihre Stimme und spüren Sie, was Sie fühlen. Nehmen Sie sich ein paar Minuten der gewöhnlichen Zeit, alle Zeit der Welt, denn Sie wissen, wie es im Traum zugehen kann, und nicken Sie mit dem Kopf, damit ich weiß, Sie sind damit zu Ende, sich in diesen Filmen zu sehen.«

»Und nun möchte ich, daß Sie sich noch einmal sehen, wie Sie wirken mit Ihrem Mut, Ihrem Vertrauen und Ihrem Sinn für Humor. Nicken Sie einfach, wenn Sie sich vor Ihrem inneren Auge sehen können. Und wenn Sie sich klar sehen können, dann werden Sie bemerken, wie der Hintergrund allmählich deutlich wird, und Sie sehen sich zu einer Zeit in der Zukunft, wenn Ihre Träume, Ihre Wünsche und Ihre Ziele sich erfüllt haben. Schauen Sie sich um, wo Sie sich befinden und wer bei Ihnen ist. Vielleicht ist dies ein Zeitpunkt in der nahen Zukunft oder vielleicht auch später, vielleicht Monate oder Jahre nach dem heutigen Tag, sehen Sie sich um und entdecken Sie, wo Sie sind, wann Sie das alles erreicht haben, welche Träume sich für Sie erfüllt haben.« (lange Pause)

»Nun, treten Sie ein in dieses Bild der Zukunft, treten Sie ein in Ihre Zukunft. Spüren Sie allmählich, wie sich das anfühlt, diese Ziele erreicht zu haben. Das ist gut. Und wenn Sie wissen, wirklich wissen, wie es sich anfühlt, dort erfolgreich zu sein, wo es für Sie von Bedeutung ist, dann behalten Sie diese Gefühle in Erinnerung. Merken Sie sich, wie das aussieht, wie es klingt, wie es riecht, und wenn es nach irgendetwas schmeckt, so merken Sie sich das auch. Werden Sie sich aller vorhandenen Einzelheiten voll bewußt, und behalten Sie sie im Gedächtnis.«

»Nun, immer noch in dieser zukünftigen Zeit, wenn Sie sich all Ihre Herzenswünsche erfüllt haben, nehmen Sie sich einen Augenblick Zeit, und begeben Sie sich von diesem Traum unmittelbar in einen Tagtraum. Erleben Sie im Tagtraum sämtliche Schritte, die Sie gegangen sind, damit all das für Sie wahr werden konnte. Erinnern Sie sich nicht nur der Leistungen auf diesem Weg. Erinnern Sie sich auch an jene Zeiten, als Sie das Gefühl hatten, versagt zu haben oder die falschen Entscheidungen getroffen zu haben. Entdecken Sie, was Sie aus jenen Fehlern gelernt haben. Und während Sie es damals noch nicht im nachhinein wissen konnten, können Sie jetzt zurückblicken und jene Fehler und Rückschläge als Lehre und Erfahrung bewerten, durch die Sie in die Lage versetzt worden sind, das zu werden, was Sie heute sind. Erinnern Sie sich an sechs, sieben, wenn nicht gar zehn solcher Vorkommnisse.«

»Und wenn Sie damit zu Ende gekommen sind, alle Schritte noch einmal vorbeiziehen zu lassen, die Sie getan haben, um hier anzukommen und alles zu erreichen, dann gehen Sie zurück, vollziehen Sie die Schritte in umgekehrter Reihenfolge, so daß jeder Schritt Sie weiter zurückführt in der Zeit, näher zum Heute, und finden Sie sich – in Ihrer eigenen Zeit und auf Ihre Weise – wieder in diesem Laden ein und entdecken Sie, daß Sie den Spiegeltest und noch viel mehr bestanden haben!«

In Träumen aus Träumen zu erwachen ist ein vielschichtiger Prozeß, und sie dachte, sie sei in dem Laden wach gewesen, gab diese Illusion allerdings auf, als sie nun wirklich erwachte und sich von tanzenden Regenbogen umgeben sah. Die herabbaumelnden Kristall-Lüster fingen das Sonnenlicht ein und verwandelten es, so wie der bewußte Verstand ein unbewußtes Symbol der Veränderung aufgreift, das ihm im Traum begegnet.

Zehntes Ziel für das Selbstbild (benutzt werden CSI und Szenarien):

Selbstwertgefühl und Ärger/Wut sollen mit Situationen verknüpft werden, in welchen der Ehemann konfrontiert wird, und bei denen es wichtig ist, für sich selbst sorgen zu können und ein Gefühl von Nähe zu empfinden.

Metapher[8]

Was nun die Ehen betrifft, in denen einer ständig schlecht behandelt wird: Menschen beenden schlechte Gewohnheiten, wenn sie – nicht unbedingt bewußt – in der Lage sind zu begreifen, daß sie über Ressourcen verfügen, die ihnen erlauben anders vorzugehen als bisher. Während ihrer Ehe, die ganzen 10 Jahre, die sie so schlecht behandelt worden ist, hatte sie etwas

sehr Wichtiges vergessen, etwas, das sie doch die ganze Zeit gewußt hatte. Als sie mir davon erzählte, fühlte ich mich ihr wesensverwandt. Und ich empfand Wertschätzung für sie und für die Stärke, über die sie als kleines Mädchen verfügte und sicherlich auch noch als erwachsene Frau, als die sie aufgrund ihrer zehnjährigen, bewegten Ehe in Therapie gekommen war und sich nicht besonders stark fühlte.
Aber als Dreijährige war Ginni in der Lage gewesen, die Situation zuhause genau einzuschätzen, und sie erkannte klar, daß ihre Mutter nicht ausgeglichen war, nicht angemessen als Elternteil und unfähig, dieses kleine Mädchen zu erziehen – du solltest dich wirklich lieben. Sie brachte ihr nicht bei, daß du es allein aufgrund der Tatsache, am Leben zu sein, verdienst, all deine Gefühle haben zu dürfen und es genießen darfst, das köstliche kleine Mädchen zu sein, das du wirklich bist. Ihre Mutter tat nichts von all dem, und für mich war es erstaunlich, wie klar Ginni auch ohne elterliche Anleitung begriff, daß sie ein köstliches Wesen ist. Und so beschloß sie vollkommen klaren Sinnes, einfach ihren Puppenwagen und ihre Puppen samt den Kleidern, die sie brauchen würden, zu packen, dazu ein paar Sachen, die sie auf den Straßen des Lebens benötigte, Kleider, etwas zu essen und ein paar Lieblingsspielsachen, und so entschied sie sich, ihre verrückte Mutter einfach hinter sich zu lassen. Sie machte ihren Puppenwagen fertig und spazierte davon. Sie würde die Liebe finden, die sie verdiente. Sie wußte, sie hatte es verdient, besser behandelt zu werden.Es besteht keine Notwendigkeit zu leiden und es zuzulassen, daß jemand ihren Wert anzweifelte. Selbst als Kind – und du weißt gar nicht, wie du das wissen kannst, aber du weißt es – bist du in der Lage, deinen dir angeborenen Wert als menschliches Wesen zu erkennen.
Ein jeder kann dieses Gefühl der Selbstachtung wiedererlangen, über das ein Kind verfügt – und bewahre es dir, dieses gute Gefühl. Als Ginni zur Therapie kam, hatte sie diese zehnjährige Ehe aufgegeben, und sie hatte noch nicht einmal jemandem davon erzählt. Sie hatte das schreckliche Geheimnis für sich behalten. Und sie kam in Therapie, damit ihre Depression und Angst gelindert würden, welche sie wegen des ungewissen Ausgangs empfand, den ihr Leben erhalten hatte, nachdem sie nun das schlechte Vertrauen hinter sich gelassen hatte. Was würde sie nun anfangen? Es ging nun darum, ihr wieder das ins Gedächtnis zu rufen, was sie schon immer gewußt hatte. Als sie ins Büro kam, war auf dem Bildschirm des Computers noch der Entwurf ihres Behandlungsplanes zu sehen, aber sie wußte nicht, daß es sich um ihren Behandlungsplan handelte, als sie zuerst einmal am Schreibtisch stehen blieb und den Bildschirm mit großem Interesse betrachtete. Sie tat das lediglich, weil sie gerne Informationen auf alle möglichen Arten analysierte und kategorisierte.

Dein bewußter Verstand kann die symbolische Bedeutung eines Computers zu schätzen wissen, der in der Lage ist, eine derart gewaltige Menge an Information zu speichern. Und sie besaß ihren eigenen Lap-Top, den sie kürzlich erstanden und mitgebracht hatte, falls sie sich Notizen machen müßte über ihre Veränderung und die sie schriftlich festhalten wollte, die sie präzise handhaben und sorgfältig einordnen wollte. All das ist ein Hinweis darauf, wie sehr du motiviert bist, dich in bedeutsamer Weise zu verändern. Sie blieb also vor dem Computer stehen und erlebte einen Augenblick der Verwirrung, denn das erste, was sie in der Widerspiegelung des Bildschirms sah, war ihr eigenes Gesicht, wie es in den Bildschirm blickte. Wenn du so unerwartet einen Blick auf dich wirfst, kannst du beim Anblick deines eigenen Gesichts ein wenig in Trance gehen, besonders wenn die Gesichtsmuskeln dir Züge verleihen, die du nicht erwartet hast. Und natürlich, wenn du dann in Trance gehst, können sich deine Gesichtszüge wieder ändern, so daß du wieder anders aussiehst und dich vielleicht einen Augenblick fragst, ob das wirklich dein Gesicht ist, was du da betrachtest. Aber schau genau hin und sieh, wie glatt die Muskeln sind und wie es um die Augen feucht ist; das ist ein Zeichen für deine Sensibilität und Stärke, die dir und nur dir zu eigen sind, und die du wiedererlangen, erleben und erinnern kannst.

Und dann begriff sie, daß sie in den Bildschirm sah, der auch ihren Behandlungsplan wiedergab, und zunächst dachte sie, daß sie den wirklich nicht anschauen sollte, aber sie konnte einfach nicht damit aufhören. Denn bisweilen ist dein bewußter Verstand neugierig, was geschehen wird und möchte den Vorgang wirklich gern beobachten. Das muß eine interessante Tranceinduktion gewesen sein, wie sie so dastand, ihren Behandlungsplan betrachtete und ihr Spiegelbild hindurchscheinen sah.

So bat ich sie einfach, sich auf die Couch zu setzen und noch tiefer in Trance zu gehen – in eine noch bedeutsamere Trance. Bemühe dich und hol die Stärke jenes Kindes wieder hervor. Sie war immer schon vorhanden. Du kannst einer Träne nachgehen oder du kannst der Sanftheit deines Atmens nachgehen. Und jedes Kind erlebt ganz schön viele Abenteuer, ganz gleich, wie kümmerlich die Verhältnisse waren, in denen es aufgewachsen ist. Du kannst gar nicht anders als dich erinnern und anerkennen, was für Abenteuer du als Kind zu erleben verstandest, ohne zu wissen wie. Ein Kind kann endlos spielen, durch den Hof laufen, sich hinter Bäumen verstecken und sich wer weiß was vorstellen. Dazu braucht man eine ganze Menge Intelligenz, sich unter einem Baum vorzustellen, daß daraus nun ein geheimes Versteck wird, ein kleiner Club oder ein Häuschen. Vielleicht bist du sogar in der Lage, dich wieder an die Erfahrung zu erinnern, welche Kraft ein Kind hat, daß es zwei, drei, vier Stunden lang rennen kann. Da ist eine Energie, eine Kraft und Stärke, die uns allen gemein ist, und du hast sie.

Manche Menschen bezeichnen das als ein Gefühl der Wut. Wie merkst du das, wenn du über etwas wütend bist? Ich weiß, Ginni hatte vieles, über das sie wütend sein konnte, all die Jahre über, in denen sie still vor sich hin gelitten hatte, einfach alles hingenommen hatte. Aber in dem Maße, in dem du fähig bist, zu wissen, wie wertvoll du als Kind bist, hast du das Recht, sehr wütend zu sein. Denn in dem Maß, in dem du deine Wut haben kannst, bist du auch zu all deinen anderen Gefühlen fähig. Selbst den Schmerz einer lang zurückliegenden Tracht Prügel solltest du noch spüren können, und sei stolz darauf, denn das zeigt, daß du am Leben bist und ein gesundes Nervensystem besitzt. Eine Schande wäre es gewesen, wenn du das nicht spüren könntest. Werde dir klar, wie klug du bist, daß du dir bewußt und unbewußt die Fähigkeit bewahrt hast zu fühlen und empfänglich zu sein für deine zahlreichen emotionalen Ressourcen, und laß deine Gedanken sich auf dieses Verstehen konzentrieren.

Im Grunde war dies die ganze Arbeit, die ich mit Ginni an jenem Tag zu Ende gebracht hatte. Wir arbeiteten lange und ich konnte sehen, wie die Gefühle Gestalt annahmen. Ich konnte sehen, wie sie wieder zu ihrer Wut kam und zum Gefühl ihrer Kraft, die damit einhergeht, und das Abenteuer und Entzücken eines Kindes, und das vermischt sich und verschmilzt in interessanter Weise auf ihrem Gesicht. Sie hatte noch immer dieses gemischte Gefühl, als sie nach der Sitzung aufstand und wieder am Computer vorbeikam; sie konnte nicht anders als sich wieder zu ihm hinzuwenden und hineinzuschauen. Und wieder war da dieses Spiegelbild, das sie unmittelbar ansah, ihr Gesicht. Und du kannst dir vorstellen, daß dein Gesicht unterschiedlich aussieht, je nachdem wie sehr du es dir erlaubst, all die Fähigkeiten zu erfahren, die dein Recht sind von Geburt an. Und so betrachtete sie die noch frischen Tränenspuren auf ihren glatten Wangen, jenen Wangen, die eine Menge Spannung bewahrt hatten und die Kraft widerspiegelten und symbolisierten, die sie auch erfahren hatte. Da kamen Sanftheit, Güte und Mitleid zum Ausdruck. Wie wunderbar und voller Vielfalt das ist, daß man so viele Fähigkeiten in ein- und demselben Gesicht wiederfinden kann. Jetzt könntest du dein Gesicht eingehend betrachten und eine Schönheit wahrnehmen, die du zuvor vielleicht übersehen hast, eine Aufrichtigkeit des Gefühls, der Fürsorglichkeit und dazu dein friedvolles Atmen.

So bat ich sie, sich vom Computer loszureißen, sich ein Herz zu fassen, denn sie hatte ihren eigenen Lap-Top dabei und sie konnte ihn mitnehmen, hineinsehen und Notizen machen, wie sie sich verändern würde. Damit verließ sie das Büro und erzählte mir die Woche darauf, sie sei nach Hause gekommen und habe so viele Einfälle gehabt, daß sie sich sogleich hinsetzen wollte, um sie alle zu ordnen und zu klassifizieren. Aber sie konnte ihren tragbaren Computer noch nicht einmal öffnen, denn als sie in ihren Schoß sah, erblickte sie wieder das gleiche Gesicht, dessen Spiegelbild ihr aus dem glänzenden Plastikdeckel entgegenkam. Sie schaltete den Computer noch nicht einmal ein, und das ist eine ganz andere Art mit ihm umzugehen. Sie saß einfach nur da und merkte, daß sie wieder in die Trance zurückging. Und du kannst in dieser Trance sehr stolz auf dich sein, das ist ein fast ehrfürchtiges Gefühl. Dergleichen kannst du in der Kirche erleben. Du könntest deinen tragbaren Computer sogar mit in die Kirche nehmen und dir Notizen machen, dort aber merken, daß du in den Plastikdeckel schaust und Frieden, Heiterkeit und Kraft widergespiegelt siehst; stellst du das fest anhand deines ruhigen Atems, an deinen aufrechten Schultern, oder daran, wie glatt deine Wangen sind, und an der leichten Feuchte um deine Augen. Sinn für Humor zeigt sich gelegentlich in den leicht nach oben gezogenen Mundwinkeln und an den Lachfältchen um Mund und Augen. Wenn du dich in solcher Verfassung siehst, solltest du hocherfreut sein. Und ich weiß, es war so bei ihr.

Sie erzählte, diese Woche habe sie Stunden verschwendet, indem sie einfach nur dasaß und in den Computer starrte, der noch nicht einmal eingeschaltet war. Und dann sieh dieses Gesicht, diese Fähigkeiten; es kann ein Hintergrund auftauchen, und du kannst sehen, wie du mit jemandem umgehst, der wichtig für dich ist, und zwar derart, daß es dir möglich ist, weiterhin diesen Frieden widerzuspiegeln, dazu die Kraft, die Abenteuerlust, das kindliche Entzücken, die Selbstachtung und sogar die Wut, die gemildert ist, weil du zu Mitleid fähig bist. Und beobachte dich, wie du mit diesem Menschen umgehst. Es kann jemand sein, mit dem du sehr gern zusammen bist oder aber jemand, mit dem du einen Konflikt hattest.

Es könnte sich auch um eine Person handeln, vor der du früher Angst gehabt hast, aber du wirst sehen, daß du dissoziieren kannst, wenn du in der schützenden Hülle deines Trancezustandes dasitzt. Vor deinem inneren Auge oder auf dem Bildschirm des Computers kannst du dich selbst vorüberziehen lassen wie im Fernsehen. Du hältst es nicht für möglich, aber dein Unbewußtes kann auch auf diese Weise ein Bild von dir entwerfen. Dein bewußter Verstand kann interessiert und neugierig sein, wie das zugeht, oder vielleicht zieht dein bewußter Verstand es auch einfach vor zu bezweifeln, daß so etwas im wirklichen Leben überhaupt geschehen kann. Das spielt aber keine Rolle, denn dein Unbewußtes vermag es und vollzieht es, es gibt dieses Bild von dir wieder, und du beobachtest dich selbst, wie du mit Situationen umgehst, die zuvor, in der Vergangenheit, zu einem anderen Zeitpunkt, sehr angstbesetzt für dich gewesen sind, aber du kannst mit Freuden entdecken, wie du heute die Art deines Verhaltens genießt, die deine Werte widerspiegelt.

Es ist interessant, auf welche Weise die Zeit vergeht, wenn du in Trance bist. Du kannst dir den kleinen Film anschauen, der vor deinem inneren Auge abläuft, wie im Traum, der nur 30 Sekunden realer Zeit einnimmt, nur solange wie der Wecker klingelt, aber gemäß der Erfahrung desjenigen, der träumt, kannst du es anders verstehen; die Zeit vergeht anders, du hast Sinn fürs Detail und für Lebendigkeit. Und du kannst diese Erfahrung machen, möglicherweise ebenso wie sie es tat, indem du beobachtest, wie jene Bilder sich zusammenfügen, wie Hintergrund entsteht und wieder verblaßt und durch einen neuen Hintergrund ersetzt wird.

Wer weiß, wie eine Veränderung des Hintergrundes deiner Vorstellung zustandekommt. Wer weiß, wodurch sich ein Traum verändert, aber er ändert sich. Und sie beobachtete sich, wie sie in der gleichen erfreulichen Weise ihrem Mann gegenüber eine Menge Wut zum Ausdruck brachte, Wut, die lange unterdrückt worden war, die aber wirklich ausgesprochen werden mußte, und zwar in angemessener Weise. Und als sie so, zu ihrem Schutz, in Trance dasaß, in den Computer starrte und beobachtete, wie sie ihre Fähigkeiten miteinander vermischte, was in ihren Zügen und in ihrer Haltung so schön zum Ausdruck kam, da beobachtete sie sich eingehend dabei, wie sie ihm die Meinung sagte. Tatsächlich, je gereizter sie ihn werden sah, desto mehr ergötzte sie sich daran, sich selbst zu beobachten, wie souverän sie nun mit diesem aggressiven, schwierigen Mann, ihrem Ehemann, umgehen konnte, mit dem sie ihr Zerwürfnis hatte, und doch beobachtete sie, wie sie ihm auch wieder so begegnete, daß ihre eigenen Werte klar zutage traten. Und du kannst sehen, wie dich keine Kritik von seiner Seite entwerten kann.

Das entspricht dem Vorfall, den wir eines Tages in einem Flugzeug beobachteten, als ein richtiges Ekel die Stewardess damit schikanierte, wo denn sein spezielles Essen bliebe. Er war sinnlos beleidigend. Sie hätte allen Grund gehabt wütend zu werden. Es gibt Grenzen, wieviel du dir im Beruf gefallen lassen solltest. Sie aber ging mit der Situation auf unerwartete Weise um. Sie streckte die Hand aus, ergriff die seine, tätschelte sie sanft während sie ihm geradewegs in die Augen schaute, sie lächelte freundlich und sagte so süß und beruhigend, wie du es dir nur denken kannst: »Regen Sie sich nicht auf, Süßer, wir treiben schon etwas zu essen für Sie auf.« Und da schmolz er einfach dahin. Dazu fiel ihm nichts mehr ein. Und ob du nun deinen Zorn unumwunden mitteilst oder aber ihn besänftigst, weil du mitfühlend, verständnisvoll und für die Wünsche anderer empfänglich bist – dein Unbewußtes kann die Wahl treffen. Du kannst es genießen, vielfältige Szenarien zu überprüfen, die in einem oder zwei Augenblicken oder in 30 Sekunden vorüberziehen und dabei viel länger zu dauern scheinen, und du kannst damit auch nachts im Traum fortfahren. Ginni sagte, es sei eine feine Sache, daß sie ihren Computer so leicht tragen kann, denn du weißt nie, wann du einen Augenblick für dich brauchen wirst, um dir etwas Wichtiges zu notieren, selbst wenn du das Gerät dabei gar nicht einschaltest.

Elftes Ziel für das Selbstbild (benutzt werden CSI und Szenarien):
Als Teil einer abschließenden Sitzung soll das zuvor Erlernte vertieft werden, und dem weiteren Wachstum soll der Weg bereitet werden, insbesondere was die früher schwierige Beziehung der Klientin zu einem Mann betrifft, von dem sie das Gefühl hatte, er nutze sie aus.

Metapher[9]

Nun gibt es so vieles in deinem Unbewußten, was es dir sagen könnte. Das Problem ist nicht wirklich ... es ist ungefähr so als würdest du ein Buch lesen wollen, gingest zur Bücherei und dächtest: »Meine Güte, gibt es hier massenweise Bücher, die ich lesen könnte.« Und du bist dir nicht sicher, ob du nun mit Science Fiction anfangen möchtest, mit Liebesromanen, historischer oder wissenschaftlicher Literatur, oder ob du dir eher etwas Leichtes, einen Kitschroman aussuchen sollst? Vielleicht möchtest du einen dicken Roman-Wälzer. Aber du gehst weiter durch die Räume der Bibliothek. Und da mangelt es nicht an Büchern. Es gibt hier mehr Bücher als du je in deinem Leben lesen kannst, und dein Unbewußtes ist so etwas ähnliches wie eine Bibliothek. Dein angehäuftes Wissen ist dort gelagert. Das Wissen deines Körpers, deiner Hand, das Geschick deiner Hand, sich ohne bewußten Willen von deinen Schoß zu heben. Hier liegen wirklich deine schöpferischen Fähigkeiten und alles, was über Kunst und Design, Kreativität und Erfindungen zusammengetragen ist, die Kunst, Neues aus Nichts herzustellen, die Alchemie. Wie du aus 1 und 1 vier machen kannst. – Neue Mathematik!

Als Fran in die Bibliothek in der Innenstadt schlenderte, hatte sie nicht die geringste Ahnung, wie sie von einem Stockwerk zum anderen kommen könnte. Du spazierst herein und dann bringt dich ein Aufzug nach oben. Ich meine, es ist ein Aufzug, vielleicht aber auch eine Treppe, ich erinnere mich wirklich nicht, ob es ein Aufzug oder eine Treppe gewesen ist, vielleicht gibt es beides. Sicher weiß ich aber, daß sie beim Eintreten einen Weg nach oben bemerkt hat, und nachdem sie die Treppen hinaufgestiegen war, drehte sie sich oben um und blickte hinab. Und da hatte sie dann einen guten Ausblick, den du weiter unten nicht hast, und sie schaute durch die Fenster, durch die Oberlichter und Dachfenster, hatte den Blick auf den tieferen Treppenabsatz unter sich und auf all die Menschen. Und es ging ihr durch den Sinn, daß es Spaß machen würde sich vorzustellen, wie sie dort drunten auf einer Couch, einem dieser im Kreis angeordneten Sofas saß, mit jemandem redete und dabei dachte – »Da drüben sitze ich und rede » – während sie erwartungsvoll oben auf der Treppe steht, die Hand hochhält, auf all die anderen Menschen herunterblickt und sich selbst sowohl oben als auch unten zuschaut. Und sie konnte sich dort stehen sehen. Sie holte weit aus. Das könnte Scarlet O'Hara sein, da droben an der Treppe, und sie dreht sich um, blickt hinab und sieht sich selbst da drunten im Sessel sitzen und mit jemandem reden.

Sie sah sich selbst dort drunten, ganz weit drunten, wie sie auf neue Art mit jemandem redete. Wenn du dich selbst von weitem siehst, wie du mit jemandem redest, den du kennst, dann fängst du an, Neues an dir zu bemerken. Und selbst aus dieser Entfernung kannst du anfangen, klaren Auges das Bild deines Körpers auch in Einzelheiten wahrzunehmen, wie du dich dort drunten, ein Stockwerk tiefer, bewegst. Du hörst die Wörter, die du gebrauchst, deine Körperhaltung, deinen Ausdruck, die Haltung deiner Arme und Hände, den Ton deiner Stimme und die Wahrheit in deinen Worten.

Als Fran sich dort unten, eine Etage tiefer, beobachtete, wie sie locker mit jemandem redete, der wichtig für sie ist, machte sie eine ziemlich überraschende Beobachtung, die dich vielleicht interessieren könnte. Wie sie sich ansah, stellte sie fest, daß das Ausmaß ihres Wohlbefindens überraschenderweise nicht davon abzuhängen schien, was die andere Person tat. Sie empfand es als hübsches Gefühl auf ihrem Gesicht, wie das Licht durchs Fenster fiel, und sie ging noch tiefer in ihre tagträumerische Trance und realisierte, daß, tief dort drunten, die andere Person ganz unterschiedliche Verhaltensweisen zeigte. Er benahm sich freundlich. Er verhielt sich ratlos. Er zeigte sich verliebt und romantisch. Sein Verhalten ihr gegenüber war flehentlich bis grob. Du kannst – so wie Fran – feststellen, daß du dich wohlzufühlen vermagst, mit allem was dazugehört, ganz gleich wie dein Gegenüber sich verhält.

Und so stand Fran oben an der Treppe und schaute erwartungsvoll zu, wie ihr Freund sein ganzes Verhaltensrepertoire abspult in dem absichtlichen oder unbeabsichtigten Versuch, sie zum Reagieren zu bringen, zu einer Reaktion dort drunten, tief da drunten. Sie war wie verzaubert, und ohne darüber nachzudenken, näherte sich ihre Hand nach und nach ihrem Gesicht. Während deine Hand sich stückchenweise deinem Gesicht nähert, spürst du, daß das prickelnde Gefühl in deiner Hand immer stärker wird, während sie sich sachte, sachte bewegt und sich bereitmacht zuende zu kommen, wenn sie dein Gesicht berührt. Sie kann dort verweilen, während du dir vorstellst, wie du oben an der Treppe stehst und auf dein anderes Selbst herunterblickst, das da mit jemandem im Gespräch ist, der dir wichtig ist. Du kannst entdecken, daß dieses Prickeln ungewöhnlich, aber angenehm sein kann, und anstatt es zum Verschwinden zu bringen, kann dein Unbewußtes es eher wieder hervorrufen und dein bewußter Verstand braucht nicht darauf zu achten. Es mag dich vielleicht überraschen festzustellen, welches symbolhafte Bild du dir von dem Prickeln und deinem Wohlgefühl machen kannst, das sich in glatten Wangen und langsamem,

entspanntem Atmen widerspiegelt oder auch in deiner locker herunterhängenden Hand, die gleichsam aufgehängt ist in Zeit und Raum.
Nun, Fran beobachtete sich da unten auf der tieferen Etage, wie es ihr recht gut ging, während sie auf ihren Freund achtete und dabei spürte, wie sie sie selbst sein konnte. Sie konnte es an der Art erkennen, wie sich ihre Brust hob und senkte, an ihrem ruhigen und ernsthaften Gesichtsausdruck, ihrer gleichmäßigen Stimme, ihrem entspannten Rücken, den fließenden Bewegungen ihrer Arme, wenn sie sich bewegte, umherging und redete. Sie konnte das Lächeln in ihrem Gesicht sehen, das ihre Lippen umspielte und sich weiter über die Wangen erstreckte, gleich was die andere Person sagte oder tat. Wie sie oben an der Treppe stand und so gelassen die Szene unter sich betrachtete, da begriff sie, daß sie wußte, wie sie sich wirklich wohlfühlen konnte – und du kannst dich nur fragen, was in einem Menschen vorgeht, daß man ihm das Wohlbefinden so deutlich ansehen kann, und daß es jedem so offensichtlich wird, dem nur daran gelegen ist, hinzuschauen und zu sehen.
Und das Licht lag auf ihr, wie sie sich selbst tief da drunten beobachtete. Ein Gefühl kann dich erwärmen, vielleicht ähnlich wie es Fran erging, als sie sich selbst beobachten konnte, wie sie so locker und ehrlich mit ihrem Freund sprach. Vielleicht stellst du fest, daß du über eine Konversation mit jemandem hinweghören kannst, während du ein warmes Gefühl hast. (Lange Pause) Fran indessen, die schließlich den tiefen Wunsch spürte, mit sich selbst auf neue Art in Verbindung zu sein, entschied sich, sehr behutsam und – ich denke, man kann ruhig sagen – sinnlich die Treppe hinunterzusteigen und ihre Füsse spüren die Treppe unter sich. Noch konnte sie die Fran unten im Sessel sitzen und mit dem Freund sprechen sehen, mit allen körperlichen Anzeichen des Wohlbefindens. Und sie schien sich wirklich wohlzufühlen, mit sämtlichen Kurven und Rundungen am richtigen Fleck. Und inzwischen hatte sie sich die Treppen hinunterbegeben, mag sein den halben Weg, voller Anmut, Ausdruck und Sinnlichkeit. Und sie war sich beim Hinabsteigen ihres Körpers bewußt und dachte daran, wie sie ihn haben wollte.
Als sie sich beim Hinuntergehen nurmehr auf halber Höhe zu sich selbst da unten befand, da hatte sie die Gelegenheit, von einem erhöhten Standort aus einige Dinge zu begreifen und über sich selbst und ihren Freund einiges zu bemerken, das ihr zuvor entgangen war.
Unten angekommen ging sie gelassen zu den Leuten auf der Couch hinüber, die sie zuvor beobachtet hatte. Dann machte Fran ihr vorgestelltes Selbst auf entschiedene und recht selbstsichere Art darauf aufmerksam, daß sie nun dessen Platz einnehmen wolle, um etwas zugunsten ihres realen Selbst zu üben. Als sie hinüberging, wurde sie der aufsteigenden Röte auf ihrem Gesicht inne, wie sie sich anschickte, etwas Neues auszuprobieren, das sie

zuvor nur in ihrer Vorstellung weit weg dort droben getan hatte. Desgleichen spürte sie, wie ihr Puls sich beschleunigte und merkte ihre Erregung, denn sie wußte, sie würde etwas Wichtiges lernen. Und du weißt, wie sich das anfühlt und wie das aussieht, wenn du dich beobachtest.
Sie holte tief Luft und sagte Fran, daß sie sich jetzt hineinbegeben werde, und sie setzte sich und sah ihrem Freund geradewegs in die Augen – vielleicht fragst du dich, auf welchen Teil des Auges oder auf welches Auge sie ihren Blick richtete – und sie hörte sich damit anfangen, ihm alles zu sagen, was sie hatte sagen wollen und genau so, wie sie es wollte. Und was davon ist dir wichtig mitzuteilen? Du kannst erfreut sein, dich selbst so reden zu hören, daß deine Gelassenheit und deine Power, über die du verfügst, zutagetreten. Und sie fühlte, daß sie alles in der Gewalt hatte – nicht wahr? Sie fühlte ihre Hände, ihr Gesicht, ihre Brust, ihren Magen. Sie war sich ihres Körpers sehr bewußt, auf angenehme Art bewußt, sie nahm ihren Körper wahr, der sich stark und kraftvoll anfühlte, von einer Kraft erfüllt, mit der man zu rechnen haben würde.
Und du kannst dir seinen Blick vorstellen, dieses Zeichen von Verwirrung – nichts Schlimmes – einfach nur dieses Anzeichen, daß er seine Mühe hatte zu verstehen, was es mit dieser Person auf sich habe, mit der er redete. Fran schickte ihr vorgestelltes Selbst die Treppe hinauf um ihren Platz dort droben einzunehmen. Schließlich müßte es hübsch sein für die beiden, Informationen auszutauschen, einander nahe zu sein und sich gegenseitig in allen wesentlichen Bereichen zu unterstützen. Jeder braucht einen Gefährten. Dann kam die andere Fran die Treppe herunter, ergriff behutsam die Hand der wirklichen Fran und sagte: »Fran, ich muß in die Arbeit zurück. Ich möchte, daß du mit mir kommst.« Und so verabschiedeten »die beiden« sich einstweilen von dem Freund.
Du kannst dir vorstellen, wie tief und intensiv die beiden miteinander in Verbindung standen und beobachteten; ihr wurde das klar, als sie begriff, daß sonst nicht viel in der Bücherei ablief, trotz der vielen anderen Leute ringsum. Sie hatte nicht bemerkt, daß sie selbst Ziel der Aufmerksamkeit war, wie sie da droben an der Treppe stand. Es war einfach deshalb nicht weiter wichtig, weil das Wesentliche sich im Inneren abspielte, und sie machte sich gewiß nicht bewußt, wie die Zeit verging und was es sonst für Geräusche gab. Jetzt aber kannst du dich umsehen und begreifen, daß du deine Augen den übrigen Bildern öffnen kannst. Vielleicht hingst du mit gebannter Aufmerksamkeit an den vielfältigen Gedanken, Bildern und Gefühlen, die dich ganz in Beschlag nahmen und dein Handeln betrafen, so daß du begreifst, wieviele Einsichten und Antworten und welche neue Bewußtheit dir dein Unbewußtes vermittelt hat.
Unvermittelt wurde Fran klar, daß sie ihre Zeit nur in einem Teil der Bibliothek zugebracht hatte und noch nicht einmal in irgendeines der

Bücher hineingeschaut hatte! Es gab noch so viele andere Teile, in die sie noch nicht einmal den Kopf hineingesteckt hatte, aber morgen ist auch noch ein Tag. Die Bibliothek ist dann immer noch da und noch viel mehr Bücher.

Anmerkungen zu Kapitel 6

1   Die frühere Geschichte ist bereits im 2. Kapitel erzählt worden.
2   Bestimmte Eigenschaften sind bereits vermittels anderer Entwürfe zugänglich gemacht und entwickelt worden, die schon früher dargelegt worden sind.
3   Die Protagonistin wurde bereits vorgestellt in den Entwürfen zur Veränderung der Familienstruktur; das entsprechende Original-Transkript, das diesem Abschnitt vorausging, ist im 5. Kapitel zu finden.
4   Diese Metapher ist ein Beitrag von Carol Kershaw, Ph.D. .
5   Diese Metapher ist ein Beitrag von Nicholas G. Seferlis, M.S. .
6   Der Protagonist wurde bereits früher beschrieben (s. Kap.2).
7   Diese Metapher ist ein Beitrag von Susan L. Vignola, D.S.W. .
8   Selbstwertgefühl und das Gefühl der eigenen Kraft werden durch Geschichten wiedererlangt; Verhaltensweisen, bei denen Selbstsicherheit und Ärger zum Ausdruck kommen, sind bereits zuvor beschrieben worden.
9   Diese Metapher ist ein Beitrag von George Glaser, M.S.W.

Kapitel 7:

Metaphern zum Aufbau der Identität und zur Rollenentwicklung

Die gesamte Theorie des Universums zielt unfehlbar auf ein einzelnes Individuum ab.

Walt Whitman

Menschen erlangen eine bestimmte Eigenschaft, indem sie beständig auf eine bestimmte Art handeln.

Aristoteles

Daß heutzutage so wenige den Mut haben, exzentrisch zu sein, stellt eine Hauptgefahr unserer Zeit dar.

John Stuart Mill

Ziel der Metaphern zum Wiederaufbau der Identität: Klienten sollen erkennen, daß eine Umgestaltung ihres Lebens möglich ist; daß sie nicht an denselben Lebensstil gebunden sind wie vor der Therapie, sondern daß sie vielmehr vollkommen andere Wege in ihrem Leben einschlagen und damit ihre Sinnerfüllung finden können. Dieses Konzept ist insbesondere dann von Bedeutung, wenn ein Mensch den größten Teil seines Lebens daran gearbeitet hat, eine bestimmte Identität zu wahren, die dann plötzlich in sich zusammengebrochen ist. Solch ein Zusammenbruch kann aufgrund einer körperlichen Verletzung eintreten, wenn Kinder zur Welt kommen oder das Haus verlassen, wenn eine Person in ihrer Berufslaufbahn eine Veränderung erfährt, anläßlich einer nicht gewünschten Scheidung u.s.f.. Klienten, die sich nach einem derartigen Lebensereignis in der Therapie einfinden, versuchen ihr Leben umzugestalten. Die folgenden Skizzen sollen den Klienten bei diesem Versuch unterstützen.

Die letzte Geschichte des vollständigen Sitzungsprotokolls aus Kapitel 1 stellt ein zeitlich genau abgestimmtes Beispiel einer derartigen Metapher dar, die einer Klientin mit entsprechender Problemlage erzählt worden ist. Bemerkenswert war, daß das vorgestellte Problem der Klientin, das die Aufmerksamkeit ihres bewußten Verstandes voll gefordert hatte, nicht so viel Raum eingenommen hatte, wie ihn dieser Typ von Metapher abdecken kann. Sie sagte nicht: »Ich bin mitten in einer Identitätskrise« oder »Ich leide unter dem Zusammenbruch meiner Identität, die ich während des größten Teils meines Lebens versucht habe aufzubauen.« Es ist nicht immer ratsam, Klienten diese Art von Orientierungshilfe für ihre Erfahrungen zu geben, selbst wenn sie stimmig ist. Indessen werden die Gedankengänge, die durch die Bilderfolgen dieser Art von Geschichten angeregt werden, vom Zuhörer aufgegriffen, und er wird sie selbst auf sein Leben beziehen, sofern die Fragestellung nur überzeugend ist und eine Lösung aus dem Zwiespalt dringend gefunden werden muß.

Es sind jene Geschichten, in denen eine Metamorphose stattfindet und die in gewisser Hinsicht überraschend (wenn auch nicht unbedingt unterhaltsam) enden. Zwar sind sie komplexer, entsprechen aber doch in etwa jenen Kindermärchen, in welchen sich das häßliche Entlein zu einem schönen Schwan entwickelt. Eine jede Geschichte enthält eine vollständige, wie auch immer geartete Transformation. Nach dem Konzept, das wir für den eigenen Gebrauch entwickelt haben, enthält das Therapie-Protokoll zum Wiederaufbau der Identität fünf Schritte, die im folgenden zusammengefaßt sind.

Entwurf zur Restrukturierung der Identität

1. Definieren Sie einen unüberwindbaren Konflikt!
   Entwerfen Sie einen für den Protagonisten nicht handhabbaren Konflikt oder Umstand, der einer realen Identitätskrise entspricht und diese unterstreicht! (Stressverursachende Umstände in der laufenden Entwicklung werden als Prüfstein für die Identität des Klienten dargestellt.)
2. Führen Sie eine irrelevante Handlung ein!
   In diesem Teil der Geschichte muß der Protagonist einer Betätigung nachgehen, die mit seinen Anstrengungen, das Problem zu lösen, in keinerlei Zusammenhang zu stehen scheint (der Protagonist sucht sich eine Lieblingsbeschäftigung aus, auf die er schon lange Lust hat, er macht Ferien, er steckt etwas Albernes ein, er schenkt einen geliebten Gegenstand an ein Kind weiter usw.).
3. Denken Sie sich eine Möglichkeit aus, wie der Protagonist seine Niederlage erklären kann!
   Der Protagonist muß seine Sicht des Konfliktes erklären sowie sein Unvermögen, diesen zur Zufriedenheit zu lösen (indem er laut denkt, es niederschreibt, mit jemand anderem darüber spricht oder ein Zwiegespräch mit sich selbst führt usw.).
4. Führen Sie ein Symbol der Niederlage ein!
   Unmittelbar nachdem der Sachverhalt offen zum Ausdruck gebracht worden ist (vorausgegangener Schritt), wird ein negatives symboli-

sches Bild eingeführt, das die Ängste und die Hilflosigkeit verkörpert, die den Klienten in Bann halten; so wird die Negativität des Klienten in feste Bahnen gelenkt, um sie schließlich zerstreuen zu können.
5. Führen Sie auf dem Wege neuartigen Verhaltens eine Lösung herbei! Der Konflikt wird durch das Handeln des Protagonisten gelöst, das bereits zu einem früheren Zeitpunkt einsetzte, damals allerdings noch bedeutungslos erschien.

Im ersten Schritt wird geschildert, wie der Protagonist sich in ausweglosen Lage befindet, d.h. in einer Situation, die er nach seiner Einschätzung nicht auflösen kann. Die Geschichte zeigt, daß es offensichtlich keine Hoffnung für den Protagonisten gibt, ihn vor der herannahenden Katastrophe zu bewahren. Kurzum: alles, wofür der Klient gelebt und gearbeitet und woraus er sein Selbstverständnis bezogen hat, ist verloren. Die Aussichten des Protagonisten werden in den düstersten Farben gemalt. Beispielsweise kann das Ausmaß der Katastrophe veranschaulicht werden, indem von einem Mann erzählt wird, der sein Leben damit zugebracht hat, seine eigenen Bedürfnisse häufig zurückzustellen, damit er ein guter Vater und Ehemann sein konnte. Jetzt aber war seine Mutter krank, sein Vater tot, seine Frau war ermordet worden, während man ihn bewußtlos geschlagen hatte, seine Kinder waren irgendwohin verschwunden und sind von der Polizei noch nicht ausfindig gemacht worden, und der Protagonist sitzt im Gefängnis, unter dem Verdacht, seine Frau umgebracht zu haben – was er nicht getan hat! Wahrhaftig eine trostlose Lage. Schließlich sind den meisten Therapeuten ein paar solcher Fälle bekannt, die als Gerüst einer Geschichte zur Wiederherstellung der Identität dienen können. Das Beispiel soll verdeutlichen, daß wir bei einer solchen Geschichte den Klienten wirklich ernsthaft und nachhaltig fesseln wollen, so daß schließlich der entscheidende Punkt klar zutage tritt: Es gibt ein Leben nach der Katastrophe. In der Geschichte wird dies indirekt vermittelt, und so wird der Klient dazu angeregt, sich dieses Verständnis selbst zugänglich zu machen und sich nicht auf fremde Autoritäten zu verlassen, um zu dieser Überzeugung zu gelangen.

Der zweite und der dritte Schritt können gleichzeitig oder kurz nach dem vorangegangenen Teil der Geschichte dargeboten werden. Wir unterscheiden diese Schritte, weil beide wesentliche und hervorzuhebende Aspekte darstellen. In Schritt zwei wird vom Protagonisten verlangt, daß er etwas in Angriff nimmt, das in keinerlei Zusammenhang mit irgendwelchen Bemühungen steht, das Problem zu lösen. Das Ganze scheint bedeutungslos zu sein, so wie wenn man sich beispielsweise ganz nebenbei mit einem Hobby befaßt, auf einer anderen Strecke von der Arbeit nach Hause fährt, planlos spazierengeht, in Ferien fährt, einen eben noch geliebten Gegenstand an ein Kind verschenkt, etwas Interessantes auf einem Flohmarkt mitnimmt, zum Zeitvertreib einen Film anschaut. Was auch immer hier geschieht, es soll geschildert werden als eine jener Situationen, an die man aktuell keinen weiteren Gedanken verschwendet.

Um den Gedankengang besser zu verstehen, können Sie an Situationen aus Ihrem eigenen Leben denken, wo ein offensichtlich bedeutungsloser Vorgang oder eine Zufallsbegegnung zu einem späteren Zeitpunkt in Ihrem Leben doch noch eine erheblichere Rolle gespielt hat. Diese wichtigere Rolle wird später in der Geschichte erörtert. In diesem Stadium wird hingegen lediglich der Vorgang selbst hervorgehoben. Beispielsweise kannte ich früher an der Universität einen Mann, der in fast jedem Lebensbereich schlecht zurechtkam. Ich weiß, daß er sich mit Selbstmordgedanken getragen hatte. Eines Nachts gingen wir zu einer kostenlosen Filmvorführung auf dem Campus, weil wir für andere Vergnügungen kein Geld hatten. Es wurde »Blow-up« von Antonioni gezeigt (der Held des Films ist Photograph). Der Film gefiel uns beiden. Aber ein paar Monate später brach mein Freund sein Studium ab, gab seinen Teilzeitjob auf und begann eine Lehre als Photograph. Im Laufe der Jahre ist er dann ein fähiger und erfolgreicher Photograph und Geschäftsmann geworden. Ganz offensichtlich hat dieses zufällige Filmerlebnis schließlich sein gesamtes Leben verändert.

Aber, um es nochmals zu wiederholen, wir wollen im zweiten Schritt nur diese belanglose Tätigkeit einführen, und zwar so, daß sie fast wie eine Abwechslung oder Zerstreuung erscheint, eine Nebensächlichkeit in der Geschichte. Es sollte so wirken, wie es auch im Leben ist, als nebensächliche, nicht weiter bemerkenswerte Belanglosigkeit.

Im dritten Schritt gesteht der Protagonist seine Niederlage und seine Unfähigkeit ein, sein Problem zu lösen. Das kann er in Form eines Briefes tun, den er schreibt, in einem Zwiegespräch mit sich selbst oder einer Unterhaltung mit einer anderen Person. Aber es muß absolut klar sein, daß er bestimmt aufgibt. Es kann nötig sein, daß der Therapeut sachkundige Hinweise gibt oder herausarbeitet, wie diese Erklärung abgegeben wird und was das alles für denjenigen bedeutet, dessen Lebensgeschichte Sie zur Darbietung ausgewählt haben. Das heißt, wir sind ja nicht häufig in solch persönliche Details eingeweiht – so wie ich den befreundeten Studienkollegen auch nicht direkt habe mit Selbstmord drohen hören. Und doch weiß ich, daß er daran gedacht hat, und ich bin mir ziemlich sicher, daß er Zwiegespräche mit sich selbst darüber geführt hat. Deshalb entstammt mein Eindruck, was er bei seinem Selbstmordvorhaben bzw. in seinem inneren Monolog alles angeführt hat, einer wohlinformierten Vermutung, wenn ich es in der Geschichte erzähle.

Der vierte Schritt dient dazu, ein Symbol für die Niederlage des Protagonisten einzuführen. Dieses negative symbolische Bild, das die Ängste und die Hilflosigkeit des Protagonisten darstellt, folgt unmittelbar auf die offene Erklärung der Niederlage. Damit wird eine symbolhafte Methode eingeführt, die Negativität zu entschärfen, die in den ersten drei Schritten unbewußt Vorrang erlangte. Dieses Bild läßt den Zuhörer den tiefen Sinn dessen begreifen, womit die Situation des Protagonisten zu vergleichen ist. Das heißt, das Bild umrahmt die Trostlosigkeit des vorangegangenen Szenariums. Darüber hinaus erlaubt der Einsatz des Bildes dem Zuhörer, sich die Negativität dieser unerquicklichen Umstände vorzustellen und sie auch abzustreifen, ohne nun das Leben des Protagonisten in der Geschichte enden zu lassen. Dieses negative Bild, z.B. wie eine Eule niederstößt und ihre Beute schlägt oder wie ein Flußbett austrocknet, so daß nur mehr Staub zurückbleibt, teilt dem Zuhörer indirekt mit: Manchmal tritt der Tod ein, und die Wirklichkeit ist oft ungerecht oder herzlos. Aber tatsächlich ist der Protagonist in der Geschichte nicht tot. Darüber hinaus stellt das symbolische, negative Bild wahrscheinlich einen schlimmeren Ausgang dar, als ihn der Protagonist erwartet hätte. Und deshalb hat der Klient ein Bedürfnis entwickelt, schreckliche Zeiten durchzustehen und ein bedeutenderer Mensch zu sein, als es in dem negativen Bild gezeigt wird. Die Identität und nicht die Person ist es, die ihr Ende gefunden hat.

Unterdessen ist es wichtig, sich daran zu erinnern, daß der Protagonist in der Geschichte eine Selbstzweck-Betätigung aufgenommen hat und daß diese Betätigung – aufgrund einer interessanten Wendung im Handlungsverlauf – für ihn schließlich die Lösung seiner Probleme bringt. Darüber hinaus verdeutlicht diese Lösung, wie der Protagonist aus dem alten Lebensstil heraus einen neuen entwickelt. Dies wird in Schritt fünf dargestellt, wo das neue Verhalten in gewisser Weise den Konflikt löst, obgleich es doch bei seiner ersten Erwähnung so belanglos erschienen war. Es repräsentiert Wahrnehmungen, die unerwarteterweise so zum Erfolg führen, wie sich das der Betreffende nie vorgestellt hätte. So wird diese neue und beiläufige Erfahrung zum wertvollen Kapital. Daraus empfangen Klienten die Botschaft: Auch wenn sie alles, was sie aufzuweisen haben, als unzulänglich betrachten, so ist da doch noch eine Kleinigkeit, die sie bislang nicht beachtet oder als töricht oder nichtig angesehen haben und die sich doch als wichtige und bedeutsame Ressource für die weitere Richtung im Leben erweist. Alles in allem ist das mehr als genug. Dergleichen Erfahrungen sind die Saat, aus der eine vollkommen neue Identität entsteht und sich weiterentwickelt.

Dieser Entwurf stellt den Funken dar, der zünden kann. Die Klienten werden zwar so rasch keine konkreten Antworten bezüglich ihrer Zukunft geben können. Es ist sogar eher unwahrscheinlich, daß sie unmittelbar auf ihre Zukunft schließen. Aber es ist eine Saat ausgebracht worden, aus der die Einschätzung erwächst, daß ihre Persönlichkeit doch mehr darstellt, als sie vermutet haben, und des weiteren, daß manche Dinge sich als sehr nützlich erweisen können, obgleich sie für die Problemlösung nutzlos erschienen sind. Und dann werden, wie immer im Verlauf einer Therapiesitzung, verschiedene Metaphern verwendet und einige Ziele angesprochen. Dieses Therapie-Protokoll wird also als ein Element in einem Gesamtbehandlungsplan eingesetzt und hilft einem Menschen auf indirektem Weg, einer Identitätskrise ihren Stellenwert zu geben.

Das Ziel der Metaphern zur Rollenentwicklung ist hingegen klar: Der Klient soll verstehen, wie sein Leben in einen größeren Zusammenhang eingebunden ist. Charakteristisch sind solche Geschichten, in denen ein heldenhafter Protagonist in einem bestimmten Abschnitt seines Lebens verschiedene wesentliche, häufig symbolische Taten vollbringt. Der Leser kann dabei zum Beispiel an Gestalten wie Hermann Hesses Siddhartha denken. Da der Zuhörer eine Geschichte versteht, indem er sich identifiziert, wird durch die inhaltliche Abfolge ein Prozeß in Gang gesetzt, in welchem der Zuhörer anfängt, sein Leben in Sequenzen oder als eine Art Reise zu verstehen. In der Therapie handelt es sich dann – gleich welche festgefahrene Klientenrolle ins Auge gefaßt wird – um ein kleineres Stück einer größeren Reise, deren Bedeutung allgemein anerkannt wird.

Um noch mehr Klarheit zu erlangen, können wir den Unterschied zwischen einem Melodram und einem romantischen Epos zum Vergleich heranziehen. Unserer Beobachtung nach ist im Melodram der emotionale Konflikt gewaltig, aber der Ausgang wird selten vom Protagonisten bestimmt. Sein Schicksal liegt in den Händen anderer Mächte, wobei es sich um Vorbestimmung, um einen Fluch, um das Schicksal, die Zeit usw. handeln kann. In einem romantischen Epos dagegen ist zwar die Handlung gleichfalls emotionaler Art, der emotionale Konflikt kann beträchtlich sein, der Ausgang der Romanze aber liegt beim Protagonisten. Er oder sie handelt und wählt sich sein oder ihr Schicksal selbst. Im Protokoll zur Rollenentwicklung scheint die Geschichte zu Beginn als Melodram abzulaufen. Das heißt, der Protagonist scheint das Opfer in der Gewalt fremder Mächte zu sein. Am Ende der Geschichte erweist sich dann allerdings der Protagonist als derjenige, dessen eigene Entscheidung den Ausgang bestimmt hat. Eine Geschichte, die zum Melodram zu tendieren schien, hat sich zum Heldenepos gewandelt.

Ein solcher Entwurf wird dann für Klienten ausgesucht, wenn sich eine Krise derartigen Ausmaßes ereignet, daß die bislang eingenommenen Rollen und deren Bedeutung im Leben der Klienten kaum noch von Wert sind. Diese Art therapeutischen Ziels paßt für Klienten, bei denen der Verlust von Sinnhaftigkeit Teil ihrer Reaktion auf die Belastungen ihrer

Lebenswelt ist und sie in Therapie geführt hat. Folgende vier Schritte beschreiben zusammengefaßt das Vorgehen:

Therapie-Protokoll zur Rollenentwicklung

1. Es wird eine katastrophale Ausgangslage entworfen. Es wird dem Klienten eine existenzbedrohende Katastrophensituation (Gesundheit, Leben etc.) vor Augen geführt, die entweder einen Menschen oder sonst etwas betrifft, was dem Klienten lieb und teuer ist und offensichtlich symbolische Bedeutung hat. (Ein Durchgangsritus muß schon gegeben sein, oder er muß erfunden werden.)
2. Mittels eines heldenhaften Protagonisten wird Hoffnung geweckt. Die Geschichte dieser Person ist nicht wichtig und wird aufgrund ihrer symbolischen Bedeutung als selbstverständlich hingenommen.
3. Die Geschichte soll so ausgestaltet werden, daß die Herausforderungen im einzelnen dargestellt werden können, die der Held zu bestehen hat. Der Protagonist muß verschiedene Prüfungen durchlaufen, damit sein Charakter (oder Verstand, Stärke, Mut, Ausdauer, Aufrichtigkeit, Beharrlichkeit usw.) auf die Probe gestellt werde. Der Symbolcharakter der Prüfung soll verdeutlicht werden. Wir vermeiden dabei eher den Eindruck, dies geschehe auf »magische« Weise.
4. Verwenden Sie paradoxe Methoden, um die entscheidende Herausforderung zu bewältigen und den Erfolg herbeizuführen! Der Held sieht sich einer entscheidenden Herausforderung gegenüber, die er irgendwie auf paradoxe Weise besteht (er löst ein Rätsel; die Tat besteht darin, nichts zu tun, usw.). Der Erfolg bei dieser letzten Herausforderung beschließt das Drama und beendet den Konflikt.

Im ersten Schritt wird irgendeine verheerende Situation geschildert, der sich der Protagonist der Geschichte gegenübersieht und die bestimmte Aspekte der derzeitigen Lage des Klienten erkennen läßt. Beispielsweise kann dargestellt werden, wie der Protagonist um etwas, das er sehr verehrt – sei es nun ein Mensch oder etwas anderes – in tiefer Sorge ist (dies entspricht gewöhnlich auch einer Sorge des Klienten). Darüber hinaus aber weicht der Inhalt der Metapher erheblich von den Gegebenheiten im Leben des Klienten ab. Das heißt, der Inhalt der Geschichte entspricht eher dem eines Heldenepos und erfordert erzählerische Elemente, die ins Phantastische reichen. Während also die Lebensproblematik des Klienten vom Protagonisten verkörpert wird, sind alle weiteren Entsprechungen im Verhalten des Klienten und des Protagonisten rein symbolischer Natur. Dies wird deutlich, wenn die heldenromanhafte Geschichte sich im Stil der

LeGuin's Earthsea Trilogie entwickelt oder wie Tolkiens »Herr der Ringe« oder wie die Sagen von Herkules und Jason oder die Gralsgeschichte mit den Rittern der Tafelrunde und ähnliche Sagen.

Im zweiten Schritt wird der Protagonist zum Helden bzw. zur Heldin weiterentwickelt. So entsteht Anlaß zur Hoffnung. Wenn der Protagonist bestimmte, in der Geschichte auftauchende Prüfungen bestehen kann, dann erhält das Leben Bedeutung, und man findet seinen festen Platz darin Entscheidendes Element in dieser Phase der Geschichte ist, daß der Protagonist(-Klient) sich an einer wesentlichen Aufgabe mißt, was durch wechselbezügliche Erzähltechniken bzw. durch entsprechende Darstellung der Charakterentwicklung erreicht wird.

Im dritten Schritt werden die Prüfungen zusammengestellt, die der Protagonist vor sich hat und die er/sie erfolgreich durchläuft. Dabei werden Charakter, Verstand, Stärke, Mut, Ausdauer, Aufrichtigkeit usf. des Protagonisten auf die Probe gestellt. Da jede dieser Prüfungen symbolisch gemeint ist, braucht dieser Teil der Geschichte nicht mit besonders viel Logik erdacht zu werden. An dieser Stelle kommt einfach irgend eine Art von Herausforderung vor, wobei der Klient durch die Symbolik hindurch den leisen Eindruck erhalten sollte, daß diese Herausforderung sich auch in seinem Leben finden läßt. Es ist nötig, daß der Therapeut an diesem Punkt Zeit auf die Planung verwendet, so daß die Aufgaben in der Geschichte Sinn und Ziel haben.

Im vierten und letzten Schritt dieses Protokolls muß der Protagonist schließlich das ursprüngliche Problem erfolgreich zu Ende bringen. Da in der gesamten Metapher eine syntaktische Form der Auswahl und Verkürzung benutzt wurde, ist ein logischer Aufbau nicht erforderlich. Daher ist es an dieser Stelle nun angebracht, die Probleme der Geschichte auf paradoxe Weise zu lösen. Geschehen kann das, indem ein Rätsel gelöst wird, indem einer Anweisung gefolgt wird, sich konträr zum Gewohnten zu verhalten, durch Nichtstun zu handeln usw.. Die erste Geschichte dieses Kapitels (und ebenso die zuvor genannte aus Kapitel 1, S 35-38) ist das Beispiel eines Entwurfs zum Aufbau der Identität. Die folgende Geschichte dieses Kapitels ist ein Therapie-Protokoll zur Rollenentwicklung, erzählt in therapeutischem Kontext.

1. Ziel der Reorganisation der Identität:

Die Veränderung entsteht daraus, daß Verwirrung umgemünzt wird in eine Gelegenheit, Kraft und Geschick zu entdecken.

Metapher

Er wollte so weit weg wie nur irgend möglich. Streng genommen war Stan nicht verzweifelt, aber er hatte die Fähigkeit so vieler Teenager, alles schwarz in schwarz sehen zu können. Schwer zu sagen, ob er sein Gefühl, irgendetwas beeinflußen zu können, drangegeben hatte oder ob er es von vornherein nicht hatte. Er kam genau so daher wie ein geschlagener Teenager mit nach vorn gesunkenem Kopf und hängenden Schultern schlurfte er daher, ohne dabei die Füße hochzunehmen. Es war nicht so, daß plötzlich irgend etwas Besonderes schiefgegangen wäre – es war vielmehr ein langer, schleichender, endloser Prozeß existentieller Verzweiflung, der bereits seit Generationen in seiner Familie abzulaufen schien. Zumindest wirkte das Ganze geballter in Anwesenheit seiner Eltern und Verwandten. Offene Gewalt, Hunger oder wirklichen Mangel an konkreten Dingen hatte es in der Vergangenheit nicht gegeben; eher gab es so etwas wie emotionale Entbehrung und gelegentlich auch emotionalen und verbalen Mißbrauch. Und die Sicht eines Teenagers ist unglücklicherweise sehr eingeengt. Es war schade, daß Stan nicht alles von einer höheren Warte aus betrachten konnte. Aber ein Fahrrad hatte er, und er wollte unbedingt so weit wie möglich weg von zu Hause; doch damit war es noch nicht genug.
Tatsächlich war er auf seinem Rad schon einen Tag unterwegs und hatte ständig dieses unbestimmte Ziel im Kopf, daß er so weit wie möglich weg wollte. Dies bedeutete nicht, daß er erwartet hätte, die übrige Welt sei auch nur ein bißchen besser. Aber er sagte sich, daß er einfach die Schnauze voll hätte von der ganzen Trostlosigkeit und Leere, obgleich er gefühlsmäßig weit davon entfernt war, so philosophisch sich auszudrücken oder das Problem anzugehen.
So fuhr er dahin, den Berg hinauf und am jenseitigen Ufer des Flusses entlang, und er trat teilnahmslos in die Pedale, ohne sich groß Gedanken zu machen, ohne sich weiter darum zu kümmern, wo er hinfuhr oder was ihm gar zustoßen könnte. Er fuhr an einem merkwürdig aussehenden Laden vorbei, und sein Verstand registrierte das irgendwie. Trotzdem aber verschwendete er keinen weiteren Gedanken daran.
Er fragte sich sogar und malte sich das aus, wie es denn wäre, wenn er einfach mit Höchstgeschwindigkeit über die Klippen hinausrasen würde und dann hoffentlich in die ewige Vergessenheit stürzte. Das war kein wirklicher Plan, mehr eine Vision, die seine Niedergeschlagenheit widerspiegelte. Das beschäftigte seine Gedanken ganz schön bis zu dem Augen-

blick, da mit einem dumpfen Knall sein Vorderreifen platzte. Er hatte überhaupt nicht gewußt, daß Fahrradreifen so knallen können. Jetzt hatte er etwas Handfestes, worauf er seine Niedergeschlagenheit konzentrieren konnte.
Es muß wohl so ausgesehen haben, als sei er jetzt auf Grund gelaufen, meilenweit weg von zu Hause – und doch nicht weit genug; am Leben – aber nicht lebendig genug. Es kümmerte ihn nicht, wo er war, oder er bemerkte es nicht einmal. Zunächst schmiß er sein Fahrrad einfach hin in den Staub des Wegesrandes unter einen abgestorbenen Ahorn und ließ sich selbst daneben fallen. Ihm war zum Heulen, aber dazu hatte er nicht einmal genug Zugang zu seinen Gefühlen. Stattdessen saß er einfach da wie ein Indianer, den Kopf in seinen verschränkten Armen vergraben, schaukelte vor und zurück und murmelte vor sich hin: »Ich geb's auf. Ich hab's. Ich gebe einfach auf! Ich wollte, ich könnte einfach sterben.«
Diesmal kam ihm das wie eine völlig neue Idee vor. So saß er einfach da und fühlte sich dankbar dafür. Vermutlich hatte er keine Vorstellung, wie lange er so dagesessen war. Das Tageslicht verdüsterte sich ein wenig, wobei ungewiß war, ob das an der fortgeschrittenen Stunde oder am aufziehenden Sturm lag. Und als sich bei ihm gerade der Gedanke herauskristallisierte, sich das Leben zu nehmen, da wurde er von einem plötzlich niederprasselnden Regenguß bis auf die Haut durchnäßt. Das machte das Ganze auch nicht viel schlimmer, aber einen kleinen Unterschied machte es doch. Es beängstigte ihn, und er sprang auf. Seine Überzeugung konnte es aber nicht erschüttern. Dann schrie er laut heraus: »Okay. Soll der verdammte Blitz mich doch treffen. Los, mach schon! Jetzt...«
Zufällig sahen Leute vom anderen Flußufer aus, ohne zu wissen, was für ein Drama sich unter dem Ahorn abspielte, wie Blitze in den bereits toten Baum einschlugen. Er gab ein gewaltiges Krachen von sich. Der Blitz schien sich in den Baum zu krallen und ihn zu schütteln, wie um sich zu vergewissern, daß dieser abgelassen habe von all seiner Rache und all seinem Zorn, hier und jetzt.
Zwei Jahre darauf, in einer anderen Stadt, flog ein Pfeil, genaugenommen ein ganzer Satz von Pfeilen, genau so sicher ans Ziel wie der Blitz an jenem Tag und gewann einen strahlenden Pokal für einen jungen Mann, der in etwa jenem Stan ähnelte. Und die Pfeile wurden von einem Bogen abgeschossen, den der junge Bursche meisterlich spannte. Obgleich der Bogenschütze auch Stan hieß, lagen Welten zwischen dem Bogenschützen und dem Stan, der an jenem Tag unter dem toten Ahorn gesessen hatte.
Und so erinnerte sich der stolze Bogenschütze an die Ereignisse, die seinem Sieg in der regionalen Meisterschaft im Bogenschießen vorausgegangen waren. Er begann mit der Bemerkung, daß er sich eines Tages unter

einem abgestorbenen Ahorn befand, und als den der Blitz traf, was war er da gesprungen! Interessant ist, daß selbst dann, wenn du dich nur wenige Augenblicke zuvor als wertlos und unerwünscht empfunden hast, doch genügend Überlebenswillen vorhanden ist, selbst in solchen Zeiten, und sogar dann willst du nicht naß bis auf die Haut und anschließend geröstet werden. Er hat sich gewiß niemals für schlau gehalten, aber er wußte, daß er doch gescheit genug war, aus dem Regen ins Trockene zu gelangen. Und außerdem hatte er noch etwas mit einem platten Reifen, an seinem einzigen Besitz zu erledigen. Er fragte sich, wohin er sich denn wenden sollte. An jenem Tag zwang ihn schließlich die Realität, seine Umgebung etwas genauer in Augenschein zu nehmen. Als er sich umsah, begriff er, daß er sich tatsächlich in einer Umgebung befand, die er bereits früher gesehen hatte, obwohl ihm seine Eltern immer davon abgeraten hatten, dahin zu gehen. Und dann erinnerte er sich wieder, daß er an einem kleinen, merkwürdigen Laden vorübergekommen war, ehe sein Reifen platzte. Aber der Laden lag nicht in dem Stadtteil, wo sich sonst die Geschäfte befinden, und da war er zu Recht ein bißchen mißtrauisch, was das wohl für eine Hinterhofwerkstatt sein mochte. Es sah so aus, als wohnte oben jemand, im darüberliegenden Teil des Gebäudes. Und wenn das bei ländlichen Tankstellen und Gemischtwarenhandlungen auch üblich war, wußte er doch nichts über solche Orte. Es war ein merkwürdiges Gebäude – ohne besonderen Grund hatte er kein gutes Gefühl dabei. Aber im Grunde gab es in jenen Tagen nichts, wofür er ein gutes Gefühl gehabt hätte, so kam er zu dem Schluß, daß ihm keine Wahl blieb. Er mußte dahinein gehen und Schutz vor dem Sturm suchen.

Und nun stellte sich heraus, daß in dem Laden, den er an jenem Tag betrat, Ausrüstungen für das Bogenschießen verkauft wurden, und dabei handelte es sich – wie Stan herausfand – um Pfeile und Bogen. Er sah sich um, betrachtete all die Bogen, die an den Wänden hingen, während der Sturm erbittert wütete und dann weiterzog. Der Besitzer und Stan redeten miteinander. Stan wußte sehr wenig über diese aufregenden Dinge. Obgleicher kaum ein potentieller Kunde war und der Besitzer auch nicht gerade sehr aufgeschlossen wirkte, nahm dieser doch, als der Sturm vorbei war, einen Bogen von der Halterung an der Wand und führte Stan nach hinten hinaus zu einem Übungsstand, den er gebaut hatte. Er zeigte Stan, wie man den Bogen hält, wie man den Pfeil einlegt, spannt, zielt und losläßt. Er zeigte Stan den Erwachsenengriff, wie man die Sehne mit drei Fingern faßt, wie man wieder entspannt und diesen Griff löst. Für Stan war das sehr neu, denn er hatte zuvor nur den Griff mit Daumen und Zeigefinger benutzt.

Ehe er wieder ging, lud ihn der Besitzer ein, doch wiederzukommen und auf dem Stand zu schießen, wann immer er Lust hätte. Stan hatte einige

Schildchen mit ganz schön hohen Preisen an den Ausrüstungsstücken in diesem surreal aussehenden Laden hängen sehen. »Aber ich habe doch keinen Bogen und auch kein Geld, um einen zu kaufen,« sagte Stan. »Das geht schon in Ordnung. Wir finden schon einen, den du benutzen kannst,« sagte der so schroff aussehende Besitzer beruhigend. Der Gedanke reizte ihn. Warum denn nicht? Welcher Junge würde nicht gern mit richtigen Fiberglas-Pfeilen und einem richtigen, zweifach geschwungenen Bogen schießen lernen? Und vermutlich reizte ihn die Vorstellung zum Teil auch deshalb, weil seine Eltern das als eine gewaltige Zeitverschwendung ansehen würden, ganz zu schweigen davon, daß es nicht ungefährlich war, der Laden zudem im falschen Stadtteil lag und das ganze Vergnügen viel zu teuer für ihn war.

So dauerte es gar nicht lange, bis er eine Möglichkeit gefunden hatte, wieder auf den Schießstand zu kommen, und zu seiner Überraschung entdeckte er, daß er für diesen Sport Talent zu haben schien. Es hatte etwas Besonderes auf sich mit den Symbolen der Kraft und der Flexibilität, die ein Bogen vereinigt, und dem Gegensatz von Stärke und Loslassen, mit dem das Schießen zu tun hat. Er mochte es, wie sich die glatten Fiberglas-Pfeile anfühlten, wie kompliziert die Federn austariert und wie sie angemalt waren. Er liebte den Geruch des Leders und des Bogenwachses. Man sah ihn alsbald regelmäßig dort, aber er war sich nicht bewußt, daß da irgendetwas Wichtiges geschähe. Selbstverständlich merkte er auch noch nicht, daß sein neuer Zeitvertreib sich zu etwas für ihn Bedeutsamem entwickelte; er mochte ihn einfach.

Er war immer und immer wieder hingegangen, und schließlich kaufte er sich seinen eigenen Bogen, einen Bear Magnum für 65 Dollar mit 45 Pfund Zuggewicht, den er auch mit seiner ganzen Kraft noch kaum die volle Zeit zum Anspannen und Zielen stillhalten konnte. Vermutlich war es ein zu schwerer Bogen für ihn, aber es war der einzige, der kurz genug war und den er sich auch leisten konnte. Er bezahlte ihn mit dem Geld, das er sich mit Rasenmähen in der Nachbarschaft verdient hatte.

Dann begann er, bei einigen Wettbewerben teilzunehmen, und schließlich gewann er eine Bezirks- und eine Regionalmeisterschaft. Danach dachte er dann zum ersten Mal an die beiden verflossenen Jahre zurück. Du kannst dir den Zugewinn an Zuversicht vorstellen, der sich nun einstellt!

Nun, seit 20 Jahren hat dieser Sport in Stans Leben keine unmittelbare Rolle mehr gespielt, aber oben an seinem Wandschrank hängt immer noch einer seiner Bogen und ein Satz Pfeile, die er vor so langer Zeit in jenem Geschäft gekauft hat. Ein Lederfutteral schützt ihn sorgfältig vor Kratzern. Obwohl seine Frau ihn niemals mit dem Bogen hat schießen sehen, verlangt sein jüngster Sohn doch von Zeit zu Zeit, ausprobieren zu dürfen, ob er schon stark genug sei, den Bogen zu spannen. Er freut sich schon darauf, daß er diesen Test besteht; und dieser Bogen ist mächtig schwer zu spannen. Dieser Tag also, an dem der Junge sein Ziel erreicht haben wird, wird ein denkwürdiger Tag sein, ein Tag, an dem die Zuversicht an die nächste Generation weitergegeben wird.

2. Ziel der Rollenentwicklung:

Veränderung tritt ein, indem man eine Stärke entwickelt, die aus eigenen Wahrnehmungen statt aus Illusionen erwächst.

Metapher[1]

Chord verstand den Ton einer klatschenden Hand. Er war ein sehr ernsthafter Mann und er hatte auch gute Gründe es zu sein. Für ihn gab es noch eine Menge Dinge zu lernen. Natürlich werden Sie merken, daß es eine Parabel ist, nur eine Geschichte über eine Reihe von Leuten, die Sie kennen. Es wird erzählt, daß Chord Kampfkünste Betrieb. Er sollte in den Wettbewerb treten, um die Stadt bei der größten Quest (spirituelle Suche) zu vertreten. Der Gewinner des Kampfkunstwettbewerbs sollte von der Stadt ermächtigt und ausgesandt werden, um das legendäre verborgene Buch des Wissens zu finden und darin zu lesen. Dann sollte er den Bewohnern der Stadt die Weisheit bringen, die in diesem Buch des Wissens beschlossen lag. Man glaubte – und im Herzen fast eines jeden Menschen liegt eine Ahnung davon –, daß da draußen ein Lernen oder Wissen erreichbar ist und daß du es finden kannst, wenn du klar genug bist.

Und wer würde schon denken, daß du, um zu diesem Wissen zu gelangen, zuerst lernen muß, dich von deiner eigenen Zielstrebigkeit nicht austricksen, verführen oder erschrecken zu lassen. Zu Anfang denkst du, daß du fast alles kannst, was du dir vorgenommen hast. Du hast das Vertrauen, daß es nicht so schwer werden wird. Du kannst sogar erwarten, daß du es in Rekordzeit schaffst.

Chord dachte, daß er der am besten Qualifizierte gewesen sei, obwohl er wegen einer Formsache den Wettbewerb nicht gewonnen hatte und folglich von den Stadtbewohnern auch nicht ausgesandt worden war. Er gehörte nämlich nicht zu einer der bekannten Schulen für Kampfkunst. Chord war der festen Meinung, er wäre am besten qualifiziert. Und nachdem er annahm, daß der beste Mann wegen einer Formsache disqualifiziert worden war, beschloß er, sich auch ohne Ermächtigung auf den Weg zu machen.

Vor der Stadt wartete er darauf, wie er dem Mann, der den Einweihungsweg wirklich gewonnen hatte, folgen könnte. Und hier begegnete Chord zum ersten Mal dem blinden Flötenspieler. Jeder kennt die Weisheit, die aus unerwarteten Quellen fließen kann. Aber wie ist es möglich, daß ein Blinder einen Sehenden so viel über das Sehen lehren kann? Er erklärte Chord, daß das Buch des Wissens, das er suche, irgendwo auf einer geheimen Insel der Vollkommenheit bewacht werde von einem Mann namens Zeton, den niemand im Kampf schlagen könne. Darüber hinaus könne nur der beste Mann in den Kampfkünsten die Proben bestehen, die die Wirklichkeit ihm auf den Weg dorthin stellen würde. Man müsse drei solche Proben bestehen, um Zenon überhaupt begegnen zu können.

Da Chord davon überzeugt war, tatsächlich der Beste zu sein, folgte er dem »Auserwählten« an diesem Abend. Sie übernachteten im Freien in der Nähe eines alten, verfallenen Hauses. Während er nachts in der Ruine stand, hörte er, wie Wegelagerer den blinden Flötenspieler überfielen und ausrauben wollten. Jetzt wurde er erstmals Zeuge der erstaunlichen Kampfkunstfähigkeiten des Blinden. Im Alleingang schlug er alle Wegelagerer. Er war alles andere als hilflos, jeder vernünftigen Erklärung zum Trotz. Als Chord zu dem blinden Flötenspieler ging und eine Erklärung suchte, bekam er zu hören, daß der nicht gewillt sei, ihm seine Karatekenntnisse zu lehren. Der Flötenspieler erklärte ihn seiner Unterweisung für nicht würdig, was Chord äußerst entwaffnend fand.

Manchmal wird es schmerzhaft deutlich, daß du noch nicht alles Nötige getan hast, um einen Schritt weiter auf der Straße des Lebens zu gehen. Aber Chord in seiner Arroganz ließ sich nicht entmutigen und folgte am nächsten Morgen dem »Auserwählten« in eine Höhle, wo nach dem Hörensagen Toren hausten- »Affenmenschen« wurden sie genannt. Der blinde Flötenspieler war an Chords Seite, als er den »Auserwählten« bei dieser seiner ersten Probe beobachtete. Der Flötenspieler sagte: »Hör zu! Wenn du einem Affenmenschen gegenübertrittst und du willst nicht dabei umkommen, kehr seiner Torheit nicht den Rücken, denn gerade wenn du denkst, er sei ein Tor, wird er dich töten.« Und so wie er gesagt hatte, wurde Chord Zeuge, wie der »Auserwählte« einem der Affenmenschen den Rücken zukehrte und damit in die Statistik derjenigen Stadtleute einging, die ausgesandt worden waren und nie zu der Insel oder dem Buch des Wissens oder zurück Stadt gelangten.

Da beschloß Chord, daß er auserwählt worden sei von einer größeren Macht als den Mächten, die in der Stadt herrschten. So nahm er einfach das Zeichen vom Hals des Auserwählten und legte es sich selbst um. In der Nacht begrub Chord den bisher Auserwählten und machte sich am nächsten Tag begierig auf den Weg, um nach der nächsten Herausforderung zu suchen, wobei er dummerweise erwartete, daß sie leicht sein würde und daß es offensichtlich wäre, wenn sie käme.

Es gab eine Menge Geräusche um ihn herum in dieser Nacht, mitten in der Wüste. Und schließlich kam er ganz überraschend zu einem Fest dazu. Eine

Karavane hatte sich in einer Oase niedergelassen. Er bahnte sich den Weg zu einem Zelt und traf dort den Sultan an, der ihn einlud, in der Oase zu bleiben. Chord erklärte geheimnisvoll, daß er eine Mission habe, die ihn rufe. Er würde dem Sultan als einem Fremden nicht soweit vertrauen, ihm zu sagen, daß er hoffe, ins Buch des Wissens zu schauen. Er sagte nur, es sei eben eine besondere Sendung und er könne nicht hier bei ihnen bleiben. Als er begann sich zu verabschieden, aufzustehen und aus dem Zelt zu gehen, sah er die schönste Frau, die ihm je begegnet war. Ihr Name war Tara. Beide erhoben sich, und ihre Augen begegneten einander. Etwas ereignete sich zwischen ihnen, und Tara kam spät nachts in sein Zelt. So kam es, daß er sich bald sagte, er könne gut eine Nacht seiner Reise damit verbringen, sich in Tara zu verlieben. Und wirklich verbrachten sie eine Liebesnacht zusammen, die so schön war wie eine Rose in der Wüste nur sein konnte. Aber am nächsten Morgen war Tara verschwunden, und auch die Oase war verschwunden. Alles war verschwunden außer der Wüste.

Da wußte er, daß es eine Prüfung gewesen war. Der blinde Flötenspieler hatte ihm bei seiner ersten Probe geraten, den Affenmenschen nicht den Rücken zu kehren. Er hatte seine Lektion auch gelernt, war durch die Höhle der Affenmenschen gegangen und war sogar der Richtung in die Wüste gefolgt, die der geschlagene Anführer der Affenmenschen ihm gezeigt hatte. Deshalb war es zu dieser Begegnung mit Tara gekommen. Plötzlich wurde er gewahr, daß er von der Rose in der Wüste irgendwie getäuscht worden war. Er war enttäuscht von sich. Er hatte sich um der vorübergehenden Freude an der Rose willen von seinem Ziel ablenken lassen.

Er erkannte, daß er versagt hatte, und er wünschte, er könnte mit dem blinden Flötenspieler sprechen und ihn um Rat fragen. Vielleicht würde er das später einmal tun. Aber jetzt wanderte er ziellos in der Wüste umher auf der Suche nach Tara bis er auf der Kuppe einer Düne ein Holzkreuz sah. Und dann sah er, daß es kein altes Kreuz war. Tara hing dran, getötet und erbarmungslos in der Wüste ausgesetzt. Er wußte sofort, daß der Sultan der Täter war.

Er schrie ihren Namen und gelobte dem Sultan Rache. Dann aber hörte er den Flötenspieler eine kleine Melodie spielen. Er ließ sich in der Nähe der Ortes nieder, der in der vorigen Nacht noch eine Oase gewesen war, und der Flötenspieler setzte sich neben ihn. Chord weinte.

Der Flötenspieler sah ihn an und sagte: »Du kannst nicht an dir selbst festhalten, nicht mal für eine Minute. Dachtest du, du könntest an einem anderen festhalten und ihn besitzen? Du mußt sie gehen lassen.« Und Chord konnte nicht streiten mit diesem Mann, der sogar als blinder mit viel besserer Kampfkunst aufgetreten war und mit weit mehr Weisheit als er. Wie sie nebeneinander hergingen, dachte Chord darüber nach, was der Blinde gesagt hatte und bat ihn, mit ihm zu kommen und ihn zu lehren. Der

297

Blinde antwortete, das könne er nicht, da er seinen eigenen Weg zu gehen habe. Chord aber müsse noch andere Aufgaben bewältigen, bevor er das Buch des Wissens fände.

In dieser Nacht schlief Chord tief und hatte einen Traum, in dem der Tod zu ihm kam. Er erschrak sehr, und als er voller Angst aufwachte, sah er im Schatten einen schwarzen Panther. Er fragte sich, ob dies eine neue Prüfung sei. Vielleicht lag die Prüfung darin, dem Tod zu begegnen. So legte er seine Waffen nieder, ging auf den Schatten des Panthers zu und sagte zu dem Panther: »Komm, nimm mich, wenn du es wagst, Tod! Nimm mich gleich jetzt, denn jetzt bin ich bereit für dich. Und ich weiß, du wirst mich nicht holen, wenn ich bereit bin.« Da lief der Panther weg und Chord lachte. Er kannte den Trick des Todes – er wird versuchen dir Angst einzujagen, so daß du ihn zu vermeiden versuchst. Er rief dem Tod nach: »Ich werde dich rufen, wenn ich das nächste Mal möchte, daß du kommst.« Und er machte sich wieder auf den Weg, Zeton zu finden mit dem stolzen Gefühl, daß er diesmal eine Probe bestanden hatte.

Schließlich kam er an den Rand des Meeres, wo die Wüste an das Meer grenzt, und er konnte nicht mehr weiter. Dort traf er auf den Sultan mit seinem Gefolge. Als er in das Zelt des Sultans ging, stand der Sultan auf und sagte: »Ich kann mir vorstellen, daß du mich haßt nach dem, was ich Tara angetan habe. Ich werde dir eine Gelegenheit geben, mir mir zu kämpfen, fair und ehrlich. Wir werden morgen bei Tagesanbruch auf diesem Hügel angetreten.« »Nein«, sagte Chord, »wir werden jetzt kämpfen. Und als er das sagte, spürte er eine Gefühl von Macht, das daher rührte, daß er seine eigene Zeit, seinen eigenen Kampf und seine eigenen Spielregeln bestimmt hatte.

Bald bildete sich ein Kreis aus Clowns, Jongleuren, Tanzmädchen und andere Störern um sie. Chord begann, mit dem Sultan zu kämpfen. Der Sultan bewies dabei strengste Konzentration. Die Umstehenden versuchten, Aufmerksamkeit zu erregen. Aber Chord schlug sich hervorragend. Er sah nicht auf die Menge, er hörte sie nicht, er roch sie nicht und dachte auch nicht an sie. Fachmännisch wehrte er den Sultan ab, trat und bedrängte ihn. Doch plötzlich, mitten im Kampf, dämmerte es Chord – er versuchte doch das Buch des Wissens zu finden. Das war es was er eigentlich wollte.

Er ließ die Hände sinken und begann zu lachen. niemand verstand seine Geste außer dem Sultan, der sich gerade anschicken wollte, ihn zu töten. Als er sah, daß Chord seine Hände hatte sinken lassen und begonnen hatte zu lachen, wußte er, daß Chord würdig war und ließ seine Hänge ebenfalls sinken, und beide lachten zusammen.

Sie umarmten sich, und der Sultan sagte »Mein Glückwunsch«. Der Sultan war ein Teil von Chords Prüfung gewesen »Du bist der Erste, der diese Reihe von Proben bestanden hat und hierher gekommen ist.« »Ich bin der

Erste, der weitergehen wird?« fragte Chord. »Nein«, antwortete der Sultan, »es gibt andere Wege mit anderen Prüfungen, und einige haben diese Wege beschritten, aber du bist der Erste, der über diesen Weg gekommen ist. Das Boot, das dich zu Zeton und dem Buch des Wissens bringt, wird gleich hier am Ufer sein. Der Sultan zeigte auf das sich nähernde Segelboot.
Glücklich bestieg Chord das Boot, und es segelte sanft und wunderschön zur Insel der Vollkommenheit. »Bemerkenswert weiß« – war sein erster Gedanke, als er das Boot verließ. Jeder hier war in Weiß gekleidet. Die Leute pflanzten rote Blumen und gelbe Rosen an. Sie fragten ihn, ob er sich erst entspannen und vielleicht Tee mit ihnen trinken wolle. Er antwortete: »Nein, ich habe nur ein Ziel, ich will in dem Buch lesen.« Er glaubt immer noch, daß er mit Zeton kämpfen müsse, und das stimmte auch, aber nicht in der Weise, die du vielleicht erwartest.
Als er endlich zu Zeton, dem Großmeister der Insel, gebracht wurde, fand er ihn entwaffnend liebenswürdig. Zeton streckte ihm seine Hand mit einem Lachen entgegen, und Chord wollte sie schon schütteln, besann sich aber schnell eines Besseren und nahm eine Kampfkunsthaltung ein: »Ich bin hier, um das Buch des Wissens zu lesen.« Sehr gut,« sagte Zeton, »aber wir haben hier so entzückende Rosen, die in der Wüste wachsen, warum riechst du nicht erst einmal an dieser hier.« Er hielt ihm eine abgeschnittene Rose entgegen, aber Chord sagte nochmals': Nein, ich bin hier, um im Buch des Wissens zu lesen.«
»Nun gut dann«, sagte Zeton mit einem beifälligen Lächeln, das anzeigte, daß Chord den Test bestanden hatte.
Endlich waren sie nun im von Wasser umgebenen Turm, wo ein großes Buch auf einem Podest lag. Es war in Leder gebunden und hatte vier bemerkenswert dicke Seiten, die ebenfalls in Leder gefaßt waren. Chord setzte sich voll Verehrung und Erwartung vor dem Buch nieder, während Zeton es mit seiner Hand noch bedeckt hielt und sagte:«Bevor du in das Buch des Wissens schaust, hast du die Gelegenheit, es dir noch anders zu überlegen. Vielleicht wirst du nicht fertig werden mit dem, was du siehst. Du könntest hier bleiben und ein Vollkommener der Vollkommenheit werden und nicht weiter gehen.« Aber Chord sagte: »Ich bin nur hierher gekommen, um das Buch zu lesen.« »Sehr gut«, sagte Zeton, »aber trotzdem noch einmal, laß mich dir meine Stellung als Hüter des Buches anbieten und die vielleicht letzten Augenblicke deines Lebens bewahren, so daß du bei uns bleiben kannst.« Aber natürlich sagte Chord:« Gleichgültig, was der Preis dafür ist, ich will in das Buch schauen.«
Damit schlug er die erste Seite auf und blickte unverwandt in den ledergebundenen Spiegel, der ihm mit einem überraschten und ärgerlichen Gesichtsausdruck entgegenstarrte, sein eigenes Gesicht widerspiegelnd. Chord schaute argwöhnisch zu Zeton und schlug die nächste Seite auf, nur um

einen zweiten ledergebundenen Spiegel vorzufinden, der seine erstaunte Neugier reflektierte. Er dachte immer noch halb, dies sei ein neuer Trick, aber als er zu Zeton blickte, sah er ihn mit dem Kopf nicken, er solle fortfahren.

Beim Öffnen der nächsten Seite war da der nächste Spiegel, und da war wieder dieses Gesicht, dein eigenes Gesicht, das dich anblickt. Du kannst nicht umhin zu bemerken, daß das, was sich da spiegelt, sich verändert hat dadurch, daß es gesehen wurde. Der Ausdruck von Argwohn war verschwunden und ein neues Gefühl von Verstehen ersetzte ihn. Ein Lächeln begann sich auf seinem Gesicht auszubreiten, als er vorausahnte, was er auf der letzten Seite vorfinden sollte. Er sah Zeton an, und sie lächelten, als ihre Blicke sich trafen. In seinen Augen lag ein Zwinkern, als er begierig die vierte Seite aufschlug, die natürlich auch einen Spiegel enthielt – und ein breites Lächeln darin.

Wie um seine Entdeckung zu bestätigen, fragte Chord kurz: »Dann gibt es nichts in dem Buch außer...« und Zeton sagte: »Das stimmt.« Und Chord sagte: »...dir selbst.« Und sie lachten.

»Was ist mit all den Leuten, die bei den Prüfungen versagt haben«, fragte Chord schließlich, nachdem er das Gefühl von Erfolg voll ausgekostet hatte. Zeton antwortete: »Sie sind diejenigen, die zurückgehen und all die Proben und die Drangsal für die anderen Sucher auf dem Weg bereiten.« Chord sagte: »Was ist mit denen, die in das Buch schauen? Wo gehen die hin von hier aus?« Und Zeton sagte: »Diejenigen, die ihre Proben bestehen, aber es versäumen, in dem Buch zu lesen, bleiben hier als die Vollkommenen der Vollkommenheit. Diejenigen, die in das Buch schauen, nachdem sie die Proben bestanden haben, nun, die gehen zurück, um Lehrer zu werden.« Und sogleich hörte Chord in der Erinnerung die Melodie des blinden Flötenspielers, den er auf dem Weg getroffen hatte.

Einige Zeit später – und manchmal ist es schwierig zu wissen, wieviel Zeit wirklich vergangen ist – suchte und fand Chord den blinden Flötenspieler in den Bergen, als die Sonne gerade unterging. Der Flötenspieler sagte wissend zu Chord: »Du bist es, Chord! Du hast das Buch gefunden, nicht wahr?« Chord antwortete bescheiden: »Ja.« Dasselbe Gesicht, das sich damals im Spiegel gezeigt hatte, war Chord mittlerweile sehr vertraut geworden. Irgendwie war es dem Gesicht des Flötenspielers nicht unähnlich, und es spiegelte sich jetzt in den Augen des Blinden. »Und was hast du gesehen?« fragte der Flötenspieler. »Alles«, sagte Chord, »alles.«

Wortlos reichte der Blinde ihm die Flöte. Chord nahm die Flöte sacht aus der Hand des Blinden und spielte eine Melodie zum Tanzen. Und sie tanzten auf dem Berg, bis die Sonne unterging.

3. Ziel der Rollenentwicklung:
Veränderung tritt ein, wenn Du Dir erlaubst, alle Deine Gefühle als Ressourcen zu nutzen.

Metapher[2]

Es kommt vor, daß wir in dem Zustand schläfriger Wachheit von allen möglichen Dingen träumen, oder daß wir gerade dann wach sind für die Art von Lernen, die sich im Traum ereignet. Vielleicht erfährst Du diese besondere Gestimmtheit allmählich in einem Maß, wie Dein bewußtes Denken darauf verzichtet, jede Einzelheit genau zu verfolgen. Manchmal ist es unmöglich, eine Geschichte von einem Traum oder einer wirklichen Erfahrung zu unterscheiden. Eine Legende kann man träumen, und ein Traum kann eine Legende sein, wie es vielleicht auf diese Geschichte zutrifft.

Legenden über die Golindrina-Vögel sind immer schon von Geheimnis umwoben gewesen. Es heißt, daß schon vor vielen, vielen Jahren in der Moche-Zeit, 900 Jahre nach Christus, irgendwo in Peru ein Kind geboren wurde, das der einzige männliche Nachkomme eines bestimmten isoliert lebenden Stammes, der Pima, war. Bei seiner Geburt hatte das Kind einen Skarabäus-Ring von blasser türkiser Farbe bekommen, der ihm an einem dünnen Lederband um den Hals hing. Nach der Sage wurde dieses Kind namens Garrow von dem Ocucus Tumara, einem Medizinmann, aufgezogen bis zur Zeit, als er groß genug geworden war, um den Skarabäusring von dem Band zu streifen und ihn an den Finger zu stecken.

Tumara, der Ocucus, hatte Garrow von dem Geheimnis des Skarabäusrings erzählt und das Kind dazu erzogen, vornehm und gerecht zu sein, ein aufmerksamer und geschickter Jäger. Garrow wußte nur, daß er sein Leben in so einer Weise führen müsse, daß er verschiedene Proben, auf die er gestellt werden würde, bestünde. Dann würde er eine Frau finden, sie heiraten, und dadurch könnte der Stamm weiterbestehen – er würde der große Stammesvater und Anführer einer neuen Zeit sein. Aber Tumara selbst, die Art der Proben und die Frau, die er heiraten würde, sollten für Garrow ein Geheimnis bleiben, da Tumara starb, bevor er dazu noch etwas anderes sagen konnte.

Garrow wuchs zum Jüngling heran und lebte in Frieden und liebevoller Verbundenheit mit der Schönheit der Natur um ihn her. Aber da das Schicksal nicht nach dem Schönheitsstreben der Menschen fragt, sollte er bald seiner Bestimmung unsicher werden. Er konnte ja den großen Plan nicht kennen, den die Legende ihm als dem einzig überlebenden jungen Mann aus seinem peruanischen Stamm zugedacht hatte.

Da sein Lehrer an dem Tag gestorben war, an dem Garrow sich den Skarabäusring an den Finger gesteckt hatte, hatte er nichts Genaueres über sein Erbe und sein Schicksal erfahren. An diesem Tag begrub Garrow seinen Lehrer voller Trauer, mit dem Gefühl, daß es da ein unausgesprochenes Geheimnis gab. Aber er konnte nicht wissen, worin die Prüfungen bestehen würden, die ihn dazu ermächtigen sollten, der Anführer einer neuen Generation zu sein. Und er wußte nicht, daß er dazu bestimmt war, die letzte junge Frau des Pima-Stammes zu finden, die nach der Legende ein Kind gebären sollte. Das Geheimnis lag um ihn, aber er wußte nichts davon.

Voller Verzweiflung um den Tod seines Lehrers lebte Garrow in den Wäldern, versteckt vor sich selbst und den anderen. Er wurde ärgerlich, traurig, einsam und freudlos und sah sich selbst als Versager, weil er nicht mehr getan hatte, um dem sterbenden Tumara zu helfen. Er hätte gerne seine Prüfungen angetreten, aber er wußte nicht, worin sie bestanden. Es verfolgte ihn ohne sein Wissen. Er war das Opfer eines Mythos, den er gezwungen war zu durchleben. Und er wußte nicht, daß das Geheimnis seiner letzten Prüfung in seiner Hand war, an seinem Finger steckte.

In den Wäldern schrie er eines Tages laut in seiner großen Einsamkeit. Er haßte es, daß er jetzt keinen Lehrer mehr hatte. Er wußte nicht, daß er dieser Einsamkeit auch begegnet wäre, wenn sein Lehrer noch gelebt hätte. Sie war Teil seiner Einweihung.

Es war seine Entwicklung zum Mann, die sein Gefühl von Alleinsein verursacht hatte - der Vollzug einer Legende, die im Gedächtnis seiner Ahnen eingegraben war. Und doch hatten die Märchen seines Volkes vorhergesagt, daß ein einsamer Überlebender heranwachsen würde zum Mann – und darin paßte er vielleicht in die Legende.

Es geschah, als er neben einer großen Weide saß, um auszuruhen. Er begann sich zu fragen, worin die Prüfungen wohl bestehen mochten, und Einsamkeit erfüllte sein Herz. Tränen traten ihm in die Augen. Zuerst bemühte er sich, nicht zu weinen. Er sagte sich selbst, daß er vermutlich dazu bestimmt sei, eines Tages zu herrschen, daß ihm noch viele Prüfungen bevorstanden, daß Weinen ihm nicht weiterhelfen würde. Aber ach, er war ja noch nirgendwo. Als er auf den Ring an seinem Finger blickte, konnte er sich nicht mehr zurückhalten und begann, heftig zu weinen. Tränen füllten seine Augen, bis der Ring vor ihnen verschwamm. Er dachte: »Vielleicht werde ich morgen meinen Prüfungen gegenübertreten.«

Aber am Morgen hatte er immer noch keine klarere Vorstellung von seinen Prüfungen. Als er sich einem entfernten Gebirge näherte, stieß er auf ein Schwert und ein Schild, die halb in einem Felsen steckten. »Endlich,« dachte er, »ich soll wohl meine Großartigkeit beweisen, indem ich diese Dinge von dem Stein losreiße.« Er war so erfreut darüber, daß er eine richtige Prüfung vor sich sah, daß er die Gesetze der Physik und der Realität außer Acht ließ. In Wirklichkeit konnte niemand diese Waffen aus dem

Stein ziehen. Sie sollten dort bleiben. Je mehr er sich bemühte, umso weniger gelang es ihm, und ein Gefühl von Wertlosigkeit breitete sich tief in seinem Herzen aus. Wieder versuchte er, seine wahre Schwäche nicht zu zeigen, aber er mußte zugeben, daß er Hilfe brauchte und ohne sie verloren war. Und obwohl er es nicht wußte, liefen seine Prüfungen in vollkommener Weise ab.

In den nächsten Tagen ließ er das Schwert hinter sich. Die Tränen, die er geweint hatte, hatten ihn völlig aller Tränen entleert. Er konnte nichts weiter dazu tun, fühlen oder denken. Er schloß einfach, er habe bei den Prüfungen versagt, und da begann er, Angst zu bekommen. Je weiter er reiste, umso mehr grübelte er. Er war der letzte überlebende Mann, und er würde sich als unwürdig erweisen. Er überlegte, daß der Stamm sterben müsse und er dafür allein die Verantwortung trüge.

Eine Tagesreise vom Gebirge entfernt traf er auf eine Gruppe schlafender Tiger. Mitten zwischen ihnen lag ein riesiger hölzerner Kampfhammer, der ihm richtiggehend zu winken schien. Das also war wieder eine Prüfung. Offensichtlich sollte ein mutiger Mann mitten in die Gruppe der Tiger schleichen und ohne sie zu stören, den Hammer herausholen, der ihm dann als Waffe gehören sollte. Vielleicht, so dachte er, müßte er die Tiger damit erschlagen, aber das käme alles zu seiner Zeit. Als erstes, schloß er, würde er sich den Hammer aneignen.

Leise und langsam kroch er mitten zwischen die Tiger. Es muß wohl eine Stunde gedauert haben bis seine Hand endlich den Griff des Hammers erreichte. Sein Herz klopfte so laut, daß er fürchtete, die Tiger könnten davon aufwachen. Jeder Atemzug klang für ihn wie ein Windsturm. Er versuchte, die Luft anzuhalten. Jeder Muskel bewegte sich für sich wie in einer riesigen Symphonie, oder vielleicht Kakophonie, der Angst. Mit seinen zitternden, erschöpften Händen riß er den riesigen Hammer tapfer nach oben.

Der Hammer zerbarst mit einem ohrenbetäubenden Lärm, aber er bewegte sich nicht von der Stelle. Der Griff war abgebrochen. Die Tiger sprangen auf, und Garrow schrie vor Angst. Glücklicherweise ergreifen Katzen instinktiv die Fluche, wenn sie erschrecken. Garrow überlebte also das Abenteuer. Aber er nahm sich vor, nie jemandem davon zu erzählen, nie auch nur an sein unrühmliches Erlebnis zu denken. Zwei Prüfungen und zweimal versagt! Niedergeschlagen setzte er seinen Weg zum Gebirge fort.

Am Abend erreichte er den Fuß des Gebirges, wo er sein Lager aufschlug und übernachtete. Am nächsten Tag sah er, noch gefangen in seiner eigenen Verwirrung, wie ein verletztes Lama halb tot, halb lebendig um sein Leben rang. Gegen den Fels und die steile Wand kämpfend, kletterte das Tier zu einem geschützten Platz, wo seine Wunden heilen könnten. Dort war es geschützt gegen Schnee und Feinde und mit Geduld würde er zuschauen können, wie der Körper anfangen würde zu heilen.

»Vielleicht ist hier die Prüfung, auf die ich warte«, dachte er. »Ich muß wohl ein Heiler sein wie Tumara, der Ocucus.« Aber als er zusah, wie das Lama langsam gesund wurde, fühlte er sich wie gelähmt. Es gab nichts zu tun, außer zuzusehen, alles andere hätte nur gestört. Also sah er zu und es erfüllte ihn mit unbeschreiblicher Freude. Die nächsten zwei Tage saß er da und sah wie verzaubert zu, lächelnd, lachend, überrascht von dem was er sah, als der Körper des Lamas heilte. Tränen der Zärtlichkeit und des Mitgefühls traten ihm in die Augen. Er vergaß sogar sein eigenes Geschick dabei. Seine Freude sang aus ihm. Nachts träumte er wieder. Aber diesmal waren es nicht Träume der Enttäuschung. Wenn dein bewußtes Denken auch vielleicht bestimmt wird vom Eindruck des Versagens, kann dein Unbewußtes doch seltsamerweise ein Gefühl von Erfolg entwickeln und dich vorantreiben. Und genauso war es bei Garrow.

Bald danach gelangte Garrow über das Gebirge zu einem Wald auf der anderen Seite. Dort im Gehölz freundete sich ein Golindrina-Vogel sichtlich mit ihm an – ein Vogel, der bekannt ist für seine zart-rosa Farbe und seinen Mut, auf der Futtersuche über große Entfernungen zu fliegen. Er flog mit ihm überall hin und machte Rast zur selben Zeit wie er. Garrow nahm es einfach hin. Vielleicht lag darin ja eine Prüfung, die er bestehen sollte. Der Spitzname des Vogels bei den Bergbewohnern war Geisterstimme. Obwohl in der Nähe nur als leises Flöten vernehmbar, konnte man seine Stimme auf große Entfernungen hören – nicht lauter, nicht leiser – aber immer gegenwärtig. Manche glaubten, daß dieser besondere Vogel in Wirklichkeit ein Bote der Götter sei. Niemand wußte, wo der Vogel brütete, weil er seinen Nachwuchs so heftig schützte, daß bis zum heutigen Tag nie ein Nest gefunden wurde.

Der Vogel begleitete Garrow überall hin, und Garrow konnte nicht erkenne, was er mit dem Vogel – wenn überhaupt – zu tun hatte. Wenn dies eine Prüfung darstellte, wußte er wieder nicht, wie sei zu bestehen war. Aber da er sich allein und verloren fühlte, und der Weg endlos und ohne erkennbares Ziel schien, freute er sich über die Gesellschaft. Garrow wußte nur, daß etwas in ihm brannte und ihn vorwärts trieb. Die zwei reisten bei Tag und schliefen bei Nacht. Jeden Abend baute der Vogel sorgfältig einen Unterschlupf aus Klee am Boden in seiner Nähe. Am Morgen, nach tiefem traumreichen Schlaf, machten sie sich wieder auf den Weg.

Vielleicht war es nur Einbildung, aber es bekam den Anschein, daß der kleine Vogel nachts in den Träumen mit Garrow in Verbindung trat. Wie sonst konnte man sich die Anzahl der ungewöhnlichen Träume erklären, die er hatte? Die Tage vergingen. Der Vogel war immer da, ein so treuer Gefährte, wie jeder Pilger ihn sich nur wünschen konnte. Dann hatte Garrow eines Nachts folgende Träume:

Im ersten Traum sah er ein wunderschönes Mädchen und gewann ihre Zuneigung. In der Traumwelt war sie eine Gefangene, und er erfuhr, daß sie gefangen gehalten werden sollte bis zu einem bestimmten Alter. Danach sollte sie dem Gott der Zukunft geopfert werden. Wie es bei den meisten Opfern ist, hatte der Zweck des Opfers mit Wohlstand, Fruchtbarkeit und langem Leben zu tun.

Im zweiten Traum bekam Garrow von dem Golindrina-Vogel einen Zweig, und der Vogel sagte ihm, er solle einen Platz für ein Nest ausfindig machen. Doch im dritten Traum in dieser Nacht sah Garrow sich selbst, wie der einmal gewesen war, schreiend in den dunklen Wäldern, weinend um den Verlust seines Lehrers, hilflos bei dem Schwert und dem Schild im Fels, in Angst und Schrecken inmitten der erwachten Tiger, vor Freude strahlend bei der Heilung des Lamas. In diesem Traum erschien der Medizinmann, nahm sein eigenes Silbermedaillon und legte es Garrow um den Hals. In diesem Augenblick schmolz der Skarabäusring weg.

Und merkwürdigerweise lag das glänzende Medaillon tatsächlich da. War es schon die ganze Zeit über da gewesen? War es jetzt wirklich da oder träumte er noch? Er war sich nicht sicher. Noch war für Garrow die Bedeutung der Träume nicht klar. Manchmal, wenn Du von einem Traum erwachst, genügen die Anforderungen des Tages, um Dein bewußtes Denken von den ungelösten, unbeantworteten Fragen abzulenken, die im Traum so wichtig schienen.

Im Moment des Erwachens glitt der Skarabäusring von seinem Finger, und auf der Oberfläche des geschnitzten Käfers wurde eine Stelle sichtbar, die mit der Zeit abgewetzt worden war. In dem glattpolierten, abgewetzten Fleck konnte Garrow die Oberfläche eines schönen blauen Edelsteins erkennen, der aussah, wie der, den der legendäre Stammeshäuptling früher getragen hatte. In dieser Zeitspanne zwischen Träumen und Wachen begann der Golindrina-Vogel leise zu singen, und Garrow stellte überrascht fest, daß er in diesem Zustand fähig war, seine Töne als Sprache zu hören und irgendwie zu verstehen, auch wenn er zuerst nicht hätte sagen können, was ihm dadurch mitgeteilt wurde.

Aber immer noch war Garrow verwirrt und bedauerte sein Schicksal. Er hatte nicht genug von seinem Lehrer gelernt, er hatte die Prüfungen nicht bestanden, der Skarabäusring war nur ein Symbol, der blaue Edelstein seines Stammes nur ein Erbe, der Golindrina-Vogel nur eine Stimme! Und aus seinen Träumen erfuhr er gar nichts.

An diesem Tag, nachdem die Traumbilder verschwunden waren, begegnete Garrow und der Vogel einem blinden Mann am Fluß. Es war der erste Mensch, den er seit langer Zeit gesehen hatte. Garrow erzählte ihm alles. Da griff der Mann nach seiner Hand und, indem er seinen Tastsinn benutzte wie ein sehender Zigeuner seine Augen, untersuchte er die Linien in Garrows Hand.

»Es ist ganz offensichtlich«, sagte der alte Mann,« all die Zeit hat der Golindrina-Vogel dich durch die Wälder begleitet. Er hat dir als Kompass gedient. Er hat in einer Sprache zu dir gesprochen, die du nicht ganz vernommen hast, und solange du das nicht tust, wirst du die Frau, die du suchst, und das Wissen, das du dir ersehnst, nicht finden. Sie wird dir wieder und wieder entgehen, weil du nicht sehen kannst und nicht hören willst. Weil du das Vermächtnis, das du bekommen hast, nicht loslassen kannst, bist du weiterhin unfähig, es zu deiner Zufriedenheit zu erfüllen!«

»Noch einmal?« sagte Garrow

»Ich kann dir nicht mehr sagen. Aber, ja, noch einmal.«

»Wann bin ich der Frau begegnet?«

Der Blinde sagte eine Weile nichts. »Du kannst nach ihr suchen oder du kannst es nicht. Du kannst wählen, oder auch nicht.«

In diesem Augenblick wußte er es. Verwirrt über seine eigene Dummheit fühlte sich Garrow beschämt, und seine alte Wut erfüllte ihn noch einmal. In dem Bewußtsein, daß er die Chance, das Erbe seines Volkes zu erneuern, vielleicht verpaßt hatte, riß er sich wütend das Medaillon vom Hals und warf es zusammen mit dem Skarabäusring zu Boden.

Im selben Moment traf ein helles Licht die Mitte des Silbermedaillons und darin spiegelte sich das Bild einer Frau, die ihm, als er genauer hinschaute, erschien, wie sein alter Freund, der Golindrina-Vogel. Der alte Mann sagte: »Es war dein Ärger, der dir, richtig eingesetzt, geholfen hat, den Mut zu deiner eigenen Sicht zu finden. Garrow hatte die Fesseln abgeworfen, die ihn als Kind des Stammes banden. Indem er das Vermächtnis der Prüfungen weggeworfen hatte, bestand er seine letzte Probe.

»Ich glaube, du hast die letzte Probe so bestanden, wie du auch die anderen bestanden hast,« sagte der Blinde. »Wie meinst du das?« fragte Garrow. Und der blinde alte Mann zeigte Garrow, wie er jedes mal sich selbst treu gewesen war. In seiner scheinbaren Schwäche zeigte er die Stärke, er selbst zu sein und nicht dem Bild zu entsprechen, das sich die Legenden die anderen von ihm machten.

»Nimm diese Geschenke deines Erbes und deines Volkes und verwende sie mit Gerechtigkeit.« Garrow nahm den Ring und das Medaillon wieder zu sich, aber jetzt besaß er sie, nicht sie besaßen ihn. Vielleicht war die Frau immer da gewesen, und Garrow hatte sie wegen all´ seiner Träume nicht sehen können. Vielleicht war er ihrer vorher nicht würdig gewesen, aber jetzt stand sie vor ihm an der Stelle, wo eben noch der Golindrina-Vogel gewesen war. Als er den Arm zum Himmel streckte, flog aber nicht der Vogel zu ihm, sondern stattdessen kam die anmutige Gestalt der Frau auf ihn zu und umarmte ihn. Er war bestürzt und zugleich entzückt über die

unerklärliche Erscheinung. Auch als es am nächsten Tag erwachte und am Tag darauf, konnte er sich die Anwesenheit der reizenden Frau, die weise war und ihm sehr vertraut vorkam, immer noch nicht besser erklären.
Bis zum heutigen Tag enthüllt die Legende das Geheimnis nicht. Aber das tun Legenden selten. Und die Legenden über den Golindrina-Vogel sind immer geheimnisumwittert. Garrow aber nahm zu an Weisheit, Großherzigkeit und Sanftmut und beide gaben diese Tugenden als ihr Erbe weiter an ihre Kinder und Kindeskinder.

4. Ziel der Rollenentwicklung:

Veränderung wird möglich, indem man sich darauf verläßt, zu vertrauen, um Hilfe zu bitten und sich selbst zu offenbaren.

Metapher

Das ist die Geschichte einer »Herausforderung des Herzens«. Es scheint so, daß Sheath eines Tages unter dem Eindruck einer für ihn nicht so typischen Sinnestäuschung fortging. Wann und wo sich alles so genau ereignete, können wir nur ahnen. Es war in einem heißen Land und vor langer Zeit, noch vor dem technischen Zeitalter, in einem großen Dorf, heute würde man es wohl eine Stadt nennen. Die Dorfbewohner waren gegen die Umgebung und gegen Fremde durch dicke Mauern geschützt. Alles was Sheath je erlebt, gelernt und genossen hatte, alles woran er sich erinnern konnte, war von diesen Mauern umgeben gewesen.
Eines Tages kehrte er zurück aus der Wüste in diesem Zustand von Täuschung und Verwirrung, der für junge Leute oft so charakteristisch ist. Manchmal bist du nicht sicher, wie lange du weg warst und wie weit du gewandert bist. Du kannst in eine Richtung losgehen und die feste Absicht haben, den selben Weg zurückzugehen, nur um später zu entdecken, daß du einen ganz anderen eingeschlagen hast. Sheath dachte, er sei in dieselbe Richtung zurückgegangen aus der er gekommen war. Vielleicht stimmte das auch, aber sein Dorf war nicht mehr da!
Die Mauer war nicht da, die Tore waren nicht da. Alle Leute, die er kannte, waren verschwunden. Alles, woran er sich aus seiner Kindheit erinnerte, wie zum Beispiel den Brunnen, auf dem man als Kind vergnügt balancieren konnte, alles was sein Gedächtnis festgehalten hatte, war verschwunden. Die Gassen, wo er herumgetollt war, waren weg, die Hunde waren weg, die Kaufleute waren weg, alle Möglichkeiten, aber auch alle Probleme, die es im Dorf gegeben hatte, waren aus seinem Blickwinkel im Moment völlig verschwunden. Er suchte und suchte und konnte nicht ausmachen, ob er aufgrund einer Täuschung den alten Ort nicht wiedererkannte, oder ob er

tatsächlich verschwunden war. Aber je mehr er zu sehen versuchte, umso rasender wurde er.

Als die Nacht hereinbrach, machte er sich voller Verzweiflung auf den Weg zum Statthalter der Gegend, um seinen Rat in dieser verzwickten Lage einzuholen. Auf dem Weg dorthin befragte er jeden, den er traf, aber die Leute wußten entweder nichts oder konnten sich nicht erinnern. Er erklärte sich das so: »Wenn sie von dem Dorf wüßten, wären sie ebenso verschwunden. Wenn ihnen aber über das Dorf nichts bekannt war, könnten sie ihm sowieso keine Hilfe sein.«

Schließlich gelangte er zu dem Statthalter, dem weisesten und mächtigsten Mann weit und breit. Er ist aus gutem Grund für dieses Amt gewählt worden, dachte Sheath. Und so fragte er den Statthalter, was er tun solle. Der Statthalter sagte: »In Situationen wie der hier, gibt es nur eines was man tun kann.« – »Aber was ist das nur für eine Situation? Hast du wirklich so etwas schon erlebt?« fragte Sheath.

»Nicht genau in dieser Form,« entgegnete der Statthalter.» Es nimmt jedes Mal eine andere Gestalt an, aber im wesentlichen war es ähnlich. Deine Stadt zurückzubekommen wird eine Prüfung deines Herzens sein. Wenn es um das Wesen der Dinge geht, liegt der einzige Ausweg in einer Herausforderung des Herzens. Du mußt dorthin zurückgehen, wo du meinst, daß die Stadt liegt, oder wo sie jedenfalls früher lag, und solange dort meditieren oder in Trance gehen, bis dir vier Gegenstände viermal erscheinen. Du weißt, wie es ist, wenn du innerlich ein bestimmtes Bild suchst. Du kannst nicht vorhersagen, welches Bild dir in den Sinn kommen wird. Dein bewußtes Denken hat vielleicht eine gute Vorstellung von dem, was passen könnte, aber dein Unbewußtes kann dich auch völlig überraschen.« Die Anweisung bestand darin, die ersten vier Gegenstände, die ihm viermal in den Sinn kamen, herauszufinden und in die Amtsstube des Statthalters zu bringen.

Der erste Gegenstand, der ihm schnell hintereinander viermal einfiele, wäre also der erste, den er mitnehmen müßte. Aber wie kannst du in Trance zählen, wie oft dir ein Gegenstand erscheint? Vier Gegenstände viermal, das wären sechzehn Bilder, eines, zwei. Aber sie müssen ja nicht in dieser Reihenfolge kommen. es könnte auch 13, 3, 7, 14, 15 sein. Du könntest zählen, wieviele dann überbleiben. Das ist das andere, das noch nie vorgekommen ist und ein anderes war schon fünfmal da.

Aber eines war sicher, nämlich, daß er einen bestimmten Kristall nicht aus seinen Gedanken verdrängen konnte, einen purpurnen Kristallanhänger, der an einem roten Band oder einer Kette zu hängen schien. Der kam ihm immer wieder in den Sinn. Nach viermal hörte er zu zählen auf.

Und da war ein Schlüssel, ein Bronzeschlüssel, der ihm ebenfalls dauernd durch den Kopf ging. Der Schlüssel war viel größer als normal und hatte sicher nie irgendein Schloß geöffnet. Ganz gewiß gehörte er zu keinem Schloß, und es sah auch nicht so aus, als könne man ein zu ihm passendes Schloß finden.

Ein anderer Gegenstand der ihm einfiel, war eine Feder, die er besaß. Er hatte sie jahrelang aufgehoben, in der Annahme, sie sei von einem Adler. Es war eine starke, lange Feder.

Der vierte Gegenstand, der ihm in dieser Nacht begegnete, war eine Pfeife, die er aus keinem besonderen Grund aufgehoben hatte. Er mochte den Ton eigentlich nicht, den sie machte, wenn er hineinblies. Es war eine schöne verzierte Pfeife, und sie schien wertvoll zu sein. Aber er wußte nicht wofür.

Er suchte unter seinen Sachen, die er bei sich hatte, bis er die vier Gegenstände gefunden hatte. Am nächsten Morgen machte er sich auf den Weg zum Statthalter. Er hoffte, daß die vier Dinge ihm nützlich sein würden, wenn er dort angelangt wäre. Aber er hatte die ganze Zeit seine Zweifel, daß diese Dinge ihm in irgendeiner Weise dabei helfen könnten, seine Stadt wiederzufinden, seine Freunde und all das, was ihn an seine Kindheit erinnerte und ihm so wohlvertraut war.

So ging er bei Tagesanbruch los. Er wußte nicht, daß er nur noch einen Gegenstand übrig behalten würde, wenn er die Stadt erreicht hätte. Er war nur tief befriedigt, daß es ihm gelungen war, die Anweisung soweit zu befolgen. Er fühlte sich auf dem direkten Weg zu einer heldenhaften Tat. Aber es war wirklich ein langer Marsch, und als eine Zirkuskarawane anhielt, ihm Hilfe anbot und ihn fragte, ob er gerne mitfahren würde, nahm er die Einladung begeistert an. Der einzige freie Platz, wo er mitfahren konnte, war ein leerer unbenützter Käfig – also fuhr er darin. Sie waren Stunden um Stunden unterwegs, bis Sheath schließlich einschlief. Als er erwachte, war wohl schon der folgende Tag angebrochen. Die Zirkuskarawane war verschwunden, längst verschwunden, aber der Käfig um ihn herum war noch da. Und tatsächlich rührte sich die Tür nicht vom Fleck, soviel er auch daran rüttelte. Sie klapperte nur ein wenig. Er schrie laut. »Heh, ihr da!«, aber natürlich war da niemand, der ihn hätte hören können. Er konnte es noch nicht sicher sagen, aber es sah ganz so aus, als wäre der gesamte Zirkus verschwunden. Er hörte den Lärm der Tiere nicht mehr und niemand antwortete auf sein Rufen.

Was sollte er nun machen? Er konnte nichts tun, um die Tür zu öffnen oder aus den Angeln zu heben. Zuerst dachte er: »Diese Leute haben mir einen Streich gespielt.« Dann meinte er, sie hätten ihn ausgeraubt. Aber er hatte seine Sachen noch bei sich, den Schlüssel, den Kristall, die Pfeife und die Feder. Die müssen sich aus Bösartigkeit vorgenommen haben, mich in diese Situation zu bringen und mich zu übervorteilen – aber nein, diese Überlegung stimmt auch nicht. »Vielleicht haben sie irgendwie mit dem Verschwinden meines Dorfes zu tun«, überlegte er.

Nein wahrscheinlich doch nicht. Vielleicht hatte sich der Wagen einfach ausgeklinkt und die Tür war nur zufällig verschlossen. Vielleicht hatten sie nicht einmal bemerkt, daß sie mich hier draußen zurückließen. Und da entdeckte er auf einmal den Schlüssel in seiner Hand. Obwohl er ihn eigentlich als Ergebnis seiner Trance-Meditation mitbringen sollte, um sein Dorf zu retten, steckte er ihn, ohne darüber nachzudenken, in das Schloß.
Wunderbarerweise öffnete der Schlüssel das Schloß der Käfigtür, verklemmte sich dabei aber hoffnungslos in dem Schloß. Um seine Reise zu Statthalter fortzusetzen, mußte er den Schlüssel zurücklassen. Und er mußte sich beeilen, zumal er nicht wußte, wieviel Zeit er schon verloren hatte.
So eilte er weiter so schnell er konnte. Als die Nacht hereinbrach, begannen ihn die verschiedenen Geräusche der Wüste, die er für unbelebt gehalten hatte, zu verfolgen. Es waren die Geräusche irgendwelcher wilder Tiere, denen er nicht zu nahe kommen wollte. Und doch schienen sich die Stimmen der Tiere zu nähern. Vielleicht näherte er sich ihnen, aber wie auch immer, es kann sehr beunruhigend sein, ganz allein nachts, mitten in der Wüste ohne Schutz zu sein.
Zuerst dachte er, er könne einfach eine kleine Melodie pfeifen und sie würden daraufhin weggehen. Aber das funktionierte nicht. Dann dachte er, sie würden sicher versuchen, ihn zu erwischen und ihn aufzufressen, und da er keinerlei Waffen bei sich hatte, müsse er bestimmt sterben.
Vielleicht waren es verrückte Tiere, wahnsinnige Tiere. Wenn er schnell rennen würde, wäre er nur umso schneller erschöpft und würde ihnen um so eher als Abendbrot dienen. Wahrscheinlich hatte er nicht das Nötigste, um sich ihnen zu stellen, konnte aber auch nicht schnell genug laufen, um ihnen zu entkommen.
Wenn er stehenblieb, hatte er keinerlei Schutz und keine Waffe. Vielleicht könnte er um Hilfe rufen, und es käme dann jemand. So rief er, aber die Tiere krochen immer näher heran. Er war so verängstigt, daß er sowieso kaum mehr einen lauten Ton herausbrachte. Irgendwie schien seine Stimme hinten in der Kehle stecken zu bleiben. Und mit dieser Fähigkeit nachzudenken, und der Unfähigkeit zu schreien, hat bestimmt jedes Kind schon manchen Alptraum aushalten müssen. Da zog er die Pfeife aus seiner Tasche, setzte sie an seine Lippen und blies so heftig hinein, daß sie laut in die Nacht hinauskreischte. Sie stieß einen so lauten Pfiff aus, daß er sofort wieder wußte, warum er ihren Ton nicht mochte.
Er blies so laut, daß es rundum still wurde. Schließlich brach der Ton ab in tödlichem Schweigen. Die Pfeife würde nie wieder tönen, sie hatte ihren Geist aufgegeben. Sie war zerbrochen und das einzige verbliebene Geräusch war das der auseinanderfallenden Bruchstücke. Aber da waren auch

keine Geräusche von irgendwelchen Tieren mehr zu hören. Stille kann zu manchen Zeiten sehr beruhigend sein.

Daraufhin setzte Sheath seinen Weg fort, nur noch mit zweien seiner Gegenstände. Er wußte, wenn die Dinge gebraucht würden, um sein Herz zu prüfen, würde er elend versagen. Er hatte nur noch zwei davon und hatte damit eigentlich schon versagt. Aber er hatte keine andere Wahl als weiterzugehen. Als er schließlich zu den Toren der Stadt kam, in der der Statthalter ihn erwartete, wurde sein Weiterkommen noch einmal in einer Weise behindert, die sein Versagen noch zusätzlich zu vermehren versprach.

Da war ein Geschöpf einer bestimmten Art, der Art, wie sie in Märchen und Mythen als Drachen oder Zyklopen vorkommen. Du weißt, es kann eigentlich nur ein normales, wenngleich sehr großes Tier sein. Es hätte ein Bär sein können, aber es war noch in einem Vorstadium, bevor alle Lebensformen völlig in Kategorien eingeteilt waren, und es war die Art von wildem Tier, welches die Einbildungskraft zu Übertreibungen anregt.

Du kannst einen äußeren Reiz zwar mit deinem bewußten Verstand registrieren, aber eine Angst aus deinem Unbewußtem verwandelt deine Wahrnehmung in etwas Gräßliches. Jeder weiß, daß ein so großes Tier mit seinen Klauen einen einzelnen Menschen im Nu vernichten könnte. Sheath wurde sich schlagartig darüber klar, daß er dastand ohne eine Möglichkeit, das wilde Tier zu beschwören, es zu zähmen. Da aber dämmerte es ihm, daß dieses Tier ihm vielleicht gar nichts Böses wollte. Vielleicht ist es ja gar nicht gefährlich, vor allem, wenn ich es nicht aufwecke. Wenn ich es nicht aufwecke, ist es vielleicht ein Tier, das Menschen keinen Schaden zufügt. Er nahm also seine Feder und kitzelte es an verschiedenen Stellen, unter der Achsel, am Hals, sanft das Fell des Tieres mit dem Flaum der Feder streichelnd. Er mußte das vielleicht fünf oder sechs Minuten getan haben, als das Tier endlich laut gähnte und sich zur Seite rollte. Aber indem es vom Tor wegrollte, klemmte das Wesen die Feder unter der Achsel fest.

Als er durch das Tor ging, dachte Sheath über diesen letzten Schritt nach. Wieder hatte er einen Gegenstand geopfert, also wieder versagt, wie es ihm schien.

Er blickte auf den einsamen Kristall, dem ersten Gegenstand der ihm eingefallen war und den einzigen, den er noch in der Hand hatte. Als er sein Gesicht in den Facetten des Steines gespiegelt sah, erkannte er nur das traurige Gesicht eines enttäuschten Menschen. Man sagt, daß der Kristall als Meditationsgegenstand weder Härte, noch Leiden, noch Widerstand bietet. Aber als er in die Facetten des Kristalls blickte, sah er nur ein Gesicht voller Leiden und Schmerz und Schwierigkeiten aller Art, besonders der persönlichsten, schmerzlichsten Schwierigkeit, die von dem Gefühl von Versagen, dem grundlegenden Gefühl von Minderwertigkeit herrührt. Er hatte gehofft, ein Held zu sein, aber alles was er sah, war das Gesicht einer Person, die mehr und mehr Hilfe brauchte und immer weniger fähig war, etwas allein richtig zu machen.

Endlich stand er vor der Tür des Statthalters; als sie sich öffnete, sagte der Statthalter: »Schön dich zu sehen Sheath, erzähle mir, wie es dir ergangen ist auf deiner Reise.« Sheath erklärte, er sei wohl nicht fähig, irgend etwas zu erreichen. Er habe vier Gegenstände gehabt, aber jetzt habe er versagt. »Ich war nicht mutig, ich war nicht kompetent, ich habe niemandem wirklich geholfen. Ich sah mein Gesicht in den zwölf Facetten des Kristalls und ich erkannte darin zwölf Dinge über mich. Meine Verzweiflung über mich hat sich dadurch um das zwölffache vergrößert. Ich habe euch verraten, ich habe den Rat, den ihr mir gabt, verschwendet. Ich habe keine Hoffnung und keine Träume mehr.« Und wie er so heftig weinen mußte, schloß er die Augen, schloß sie und ging in sich. Der Statthalter sagte: »Sheath, ich freue mich so über deinen Erfolg. Das alles war eine Herausforderung für dein Herz. Du warst eingeschlossen in einem Käfig und du hättest denken können, es sei aufgrund der Bösartigkeit der Leute in der Zirkuskarawane, aber du hast nicht an Bösartigkeit geglaubt. Du bewiesest dein mitfühlendes, verzeihendes Herz, indem du das Beste annahmst. Obwohl du durch dein Bemühen um Tapferkeit abgelenkt warst, benutztest du einen deiner Gegenstände, um zu lernen.

»Dann warst du mitten in der Wüste, umgeben von Wölfen, ohne Hoffnung, dich selbst verteidigen zu können. Sogar in dieser Situation, als du glaubtest, niemand wäre da, hast du auf deiner Pfeife um Hilfe geblasen so laut du konntest und damit dein vertrauensvolles Herz bewiesen«.

»Dann am Tor hättest du annehmen können, das Tier sei böse und wolle dich verschlingen. Aber statt dessen hast du es mit deiner Feder gekitzelt und damit dein leichtes, dein freudiges Herz gezeigt«.

»Und während du die letzten drei Meilen gegangen bist, hast du dein Gesicht im Kristall betrachtet und hast deine Erkenntnis über dich selbst zugegeben, die einem normalen Menschen nicht zugänglich gewesen wäre. Du hast deine Ehrlichkeit bewiesen, dein reines, aufrichtiges Herz«.

»Diese Aufgaben, diese Prüfungen hättest du nicht mit den Dingen, die du mitgebracht hast, allein schaffen können, wenn dein Herz nicht die Probe bestanden hätte. Du mußtest ein verzeihendes Herz haben und den Glauben an Hilfe nicht aufgeben. Und ich glaube, wenn du die Augen öffnest, wirst du feststellen, daß andere Täuschungen, Illusionen und Verwirrungen sich mittlerweile genauso aufgelöst haben. Wenn du jetzt nach deinem Dorf suchst, wirst du es dort sehen, wo es immer war, nur verborgen hinter deiner Verwirrung und deinem Delirium«.

Und so war es auch.

Anmerkungen zu Kapitel 7

[1] nach dem Film »Circle of Iron« mit David Carradine
[2] Diese Geschichte, eine »erfundene Legende«, ist eine Beitrag von Tina Beissinger, Ph.D., und wurde von den Autoren für den eigenen Gebrauch modifiziert

Kapitel 8

Metaphern zu Selbstdisziplin und Vergnügen

Was wir anläßlich eines wichtigen Ereignisses tun, hängt vermutlich davon ab, was wir bereits sind; und was wir sind, ist das Ergebnis unserer Selbstdisziplin in den vorangegangen Jahren.

H.P. Liddon

Wenn die Selbstdisziplin des freien Bürgers nicht der eisernen Zucht der gepanzerten Faust ebenbürtig ist, in der Wirtschaft, der Wissenschaft, kurz in allen Bereichen unseres Daseinskampfes,... dann wird Freiheit immer wieder als Bedrohung erscheinen.

John F. Kennedy

Wenn deine Fähigkeit dich abzumühen deine Fähigkeit zu genießen übertrifft, dann bist du allmählich am Ende.

Glen Buck

Bei diesem Protokoll werden nach dem Isomorphie-Prinzip angelegte Metaphern eingesetzt, die genau der Situation des Klienten entsprechen (Gordon, 1978, S. 39-84) und deren Interventionen vorrangig aus eingestreuten Suggestionen bestehen (Erickson & Rossi, S. 262-280), aus Pointen (Lankton & Lankton, 1983, S. 332-334) oder eingebetteten Aufträgen (Lankton, 1980, S. 133), welche die erforderliche Verhaltens- oder Einstellungsänderung betreffen oder darauf abzielen, den Weg zu mehr Vergnügen und Disziplin zu ebnen. Das heißt, daß der Aufbau dieses Metapherntyps, im Gegensatz zu den übrigen in diesem Buch, in allen Punkten getreu der Problemsituation des Klienten geplant wird. Der umgewandelte metaphorische Rahmen, der so entsteht, dient als Träger der Interventionen in Form eingebetteter Anweisungen. Im wesentlichen bestehen die Anweisungen aus jenen treffenden und entscheidenden Sätzen, die Menschen häufig zu hören bekommen müssen, deren sie sich erinnern müssen und nach denen sie handeln können. Derlei Kernsätze sollen in Fleisch und Blut übergehen und Teil des Erfahrungsschatzes der Klienten werden, damit sie zu einem späteren Zeitpunkt zur treibenden Kraft der eigenen Motivation werden.

Dieses Protokoll erhielt den Titel »Disziplin und Genußfähigkeit«, was manchem Leser widersprüchlich erscheinen mag. Indessen haben wir diesen Titel gewählt, weil es vollkommen unserer Beobachtung entspricht, daß diese beiden Aspekte des Daseins Hand in Hand gehen können und sollten – sie stellen keineswegs unvereinbare Gegensätze dar. Disziplinierte harte Arbeit mündet in das freudige Gefühl, stolz sein zu können, hingegen könnte sich hemmungslose Freude als Fehlschlag erweisen, wenn sie nicht durch Disziplin gezügelt würde. Nur zu oft betonen Klienten, daß sie sich dringend mehr Disziplin auferlegen müssen, und dabei ist ihnen nicht klar, daß sie genau darin ihr Vergnügen finden können. Andere irren richtungslos wie in einem Labyrinth umher, auf der Suche nach dem vermeintlich geringsten Widerstand, um sich nur ja nicht Selbstdisziplin auferlegen zu müssen, obgleich doch dadurch mehr Freude in ihr Leben einkehren könnte. Manche Klienten besitzen durchaus den Rückhalt, den sie zur Veränderung benötigen; ihnen muß anscheinend lediglich gesagt werden: »Mach es, ändere es jetzt, setz dich in Bewegung, hör nicht eher auf, als bis du es geschafft hast!« Derartige Anweisungen können aufgrund der Struktur dieses Protokolls metaphorisch eingekleidet, d.h. ohne Gesichtsverlust des Klienten vermittelt werden.

Dieser unkomplizierte und doch wirkungsvolle Entwurf wurde bereits an anderer Stelle erörtert (Lankton, 1980, S. 155). Im Arsenal der Metapher-Entwürfe stellt er ein nützliches Instrument dar, das besonders leicht zu erlernen ist und oft wirkungsvoll ausgedacht und eingesetzt werden kann, und dabei nur geringer Planung bedarf.

Die drei Schritte dieses Entwurfs, nach denen sich das Vorgehen richtet, werden im folgenden zusammengefaßt:

Disziplin und Vergnügen im Leben – Möglichkeiten der Veränderung

1. Erfinden Sie eine beispielhafte Situation, eine Metapher oder eine ganze Reihe von Metaphern, welche strukturell gleicher Art sind wie die Situation und/oder die Schwierigkeiten des Klienten oder gut dazu passen.
2. Wählen Sie die erforderliche Erfahrung aus, beschwören Sie sie wieder herauf und lenken Sie die Aufmerksamkeit des Klienten darauf, wie er eine kreative Lösung finden kann, indem er die angemessene Anstrengung unternimmt, oder wie er bei diesem Vorgang sein Vergnügen finden kann.
3. Übermitteln Sie innerhalb der Metapher Hinweise, Ratschläge oder Aufträge als eingebettete wörtliche Rede, als eingestreute Suggestionen, als eingebettete Gebote und/oder Erfahrungen im übertragenen Sinne, die der Protagonist im Handlungsablauf macht.

Geschichten, die diesem Prinzip folgen, werden am besten in eine vielfältig verwobene Folge von Geschichten einbezogen und/oder gegen das Ende der Therapie hin eingeführt, damit die doch sehr klaren Botschaften der bewußten Aufmerksamkeit und der Bewußtheit entzogen sind. Werden diese Suggestionen zu einem späteren Zeitpunkt in der Therapiesitzung dargeboten, so können darüber hinaus die erforderlichen Ressourcen, die in der Geschichte erwähnt werden, bereits mobilisiert, gestärkt oder anderweitig wieder zugänglich gemacht worden sein, ehe die eingebetteten »Gebrauchsanweisungen« erfolgen.

Es muß auch eine Mahnung zur Vorsicht beim Gebrauch dieses Entwurfes ausgesprochen werden: Die Versuchung, sich ganz auf ihn zu verlassen, dürfte groß sein, weil er auf handfestere Art direktiv zu sein scheint. Aufgrund seiner moralisierenden und belehrenden Eigenschaften wird er manchen besonders reizen. Andere werden angetan sein, weil häufig weniger Planung und eine geringere Vorbereitung erforderlich ist als bei den komplexeren Entwürfen in diesem Buch. Indessen muß der Klient für die erforderlichen Einstellungen, Gefühle und Verhaltensweisen empfänglich sein, damit die Anweisungen dieses Entwurfs ihre Wirkung erzielen. Das heißt, Anweisungen wie z.B. »lerne mit aller Kraft« werden ohne Folgen bleiben, es sei denn, der Klient verfügt über die entsprechende Motivation, die Einstellungen, Verhaltensweisen und Gefühle, um den Erfolg zu planen, ruhig sitzen und eifrig arbeiten zu können, zuversichtlich zu sein, ein entspanntes und zugleich präzises Erinnerungsvermögen zu haben usw.. Halten Sie den Einsatz dieses Metapherntyps dazu bereit, die Aufmerksamkeit des Klienten auf den Einsatz seiner Ressourcen zu konzentrieren, welche in der vorausgegangenen therapeutischen Arbeit während dieser oder früherer Sitzungen wieder zugänglich gemacht, aufgebaut oder zum Leben erweckt worden sind.

Es könnte hilfreich sein, mit einer kurzen Szene zu beginnen, die die Situation des Klienten wiedergibt und auf die dann unmittelbar die erste metaphorische Geschichte folgt. So kann die Bedeutung der eingebetteten Suggestionen besser erfaßt werden. Da die gesamte Vorgehensweise eher simpel ist, werden die nachfolgenden Metaphern dieses Kapitels ohne diesen zusätzlichen Teil dargeboten. Der Klient, für den die erste Geschichte erdacht wurde, war ein 32jähriger Mann, der in Sorge war wegen seiner Börsenmakler-Ausbildung und einer anstehenden Prüfung. Obgleich er ansonsten keine offensichtlichen persönlichen Schwierigkeiten oder Eheprobleme hatte, war er vor kurzem durch die Prüfung gefallen, obwohl er sich darauf vorbereitet hatte und das Gefühl hatte, den Stoff zu beherrschen. Offensichtlich hatten seine Schwierigkeiten, das Gelernte wieder in Erinnerung zu rufen, im Zusammenhang mit seiner Angst zu dem Versagen geführt. Diesmal wollte er die Prüfung anders angehen. Eine

Reihe metaphorischer Rahmenhandlungen, die seiner Situation entsprachen, wurde benutzt, und die enthaltenen eingebetteten Suggestionen sollten sein Augenmerk auf die richtige Disziplin lenken und gleichzeitig auf das Vergnügen, das daraus erwachsen kann. Die Suggestionen sind hier im Text kursiv hervorgehoben; an diesen Stellen soll die Stimme verändert werden, um die Suggestion tiefer einzuprägen oder sie für das Unbewußte zu unterstreichen (Erickson & Rossi, 1980 a, S. 430). Der Klient bestand übrigens sein Examen kurz nach jener Sitzung, in welcher ihm die folgenden Geschichten in Trance erzählt worden waren. In diesem Fall gab es sonst keine weiteren therapeutischen Interventionen.

Erstes Ziel, das mittels Disziplin resp. Vergnügen erreicht werden soll:
Konzentriere dich in aller Ruhe und richte deine Aufmerksamkeit auf das, was du weißt, so daß du es zur richtigen Zeit angemessen wiedererinnern kannst.

Metapher[1]

Vor einigen Jahren hatte ich einen Klienten namens Joe, der sich schwer tat mit der Entscheidung, ob er von daheim weggehen sollte oder nicht. Er hatte viele Jahre in der gleichen kleinen Stadt gelebt und war dort in gewisser Weise recht zufrieden. Und doch war ein Teil von ihm unzufrieden, weil er sich sicher war, *er kann viel mehr erreichen.* Andererseits kannte er jede Straße, alle Leute in- und auswendig, und wir kennen dieses Gefühl alle recht gut, *alles genau zu wissen.* Und wenn *du ein Mensch bist, der mit einem gewissen Gegenstand so wohlvertraut ist,* wie das bei Joe bezüglich dieser Stadt und seiner Bewohner der Fall war, *dann solltest du dir die Dinge wirklich durch den Kopf gehen lassen, um alles, was wichtig ist, zu behalten.* Und Joe fand folgendes heraus: *Du solltest wirklich abwägen, was du jetzt weißt, und es mit dem vergleichen, was du wissen mußt,* um deine Entscheidung zu treffen, wo du leben möchtest.
Und das könnte bedeuten, daß du einige Veränderungen vornimmst, *Fehler in Ordnung bringst.* Das kann eine unangenehme Zeit werden. Ich brauche dir wahrscheinlich nicht zu erzählen, daß es Joe ziemlich elend zumute war, als er das erste Mal zu mir in die Praxis kam. Und ich hörte ihm genau zu, denn ich habe herausgefunden: willst du wirklich *Informationen erhalten* über Klienten oder über Menschen im allgemeinen, dann *mußt du dich wirklich konzentrieren, wenn dir die Informationen zum ersten Mal übermittelt werden.* Offensichtlich fürchtete sich Joe ziemlich vor dem, was er tun mußte, seine Stimme klang etwas unsicher. Sein Blick war durchdrin-

gend und er sprach etwas gehetzt. Während der Unterredung machte ich die Bemerkung... *selbst jetzt, wenn du tiefer in dein Erleben eindringst,* dein Gesicht ist dabei ausdrucksloser und finsterer geworden, *deine Atmung hat sich verändert, du bist von einem Zustand in einen anderen übergewechselt, Joe.* Es ist einfach in Ordnung: *atme langsamer... atme leichter.* Und mit jedem Atemzug holst du dir gleichzeitig ein Stück Wohlbefinden. Und mit jedem Atemzug empfindest du deine friedliche und zufriedene Stimmung, und *du hast das Wissen, du wirst es richtig machen.* Und ebenso kannst du mit dem Ausatmen alle Anspannung loslassen, die Ängstlichkeit vertreiben. So ist es in Ordnung.

Aber zunächst einmal reichten diese Suggestionen nicht aus. Immer noch fühlte sich Joe innerlich angespannt, und er genierte sich nicht, seine Befürchtungen mitzuteilen. Indessen sah ich die schrittweisen Veränderungen, als es ihm gelang, *tief Atem zu holen* und *langsam zu atmen.* Ich dachte mir, wenn Joe in der Stadt bleiben würde, in der er groß geworden war, dann könnte er durchaus dazu fähig sein, *die Dinge zu ändern, die nicht richtig zu sein scheinen.* Wenn er sich gelangweilt fühlt, könnte er durchaus in der Lage sein, auch in seiner eigenen Stadt etwas Aufregenderes für sich zu finden. Und gleichzeitig könnte er auch *genauer auf die wichtigen Dinge achten,* die er zu Hause hat: Sicherheit, Vertrautheit; und vielleicht ist da mehr Vergnügen zu finden, als er in seiner derzeitigen Übergangsperiode zugeben kann, denn solche Übergangsperioden sind häufig von Konfusion und Rastlosigkeit gekennzeichnet.

Ich habe eine Freundin, die kürzlich ein kleines Mädchen zur Welt gebracht hat. Dieses Kind ist etwas ganz Besonderes für seine Familie, nicht nur, weil es ein eigenes kleines Wesen ist, sondern weil es das zweite Kind ist. Das erste Mädchen starb mit sieben Jahren an Leukämie. Und wenn du mit einer ungeheuren Verlustsituation konfrontiert bist, leidest du, und die Welt ist trostlos und unwirtlich für dich. Allmählich schwindet der Schmerz, wenn du anfängst, *vollkommener zu begreifen... die tiefere Bedeutung.* In einer solchen Situation *wirst du dir oft des generellen Eindrucks bewußt, daß du Dingen viel Bedeutung beimessen* kannst. So tritt etwas ein, und plötzlich ist *die Last von dir genommen.*

Megan war zur Welt gekommen und die Eltern waren voller Freude, erfüllt von dem Erfolgserlebnis, das aus dem Wissen erwächst, *du kannst es richtig machen.* Die Mutter hatte das Rauchen und das Trinken aufgegeben, sich ausgewogen ernährt und während der Schwangerschaft regelmäßig ihre Übungen gemacht, um sicherzugehen, daß sie ihren Teil zu einer normalen Geburt und zu einem gesunden Baby beiträgt. Als Baby, das nach dem Tod eines Geschwisters geboren wird, mußt du in deinem Leben eine Reihe von Untersuchungen über dich ergehen lassen. Und *du mußt sicher sein, daß du diese Tests bestehst. Du bist vorsichtiger,* und das zu Recht.

Und für Eltern in dieser Situation *besteht eine dringende Notwendigkeit, alles richtig zu machen – diesmal wird es keine Fehler geben*, obgleich die Leukämie des erstgeborenen Kindes nicht auf irgendwelche Fehler ihrerseits zurückzuführen war. Es ist einfach so, wenn dergleichen geschehen ist, *daß du es besonders genau nimmst*. Du merkst, *daß du alles behältst, was du gelesen hast* über Kinderpflege und das Aufziehen von Kindern, und daß du die geradezu unheimliche Fähigkeit hast, *dir willentlich alles zu merken*, so wie es nötig ist.

Meine beiden Hunde sind Apportierhunde. Shana ist eine Mischung aus Golden Retriever und Collie. Kelly ist ein reinrassiger Labrador. Dieser Rasse anzugehören bedeutet, *es kann dir stets beigebracht werden, Dinge wieder herbeizubringen*, und auch das Gedächtnis des Hundes ist wichtig. Wie kann ein Hund wie Shana beispielsweise *wissen, was zurückzubringen ist*. Wie macht er das, *sich zu erinnern*. Einfach so: *Etwas sehen heißt sich erinnern, worum es sich handelt, und wissen, es kann wieder ins Gedächtnis gerufen werden*. Shana ist sehr gut darin, Bälle, Frisbyscheiben und Holzstöckchen zu apportieren. Sie erinnert sich an das, was sie wissen muß, aber andererseits *vergißt du alles andere, was auf bewußter Ebene zum Vorschein gekommen ist*. Das Schöne am Unbewußten ist, daß es dir völlig selbständig zu Diensten ist. *Du brauchst überhaupt nicht angestrengt nachzudenken*. Du mußt dich nicht sorgen. Dein Unbewußtes ist immer für dich da, und es weiß und *du weißt*, was zu wissen nötig ist. Und genauso wie es viele Arten gibt, sich zu erinnern, so gibt es auch ebenso viele Wege zu vergessen.

Du kannst *bewußt vergessen*, z.B. wie es sich auf deiner Haut anfühlt, wenn dich die Sonne bescheint. Und was bedeutet das, wenn die Sonnenstrahlen dich sanft streicheln? Einen Namen *kannst du vergessen*, für kurze Zeit. *Du kannst vergessen*, wie sich das anhört, wenn das Meer gegen die Klippen schäumt. Aber du *vergißt es* niemals wirklich, stimmt's? *Du vergißt es nur bewußt, und du erlaubst deinem Unbewußten, das Wissen weiter zu bewahren*. Ein Golden Retriever hat es nicht nötig, sich die ganze Zeit zu *erinnern*, wie er einem Stöckchen hinterherjagt und es zurückbringt. Du brauchst dich *nur zu bestimmten Zeiten erinnern*. Und das Wunderbare daran, über einen bewußten Verstand und über ein Unbewußtes zu verfügen, besteht darin, daß beide ihre besonderen Aufgaben haben.

Deinem bewußten Verstand ist daran gelegen, Dinge genau zu betrachten, während das Unbewußte die Dinge eher unter einem allgemeineren Aspekt sieht. Oft ist dein bewußter Verstand damit beschäftigt, Dinge zu analysieren, während dein Unbewußtes die Bemühungen deines bewußten Verstandes mit einem wissenden Lächeln verfolgt. Denn *du weißt schon unbewußt*, was dein bewußter Verstand noch herauszufinden versucht. Und so ist das auch zwischen Eltern und Kind: Das Unbewußte beobachtet geduldig, bietet zeitweilig Hilfe an, während der bewußte Verstand weiterforscht, plant, sich Vorstellungen macht, lernt und zu unterscheiden sucht – und dabei handhabt das Unbewußte die Dinge in eher allwissender, instinktiver Weise.

Die Geburt von Megan ist gewiß ein aufregendes Ereignis, und man kann schwerlich sagen, welchen Teil des Erlernten meine Freunde *auf bewußter Ebene gebrauchen* werden, während der Großteil des Wissens *so lange unbewußt bleibt, bis es gebraucht wird.* Und auf so vieles *kannst du dich in den kommenden Tagen konzentrieren.* Die Mutter kann sich wirklich *auf die Gegenwart konzentrieren,* wenn sie neben ihrem neugeborenen Kind aufwacht. Sie kann sich *auf die Aufgabe konzentrieren,* dazu beizutragen, daß die Welt für ihr kleines Kind voller interessanter Erfahrungen ist, denn ein Mensch stellt die Summe seiner Erfahrungen dar, nicht wahr?

Sie kann sich *auf das Wissen konzentrieren,* daß sie wirklich »die Größte« ist. Wenn du eben Mutter geworden bist, bist du in der Lage, dich *auf all das zu konzentrieren, was dem Erfolg dienlich ist,* d.h. auf das ausgewogene Wachstum des kleinen Kindes: *daß du der Verantwortung dieser Aufgabe gegenüber gerecht wirst.* Und wann immer *du in deinem Leben etwas richtig machst,* dann geschieht das, weil *du dich erinnerst, daß du darauf vorbereitet bist,* die Herausforderung anzunehmen.

Hunde aufzuziehen kann eine dankbare Aufgabe sein, denn *was dabei herauskommt, hängt von dir ab.* Ich kann mir meine Tiere anschauen und mich an ihnen erfreuen, denn sie sind zufrieden und lieb, und sie sind fähig, Zuneigung zu geben und zu empfangen – und das kann als Zeichen einer gesunden Anpassung angesehen werden.

Und Joe war in der Lage, *die richtige Entscheidung zu treffen,* wo er sein Leben zubringen wollte. Für ihn war das eine allmähliche Entwicklung, wie es bei vielen Lernerfahrungen der Fall ist. Du kannst nicht unbedingt *immer auf Anhieb wissen, was getan werden muß.* Joe stellte viele Betrachtungen darüber an, wie das Leben wohl wäre, würde er *die Chance ergreifen, die das Unbekannte bietet,* aber er wußte auch, daß er nie ein Risiko eingehen würde, sollte er *diese Chance nutzen,* denn sein Unbewußtes kennt den richtigen Weg, ebenso wie mein Unbewußtes und das deine. Es besteht wirklich keine Gefahr, die Dinge durcheinanderzubringen, du brauchst *nur deinem Unbewußten zu vertrauen, daß es die beste Entscheidung trifft.* Und ich bin mir bis zum heutigen Tage nicht sicher, welche Richtung Joe eingeschlagen hat, aber als ich ihn das letzte Mal sah, schien es ihm gut zu gehen. Ich sagte ihm: »Das muß man *wirklich würdigen,* wie weit du nun gekommen bist, Joe. Du wirkst überhaupt nicht mehr sorgenvoll, und *du bist ein Bild des Selbstvertrauens.* Du scheinst ein Typ zu sein, der alles unter Kontrolle hat.« Er lächelte nur und bemerkte: »Es ist ein unvergleichliches Gefühl, *mit dir selbst in Einklang zu sein.*«

Zweites Ziel, das mittels Disziplin resp. Vergnügen erreicht werden soll:
Richte deine Aufmerksamkeit auf all das, was im sexuellen Bereich Spaß macht, seien es Empfindungen, Bilder, Phantasien, Absichten oder Botschaften.

Metapher

Sherry kam nach ihrer Scheidung und sah sich in der Situation, einen neuen Lebenspartner suchen und finden zu müssen. Wie *entscheidest du, mit wem du dich verabredest*. *Möchtest du* denjenigen schon bei der ersten Verabredung *küssen*? Es kam ihr albern vor, derartige Fragen zu stellen, schließlich war sie 29 Jahre alt. Und dennoch denkst du eben über *die Dinge* nach, *über die du nachdenken mußt*. Nicht daß das an ihr gelegen hätte, sie hatte einfach nicht die Gelegenheit gehabt, *diese Dinge* zu *lernen*. Sie war das älteste von zehn Kindern, und da hatte sie durchaus Gelegenheit gehabt, *viel darüber* zu *lernen*, wie es ist, stark zu sein und *Sinn für Kontrolle* zu *haben*. Sie hatte all ihre jüngeren Geschwister versorgt, und davon verstand sie eine Menge. Es ist interessant, *daß du es lernen kannst,* eine andere Erfahrung aufgrund deiner eigenen Fähigkeit so auszudehnen, so *daß du über einen umfassenden Erfahrungsschatz verfügst.*
Und da gab es einiges, was sie zu fragen hatte. Eine Sache war z.B.: Wie kommst *du* dazu, *dich verführerisch zu fühlen und deinen Körper zu mögen,* wenn deine Mutter dir nichts darüber gesagt hat. Tatsächlich war es bei ihr so, daß ihre Mutter ihr sehr deutlich vermittelt hatte, daß sie derartige Empfindungen überhaupt nicht haben sollte. Ihre Mutter wußte nicht, wie sie ihr das sagen sollte, daß das nämlich alles vollkommen in Ordnung ist: *Freue dich an deinem Körper, genieße seine Empfindungen, genieße die Wärme einer Träne, die über deine Wange rinnt, genieße deine Fähigkeit, tief Luft zu holen, genieße es, wie deine Blase Erleichterung empfindet, wenn sie sich so angenehm entleert, genieße es, wie du dich so warm und schmusig fühlen kannst* unter deiner Bettdecke, und *genieße es, daß du dazu fähig bist, Erregung zu empfinden.* Sie nahm irrtümlich an, es sei eigentlich zu spät, diese Dinge zu lernen, aber sie hoffte doch, daß sie vielleicht noch lernen konnte, *solche Gefühle* zu *haben*, und außerdem hoffte sie auch noch, daß sie ihre Angewohnheit, Nägel zu kauen, kontrollieren könnte.
Ich sah diese beiden Ziele in sehr engem Zusammenhang und erinnerte sie, daß sie bei allem so tun könne, als ob sie schon alles in den Griff bekommen hätte. Später erzählte sie mir, daß ihr dabei kurz eine Szene aus der Dolly-Parton-Show in den Sinn gekommen war, die sie am Abend zuvor im Fernsehen gesehen hatte, in der Dolly Parton das Mikrophon in der Hand gehalten und dabei die aufregendsten, schimmerndsten Fingernägel hatte,

die für eine Frau überhaupt denkbar sind. Nun, die meisten Leute denken nicht an Dolly Parton und auch nicht unbedingt daran, wie aufregend ihre Fingernägel sein mögen, aber meine Klientin dachte eben daran. Ich weiß nicht, ob es möglich ist, sich vorzustellen, daß ein Gesicht sich verändert, und ob Sherry dazu in der Lage war, sich selbst so dastehen zu sehen mit dem Mikrophon in der Hand und mit diesen langen, glänzenden Fingernägeln. Aber für sie war das eine Möglichkeit, es sich zu erlauben, sich *frei zu fühlen*, und du kannst es dir gestatten, deine Sexualität zu zeigen, *wie es dir gefällt*. Die Fingernägel sind nur ein Symbol. Eine alte Gewohnheit abzulegen wird nicht selten dadurch erleichtert, daß man sich eine neue Angewohnheit zulegt. Tatsächlich fing sie mit einer ganzen Reihe neuer Gewohnheiten an, und wann wäre ein passenderer Zeitpunkt als an Neujahr, oder wenn eine ganz *neue Ära der Beziehungen* anbricht, was sich durch eine Scheidung angekündigt hat. Und wie das bei vielen Menschen üblich ist, änderte sie ihre Frisur, ihre Garderobe, ihre Wohnung, ihre Lektüre, ihre Eßgewohnheiten und ihre Freizeitbeschäftigungen. Früher war das nie so gewesen, daß sie ihre *Freizeit bewußt gestaltet hatte*.

So kannst du dir vorstellen, was für reiche neue Erfahrungen sich auftaten, als sie mit einem Übungsprogramm anfing anstatt der üblichen »happy hour« mit Cocktails nach der Arbeit. Abwechselnd ging sie schwimmen, fuhr Rad im Park oder machte ihre Sprungübungen zur aufmunternden Musik von »Rhapsody in Blue«, je nachdem, in welcher Stimmung sie war und über wieviel Energie sie am jeweiligen Tag verfügte.

Und sie merkte, daß sie sich fragte: »Was möchte ich hier und jetzt wirklich tun?« Manchmal fing sie mit ein paar Dehnungsübungen an, während sie noch darauf wartete, daß sich irgendeine Antwort finden würde. Aber wenn *du auf deinen Körper hörst, dann kommt schon eine Antwort*. Und ganz gleich, welche Betätigung sie sich nun aussuchte, so fing sie an – manchmal früher, manchmal später – zu *spüren, wie sie wärmer wurde, fühlte das Herz kräftig und regelmäßig schlagen* und *fühlte den Atem*. Sie lernte es, *alle Empfindungen* zu *begrüßen*, selbst die anfangs unangenehmen. Mit der Übung lernte Sie, *in den Schmerz* zu *atmen, mitzugehen, auf ihn zu hören, von ihm zu lernen*, und ihn schließlich gehen zu lassen, so wie einen Freund, dem man Lebewohl sagt. Aber weit häufiger hatte sie Gelegenheit, *in das Vergnügen* zu *atmen*, einfach lebendig zu sein, die Muskeln zu bewegen, *den Luftzug* zu *spüren* und *im Wasser die Feuchte, die* sie *einhüllt*. Eines Tages lief sie bei einem Fünf-Meilen-Lauf mit, und nachdem sie die halbe Strecke zurückgelegt hatte, begann sie sich zu fragen, ob sie denn noch bei Trost sei, sich auf dergleichen einzulassen. Die Beine taten ihr weh, sie hatte Seitenstechen, und sie war mit ihrer Aufmerksamkeit bei ihren Zweifeln und beklagte sich bei jedem Schritt.

Plötzlich fiel ihr Blick auf etwas Ungewöhnliches. Da saß am Rande eine alte Frau fähnchenschwingend in ihrem Rollstuhl, blies in ein Horn, ermutigte die Läufer mit einem strahlenden Lächeln und rief: »Du hast noch »ne Strecke! Lauf weiter! Du schaffst es! Du schaust toll aus!« Noch ehe Sherry außer Hörweite war, hatte sich bei ihr etwas verändert, so verändert, daß sie es nie vergessen würde. Anstatt zu laufen und dabei zu denken: »Dies tut weh, jenes tut weh, ich werd's nie schaffen,« merkte sie nun, wie sie mit erhobenem Kopf und einem Lächeln auf den Lippen rannte und sich bei jedem Schritt vorsagte: »*Laufen ist ein Privileg, Laufen ist ein Vergnügen.*« Und bisweilen veränderte sie das auch und sagte sich: »*Du bist stark, du bist gesund, du bist lebendig.*« Und die Zielgerade tauchte erheblich schneller auf, als sie es erwartet hatte.

Und da gab es auch noch neue Übungen anderer Art, die ebenfalls ihren Teil an Vergnügen boten, obgleich sie etwas Zeit brauchte, um das tatsächlich so zu sehen. Zunächst vermied sie Verabredungen, da sie Angst hatte, dafür zu verletzlich und gehemmt zu sein, aber da man eine Lernerfahrung durch eine andere vergrößern kann, fing sie allmählich an, *dieses Flattern in der Magengrube* zu *begrüßen*, das man als Angst bezeichnen, aber genauso gut *als Erregung* ansehen kann. Und *mit erwartungsvollem Herzklopfen nutzte sie diese Körperwahrnehmung*, um sich einem Mann zu nähern, den sie als interessant oder anziehend empfand, und teilte ihm das einfach mit, wobei sie das Gefühl der Wärme zu schätzen wußte, das sich dabei bisweilen in ihrer Brust und in ihrem Gesicht ausbreitete. Wie reizvoll die entsprechende Veränderung ihrer Gesichtsfarbe dabei für ihr Gegenüber war, das war ihr noch nicht so ganz klar. Sie ließ sich allerdings nie Dolly-Parton-Fingernägel wachsen, obgleich sie ihre eigene gelungene Version pflegte und dazu ein ganzes Repertoire an gewinnenden Verhaltensweisen. Genau so war es, als Marna zu mir kam mit dem Wunsch, mit Hilfe von Trance-Übungen abzunehmen und dabei das zu vermeiden, was sie als den »abstoßenden Vorgang des Schwitzens« bezeichnete.

Marna hatte Sherry noch nicht getroffen, und sie wollte einfach nur Gewicht verlieren, ohne dabei ins Schwitzen zu geraten. Sie fand, Schwitzen sei einfach irgendwie unanständig oder nicht wünschenswert, und diese Einstellung wird dir leicht verständlich, wenn du mal abends einen Blick auf die Miss America-Show geworfen hast, die von Dry Idea gesponsort wird und ihren Slogan immer wieder einbleut: »Keiner soll je deinen Schweiß sehen.« Sie reduzieren das auf einen abstoßenden, unnatürlichen Vorgang, ganz im Gegensatz zur wichtigen Funktion dieses wunderbaren, erstaunlichen, nützlichen, reinigenden, hilfreichen Körpergeschehens. Und ich vermute, Marna nahm an, sie müsse einfach aufhören, so viel zu essen, und vielleicht *könnten wir Hypnose einsetzen, um das zu ändern.* Indessen weiß ein jeder, daß eine Veränderung auf tieferer Ebene

stattfinden muß. Vielleicht eine Änderung des Stoffwechsels oder in ihrem Fall eine Einstellungsänderung, *daß dein Körper das Recht hat, in der Weise zu funktionieren, wie er erschaffen worden ist.* Und Dry Idea könnte genauso gut sagen: »Laß es nie zu, *daß man sieht, wie du atmest.*«
So wurde ein guter Teil Kraft darauf verwendet, ihr von dem schlichten Vergnügen des Schwitzens zu erzählen und von der einfachen, aber verblüffenden Tatsache, daß dein Körper und dein Unbewußtes in der Lage sind, diesen Vorgang auf einer Ebene zu regulieren, von der du nichts weißt und vermutlich auch gar nichts verstehen könntest. Es handelt sich um ein System zum Temperaturausgleich, das nie die beständige Anpassung seiner fließenden Werte durch äußerliche Hilfen benötigt, bei dem nie Filter ausgetauscht werden müssen, das Jahr um Jahr, das ganze Leben hindurch arbeitet und das deinen Organismus effektiv auf der gleichen Temperatur hält.
Und das alles ist gut so und physiologisch stimmig. Aber wie steht es mit dem unkomplizierten Vergnügen, diesem Super-Vergnügen, dich sportlich zu betätigen, zu spüren, wie sich deine Muskeln bewegen, wenn du Rad fährst, Rollschuh fährst oder läufst, wenn du wanderst oder einen Berg besteigst, wenn du trainierst und deine Haut sich allmählich mit einer leichten feuchten Schicht bedeckt – und wenn dann der Wind ein wenig dreht, dann ist das fast so ein bißchen ein Gefühl, als wärest du im Himmel. Es ist gewiß eines der himmlischsten Gefühle, die du dir auf dieser Erde vorstellen kannst, auf einem Bergesgipfel diese leichte Brise über die glänzende Schweißschicht streichen zu fühlen, die sich auf deine Haut gelegt hat. Das ist eines der köstlichsten Gefühle auf der Welt. Und *du hast das Recht, all diese köstlichen Gefühle zu haben, zu denen dein Körper fähig ist.* Und *du weißt, wie* du das bewerkstelligen kannst, unbelastet von all den stumpfsinnigen Ideen, die uns die Gesellschaft, die Zivilisation, die Werbung und »aufgeklärte« Eltern einzuhämmern versuchen.
Und wir sprachen vom Schwitzen, während die Klimaanlage voll in Gang war. Ich erzählte ihr, daß wir uns überlegten, ein Buch mit dem Titel *Heiße Nächte in Florida* zu schreiben, du kannst wetten, daß in diesem Buch viel geschwitzt werden wird. Das Schwitzen, das aus körperlicher Anstrengung herrührt, und normales Training ist nicht annähernd so interessant und unterhaltsam wie das Schwitzen beim *miteinander schlafen*, das Schwitzen bei *leidenschaftlichen sexuellen Begegnungen*. Aber darüber sprach ich mit ihr jetzt noch nicht.
Und das entsprach Sherrys Situation, als sie ihr Bedürfnis aufgab, für irgendeine Person noch etwas Zusätzliches zu tun, ihr etwas beizubringen, etwas zu verbessern oder sie zu schützen. Und wenn du dich erst einmal in eine derart angenehme Lebenslage begeben hast, dann steht dir der Himmel wirklich offen. Das ist wie ein leeres Blatt Papier, auf das du zeichnen

kannst, was du möchtest. Und da mußt du dich zuerst einmal fragen, was genau du zeichnen möchtest. Vielleicht bewegt diese Frage deinen bewußten Verstand, während dein Unbewußtes beginnt, ein paar Farben und Formen auf das Blatt zu bringen, und du siehst, wie das Bild Gestalt annimmt – oder du führst das Ganze planvoll aus. Du kannst *wirklich planen zu spielen*, so sorgfältig, wie du irgend etwas anderes planst, das wichtig und lebensnotwendig ist. Du kannst *dir vornehmen, daß es vergnüglich wird*, ganz gleich, wie alt du bist.

Wenn man eine Verabredung trifft, ist da so ein bißchen Zauberei mit dabei, und es besteht wirklich kein Grund, daß dies nur Jugendlichen und Unverheirateten vorbehalten sein sollte. Für sie ist es oft einfacher zusammenzukommen als für ein Paar, das es für selbstverständlich ansieht, weil sie beide unter einem Dach leben. Sie gehen einfach davon aus, daß sie sich sehen werden. Und so bringen sie ihrem Partner nicht die Sonntagszeitung ans Bett, mit einer kleinen Notiz auf einem Zettel, den sie insgeheim dazwischengesteckt haben und der herausfällt und gelesen wird, während der andere gerade unter der Dusche steht oder sich fertigmacht, um dann seinen Alltagsbeschäftigungen nachzugehen; und auf diesem Zettel steht: »Guten Morgen, Schatz, ich würde mich sehr gern mit dir verabreden. Wie wär's mit drei Uhr heute am Nachmittag, du und ich, einfach nur wir beide, wieder hier im Bett zusammen? Ich habe mir was Spezielles für dich ausgedacht, mein Schatz.« Und sie rufen den anderen tagsüber auch nicht kurz an, wo immer er sich auch gerade aufhalten mag, um zu sagen: »Jetzt arbeite ich gerade hart, aber ich kann trotzdem nicht aufhören daran zu denken, wie gut ich mich vorige Nacht mit dir zusammen gefühlt habe, als wir uns geliebt haben, und ich kann es nicht erwarten, wieder meine Arme und Beine um dich zu schlingen.« Wenn du tagsüber eine solche kleine Romanze pflegst, wirst du *viel früher damit anfangen loszulassen*.

Sherry hat eine Garnitur schwarzer Unterwäsche, die sehr, sehr aufregend ist und die sie mit einem Freund gekauft hat, dem daran gelegen war, das wunderbare Reich der sexuellen Beziehungen zu erkunden. Sie war dabei vermutlich die Anführerin, denn sie hatte sich bereits länger dort aufgehalten als er, und sie war sogar schon verheiratet gewesen. Aber die schwarze Unterwäsche war seine Idee. Was hat es nur mit einem Strapsgürtel und schwarzen Strümpfen auf sich, daß ein Paar sich dadurch so beeindrucken läßt? Wieso steigert sich dadurch ihr Begehren und werden ihre Gedanken so unleugbar zum Sexuellen hingelenkt?

Sie dachte, so etwas spiele sich eher bei einer Frau ab, aber da erwähnte er, er glaube, daß diese Dinge eine Menge Spaß machen könnten; warum sie denn nicht einfach in dieses Geschäft hineingingen und ein paar Sachen auszusuchen, die sie während ihrer gemeinsamen intimen Stunden tragen könnte? Sie hatte seit der 7. Klasse keinen Strapsgürtel mehr getragen; seit dieser Zeit trug sie die viel bequemeren Strumpfhosen. Und ihr Strapsgürtel war auch nicht schwarz gewesen, nicht spitzenbesetzt und auch mitnichten so geschnitten, daß das Becken so betont wurde, wie es bei den Strapsgürteln der Fall war, die ihm ins Auge fielen.

Sie waren beide ein wenig verlegen, wie sie da standen und in den verführerischen, spitzenbesetzten, fast aus nichts bestehenden Wäschestücken herumwühlten. Aber sie erstanden einige interessante Teile. Und am darauffolgenden Tag zog Sherry sich sorgfältig für die Arbeit an, aber in Wirklichkeit zog sie sich für das Rendez-vous nach der Arbeit an, denn sie wußte, sie würde dazwischen nicht mehr nach Hause kommen.

Zuerst zog sie den schwarzen, weit ausgeschnittenen Slip an und dann die schwarzen Seidenstrümpfe und den sehr tief ausgeschnittenen durchsichtigen Büstenhalter. Und sie ging einfach im Haus umher, betrachtete sich eine Weile im Spiegel und hatte dabei das unbestreitbare Gefühl, etwas leicht Gewagtes und spielerisch Unartiges zu tun. Und sie begann sich sehr erregt zu fühlen. Das waren nicht die Gefühle, die du normalerweise erwartest, wenn du dich zu deinem Arbeitsplatz begibst. Wer hätte je gedacht, daß diese Frau, die sich nun gleich nach außen hin so korrekt gekleidet haben wird, solche Unterwäsche trägt? Wie würde sie sich, in dieser Weise angezogen, den ganzen Tag über in ihrem Beruf angemessen verhalten und mit ihren Gedanken bei der Sache sein können?

Aber sie war bereit, dieses Risiko einzugehen, denn nachdem sie sich genug bewundert hatte, zog sie diese andere Schicht Kleider darüber, fuhr in ihr Büro und empfing routinemäßig ihre ersten Klienten. Dann legte sie eine kurze Pause ein und ging hinunter ins andere Büro, wo ihr Freund auch gerade eine Pause machte. Sie ging hinein, schloß die Tür hinter sich und sagte: »Rate mal, was ich unter meinen Kleidern trage.« Ein breites Lächeln trat in sein Gesicht, und sein funkelnder Blick bekam etwas Anzügliches. Ich weiß nicht, wo und wie das Erröten genau beginnt, aber es geschieht in Erwartung einer Romanze und sexueller Erregung und mit so einem köstlichen Selbstverständnis, wie ein Jugendlicher es besitzt: Die Röte ergoß sich über Sherry, hatte möglicherweise im Magen angefangen, vielleicht auch in der Brust, und sich dann nach beiden Richtungen gleichzeitig ausgebreitet.

Und du kannst *dieses vitale Symbol genießen*, ein Zeichen dafür, *daß du lebendig und sexuell präsent bist*. Ich bin sicher, daß dieses Erröten sehr charmant war und daß er es voll zu würdigen wußte. Und er kam auf sie zu mit einem Ausdruck in seinen Augen, der sie noch mehr erröten ließ, und auch die sonstigen Empfindungen breiteten sich sogleich in alle Richtungen aus und hatten irgendwo in der Mitte angefangen. Manche Frauen schaffen das, indem sie diese Liebesromane lesen, die in so pikanter und bis in die Einzelheiten genauer erotischer Sprache geschrieben sind, daß du nicht umhinkannst, *diese kleinen Empfindungen* zu *haben*, von denen du schon seit langem weißt, die du in letzter Zeit aber möglicherweise nicht gespürt hast. Es fängt irgendwo in der Magengrube an. Und du fängst an, dir Gedanken zu machen, wo dein Mann gerade sein könnte, oder du hast dich das letzte Mal einfach in die Lage desjenigen versetzt, der dir vorschwebt, oder du wirst dies das nächste Mal tun. Sollte dies der Fall sein, so könntest du *sogar einen Orgasmus träumen*, wenn du fortfährst, all das, was in so leidenschaftlichen Einzelheiten beschrieben ist, nachzuvollziehen: » Er presste sich gegen ihre wogenden Wölbungen« und so fort. Und ein Großteil dessen wird in *Heiße Nächte in Florida* vorkommen, wenn es dir an den Zeitungskiosken ins Auge springen wird. Es wird da sehr heiß zugehen. Und das Ganze ist eine Gelegenheit, damit *anzufangen loszulassen* und jedes noch so kurze Verlangen und Empfinden damit in Verbindung zu bringen. Und doch steht mehr dahinter als das bloße Liebesspiel, wenn wir mit jemandem spielen, wirklich spielen.

Als Kind kennt das ein jeder. Und das einzig Nötige, um sich wieder zu erinnern, ist, mit jemandem zusammenzutreffen, der sich bereits erinnert hat. Und die Leute, die du triffst und die sich erinnern können, können dir wiederum helfen, dich zu erinnern, und das sind Leute, die du nie vergißt, auch wenn du das Erlernte mit jemand anderem anwendest und zu einem anderen Zeitpunkt in deinem Leben das passende Drumherum findest. Und so *kannst du dich erinnern, was du die ganze Zeit über auf vielfache Art* in Trance *getan hast*. Und du solltest deinem Unbewußten wirklich dafür danken, daß es so geschickt ist, sich an das zu erinnern, *wovon du schon die ganze Zeit gewußt hast*, daß du es in jenem Baum gewußt hast, als du noch ein ganz kleines Mädchen warst. Und ob du dieses Gefühl (des Höhepunkts) jetzt hast oder dich erinnerst, es dir vorstellst oder es wieder träumst, es war jedenfalls ein sehr gescheites Unbewußtes, das dazu fähig war, diese Erfahrung an erster Stelle zu haben. Und die gleiche Weisheit kannst du gebrauchen, um dieses Gefühl mit den passenden Situationen in Zusammenhang zu bringen, sei es nun mit deinem bewußten Verstand oder mit deinem Unbewußten. In den unterschiedlichen Situationen können verschiedenartige Bäume vorkommen, und du möchtest vielleicht lieber hinaufklettern oder aber hinunterrutschen. Ich nahm Shawn auf einen Spielplatz mit, auf dem es ein kleines Turngerüst gab, das Kinder hinaufklettern konnten, an dem sie mit den Armen oder Beinen hängen konnten oder bei dem sie *einfach die Stange herunterrutschen* konnten. Und als er das erste Mal herunterrutschte, hatte er ein wenig Angst, aber schließlich kletterte er an diesem Ding immer wieder mit Leichtigkeit hinauf. Alicia war zum Klettern noch zu klein, aber ich wußte, daß sie etwas anderes lernte.

Und so kannst du es dir einfallen lassen, auf deinen Mann zu klettern und das gleiche Vergnügen damit in Verbindung zu bringen, und dein bewußter Verstand kann überrascht sein, welche tiefgründigen Reaktionen dein Unbewußtes hinüberretten konnte. Diese andere Erregung, die du dir nicht vorgestellt hättest, rührt von jener Art Aufregung her, die du einst auf dem Baum empfunden hast. Und so solltest du dir Spiele ausdenken, wie du sie zuvor nicht betrieben hast. Gib deinem bewußten Verstand eine Chance, daß er entdecken kann, welche Veränderung der Empfindungen dein Unbewußtes in Erinnerung behalten hat.

Und ganz gewiß solltest du dir diesen Sinn für Erregung bewahren, an den du dich klugerweise als junges Mädchen erinnert hast, als du dich für diesen beliebten Jungen interessiert hast, der Klassensprecher war und überall so besonders ins Auge fiel und der später dein Ehemann geworden ist. Zweifelsohne kannten alle diesen gutaussehenden Jungen, der von ganz schön vielen Mädchen in der Schule bewundert, ja wahrscheinlich begehrt wurde. Und welches Mädchen wäre nicht *errötet* wegen ihres Gefühls, verrückt nach dem Jungen zu sein, wenn sie daran dachte, daß sie von so einem bekannten und attraktiven Jungen zum Tanzen aufgefordert oder um eine Verabredung gebeten würde? Und *so kannst du dieses Gefühl der Erregung verspüren*, das du als junges Mädchen gekannt hast, und es abwandeln entsprechend deiner Reife als Frau, die du seither erlangt hast. Bewahre dir diese Lebensfreude. Füge dies alles den Bildern hinzu, die du als Erwachsene von deinem Mann hast, klettere auf diesen Mann, den du kennst. Das ist eine sehr interessante Möglichkeit für deine Phantasie.

Deiner Phantasie stehen vielfältige Möglichkeiten offen, die du für deine Träume bereitstellst – ein Höhepunkt zum jetzigen Zeitpunkt, den du in die Zukunft überträgst, oder einfach die Erregung, die dich zum zukünftigen Höhepunkt führ; auf diese Art kannst du dich selbst betrachten und dir sagen: *fang frühzeitig* an mit dem langwierigen, wunderbaren Prozeß, in dem du lernst, *die ganze Zeit über loszulassen*. Und so können die vorüberziehenden Bilder sich ändern, während du das Schauspiel der sexuellen Begegnung einige Minuten lang genießt.

Vielleicht gefällt es dir, dich als junges Mädchen auf dem Rücksitz eines Autos auf irgendeinem Parkplatz zu sehen, und du weißt, daß du wirklich nicht bis zum Äußersten gehen wirst, und indem du das weißt, ist es dir möglich, beim Vorspiel schon die intensivsten Reaktionen zu erleben, und dabei spielt es keine Rolle, daß das Vorspiel bei einem Erwachsenen tatsächlich zu anderem hinführt. Und wie viele Erwachsene würden zum Höhepunkt kommen während dieses ganzen Vorspiels, nur weil es so aufregend ist, daß du das vielleicht gar nicht machen solltest? Oder vielleicht ist es nur die Entdeckungslust an alledem, was dein Körper vermag und wie unterschiedlich es sich anfühlt, wenn ein anderer dich berührt.

Und ich denke recht gern an ein sehr prüde erzogenes Mädchen, das ich kenne und das kürzlich im zarten Alter von 20 Jahren vollkommen jungfräulich geheiratet hat. In ihrer Familie gehört es sich nicht, nachzufragen, wie es um das Geschlechtsleben steht. Aber ich weiß, bei all ihren Verabredungen, die sie mit diesem jungen Mann während der ganzen Jahre ihres Verlöbnisses hatte, da müssen sie wohl unterwegs gewesen sein und etwas von dem gemacht haben, was zu einem besonderen Gefühl der Erregung führt, einfach weil sie einer Südstaaten-Baptistengemeinde angehörten und das wahrscheinlich nicht tun sollten. Und weil du einfach das Recht dazu hast, es zu tun, *kannst du dir das Gefühl und die Erregung bewahren*, die du hattest, als es dir noch nicht erlaubt war, es zu tun, denn das ist ein Lernprozeß.

Und es könnte Spaß machen, mit dem Gedanken zu spielen, du wärest an ihrer Stelle, auf dem Rücksitz eines dieser hübschen Autos, die ihr Verlobter fuhr, und genauso unschuldig, und die Vorstellungen sind dir so neu, was dein Körper alles zu empfinden vermag. Oder du kannst dir vorstellen, eine dieser wollüstigen, leidenschaftlichen Frauen mit unverhohlen sexuellem Verhalten zu sein, wie sie in den Seifenopern vorkommen, die keinerlei Schwierigkeiten haben loszulassen. Und es ist hübsch, wenn du dir erlaubst, die vielfältigsten Möglichkeiten zu erkunden, die Menschen zur Verfügung stehen.

Dies war eine lange Trance, die wirklich schweißtreibend war, obgleich die Klimaanlage in Betrieb war. Und ich weiß nicht, ob das damit zusammenhängt, daß du mentales Training betreibst, so daß du transpirierst, ob es die Vorstellung ist, wie du schwitzt, oder ob es der Akt der *Anerkennung ist, wie dein Körper arbeiten kann, um Schweiß hervorzubringen*. Aber sie saß da und schwitzte trotz der Klimaanlage, die sich als angenehm erwies und eine kühle Brise über den Schweiß schickte, und dann spielte ein Lächeln um ihre Mundwinkel, und das war ebenso natürlich wie der Schweiß, der sich als dünner Film auf ihre Haut gelegt hatte.

Und ich kann mich nicht einmal daran erinnern, wie es mit ihrem Plan abzunehmen mittlerweile stand. Gewichtsverlust und andere erwartete gewünschte Veränderungen pflegen sich einfach einzustellen, wenn du es fertigbringst, *dich mit dir selbst anzufreunden* auf einer tieferen physiologischen Ebene, wenn du dein körperliches Funktionieren anerkennst und dich an das erinnerst, was dein Unbewußtes immer gewußt und im Gedächtnis behalten hat und für dich bereit hält. Und du wendest es dann in dem Zusammenhang an, der wesentlich ist. Immer wenn das eintritt, wird es zu einer unwillkürlichen Angewohnheit, die eine vergessene Gewohnheit ersetzt, die weiter nicht von Belang war und die du nicht mehr brauchst. Unmittelbar danach lernte Marna Sherry kennen, und sie empfanden so etwas wie eine schwesterliche, bedeutsame Verbundenheit, die zu einer langen und engen Freundschaft führte. Man konnte sie oft miteinander rasch dahingehen sehen, unter Lachen... und Schwitzen.

Drittes Ziel, das mittels Disziplin und Vergnügen erreicht werden soll:
Du kannst erwachsen werden, die Angst vor den mütterlichen Vergeltungsschlägen hinter dir lassen, das umsetzen, was du weißt, und damit aufhören, Entschuldigungen zu gebrauchen.

Keiner wußte etwas von Ricks intimem Leben. Keiner hätte je erraten, daß unter der Oberfläche dieses wohlgesitteten, kompetenten und professionellen Mannes eine wütende Irre lauerte, die ihm beständig seinen Seelenfrieden raubte und ihn mit körperlichen und seelischen Qualen aller Art bedrohte. Wenn irgend jemand davon gewußt hätte, dann hätte er gewünscht, daß man ihm das genauso glaubt.

Natürlich war das lediglich seine Mutter- oder zumindest das fürchterliche Ungeheuer, als das er sich seine Mutter vorgestellt hatte, als er noch ein kleiner Junge war. Alles was er wußte, als er größer wurde, war, daß sie ihn brauchte und ungeheuer viel Aufmerksamkeit von ihm erwartete, so daß er sogar Dinge vernachlässigen mußte, die ein kleiner Junge eigentlich tun sollte. Das Gewicht dieser Erwartungen lastete so schwer auf ihm, daß er sich selbst als erwachsener Mann noch vorstellte, diese »Mutter in ihm«, wie er sie nannte, drohe ihm mit einer Krebsgeschwulst, die sich in seinem Gehirn ausbreiten werde, oder sie wolle ihn auf andere Weise quälen – immer dann, wenn er erwog, sich räumlich oder gefühlsmäßig von ihr zu entfernen. Dann gab er seine Pläne rasch wieder auf.

Er war niemals so respektlos gewesen, zu heiraten oder auch nur mit einer Frau eine Verabredung zu treffen, die ihn sehr mochte. Er wußte, daß dergleichen sich nicht gut mit der »Mutter in ihm« vereinbaren ließe.

Als er in Therapie kam, wollte er, daß wir an seiner Stelle in Trance mit »ihr« sprechen und uns mit ihr einigen sollten, daß sie nachgibt. Er war nicht verrückt, es hörte sich nur so an, wenn er über diese innere »Sie« sprach, als handele es sich um ein reales Wesen. Wir zogen es vor, »sie« zu ignorieren, und redeten einige Stunden mit ihm, aber seine Bitte wurde nur noch dringlicher, und schließlich stimmten wir zu, aber nicht so, wie er das erwartet hatte. Ich bat ihn, in der Sitzung etwas auszuprobieren, nämlich ein schweres Gewicht so zu halten, bis er schließlich die unbequemste Möglichkeit ausfindig gemacht hatte. Als er sich entschieden hatte, daß es am unbequemsten sei, es auf der Brust zu halten, bat ich ihn, es genau so zu halten, wenn er in Trance ginge. Ich sagte ihm, er könne sich bewußt auf die Unbequemlichkeit konzentrieren und er wisse, daß er es unbewußt entfernen könne, wenn die Zeit reif sei.

In seiner Trance erzählte ich ihm die Geschichte eines anderen Klienten namens Gerry, der uns aufgesucht hatte. Stephen hatte Gerry jahrelang in Therapie gehabt und ihm geholfen, eine Fülle persönlicher Ressourcen zugänglich zu machen und in geordnete Bahnen zu lenken, aber dennoch trat bei Gerry keine Veränderung ein. Er war depressiv seit dem Tode seiner Großmutter; damals war er noch ein kleiner Junge. Seine Mutter verhielt sich in selbstsüchtiger Weise überbeschützend, sein Vater tadelte ihn für Fehler hart. Die einzigen Gefühle wahrer Zuneigung zeigte ihm seine Großmutter, aber sie starb früh. Als Erwachsener verhielt er sich nicht so, daß es für ihn wahrscheinlich gewesen wäre, Zuneigung zu gewinnen. Äußerlich war er hinreichend anziehend, aber er gab sich derart negativ, todernst und paranoid, daß ich ihn überhaupt nicht mochte, und deshalb war ich innerlich nicht sehr beteiligt bei seiner Therapie. Aber ich bemerkte, daß sie ihm nichts weiter zu bringen schien.

Schließlich dachten wir uns einen Rahmen für einige intensive therapeutische Interventionen bei ihm aus, die er so nie erwartet hätte. Dazu gehörte eine Reihe von Aktivitäten wie ins Kino zu gehen, am Strand Frisbee zu spielen, Shrimps zuzubereiten, Drachen steigen zu lassen und anderes mehr, woran der überernsthafte Gerry im Traum nicht gedacht hätte. Er reagierte darauf mit Kritik, Nesselausschlag, Ausreden, Apathie und noch mehr Depressionen. An diesem Punkt forderte ich ihn auf, das, was er unter Hypnose gelernt hatte, in Trance zu untersuchen. Er lehnte ab: er sei derart niedergeschlagen und wolle meine Gefühle nicht verletzen, indem er sich nicht ändere. Ich wiederholte, daß es mir, ähnlich wie das bei seiner Mutter war, äußerst angenehm sei, wenn er sich *nicht* änderte auf unsere Therapie hin, und ich ermutigte ihn dazu, diese Hypnose lediglich als ein Experiment zu betrachten. Er willigte ein, und so gingen wir auf die Reise.

Mitten in Gerrys Trance kam Stephen unangekündigt ins Zimmer und sprach direkt zu Gerry: »Es gibt da einiges, was gesagt werden muß, und es ist notwendig, daß du es hörst. Du kannst allerdings sowohl das, was gesagt wurde, bewußt vergessen, wie auch das, was du dabei gedacht hast. Es kann dir mißlingen, dich zu erinnern, und du kannst dich daran erinnern, vergessen zu haben, denn nur dein Unbewußtes braucht zu wissen: *Du besitzt mehr Fähigkeiten* als du benutzt. Ich brauche dir nicht zu sagen, *daß du eine Menge fertiggebracht hast* in vorausgegangenen Trancezuständen und darauffolgenden Erfahrungen. Ich muß dich nicht an deine emotionalen und akademischen Leistungen erinnern. Du weißt das bereits, aber ich muß dir sagen, daß du behauptest, ein Kämpfer zu sein, du bist aber nichts als ein Feigling. Solange du nicht bereit bist, *erwachsen zu werden* und die *Werte zu verwirklichen, die du verkündest*, solange gehörst du nicht zu meinen Freunden und du bist in diesem Hause nicht erwünscht und hast es auf der Stelle zu verlassen.«

Rick saß noch immer da, in seiner eigenen Trance, hörte auf die Worte, die an einen anderen Klienten gerichtet waren, und hielt immer noch dieses Gewicht auf der Brust. Dann war er an der Reihe, und man wandte sich ihm zu. Der Augenblick, auf den er gewartet hatte, war schließlich gekommen: Wir würden nun statt seiner zu »seiner inneren Mutter« sprechen, aber nicht so, wie er es erwartete.

Ich bat um Zugang zu dieser Mutter und teilte »ihr« mit, daß wir beide, Stephen und ich, eine Botschaft für sie hätten, daß es da ein paar Dinge gäbe, die ihr jetzt gesagt werden müßten. Rick ließ erkennen, daß »sie« zur Verfügung stehe und zuhöre.

Ich schloß mich seiner Botschaft an und sagte zu ihr: »Stephen sagt, Sie seien kein angemessener Gegner, der es wert ist, daß man seine Zeit aufwendet. Er sagt, Ihr Sohn bedeutet keine Gefahr für Sie; er ist ja noch ein Baby. Falls er für Sie eine Bedrohung darstellt, dann sind Sie ebenfalls ein Schwächling. Alles was Sie beide erreicht haben, ist eine langwährende geheime Übereinkunft, durch die Sie diesen Waschlappen, den Sie als Ihren Ehemann bezeichnen, davor bewahrt haben, verantwortlich zu sein für seine Pflichten. Er meint, es sei Zeitverschwendung, Ihnen zu sagen: Für Ihren Sohn *ist es in Ordnung, erwachsen zu werden und sexuelle Beziehungen zu einer Frau aufzunehmen,* denn er sucht sich ja bewußt und unbewußt die aus, die zurückhaltend sind.

»Ich persönlich,« fuhr ich fort und fügte meine eigene Botschaft an, »ich denke schon, daß Hoffnung für ihn besteht. Gewiß, er hat Sie in diese unnatürliche Position erhoben, aber mir machen Sie keine Angst. Ich weiß, daß Sie lediglich ein Hirngespinst seiner Einbildung sind, und er möchte gern so tun, als habe er Angst, Sie könnten sterben oder ihn sonstwie verletzen, und so kann er es vermeiden erwachsen zu werden. Jeder hat seine Gründe, Angst zu haben, und seine sind fast ebenso gut wie die irgendwelcher anderer Leute. Es erfordert eine Menge Mut, *erwachsen zu werden* und *für dich selbst verantwortlich zu sein,* besonders dann, wenn du keinen Vater hattest, der dir gezeigt hätte, wie man das macht.

Wenn er wirklich Mumm hätte, dann würde er sich vor Sie hinstellen und fragen: »Glaubst du nicht, du unterschätzt es, wie schlimm ich wirklich bin?« Ich meine, er könnte das alles, wenn er nur wollte, allerdings kenne ich ihn nicht so gut wie Stephen. Aber ich bezweifle, daß Sie stark und klug genug sind, ihm beizubringen, daß er Sie nicht braucht und auch keinen Therapeuten. Möglicherweise erreichen Sie dies nicht einmal mit Ihrer Beerdigung. Aber er kann jederzeit eine Beerdigung für Sie inszenieren, falls er möchte, sogar jetzt,... und *sag der Ausgeburt deiner Phantasie Lebwohl, sag ihrer Tyrannei Lebwohl* und verabschiede dich sogar von deiner realen Mutter, dieser armen Frau, die, soweit es ihre eingeschränkten Fähigkeiten zuließen, versucht hat, ihre eigenen Bedürfnisse nach einer erwachsenen Form der Nähe mit der Hingabe eines kleinen Jungen zu befriedigen.«

Jeder Klient hat schließlich die Entscheidung zu treffen, und du kannst *nach den Werten leben, an die du glaubst*, andernfalls weißt du, daß du diesen Werten nicht treu bist. Und nachdem Stephen Gerry persönlich mitten in seiner Trance diese Ansprache gehalten hatte, erinnerte er ihn nochmals daran, daß er alles vergessen solle, sowohl das, was gesprochen worden war, als auch das, worüber er beim Zuhören nachgedacht hatte. Dann verließ Stephen den Raum, und nach einer kurzen Pause erinnerte ich Gerry noch einmal daran, daß ich mich unbedingt gut dabei fühlen würde, wenn er sich nicht änderte, so wie wir das besprochen hatten. Dies war wirklich eine Verpflichtung für ihn, aber in seiner tiefen Trance ging er auf nichts ein. Und selbst nach der Trance noch saß er lange Zeit da, ehe er aus dem Zimmer hinausging als ein recht angenehmer, interessanter und liebenswerter Mensch. Wir sprachen nie über diese Sitzung, denn jeder kann sich *seine eigene Lösung ausdenken*.

Rick schaffte es, sich dieses Gewichts auf seiner Brust zu entledigen, indem er seiner in Trance erhobenen Hand erlaubte, es einfach beiseite zu stoßen, und dabei weiß ich noch nicht einmal, ob er bewußt wahrnahm, daß er das tat. Die Zeit war einfach reif und er warf dieses Gewicht ab. Aber noch lagen einige schwere Kämpfe vor ihm. In dieser Nacht vernahm er in sich die Stimme seiner Mutter, die verkündete, sie sei zurückgekommen, um zu bleiben. Sie sei kurz weg gewesen, aber weil er Stephen und Carol erlaubt habe, all die schrecklichen Dinge zu ihr zu sagen, sei sie zurückgekehrt. Schließlich stellte Rick sich ihr entgegen und ließ sie wissen, daß er ihr nicht gestatten könne, in ihm zu bleiben. Sie aber drohte, wenn er versuche sie umzubringen, werde sie sich in tausend Stücke zerteilen und ihn mit tausend Stimmen quälen. Dabei wurde ihm seine alte Angst bewußt, verrückt zu werden, und daß er diese innere Stimme seiner Mutter erfunden hatte, um jene Schreckensvision abzuwehren. Und in diesem Augenblick verschwand die Stimme.

Einen Monat später wachte er mitten in der Nacht voller Entsetzen auf und hörte, wie die Stimme seiner Mutter sagte, sie sei niemals wirklich fort gewesen. Ohne in Panik zu geraten sagte er sich: Es ist nötig, *eine bessere Möglichkeit* zu *finden, mit meiner Ängstlichkeit umzugehen*, und *einen Weg, wie ich als Erwachsener Angst haben kann*. Und wiederum verschwand die Stimme und kehrte nie mehr zurück.

Viertes angestrebtes Ziel der Disziplin:
Trauer sollte ihren Ausdruck in Tränen finden und nicht in körperlichen Symptomen.

Metapher[2]

Es ist gewiß wahr, daß es eine Menge Trauer in der Welt gibt. Kinder weinen um Hunde, die gestorben sind, wegen persönlicher Zurücksetzungen, sie weinen um Träume, die sie nicht verwirklichen können; man weint, wenn man das Sehvermögen verliert, wenn man einen Freund verliert, wenn man kein Kind bekommen kann, wenn man die Unschuld verliert – und es gibt zahllose weitere Anlässe.
Eine Frau, die zwölf Jahre lang Allergologen aufgesucht hatte, erzählte mir, daß sie alles versucht und daß nichts Besserung gebracht habe und sie jetzt bei Wasser und Brot angelangt sei, weil das noch das einzige war, was sie essen könne, ohne allergisch darauf zu reagieren. Ich bat sie, mir ihre ganze Geschichte zu erzählen, und es kam heraus, daß sie vor zwölf Jahren geschieden worden war. Dabei stellte sie zwischen den beiden Tatsachen keinerlei bewußte Verbindung her.
Ihr Ehemann war ein Feinschmecker-Koch gewesen – das ist schwer zu schlucken, nicht wahr? Als ich ihr schließlich helfen konnte, darüber zu weinen, fand sie, diese Therapie sei wahrhaft erstaunlich, denn ihre allergischen Reaktionen waren verschwunden. Etwas länger dauerte es, ihr beizubringen, wie sie ihr allergisches Verhalten durch ihr gefühlsmäßiges Verhalten ersetzen kann. Aber im Grunde war es sehr einfach.
Du kannst deinen Kummer in deinem allergischen System festschreiben; *eine bessere Idee ist* es allerdings, *ihn deinem Tränen-System zu übergeben*, welches über eine wirkungsvollere Regulation verfügt und besser über ihn hinwegkommen kann. Manche Leute haben Verdruß mit ihren zu aggressiven Eltern, und es mißlingt ihnen zu lernen, ihre Aggressivität zu nutzen. Werden Teile ihres Körpers übermäßig gereizt und fließt die cholinerge Ausschüttung in den Magen, die Lunge, den Dickdarm und die Leber, so ist es kein Wunder, wenn ein Organversagen eintritt. An andere Menschen wurde, als sie noch Kinder waren, immer appelliert, stark zu sein. Oder sie haben schwache Eltern und müssen sich immerzu um sie kümmern aus Furcht, sie könnten sich einmal gar zu schwach zeigen. Und diese Kinder können nie *die Fähigkeit erkennen, daß wir alle sanft und zärtlich sein sollten*, damit wir auch umhegt werden. Statt dessen sind sie im muskulären Bereich angespannt, nehmen eine aufrechte Haltung ein, bewegen sich zu rasch und pumpen Adrenalin in ihre Muskulatur, in ihr Herz-Kreislauf-System und in das Nervensystem ihrer Haut. Im Laufe der Jahre findet sich für das chemische Ungleichgewicht schließlich ein Organ,

das erkrankt – das sind dann die Leute mit den Herzattacken, mit einer bestimmten Art von Schleimbeutelentzündung, mit Ekzemen und diesem Elend von Schuppenflechte.

Ich meine, du solltest deine unbewußte Fähigkeit einsetzen, *alte und unnötige Wege deiner Anpassung* umzuwandeln, in der Umgebung von früher. *Du scheinst jetzt ordentlich zu weinen, und ich denke, du solltest es in Erwägung ziehen und dich deiner Tränen bedienen.* Du kannst dich fragen, welches Auge zuerst weinen wird. Es macht keinen Spaß, allein zu weinen. Kätzchen sind da ganz gut, Goldfische würde ich nicht empfehlen. Du solltest es *wirklich lernen: Nimm über deine Gefühle Verbindung auf* zu ansprechbaren Säugetieren, *wie ein Kind,* das dies mit kleinen Kätzchen und jungen Hündchen lernt. So wirst du die nötige Grundlage erlangen, und *du kannst es* dann auch *mit menschlichen Wesen.* Ich weiß nicht, ob es dich belustigt hat, zu beobachten, welches Auge zuerst eine Träne hervorgebracht hat.

Fünftes Ziel für Disziplin und Vergnügen:
Einiges sollte man einfach tun, nicht darauf warten, bis man in Stimmung ist, sondern es einfach tun. Nimm dir vor zu spielen und sorge dafür, daß es Spaß macht.

Metapher

Russ sah sich dem Dilemma gegenüber, dem sich früher oder später jeder Teenager gegenübersieht. Allmählich wußte er alles über seinen in Veränderung begriffenen Körper und die Erektionen, die ohne Vorwarnung kamen und gingen. Dein sexuelles Ich zu entdecken und es mit anderen Menschen auszuleben, kann sehr verwirrend sein; indessen gibt es ganze vier Regeln, denen jegliche Art sexuellen Kontaktes und besonders jeder Verkehr folgen sollte. Unglücklicherweise wußte er zu dem Zeitpunkt noch nichts von ihnen, als er in ein beschämendes, frühes sexuelles Erlebnis mit üblem Ausgang hineinstolperte.
Als er ganz zufällig und aus einer sehr überraschenden Quelle, nämlich durch seinen Vater, auf die vier Regeln stieß, war er sehr aufnahmebereit. Wer hätte je gedacht, daß zu diesem Thema ausgerechnet ein Vater etwas Wesentliches beizutragen hätte. Das Ganze hieß die »Honig-und-Pollen-Lektion«.
Aber die Regeln waren sehr sinnvoll, und er gab sie an verschiedene Freunde weiter. Er warnte sie dann immer, wenn eines der Elemente fehlte, dann sollten sie sofort so behutsam wie möglich unterbrechen, was immer sie gerade taten, sollten anderswohin gehen und herauszufinden suchen, was

falsch gelaufen war. Er wiederholte es immer wieder: »Wenn du jemals feststellst, daß eines jener Bestandteile bei deinem Erlebnis fehlt, dann hör sofort auf. Und verlaß den Schauplatz so sachte wie möglich, geh an einen anderen Ort und finde heraus, was falsch gewesen ist.«

Die Regeln sind: »Erstens: Geschlechtsverkehr hat stets unter gegenseitigem Respekt zwischen zustimmenden Partnern zu geschehen. Zweitens: Ein jeder muß den anderen respektieren *und* dazu fähig sein, den Respekt anzunehmen, der ihm oder ihr erwiesen wird. Drittens: Es soll immer Kommunikation untereinander bestehen; sie kann verbal oder nonverbal sein, soll aber stets davor, währenddessen und danach stattfinden. Und viertens: Immer sollte es Vergnügen bereiten, davor, währenddessen und danach. Manche denken sogar, dies sollte die erste Regel sein. So steht sie last but not least.

Wenn also eine dieser vier Bedingungen nicht erfüllt ist, solltest du im gleichen Augenblick, da du das merkst, aufhören, dich – falls nötig – anziehen und eine andere Umgebung aufsuchen, bis du verstehst, was fehlt und warum. »Was also fehlte bei dem unglücklichen Erlebnis, das du hattest?« fragte der Vater seinen Sohn. »Jetzt ist es an der Zeit, darüber zu sprechen.«

Nun ist da andererseits diese Sache mit dem Vergnügen. Du wartest nicht, bis du Vergnügen empfindest, ehe du dich aufmachst etwas Vergnügliches in die Wege zu leiten. Du kannst etwas Schwieriges in Erwägung ziehen, eine anscheinend schwierige Technik und du bist nicht zuversichtlich und vertrauensvoll, was deine Geschicklichkeit und deine Gelassenheit bei der Ausführung betrifft, bis du mit beiden Beinen direkt hineingesprungen bist und dich dafür entschieden hast, trotz aller Unannehmlichkeiten. Dabei ist es schwer zu sagen, wann Gelassenheit, Vertrauen und Vergnügen sich in einer derartigen Situation allmählich einstellen, möglicherweise sobald du dich entschieden hast, oder aber auch, nachdem die Situation bewältigt ist. Irgendwie könnte es aber auch schon sehr frühzeitig sein, wenn du begonnen hast zu wissen, du bist dazu fähig, auch wenn du noch nicht weißt, wie.

Genau so verhält es sich mit jeglichem Training. Häufig ist in deinem Bewußtsein der Gedanke, daß du es gar nicht wirklich angehen willst. Gleichzeitig sagt ein anderer Teil deines Bewußtseins: »Ja schon, aber du solltest es wirklich machen. Es ist gut für dich.« Und dein Unbewußtes weiß tatsächlich noch nicht, was es machen soll, und so wartet es einfach ab, und an irgendeinem Punkt triffst du die Entscheidung, *du wirst es ohnehin tun, auch wenn dir gar nicht danach ist.*

Und so holst du deine Schuhe und Socken hervor, ziehst deinen Socken über den einen Fuß, darüber den Schuh, und dann bist du schon zur Hälfte so weit und kannst genauso gut auch den anderen Socken und Schuh anziehen, und nun hast du deine Tennisschuhe an. Vielleicht gehst du einfach zur Haustür, öffnest die Tür und schnupperst nach draußen, genau wie ein Hund. Vielleicht steht in dieser Jahreszeit gerade etwas in Blüte, wer weiß. Blütenduft kann dich anziehen, kann dich nach draußen locken. Und dann spazierst du, und ziemlich bald spürst du den Frühling beim Gehen und denkst dir, warum nicht ein wenig laufen, und nun *hast du schon begonnen und so kannst du ebenso gut einfach weitermachen, einfach damit weitermachen*. Und dann hat das Vergnügen vermutlich schon Besitz ergriffen von dir, das Gefühl, lebendig zu sein, fließt durch deine Glieder, und du fühlst ein Entzücken, fühlst dich lebendig und erfüllt, wenn du tiefer und rascher atmest. Und unterdessen ist dieses Wissen, daß es gut für dich sei, zweitrangig geworden gegenüber dem Vergnügen, das daraus entspringt, daß du *einfach damit anfängst, es tust und weitermachst*.

Das gleiche kann geschehen, wenn du dich entschließt, deine Zähne mit Zahnseide zu reinigen. Du weißt, *du solltest es tun*, du weißt, *du fühlst dich gut, wenn du es getan hast*. Und so *fängst du* vielleicht *einfach an und tust es*, und es macht dir wirklich noch keinen besonderen Spaß, aber *du gehst einfach die ganzen Bewegungen durch*. Und ziemlich bald fühlst du dich ein wenig bestärkt, und nun setzt das Gefühl der Sauberkeit und Frische ein, und es kommen dir symbolisch ein paar Sachen in den Sinn, die ebenfalls Spaß machen könnten, wenn du sie anders anordnest und wieder in Unordnung bringst.

Und *du wartest nicht, bis du dich danach fühlst es zu genießen, daß du anfängst es zu genießen*. Du brauchst dich nicht erst so zu fühlen. *Fang einfach an, mach es und mach weiter damit*. Das Vergnügen kommt schon noch, mach dir keine Sorgen, es kommt schon. Tatsache ist, wenn es nicht zu rasch kommt, dann hast du Zeit, es wirklich kommen zu fühlen und das kann auch ein Genuß sein. Und *das kannst du überall anwenden*.

Sechstes Ziel für Disziplin und Vergnügen:
Gönn dir etwas und sorge für dich und genieße das.

Metapher[3]

Robbie war eine erwachsene Frau und ein Profi dazu, obgleich der Teil von ihr, der noch eine Elfjährige war, dies nicht akzeptiert hatte. Selbstverständlich ist jeder von Zeit zu Zeit in der Lage, sich wie das Kind zu fühlen, das er einst gewesen ist. In ihrem Fall aber standen die Zweifel und die Unsicherheit des kleinen Mädchens immer im Vordergrund und überschatteten all ihre Leistungen und Wünsche. Und sie wollte Hypnose einsetzen, damit ihre Schwierigkeiten mit der Colitis aufhörten. Aber seit sie als elfjähriges Mädchen glaubte feststellen zu müssen, daß keiner wirklich für sie da war, hatte sie eine Menge Bedürfnisse in sich begraben, die ihr innerlich keine Ruhe ließen und sich nach Ausdruck und Anerkennung sehnten. Es hatte für sie ein paar vollkommen triftige, kindliche Gründe gegeben, einen Schlußstrich zu ziehen, daß nur ihre Eltern und sonst niemand ihren Bedürfnissen angemessen entsprechen könnten. Natürlich vertraute sie niemandem diese Bedürfnisse an, jedes Kind weiß schließlich, wenn jemandem wirklich an dir gelegen ist, dann kennt er sie, auch ohne daß du sie äußerst.

Dieses Muster bestand für die Frau fort bis in ihre mittleren Jahre, sie kritisierte sich selbst schonungslos und sorgte dafür, daß die Komplimente von anderen sofort zurückgegeben wurden. Sie klammerte sich in ihrer Bedürftigkeit an die Hoffnung, daß die Therapie sich schließlich des kleinen Mädchens annehmen werde, aber ihre ständigen Selbstzweifel sorgten dafür, daß selbst eine eingehende Therapie dieses kleine Mädchen nicht würde erreichen können.

Robbie nahm an, sie würde noch sehr viel mehr Therapie brauchen. Tatsächlich war aber etwas anderes nötig :*Sie mußte einfach anfangen zu leben!* Ich rief sie vor unserem letzten Termin an und gab ihr die Anweisung, bequeme Kleidung und Wanderschuhe zu tragen und *darauf vorbereitet zu sein sich zu verändern*. Sie willigte ein und als sie kam, empfing ich sie an der Bürotür mit 7-Kilo-Hanteln. Ich fragte sie, ob sie lieber eine oder beide Hanteln mitnehmen wolle auf ihren Gang von einem Kilometer Länge rund um den Block, draußen vor der Praxis. Sie sollte die Runde immer wieder machen, bis sie mir den Grund sagen konnte, weshalb ich ihr diese Aufgabe gestellt hatte. Nach einem kurzen Moment der Verwirrung entschied sie sich, mit einem Gewicht loszumarschieren, und etwa fünf Minuten später kam sie zur Tür zurück und sagte: » O, ich verstehe den Grund, Sie wollten mir begreiflich machen, daß ich eine Menge Probleme mit mir herumschleppe, die ich nicht nötig habe, und daß ich mich nicht auf diese Art zu belasten brauche, sondern daß ich einfach Ballast abwerfen sollte.« Sie war wirklich stolz, daß sie dies verstand. Aber das war nichts Neues. Wir alle wissen das.

Es steckte aber wirklich mehr dahinter, und deshalb schlug ich ihr vor, obgleich sie vermutlich froh war, nur ein Gewicht mitgenommen zu haben, so könne sie die wirkliche Bedeutung der Aufgabe vielleicht doch schneller herausbekommen, wenn sie das nächste Mal beide Gewichte mitnähme. Sie tat es und hielt wiederum nach etwa fünf Minuten an der Tür an, mit einer noch »besseren« Erkenntnis. Auch diese wurde als nützlich und bedeutsam gewertet, schließlich aber doch zurückgewiesen, weil sie nur zum Teil stimmte.

An diesem Punkt nun fragte sie ärgerlich: »Warum soll ich überhaupt Ihre Antwort herausfinden?« Das war eine sehr gute Frage, und da sie keine

Antwort darauf wußte, mußte sie wieder losmarschieren. Diesmal entschied sie, daß ein Gewicht genau so gut wäre wie zwei.

Bei ihrem abschließenden und letzten Gang um den Block trug sie ein gewichtloses Glasgefäß mit feinsten Seeigel-Skeletten. Als sie diesmal zurückkam, strömten ihr Tränen über´s Gesicht, wie sie erzählte, »Sie haben mir vertraut, daß ich etwas so Kostbares und Schönes tragen durfte, und ich bin diesem Vertrauen gerecht geworden, obgleich ich es dazwischen auch zerbrechen und in tausend Stücke zerschlagen wollte, weil ich wütend war. Das habe ich aber nicht getan. Ich habe es mit mehr Sorgfalt behandelt als den Teil meiner selbst, der ebenso kostbar und schön ist.«

Vermutlich gab es keinen besseren Zeitpunkt für eine anschließende Therapie. Sie ging in mein Büro, setzte sich, schloß ihre Augen und ging unverzüglich in eine tiefe Trance und wartete sehr gespannt darauf, jetzt zu hören, was ich wohl als »wirklichen Grund« für ihre Gänge und ihr Abwarten im Sinn gehabt habe.

Indessen ist jede Therapie einfach der Kontext für deinen eigenen Lernprozess. Jedes Kind muß lernen, daß etwas, das es nicht mag, auf die Dauer gesehen doch gut für es sein könnte, und »selbst wenn dir nicht gefällt, was ich sage, so weißt du doch, es stimmt.« Also sagte ich ihr das, sowie eine Menge anderer Dinge, die sie zwar schon wußte, wobei es allerdings höchste Zeit war, daß sie sie schließlich auch glaubte und beherzigte: *Handle in Übereinstimmung mit dem, was du weißt.* Dein bewußter Verstand kann Einwände gegen etwas vorbringen sowie vielfältige Entschuldigungen, die auf den ersten Blick auch stimmig zu sein scheinen. Ich erzählte ihr, da habe es beispielsweise diesen Mann gegeben, der nach sorgfältigen Nachforschungen den Schluß gezogen hatte, so etwas wie Klavierspielen gäbe es nicht. Schließlich habe er es einmal versucht und nichts sei dabei herausgekommen!

Indessen muß Selbstdisziplin keine stumpfsinnige Plackerei sein. In dieser Trance nun kannst du einen Draht zu deinen Eltern bekommen, nicht deinen wirklichen Eltern von einst, sondern zu deinem eigenen, gesunden Eltern-Ich, das schon fast verkümmert ist vor lauter mangelndem Vertrauen und Entwicklungsverzug. Nun, ein Transaktionsanalytiker würde an diesem Punkt darum bitten, daß folgender Vertrag geschlossen wird: *sorge für dieses kleine Mädchen und lehre es Disziplin und zwar entschieden und liebevoll.* Schließlich habst du alles was du brauchst. Ich frage mich, wieviele Ausreden du noch finden wirst, ehe du es tust, *für dich zu sorgen.* Das ist schon lange überfällig. Vielleicht solltest du zunächst noch einige Ausreden gebrauchen um sicherzugehen, daß sie dann alle erschöpft sind. Ich aber bin nur Lehrer und Therapeut und kein disziplinierender Erzieher, dazu mußt du dich schon an dich selbst wenden.

Bisweilen ist das einfach eine Frage der Motivation. Ich erzählte ihr von einem unserer Freunde, der sich auf die Reise begeben hatte um den großen, gütigen Übervater zu treffen, nämlich Milton Erickson; der werde ihm schließlich all das geben und zwar so, wie es für ihn von Wert wäre. Aber zu seiner großen Überraschung brachte er mit diesem Mann drei Tage in privatem Rahmen zu, wobei dieser ihn stattdessen in jeder erdenklichen Weise beschimpfte. Erickson hatte ihm etwa folgendes gesagt: »Du bist überhaupt kein Mann; du bist nicht einmal Mann's genug um ein hübsches Mädchen zu grüßen und es freundlich anzulächeln. Du warst nie fähig, etwas Schwieriges zu bewältigen, denn du hast nicht den Mut, auch nur die einfachsten Dinge zu versuchen ...«, und so ging das immer weiter, bis unser Freund schließlich von dort abreiste und darauf brannte, »diesem alten Bock zu beweisen, daß er falsch lag, ganz gleich, was ihn das kosten würde.« Und er tat das, und schließlich wußte er es zu respektieren und zu schätzen, daß Eltern aus Liebe zu ihrem Kind es bisweilen darauf anlegen müssen, daß das Kind sie zeitweise nicht so sehr liebt.

Aber du brauchst auch keine hochnotpeinliche Geschichte daraus zu machen, wenn du die Kleine einfach in die Arme nimmst und ihr sagst, daß du sie liebst und für sie da sein wirst, daß du sie auch genügend liebst, um darauf zu bestehen, daß sie ihr Zimmer aufräumt und all die Dinge erledigt, die ein verantwortungsbewußtes Mädchen können muß, damit es dahin gelangt, sich selbst zu lieben. Du brauchst keinen Therapeuten, der das für dich tut. Sie möchte einfach dich. Es ist keiner so wie du. Jeder kann nach einem Problem Ausschau halten und es auch finden. Es kann dir genug Unglück zustoßen. Was du wissen mußt: Benutze diese deine Energie und schaffe dir dein Glück.

Sie weinte, wie ich zu ihr sprach und schlang ihre Arme um sich. Nach der Sitzung fuhr sie in ihre Stadt zurück, und ein paar Jahre lang schrieb sie uns kurz über ihre positive Entwicklung, ihren Spaß am Leben und ihre Heirat. *Es ist so wichtig, daß du für dich selbst sorgst.* Keiner sonst kann es so spüren, daß es paßt, und *du kannst lieb zu dir sein.*

Siebtes Ziel für Disziplin und Vergnügen:
Plane deine Arbeit und erkenne sie an, wenn du sie gut gemacht hast.

Metapher[4]

Celeste war eine neue Lehrkraft. Im vergangenen Jahr hatte sie begonnen, in der Schule zu arbeiten. Als neue Lehrerin hatte sie manchmal mit ihrer Planung Schwierigkeiten. Jedem ist geläufig, wie komplex der Planungsprozeß sein kann, besonders wenn es dabei um die vielfältigen Belange einer Gruppe von Kindern geht. Was Celeste anbetraf, hatte sie für eine Gruppe von dreißig Jungen und Mädchen der dritten Jahrgangsstufe zu planen.

Das war keine einfach Aufgabe, und nach ein paar Unterrichtswochen begann sich Celeste zu fragen, ob nicht einiges verbessert werden könnte oder ob ihre *Planung verbessert werden* konnte. Sie grübelte und grübelte, aber sie wußte nicht, was sie tun sollte. Schließlich entschied sie, in dieser Angelegenheit einen erfahreneren Lehrer zu Rate zu ziehen. Tom sagte ihr, er werde *glücklich sein, sich mit ihr zu treffen* und gemeinsam könnten sie ihre Planung verbessern. Er sagte ihr, es sei nötig, daß sie etwas über »PLUS« lerne. Darüber war sie im Weggehen etwas verblüfft, da sie nicht genau wußte, worüber Tom eigentlich redete.

Sie hatten für den nächsten Tag ein Treffen vereinbart, um etwas über »PLUS« zu lernen. Wir sind alle neugierig, wenn wir ein Wort hören, das wir kennen, aber nicht verstehen. Sie überlegte: »PLUS?« Vielleicht würde er ihr ein paar Dinge vorrechnen. Dann gab's da noch den lateinischen Begriff für 'und' – dafür aber waren Drittklässler noch etwas zu jung. Vielleicht aber *gab es da eine andere besondere Bedeutung*. Als sie sich Toms Zimmer näherte, überlegte sie immer noch. Sie ging hinein, setzte sich vor sein Pult und sagte: »Also dann, Tom, ich bin gekommen, um mir bei meiner Unterrichtsplanung helfen zu lassen.« Tom antwortete: »In Ordnung, »PLUS« ist eine ganz einfache Methode, die dir bei der Planung deiner sämtlichen Stunden hilft.

»Zunächst einmal steht 'P' für 'Planung'. Du mußt *Verantwortung übernehmen, um deine Pläne zu erstellen* und festzulegen, was du tun mußt, wenn du vor deinen Kindern oder vor anderen Leuten stehst. Es ist bekannt, wie wichtig es ist zu *planen und eine bestimmte Richtung einzuschlagen*, so daß du *andere Menschen lenken* kannst. Tom erklärte detailliert, wie wichtig es ist, bei der Planung die *Verantwortung zu übernehmen und zu entscheiden*, ob besonderes Material erforderlich ist, spezielle Kenntnisse oder ob du dich einfach gegenüber einem Einzelnen oder einer bestimmten Gruppe auf bestimmte Weise verhalten mußt.

»Und nun zum zweiten Buchstaben, dem 'L' für Lehrstoff. Das betrifft die nötige inhaltliche Arbeit. *Übernimm die Verantwortung* für das, was du *anderen vermitteln* willst, ob das nun ein Klassenzimmer mit dreißig Jungen und Mädchen ist oder ob es nur darum geht, dem Lebensmittelhändler zu sagen, was du möchtest – Weizenbrot oder Roggenbrot. Das soll dich daran erinnern: *gib Lernhilfen*, die *unterstützen bei der Wissensvermittlung*, für welche du ebenso die Verantwortung übernehmen mußt. Gib den anderen, was dir selbst wichtig ist, und gib ihnen auch, was sie lernen möchten. Das alles betrifft den Lehrstoff. «

Tom erklärte, daß es bei »PLUS« auch wichtig sei, das 'U' für Unterhaltung hinzuzunehmen. Er sagte, wenn du Lerninhalte vermitteltst und mit anderen zusammen bist, ist Unterhaltung ein sehr wichtiger Aspekt. Ganz gleich, was Leute lernen, es fällt ihnen viel leichter, wenn sie dabei unterhalten werden. Wenn der Lehrstoff drankommt, dann kommt auch der Spaß.

Celeste saß da und dachte über die Bedeutung von Plus nach, 'P' für Planung und daß sie die Verantwortung dafür übernehmen müsse, ihre Pläne zu entwickeln und sie ihren Schülern zu vermitteln. Das 'L' für die Lehrinhalte und die inhaltliche Arbeit, die sie vorbereiten mußte, d.h. was sie andere lehren wollte. Mit 'U' war die Unterhaltung gemeint, wie Menschen gewöhnlich *lernen und beim Lernen* ihren *Spaß haben*. Wie sie so dasaß und nachdachte, war sie sicher, daß sie Tom hatte sagen hören »PLUS« – was war noch das 'S'?

Tom machte eine lange Pause, während Celeste nachdachte. Dann sagte er, das 'S' sei eigentlich mit das Wichtigste, diese ganz besondere Geschichte, *zu dir selbst lieb sein*. Denn, ganz gleich, wie gut du planst, wieviel Lehrstoff du vermittelst, wie unterhaltsam du bist, mehr als alles andere bist du darauf angewiesen, *lieb zu dir selbst zu sein*. Sag es dir, wenn *du deine Sache gut gemacht hast*. Zu dir selbst nett zu sein ist wichtig, besonders wenn deine Leistung nicht so besonders war und auch dann, wenn sie phantastisch gewesen ist.

Von da an war das Unterrichten und Planen für Celeste so einfach wie das Einmaleins ... na, wie eins plus eins.

Anmerkungen zu Kapitel 8

1 Diese Metapher ist ein Beitrag von Diane Forgione, M.S.W..

2 Diese Geschichte wurde einer Frau, die wegen ihrer Probleme mit der Blasenkontrolle Steroide nahm, als Teil einer mehrfach eingebetteten Metapher erzählt. Die wesentliche Metapher erscheint im vierten Kapitel als vierte Geschichte zum Thema des Grenzsetzens; die hier vorliegende Metapher behandelt eher ein Randproblem.

3 Diese Metapher ist zuerst bei Lankton und Lankton, 1986, S. 150-152 erschienen.

4 Diese Metapher ist ein Beitrag von Nicholas G. Seferlis, M.S.

Kapitel 9

Geschichten zu Trance-Phänomenen

Trenne dich nicht von deinen Illusionen.
Wenn sie fort sind, bist du vielleicht noch da,
aber du hast aufgehört zu leben.

Mark Twain

Dieses Kapitel beinhaltet im wesentlichen Kurzgeschichten oder Anekdoten zu den verschiedenen Trancephänomenen. Wie wir an anderer Stelle (Lankton & Lankton, 1983) bereits betont haben, handelt es sich bei Trancephänomenen durchaus um allgemeine Erfahrungen. In der Tat sind sie nicht nur Teil des normalen Alltagslebens, woran uns Milton Erickson zu wiederholten Malen erinnert hat, sie sind ebenso Teil der meisten, wenn nicht aller nicht-hypnotischen Therapien (s. S. 178 – 243). Bei ihrer Anwendung im klinischen Bereich ist es häufig wünschenswert, diese Phänomene auf solche Situationen anzuwenden, in denen sie therapeutisch genutzt werden können.

Eine solche Situation könnte beispielsweise die Pseudo-Orientierung in der Zeit bei einem Klienten sein, um dessen Zukunftsvision seines projizierten Selbstbildes in die gegenwärtige Einschätzung seines Selbstbildes einzuschleusen. Dissoziative Phänomene und bisweilen auch Erfahrungen mit Altersregression sind nützlich, um den ausführlichen dissoziativen Rückblick zu steuern, wie er im vorausgegangenen Kapitel geschildert worden ist. Natürlich ist auch Amnesie kein ungewöhnlicher Teil der Therapieerfahrungen, wenn es um emotional bedrohliche Inhalte geht. In jedem Fall werden zunächst die gewünschten Trancephänomene herbeigeführt, ehe die anstehende Therapiearbeit beginnt.

Ein anderer Bereich der Hypnotherapie, in welchem der Einsatz von Trancephänomenen entscheidend ist, betrifft die Beseitigung oder Besserung von Symptomen, die bereits seit langem bestehen. Der Erfolg bei einem solchen therapeutischen Ziel hängt häufig von der Befähigung des Klienten ab, Erlebens- und Verhaltensweisen wieder zu erlernen, die er gezeigt hat, ehe das Symptom aufgetreten ist, bevor der Schmerz ins Bewußtsein getreten war usw.. Vielleicht werden Trancephänomene in diesem Bereich am häufigsten zur Schmerzkontrolle eingesetzt.

So ist z.B. Altersregression nützlich zur diagnostischen Abklärung und ebenso zur Wiederbelebung der Erfahrung von Schmerzfreiheit, welche als Ressource dienen kann. Dissoziation kann als Strategie angewendet werden, um das Schmerzerleben abzukoppeln oder den Schmerz als geringer oder als nicht vorhanden wahrnehmen zu können. Zeitverzerrung kann dazu genutzt werden, die schmerzfreien Intervalle sehr ausgedehnt und die Zeitspannen verminderten Schmerzes sehr verkürzt erscheinen zu lassen. Amnesie hilft sodann, die verkürzten Zeiten verringerten Schmerzes zu vergessen usw. Bei einem jeden Phänomen ist der Therapeut auf verbale oder andere Signale des Klienten angewiesen, die Rückmeldung geben hinsichtlich des subjektiven Trance-Erlebens, so daß es therapeutisch sinnvoll genutzt werden kann.

Mit dem Erzählen von Anekdoten zu einem bestimmten Trancephänomen wird bezweckt, dem Klienten unbewußt eine Erinnerungsstütze und Anregung für die Fähigkeit zu geben, die er kennt und mit der er schon Erfahrung hat. Suggestionen und Verknüpfungen gehen den Anekdoten voraus, begleiten sie oder folgen und fördern die Anbindung von Erfahrungen an die entsprechende Situation, für die sie gewünscht werden.

Häufig haben wir einen metaphorischen Rahmen, um systematisch vorzugehen, wie in einigen anderen Therapie-Protokollen bereits zu sehen war. Ein solcher Rahmen dient lediglich als Kontext für die Geschichten und die sie begleitenden Trance-Suggestionen. Da wir häufig Trancephänomene einsetzen, um das Symptomerleben bei einem Klienten zu steuern, bieten wir als metaphorischen Rahmen gewöhnlich gleiche oder parallele Situationen wie die des Klienten.

Um die vorausgegangenen Erklärungen weiter zu verdeutlichen, wird im ersten Beispiel aufgezeigt, wie die verschiedensten Anekdoten eingesetzt werden, um Trancephänomene herbeizuführen, die bei chronischem Schmerz zu nutzen sind. Das zweite Beispiel bezieht Geschichten zur Altersregression mit ein, mit deren Hilfe Ressourcen erkundet und wiederbelebt werden sollen. In beiden Geschichten wurde ein Großteil der Induktionen nicht erwähnt, aber Suggestionen zur Aufrechterhaltung der Trance und zur Armlevitation sind vorhanden. Häufig haben wir diese Suggestionen als Feedback-Instrumentarium benutzt, um einschätzen zu können, wie der Klient subjektiv seine Trance erlebt und deren Fortbestehen sowie die Entwicklung von Dissoziation und anderen Phänomenen.

1. Erwünschtes Ziel bei der Anwendung der Trancephänomene:
Für eine Patientin, die ihr Bedürfnis nach Abhängigkeit nicht wahrhaben will, sollen Geschichten zur Dissoziation, Zeitverzerrung, Amnesie, Altersregression und zur veränderten Körperwahrnehmung eingesetzt werden, und gleichzeitig sollen zu Beginn und im Verlauf bestimmte Einstellungen beschrieben werden.

Metaphorischer Kontext und Anekdoten[1]

Während dir die Außenreize immer weniger bewußt sind und wir mehr und mehr dahin kommen, daß du die Ressourcen nutzt, die du gegen den Schmerz verfügbar hast, ist es für eine Frau wie dich wichtig zu wissen, daß dein bewußter Verstand dir eine Hilfe, ein Hemmnis oder aber eine Last sein kann. Du hast eine Reihe von Möglichkeiten versucht, die du vom Verstand her für wichtig hältst, aber ich wette, du bezweifelst deine Fähigkeit, beim Nichtstun zu versagen, und ich hoffe, du tust gerade das. Ich wäre nicht überrascht, wenn du tatsächlich so reagieren würdest, wie ich es nicht vorausgesagt habe.

Während dein bewußter Verstand auf deine Reaktionen achtet, sie überwacht, kannst du froh darüber sein, zu wissen, daß dein Unbewußtes auf vielerlei Dinge achtet, daß es deinen Atem steuert, ihn verlangsamt hat und dich jetzt tiefer in deine Lunge atmen läßt. Deine Muskeln haben sich entspannt, und deine linke Körperhälfte hat sich anders entspannt als deine rechte.

Nun frage ich mich, welche von deinen beiden Händen es wirklich nötig hat herauszufinden, ob sie nun diejenige ist oder auch nicht, die sich hebt, sich auf dein Gesicht zu bewegt.

Während du dich das fragst, kann ich von einer Frau sprechen, die ich in Jackson, Michigan hypnotisiert habe. Das ist schon lange her – sie war unsere Büroleiterin. Sie hatte Schmerzen in den Hüften. Sie ließ es nicht zu, daß ich Hypnose einsetzte, um ihre Schmerzen zu heilen, denn sie glaubte nicht an Hypnose. Aber sie wußte auch nicht, was sich hinter verschlossener Tür in meinem Büro abspielte. Als Büroleiterin war sie sehr ehrgeizig, sehr genau, sehr wachsam, sehr rasch und sehr kontrollierend.

Sie suchte täglich einen Chiropraktiker auf, und ich schlug ihr vor, daß es doch eine gute Idee wäre, wenn sie mir gestattete, vor den Feiertagen etwas Hypnose mit ihr zu machen; so könne sie ihr Geld für die Weihnachtsgeschenke, für die Sylvesterfeier und für Chanukka[2]-Gaben sparen. Und ich versprach ihr, sollte es ihr wegen des Chiropraktikers unangenehm sein, so könnte sich ihr Schmerz ja wieder einstellen, und sie könnte ihren Chiropraktiker nach den Feiertagen ja täglich zweimal aufsuchen, um seinen Verdienstausfall wieder wettzumachen. Sie hielt das für einen

Scherz, aber sie war nicht bereit, besonders tief in Trance zu gehen. Ich wußte jedoch etwas über sie. Ich wußte, daß sie in der Woche zuvor sehr neugierig gewesen war, als nämlich eine Prostituierte zu mir in die Praxis gekommen war. Sie fragte sich, was da los sei. Sie unterstellte nichts Schlimmes, aber sie hätte gern Bescheid gewußt.

So fing ich an, Sally, wie ich die Büroleiterin nennen möchte, meine Beziehung zu beschreiben. Die Prostituierte hatte andere Wertvorstellungen als Sally, einen anderen Lebensstil als Sally, sie hatte eine andere Einstellung zu Männern und zu Frauen. Und sie hatte auch eine andere Einstellung zu materiellen Dingen als Sally.

Ich weiß nicht, ob du den Zeigefinger deiner linken Hand bemerkt hast. Möglicherweise erlebst du es hier, wie du dir die Bewegung vorstellst, wie sie sich in deiner linken Hand innen ausbreitet, wie der Arm beginnt sich aufwärts zu bewegen, hin zu deinem Gesicht, den ganzen Weg zu deinem Gesicht, und vielleicht schwebt er auf halbem Weg zur Seite, vielleicht wird er auch schwerer und geht tiefer, vielleicht aber tut er auch etwas ganz anderes, das wir nicht einmal erraten können.

Und ich berichtete Sally alles über die Prostituierte, alles, wovon ich wußte, daß es Sallys Phantasie anregen würde, sie neugieriger machte und auch mit noch mehr Abscheu über den Lebenswandel der Prostituierten erfüllen würde, da er von ihrem eigenen abwich. Und als sie wirklich erfüllt war von Mißbilligung und Ablehnung gegenüber der Prostituierten, da setzte ich dem Ganzen die Krone auf: daß diese Prostituierte nichts war im Vergleich zu ihr; sie weigerte sich, in Trance zu gehen und es zuzulassen, daß ein Mann ihr Erleben kontrollieren könnte. Und damit fiel Sally unverzüglich in Trance.

Aber möglicherweise brauchst du etwas, woran du dich halten kannst, etwas, was du unter Kontrolle halten kannst. Du kannst dich an den Klang meiner Stimme halten. Du kannst dich auch an deine Erinnerung halten, daß du ja nur dich selbst hypnotisierst. Und du kannst die Worte eines jeden als Anreiz benutzen. Nun hat deine Hand angefangen, sich zu bewegen, angefangen, kataleptisch zu werden, mit einem leisen Ziehen nach oben, mit kleinen ruckartigen Bewegungen; und dann hast du vielleicht bemerkt, daß dein bewußter Verstand mit hereinkommen wollte, um eine Weile darüber nachzudenken. Ergründe das nur. Geh nur weiter und ergründe alles, was ich mache. Geh dem auf den Grund, so tief du nur kannst. Denn an irgendeinem Punkt wird dein bewußter Verstand schlafen gehen. Das kann nachts im Bett sein, und dann kann dein Unbewußtes freie Hand haben, wenn es sich den Antrieb zu nützlichem Reagieren bewahrt hat.

Vielleicht wärest du deinem bewußten Verstand zuliebe gern über irgend etwas verwirrt. Aber ich bezweifle doch, daß du verwirrt sein kannst von dem, was ich sage, denn das ist ganz klar. Nun sitzt du schon eine Weile hier und achtest mit deinem bewußten Verstand auf diese Hand, wie sie sich hebt, hin zu deinem Gesicht.

Du hast bereits angefangen, dir über eine Reihe von Dingen Gedanken zu machen. Vermutlich kannst du gar nicht sagen worüber – du hast einfach genügend Zeit gehabt, auf einiges aufmerksam zu werden. Gedanken sind so schnell wie der elektrische Strom. Und nun weißt du, wie dein Arm sich bewegen wird. Und es ist schön zu wissen, daß dein Unbewußtes die Dinge so machen wird, daß es zu dir persönlich paßt. Ich könnte dir suggerieren, daß deine Hand sich hebt bis zu deinem Gesicht, aber du bist nicht dazu verpflichtet, so zu reagieren, daß es meinen Wünschen entgegenkommt, du bist dazu verpflichtet, so zu reagieren, daß es deinen Bedürfnissen entspricht.

Ich stimme zu. Es ist schön, wenn du für dich bleibst und es auf deine Art machst. Und ich möchte dir etwas wärmstens empfehlen: daß du, während ich zu dir spreche, Spaß daran hast, dir vorzustellen, wie die Dinge, die ich dir sage, über dir in der Luft fliegen. Du kannst dir ruhig erlauben, heimlich auf das zu hören, was ich dir sage, um die Suggestionen zu nutzen, die dir guttun. Und du kannst einfach so tun »als ob« und herausfinden, ob das für dich ein geeigneter Weg ist, etwas zu lernen.

Ich möchte dir auch empfehlen, daß du dich hauptsächlich mit dem beschäftigst, was mir auch deutlich vor Augen steht, daß du nämlich bereits annähernd doppelt so lang lebst wie ich. Du bist schon mit einer Menge Veränderungen im Leben zurechtgekommen, die mir noch bevorstehen. Du hast ohne irgendwelche Hilfe meinerseits so viele Schmerzen überwunden, wie ich sie nie haben möchte. Du hast es geschafft, hast Haltung bewahrt, bist ein Beispiel für die anderen, ein Mensch, dem man wirklich Achtung entgegenbringen kann. Und aus diesem Wissen heraus biete ich dir Suggestionen an. Dabei erwarte ich nicht – wie manche Hypnotiseure –, daß sich alles zum Besseren wendet, wenn du nur tust, was ich sage. Ich denke, du solltest es wirklich auf deine Art machen. Und ich hoffe, daß ich dich genügend durcheinanderbringen kann, so daß du dir ein wenig mehr Mühe geben mußt, um festzustellen, was deine spezifische Art eigentlich ist.

Das erste, woran ich dich gern erinnern möchte: Milton H. Erickson hat nachts im Traum an seinen Schmerzen gearbeitet mit Hilfe seiner Schutzträume. Nun fragte ich ihn nach diesenSchutzträumen. In deinem Arm gibt es eine Dissoziation. Löse deinen Arm los, und löse sein normales neurologisches Funktionsmuster der Muskeln von deinem übrigen Körper, damit der Arm angenehm ans Gesicht gelehnt bleiben kann, Sekunde um Sekunde. Vielleicht kannst du damit beginnen, dir dieses Gefühl der Dissoziation, des Losgelöstseins einzuprägen. Ich habe mit einem Ingenieur namens

Stanley gearbeitet, und ich wußte, daß er das Einmaleins beherrschte aufgrund seines technischen bzw. wissenschaftlichen Hintergrundes. Jeder lernt einmal das Einmaleins. Wenn du dich erinnerst, wie du dich einmal abgemüht hast, das Einmaleins zu lernen, so kann dein bewußter Verstand sich ins Gedächtnis rufen, was das anfangs für eine schwierige Angelegenheit war. Zuerst konntest du dich nur an Bruchstücke und Teile halten.

Mit diesem ganzen Stückwerk, das im Raum stand, hast du angefangen, die Lücken auszufüllen, und dann hast du mehr und mehr gelernt, bis am Ende dein bewußter Verstand gar nicht mehr beteiligt sein mußte.

Du kannst zwei Zahlen miteinander multiplizieren, drei Zahlen, tatsächlich kannst du, wenn dein Verstand etwas trainiert ist, wahrscheinlich sogar eine zweistellige mit einer dreistelligen Zahl multiplizieren. Ich weiß, ich kann's. Und so weiß dein Unbewußtes eine ganze Menge mehr davon, wie du Erfahrung vervielfachen kannst, als dein bewußter Verstand sich vorstellen kann. Wenn du dich bewußt an einen Aspekt der Fähigkeit des Vervielfachens erinnerst, so handelt es sich dabei wohl nur um Mathematik. Die Aufgabe des Vervielfältigens kann aber auch auf das Gefühl der Dissoziation in deinem Arm angewendet werden. Und so ist es auch mit dem Erinnerungsvermögen beim Einmaleins. Und nun wende dies Wissen an.

Während dies geschieht, möchte ich dir sagen, daß du Empfindungen in deinem Körper wandern lassen oder modifizieren kannst. Ich weiß, daß du sehr wohl spürst, daß ein Lächeln sich über die ganzen Gesichtsmuskeln ausbreiten kann, zu den Ohren, zum Nacken, zu den Augen. Ein Hungergefühl kann von deinem Magen Besitz ergreifen, falls du dich darauf konzentrierst. Ein Druck auf die Blase, die nach Entleerung verlangt, läßt sich verringern. Jeder hatte schon einmal einen Mückenstich. Ich weiß nicht, ob es bei dir Mücken gibt, aber sicher gibt es Insekten, die stechen. Und irgendwann als Kind bist du sicher einmal gestochen worden, als keiner da war. Es hatte also keinen Sinn zu jammern, und du beschließt, den Insektenstich zu ignorieren. Und du vergißt ihn mit Sicherheit. Und welches Kind ist nicht verblüfft darüber, wie etwas verschwindet, wenn man es eine Weile nicht beachtet hat.

Des Nachts im Traum vergißt du viele Dinge. Ich hatte vorige Nacht einen Traum und bezweifle, daß ich mich daran erinnern kann. Ich bezweifle auch, daß du letzte Nacht keinen Traum hattest, und doch ist er dir nicht besonders präsent. Es ist wirklich bemerkenswert, wie vieles dein Körper regelt, indem er sich Trancephänomene zunutze macht. Wir haben einen kleinen Sohn, und dieses Kind ist einen großen Teil seiner Zeit in Trance, tiefer als ich das zustandebringen kann. Und ich frage mich, ob er schon das ganze Alphabet gelernt hat, alle Wörter, die ich gebrauche, all meine nonverbalen Gesten und Gebärden, alle Lieder, die ich ihm vorgesungen habe; und indem wir ihn für die Gemeinschaft vorbereiten und erziehen, seinen bewußten Verstand schulen, bis er alleine denken kann, wird er allmählich all jenes früh Erlernte vergessen. Und dann können wir ihn in eine weiterführende Schule schicken, damit sie ihm dazu verhelfen, kleine Risse in seinen bewußten Verstand zu bekommen, um durch sie etwas von dem Vergessenen wieder hervorzuziehen, um ihm zu helfen, sein Vergessen zu vergessen. Ich hoffe, daß man dir dabei geholfen hat, dein Vergessen zu vergessen, so daß du dich wirklich an einiges erinnern kannst, was du als Kind gewußt hast.

Ich wette, du hast Rollenspiele gemacht, du hast dich unterm Spieltisch versteckt. Vielleicht hast du ein Tuch oder eine Decke über den Kartentisch gehängt und gespielt, du wärest bei dir zu Hause. Wahrscheinlich hast du bereits vor dem üblichen Alter das Spiel gespielt: »das soll mein Haus sein«. Und fühltest dich sehr sicher. Wie schön ist es, so zu tun »als ob«. Diese Decke, – vielleicht eine pinkfarbene Decke – kein Geräusch konnte durchdringen. Vielleicht hast du die Teller klappern gehört und wie das Tafelsilber aneinanderklang. Und bewußt war dir klar, daß Mutter das Abendessen vorbereitete. Und dein Unbewußtes sagte dir, daß du das vergessen konntest, nicht zur Kenntnis zu nehmen brauchtest. Du warst hier in Sicherheit in deinem eigenen kleinen Haus.

Du kannst auf vielfache Weise lernen, über Reize hinwegzusehen. Du weißt, daß du, um das College zu durchlaufen, lernen mußt, Gedanken abzublocken, damit du überhaupt ein Buch lesen kannst. Du mußt das Geblätter in der Bibliothek überhören und all die scharrenden Geräusche, um dich auf ein Buch zu konzentrieren. Mir haben sie es Anfang der sechziger Jahre schwer gemacht, denn ich mußte die Miniröcke in der Bibliothek übersehen, die Hotpants. Jetzt kann ich mich sehr gut konzentrieren. Ich weiß die Dinge zu schätzen, die ich später ausblendete.

Welche Mutter mußte nicht eine Schwierigkeit ignorieren, um ihrem Kind Aufmerksamkeit zu schenken. Welcher Mensch, der während des Stoßverkehrs Auto fährt, verfügt nicht über die Fähigkeit, den Druck in seiner Blase zu ignorieren. Du verfügst über vieles, das du vermutlich nutzt und das dir helfen kann, Körperreize auszublenden.

Ich weiß nicht, ob du dir die Dissoziation in deinem Arm merken wirst. Ich möchte gern, daß du sie ausdehnst in deine Schulter und in den Nacken. Du kannst sie auch in deine Wange verschieben, wenn du magst. Und manchmal mußt du wohl zum Zahnarzt: Ich hatte einst eine schmerzhafte Wurzelbehandlung nötig nach einer Armlevitation, weil ich mit den Fingern meine Wange berührt und die Dissoziation aus meinen Fingerspitzen in meinen Kiefer hatte fließen lassen. Du kannst sie auch in deinen Brustkasten fließen lassen. Nach und nach in deine Schultermuskeln. Nicht zu schnell.

Nun, wie machst du das, wie ignorierst du einen körperlichen Reiz? In deinen Träumen, nachts, taucht öfter ein Reiz auf, den du nicht einmal hast. Da muß es so eine Als-ob-Haltung geben.
Nun kannst du dich bemühen, ein Traumgesicht zu haben. Bei dieser Visualisierung kannst du dich selbst sehen, und du kannst dich tun sehen, was immer du willst. Deine Vorstellungskraft ist grenzenlos. Und jetzt laß es langsam in deine Brust wandern, in dein Brustbein, und laß es sich immer weiter ausbreiten. In seinen Schutzträumen hat Erickson sich selbst eine Menge Dinge tun sehen. Du kannst dir vorstellen, wie du schwimmst, wie du in einem Blätterhaufen einschläfst, wie du ins Heu springst, wie du beim Eisfischen bist, wie du allein im Boot sitzt, und die Wellen plätschern längsseits ans Boot. Alles kannst du dir vorstellen. Du kannst dir vorstellen, wie du über eine Wolke fliegst, wenn du Lust hast. Ich habe das nie getan. Jedes Kind, das ich kenne, hat Träume, wie es aus seinem Körper herausfliegt. Ich weiß nicht, ob du dich an einen derartigen Traum erinnerst. Ich weiß nicht, ob du vielleicht jetzt so einen Traum haben kannst, vielleicht kannst du. Deine Dissoziation, die sich immer mehr ausbreitet, von deiner Brust, deinem Brustbein in die Schultern, hinten um die Schultern herum, hinunter in dein Becken diese Dissoziation könnte dir die Erinnerung, wie das abläuft, erleichtern.
Die meisten Kinder erleben sich, wie sie aus ihrer Brust hervorkommen oder oben aus ihrem Kopf. Und das ist den Schutzträumen von Erickson sehr ähnlich: daß du ein Bild von dir siehst, entweder wie du auf dem Bett zurückbleibst oder wie du irgendwo im Raum schwebst.
Nun habe ich aber die Zeit nicht erwähnt. Dein Unbewußtes reagiert auf einen Reiz ziemlich rasch. Ich hatte erwähnt, daß deine Augen sich schließen könnten, und sie haben sich geschlossen, und du mußtest sie wieder öffnen und wieder in deiner eigenen Zeit schließen. Ich sprach davon, daß deine Hand sich heben könnte bis zu deinem Gesicht. Und sie fing an zu steigen, fiel wieder und hob sich dann bis zu deinem Gesicht. Das ist für jeden eine echte Lernerfahrung, zu begreifen, daß du mehr als ein Beispiel dafür gegeben hast, wie du etwas zu lernen beabsichtigst. Ich habe von Zeitverzerrung gesprochen. Vielleicht hast du darüber nachgedacht. Es wäre eine gute Idee, wenn du sie für eine Weile vergessen könntest, damit du, wenn wir wieder darauf zurückkommen, lernen kannst, wie sie dir für immer erhalten bleibt.
Die Dissoziation, für die ich dein Bewußtsein geschärft habe, die in dein Becken gewandert ist, kann sich auch in Richtung Gesäß bewegen oder in deinen oberen Hüftbereich. Ich weiß nicht, ob du es lieber magst, daß sie sich allmählich in deinen Rücken bewegt oder plötzlich, systematisch, mit Unterbrechungen oder wie zufällig. Ich wette, du hast bestimmte Vorstellungen, wie das am besten geschehen sollte.

Ich habe mich gerade daran erinnert, wie ich mit einer Frau namens Linda in Pensacola, Florida gearbeitet habe. Sie hatte Rückenschmerzen und ihre tiefe psychische Störung beschwor den Schmerz immer wieder herauf. Es war niemand da, der ihr Halt gegeben hätte. Sie war ein Kind, das zu rasch erwachsen geworden war, aber sie war Ärztin. Um in jungen Jahren bereits Ärztin in Pensacola zu sein, mußte sie sicher recht ehrgeizig gewesen sein, um derart aus der Masse herauszuragen.

Wenn du zu rasch erwachsen wirst, kannst du dich darauf verlassen, daß dein Körper den Nutzen des sympathischen Nervensystems mißverstehen wird. Manche Leute haben Angst, sich zu entspannen. Linda dachte, daß das Blut in ihre inneren Organe fließe – du weißt: in deine Schleimhäute, die Speiseröhre, die Lunge, den Magen, die Blase, den Dickdarm, die Schließmuskeln, die Vagina – Stimulation in diesen Bereichen war für sie, noch ehe sie es vermutlich in Worte fassen konnte, das Signal, daß sie nicht stark genug gewesen war. Und wenn sie sich erdreistet hätte, sich auf den Boden zu legen und zu lachen oder zu weinen, so hätten ihre Eltern sie für ihre Schwäche getadelt. »Wenn du was zum Heulen brauchst, das kannst du gleich haben. Steh auf.« Und ein Kind lernt ziemlich schnell, daß die Eltern zufriedener sind, wenn du dich stark zeigst, dein sympathisches Nervensystem kräftigst, Adrenalin in dein HerzKreislaufsystem und in das Haut- und Muskelgewebe pumpst. Ein sicherer Weg zur Arthritis!

Manche Leute haben das genau entgegengesetzte Problem. Und es ist eine gute Idee, wenn du dich in deinen Schutzträumen mit dem gegenteiligen Problem konfrontiert siehst. Jeder weiß ja, daß du deine Träume ohnehin vergessen kannst, wenn du erwachst. So hat Erickson sich selbst in seinen nächtlichen Träumen mit vollkommen anderen Körperreaktionen gesehen. Und dann begibst du dich einfach hinein in dieses Bild und hast die dazugehörigen Empfindungen. Und am anderen Morgen erinnerte er sich nicht daran.

Einmal kam er ins Büro und sagte: »Vorige Nacht hatte ich ganz schöne Schmerzen, und jetzt träume ich noch meinen Schutztraum.« Und ich erwiderte: »Ich bin sehr froh, mit dir hier in deinem Traum zu sein.«

Das genaue Gegenstück zu Lindas Problem hatte ein Kind, das bei jedem Klacks losweinte, weinte, wenn es ein trauriges junges Hündchen sah, bei Lassie weinte, wenn ein Clown zu rasch zu nah kam, Angst bekam und heulend zur Mama rannte, das sich völlig hilflos empfand, das immer jemanden anbettelte, ihm doch zu zeigen, wie man dies und jenes macht, denn sie wußte nicht, wie es geht. Hätte Linda diese Einstellung gehabt, so wäre sie nie Ärztin geworden. Gut, daß es nicht so war.

Ein menschliches Wesen hat sehr viele Grenzen, aber auch ein gut Teil Flexibilität. Du kannst eine Menge abkriegen und doch nur mit minimalen körperlichen Problemen dafür zahlen. Und Linda beglich ihre Schuld. Es war keiner da, der sie unterstützt hätte. Und ihr Rücken wurde ihr Problembereich... So nötig, jemanden zu haben, der dich aufrichtet, jemanden, auf den du dich stützen kannst. Du kannst dir einen Schutztraum vorstellen, in dem du dich auf den fähigsten Heiler stützen kannst, dem du je begegnet bist. Tritt ein in diesen Traum und erlebe das! Ich bat Linda, Ericksons Methode auf sich abgestimmt zu benutzen.

Nun kannst du vielleicht überprüfen, wie deine Dissoziation in deinen Rücken gewandert ist. Wenn du feststellen kannst, daß du irgendwo in deinem Körper einen Reiz verspürst, dann kannst du nicht zugleich deinen ganzen Köper wahrnehmen, dann mußt du also auch in der Lage sein, einen Reiz irgendwo in deinem Körper nicht wahrzunehmen. Ich frage mich, ob du versäumt hast, das Gefühl in deinem Knöchel zu spüren. Ich stelle mir vor, du tatest es.

Ich weiß, Stanley bemerkte nicht das Gefühl an seinen Ohren, dort wo die Brille sein Gesicht berührte. Die meisten Menschen müssen diese Erfahrung vergessen, um nicht abgelenkt zu sein. Und du kannst dich daran erinnern, wie das ist, den Reiz an deinen Ohren nicht zu bemerken und ihn an eine andere Stelle deines Körpers zu verlagern, um dir selbst zu helfen. Jetzt mach weiter und laß dieses Gefühl der Dissoziation sich vermischen mit der Zeitverzerrung, von der ich gerade gesprochen habe. Du kannst in einem Vortrag sitzen, der Tage zu dauern scheint. (Ich hoffe, dieser hier tut es nicht.) Und du kannst dich in einer amourösen Situation befinden, die Sekunden zu dauern scheint. Und du wünschtest, sie würde länger dauern. Welcher Mensch hier in diesem Raum hat nicht zu Zeiten der Verliebtheit auf die Uhr geschaut und gemerkt, daß es zwei Uhr früh war, wo es doch erst halb zwölf gewesen war, als sie aus dem Kino gekommen waren. Wo war die Zeit geblieben? Das muß mehr mit der Zeitverzerrung in deinem Kopf zu tun haben als mit der Durchblutung deiner Lippen.

Nimm das Gefühl der Dissoziation und benutze es zusammen mit den anderen Trancephänomenen. Ist dein Schmerz beständig da, so kann dir deine Dissoziation helfen, daß er mit Unterbrechungen auftritt. Wenn dein Schmerz periodisch erscheint, kann deine Dissoziation dir helfen, daß er sich verringert. Und dann kannst du die Augenblicke des Schmerzes in deiner Zeitempfindung stark verkürzen, vergleichbad den Augenblicken, wenn die Zeit bei einem Rendez-vous nur so verflogen ist. Und du hattest nicht einmal die Zeit, um zu begreifen, daß die Zeit um war. Und empfinde die Phasen, in denen der Schmerz dir verringert oder vergangen scheint, als dauerten sie ewig. Und das wird dir vermutlich zusagen, wenn du es folgendermaßen machst: Du weißt, daß du eine Reaktion ausprobierst und sie verhinderst, und dann gehst du mit, in deiner eigenen Geschwindigkeit, so wie du es mit deinem Arm und deinen Augen gemacht hast; erkunde das Gefühl der Zeitverzerrung und vermische es mit deiner Dissoziation, und

dann laß den Schmerz zurückkommen. Entscheide für dich selbst, ob dies ein nützlicher Weg war. Falls ja, dann gehe ihn so, daß die Momente des Schmerzes sehr kurz sind, und die schmerzfreien Phasen scheinen [langsam] zwei, drei, vier, fünfmal länger... [Pause]..., können scheinen, als dauerten sie ewig.
Nun, cholinerge Ausschüttung wird deinen biochemischen Haushalt durcheinanderzbringen. Lindas Biochemie lernte das Ungleichgewicht zugunsten des Sympathikus vorzuziehen. Das ist nun wirklich unglücklich. Das ist ein sicherer Weg, um Probleme der Haut und des Nervensystems, des Herz-Kreislaufsystems und des Muskel-und Skelettsystems hervorzurufen. Du wirst deine chemische Balance durcheinanderbringen müssen. Der Stimulus, der für dich unbewußt das Signal ist, die Adrenalinausschüttung in die Muskulatur anzuregen, den benötigst du als Anreiz, um dein Inneres cholinerg zu überfluten. Du erlebst es, wie alle Schließmuskeln sich entspannen. Vielleicht wird das für dich ein Anlaß, über jene Schutzträume nachzudenken. Möglich, daß du ein Anzeichen erkennst, daß du sie träumst. Das kann nachts sein oder auch tagsüber. Und du solltest in der Lage sein, dir selbst Vergessen für deine Träume aufzuerlegen, so daß du deinen normalen Alltagsbeschäftigungen nachgehen kannst.
Nun lernst du, in deinen Nachtträumen eine Menge zu vergessen. Du kannst nicht sagen, wie du das machst, und du kannst auch nicht sicher wissen, daß du etwas vergessen hast, ehe du nicht wieder daran denkst. Nun, das sollte eine wirkliche Herausforderung für dich sein: wie erinnerst du dich, etwas vergessen zu haben, ohne daran zu denken? Du hast nicht wieder an deinen Knöchel gedacht. Wie machst du das? Dieses gleiche Wissen kannst du auf die verkürzten Momente verringerten Schmerzes anwenden, und dann vergiß es wieder. Und du mußt auf etwas anderes achtgeben, vielleicht auf etwas, das ich gesagt habe, auf etwas, worüber du nachgedacht hast.
Nun hast du etwas gelernt, du hast Erfahrungen gemacht. Du verfügst über sehr viele Möglichkeiten, Dinge auf deine Art zu tun, und kannst zeitweise auch ausprobieren, wie andere es machen, aber in der dir gemäßen Abwandlung.
Ich hatte Sally suggeriert, daß ihr Schmerz für die Dauer der Feiertage vergangen sein sollte, doch ich möchte nur erwähnen, daß ein Feiertag kaum vorüber ist: schon beginnt der nächste. Da ist kaum Erntedank gewesen, und schon steht Weihnachten bevor. Weihnachten ist gerade gewesen, und schon bereitet sich alles auf Sylvester vor. Und du hast Neujahr gerade hinter dir, und dann ist schon wieder irgendein Präsidentengeburtstag. Dann kommt der Valentinstag, dazwischen hat jemand Geburtstag, vielleicht hast du selbst Geburtstag, und dann bereiten sich alle auf Ostern vor.

Und dann ist da noch der erste April, und welches Kind möchte nicht jemanden »in den April schicken«; für Kinder ist das schon ein Feiertag. Und davor war ja noch Frühlingsbeginn, und schon richtest du dich auf die Sommerferien ein. Wo ist das Jahr nur geblieben? Da fängt schon wieder der Herbst an, Herbstfeuer: romantische Spaziergänge im Altweibersommer, und ehe du dich's versiehst, ist wieder Erntedank.
So blieb Sallys Schmerz das ganze Jahr über verschwunden. Unter diesen Umständen ist jeder Tag ein Feiertag. Und wenn dein Schmerz die Feiertage über verschwunden sein soll, so bist du ganz schön in der Zwickmühle. Es spielt keine Rolle, ob dein Glas halb leer oder halb voll ist. Und was macht es schon aus, ob dir Wasser schmeckt oder nicht. Du kannst darüber nachdenken, dein Unbewußtes wird schon wissen, was ich meine.
Ich bin neugierig, wie du aus der Trance kommen wirst. Ich wette, du wirst aus der Trance kommen und feststellen, daß du noch einmal zurückkehren mußt in die Trance, um dann auf deine eigene Art herauszukommen. Und wenn das so ist, dann wäre dies ein guter Beweis für unsere Hypothese. Laß dein Unbewußtes mit dem Lernen, das wir begonnen haben, so fortfahren, wie es für dich richtig ist. Wenn du es nötig hast, daß ein Arm in Trance bleibt, nachdem du hervorgekommen bist, dann ist das für dich ein Hinweis darauf, daß du das Erlernte mitnehmen kannst, nachdem die Trance vorbei ist, und das wäre schön. Vielleicht tust du auch etwas anderes auf deine individuelle Weise.

2. Erwünschtes Ziel bei der Anwendung der Trancephänomene:

Anekdoten und Suggestionen zur Altersregression sollen zur Exploration eingesetzt werden und um einige angenehme Kindheitserinnerungen wieder lebendig werden zu lassen – als Ressourcen für die nachfolgende Therapiearbeit.

Metapher

... Und dein bewußter Verstand kann gespannt und erstaunt sein und deinem Unbewußten erlauben, so tief in Trance zu gehen, wie du willst. Es gibt keinen besonderen Grund zu...[lange Pause]
Einer meiner Freunde besuchte eine Frau im kalifornischen Santa Barbara. Sie trafen sich auf einem Bergesgipfel außerhalb der Stadt, zwölf Kilometer vom Meer entfernt. Er mußte bei Dunkelheit hinauf in die Berge fahren und sich dabei an folgende Anweisungen halten: bei der ersten unbefestigten Straße links abbiegen, dann fünf Kilometer weiter, bei der zweiten unbefestigten Straße rechts, dann eine scharfe Linkskurve und geradeaus weiter bis zur Abzweigung rechts und dann bergauf, und wenn du den Berg

wieder runterkommst, mußt du dich an der Weggabelung links halten und dann unmittelbar darauf rechts. Dann den nächsten Weg linker Hand überqueren und links fünf Kilometer auf der unbefestigten Straße zurück auf die Hauptstraße.
Das schien eine merkwürdige Anweisung zu sein, aber aus irgendeinem Grund wollte Mona, daß David die halbe Strecke hinauf in die Berge fahren und dann zurückkommen sollte. Und er sollte den Highway sechseinhalb Kilometer weit runterfahren und ihn dann linker Hand verlassen. Und weiter lautete die Anweisung: »Fahr hinauf, weiter und immer weiter hinauf!« Das war's. Er mußte nun also losfahren, die halbe Strecke hinauf in die Berge, bei der ersten unbefestigten Straße rausfahren und fünf Kilometer weiter, dann links einbiegen und beim zweiten Weg rechts, dann unmittelbar einbiegen, weiter geradeaus fahren und sich danach rechts halten. An irgendeinem nicht bekannten Punkt hatte er zu wenden, wieder hinunterzufahren und sich dabei links zu halten. Dann sollte er links einbiegen, einen Weg überqueren, wieder links einbiegen und fünf Kilometer auf der unbefestigten Straße zurück zum Highway fahren. Ein paar Kilometer weiter sollte er den Highway linker Hand verlassen, und dann gab es lediglich die Anweisung: »Fahr hinauf, weiter und immer weiter hinauf.« Er wußte, es würde spannend werden, mit Mona zusammen zu sein. Als er schließlich oben auf dem Gipfel ankam, war da ihr Haus. An dem Baum vor ihrem Haus hingen Ringe, an denen sie gern turnte. Sobald der Morgen graute, packte Mona einen kleinen Rucksack, und sie machten sich auf den Weg und wanderten auf einem Bergpfad. Sie sagte: »Es wird nur zwanzig Minuten dauern«. Und als sie den Berg hinuntergingen, überquerten sie zu Fuß den Weg, den er im Kreis gefahren war. Und als sie weiter im Dunst den Berg hinabstolperten, diesen schmalen Weg immer tiefer stiegen, sahen sie in der Ferne ein paar Häuser liegen, zu denen dieser Weg führte. Und schließlich kamen sie zu einem umgestürzten Baum, der neben einem leuchtend roten Baum lag; so rot strahlte der, daß David glaubte, nun fange die Verzauberung schon an.
Jedes amerikanische Kind kennt Alice im Wunderland und die Geschichte, wie Alice in den Kaninchenbau hinabstieg. David sagte: »Du würdest es nicht für möglich halten, wie eng die Höhle war, in die sie hineinkroch, dort, wo der Baum, der am Felsrand umgefallen war, sein freigelegtes Wurzelwerk zeigte.« Da gab es eine Öffnung, so groß wie der Raum unterhalb deines Stuhles. Und sie verschwand regelrecht in dem Wurzelwerk. Er hätte nicht einmal gedacht, daß seine Hüften in die Öffnung passen würden, aber es ging.
Und dann benutzt du deine Hände, du hältst dich mit deiner rechten Hand an dem Ast fest, dann stemmst du dich hoch, plazierst dich mit deinem Hinterteil an eine andere Stelle, stützt dich mit deinen Händen wiederum

an den überhängenden Ästen ab, die ja zum Wurzelwerk des umgefallenen Baumes gehören. Und irgendwo ganz innen in dem weitläufigen Wurzelwerk liegt die andere Seite der Höhle. Du kletterst hervor und gehst bergab, und während du schneller wirst, fühlt sich dein Körper leichter das Wurzelwerk öffnet sich, an dem du dich mit deinen Händen festgehalten hast, und das ist das letzte Mal, daß du dich mit deinen Händen irgendwo festgehalten hast.

Tiefer und tiefer ging sie voraus und weiter weg in die Ferne. Und du bleibst dir selbst überlassen da am Berg, und du schwebst in deinem endlosen, zwanzig Minuten andauernden Erleben. Du kannst dir deine eigene Vorstellung machen, was David wohl angefangen hat.

Nun bist du in Trance dagesessen, und deine Wangenmuskeln haben sich gelöst, und deine rechte Hand hat ihren Weg gefunden, hat sich von deinem Schoß erhoben und schwebt angenehm in der Luft. Sie kann bis zu deinem Gesicht hinaufgehen oder auch nur halb so hoch, sie kann aber auch da bleiben, wo sie ist, und angenehm in der Luft schweben. Sie kann vor dir schweben. Vielleicht entdeckst du sie auch unmittelbar vor deinen Augen, und du kannst in deine Handfläche blicken. Vielleicht geht sie aber auch wieder tiefer, hinunter auf deine Schenkel. Kann sein, daß sie das tut, nachdem du aus der Trance gekommen bist. Dein bewußter Verstand kann sich da wirklich über einiges wundern.

Ich bezweifle, daß du über die Leitung verwundert bist, die ich noch nicht erwähnt habe. Sie war fast gänzlich im Unterholz verborgen, aber du konntest sie doch sehen, diese Leitung, die irgendwo herkam und irgendwo hinführte. Es ist wirklich nicht wichtig.

Ich bin erstaunt, wie viele verschiedene Möglichkeiten du hast, die unwichtigen Kleinigkeiten zu erkennen, die Schuhe, die du heute trägst, ob dein Hemd rot ist oder nicht. Jeder hat eine Menge Erfahrungen damit gemacht, wie das Leben seinen Lauf nimmt, und manchmal kümmert es dich überhaupt nicht. Manche Leute sagen: »Es spielt keine Rolle, ob ich zur Wahl gehe oder nicht, was macht das schon aus?« Du nimmst dir einfach Zeit für dich selbst. Und wenn die Erde sich ohne dich weiterdreht, so kommt sie doch nicht sehr viel weiter. Es ist wirklich nicht wichtig. Nun ist es dir wahrscheinlich ebenso wichtig, ob es deine rechte oder deine linke Hand war, die hochgegangen ist zu deinem Gesicht. Darauf bist du womöglich gar nicht neugierig. Dein bewußter Verstand ist vielleicht erstaunt und läßt dein Unbewußtes machen, was es will. Aber wem ist das wichtig? Das Unbewußte wird machen, was es will. Es ist unbekümmert. Dein bewußter Verstand scheint beobachten und etwas herausfinden zu wollen, so wie damals, als du das erste Mal in Trance gegangen bist. Also, dein bewußter Verstand kümmert sich nicht. Es gibt eine Menge Techniken, wie du deinen bewußten Verstand in den Hintergrund drängen kann.

Es hat sich gezeigt, daß es von Vorteil ist, eine Sache, die dir wichtig ist, nicht ständig mit deinem Verstand zu bearbeiten – überlasse sie ruhig deinem Unbewußten. Oder du kannst es auch zulassen, daß dein bewußter Verstand die Einzelheiten zur Kenntnis nimmt, die du dein Unbewußtes regeln läßt, aber denke nicht weiter darüber nach.

Du mußtest nicht daran erinnert werden, daß du nicht darüber nachgedacht hast, wie deine Füße auf dem Boden stehen. In Trance bist du entspannt, du lehnst dich bequem im Stuhl an. Es ist möglich, daß du keinen Gedanken an irgendwelche Geräusche im Raum verschwendet hast. Wer kümmert sich denn darum? Es wäre wirklich interessant festzustellen, daß sie gar nichts mit deinen Absichten zu tun haben.

Im übrigen weiß dein Unbewußtes sehr viel über das Nicht-zur-Kenntnisnehmen von so vielem: einfach völlig zu vergessen. Es ist nicht notwendig, daß du dich an so viele Dinge nicht erinnerst, wenn du sie bereits vergessen hast.

Du weißt, die Sonntage, morgens, im April 1983. Und es ist leicht, sie zu vergessen, ebenso wie die Samstagnachmittage. Manche Leute haben gesagt, daß sie vollkommen vergessen haben, was sie die Woche zuvor gemacht haben. Ich frage mich, ob du dich an das Wie erinnern kannst. Es wird dann ganz einfach, wenn du verstehst, daß es nicht gelohnt hat, den Samstagnachmittag zu erinnern.

Häufig hast du ein sehr gutes Gefühl, spürst, du bist unbekümmert. Und du kannst dich daran erinnern. Aber dein bewußter Verstand muß nicht unbedingt einen bestimmten Samstagnachmittag in Erinnerung behalten. Es könnte ein Samstagnachmittag 1953 oder 1983 gewesen sein. Du kannst dich eben erinnern an unbekümmerte Augenblicke an Samstagnachmittagen.

Manche Leute sagen, sie erleben sorglose Momente, wenn sie das Laubrechen erledigt haben. Dann ist es in Ordnung, in den Blättern herumzutoben. Die Hügel sind um diese Jahreszeit mit Schnee bedeckt. Und du erinnerst dich nicht genau, welcher Hügel das war. Bewußt kümmert es dich wahrscheinlich überhaupt nicht. Es ist vergessen. Aber dein Unbewußtes erinnert sich an eine Menge. Es ist eine gute Möglichkeit, diese Dinge zu nutzen. Ich wüßte gern, was du davon hältst, wenn ich vom Schlittenfahren spreche, den Berg hinunter, hinter meinem Haus. Da kommen drei Hügel hintereinander, unterbrochen von einem Weg. Und der Weg war so vereist und zugeschneit, daß man einfach darüber hinwegrutschen konnte. Du kannst mir glauben, ich habe immer eine Menge Schnee in die Stiefel bekommen, wenn ich diese Buckel hinaufgestiegen bin. Es ist lustig, wie sich an den Cordhosen über dem Stiefelabschluß kleine Schneeklumpen ballen. Und die Schnur, die vorn am Schlitten befestigt ist, wird von der gefrierenden Nässe ganz steif und überkrustet.

Nun weiß ich, daß dir bewußt ist, daß die meisten Kinder im Winter mit ihrem Schlitten alles mögliche ausprobiert haben. Meist haben sie ja die Zeit vergessen, als sie mit ihrer Zunge das Metall berührten, so wie du eine Menge Dinge vergessen kannst, die durchaus nicht wichtig sind. Früher oder später hast du kein Problem mehr damit, dich an Erlebnisse zu erinnern. Du kannst vorausschauen oder zurückblicken in eine Zeit, zu der du dich nicht erinnern wirst, wann diese Sitzung gewesen ist. Irgendwann in deinem Leben; es ist gut zu wissen, daß es irgendwann in deinem Leben ist. Aber warum solltest du dich daran erinnern, ob irgend etwas um 11 Uhr geschehen ist oder ob es Donnerstag nachmittag war. Du weißt, es war im zwanzigsten Jahrhundert oder war es das einundzwanzigste Jahrhundert?
[Pause]
Sehr viele Leute träumen in Blautönen. Du kannst einen samtausgeschlagenen Hintergrund haben und samtfarbene Träume. Und du kannst annehmen, du träumst farbig, aber nicht in Blau. Du denkst, du träumst in Rot und Grün. Aber wenn du allmählich aus dem Traum erwachst, dann hast du nur diese blauen Schatten.
Und ganz häufig verhält es sich ebenso mit all den Lebenserfahrungen. Blauer Samt schluckt das Licht. Du kannst nicht einmal sagen, ob es nicht etwa Schwarz ist. Du mußt sehr genau hinsehen. Und wenn der ganze Raum in dunkelblauem Samt tapeziert wäre, dann möchte ich wissen, wieviel einfacher es wäre, alle Reize in diesem Raum zu übersehen und überhaupt alles zu vergessen, so als wäre es ein Traum.
Nun fällt dir früher oder später etwas aus deiner Vergangenheit ein, das du dir gern in Erinnerung rufen würdest. Ich weiß es nicht, ob du gern den Schnee auf deinem Gesicht spüren möchtest bei so einer wunderbaren Schlittenfahrt den Berg hinunter. Vielleicht möchtest du aber auch einen Hammer in deiner Hand fühlen. Oder etwas Bedeutungsvolles vielleicht aus... [Pause] deinem Biologie-Unterricht.
Als ich in der dritten Klasse war, waren eines Tages meine Flugzeugbildchen aus meinem Pult verschwunden. Ich hatte sie schon eine ganze Weile gesammelt, und wenn ich mich sehr anstrenge, kann ich mich wirklich erinnern, was auf den Flugzeugbildchen zu sehen war. Ich erinnere mich an Verschiedenes, die Größe, die Farbe und diesen spezifischen Geruch. Es wäre gut, wenn du eine bestimmte interessante Erinnerung herausgreifen würdest, die dir so in den Sinn kommt. Vielleicht, daß du versucht bist, jenes Cockpit in so ein klassisches Flugzeug hineinzukleben. Und während du das machst, kommt dir eine Menge Gedanken, die dich wirklich sehr fesseln können in deiner gegenwärtigen Zeit. Nun hat dein Unbewußtes eine Reihe von Einfällen, ob es dir weiterhelfen würde, irgendeinen interessanten Zeitpunkt herauszufinden, vielleicht als du acht oder sieben Jahre alt bist, vielleicht auch sechs.

Und ich weiß nicht, ob du in der Lage bist, die Geschehnisse genau vor deinem sechsten Geburtstag wieder lebendig werden zu lassen. Aber wahrscheinlich wirst du dich – früher oder später – an den Wochentag erinnern. Wahrscheinlich merkst du, es ist möglich, das Mittag- oder Abendessen vor Augen zu sehen, das es an dem Tag gibt. Vielleicht erinnerst du dich auch, was für Geschenke du an deinem Geburtstag erwartest. Wo sie vermutlich versteckt sind. Oder vielleicht möchtest du auch lieber Stück für Stück die Erlebnisse vor deinem achten Geburtstag wiedererinnern. Da ist überhaupt kein Unterschied. Du möchtest dich vielleicht auch gern an den Tag vor deinem siebenten Geburtstag erinnern. Und natürlich wirst du dir eine Menge eigener Gedanken machen. Einige Gedanken kannst du mitteilen, und einige möchtest du für dich behalten. Im Geiste bist du zum einen bei mir und zum anderen bei dir.

Aber je mehr du die Möglichkeit hast, deine Kindheitserfahrung wiederzuerleben, desto mehr solltest du auch an die Erfahrungen deiner bewußten Erinnerungen denken, an die weit entfernte Zukunft. Schön zu wissen, daß du eine hast.

Und auf wie viele unterschiedliche Arten kannst du wissen, daß es so geschehen wird, eines Tages als Erwachsener in diesem Büro zu sitzen, in ferner Zukunft. Es ist nicht nötig, daß du jetzt darüber nachdenkst. Denn je mehr dein bewußter Verstand sich dessen sicher sein kann, um so eher ist es deinem Unbewußten möglich, diese frühere Erfahrung wieder zu erleben. Allmählich akzeptierst du nun auf mannigfache Weise den Glauben, daß deine Erfahrung Wirklichkeit ist.

Und irgendwann – ich kann nicht genau sagen wann – wird dir wirklich jenes flüchtige Verständnis zuteil, daß diese Gedanken und Gefühle und Erwartungen rund um deinen Geburtstag Wirklichkeit sind. Du solltest schon die Möglichkeit haben, einiges davon für dich zu behalten. Aber du kannst auch einiges finden, worüber du sprechen möchtest, und etwas möchtest du vielleicht auch mir erzählen.

Es ist in Ordnung, wenn du dein Erleben bewahrst, während dir nun die Worte einfallen. Erzähl mir, was dir in den Sinn kommt. Erzähle nur das, was die anderen wissen dürfen. Den Rest behältst du für dich.

[Klient] »Ich sehe da diesen Cowboy-Anzug. Lederne Reithosen hat dieser Cowboy-Anzug, und da ist auch ein Hut.«
»Wann hast du das geschenkt bekommen?
»Zum Geburtstag.«
»Wie weit liegt dieser Geburtstag zurück?«
»Es scheint mir so, es ist...«
»Heute?«
»Stimmt. Und ein Colttasche ist dabei und ein Schießeisen.«
[Klient lacht]

»Ist sie aus Leder?«
»Genau. Riecht nach Cowboy. Es ist toll.«
»Was für eine Farbe hat der Kolben?«
»Er ist weiß und der Kopf einer Longhorn-Kuh ist drauf.«
»Kann man damit schießen?«
»Mensch! Platzpatronen kann man schießen. Einen Hut gibt es auch.«
»Hast du alle Geschenke ausgepackt?«
»Das ist alles, der ganze Cowboy-Anzug. An den Reithosen ist auch Fell.«
»Und wie siehst du aus mit den Reithosen?«
»Toll!«
»Wie fühlen sie sich an? Hindern sie dich in der Bewegung? Kannst du gut darin laufen?«
»Hm-Hmm.«
Komm, laß uns damit spielen gehen. Erinnere dich an diese Erfahrungen. Erlaube es dir, laß es dir gut gehen, denn das, was wir in der Kindheit lernen, das brauchen wir das ganze Leben hindurch. Was tust du außerdem noch?
»Ich übe, die Pistole zu ziehen.«
Zu üben, die Pistole zu ziehen, das kann einen so glücklich machen, daß... manchmal kannst du dich so glücklich fühlen, daß du es anderen überhaupt nicht beschreiben kannst. Und wenn du nicht in der Lage bist, es anderen zu beschreiben, wie glücklich du dich fühlst, so hört dieses Gefühl damit doch nicht auf, stimmt's? Das ist sogar dann wahr, wenn sie dir gar nicht zuhören, du kannst dich dennoch glücklich fühlen, im späteren Leben. Dann, wenn du Cowboy spielst, hast du wahrscheinlich sehr viel Zeit für Tagträume von Indianern, von den Pferden.
Nun frage ich mich, ob du je bemerkt hast, daß der einsame Ranger nie bleibt, um irgendwelchen Dank entgegenzunehmen. Er hinterläßt eine silberne Kugel, und das war's dann. Auf die Art muß er sich wirklich gut fühlen. Und zu wissen, daß du deine Sache gut machst, das formt deinen Charakter, selbst wenn die anderen es nicht schaffen, dir das zu sagen. Ich frage mich, ob du nicht beim Cowboy-Spielen eine Menge lernst, wie du deine Sache gut machen kannst und es doch für dich behältst. Hast du silberne Kugeln? Und ich frage mich, ob dir klar ist, daß du, wenn du aus der Trance erwachst, hier und da Ahnungen behältst, die dann wie schwarzer Samt auf blauem Hintergrund scheinen.
Du weißt, deine Hand befindet sich auf halbem Weg zu deinem Gesicht. Ich frage mich, ob deine rechte Hand allmählich und gemächlich anfangen möchte, dein Handgelenk auf angenehme Wiese zu drehen, hin zu deinen Augen, so daß du deine Augen einen schmalen Spalt öffnen und in deine Handinnenfläche blicken kannst, um etwas zu sehen, an das du dich gern erinnert hättest. Die Finger bewegen sich ein klein wenig. Und vielleicht weißt du

gar nicht, was für eine Erinnerung du erwartest. So ist es gut. Es fängt an sich zu drehen.

Und indem es geschieht, gelangt deine Handfläche allmählich heran, so daß du in die Innenfläche deiner Hand blicken kannst. Noch ein paar Zentimeter. Natürlich zeigt sich diese kataleptische Bewegung, die so typisch ist für einen Menschen in Trance – eine unbewußte Reaktion. Der zweite Zeiger der Uhr bewegt sich alle zwei Sekunden ein Dreißigstel seines Weges, jede Sekunde ein Sechzigstel seines Weges. Und nach nur dreißig Sekunden gibt es eine Verschiebung um 180 Grad.

Eine kleine ruckartige Bewegung. Jetzt ist der Zeiger in die nächste Position gesprungen. Und ich meine, deine Hand ist jetzt ungefähr bei sieben Uhr oder bei sieben Uhr dreißig. Und noch eine kleine Bewegung, und dann schaut es mehr wie acht Uhr aus oder wie acht Uhr fünfzehn. Noch eine Veränderung, so um halb neun Uhr herum. Ich wette, du hoffst, daß wir nicht deine Stunden-Hand beobachten. Es muß deine Sekunden-Hand, deine zweite Hand sein. Deine erste Hand liegt nämlich hier auf deinem Schoß. Und noch eine Veränderung, noch eine weitere Veränderung. Es ist fast neun Uhr. Und wenn es dann zehn Uhr wird, solltest du in der Lage sein, deine Augen ein ganz klein wenig zu öffnen.

[Im Original-Transkript folgt nun eine längere diagnostische und therapeutische Exploration in der Altersregression, um weiter den Inhalt der speziellen Altersregression zu nutzen, die der Klient erlebt hat. Dieser Teil wurde hier ausgespart, da er in Hinblick auf das Ziel dieses Kapitels nicht relevant ist.]

Schließlich kündigte Mona an, daß es nun an der Zeit sei, eine andere Richtung einzuschlagen, nämlich zurückzugehen, den Berg hinauf. Das hörte er mit gemischten Gefühlen. Er war nicht sicher, bereit zu sein, diese so angenehme und so besonders interessante Kuhle zu verlassen, in die er hineingeklettert war, aber da war noch diese Leitung. Die führte den ganzen Weg hinab bis zu einer Gumpe in einem Felsspalt, und irgendwie leitete sie das frische, klare Wasser wieder den Berg hinauf.

Du könntest dir eine Leitung ins Unbewußte vorstellen, der du jederzeit folgen kannst, an der du dich festhältst und Hand um Hand nach unten hangelst, so weit hinunter, wie du magst, oder hinauf.

Er war auch erleichtert, denn sie ist so angenehm, diese Vertrautheit der gegenwärtigen Zeit. Und dann war er erstaunt, wie rasch sie wieder zurückkamen zu dem freiliegenden Wurzelwerk und der kleinen Öffnung, durch die sie hindurchgeschlüpft waren – das war schon so lange her. Aber vielleicht war es doch nur kurz zuvor gewesen?

Diesmal nahm er sich einen Augenblick Zeit und lag da, wie in einer Wiege, mitten drin in diesem Wurzelwerk, um es zu genießen, dieses Gefühl der Sicherheit, eins zu sein mit den Wurzeln und so wohl geborgen.

Und dann, nur ein paar Augenblicke später, war er wieder geblendet von der atemberaubenden Schönheit dieses leuchtend roten Baumes, der nur etwas seine Schattierung geändert hatte, weil die Sonne ihn nun aus einem anderen Winkel beschien.
»Also, wie hat es dir gefallen, und was hast du erfahren?« fragte Mona. Er sagte, er sei noch lange nicht bereit zu antworten. Es ist so schön zu wissen, daß du dir alle Zeit nehmen kannst, die du brauchst, um zurückzugehen und vorwärtszugehen in deiner Erinnerung an dieses Erleben.

3. Erwünschtes Ziel bei der Anwendung von Trancephänomenen:
Veränderte Körperwahrnehmung soll zur Veränderung emotionalen Schmerzerlebens eingesetzt werden.

Metapher[3]

Ich hatte einen Klienten mit Zahnarztphobie. Aufgrund früher Kindheitstraumata und Lernerfahrungen war er seit Jahren nicht beim Zahnarzt gewesen. Da es an der ärztlichen Versorgung fehlte, hatte er außerdem noch das zusätzliche Problem, daß er sich über den Zustand seines Mundes außerordentlich schämte, und er hatte wirklich Grund dazu, verlegen zu sein. Und diese Verlegenheit machte es wiederum schwierig, die nötige Behandlung zu bekommen. Er war so gehemmt wegen seines Mundes, daß er, als er zu mir kam, die ganze Zeit die Hand davorhielt. Diese Hand war ein wichtiger Schutz für ihn. Du solltest wirklich in der Lage sein, Bereiche, die schmerzen, die dich verlegen machen und die verletzlich sind, so gut wie möglich zu schützen.
So erklärte ich ihm einen ganz einfachen Vorgang, den jedes Kind kennt, wenn es zu lang im Schnee gespielt hat oder etwas sehr Kaltes recht lange angefaßt hat. Diese Geschichte mit der Handschuh-Anästhesie kann Ihnen wirklich helfen zu lernen, so sagte ich ihm, das Ausmaß Ihres Schmerzes zu steuern, eines Schmerzes, wie ihn Menschen zu verschiedenen Zeiten ihres Daseins erleben.
Ich bat ihn, sich in der Erinnerung eine Situation vorzustellen, bei der seine Hand taub geworden war. Ein Mensch kann über die Jahre hin sehr viele unterschiedliche Erlebnisse haben, wie er Taubheitsgefühle entwickelt. Man kann Erfahrung mit Novocain gemacht haben, dieses Gefühl des Dickerwerdens und Kribbelns. Dann gibt es diese merkwürdige Erfahrung: Du erwachst, fühlst dich wohl und entdeckst dann, daß dir dein Arm völlig eingeschlafen ist, denn du bist auf ungeschickte Art draufgelegen. Du kannst diesen Arm nicht bewegen, du kannst ihn auch nicht fühlen, aber du kannst dieses Taubheitsgefühl in vielfältiger Weise und zu ganz unter-

schiedlichen Zeiten empfinden. Zu dem damaligen Zeitpunkt wußtest du es noch nicht, aber es war eine Erfahrung, die dir später noch nützen würde. Und du warst nicht imstande, dieses Lernen nicht zu beachten: Es kommt wieder zum Vorschein, wenn du es am wenigsten erwartest.

Nun, wie geschieht das, daß jemand eine Veränderung in der sensorischen Wahrnehmung erfährt? Dein Unbewußtes kann die Fähigkeit entwickeln, gleichzeitig dazuzugehören und danebenzustehen. Nun entsteht ein Bild vor deinem geistigen Auge. Zunächst denkst du nach über die Möglichkeit einer Veränderung in deiner sensorischen Wahrnehmung, und dein Unbewußtes geht daran, aus der Möglichkeit Wirklichkeit werden zu lassen. Aber wie funktioniert das, daß ein Bild vor deinem geistigen Auge Teil deines Körpers wird und gleichzeitig doch daneben steht?

Nun bemerkte mein Klient Al als erstes, wie sich das Kribbeln in seinen Fingerspitzen entwickelte und sich in dem Tempo ausbreitete, wie er es brauchte. Und natürlich ist dies ein allgemeingültiges Beispiel für die Anwendung von Lernerfahrungen. Allmählich wurde dieses Kribbeln zu einer Art Erfahrung von Taubheit, einer solchen Taubheit, die du dir wirklich wünschst, um mancherlei Mißempfindungen abzuschwächen. Und ein jeder hat seine eigene Vorstellung von einer angenehmen Taubheit.

Und dein Zustand in Hypnose ist ähnlich dem Träumen. Im Traum kannst du überall hingehen, kannst alles tun und bist sicher aufgehoben in deinem eigenen Erleben, das Gestalt annimmt, denn dein Unbewußtes beschützt dich stets in deinen Träumen. Und du kannst des Nachts träumen, und du kannst von deiner Zukunft träumen, und du kannst in deinen Tagträumen sicher umherstreifen, jetzt oder morgen oder wann immer du möchtest, je nach der Entwicklung deiner eigenen Bedürfnisse, so wie du heute bist im Vergleich zu deinem früheren oder zukünftigen Wesen.

Ich weiß nicht genau, wann er in diesem Traum jene Lernerfahrungen gemacht hat. In diesem Traum fand er sich vor einem mannshohen Spiegel. Er hatte ein Erlebnis, das ihn völlig in Bann schlug: Er beobachtete sich selbst, wie er bequem im Zahnarztstuhl saß und bemerkte, wie seine eine Hand anfing zu glühen und sanft zugleich bebte. Gleichzeitig erlebte er eine sensorische Veränderung in seiner einen Hand. Du kannst dir vorstellen, daß er gar nicht überrascht war über dieses Taubheitsgefühl in seiner Hand, und das ist eine ganz natürliche menschliche Erfahrung, eine Hand und insbesondere deine eigene auf die empfindliche Stelle zu legen, die der Heilung bedarf. Und so beobachtete Al, wie diese Hand seine Wange berührte und wie das Taubheitsgefühl in den Kiefer überging und sich dort ausbreitete.

Gleichzeitig wußte er, daß jene Ängste ebenfalls betäubt wurden. Im Traum kann man neuartige Verbindungen herstellen. Al wußte, daß er von

nun an in der Lage sein werde, mit einem Zahnarzt zurechtzukommen, und er begriff auch, daß er das, was er soeben über Schmerzlinderung im physischen Bereich entdeckt hatte, auch anwenden könne, um all jene emotionalen Empfindlichkeiten in angemessener Weise zu lindern.
Er blickte wiederum in den Spiegel. Die Szene wechselte. Er sah sich selbst nackt dastehen, und hinter ihm liefen verschiedene Szenen aus seinem Leben ab. Er sah diverse Narben auf seinem Körper, einige rührten von tatsächlichen Verletzungen her, aber bei den meisten handelte es sich um symbolische Narben aus verschiedenen seelischen Kämpfen, die er hatte durchfechten müssen. Er blickte herab, um seine Hand schweben zu sehen. Selbst ganz abgehoben beobachtete er, wie diese Hand sich hob und anfing, die verschiedenen Narben zu berühren. Eine nach der anderen begannen diese Stellen ebenfalls zu glühen – ich kann nichts zu den Empfindungen sagen, die mit diesen Veränderungen einhergingen.
Aber das Unbewußte kann sich an dieses lindernde Gefühl gewöhnen. Und wie jede einzelne symbolische Narbe hinwegzuschmelzen begann, konnte Al fühlen, wie sich in seinen Augenwinkeln ein See von Tränen sammelte. Es gibt so viele verschiedene Arten von Tränen: Tränen des Schmerzes, Tränen des Kummers, Tränen der Verletzung, Tränen der Wut, Tränen des Leids, Tränen der Erlösung, Tränen des Verstehens, Tränen der Anstrengung, Tränen der Vergebung, Tränen der Dankbarkeit.
Und die Szene wechselte wiederum. Al sah sich, wie er heute war nach seinen neuen Lernerfahrungen, und neben ihm stand sein verjüngtes Ebenbild. Und ich bat Al: Behalte alle Ressourcen, die du in dieser Trance erschlossen hast.
Bei jedem Menschen ist die Situation eine andere, und es wäre schön, das erwachsene Ich in dieser Trance an die Fähigkeit zu erinnern, die einem jeden zu eigen ist. Al hatte wieder gelernt, wie du dich um deinen gegenwärtigen physischen Schmerz kümmern kannst, ebenso wie um deinen seelischen Schmerz, den vergangenen und den gegenwärtigen; und nun sollte er lernen, wie er diese Erfahrungen in Zukunft würde anwenden können. Al war darauf vorbereitet, diesem seinem jüngeren Ich zu helfen, das früher so allein gewesen war. Und wenn du für dein jüngeres Ich sorgst, dann ist es nötig, daß du deine Lernerfahrungen mitbringst.
Und so vermittelte er diesem Teil seines Ichs symbolisch ein Zugehörigkeitsgefühl und die Fähigkeit, schmerzvolle Erfahrungen auf ein erträgliches Maß zu mindern. Doch was ist das überhaupt, ein erträgliches Maß? Jeder Mensch hat seinen eigenen Toleranzbereich bezüglich unterschiedlicher Erfahrungen. Natürlich ist dein Toleranzbereich nicht gleich deinem Bereich vollkommenen Wohlgefühls. Und es ist gut, daß der Mensch es zu schätzen weiß, wie wichtig es ist, den Unterschied zwischen Vollkommenheit und Erträglichkeit zu kennen.

Jedes Kind nimmt die Unannehmlichkeit in Kauf, hinzufallen und dafür das Laufen zu lernen, und erkennt die Notwendigkeit an, zu stolpern, ehe es sich anmutig bewegt. Und tatsächlich vermute ich, daß eine Ähnlichkeit besteht zwischen dem Vorgang, allmählich die Muskeln der Beine, des Bauches und des Rückens zu kräftigen, die nötig sind zum Gehenlernen, und dem Prozeß, allmählich den Bereich tiefer Gefühle zu erweitern auf ein sicheres und zuträgliches Maß.

In beiden Situationen ist es unmöglich, die graduellen Unterschiede zu bemerken, bis du dir die Zeit nehmen kannst, zurückzublicken und deine Leistung anzuerkennen. Als ich Al bat, die Ereignisse noch einmal zu durchleben, die für ihn wichtig gewesen sind, da begann seine Hand bereits in der Erwartung zu glühen, daß sie nun bei seinem jüngeren Ich aufgelegt werde. Das sollte zur angemessenen Zeit geschehen und die richtigen Körperstellen betreffen, ganz besonders eine oder zwei Partien. Ich wollte beobachten, wie er damit umgehen und dabei sein erwachsenes Ich als Ressource benutzen werde.

An diesen winzigen Bewegungen, die Mitteilungen aus dem Unbewußten waren, konnte ich sehen, daß Al jene Ereignisse noch einmal durchlebte. Ich weiß nicht, ob sie nacheinander oder alle gleichzeitig abliefen, aber ich weiß, daß das Unbewußte Lernerfahrungen in jenem Tempo weiterleiten kann, das innerhalb des Toleranzbereichs eines Menschen liegt. Und Al berührte sein jüngeres Ich und übermittelte ihm das genau passende Quantum an Taubheitsgefühl, so daß der vorhandene Schmerz sich in erträglichen Grenzen hielt. Auch die Furcht hielt sich in erträglichen Grenzen, desgleichen die Angst. Und Tränen flossen auch, in einem erträglichen Ausmaß, zur richtigen Zeit, am richtigen Ort – deine Hand ist genau da, wo du sie brauchst. Denn es ist nötig zu wissen, daß alle Gefühle nützen können, wenn du nur ihre Tiefe verändern kannst.

Indem du für dich selbst da bist, gibst du dem Kind in dir die Kraft, bestimmte falsche Vorstellungen, die du als kleines Kind hattest, noch einmal – in seinen eigenen Worten, zu überprüfen. Vergewissere dich dessen, dem kleinen Jungen etwas mitzuteilen, das man dir nicht zu sagen braucht, das er aber wissen muß. Damals wußte er nicht, daß einem jeden die Fähigkeit zu eigen ist, diese Schmerzen zu stillen. Wie konnte der kleine Al auch wissen, daß er ein bestimmtes Glühen in seiner Hand entwickeln werde?

Es ist schwer zu sagen, wie lange es dauert, bis neue Lernerfahrungen fest verankert sind. Es war gewiß nicht nötig, Al irgendeine posthypnotische Orientierung zu geben, wie er seine neuen Erfahrungen einsetzen solle, um mit dem Zahnarzt zurechtzukommen. Aber ich suggerierte ihm: Wende deine wachsende Geschicklichkeit an und erkunde diese neuen Möglichkeiten in einer Reihe von Träumen über ein paar Wochen hin. Und gehe deine Fähigkeit immer wieder durch, jene Gefühle und Erfahrungen abzuschwächen, die in der Vergangenheit so bedrohlich für dich waren. Ich war mir nicht so sicher, wie er das bewerkstelligen werde. Vielleicht in der Art, daß er sich wieder in dem Spiegel sähe und dabei entweder früher Gelerntes vorbeiziehen ließe oder seine Fähigkeit einsetzte, das Glühen in der Hand zu benutzen, um gegenwärtigen Bedürfnissen zu entsprechen.

Und er wäre entzückt, wenn er wüßte, daß sein Unbewußtes Überstunden macht, indem es sehr behutsam die sensorischen Veränderungen beim Erwachen zur Kenntnis nimmt.

Anmerkungen zu Kapitel 10

1 Die Diagnose dieser Patientin wurde ausführlich beschrieben in Lankton & Lankton, 1986, S. 83-93.

2 Chanukka: achttägiges jüdisches Lichterfest zur Erinnerung an die Wiedereinweihung des Tempels in Jerusalem (Anmerkung d. Übers.).

3 Diese Metapher ist ein Beitrag von Gary Goodman, M.Ed. und Robert Schwarz, Ph. .

Literatur

Bettelheim, B. (1977). The Uses of Enchantment: The Meaning and Importance of Fairy Tales. New York: Vintage Books. Deutsch: Kinder brauchen Märchen, dtv-Verlag, München, 10. Aufl: 1987

Erickson, M. H., & Rossi, E. L. (1980a). The varieties of double bind. In E. L. Rossi (Ed.), The collected papers of Milton H. Erickson on hypnosis: Vol. 1. The nature of hypnosis and suggestion (pp. 412-429). New York: Irvington.

Erickson, M. H., & Rossi, E. L. (1980b). Two level communication and the Micro-dynamics of trance and suggestion. In E. L. Rossi (Ed.), The collected papers of Milton H. Erickson on hypnosis: Vol. 1. The nature of hypnosis and suggestion (pp. 430-451). New York. Irvington.

Erickson, M. H., & Rossi, E. L. (1980c). The indirect forms of suggestion. In E. L. Rossi (Ed.), The collected papers of Milton H. Erickson on hypnosis: Vol. 1. The nature of hypnosis and suggestion (pp. 452-477). New York: Irvington.

Erickson, M. H., & Rossi, E. L. (1980d). The interspersal hypnotic technique for symptom correction and pain control. In E. L. Rossi (Ed.), The collected papers of Milton H. Erickson on hypnosis: Vol. 4. Innovative hypnotheraphy (pp. 262-280). New York: Irvington.

Gordon, D. (1978). Therapeutic metaphors: Helping others through the looking glass. Cupertino, CA: Meta Publications. Deutsch: Therapeutische Metaphern. Junfermann Verlag, Paderborn 1985.

Goulding, M., & Goulding, R. (1979). Changing lives through redecision therapy. New York: Brunner/Mazel. Deutsch: Neuentscheidung, Klett-Colta Verlag, Stuttgart. 2. Aufl. 1986.

Lankton, S. (1980). Practical magic: A translation of basic neuro-linguistic programming into clinical psychotherapy. Cupertino, CA: Meta Publications.

Lankton, S. (Ed.).(1985) Ericksonian monographs, number 1: Elements and dimensions of an Ericksonian approach. New York: Brunner/Mazel.

Lankton, S. (Ed.). (1987). Ericksonian monographs, number 2: Central themes and underlying principles. New York: Brunner/Mazel

Lankton, S. (Ed.). (1988). Ericksonian monographs, number 3: special relations. New York: Brunner/Mazel.

Lankton, S., & Lankton, C. (1983). The answer within: A clinical framework of Ericksonian hypnotherapy. New York: Brunner/Mazel.

Lankton, S., & Lankton, C. (1986). Enchantment and invervention in family therapy: Training in Ericksonian approaches. New York: Brunner/Mazel.

Lankton, S., & Zeig, J. (Eds.). (1988). Developing Ericksonian psychotherapy: State of the art. The proceedings of the third international congress. Ericksonian psychotherapy: New York: Brunner/Mazel.

Matthews, B., Kirsch, I., & Allen, G. (1984). Posthypnotic conflict and psychopathology - Controlling for the effects of posthypnotic suggestion: A brief communication. The International Journal of clinical and Experimental Hypnosis, XXXII(4), 362-365.

Matthews, B., Bennet, H., Bean, W., & Gallagher, M. (1985). Indirect versus direct hypnotic suggestions - An initial investigation: A brief communication. The International Journal of Clinical and Experimental Hypnosis XXXIII(3). 219-223.

Weitere wichtige Titel aus der Reihe »Leben lernen«

Milton H. Erickson

Hypnose

Induktion – Psychotherapeutische
Anwendung – Beispiele

4. Auflage, 360 Seiten, Broschur
DM 42,–, Leben lernen 35
Bestell-Nr. 265

Milton H. Erickson

Hypnotherapie

Aufbau – Beispiele – Forschungen

2. Auflage, 560 Seiten, Broschur
DM 58,–, Leben lernen 49
Bestell-Nr. 328

J. PFEIFFER VERLAG · MÜNCHEN